互联网与产业经济融合的
理论和政策研究

李晓钟　著

国家社会科学基金重大项目（"互联网融合产业经济理论与政策研究"，17ZDA054）的研究成果

科学出版社
北　京

内 容 简 介

本书共四篇，分为理论篇、实证篇、拓展篇和政策篇。本书围绕互联网与产业经济深度融合所亟须解决的理论基础研究、理论体系构建、新鲜经验总结、新型模式探索、实现路径探究、支撑体系创建、政策制度优化等问题，通过全新的理论探讨、实证检验与案例剖析，得出了一系列富有新意的结论，研究成果具有重要的学术价值和应用价值。

本书通过分析互联网技术发展与应用对经济社会的影响，构建互联网与产业经济融合的理论框架，探究互联网与产业经济融合下产业竞争新优势重构机制与模式，探索并提出中国特色的互联网与产业经济融合的产业竞争优势提升的理论机制与政策思路，从而丰富与拓展了产业经济学的学科体系与竞争优势理论，并为政府制定和完善支持保障体系提供理论指导与决策支持。

本书适合从事经济管理学领域的学者、从业者和研究生阅读与参考。

图书在版编目（CIP）数据

互联网与产业经济融合的理论和政策研究 / 李晓钟著. -- 北京：科学出版社，2024.12. -- ISBN 978-7-03-079634-9

Ⅰ.F492.3；F269.2

中国国家版本馆 CIP 数据核字第 2024HV9438 号

责任编辑：陈会迎 / 责任校对：姜丽策
责任印制：张 伟 / 封面设计：有道设计

科学出版社 出版
北京东黄城根北街 16 号
邮政编码：100717
http://www.sciencep.com

北京中科印刷有限公司印刷
科学出版社发行 各地新华书店经销

*

2024 年 12 月第 一 版 开本：720×1000 1/16
2024 年 12 月第一次印刷 印张：32 3/4
字数：666 000
定价：298.00 元
（如有印装质量问题，我社负责调换）

李晓钟教授简介

李晓钟，女，浙江大学经济学博士、管理学博士后，美国加利福尼亚大学洛杉矶分校访问学者。曾在江南大学商学院、杭州电子科技大学经济学院担任教授、博士生导师、院长；现为浙江财经大学经济学院教授、博士生导师，浙江经济研究院院长。主要研究领域为数字经济与产业融合、国际贸易与竞争优势、区域发展与浙江特色。在《管理世界》、《中国工业经济》和《财贸经济》等刊物上发表论文120余篇，其中，一级及以上期刊论文40余篇，被《新华文摘》、人大复印报刊资料全文转载多篇；出版著作5部；主持完成国家级、省部级项目10余项，包括国家社会科学基金重大项目"互联网融合产业经济理论与政策研究"、国家社会科学基金重点项目"智能服务产业化路径研究"，以及横向课题20余项。著作、论文先后获得省部级奖6项及市厅级奖10余项，其中，著作《中国利用外资溢出效应和挤出效应研究》获浙江省第十九届哲学社会科学优秀成果奖二等奖、著作《数字经济下中国与"一带一路"沿线国家贸易发展理论分析与实证研究》获浙江省第二十一届哲学社会科学优秀成果奖二等奖。荣获教育部新世纪优秀人才、浙江省"钱江学者"特聘教授、江苏省"333高层次人才培养工程"首批中青年科学技术带头人等多种荣誉称号。

前　　言

当今世界，互联网等数字技术日新月异，全面融入社会生产生活，已成为不可阻挡的时代潮流。世界主要国家都把互联网作为经济发展、技术创新的重点，把互联网与产业经济融合作为谋求竞争新优势的战略方向。进入新发展阶段的中国经济，迫切需要实现动力的转换。作为当今中国技术创新、服务创新、业态创新最为活跃的领域，互联网等数字技术正成为当代中国发展新动能的重要来源，互联网与产业经济融合成为中国经济提质增效的新引擎。但是，国内外关于"互联网与产业经济融合"的理论研究严重滞后于实践，迫切需要构建推动互联网与产业经济融合的理论体系、推进机制、实现路径及政策支撑体系。因此，从战略高度构建推动互联网与产业经济深度融合的理论框架，运用多学科交叉和定性定量方法有机结合的手段，剖析我国互联网与产业经济融合存在的难点痛点，设计和优化推动互联网与产业经济融合的制度体系，研究互联网与产业经济深度融合的推进机制、实现路径和支持保障体系，可为政府决策提供理论依据和技术支持，因而具有重要的理论价值和现实意义。

本书共19章，分为四篇。其中，第一篇为理论篇，研究互联网与产业经济融合的现状及基本理论，涵盖第1章到第6章；第二篇为实证篇，研究互联网与产业经济融合的经济效应，涵盖第7章到第10章；第三篇为拓展篇，研究数字经济发展及其与实体经济融合的经济效应，涵盖第11章到第16章；第四篇为政策篇，研究互联网与产业经济融合的支持机制和保障体系，涵盖第17章和第18章。最后一章为第19章，是对本书所作的创新性探索要点的总结。

下面分别简要介绍各章的具体内容。

第1章是互联网与产业经济融合的现状分析。该章阐述互联网技术发展历程及其特征，分析中国互联网与产业经济融合的重要性和发展机遇、必要性和倒逼机制，提出中国推进互联网与产业经济融合亟须解决的重点和难点。

第2章是互联网与产业经济融合的研究评述。该章围绕研究主题，对互联网技术的要素效应、产业融合的相关理论研究、"互联网+"及其对产业经济理论与政策的影响等方面的文献进行梳理，总结进展与不足，为研究框架构建与设计奠定基础。

第3章是互联网与产业经济融合的国内外实践和经验启示研究。该章通过对美国、德国、日本、巴西、印度等典型国家的典型企业案例的分析，对国内大企业（如华为、海尔等）案例的研究，对浙江未来工厂、工业互联网平台、特色数字产业集群等案例的调研，探究推动互联网与产业经济融合的驱动机制、制度安排、实现路径和支持保障体系，为我国其他地区提供可借鉴、可推广的实践样板。

第 4 章是互联网与产业经济融合的理论基础和理论框架研究。该章分析互联网与产业经济融合的内涵及其特征，梳理互联网与产业经济融合的理论基础，研究互联网与产业经济融合下产业竞争新优势的形成机制，探究互联网与产业经济融合的动因和关键影响要素，提出基于"四链"融合模型推进互联网与产业经济融合发展的框架思路。

第 5 章是互联网与产业经济融合的竞争新优势重构机制和模式创新研究。该章分析互联网与产业经济融合的竞争新优势重构机制，探究互联网与产业经济融合的产业组织变革和优化路径，剖析互联网与产业经济融合的产业结构转型升级的动力机制和发展模式，探讨互联网与产业经济融合驱动产业集群转型的机制和模式选择，研究互联网与产业经济融合的产业生态体系的构建和模式选择，为加快我国互联网与产业经济深度融合提供理论指导与决策依据。

第 6 章是互联网与产业经济融合的推进机制和实现路径研究。针对我国互联网与产业经济融合发展的主要制约因素，从互联网基础设施建设、互联网技术赶超、互联网产业发展和互联网与传统产业融合等方面，研究并提出我国互联网与产业经济融合向更高层次发展的推进机制和实现路径。该章重点探讨互联网核心技术赶超机制模型，探究和设计我国互联网核心技术赶超的实现路径，为我国实现"弯道超车"和技术赶超提供科学依据。同时，以"一带一路"共建国家为研究对象，探究"一带一路"倡议中推进我国互联网与产业经济融合发展的模式和路径，为我国加快互联网与产业经济深度融合和推进"一带一路"建设提供理论指导与实施方案。

第 7 章是互联网技术产业与实体经济融合的现状及其绩效研究。该章利用投入产出表估算信息产业与制造业的融合度，比较分析浙江省信息产业与制造业的融合状况及其对提升制造业产业绩效的影响；利用耦合评价模型估算汽车产业与电子信息产业之间的耦合度和耦合协调度，实证分析产业耦合对汽车产业绩效的影响效应；利用耦合协调度模型，对中国信息化和产业转型升级的耦合关系进行理论探讨和实证研究。该章揭示互联网技术产业与实体经济融合对其绩效影响的特征，探讨相应的政策建议，以期为提高互联网技术与实体经济融合的绩效提供有益思路。

第 8 章是互联网对技术创新能力影响研究。该章深入分析互联网对技术创新能力的影响机理，以中国省域为研究样本，实证分析互联网水平对技术创新能力提升的影响效应、门槛效应及其区域差异；以互联网发展较快的浙江为研究样本，实证研究"互联网+"发展水平对制造业创新驱动能力的影响；以高技术产业为研究样本，探究互联网发展对高技术产业科技创新成果的影响机理，实证分析互联网发展水平对我国高技术产业科技创新成果产出及转化的作用效应、非线性效应和异质性。针对实证结果，该章剖析成因并提出相应的政策建议，以期为互联网更好地推动技术创新能力提升提供有益思路。

第 9 章是互联网对进出口贸易影响研究。该章深入分析互联网对进出口贸易及制造业出口技术复杂度的影响机制和传导机制。以"一带一路"沿线国家为研究样本,实证分析互联网对贸易规模的影响效应,探究互联网对出口贸易影响的传导机制、非线性特征和区域差异性;以世界主要贸易国家为研究样本,实证研究互联网发展水平对制造业出口技术复杂度的影响效应及其区域差异性,探究互联网对制造业出口技术复杂度提升的正向非线性递增效应。该章揭示互联网对进出口贸易的影响特征,探讨相应的政策建议,以期为我国基于互联网更好地促进对外贸易发展和制造业出口技术复杂度提升提供有益思路。

第 10 章是互联网对中国经济发展影响的区域差异比较研究。该章从基础设施、产业技术、知识支撑以及应用消费四个维度构建互联网发展水平的评价指标体系,并估算我国各地区的互联网发展水平,利用省级面板数据实证分析互联网发展水平对区域经济发展的影响。该章深入分析互联网发展水平对技术创新能力、经济增长水平的促进作用及其区域差异,重点研究互联网对区域技术能力和经济增长水平影响的门槛效应及其成因,并探讨政策建议,以期为我国政府相关部门决策提供有益的思路。

第 11 章是数字经济发展现状与特征研究。该章阐述数字经济的内涵、特征及其影响,分析世界主要国家数字经济发展现状与特征,从中国数字经济发展上升为国家战略、数字经济规模稳步提高、数字经济与实体经济融合程度不断加深、数字产业与平台创新发展等方面研究中国数字经济发展的现状与特征,探讨中国数字经济与实体经济融合所面临的挑战和存在的问题,并提出发展思路,以期为政府相关部门提供决策依据。

第 12 章是数字化转型对制造业企业技术创新的影响研究。该章以微观企业数字化转型为研究对象,理论分析数字化转型对企业技术创新的影响机制,实证研究数字化转型对企业技术创新数量和创新质量的影响效应及其差异性;利用中介效应模型探究数字化转型对企业技术创新的作用机制,研究数字化转型通过降低信息不对称、缓解融资约束赋能企业技术创新的传导机制;利用门槛模型分析在人力资本作用下,数字化转型对技术创新质量影响的非线性特征;探究数字化转型对企业技术创新影响效应的产权异质性、行业异质性和时间异质性。该章将理论分析与实证研究相结合,并对相应的政策建议进行探讨,以期为数字化转型推动企业技术创新能力提高提供有益思路。

第 13 章是制造业智能化对绿色发展效率影响研究。该章分析制造业智能化提升绿色发展效率的影响机制,并从区域和企业两个层面对两者之间的直接影响效应、传导机制和门槛效应进行实证研究。利用我国省级面板数据进行实证研究发现,制造业智能化对绿色发展效率的影响不仅存在直接效应,还存在间接效应和非线性特征。基于我国 2011~2021 年沪深 A 股上市制造业企业数据,实证也发现存在同样的影响特征,并以企业性质、创新水平和企业所有权性质分类进行异质性检验。该章剖析成因,并探讨政策建议,以期对政府决策提供理论依据。

第 14 章是数字经济对产业结构、消费结构和城乡收入差距影响研究。该章深入研究数字经济对产业结构、消费结构、城乡收入差距的影响效应和传导机制。

首先，利用面板向量自回归（panel vector autoregression，PVAR）模型、脉冲响应、方差分解，分区域探讨数字经济与产业结构转型升级之间的动态关系，并基于广义矩估计（generalized method of moments，GMM）分区域分析数字经济子系统对产业转型子系统的驱动效果。其次，利用基准回归模型、门槛效应模型等，从多个层面分析数字经济对居民线上消费影响效应的特征；利用 QUAIDS（quadratic almost ideal demand system，二次近似理想需求系统）模型分析不同数字经济发展程度地区居民消费结构的差异；模拟并量化分析当数字经济发展水平或物价水平发生变动时，不同数字经济发展程度地区居民福利水平的变动情况，以形成更为直观的比较。最后，系统研究数字经济对城乡收入差距的影响机制，通过构建模型，实证分析数字经济发展对城乡收入差距影响的倒"U"形发展态势，并利用门槛回归对影响城乡收入差距的因素进行研究。该章探讨相应的政策建议，以期为我国经济发展方式的转变提供有益的思路。

第 15 章是数字经济对区域经济发展影响研究。该章研究数字经济对区域经济增长及其收敛性、区域经济韧性和区域经济高质量发展的影响机制，并进行实证分析。首先，深入研究数字经济对区域经济增长影响的赋能机制、溢出效应和收敛特征，通过建立空间计量模型、时空地理加权模型实证研究数字经济对中国区域经济增长及其收敛性的影响，并探究其区域差异性。其次，深入研究数字经济对区域经济韧性影响的作用机制和非线性特征，通过计量模型实证研究数字经济对区域经济韧性影响的传导机制、门槛效应和空间溢出效应。最后，理论分析数字经济对区域经济高质量发展的作用效应、门槛效应和溢出效应，利用面板回归模型、门槛模型和空间计量模型，实证分析数字经济对区域经济高质量发展的影响机制，研究并揭示数字经济对区域经济高质量发展的影响作用呈边际效应递增的非线性特征和空间溢出效应特征。该章深入分析成因，探讨相应的政策建议，以期为我国经济高质量发展提供有益思路。

第 16 章是数字经济对国家创新绩效的影响研究：基于"一带一路"沿线国家。该章将数字经济与创新绩效相联系，为探究创新绩效的提升路径提供一个新的思路。以"一带一路"沿线国家为研究样本，分析"一带一路"沿线国家数字经济发展的特征与演化规律，探究数字经济影响"一带一路"沿线国家创新绩效的作用机制、非线性效应和空间溢出效应，并探讨政策建议，以期为加快推进相关国家数字经济发展进程与创新绩效提升提供有益的思路。

第 17 章是推进互联网与产业经济融合的政策作用机制研究。该章在研究互联网技术驱动产业转型发展机制、互联网与产业经济融合的政策驱动机制的基础上，以电子信息产业为样本，实证研究政府补贴对互联网技术企业创新绩效的作用与门槛效应，以及政府补贴对互联网技术产业全要素生产率的影响；以制造业中小企业数字化转型中存在的市场与政府双重失灵为研究视角，分析双重失灵现象及其成因，探究其破解路径。根据研究结论，该章提出一系列有针对性的政策建议，以期为政府精准施策提供决策依据。

第18章是推进互联网与产业经济融合的支撑体系和政策选择研究。该章以"技术、产业、市场、政策"协同推进互联网与产业的跨界融合为切入点,从体制机制建设、创新生态支撑体系构建、创新服务平台建设、法律保障体系构建等方面提出推进互联网与产业经济融合的多维支撑体系和多主体均衡的利益实现机制,并提出加快推进互联网与产业经济深度融合的政策建议,具体包括:发挥政府作用,加强顶层设计和引导;加强共建共享,构建互联互通的数字基础设施;加强创新资源整合,突破"互联网+产业"关键核心技术;拓展合作平台,重塑企业竞争新优势;加快数字化转型,提高中小企业竞争优势;完善人才引进培育体系,加强人才队伍建设;加强网络信息安全,健全法律保障体系等。

第19章是本书所作的创新性探索要点的总结。本章从理论层面和应用层面对本书创新性探索要点进行梳理和总结。本书围绕互联网与产业经济融合的理论和政策主题,通过全新的理论探讨、实证检验与案例剖析,得出了一系列富有新意的结论,研究成果具有重要的学术价值和应用价值。

本书为本人所主持的国家社会科学基金重大项目("互联网融合产业经济理论与政策研究",17ZDA054)的研究成果以及国家社会科学基金重点项目("智能服务产业化路径研究",12AZD111)的部分研究成果。浙江财经大学金通教授和浙江省经济信息中心杜伟杰高级经济师参与本书11.5节的部分写作;杭州电子科技大学陈畴镛教授参与本书18.2.5节的部分写作;浙江工商大学梅燕教授参与本书表3-1和表3-2相关案例的收集与梳理;杭州电子科技大学张辽教授参与本书图5-1、图5-2和图5-4的相关研究;杭州电子科技大学孙景蔚副教授参与本书图6-1的相关研究。我的研究生参与了文献收集与部分章节的写作,其中,陈涵乐参与了7.2节的部分写作;杨丹参与了7.3节的部分写作;刘青君参与了7.5节的部分写作;王欢参与了8.2节和第10章的部分写作;何晨琳参与了8.3节的部分写作;李丹晨参与了8.4节和第12章的部分写作;吕培培参与了9.2节的部分写作;吴文皓参与了9.3节和15.3节的部分写作;李蓉参与了9.4节的部分写作;凌君参与了第13章的部分写作;吴甲戌参与了14.2节的部分写作;韩本登参与了14.3节的部分写作;李俊雨参与了14.4节的部分写作;杜添豪参与了15.2节的部分写作;沈栋芳参与了15.4节的部分写作;毛芳婷参与了第16章的部分写作;徐怡参与了17.3节和17.4节的部分写作;汤方晴参与了17.5节的部分写作。彭俊鹏、胡逸聪、黄蓉为本书校对付出了辛勤的劳动。本书也引用了大量文献资料,在此谨向所有的文献资料作者表示感谢。

对本书存在的不足之处,敬请读者和学术界的同仁不吝指正。

作　者

2024年10月

目 录

第一篇 理论篇
互联网与产业经济融合的现状分析及基本理论研究

第1章 互联网与产业经济融合的现状分析 ·· 3
1.1 国内外互联网技术发展历程及其特征 ·· 3
1.2 中国互联网与产业经济融合的重要性和发展机遇 ························· 12
1.3 中国互联网与产业经济融合的必要性和倒逼机制 ························· 14
1.4 推进互联网与产业经济融合亟须解决的重点和难点 ····················· 17

第2章 互联网与产业经济融合的研究评述 ·· 20
2.1 互联网技术的要素效应研究 ··· 20
2.2 产业融合的相关理论研究 ··· 24
2.3 "互联网+"及其对产业经济理论与政策的影响研究 ····················· 28
2.4 国内外研究现状评述 ··· 34

第3章 互联网与产业经济融合的国内外实践和经验启示研究 ·············· 36
3.1 发达国家的实践和经验启示 ··· 36
3.2 发展中国家的实践和经验启示 ·· 40
3.3 中国的实践和经验启示 ·· 44

第4章 互联网与产业经济融合的理论基础和理论框架研究 ·················· 54
4.1 互联网与产业经济融合的内涵及其特征 ······································· 54
4.2 互联网与产业经济融合的理论基础 ··· 55
4.3 互联网与产业经济融合下产业竞争新优势形成机制 ····················· 64
4.4 互联网与产业经济融合的动因和关键影响要素 ···························· 67
4.5 基于"四链"融合模型推进互联网与产业经济融合发展 ··············· 70

第5章 互联网与产业经济融合的竞争新优势重构机制和模式创新研究 ·· 72
5.1 互联网与产业经济融合的竞争新优势重构机制 ···························· 72
5.2 互联网与产业经济融合的产业组织变革和优化 ···························· 74
5.3 互联网与产业经济融合的产业结构转型升级的动力机制和模式选择 ··· 76
5.4 互联网与产业经济融合驱动产业集群转型的机制和模式选择 ········ 78
5.5 互联网与产业经济融合的产业生态体系的构建和模式选择 ··········· 81

第6章 互联网与产业经济融合的推进机制和实现路径研究 ·················· 84
6.1 互联网基础设施建设模式与路径选择 ·· 84
6.2 互联网技术赶超推进机制与实现路径 ·· 86
6.3 互联网产业发展推进机制与实现路径 ·· 90

  6.4 互联网与传统产业融合的作用机制与实现路径 …………………… 92

  6.5 "一带一路"倡议中中国互联网与产业经济融合发展的推进机制与

    路径 …………………………………………………………………… 94

第二篇 实证篇
互联网与产业经济融合的经济效应研究

第 7 章 互联网技术产业与实体经济融合的现状及其绩效研究 ……………… 99

  7.1 本章问题的提出 ……………………………………………………… 99

  7.2 互联网技术产业与制造业融合的绩效研究：以浙江省信息产业与

    制造业融合为例 ……………………………………………………… 99

  7.3 互联网技术与汽车产业融合的绩效研究：以中国汽车产业与电子

    信息产业耦合发展为例 ……………………………………………… 110

  7.4 信息化与产业转型升级耦合协调发展研究 ………………………… 120

  7.5 本章小结 ……………………………………………………………… 129

第 8 章 互联网对技术创新能力影响研究 ……………………………………… 131

  8.1 本章问题的提出 ……………………………………………………… 131

  8.2 互联网对中国技术创新能力的影响效应与门槛效应 ……………… 131

  8.3 "互联网+"对制造业创新驱动能力影响研究：基于中国浙江案例 … 141

  8.4 互联网发展对科技创新成果产出及市场化影响研究：基于中国

    高技术产业 …………………………………………………………… 151

  8.5 本章小结 ……………………………………………………………… 161

第 9 章 互联网对进出口贸易影响研究 ………………………………………… 163

  9.1 本章问题的提出 ……………………………………………………… 163

  9.2 互联网对进出口贸易的影响效应与异质性研究 …………………… 163

  9.3 互联网对进出口贸易影响的传导机制与非线性影响研究 ………… 171

  9.4 互联网对制造业出口技术复杂度影响研究 ………………………… 185

  9.5 本章小结 ……………………………………………………………… 200

第 10 章 互联网对中国经济发展影响的区域差异比较研究 ………………… 201

  10.1 本章问题的提出 …………………………………………………… 201

  10.2 互联网发展水平的评价指标体系构建与估算 …………………… 202

  10.3 互联网对中国经济发展影响的模型选择与数据说明 …………… 207

  10.4 互联网对中国经济发展影响的实证结果与分析 ………………… 209

  10.5 本章小结 …………………………………………………………… 214

第三篇 拓展篇
数字经济发展及其与实体经济融合的经济效应研究

第 11 章 数字经济发展现状与特征研究 ……………………………………… 219

  11.1 本章问题的提出 …………………………………………………… 219

11.2	数字经济概述	219
11.3	世界主要国家数字经济发展现状与特征	222
11.4	中国数字经济发展现状与特征	225
11.5	中国数字经济和实体经济融合的挑战与发展思路	230
11.6	本章小结	234

第12章 数字化转型对制造业企业技术创新的影响研究 235

12.1	本章问题的提出	235
12.2	数字化转型对企业技术创新的影响机制	236
12.3	数字化转型对企业技术创新的影响效应与异质性的实证研究	239
12.4	数字化转型对企业技术创新影响的传导机制与非线性影响的实证研究	248
12.5	本章小结	251

第13章 制造业智能化对绿色发展效率影响研究 253

13.1	本章问题的提出	253
13.2	制造业智能化提升绿色发展效率的影响机制	254
13.3	制造业智能化对中国绿色发展效率影响的实证研究：基于区域层面	258
13.4	制造业智能化对中国绿色发展效率影响的实证研究：基于企业层面	269
13.5	本章小结	281

第14章 数字经济对产业结构、消费结构和城乡收入差距影响研究 283

14.1	本章问题的提出	283
14.2	数字经济驱动产业结构转型升级区域差异研究	283
14.3	数字经济对消费结构及居民福利的影响研究	295
14.4	数字经济发展对城乡收入差距的影响研究	314
14.5	本章小结	331

第15章 数字经济对区域经济发展影响研究 333

15.1	本章问题的提出	333
15.2	数字经济对区域经济增长及其收敛性影响研究	333
15.3	数字经济对区域经济韧性的影响研究	350
15.4	数字经济对区域经济高质量发展影响研究	370
15.5	本章小结	387

第16章 数字经济对国家创新绩效的影响研究：基于"一带一路"沿线国家 389

16.1	本章问题的提出	389
16.2	"一带一路"沿线国家数字经济发展水平区域差异比较	389
16.3	数字经济对"一带一路"沿线国家创新绩效的影响	403

16.4 本章小结 ·· 422

第四篇　政策篇
互联网与产业经济融合的支持机制和保障体系研究

第 17 章　推进互联网与产业经济融合的政策作用机制研究 ···················· 425
17.1 互联网技术驱动产业转型发展机制研究 ······························ 425
17.2 互联网与产业经济融合的政策驱动机制研究 ························ 428
17.3 政策效果调研 1：政府补贴对互联网技术企业创新绩效的作用与
　　 门槛效应研究——以中国电子信息产业为例 ························ 430
17.4 政策效果调研 2：政府补贴对互联网技术产业全要素生产率的
　　 影响研究——以中国电子信息产业为例 ······························ 440
17.5 政策效果调研 3：制造业中小企业数字化转型中市场与政府
　　 双重失灵和破解路径研究 ··· 449
17.6 本章小结 ·· 458

第 18 章　推进互联网与产业经济融合的支撑体系和政策选择研究 ············ 459
18.1 推进互联网与产业经济融合的多维支撑体系构建 ·················· 459
18.2 加快推进互联网与产业经济深度融合的政策建议 ·················· 464
18.3 本章小结 ·· 472

第 19 章　本书的创新性探索要点 ··· 473
19.1 在理论方面的创新性探索要点 ·· 473
19.2 在应用方面的创新性探索要点 ·· 475

参考文献 ··· 477

第一篇 理论篇

互联网与产业经济融合的现状分析及基本理论研究

第1章　互联网与产业经济融合的现状分析

当今世界，互联网技术日新月异，全面融入社会生产生活，已成为不可阻挡的时代潮流。世界主要国家都把互联网作为经济发展、技术创新的重点，把互联网融合产业经济作为谋求竞争新优势的战略方向。进入新发展阶段的中国经济，迫切需要实现动力的转换。作为当今中国技术创新、服务创新、业态创新最为活跃的领域，互联网正成为当代中国发展新动能的重要来源，互联网与产业经济融合成为中国经济提质增效的新引擎。这些新形势与新变化对互联网融合产业经济发展带来了重大影响。

1.1　国内外互联网技术发展历程及其特征

从 1946 年世界上第一台计算机诞生以来，互联网技术发展迅猛，其在各个阶段呈现不同的特征，在生产中的作用也发生了相应的变化。为此，本节从互联网技术发展历程、互联网发展现状与特征，以及中国互联网发展阶段与特征三个层面进行分析。

1.1.1　互联网技术发展历程

人类的历史是一部信息技术发展史。第一次信息技术革命是语言的使用，这让人与人之间的信息交流成为可能；第二次信息技术革命是文字的创造，文字不仅像语言一样可以让信息进行交流，更使得人们可以把信息保存并流传开来；第三次信息技术革命是印刷术的产生，告别了以往只能手抄的局面，大大提高了信息的传输效率和传输范围；第四次信息技术革命是电报、电话、广播和电视的发明与普及，人类在信息深度、思维开阔度等方面都大幅提高；第五次信息技术革命是以计算机为代表的新一代信息技术，并伴随着通信技术、网络技术的相互融合发展形成的互联网技术；第六次信息技术革命是以物联网、云计算（cloud computing）和大数据等信息技术及其应用为代表，这是一次信息综合处理手段的更进一步的革命。每一次互联网技术发展都带来了生产力的极大提升，了解互联网技术的发展历程，对于我国产业经济与互联网融合发展，以及引领第四次工业技术革命都具有重要的作用。表 1-1 是互联网技术发展阶段及对应的典型事件。

表 1-1 互联网技术发展阶段及对应的典型事件

发展阶段	典型事件
技术准备阶段	1946 年，世界上第一台通用计算机 ENIAC（Electronic Numerical Integrator and Computer，电子数值积分计算机，也可称埃尼阿克）在宾夕法尼亚大学诞生
	1947 年，美国贝尔实验室的肖克利、巴丁和布拉顿三人研制出了世界上第一个晶体管
	1958 年，IBM（International Business Machines Corporation，国际商业机器公司）制成了第一台全部使用晶体管的计算机 RCA 501 型
	1967 年，美国国家标准学会发布了第一份美国信息交换标准代码（American Standard Code for Information Interchange，ASCII）
	1969 年，美国 ARPA（Advanced Research Project Agency，高级研究计划局，后改称 Defense Advanced Research Projects Agency，即国防部高级研究计划局）网开始在美国军方内部投入使用，后期逐步向高校及研究机构开放，这也是互联网的最初形态
标准化形成及竞争加剧阶段	1971 年，英特尔公司推出了第一款微处理器 Intel 4004，这也是全球首款商用微处理器
	1973 年 4 月 3 日，摩托罗拉的一名工程师 Martin Cooper（马丁·库珀）研制出了世界上第一部传统意义上的手机，并向贝尔实验室拨出了第一通电话
	1974 年，瑟夫与卡恩正式发布了第一份 TCP/IP（transmission control protocol / internet protocol，传输控制协议/互联网协议），并实验成功，成功解决了异构通信的问题
	1978 年底，美国贝尔实验室研制成功了全球第一个移动蜂窝电话系统——先进移动电话系统（advanced mobile phone system，AMPS），并于 1982 年正式开始商用，移动通信正式进入第一代
	1983 年 1 月 1 日，在 ARPA 网中，TCP/IP 全面替换旧的网络控制协议（network control protocol，NCP），成为现代互联网的通信基石。瑟夫也因此被称为"互联网之父"
	1991 年，GSM（global system for mobile communications，全球移动通信系统）在欧洲开通运行，移动通信开始跨入第二代
改变世界的万维网时代	1993 年，欧洲核子研究组织宣布万维网对任何人免费开放。次年，万维网联盟（World Wide Web Consortium，W3C）宣布成立，互联网开始走入千家万户
	1994 年，全球首款智能手机 IBM Simon 问世
	1997 年，电气与电子工程师协会（Institute of Electrical and Electronics Engineers，IEEE）制定了第一份无线局域网通信协议——802.11 协议
	2000 年，国际电信联盟（International Telecommunication Union，ITU）正式公布第三代移动通信标准，中国提交的 TD-SCDMA（time division-synchronous code division multiple access，时分同步码分多路访问）与欧洲的 WCDMA（wideband code division multiple access，宽带码分多路访问）、美国的 CDMA 2000（code division multiple access 2000，码分多路访问 2000）共同成为国际标准
开始向高端技术迈进	2006 年 8 月 9 日，Google（谷歌）首席执行官埃里克·施密特（Eric Schmidt）在 2006 年圣何塞的搜索引擎策略（Search Engine Strategies San Jose 2006）大会上首次提出"云计算"的概念。Google "云计算"源于 Google 工程师克里斯托弗·比希利亚（Christopher Bisciglia）所做的"Google 101"项目
	2012 年 1 月 18 日，在 2012 年无线电通信全会上，LTE-Advanced（LTE 即 long term evolution，长期演进技术；LTE-Advanced 即长期演进技术升级版）和 Wireless MAN-Advanced（802.16m）[MAN 即 metropolitan area network（城域网）；Wireless MAN-Advanced（802.16m）即无线城域网高级版，也被称为 IEEE 802.16m 标准] 技术规范通过审议，正式被确立为 4G（fourth generation of mobile communications technology，第四代移动通信技术）国际标准，即先进的国际移动通信（International Mobile Telecommunications-Advanced）系统标准，由中国主导制定的 TD-LTE-Advanced 同时成为 4G 国际标准①

---

① 4G 国际标准公布 TD-LTE-Advanced 入选，https://www.miit.gov.cn/jgsj/kjs/jscx/bzgf/art/2020/art_27478cc735314558babac4a354f43397.html[2023-10-22]。

续表

发展阶段	典型事件
开始向高端技术迈进	2012年6月6日，国际互联网协会举行了世界IPv6（internet protocol version 6，第6版互联网协议）启动纪念日，宣告了全球IPv6网络正式启动。多家知名网站，如Google、Facebook（脸书）和Yahoo（雅虎）等，于当天全球标准时间0点（北京时间8点整）开始永久性支持IPv6访问（杨雷等，2019）
	2019年5G（fifth generation of mobile communications technology，第五代移动通信技术）首次商用，截至2021年6月，全球已有70个国家的169个运营商发布了5G，再加上正在投资5G的运营商，总体数量上已经超过了400个

（1）技术准备阶段（20世纪40年代至60年代末）。自1946年第一台真正意义上的计算机诞生，人类便开启了进入现代信息化的阶段。随着晶体管的发明，计算机的体积不断减小，运行速度有了很大的提高，此时的计算机大多应用在军事、科研领域。真正意义上的计算机网络技术的诞生实际上是分组交换理论的出现。1969年，美国高级研究计划局基于"包交换理论"组建了ARPA网（也称阿帕网），这是计算机网络技术发展史上的一个里程碑式的标志，也是现今互联网的前身。

（2）标准化形成及竞争加剧阶段（20世纪70年代至90年代初）。随着信息技术的不断发展，许多国家都认为其在军事、科学、经济等方面存在着不可估量的前景。为了在发展中占得先机，各研究团体都建立起了属于自己的网络体系。例如，英国的EPSS（Experimental Packet Switched Service，实验性分组交换服务）网、法国的Cyclades（法国的网络，类似于阿帕网）及Transpac（法国的远程分组交换公用数据通信网）、美国的Tymnet（泰姆网）及Telenet网，这也阻碍了这些系统之间融合为一个整体。此外，通信技术在不断地加速发展，新兴的计算机网络产业与传统的通信行业之间的竞争也随之加剧，于是各个电信公司加大了对电信数据网的投入力度，这种激烈的竞争局面催生了网络通信基础架构——TCP/IP的诞生，彻底解决了异构通信的问题，为互联网的发展扫清了标准障碍。随后，DNS（domain name system，域名系统）、基于HTTP（hyper text transfer protocol，超文本传输协议）的万维网和基于这些协议的浏览器的出现，使得互联网在免费、开放、共享的基础上迅速发展，网络迅速成为产业创新的新平台，基于网络的软件和商业应用不断涌现，并直接促进了计算机产业与通信产业的融合发展。

（3）改变世界的万维网时代（20世纪90年代中期至90年代末期）。随着万维网的免费开放、微处理器性能的进一步提高、微软视窗操作系统的诞生，互联网开始真正走入千家万户，也开始进入各种商业应用领域，生产力进一步提高。计算机开始在商业、金融、航空、新能源等领域发挥重要作用，诞生了一大批如Google、Amazon（亚马逊）等公司。我国的腾讯、阿里巴巴、华为等公司也是在这一时期起步，并逐步走向世界。通信技术的快速发展也使得智能手机开始大范围普及，通信技术与互联网的结合开启了移动互联网的大门，人们的社交网络进一步扩大，信息社会悄然来临。

（4）开始向高端技术迈进（21世纪初至今）。一方面，随着互联网技术的进一步发展，原有的 IPv4（internet protocol version 4，第4版互联网协议）地址池已不能满足人类发展的需要，在此基础上演进出的 IPv6 开始逐渐普及，向着更大容量、更高扩展性发展（张宏科，2005；葛敬国等，2014）。另一方面，以云计算、人工智能为代表的高新技术开始进一步改变人们的生活。信息的传递也不再仅限于人与人之间，IPv6 提供的近乎无限的地址池为物联网（internet of things，IoT）的产生打下了坚实的基础，使得万物互联成为可能（陈仲华，2010）。IPv6 通过智能感知、识别技术与普适计算等通信感知技术，广泛应用于网络的融合，也因此被称为继计算机、互联网之后全球信息产业发展的第三次浪潮。信息网络技术与工业进一步结合，以机器代替部分人工职能进行智能管理、智能生产，进一步提高了劳动生产率，工业4.0时代开启。2016年3月，一场"人机大战"举世瞩目，谷歌的 AlphaGo 以 4∶1 战胜李世石，这更进一步显示出人工智能的威力。随着人工智能、物联网、大数据、区块链等数字技术的发展，互联网对人类社会的影响将更为深远而广泛。

1.1.2 互联网发展现状与特征

1. 互联网基础设施水平不断完善

目前全球各国互联网基础设施建设正稳步推进，为互联网的普及和应用提供了良好支撑。由图 1-1 可知，2010～2020 年，全球互联网用户数量由 19.7 亿人增长至 46.5 亿人，年均增长达 8.97%，平均每年增长 2.7 亿人；互联网普及率由 28.9%上升至 59.6%，年均增长达 7.51%。与此同时，互联网宽带普及率也呈现稳步增长趋势，2010～2020 年全球固定宽带普及率由 7.9%增长至 15.9%，年均增长率达到 7.24%。随着通信技术的高速发展和智能终端的日益普及，互联网不是仅停留在传统的设备端，而是与移动通信相结合进入了新的发展阶段。由图 1-2 可知，2020 年全球移动电话普及率达 105.0%，相较于 2010 年的 76.6%大幅提高，年均增长 3.20%；移动宽带普及率由 2010 年的 13.1%增长至 2020 年 76.4%，年均增长达到 19.28%。由此可见，全球互联网基础设施建设发展较好，互联网普及率、移动电话普及率、固定宽带普及率和移动宽带普及率均呈现上升态势，这在一定程度上反映了全球互联网基础设施的不断完善，为互联网的持续发展提供了良好的环境。

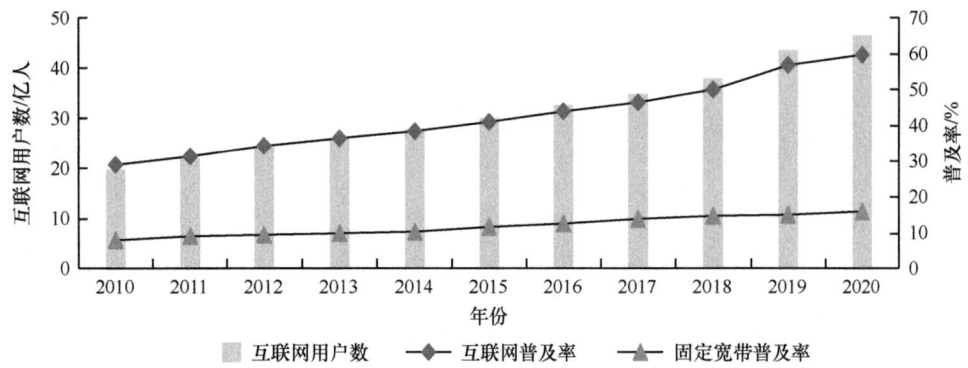

图 1-1　2010～2020 年全球互联网用户数、互联网普及率和固定宽带普及率

资料来源：世界银行

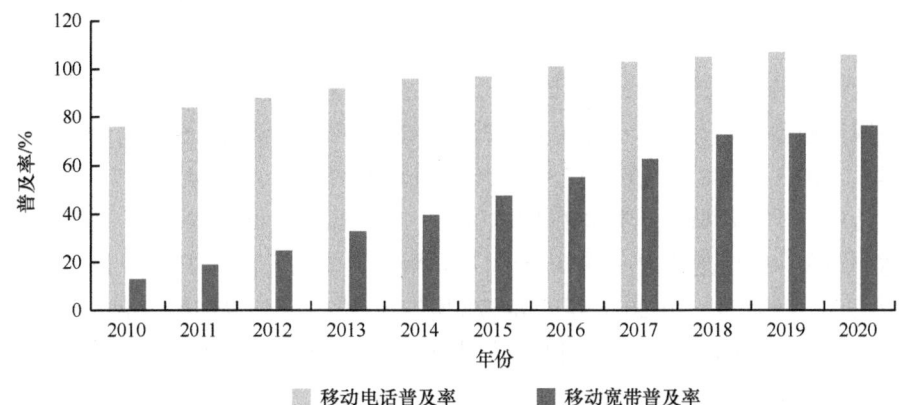

图 1-2　2010～2020 年全球移动电话普及率和移动宽带普及率

资料来源：世界银行、国际电信联盟数据库

2. 互联网应用水平不断提高

随着新一代信息技术的发展，越来越多的终端连接互联网，极大提高了全球互联网的综合应用水平，全球互联网服务器的拥有数量、人均互联网带宽、IPv6 普及率和 3G（third generation of mobile communications technology，第三代移动通信技术）以上移动网络覆盖率等指标不断增长。由图 1-3 可知，2010～2020 年，安全互联网服务器的拥有数量由 187 个/百万人增加至 11 499 个/百万人，年均增长率高达 50.97%，安全互联网服务器的拥有数量年均增长 1131 个/百万人；人均国际互联网带宽也持续上升，由 2010 年的 44 017 比特/人增加至 2020 年的 424 489 比特/人，年均增长率为 25.44%，反映了互联网设施从订阅数到带宽速度能力的巨大变化。

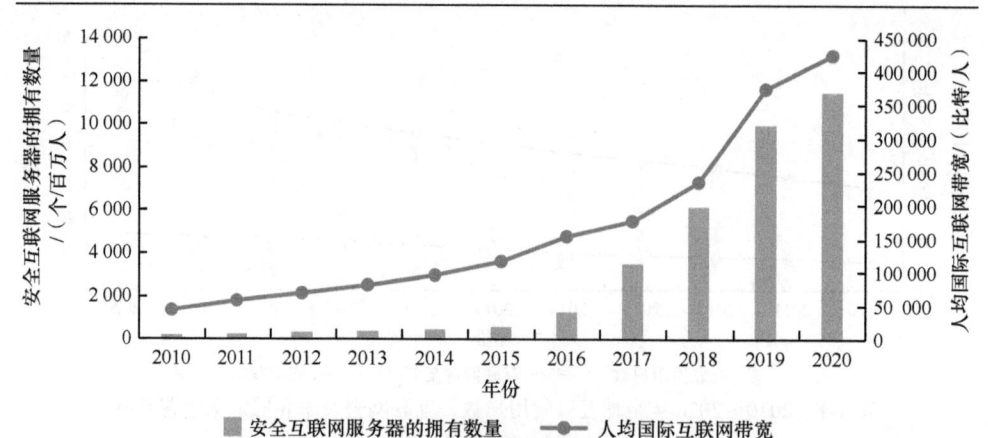

图1-3 2010～2020年全球安全互联网服务器的拥有数量和人均国际互联网带宽
资料来源：世界银行、国际电信联盟数据库

近年来 IPv6 部署在全球不断推广，发达国家 IPv6 普及率快速提升，部分发展中国家稳步推进。由表 1-2 可知，2016～2020 年，全球 IPv6 流量使用占比逐渐提高，由 11.32%上升至 20.78%，年均增长率达 16.40%；形成对比的是 IPv4 流量使用占比逐渐降低，由 88.68%下降至 79.22%，可见全球 IPv4 地址资源分配达到饱和，打造基于 IPv6 的下一代互联网逐步成为各国共识。3G 以上移动网络覆盖率持续提升，由 2016 年的 84.5%增加至 2020 年的 93.1%，年均增长率达 2.45%。由此可见，全球互联网的应用水平不断提升，为互联网的发展带来变革力量。

表1-2 2016～2020年全球流量使用占比和3G以上移动网络覆盖率（单位：%）

年份	IPv4 流量使用占比	IPv6 流量使用占比	3G 以上移动网络覆盖率
2016	88.68	11.32	84.5
2017	88.49	11.51	87.9
2018	83.52	16.48	90.8
2019	83.99	16.01	92.8
2020	79.22	20.78	93.1

资料来源：Akamai、国际电信联盟数据库

3. 互联网产业蓬勃发展

在互联网技术带动下，各个行业保持较快增长。其中，ICT（information and communication technology，信息与通信技术）产业出口占比和高科技出口占比反映了产业的信息化和智能化发展。由图 1-4 可知，2012～2019 年全球高科技产业稳步增长，其中高科技出口额由 2012 年的 2.21 万亿美元增长至 2019 年的 2.85 万亿美元，年均增长率达 3.70%；高科技出口占比由 2012 年的 18.7%上升至 2019 年的 20.5%，年均增长率达 1.32%。由图 1-5 可知，全球 ICT 服务出口额在 2010

年仅为3200亿美元,到2020年增长到7470亿美元,增长超过一倍。与此同时,ICT产品出口占比和ICT服务出口占比也呈上升趋势,ICT产品出口占比由2010年的12.9%增长至2020年的14.3%,ICT服务出口占比由2010年的8.6%上升至2020年的15.2%。由此可见,互联网为其他产业的发展提供了技术支撑,高科技产业和ICT产业等行业增长态势明显。

图1-4 2012~2019年全球高科技出口额及占比

资料来源:世界银行

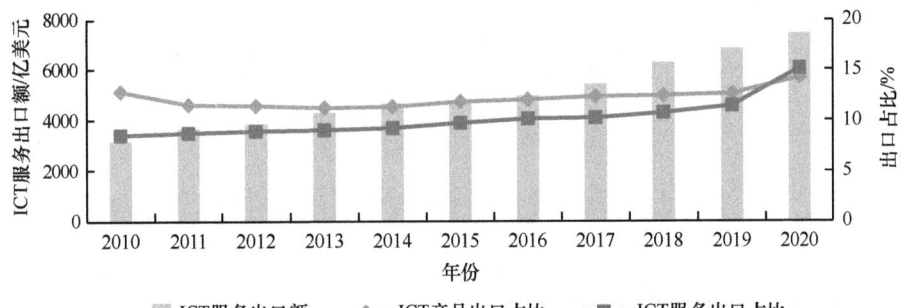

图1-5 2010~2020年全球ICT服务出口额及占比和ICT产品出口占比

资料来源:世界银行

4. 互联网创新环境不断优化

互联网的深入发展离不开研发资金的支持和人力资本的推动。如图1-6所示,2010~2020年全球高等教育入学率处于提升态势,由29.0%上升至40.0%,年均增长率达3.27%。专利申请数由2010年的123.69万个增长至2020年的230.44万个,年均增长率达6.42%。研发投入也在不断增长,如图1-7所示,全球研发强度由2010年的2.01%增加至2021年的2.62%,其中2020年和2021年增长较快,增长率分别为8.26%和5.22%。由此可见,互联网创新环境较好,为互联网的持续发展提供了保障。

图 1-6　2010~2020 年全球专利申请数和高等教育入学率
资料来源：世界银行

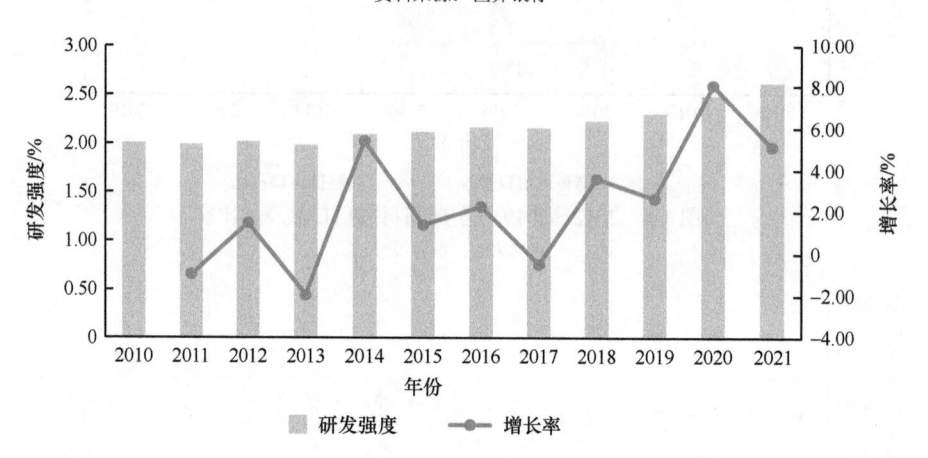

图 1-7　2010~2021 年全球研发强度及增长情况
资料来源：世界银行

1.1.3　中国互联网发展阶段与特征

1994 年 4 月 20 日，中国国家计算与网络设施（National Computing and Networking Facility of China，NCFC）工程通过美国 Sprint 公司连入互联网的 64 KB（kilobytes，千字节）国际专线开通，实现了与互联网的全功能连接。从此，中国被国际上正式承认为第 77 个真正拥有全功能互联网的国家（方兴东等，2014）。自此以来，中国互联网从无到有，从小到大，从大到强，发展迅猛，发展大致经过思想启蒙、Web 1.0、Web 2.0、移动互联和智能物联五个阶段，具体如表 1-3 所示。

表 1-3　中国互联网发展阶段与特征

时间	1981~1990 年	1991~2000 年	2001~2010 年	2011~2020 年	2021 年至今
技术特性	思想启蒙	Web 1.0	Web 2.0	移动互联	智能物联
驱动	思想理念	信息内容	精英用户	大众用户	数据算法
数字化特点	—	内容数字化	个人数字化	大众数字化	社会数字化

续表

时间	1981～1990 年	1991～2000 年	2001～2010 年	2011～2020 年	2021 年至今
网民	—	890 万人	3.84 亿人	8.54 亿人	全民
普及率	—	<1%	27%	61%	100%
联结度	欠联结	弱联结	中联结	强联结	超联结

资料来源：方兴东等（2022）

（1）1981～1990 年：思想启蒙阶段。这一阶段，全功能互联网在中国并没有真正落地，是中国互联网发展的史前阶段。但是，这一阶段，各类科研单位和大专院校敏锐地感知到互联网发展的前沿动态，并通过国际学术交流、发表学术论文和订阅国际期刊等方式，积极将互联网技术和互联网思想引入中国。此外，阿尔文·托夫勒的《第三次浪潮》在 20 世纪 80 年代初被正式引入中国，《第三次浪潮》中所阐述的信息社会理念在中国社会各界产生了广泛而深远的影响。从 1986 年启动中国学术网项目，并通过卫星链路远程访问日内瓦的主机节点，到 1987 年经由意大利和德国的互联网路由节点从中国发出第一封电子邮件，再到 1990 年注册登记了顶级域名".CN"（CN 代表中国），中国正式开启了拥抱全球互联网的时代（方兴东，2016）。在这一阶段，进行了多条互联网接入的尝试，并取得了突破。

（2）1991～2000 年：Web 1.0 阶段。1994 年 4 月 20 日是中国互联网诞生之日。随后，中国互联网创业浪潮于 1995 年 8 月 9 日由一家名为网景的公司上市触发，1997 年开始，以人民网为代表的门户网站开始逐步创立并发展，新浪网、网易、新华网等覆盖全国的新闻门户网站与上海热线、武汉热线等地方门户网站逐步建立起来，开启了互联网的门户时代；阿里巴巴、百度、天涯社区等互联网公司也相继创立。1997 年主管域名的中国互联网络信息中心成立。1998 年信息产业部（现为工业和信息化部）成立，正式成为互联网产业的主管部门。1999 年中央首次提出以现代化信息技术加强和改进对外传播手段，并开启了对新闻媒体网站的调研与视察。在此阶段，上网冲浪成为一种流行。城市里的网络发烧友们自称"网虫"，把电子邮件（email）昵称为"伊妹儿"，将 Java 技术取名为"娇娃"，将上网使用的调制解调器（modem）称为"猫"。从 1999 年开始，国内互联网传播领域发生了多起重大的里程碑事件，网络作为中国第四大传媒形态的地位初步奠定（方兴东等，2014）。

（3）2001～2010 年：Web 2.0 阶段。随着互联网的发展，中国互联网形成了 SP（service provider，服务提供商）、网络游戏和网络广告三大盈利模式，每一项都达到了数十亿元的年收入规模。从 2007 年开始，网络游戏成为中国互联网第一大收入来源。阿里巴巴集团直接推动了中国第三次互联网热潮，电子商务成为重中之重。进入新纪元，中国互联网协会无疑是中国互联网制度创新的最重要成果之一。2007年12月,《国民经济和社会发展信息化"十一五"规划》发布,提出了"十一五"时期国家信息化和互联网发展的总体目标,部署了主要任务,这是加快推进我国两化(信息化与工业化)融合和贯彻落实科学发展观的重要举措。Web 2.0时代到来,在博客、BBS(bulletin board system,公告板系统)等多种网络媒体形式的发展下,网络媒体的影响力迅速提升,网民主导网络文化发展的格局开始形成。互联网作为一种表达民意的渠道,以其所具有的舆论监督功能,得到党中央的高度重视。

(4) 2011~2020年:移动互联阶段。进入这一阶段,Web 2.0的概念逐渐淡出视野,SNS(social networking services,社交网络服务)网站逐渐兴起,微博、微信类服务崛起,将中国互联网带入即时传播时代。中国的互联网发展开始呈现自己的特征,并在网民数量、宽带网民数、".CN"注册域名数量、个人电脑数量等多个指标上超越美国成为世界之最。2014年1月30日,腾讯公司市场价值突破10 000亿港币,阿里巴巴集团上市之后市值也在千亿美元以上,这两大企业进入全球互联网巨头第一阵营,开始与Google、Amazon、Facebook并肩。互联网颠覆了传统媒体时代纵向信息传播占据主导地位的方式,重构了一种以横向传播为主的新型信息传播模式,改造并重塑了整个社会的信息交流模式(卢家银,2015)。2013年的"斯诺登事件"引起全社会对网络空间安全的重视。2013年11月,中国成立了中央国家安全委员会;2014年2月,中国成立了中央网络安全和信息化领导小组。这一时期,中国互联网文化迎来全民创新的局面,整个互联网产业呈现欣欣向荣的发展态势。互联网在舆论监督方面发挥着强劲的作用。

(5) 2021年至今:智能物联阶段。随着5G时代的全面到来,数字基础设施可以支撑全面实时在线。截至2020年12月,我国网民规模达9.89亿,已占全球网民总数的五分之一左右,互联网普及率为70.4%;到2024年1月,我国5G基站总数达337.7万个,5G+工业互联网项目超过1万个,5G+工业互联网已覆盖全部工业大类(岳悬,2024),已建成全球最大的5G网络。在中国从网络大国到网络强国的战略部署下,以服务为根本,以创新为动力,互联网已成为中国崛起的催化剂、加速器和驱动力,中国必将成为互联网时代的引领者。

1.2 中国互联网与产业经济融合的重要性和发展机遇

互联网技术的快速发展为互联网与产业经济融合带来了重要的发展机遇。

(1) 互联网技术与制造技术融合,将给世界范围内的产业带来深刻变革。

当前,世界经济正在向数字化转型,互联网等数字技术发展速度之快、辐射范围之广、影响程度之深前所未有,正在成为重组全球要素资源、重塑全球经济结构、改变全球竞争格局的关键力量。互联网等数字技术与产业经济融合是以价值释放为核心、数据赋能为主线,对传统产业进行全方位、全角度、全链条的改造,正在引发新一轮产业变革,将对全球产业产生颠覆性的影响,并改变全球产业的发展格局。世界经济论坛创始人兼执行主席克劳斯·施瓦布(Klaus Schwab)认为,我们目前正处在第四次工业革命的浪潮当中,相较于以蒸汽、大规模量产和计算机为爆发点的前三次工业革命,第四次工业革命的核心是互联网,"互联网将成为推动世界经济和社会变革的催化剂"[①]。互联网工业革命势头迅猛,而且不局限于某一特定领域,无论是移动网络和传感器,还是纳米技术、大脑研究、3D打印技术、材料科学、计算机信息处理,甚至它们之间的相互作用和辅助效用均是此次工业革命涉足的领域,而这样的组合势必产生强大的力量。它不仅是某一个产品或服务的革新,更是整个系统的创新。

(2)世界主要国家积极推动互联网与产业融合发展。

在复杂多变的国际竞争态势下,世界主要国家已把互联网与产业融合作为谋求竞争新优势的战略方向。一是加强对互联网与产业融合发展的顶层设计。例如,美国出台了《数字战略(2020-2024)》和《国家先进制造业战略(2022)》,德国发布了《数字化战略2025》和"制造-X"计划,欧盟出台了《2030年数字十年政策方案》,法国出台了《高效公共行动数字战略》,英国出台了《英国数字战略》(2022),韩国出台了《产业数字化转型促进法》等。二是加强对互联网等数字技术的前瞻性布局。例如,美国出台了《芯片和科学法案》(2022),德国出台了《联邦政府人工智能战略》和《2028年机器人与自动化》,韩国出台了《半导体超级强国战略(2022)》和《元宇宙新产业引领战略》,日本发布了《人工智能战略2022》《ICT基础设施区域扩展总体规划2.0》和《半导体和数字产业战略》,新加坡2019年出台了《国家人工智能战略》。面对互联网技术创新发展的新趋势,发展中国家也在寻找推进互联网与产业融合发展的突破口,抢占未来经济发展的先机。例如,巴西推出了"巴西新工业计划";印度在2014年10月发布的《物联网策略》被认为是"印度制造"与"数字制造"之间的纽带,2021年公布100亿美元芯片产业激励计划,承诺向符合条件的企业提供多达项目成本50%的奖励,以吸引显示器和半导体制造商在印度设立制造基地(中国信息通信研究院,2024a);阿联酋在2018年启动《区块链战略2021》,在2019年发布《人工智能战略2031》;沙特阿拉伯2020年发布了《国家数据和人工智能战略》等。三是加强对数据要素等重要领域的战略部署。例如,欧盟发布了《欧洲数据战略》和《数据治理法案》,日本发布了《综合数据战略》,德国发布了《联邦政府数据战略》,美国发布了《2022年数字商品交易法》和《联邦数据中心增强法案》;印度发布了《2023年数字个

---

① 世界经济论坛创始人施瓦布:人类正在迎接以互联网为核心的第四次工业革命,https://www.cac.gov.cn/2015-12/19/c_1117622221.htm[2022-10-22]。

人数据保护法案》等。可见，世界主要国家都在进行前瞻性战略性布局，以通过互联网技术发展及与产业深度融合谋求抢占制高点、强化新优势。

（3）中国已成为全球互联网大国，党中央、国务院从战略高度和顶层设计的角度明确中国"互联网+"行动计划。

目前，我国网民数量、网络零售交易额、电子信息产品制造规模已居全球第一，一批信息技术企业和互联网企业进入世界前列，形成了较为完善的信息产业体系。根据第47次《中国互联网络发展状况统计报告》，截至2020年12月，我国网民规模达9.89亿，已占全球网民总数的五分之一左右；互联网普及率为70.4%，较2016年12月提高了17.2个百分点；我国4G用户总数已达12.89亿户，较2015年12月增加了9.03亿户。"十三五"期间，我国建成的4G基站数占全球4G基站的一半以上；5G基站超71.8万个，5G终端连接数突破2亿，我国已建成全球最大的5G网络。工业互联网建设稳步推进，全国建成超过70个有影响力的工业互联网平台，连接工业设备数量4000万套，工业App突破25万个，工业互联网产业规模达3万亿元。互联网企业发展质量不断提升。截至2020年12月，我国境内外互联网上市企业总数为147家，较2019年底增长8.9%；网信独角兽企业总数为207家，较2019年底增加20家。我国的"互联网+政务服务"也成效显著。截至2020年12月，我国在线政务服务用户规模达8.43亿，较2015年底增长超过十倍。根据《2020联合国电子政务调查报告》，我国电子政务发展指数排名已提升至全球第45位，比2018年提升了20位，其中在线服务指数由全球第34位跃升至第9位，迈入全球领先行列。可见，中国已经成为举世瞩目的互联网大国。更为重要的是，2015年以来，党中央、国务院颁布了《国务院关于积极推进"互联网+"行动的指导意见》《促进大数据发展行动纲要》《国务院关于大力发展电子商务加快培育经济新动力的意见》《国务院关于深化制造业与互联网融合发展的指导意见》《国家信息化发展战略纲要》《新一代人工智能发展规划》等文件，从战略高度和顶层设计的角度明确了我国的"互联网+"行动计划，为我国互联网融合产业经济发展提供了良好的条件。

1.3 中国互联网与产业经济融合的必要性和倒逼机制

国内外环境的新变化使得中国互联网与产业经济融合刻不容缓。

（1）全球制造业格局重大调整对中国产业转型和竞争新优势重塑带来新的压力。

在国际金融危机以及欧美主权债务危机的影响和冲击下，发达国家经济增长和消费需求放缓，纷纷谋求经济结构的深度调整，实施再工业化战略，重塑制造业国家竞争优势，抢占新一轮发展的制高点。目前，制造业向发达国家回流已经开始。例如,苹果电脑已在美国本土设厂生产,日本制造企业松下电器把立式洗衣机和微波炉生产从中国转移到日本国内,夏普计划在本土生产更多机型的液晶电视和冰箱,TDK 也将把部分电子零部件的生产从中国转移至日本秋田等地。① 又如,2022 年 8 月 9 日美国政府颁布了《芯片与科学法》,拨款 390 亿美元设立"制造激励计划",为在美国建造、扩建或升级半导体生产设施的企业提供补贴,同时限制接受补贴的企业在美国之外的特定国家投资,吸引先进半导体制造业回归美国本土。2022 年 8 月 16 日美国政府又颁布了《通胀削减法案》,对美国消费者购买新能源汽车提供最高 7500 美元的补贴,但要求所购车辆的最终组装必须在美国本土或与美国签订自由贸易协定的国家完成(宫小飞和袁征,2023)。欧盟 2023 年 9 月 21 日生效的《芯片法案》,预计为本土芯片产业发展投入 430 亿欧元,该法案已吸引英特尔、环球晶、英飞凌、意法半导体等在欧洲开展新项目(路虹,2023)。英国政府在 2023 年 11 月 26 日发布了《先进制造业计划》,计划投资 45 亿英镑(约合人民币 405.36 亿元),进一步发展汽车、氢能、航空航天等战略性制造业,并借此创造更多的就业机会(方彬楠和赵天舒,2023)。美欧等发达国家和地区的一系列政策措施可能导致跨国公司将布局在我国的高端制造业产能重新迁回,出现产业"逆转移"。

一些发展中国家也在加快谋划和布局,积极参与全球产业再分工,承接产业及资本转移,拓展国际市场空间。例如,越南等一些东南亚国家依靠资源、劳动力等比较优势,开始在中低端制造业上发力,以更低的成本承接劳动密集型制造业的转移。一些跨国资本直接到新兴市场国家投资设厂,有的则考虑将中国工厂迁至其他新兴市场国家。例如,微软计划关停诺基亚东莞工厂,部分设备转移到越南河内;耐克、优衣库、三星、船井电机、富士康等知名企业纷纷在东南亚和印度开设新厂。① 因此,中国制造业面临发达国家和其他发展中国家"双向挤压"的严峻挑战,必须通过推进互联网融合产业经济发展形成竞争新优势。

(2)中国经济进入新发展阶段,资源环境和要素成本约束日益趋紧,产业转型迫在眉睫。

改革开放以来,中国经济持续快速发展,中国目前已成为世界第二大经济体,但过度依赖能源资源消耗、各种要素结构性矛盾突出已成为制约中国产业发展的重要因素。①从资源能源看,我国资源相对不足、环境承载能力较弱,人均淡水、耕地、森林资源占有量仅为世界平均水平的 28%、40% 和 25%;石油、铁矿石、铜等重要矿产资源的人均可采储量分别为世界人均水平的 7.7%、17%、17%(工业和信息化部规划司,2015)。②从环境压力看,生态环境稳中向好的基础还不稳

---

① 工业和信息化部. 2015-05-27. 我国制造业发展面临的形势和环境[N]. 中国工业报, (A2).

固。根据《2022 中国生态环境状况公报》，京津冀及周边地区、汾渭平原等个别时段 $PM_{2.5}$ 问题依旧突出，秋冬季大气污染依然较重，区域性重污染天气过程时有发生；水生态环境不平衡、不协调问题依然存在，尤其是部分区域汛期污染问题较为突出，降雨时氨氮、总磷等主要污染物浓度时有超标；依旧存在局部地区生态破坏问题，生物多样性下降的总趋势没有得到有效遏制。③从要素成本看，随着要素成本的全面上升，我国制造业原有的比较优势正在逐渐消失。例如，我国就业人数从 2014 年的 76 349 万人减少到 2020 年的 75 064 万人，就业人数减少了 1285 万人，尽管原因是多方面的，但劳动力供给呈缩减态势也是其主要原因之一，这也直接导致用工成本上升。④从产业发展看，我国有很多产业产量已居世界第一，但部分产业的集中度相对偏低，产业集聚和集群发展水平不高，产业空间布局与资源分布不协调。因此，长期以来支撑中国产业快速发展的传统发展方式矛盾日益突出，基于互联网与产业经济融合推动产业转型已迫在眉睫。

（3）互联网与产业经济融合发展已具备良好的基础条件，但仍是一项十分重要且异常艰巨的攻坚战。

国家实施的"互联网+"行动对互联网与产业经济融合发展奠定了良好的基础。2015 年 7 月颁布的《国务院关于积极推进"互联网+"行动的指导意见》和 2016 年 5 月颁布的《国务院关于深化制造业与互联网融合发展的指导意见》是从互联网视角对经济社会重要领域的融合发展进行的战略部署，是协调推进"四个全面"战略布局、实现"两个一百年"奋斗目标的关键驱动力量。这两个文件是对互联网与经济社会融合发展的顶层设计，为"互联网+"行动提供了明晰的指导思想、基本原则、发展目标、主要任务和保障措施，是推动互联网由消费领域向生产领域拓展、优化生产要素、更新业态体系、重构商业模式、构筑我国产业竞争新优势和新动能的重要举措。

中国互联网与产业融合发展已初见成效，为互联网与产业经济深度融合提供了条件，但仍任重道远。进入 21 世纪，特别是党的十八大以来，我国在互联网技术、产业、应用以及跨界融合等方面取得了一定的成效，产业发展不断突破时间、空间及终端设备的束缚，企业生产经营面临着知识化、数字化、虚拟化、网络化、敏捷化、全球化的变革，互联网与产业融合的深度和广度不断拓展，正在引发影响深远的产业变革，形成新的生产方式、产业形态、商业模式和经济增长点。基于信息物理系统的智能装备、智能工厂等智能制造正在引领制造方式变革；网络众包、协同设计、大规模个性化定制、精准供应链管理、全生命周期管理、电子商务等正在重塑产业价值链体系；可穿戴智能产品、智能家电、智能汽车等智能终端产品不断拓展制造业新领域。我国互联网与产业经济融合发展迎来了重大机遇。目前来看，尽管我国在"互联网+产业"上已取得积极进展，但关键核心技术还较缺乏，与发达国家的差距仍然较大。

当前和未来一段时期，抢占未来互联网与产业经济融合发展制高点的竞争日趋激烈，如果应对不当，贻误时机，我国在互联网与产业经济融合方面与发达国家的差距有可能进一步拉大。例如，我国的信息基础设施建设和应用水平仍然滞后于发达国家。据统计，我国的网络就绪指数在世界的排名从2007年第57位开始攀升，达到2011年最高第36位后，便迅速下降到2012年的第51位、2015年的第62位，2016年以来有所上升，到2022年上升至第23位，发展迅猛，但与发达国家相比仍有差距。此外，存在着传统企业运用互联网的意识和能力不足、互联网企业对传统产业理解不够深入、新业态发展面临体制机制障碍、跨界融合型人才严重匮乏等问题。因此，顺应世界"互联网+"发展趋势，充分发挥我国互联网的规模优势和应用优势，推动互联网与产业经济深度融合，构筑产业发展新优势和新动能，是推动我国经济提质增效升级亟须解决的一项重大课题。

1.4 推进互联网与产业经济融合亟须解决的重点和难点

当今世界，互联网技术日新月异，互联网与产业经济融合发展已成为不可阻挡的时代潮流。世界主要国家都把互联网与产业经济融合作为谋求竞争新优势的战略方向。进入新发展阶段的中国经济，迫切需要实现动力的转换，互联网正成为当代中国发展新动能的重要来源，互联网与产业经济融合成为中国经济提质增效的新引擎。但是，国内外关于"互联网与产业经济融合"的理论研究严重滞后于实践，迫切需要构建互联网与产业经济融合的理论体系框架。本书正是在此背景下，构建一套具备科学性、前瞻性、可操作性的我国互联网与产业经济融合发展的理论体系、推进机制、实现路径及其政策支撑体系，其重点难点主要包括下面五个部分。

（1）互联网与产业经济融合的理论基础与理论体系构建。2015年以来，党中央、国务院对我国互联网与产业经济融合发展作出了一系列重要指示，并在全国各地设置了一系列的示范区、试验区等，但现有的理论研究对我国互联网与产业经济融合尚缺乏系统的理论框架体系，对互联网与产业经济融合的运行机制、关键影响要素、评价指标体系等问题尚缺乏明确清晰的认识。为此，本书通过对互联网技术发展与应用进行多角度、多层次的调研，剖析互联网技术发展与应用对经济社会的影响；研究互联网与产业经济融合的内涵、特征、类型、运行机制、发展动因、关键影响要素、评价指标体系、推进机制等，重塑互联网融合产业经济下产业的比较优势和竞争优势，构建互联网与产业经济融合的理论框架体系；通过研究我国互联网与产业经济融合发展的动因、评价指标体系，构建"四链"融合模型，为我国推进互联网与产业经济融合发展提供系统的理论指导与决策支持。

（2）互联网与产业经济融合的国内外实践经验与启示总结。互联网与产业经济融合得到各国政府的高度重视,他们都把互联网与产业经济融合发展纳入国家战略,并已取得一系列新鲜经验,值得总结和借鉴。本书一是以美国、德国、日本等发达国家互联网与产业经济融合发展的情况及其典型企业为研究对象,分析比较他们的模式特点和实现路径,研究发达国家之间互联网与产业经济融合下谋求产业竞争新优势的异同和可借鉴的经验;二是以巴西、印度等发展中国家互联网与产业经济融合发展的情况及其典型企业为研究对象,剖析发展中国家利用"互联网+"推动产业转型升级和发挥"后发优势"的路径及其举措;三是选择吉利控股集团、华为、海尔、雅戈尔、阿里巴巴等先行先试、率先通过"互联网+"实现转型升级的企业为样本,深入分析其"互联网+产业"下的新业态、新模式的特征及其驱动机制;四是全面剖析浙江互联网与产业经济融合的发展方向、推进机制、实现路径,总结提炼浙江互联网与产业经济融合的创新机制与路径特色,为我国推进互联网与产业经济融合发展提供可借鉴、可推广的实践样板。

(3) 互联网与产业经济融合的竞争新优势重构机制与模式创新研究。互联网与产业经济融合由大数据驱动、互联网平台支撑,孕育了大量新组织、新业态、新产品、新商业模式。本书一是分析互联网作为基础设施、创新要素和平台对产业竞争优势重塑的作用机制,探究"互联网+产业"下产业竞争新优势重构的关键影响要素;二是研究"互联网+产业"推动产业组织变革的内在机理,探究"互联网+产业"对产业组织结构的影响,剖析"互联网+产业"在企业组织形态演变、企业组织结构优化模式选择过程中所发挥的作用;三是揭示互联网信息技术改造传统产业结构的作用机理,构建"互联网+"驱动产业结构优化升级的机制体系,研究"互联网+"对产业结构优化升级过程的嵌入机制和影响路径;四是分析"互联网+"背景下产业集群动态竞争优势的形成机理,建立"互联网+"背景下产业集群动态演化的驱动机制体系,发掘"互联网+"背景下产业集群动态演化的实现路径;五是梳理"互联网+"背景下产业生态体系创新的理论基础,归纳总结产业生态体系的历史演化特征,揭示"互联网+"驱动产业生态体系创新的内在机理,为我国推动互联网与产业经济融合发展提供决策依据。

(4) 互联网与产业经济融合的推进机制与实现路径研究。近年来,我国互联网与产业经济融合取得了积极进展,但也存在一些问题和制约因素。本书在分析影响我国互联网与产业经济融合发展的关键要素和制约因素的基础上,从互联网技术赶超与创新机制、资金支持与融资保障机制、互联网人才引育机制等方面研究构建互联网与产业经济融合发展的推进机制,从互联网基础设施建设、互联网技术赶超、互联网产业发展和互联网与传统产业经济融合方面提出我国互联网与产业经济融合向更高层次发展的实现路径。本书重点探讨互联网核心技术赶超机制模型,探究和设计我国互联网核心技术赶超的实现路径,为我国实现"弯道超车"和技术赶超提供科学依据。同时,以"一带一路"共建国家为研究对象,探究"一带一路"倡议中推进我国互联网与产业经济融合发展的模式与路径,为我国加快互联网与产业经济融合发展和推进"一带一路"建设提供相关建议。

(5) 互联网与产业经济融合发展的支撑体系与政策选择研究。推动互联网与产业经济融合,需要政策引导与支持。本书通过对发达国家和发展中国家成功经验和失败教训的总结,掌握主要国家在推进互联网与产业经济融合时的政策动态和实施效果;通过对我国现有政策实践及其效果的深入分析,探究中央和地方多级政策体系的联动机制及其政策实践中的冲突解决与均衡实现的内在机制,识别影响政策效能发挥的关键制约因素,总结我国政策实践的经验和教训。为进一步推进互联网与产业经济融合发展,本书一是通过对推进互联网与产业经济融合发展的政策机理的研究,厘清互联网技术驱动产业转型发展的政策作用机理,明晰互联网技术驱动产业转型发展的政策设计的着力点和落脚点,为科学设计互联网技术驱动产业转型发展的政策提供理论依据,并提高政策设计的针对性和有效性;二是从体制机制建设、创新生态支撑体系构建、创新服务平台建设、法律保障体系构建等维度构建"四位一体"的多维支撑体系和多主体均衡的利益实现机制;三是从顶层设计、数字基础设施互联互通、关键核心技术突破、合作平台拓展、人才队伍建设和法律体系健全等方面,提出一系列政策建议,为推进互联网与产业经济融合发展的政策体系设计和完善提供依据。

第 2 章　互联网与产业经济融合的研究评述

随着互联网技术（或称信息技术）的发展，互联网与产业经济融合的研究和应用日益得到国内外学者的重视，研究的文献日益丰富，为我们深入研究奠定了良好的基础。本章从互联网技术的要素效应、产业融合的相关理论、"互联网+"及其对产业经济理论与政策的影响三个方面进行文献回顾和评述。

2.1　互联网技术的要素效应研究

互联网技术在发展的过程中，在不同的时期扮演了不同的角色，在生产过程中所起的作用也在不断改变，研究主题、主要观点和代表人物如表 2-1 所示。

表 2-1　关于互联网技术在生产中的要素效应研究

研究主题	主要观点	代表人物
互联网技术作为基础设施	①能够通过基础设施的外溢效应促进经济增长；②信息基础设施的基本模式有向均衡模式靠拢的趋势；③数字鸿沟不断扩大，部分地区对信息基础设施建设的重要性认识不足	Aschauer（1989）；Repkine（2008）；朱伟（1997）；殷国鹏和陈禹（2009）；刘生龙和胡鞍钢（2010）；王钦敏和吴升（2011）；陈亮等（2011）；陈文理（2012）；李影和刘岩（2014）；王自锋等（2014）；赵洪江等（2015）；李坤望等（2015）；崔寅和孙钰（2021）；赵培阳和鲁志国（2021）；Toader 等（2018）；郭凯明（2019）；郭凯明等（2020）；杜振华（2015）；黄道丽和方婷（2016）
互联网技术作为生产要素	①互联网技术是影响经济增长的关键性内生因素；②互联网技术能够提升企业的核心竞争力；③互联网技术对经济的贡献度超过资本和劳动，但区域之间有显著差异	Brynjolfsson 和 Hitt（2000）；鄢显俊（2004）；罗福凯和李鹏（2008）；徐姗和韩民春（2009）；王亦斌（2012）；张之光和蔡建峰（2012）；罗福凯（2013）；王树祥等（2014）；Mačiulytė-Šniukienė 和 Gaile-Sarkane（2014）；沈悦和郭品（2015）；Repkine（2008）；余文涛和吴士炜（2020）；Acemoglu 和 Restrepo（2018a）；Acemoglu 和 Restrepo（2018b）；何大安和任晓（2018）；赵璨等（2020）
互联网技术对经济增长的影响	①互联网技术是潜在的影响国家发展的因素，是国民经济的发动机；②利用互联网技术有利于建立起一个更有效的市场机制；③互联网技术对发达国家和发展中国家的影响作用有很大差异；④互联网技术的发展与政府的作用是一个良性循环的过程	Barro（1991）；Dewan 和 Kraemer（2000）；Jorgenson（2001）；Sein 和 Harindranath（2004）；Heshmati 和 Yang（2006）；Harindranath 和 Sein（2007）；Alfaro C E 和 Alfaro N J L（2011）；关志雄（2002）；徐晓林和周立新（2004）；吕政（2005）；纪玉山和吴勇民（2007）；中国社会科学院课题组等（2007）；林丹明等（2007）；施莉和胡培（2007）；张红历等（2010）；孙理军和叶学平（2011）；杨善林等（2012）；陈光和张超（2014）；戴德宝等（2016）；张家平等（2018）；陈彦斌等（2019）；李晓钟和王欢（2020a）；荆文君和孙宝文（2019）；赵涛等（2020）；戚聿东和褚席（2021）

2.1.1 互联网技术作为基础设施

互联网技术作为一种基础设施,对经济增长有着显著的促进效应(Aschauer,1989;Repkine,2008;陈亮等,2011)。赵洪江等(2015)指出互联网极大地改变了现代经济的信息环境,这种信息环境的改变必然改变现代经济的运行方式。刘生龙和胡鞍钢(2010)认为信息技术作为一种基础设施,能够通过基础设施的外溢效应来促进经济的增长。还有部分学者认为信息技术作为基础设施能够显著促进技术进步:殷国鹏和陈禹(2009)以企业资源理论为基础,利用结构方程模型,研究并建立了信息技术能力及其对信息化成功影响的理论模型;王自锋等(2014)构建了一个分析基础设施规模与利用效率对技术进步的影响效应的理论框架,并验证了中国基础设施规模与利用效率对技术进步的直接"资本效应"和间接"溢出效应"。还有学者认为,信息化能够提升和改善一国的出口绩效,李坤望等(2015)通过对世界银行提供的关于中国 12 400 家企业 2002~2004 年的调查数据进行分析,认为企业信息化密度、地区信息基础设施水平对中国企业的出口绩效有显著影响,与理论分析的结果相一致。崔寅和孙钰(2021)认为互联网基础设施的完善大大降低了农业和制造业等传统产业的信息搜寻、获取成本,为实现产业结构优化提供了技术条件和物质基础;赵培阳和鲁志国(2021)认为信息基础设施是中国信息化战略的重要基石,其具有强烈的网络外部效应,且不存在排他性,网络外部价值随使用者数量的增多而增加;Toader 等(2018)发现 ICT 基础设施能极大推动欧盟成员国的经济增长;郭凯明等(2020)认为 5G、人工智能、工业互联网和物联网等新型基础设施可以提高资本扩展型技术,大幅增加资本相对劳动的边际产出,促进资本对于劳动的替代;郭美荣等(2017)指出信息技术推动了全国城乡一体化建设进程,形成了现代农业驱动型、信息服务驱动型、电子商务推动型和全域综合发展型的信息化发展模式;谭用等(2019)发现互联网建设能够降低各地区贸易伙伴之间的信息交流成本,从而增加企业效益,并且可以通过降低消费者价格和丰富消费品种类来提高消费者效用。

因此,加快信息基础设施建设已成为学者的共识,王钦敏和吴升(2011)认为数字化建设能够最大限度地发挥信息和网络的效益。此外,还有学者对农村信息基础设施建设进行了分析,李影和刘岩(2014)通过分析影响农村信息基础设施建设长效机制的四个维度,即时间维度、意识维度、实践维度和发展维度,检测了农村信息化基础设施建设的成效,并且认为农村信息化基础设施建设是实现农村信息化的关键。

2.1.2　互联网技术作为生产要素

互联网技术在制造业生产的过程中，逐渐由最初的基础设施角色转变为广义上的生产要素（王树祥等，2014），在生产过程中逐渐成为影响经济增长的关键性内生要素。在信息时代，信息技术已经成为一种必不可少的生产要素，逐步成为企业核心竞争力的来源（罗福凯和李鹏，2008；罗福凯，2013）。

Brynjolfsson 和 Hitt（2000）将信息技术作为资本投入，将其作为一种生产要素，发现其对经济增长的贡献很大；Mačiulytė-Šniukienė 和 Gaile-Sarkane（2014）通过对国家、产业以及企业层面的数据进行实证分析，发现 ICT 能够促进劳动生产率提高、促进更有效的市场机制的形成，从而有利于社会经济的发展；徐姗和韩民春（2009）对我国 2001～2006 年信息要素对经济增长的影响进行了实证分析，结果表明，信息要素已经逐渐成为我国经济增长的一个重要投入，其贡献度已经超过资本，仅次于劳动要素；沈悦和郭品（2015）借助无导向 DEA（data envelopment analysis，数据包络分析）-Malmquist 模型，实证发现互联网金融通过技术溢出效应显著提升了我国商业银行的全要素生产率；Repkine（2008）研究了 50 个国家电信普及率对总生产效率的影响，结果显示，高水平的 ICT 普及率能够增加总生产函数的技术效用水平，但 ICT 普及率的影响因地理位置的不同而有所差异，在较贫穷的国家，移动电话、计算机、互联网形式的人均电信资本的增加有利于提高生产效率，但在发达国家 ICT 普及率对经济增长的贡献则相对有限。但也有学者，如张之光和蔡建峰（2012）通过建立不变替代弹性生产函数的局部调整模型，分析了信息技术价值以及信息技术资本与物质资本、人力资本之间的替代关系，实证表明，信息技术资本对中国经济增长并没有显著的促进作用，信息技术资本在进入生产函数后，导致生产绩效降低。此外，纪玉俊和张彦彦（2017）认为"互联网+"是一种生产要素，可用信息产业对劳动力要素的影响来衡量"互联网+"的作用；余文涛和吴士炜（2020）认为互联网以数据为核心生产要素，能够渗透于生产过程并改变生产中各要素投入的比例，改变了传统要素市场的局面，从而优化了产业分工；Acemoglu 和 Restrepo（2018a，2018b）认为人工智能是一种自动化生产模式，是资本代替劳动的方式，企业根据特定任务来决定采用劳动力或是机器生产；从资源配置角度，何大安和任晓（2018）认为互联网、人工智能和大数据的融合将极大地影响资源配置机制的演变，且互联网在微观经济活动中的运用会减少价格和供求关系在市场资源配置中的主导作用；赵璨等（2020）实证发现"互联网+"作为一种思维、平台和技术，有助于企业降低调整成本，并通过减少管理部门的乐观预期来抑制成本黏性。

2.1.3 互联网技术对经济增长的影响

部分学者认为，互联网技术对经济的增长具有显著的促进作用，是国民经济的发动机。其中，Barro（1991）认为互联网技术与 GDP 有显著的正相关性；Alfaro C E 和 Alfaro N J L（2011）分析了互联网技术的引进对欧盟国家的经济增长和人类发展的影响，用居民 ICT、企业 ICT 和电子交易这三个变量作为信息技术的指标，实证研究发现 ICT 可以同时促进经济增长和人类发展；戴德宝等（2016）通过实证研究，发现互联网技术发展与中国经济发展具有正向互动效能关系，认为中国企业和政府应继续拓展"互联网+"效益机制，并大力发展互联网的软硬件技术；施莉和胡培（2007）利用中国 1990~2004 年的数据进行了实证分析，结果表明，信息技术投入与中国 GDP 增长有显著的正相关关系，对中国经济的增长产生了显著的推动作用；张红历等（2010）实证研究发现，信息技术发展对我国省域经济增长有显著促进作用，且省域间经济增长有显著的空间溢出效应，但信息技术发展自身的空间溢出对经济增长的促进作用还不显著；张家平等（2018）发现互联网对经济增长存在促进作用，门槛效应研究表明人力资本存量越高、创新水平越高的地区，互联网对经济增长的溢出效应越强；陈彦斌（2019）运用动态一般均衡模型验证了人工智能通过提高生产活动的智能化来减少所需劳动力、增加资本回报率，从而促进资本积累和提高全要素生产率，最终缓解人口老龄化的影响，促进经济增长；林晨等（2020）研究发现人工智能有利于改善中国的资本结构，从而扩大居民消费，促进社会经济增长；李晓钟和王欢（2020a）发现互联网对技术创新能力和经济增长水平均有促进效应，对东部的促进作用显著高于中西部地区，并且互联网对技术创新和经济增长水平的影响均存在门槛效应，东部地区的门槛和影响系数均大于中西部地区；荆文君和孙宝文（2019）认为互联网、大数据和云计算等新型技术能形成具有规模效应、范围效应和长尾效应的经济环境，能更好地匹配供需，完善价格机制，从而促进经济均衡发展；赵涛等（2020）研究发现数字经济通过提高创新活跃度促进了经济高质量发展，互联网与大众创新的双重作用为中国经济提质增效提供了重要动力；戚聿东和褚席（2021）认为数字经济可以通过供给体系的优质、高效、多样化，创新体系的网络化、开放化、协同化，以及制造模式的模块化、柔性化、社会化来提高供给侧的质量，促进经济高效增长。

此外，部分学者针对 ICT 与制造业企业绩效的问题进行了研究。林丹明等（2007）通过对我国制造业 A 股上市公司 2001~2005 年的数据进行实证分析，认为信息技术投资有利于提高制造业企业的绩效；陈光和张超（2014）运用 2004~2011 年的全国面板数据对生产性服务业影响整体制造业及不同要素密集型制造业的效率进行了实证研究，认为信息服务和科技服务对制造业生产效率的提升效果不显著，并且发现科技服务对三种要素密集型制造业生产效率的促进作用不显著，甚至呈现负效应。

部分研究观点认为 ICT 对发展中国家的作用不显著，如 Dewan 和 Kraemer (2000)对 1985~1993 年来自 36 个国家有关信息技术产业的面板数据进行分析，认为发达国家和发展中国家之间存在显著差异，对于发展中国家而言，信息技术产业的资本回报率较低；Harindranath and Sein（2007）以印度为研究样本，分析发现目前信息技术在发展中国家中的应用作用并不是十分清晰，需要进一步的研究。但也有学者认为部分发展中国家，如中国，对于信息技术的投资已经能够促进经济的发展（Heshmati and Yang, 2006）；对于发达国家，学者普遍认为 ICT 是具有积极的促进作用的，有学者对美国（Jorgenson, 2001）、日本（纪玉山和吴勇民，2007）进行实证分析，均认为信息技术能够持久地促进经济增长。

部分学者认为 ICT 的发展与政府的服务质量和作用是相互影响的。例如，徐晓林和周立新（2004）从介绍"服务包"的概念入手，以政府服务的五种特性和社会公众作为消费者评价政府服务质量的五个维度为基础，着重探讨信息社会中信息技术对政府组织结构的冲击、对行政信息传播方式的再造及对政府决策品质的改善，认为信息技术能够为政府服务质量的整体提高提供最有力的技术支持；而政府以物联网建设为契机，积极实现基础设施的网络经济效益，加速信息化改造，更能推进产业的集群化和信息化，凸显信息化和生产性服务业的作用（孙理军和叶学平，2011；吕政，2005）。

当然，还有学者，如杨善林等（2012）探讨了云计算环境下多源信息服务系统的体系结构、关键技术，认为战略性新兴技术与经济社会互动发展的过程同时也孕育着更新一代的战略性技术。因此，在云计算及其应用技术迅速发展的今天，应该洞察信息服务系统技术的发展趋势，展望后云计算时代的信息服务模式。

2.2 产业融合的相关理论研究

产业融合相关理论的研究文献如表 2-2 所示。

表 2-2 产业融合相关理论的研究文献

研究视角	研究主要内容或主要观点	文献代表人物
产业融合内涵	①产业融合是通过技术革新和放宽限制来降低行业间的壁垒，并加强行业企业之间的竞争合作关系的；②产业融合是在相互渗透中形成一个可将不同部门容纳其中的新的框架；③产业融合是提升产业竞争力的有效形式	植草益（2001）；孙晓和夏杰长（2022）；周振华（2003）；刘瀑（2022）；徐从才和丁宁（2008）；陈红霞和屈玥鹏（2020）

续表

研究视角	研究主要内容或主要观点	文献代表人物
产业融合类型	①传统三次产业的融合；②新兴产业与传统三次产业的融合；③产业经济系统与生态系统的融合；④按产品或产业性质，可将产业融合分为替代性融合与互补性融合；⑤按产业融合过程分类，可分为功能融合与机构融合；⑥按产业融合技术的新奇性程度进行分类，可分为应用融合、横向融合、潜在融合	林民盾和杜曙光（2006）；梁立华（2016）；苏毅清等（2016）；蒋辉等（2017）；韩顺法和李向民（2009）；徐盈之和孙剑（2009）；俞立平等（2009）；谢康等（2012）；孙早和侯玉琳（2019）；肖旭和戚聿东（2019）；王俊豪和周晟佳（2021）；罗必良（2017）；金媛媛和王淑芳（2020）；Malhotra（2001）；Li 等（2014）；马述忠和郭继文（2022）；Hacklin 等（2005）；Sony 和 Naik（2020）
产业融合机制	①产业融合时自身结构失稳，产业要素相互交叉、融合、渗透，在新形成的融合产业链上会演变出新的融合后的产业要素，实现功能拓展；②通过技术渗透融合，将原属于不同产业的价值链活动环节，全部或部分无摩擦地渗透到另一产业中，形成新型产业；③市场需求是形成产业融合的主要路径；④以知识扩散为主线	Stieglitz（2003）；麻学锋等（2010）；Hacklin 等（2010）；Curran 等（2010）；单元媛和赵玉林（2012）；黄群慧和霍景东（2015）；张义博（2015）；Zhang 和 Gallagher（2016）；方世敏和王海艳（2018）；张林等（2020）
产业融合测度	①赫芬达尔指数法；②产业间专利的相关系数；③投入产出法；④建立产业融合的指标体系，结合耦合协调度模型；⑤从生产力增长角度测度；⑥其他方法（熵值法、集中度和剩余法）	Fai 和 von Tunzelmann（2001）；Cameron 等（2005）；Bryce 和 Winter（2009）；鲍洪杰和王生鹏（2010）；Curran 等（2010）；Curran 和 Leker（2011）；侯兵和周晓倩（2015）；李璐（2016）；翁钢民和李凌雁（2016）；李晓钟和杨丹（2016）；李晓钟等（2017）；彭徽和匡贤明（2019）；武晓婷和张恪渝（2021）
产业融合影响因素	①技术创新能够促进产业融合；②管理创新能够促进产业融合；③政府管制放松能够促进产业融合；④商业模式创新能够促进产业融合	Chesbrough（2007）；Hacklin（2008）；黄群慧和贺俊（2013）；张恒梅和李南希（2019）；赵玉林和裴承晨（2019）；汝刚等（2020）；Markard（2020）；刘军和边志强（2022）；阮陆宁等（2016）；邓典雅和祁明（2017）；傅才武和申念衢（2019）；史永乐和严良（2019）；孟凡生和崔静文（2022）；王学人和杨永忠（2014）；Hong 等（2016）；黄蕊和侯丹（2017）；周春波（2018）；刘亮等（2020）；刘刚（2022）；李婉红和李娜（2022）；Zhou 等（2022）；Bolton 和 Hannon（2016）；Lee 和 Shin（2018）；黄浩（2020）

2.2.1 产业融合的类型

最早对产业融合问题的讨论是从技术角度进行的，1963 年美国学者罗森伯格认为不同产业在生产过程中逐渐依赖于相同的一套生产技术，原先分立的产业变得联系紧密；日本学者植草益（2001）认为产业融合是通过技术革新和放宽限制来降低行业间的壁垒、加强行业企业之间的竞争合作关系实现的；周振华（2003）认为产业融合并不是在原有框架下对原本各自分离部门的简单整合，而是在相互渗透中形成一个可将不同部门容纳其中的新的框架。

学界将产业融合的类型主要分为如下三种。

（1）传统三次产业的融合。林民盾和杜曙光（2006）将传统产业结构纵向糅合并横向切断，分析了商品的形成过程及相应的企业组织形式；蒋辉等（2017）构建耦合协调度模型测算了中国三次产业融合发展水平的时空差异变化；梁立华（2016）和苏毅清等（2016）对农村三大产业融合的内涵进行了定义，并分析了农村三大产业融合使农业获益的机制。

（2）新兴产业与传统三次产业的融合。部分学者从宏观层面研究了新兴产业与传统三次产业的融合，如韩顺法和李向民（2009）认为新能源产业、信息产业、数字产业等新兴产业与传统三次产业的融合可以提高传统产业活动的深度和广度，以及经济活动中的分工、协作和专业化水平；还有部分学者研究了信息技术与某一具体产业之间的转型融合，如徐盈之和孙剑（2009）研究发现中国信息产业与制造业的融合可以提升整体产业绩效；谢康等（2012）和俞立平等（2009）研究了工业化和信息化的动态融合机制。

随着信息技术的发展，越来越多的学者开始关注数字技术与传统产业的融合、产业的数字化转型等，利用互联网新技术对传统产业进行全方位、全链条的改造，一方面使得产业边界模糊化，另一方面也提高了全要素生产率，能够充分发挥数字技术对经济发展影响的放大、叠加、倍增作用（Maddikunta et al., 2022；Hacklin et al., 2005）。例如，孙早和侯玉琳（2019）发现工业智能化可以重塑并优化劳动力就业结构；肖旭和戚聿东（2019）认为产业数字化转型的价值维度体现在驱动产业效率提升、推动产业跨界融合、重构产业组织的竞争模式以及赋能产业升级四个方面；王俊豪和周晟佳（2021）认为关键共性技术、数据集成、数字平台促使数字产业释放融合创新活力，有助于实体经济高质量发展。

（3）产业经济系统与生态系统的融合。传统产业分类方法虽然把经济系统和自然系统联系了起来，但它是以产业发展作为经济发展根本目标的，把产业系统封闭在经济系统内，即很少考虑生态系统与经济系统的内在联系和协调发展。随着我国经济的快速发展，生态环境得到日益重视，学者提出要将经济系统与生态系统融合，实现区域生态环境与经济的协调发展（金媛媛和王淑芳，2020；罗必良，2017），以产业生态化与生态产业化协同发展推进区域高质量发展。

2.2.2　产业融合的机制与测度

关于产业融合的机制，一种观点认为，当产业发生融合时，产业自身结构失稳，产业要素相互交叉、融合、渗透，在新形成的融合产业链上会演变出新的融合后的产业要素，实现功能拓展（方世敏和王海燕，2018；张林等，2020；易兆强和吴利华，2024）；也有学者认为可以通过技术的渗透融合，将原属于不同产业的价值链活动环节，全部或部分无摩擦地渗透到另一产业中，相互交融，形成新型的产业（麻学锋等，2010；单元媛和赵玉林，2012；Curran et al.，2010；王佳元和张曼茵，2023；贾卫峰等，2024）；此外，部分学者认为市场需求也是形成产业融合的主要路径（黄群慧和霍景东，2015；张义博，2015）。

学术界对于产业融合的测度主要采用定量研究的方法，主要有三种：赫芬达尔指数法、产业间专利的相关系数和投入产出法。Gambardella 和 Torrisi（1998）在搜集各产业内的代表性企业拥有的专利资料的基础上，运用赫芬达尔指数法分析了计算机、电信设备、电子元件、其他电子产品和非电子技术等五大产业之间的技术融合状况；李璐（2016）将产业融合的测度方法归纳为直接测度和间接测度，并通过赫芬达尔指数来测算信息资源产业与文化产业融合度；陈子凤等（2023）构建融合凝聚性和多样性指标来测算产业融合水平；Fai 和 von Tunzelmann（2001）利用产业间专利的相关系数测算美国 32 家公司产业间的融合程度；彭徽和匡贤明（2019）采用投入产出法测算中国制造业与生产性服务业的融合水平。当然也有一部分学者建立了产业融合的指标体系，并结合耦合协调度模型来测度产业融合水平（侯兵和周晓倩，2015；鲍洪杰和王生鹏，2010；翁钢民和李凌雁，2016）。

2.2.3 产业融合的影响因素

大多数学者认为产业融合主要来源于三方面的影响：技术的创新、管理的创新以及政府管制的放松。正是在这三者的作用之下，产业融合才得以发生。在技术的创新方面，汝刚等（2020）认为通过人工智能技术改造传统农业需要采取攻克关键核心技术难关、加快土地流转、创新融合模式等措施；另一些学者认为技术创新是制造业智能化的重要驱动因素，而我国智能制造业缺乏核心技术的自主创新能力（黄群慧和贺俊，2013；张恒梅和李南希，2019；刘军和边志强，2022；赵玉林和裴承晨，2019；Hacklin，2008；Chesbrough，2007；史丹，2022）。在管理的创新方面，学者认为管理的创新有助于企业、产业共同发展，从而实现融合，而管理的创新很大一部分来源于人才建设，管理者应具备对企业、产业相关知识的自主学习能力、高度理解能力、协同创新能力等（阮陆宁等，2016；史永乐和严良，2019）。也有学者认为一些"互联网+"产业融合主要受到财务管理创新的影响（邓典雅和祁明，2017；傅才武和申念衢，2019）。在政府管制放松方面，一部分学者认为政府制定动态平衡的补贴和税收政策能够推动制造业智能化（李婉红和李娜，2022；刘亮等，2020；杨志浩和郑玮，2023）；也有部分学者认为政府管制、市场环境以及微观层面上企业面临的风险会对产业融合产生影响（王学人和杨永忠，2014；黄蕊和侯丹，2017；周春波，2018；Hong et al.，2016；Zhou et al.，2022；李晓娣和饶美仙，2023）。

2.3 "互联网+"及其对产业经济理论与政策的影响研究

"互联网+"正在成为提升传统产业创新效率的重要动力,并驱动以新技术、新模式、新产业、新业态为代表的新经济快速发展。围绕"互联网+"内涵及其对产业经济理论与政策影响的研究的主要观点与代表人物如表 2-3 所示。

表 2-3 "互联网+"内涵及其对产业经济理论与政策的影响的代表性文献

研究主题		主要观点	代表人物
"互联网+"的内涵		①"互联网+"是以互联网为主的新一代信息技术在经济、社会生活各部门的扩散、应用与深度融合的过程;②外在表征是互联网+传统产业,深层目的是产业升级+经济转型	任兴洲(2015);王保龙等(2016);刘金婷(2015);Meng 和 Lai(2016);黄楚新和王丹(2015);赵振(2015);欧阳日辉(2015);邬贺铨(2015);李海舰等(2014);周鸿铎(2015);Tang(2016);Saldivar 等(2015);Wollschlaeger 等(2017);Kim 和 Park(2014)
"互联网+"对产业经济理论与政策的影响	促进产业组织革新	①"互联网+产业经济"的新型产业模式对整个产业体系和社会经济有深远的影响;②以可再生能源、互联网通信、智能化和数字化制造为主要内容的新产业革命的到来,将引发产业组织的新一轮深刻变革	沈艳(2017);杜传忠和王飞(2015);樊增增和樊晓勇(2016);卓泓良和段玉(2016);卓泓良(2016);Feng(2016);Xu 等(2016);Zhang 等(2017);Susanty 等(2016);Yang(2016);Zhu 和 Zhou(2016);胡昌平和万华(2013);李永红和王晟(2017);王金杰等(2018);熊磊和胡石其(2018);施炳展和李建桐(2020);刘海洋等(2020);李维安等(2014)
	促进产业结构升级	①互联网不断向传统产业渗透,使得三大产业的边界逐渐模糊,对世界产业结构产生巨大影响;②互联网与产业融合不断推动新业态、新商业模式的涌现,促进产业结构的合理化、高级化和可持续化	赵红光(2003);施莉(2016);唐德淼(2015);吕明元和陈磊(2016);Peniak 和 Franekova(2015);Li 和 Parlikad(2016);石喜爱等(2017);石喜爱等(2018);胡俊(2019);曾繁华和刘淑萍(2019);Mahalakshmi 等(2019);徐佳呈和范爱军(2018);郭凯明(2019);万宝瑞(2015);吴絜颖(2016);张福和鄢丽萍(2016);陈昌鹤和姜伟(2015);王健和胡海云(2017);梁达(2015);王晓玲和孙悦(2015);耿伟和王亥园(2019);原毅军和陈喆(2019);陈楠等(2022)
	促进产业集群转型	①"互联网+"背景下,产业集群能够寻求更大范围、更具深度、更有效率的要素共享模式;②"互联网+"型产业集群的构建需要经历技术融合、结构改造和模式创新三个阶段	姜睿清等(2016);柳洲(2015);张乃也等(2017);李永红和王晟(2017);刘斌和顾聪(2019);韩孟孟等(2020);方巍巍(2017);刘蕾和鄢章华(2016);王保龙等(2016);Jose 等(2016)

2.3.1 "互联网+"的内涵

"互联网+"是近期社会关注和讨论的热点,准确把握和理解其含义是进行研究的重要基石。《国务院关于积极推进"互联网+"行动的指导意见》(国发〔2015〕40 号)中提到,"互联网+"是把互联网的创新成果与经济社会各领域深度融合,推动技术进步、效率提升和组织变革，提升实体经济创新力和生产力，形成更广泛的以互联网为基础设施和创新要素的经济社会发展新形态。2015年10月，国务院发展研究中心市场经济研究所所长任兴洲提到，"所谓'互联网+'，是指互联网与传统产业融合发展的一种新形态，就是发挥互联网在生产要素配置中的优化和集成作用，以新一代信息技术和现代制造业、生产性服务业来融合创新，发展壮大新兴模式和产业，促进经济新增长点的发展，增强经济发展的新动力"[①]。张伯旭和李辉（2017）认为"互联网+"是信息技术与制造业在新经济背景下融合产生的巨大变革空间，而非单指一种技术或一种思维。

中外学者就"互联网+"的内涵进行了研究。学术界普遍认同的一个观点是"互联网+"是以互联网为主的新一代信息技术（包括移动互联网、云计算、物联网、大数据等）在经济、社会生活各部门的扩散、应用与深度融合的过程，本质是传统产业的在线化、数据化（王保龙等，2016）。"互联网+"的含义就是要充分发挥互联网在生产要素配置中的优化和集成作用，把互联网的创新成果与经济社会各领域深度融合，产生化学反应、放大效应，大力提升实体经济的创新力和生产力，形成更广泛的以互联网为基础设施和实现工具的经济发展新形态。"互联网+"行动计划就是要全面实现"互联网+传统行业"，传统行业可依靠"互联网+"完成产业升级（刘金婷，2015；Meng and Lai，2016）。概括来说，"互联网+"的外在表征是互联网+传统产业，"互联网+"的深层目的是产业升级+经济转型（黄楚新和王丹，2015；赵振，2015；欧阳日辉，2015；邬贺铨，2015）。

李海舰等（2014）提出，互联网思维包括互联网精神、互联网理念和互联网经济三个层次，根据互联网思维，传统企业必须进行再造，其方向是打造智慧型组织。但是周鸿祎（2015）提出，"互联网+"是有条件的，不是随便什么都可以"+"的，一定要从实际出发，选择有条件的行业或部门进入互联网，"互联网+"这个概念，主要包括五个层次的含义（在一般意义上对"互联网+"的理解；在战略意义上对"互联网+"的理解；"互联网+"究竟能"+"什么？对"互联网+"与新硬件产业关系的理解；对"互联网+"与行业和部门网站关系的理解），弄清楚这些含义对于推动"互联网+"行动计划的实施具有重要的意义，否则，那种"大呼隆式"的"互联网+"是不利于"互联网+"行动计划的实施的。

国外学者对于"互联网+"内涵的理解比较集中于对工业4.0的分析。Tang（2016）提到，以工业4.0为核心的新一轮工业革命是产业发展的重要机遇。在这种状态下，将实现从资源要素投入驱动到创新驱动下的集约化发展，结合新兴工业革命和工业4.0，着眼于互联网的整合和渗透，推动新兴产业和智能互联网的

---

① 推进互联网与产业融合创新发展，http://theory.people.com.cn/n/2015/1008/c40531-27670740.html[2024-04-22]。

整合，实现产业协同发展，使得集中于服务经济的新型经济发展模式逐步优化。随着互联网技术的不断发展，新型工业革命旨在将网络虚拟系统和网络物理系统整合在一起，更好地实现智能制造（Saldivar et al.，2015；Wollschlaeger et al.，2017；Kim and Park，2014）。

2.3.2 "互联网+"对产业经济理论与政策的影响

1. 促进产业组织革新

沈艳（2017）认为，随着互联网的快速发展，传统产业不断革新，"互联网+产业经济"的新型产业模式应运而生。"互联网+产业经济"的创新性变革从互联网平台产品、组织结构、客户服务管理、交易模式四个方面进行，不仅对信息技术产业的发展具有促进作用，对整个产业体系和社会经济也会产生十分深远的影响。杜传忠和王飞（2015）提出，以可再生能源、互联网通信、智能化和数字化制造为主要内容的新产业革命的到来，将引发产业组织的新一轮深刻变革，促使产业组织进一步趋于结构扁平化和网络化，企业将呈现边界模糊化、规模两极化和合作全面化的特征。

基于经典的 SCP（structure-conduct-performance，结构-行为-绩效）范式等理论，大量学者研究了"互联网+"对产业组织的影响。樊增增和樊晓勇（2016）通过对互联网零售业的市场结构、市场行为和市场绩效的研究，发现网络零售商整体数量众多，集中度较高，但利润率较低，网络零售商之间的竞争提高了消费者福利水平。卓泓良和段玉（2016）从市场结构、市场行为和市场绩效三个方面入手，发现互联网教育市场是低集中寡占型市场，市场上各机构通过产品的品牌差异化和广告等市场行为实现企业的盈利，在数以千计的机构中脱颖而出，同时这种市场行为也是有效果的，企业利润率的高速增长以及各个企业机构的大量融资都是最好的反映。卓泓良（2016）指出传统钢铁行业与互联网的结合，催生了钢铁电商这一新兴业态，通过对"互联网+钢铁"产业进行市场结构、市场行为、市场绩效分析，揭示了其产业结构特征。在物流行业中，通过定位、实时监控、实时调度、信息集成、数据挖掘等技术的应用，建立了具有信息采集、处理和应用能力的信息服务体系，大大优化了物流配送路线和服务效率，实现了物流配送系统应用的透明化和集成智能化（Feng，2016；Xu et al.，2016；Zhang et al.，2017）。互联网地理信息系统技术的应用，使得废物资源的地理位置便于整合，为家具行业的回收利用提供了决策支持（Susanty et al.，2016）。在文化产业方面，互联网技术的运用帮助文化产业逐渐摆脱传统发展模式的束缚，走上了互联互通的新阶段，便于进一步深入整合（Yang，2016；Zhu and Zhou，2016）。

李永红和王晟（2017）认为企业组织架构在互联网的影响下逐渐网络化、扁平化，有利于重新整合内外部资源，同时，智能化的系统也促使企业组织架构自我调整、革新转型；王金杰等（2018）认为不同于以生产者为中心的封闭式创新模式，互联网能形成高效、无边界的开放式创新网络，为企业带来开放式的创新文化和治理方式；熊磊和胡石其（2018）从制造业和互联网融合发展角度出发，发现二者的融合具有倍增、协同和聚合效应，有利于培育新业态和创新服务模式，带来产业链革新；施炳展和李建桐（2020）研究发现互联网能通过降低搜寻成本来提高中国制造产业的分工水平，且互联网网络规模越大，促进效应越显著；刘海洋等（2020）研究发现互联网引发了企业出口模式从间接出口到直接出口的革新，这种变革提升了企业的出口规模和利润率，并提高了企业在国际市场上的竞争能力。

互联网的影响既有积极的一面，也有消极的一面。因此，要认真研究互联网与产业融合的主要模式和价值效应，分析互联网与产业融合中面临的困难与瓶颈，增强关键技术创新能力，加快培育新业态新模式，顺应新产业革命发展趋势，加强互联网网络的改造和建设，积极建立新的产业标准、加快企业生产的智能化和信息化，以应对新产业革命带来的挑战（李维安等，2014）。

2. 促进产业结构升级

互联网不断向传统产业渗透，使得三大产业的边界逐渐模糊，对世界产业结构产生巨大影响。互联网与产业的融合不断推动新业态、新商业模式的涌现，促进了产业结构的合理化、高级化和可持续化。赵红光（2003）指出互联网向传统产业的渗透使传统产业的市场规模不断扩大，分工更加细化，生产和经济效率得到提高，从而获得更大的发展空间。主要表现至少有三：其一，互联网及相关技术作为全球最大的新兴产业主导着产业发展，并不断催生出一大批新兴产业，与知识密集度不断提高的传统产业一起，构成层次丰富的产业结构；其二，互联网对服务业进行了深层次的改造和提升，使服务业走向全球一体化和立体化，超越空间和领域的限制，使服务业在产业结构中的比重不断提高；其三，互联网的兴起引起劳动力的结构性转移，劳动力向高技术产业和服务业流动，知识型人才需求旺盛，出现结构性失业。施莉（2016）通过对西部菱形经济圈进行研究发现，核心城市产业结构的高级化、惯性化和协同化趋势明显，为区域互联网经济形态发展奠定较好的产业基础。同时，它也对互联网经济形态的发展提出了挑战。为顺应产业发展趋势、促进互联网经济形态发展，该区域应重点布局发展深入产业过程的"互联网+"发展能力、建设互联网经济的核心框架、构建区域共享经济平台核心区和完善跨区域共享联动机制等环节。唐德淼（2015）认为，互联网与产业融合推动新业态、新商业模式不断涌现，催生出多技术、多业态融合的生产与服务系统，使传统的三大产业边界不清晰。信息化、网络化和工业化的不断融合促进产业结构演进，引发产业发展模式的转型升级。互联网推动产业融合，不同产业受互联网影响的时间和程度差异较大。产业的融合变革，已不是传统意义上的产业结构调整的延伸，而是通过嵌入全球价值链的产业功能的互补和延伸。总的来说，"互联网+"对产业结构合理化、高级化和可持续化具有一定的促进作用，同时能够显著提高系统级生产绩效方面的潜力（吕明元和陈磊，2016；Peniak and Franekova，2015；Li and Parlikad，2016）。

石喜爱等（2017）通过省级面板数据，发现互联网能够促进中国制造业向高度化和合理化进行转型升级，且互联网对中部的促进作用最大，西部地区次之，东部地区最小；石喜爱等（2018）研究发现互联网有利于促进制造业价值链攀升，并通过空间外溢效应带动周边城市的制造业发展；胡俊（2019）实证发现地区互联网发展水平对制造业升级存在显著正向影响，通过门槛模型分析发现，当融入全球价值链的程度超过一定水平之后，互联网发展水平对制造业升级可能存在不利影响，即我国制造业在融入全球价值链的过程中存在"低端锁定"现象；曾繁华和刘淑萍（2019）的实证研究表明互联网对劳动密集型制造业比重的上升具有显著抑制作用，对技术密集型和资本密集型制造业比重的上升均产生了积极影响，且对技术密集型制造业比重上升的促进作用要明显大于对资本密集型制造业比重上升的促进作用；Mahalakshmi 等（2019）指出工业智能化能够带动企业绿色转型，并提高供应链整体生产率和利润；Cords 和 Prettner（2022）基于 1993～2007 年 17 个国家和地区工业数据的研究发现，工业智能化可以优化制造业就业结构；徐伟呈和范爱军（2018）构建基于互联网技术驱动的产业结构变迁模型，实证发现互联网技术能促使中国产业结构向高度化发展，而不利于结构合理化；郭凯明（2019）强调了人工智能对产业结构升级和劳动收入份额的影响方向是不确定的，并给出了影响的具体条件，探讨了内在的经济影响机制。

在第一产业方面，"互联网+"是新型农业发展的必由之路，是农业产业结构调整的重要支撑，但是，我国农村存在着互联网普及程度低、农业信息数据库建设不完善、专业人才缺乏等主要问题（万宝瑞，2015），因此，我国应利用互联网推进现代农业建设，加大"互联网+农业"人才培养，发挥年轻人和能人带动作用，提高农村地区网络服务水平，构建与完善信息整合系统，创新农业产业营销模式，健全电商融资平台（吴絮颖，2016），以促进我国农业产业结构升级。

在第二产业方面，互联网与工业深度融合发展是新一轮科技革命和产业革命的核心内容。工业与互联网的融合创新，就是将工业转型升级和新优势的建立与信息技术的深度发展有机结合起来，打造企业核心竞争力、塑造国家综合竞争力（张福和邬丽萍，2016）。企业作为创新主体应尽快顺势进行改变，大胆创新，规划融合路径，在政府的积极引导及相关部门的支持和服务下，实现微观和宏观层面全方位的融合发展（陈昌鹤和姜伟，2015）。制造业转型升级的路径可归纳为三个方面：其一，中低端向高端制造升级，可分为价值链升级和产业结构升级（耿伟和王亥园，2019）。其二，机械化向智能化升级，具体可分为数智化创新驱动、"互联网+"升级和数字经济升级（陈楠等，2022）。其三，传统制造向绿色制造升级，主要体现为环境规制的约束和数字化赋能等（原毅军和陈喆，2019）。因此，互联网数字技术通过与传统产业融合，催生新业态、新模式、新产品和新服务，促进技术创新、产业转型升级，从而推动产业全球价值链竞争地位提高。

在第三产业方面，我国提出"互联网+"行动计划，为第三产业的转型升级创造了良好的发展机遇，有利于促进第三产业的规模扩大和价值提升，减少了互联网向第三产业渗透的行政壁垒（王健和胡海云，2017）。同时，第三产业的发展也将对互联网技术提出更高层次的要求，进而促进互联网的发展。随着互联网的迅速发展，"互联网+"服务业将对我国第三产业发展产生越来越重要的影响，未来发展潜力和空间巨大（梁达，2015；王晓玲和孙悦，2015）。

3. 促进产业集群转型

学术界普遍认为互联网技术的广泛应用为我国产业集群高端化发展带来了历史性的弯道超车机遇。在"互联网+"背景下，产业集群能够寻求更大范围、更具深度、更有效率的要素共享模式，这将颠覆传统产业集群业态，进而塑造出一种全新的产业集群生存形态（姜睿清等，2016；柳洲，2015；张乃也等，2017）。李永红和王晟（2017）认为互联网能更方便地整合数据，实现信息共享，减少产业间循环等成本费用，突破时间空间约束，提高各产业柔性化程度，形成产业集群竞争优势；刘斌和顾聪（2019）认为一个地区接入互联网平台经济意味着当地企业能更方便快捷地嵌入全球价值网络，互联网平台的价值链分工推动本区域企业从事具有比较优势的产业活动，从而形成专业的产业集群；韩孟孟等（2020）认为外部信息共享能使资源互补，形成具有各自专业优势的战略联盟，打造产业集群高地。

"互联网+"对产业集群转型具有重要的促进意义。"互联网+"背景下产业集群的发展策略和相关政策也分为政府、产业集群和企业三个层面。一些学者认为，"互联网+"型产业集群的构建需要经历技术融合、结构改造和模式创新三个阶段，并且可以根据不同地区的特点选择合适的模式，包括政府扶持型、产业龙头主导型、专业市场主导型和工业4.0驱动型，为了更好地推进"互联网+"型产业集群的发展，政府应该加大互联网基础设施建设，扶持配套企业，简化监管流程，营造创新创业环境（方巍巍，2017；刘蕾和鄢章华，2016）。王保龙等（2016）提出，由于传统产业集群正在遭遇冲击，产业集群互联网化也得到了行业及政府的关注，正逐渐提上转型升级的日程；国家和地方政府也制定了相关产业集群转型升级发展战略，以在政策和资金方面为"互联网+"产业集群提供保障与支持。王保龙等（2016）通过对"互联网+"产业集群的战略价值进行深入探讨，揭示了

"互联网+"在产业集群中的重要应用价值和产业集群互联网化的巨大潜能。

"互联网+"对产业组织、产业结构、产业集群三个方面都有不同程度的影响，可以说"互联网+"的发展对产业经济发展具有极大的促进作用。但是，在"互联网+"的发展过程中，部分学者出于对"标准化""安全隐私"等方面的考虑，对"互联网+"存在一定的质疑（Jose et al.，2016）。

2.4 国内外研究现状评述

互联网技术主要包括计算机技术、微电子技术、通信技术、传感技术等，20世纪90年代以来，尤其是进入21世纪以来，互联网发展迅速，并呈现多元化、多媒体、数字化、网络化、智能化以及虚拟化特点。随着互联网技术对制造业的不断渗透，对互联网技术在生产中的作用的认识不断深化。国内外学者对互联网技术作为基础设施和生产要素等对经济增长的影响进行了实证，实证范围既有发达国家和发展中国家，如美国、德国、印度等多个国家的分析和比较；又有对我国整体的分析，东部、中部、西部地区的区域比较，国内某一省份等的分析。实证涉及的内容和方法也较多，为后人深入研究提供了思路。但是，对互联网技术的作用机制尚缺乏系统分析，也没有形成理论体系，这对本书的研究和探索提出了挑战。

"互联网+"是2015年3月李克强总理在政府工作报告中提出的[①]，通过推动移动互联网、云计算、大数据、物联网等与现代制造业结合，互联网与实体经济融合互动并促进后者的转型升级。"互联网+"一经提出，就成为研究热点。许多学者对"互联网+"产业的内涵、特征及"互联网+"对产业的影响进行研究，提出了一些有益的思路，为政府决策提供了依据。但总体上"互联网与产业经济融合"的理论研究尚处于探索阶段，未形成系统性的理论体系。"互联网与产业经济融合"是新经济，新经济呼唤新经济学理论，这将成为本书研究和探索的方向。

综上所述，针对互联网技术的要素效应、产业融合的机制及其影响因素、"互联网+"内涵及其对产业经济理论与政策的影响等的研究，国内外学者的探索已经取得了很丰富的研究成果，为未来对互联网与产业经济融合进行更为科学的理论和政策研究奠定了良好的学术基础。主要成果体现在以下三个方面：一是研究范围广泛，既涉及互联网技术的要素效应、互联网技术对经济增长的影响，以及产业融合的机制和影响因素，又涉及"互联网+"的内涵、"互联网+"对产业经济理论与政策的影响等诸多方面；二是研究内容丰富，既体现了由浅入深、由表及里的分析过程，又体现了由点到面、由局部到整体的一个逐层推进的过程，剖析了互联网的现实表征，并对未来趋势进行了预测；三是研究的学科体现出综合性

---

① 政府工作报告（全文），https://www.gov.cn/guowuyuan/2015-03/16/content_2835101.htm[2022-03-16]。

和交叉性的特点。总体来看，众多的研究成果为互联网与产业经济融合的理论与政策研究提供了较好的理论研究基础，但也存在一些不足。

（1）理论研究的系统性不足。局部研究多，系统性研究少。国内外研究大多集中于互联网技术发展、"互联网+"内涵、信息化与制造业融合模式、产业融合水平等方面，但互联网与产业经济融合是新经济，对"互联网与产业经济融合"的研究尚处于探索阶段，因而对互联网与产业经济融合的理论构架、经济特征、推进机制、实现路径等的系统性研究不足。党的十八大以来，以习近平同志为核心的党中央高度重视发展数字经济，将其上升为国家战略[①]。而数字经济发展的主线就是下一代互联网与产业经济的深度融合。随着数字经济发展战略的推进，这种研究倾向的弊端愈加明显。

（2）研究的侧重点与深度不够。互联网与产业经济融合催生新的产业业态和商业模式，必然会触碰到现有政策的盲区和约束。但现有研究对新业态、新模式的形成机制、影响效应、支撑体系等尚缺乏深入研究，也未形成完善的理论体系和方法体系。互联网与产业经济融合的对象不同、路径不同、最终目标不同，融合质量因区域、产业和企业而异。但是，现有研究尚未对上述差异的内在规律，以及不同区域、不同产业、不同企业融合的路径差异进行深入研究。中国不仅要借鉴发达国家的先进经验，还要重视中国特殊的国情，因而对互联网与产业经济融合的理论与政策研究不仅要有系统性，还要具有中国特色。

（3）理论研究的水平落后于互联网经济的发展现实。互联网技术的快速发展，已对全球产业经济产生重要影响，机器已经能够部分代替人工，并进行智能管理、智能生产，人类已经迎来了数字经济时代。互联网与产业经济的深度融合，会促进新技术、新产业、新业态、新模式层出不穷，并对生产、消费、组织、管理等方式产生深刻的革命性影响。但是，互联网与产业经济的深度融合模式、机制、评价指标等尚未形成理论体系，从中国特殊国情以及强国战略角度出发的研究还远远不够，缺乏相应的理论指导与决策支持。

---

① 党的十八大以来，党中央、国务院相继出台一系列政策措施助力数字经济发展。党的十八届五中全会通过了《中共中央关于制定国民经济和社会发展第十三个五年规划的建议》，其中首次提出实施国家大数据战略和网络强国战略（https://www.gov.cn/xinwen/2015-11/03/content_5004093.htm）。2021年3月，十三届全国人大四次会议通过《国民经济和社会发展第十四个五年规划和2035年远景目标纲要》，其中第五篇专题部署"加快数字化发展，建设数字中国"（https://www.gov.cn/xinwen/2021-03/13/content_5592681.htm）。2022年1月，国务院印发《"十四五"数字经济发展规划》（https://www.gov.cn/gongbao/content/2022/content_5671108.htm?eqid=8776104300000c76 0000000664564e72）。2022年《政府工作报告》再次倡导"促进数字经济发展"，明确提出"加强数字中国建设整体布局"（https://www.gov.cn/premier/2022-03/12/content_5678750.htm）。

第 3 章　互联网与产业经济融合的国内外实践和经验启示研究

3.1　发达国家的实践和经验启示

3.1.1　美德日等发达国家都把互联网与产业经济融合发展纳入国家战略

在全球网络数据正在呈现出惊人的高增长态势下，一个国家的影响力、竞争力和主导权主要体现在对网络的掌控上。各发达国家为了占得先机，纷纷鼓励互联网技术变革和产业融合升级。美国早在 2011 年就先后制定了《先进制造业伙伴关系计划》及《网络空间国际战略》，以期通过政府、高校及企业间的合作来强化美国制造业，在全球互联网技术的发展应用上占据主导权；在 2012 年发布了《先进制造业国家战略计划》，启动实施了《国家制造业创新网络计划》；在 2018 年发表了《国家网络战略》《美国先进制造业领导力战略》；在 2021 年美国信息技术与创新基金会发布了《美国全球数字经济大战略》，该报告阐述了信息和数字技术的重要性，指出美国政府必须制定以"数字现实政治"（digital realpolitik）为基础的大战略。德国在 2013 年发布了《实施"工业 4.0"战略建议书》；在 2014 年发布了《数字议程（2014—2017）》；在 2016 年发布了《数字化战略 2025》；在 2018 年德国联邦政府通过了人工智能战略要点文件；在 2019 年德国联邦经济和能源部发布了《国家工业战略 2030》，旨在有针对性地扶持重点工业领域，提高工业产值，持续推动数字经济转型。英国在 2013 年制定了《制造业的未来：英国面临的机遇与挑战》；在 2017 年推出了《英国数字战略》，对脱欧后打造全球领先的数字经济及全面推进数字转型作出部署；2018 年又发布了《产业战略：人工智能领域行动》和《国家计量战略：实施计划 2017～2020 年》。其他国家也把互联网技术发展纳入国家战略，如日本先后发布了《i-Japan 战略 2015》《创建最尖端 IT 国家宣言》《日本制造业白皮书（2018）》《集成创新战略》；法国 2018 年发布了"人工智能国家战略""5G 发展路线图"以及利用数字技术促进工业转型的方案；韩国 2014 年推出了《制造业创新 3.0 战略》，2015 年发布了《制造业创新 3.0 战略实施方案》，2018 年发布了《人工智能研发战略》；新加坡 2014 年推出了"智慧国家 2025"计划，2019 年出台了《国家人工智能战略》等。可见，各发达国家都在对第四次工业革命进行前瞻性布局，以通过互联网技术发展与应用谋求抢占制高点、强化新优势。

3.1.2 发达国家的互联网与产业经济融合呈现"双中心"并存的结构模式

"双中心"是指制造业企业中心和信息网络技术企业中心,前者是指由制造业企业主导的模式[以下简称 M(manufacturing)模式],后者则是指由信息网络技术企业主导的模式[以下简称 I(information & internet)模式]。其中,M 模式的典型代表如德国的工业 4.0、美国的再工业化战略、日本的智能工厂等发展模式。两种模式各有特色,企业根据各自资源禀赋和产业特点,选择适宜模式,推动互联网与产业深度融合,实现智能制造和智能服务转型。

例如,美国通用电气(General Electric, GE)公司被视为美国工业的代表,从物联网角度切入,以智能服务为主攻方向。如表 3-1 所示,通用电气公司的炫工厂(brilliant factory),是工业互联网和先进制造相结合的产物,通过工业互联网,将人、数据和机器连接起来,实现互联互通;通过大规模客户定制满足不同客户需求,实现产品和服务增值。

表 3-1 美国互联网与产业经济融合的典型企业案例

企业案例	转型模式	互联网与产业融合的实现路径
通用电气公司的炫工厂	M	通用电气公司的炫工厂,结合工业互联网和智能制造,用数据链打通设计、工艺、制造、供应链、分销渠道、售后服务,并形成一个内聚、连贯的智能系统。该工厂有 1500 名工人,他们共同分享使用生产线,包括 3D 打印机和激光检测设备。工厂的生产线通过数字化的方式与供应商、服务商、物流系统相连接以优化生产
IBM IT 综合服务商	I	IBM 与云计算"融合"。①2013 年收购了云计算基础架构厂商 SoftLayer,并利用 SoftLayer 的技术开发其 Bluemix 云计算平台;通过 Bluemix 提供的分析和大数据服务已经成为 IBM 关键的增长引擎。②2014 年 IBM 对认知计算系统 Watson 投入 10 亿美元。③2015 年新设立物联网业务部门,在后续四年投资 30 亿美元。新 IBM 是为物联网而生的
宝洁公司(P&G)	M	日化巨头宝洁在生产经营中引进了数字技术,立足实用性,旨在和消费者之间的沟通可以更加活跃,从而不断改进产品以获得成功。宝洁利用商业智能系统,通过大数据分析,形成产品研发、市场部门、销售部门的联动,将各个部门的关注点锁定在消费者身上,为每一位消费者提供定制化服务和产品,促进商业模式的不断优化
谷歌"做联网的制造者"(be a connected manufacturer)	I	谷歌推出的 Google Workspace(谷歌工作区),是以云为基础的一系列企业级服务套餐,包括工作应用、云平台、工作浏览器、工作地图、工作搜索。可以说,谷歌为传统行业企业提供了一整套的"互联网+"解决方案,既包括工作场景中的邮件、电视电话会、文件处理、分享/存储服务,也包括如云存储、计算、API(application program interface,应用程序接口)开发、互联网增值服务(如搜索、地图)等后台服务。谷歌在硬件方面,特别重视机器人在传感器、软件集成等方面的突出优势,这与目前工业 4.0 中生产场景智能化的发展方向不谋而合

续表

企业案例	转型模式	互联网与产业融合的实现路径
亚马逊的"Amazon Web Services"（亚马逊云计算服务，AWS）平台服务制造业	I	全球最大的云计算基础架构服务提供商亚马逊，通过其 AWS 平台提供物联网和大数据服务，向企业提供云计算等 IT 基础设施服务。AWS 一揽子方案包括亚马逊弹性计算云（Amazon Elastic Compute Cloud, Amazon EC2）、亚马逊简单存储服务（Amazon Simple Storage Service, Amazon S3）、亚马逊简单数据库（Amazon Simple Database, Amazon SimpleDB）、亚马逊简单队列服务（Amazon Simple Queue Service）以及 Amazon CloudFront 等
微软的制造企业服务	M	早在 1999 年，微软就推出了适用于机顶盒、POS 机等非个人计算机设备的嵌入式操作系统 Windows Embedded。使用这一系统的硬件可以与桌面应用程序无缝集成，大大缩短了上市时间。微软推出的 Azure 云平台和 Windows IoT 企业版，更是在跨硬件通用性上下足了功夫，宗旨是"Microsoft Everywhere（微软无处不在）"。Azure 为跨平台数据搜集提供了解决方案，各种硬件平台虽然使用不同的数据格式，但是可以通过前端的 Windows IoT 企业版和云端的 Azure 平台实现互联互通，让不同数据格式的机器互相"交谈"。在此基础之上，微软将自己的 Office 系列企业级办公软件与远端的云存储、云计算结合在一起，创造出独特的企业级应用生态。在制造业的场景中，企业可以将自己的生产机器的软件控制系统直接建立在 Azure 和 Windows IoT 企业版之上，实现以 Windows 为软件控制基础的智能化生产

资料来源：《互联网+制造业 M 版与 I 版是什么？》，http://im.cechina.cn/15/0617/06/20150617060247.htm [2023-10-22]

西门子是全球工业 4.0 的代表性企业，以工厂生产方式的变革为侧重点。西门子的数字工厂，以物联网、云计算、大数据等信息技术作为业务主驱动，集成了全球最先进的生产管理系统，通过数据分享的合作平台 Teamcenter，将产品生命周期的主要环节顺畅地连接起来，实现产品从研发设计到售后服务的全周期管理（表 3-2）。

表 3-2　德国和日本互联网与产业经济融合的典型企业案例

	企业案例	转型模式	互联网与产业融合的实现路径
德国	博世的"慧连制造"（Intelligent Connected Manufacturing）	M	方案核心为制造-物流软件平台，以其作为本地和云端的软件基础，对整个生产流程进行云化和再造。方案包括三个部分，一是制程质量管理（process quality manager），二是远端服务管理（remote service manager），三是预测维护（predictive maintenance）
	宝马莱比锡精益汽车工厂	M	工厂内的标准化、模块化和数字化的产品设计，能在不影响生产进度和损失品质的前提下，实现每台下线车型都能满足大规模定制的市场需求；从环保无污染的生产流程，到不断研发低能耗的新能源汽车，再到实施各种绿色回收项目，工厂始终在运营过程中将资源利用率最大化、可持续发展贯穿于整个价值链

续表

	企业案例	转型模式	互联网与产业融合的实现路径
德国	西门子数字工厂（Digital Factory）	M	核心是基于数据分享的合作平台 Teamcenter。平台之上，生产者与用户、供应商共同组成"数字工厂"，通过 PLM（Product Lifecycle Management，产品生命周期管理）系统、MES（Manufacturing Execution System，生产执行系统）、TIA（Totally Integrated Automation，全集成自动化）系统三位一体的软件系统平台，实时沟通，达成产品从研发设计到售后服务的全周期管理
日本	三菱电机的 e-F@ctory	M	e-F@ctory 是三菱电机面向制造业推出的整体解决方案。底层为硬件，顶层为软件，中间层是人机界面。硬件层包括两个部分：动力分配输送系统和生产设备系统。人机界面由信息通信产品群组成。软件层主要是企业级的信息系统，如 ERP（Enterprise Resource Planning，企业资源计划）、MES。e-F@ctory 灵活运用信息技术，将生产现场与上层信息系统直接相连，既可实现工厂的"可视化"，同时又能促进生产设备的高性能化和最优化，缩短开发及调试周期，降低运行及维护成本，从而削减生产工序的整体成本，实现"工厂全面最优化"

资料来源：《互联网+制造业 M 版与 I 版是什么？》，http://im.cechina.cn/15/0617/06/20150617060247.htm[2023-10-22]；《互联网+下的 M 版发展》，https://www.chuandong.com/news/news162220.html[2023-10-22]

德国工业 4.0 项目主要分为三大主题。一是智能工厂，重点研究智能化生产系统及过程，以及网络化分布式生产设施的实现。二是智能生产，主要涉及整个企业的生产物流管理、人机互动以及 3D 技术在工业生产过程中的应用等。该计划将特别注重吸引中小企业参与，力图使中小企业成为新一代智能化生产技术的使用者和受益者，同时也成为先进工业生产技术的创造者和供应者。三是智能物流，主要通过互联网、物联网，整合物流资源，充分发挥现有物流资源供应方的效率，需求方则能快速获得服务匹配，得到物流支持。这些项目实际上都要靠智能服务驱动（赵建国，2015）。图 3-1 是埃森哲 G2000 公司在机械、汽车、物流、能源、化工、医疗设备和制药行业的全球数字化竞争优势比较，表 3-3 是在这些行业具有数字化竞争优势的全球排名前三的国家。显然，德国占有比较优势。

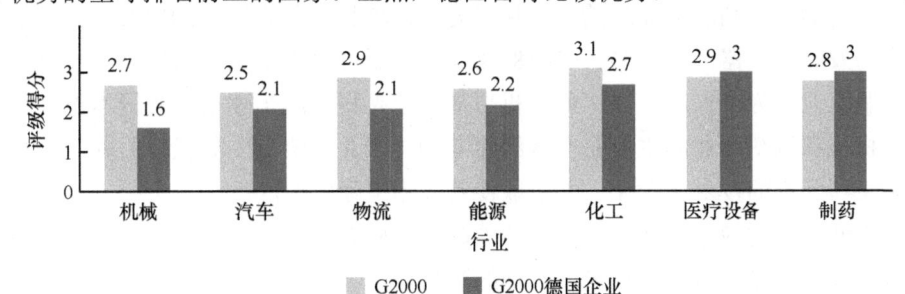

图 3-1 埃森哲 G2000 公司部分行业全球数字化竞争优势比较

资料来源：周忠锋，王轶. 2016. 德国智能服务世界[J]. 中国工业评论，(5): 12-20
基于埃森哲 G2000 公司排名和埃森哲的数字索引，根据行业划分（n=227），G2000 企业数字竞争力评级标准为：1=高度数字化；2=一定程度数字化；3=数字化程度非常有限；4=未数字化

表 3-3 在部分行业具有数字化竞争优势的全球排名前三的国家

排名	机械	汽车	物流	能源	化工	医疗设备	制药
1	德国	德国	德国	美国	美国	荷兰	瑞士
2	瑞士	瑞典	英国	英国	沙特阿拉伯	瑞士	法国
3	美国	美国	美国	瑞典	印度	日本	英国

资料来源：周忠锋，王轶. 2016. 德国智能服务世界[J]. 中国工业评论, (5): 12-20

3.1.3 发达国家互联网与产业经济融合的侧重点比较

美国、德国、日本等发达国家的工业 4.0 进程不一，且侧重点有所不同，但具有国情特色，互有优势。

作为先行者，德国逾四成企业已采用工业 4.0 平台。德国工业 4.0 的核心是发展制造业的智能生产技术和智能生产模式，实现产品全生命周期和全制造流程的数字化，强调"硬"制造，即技术过硬、品质过硬、理念过硬，主要面向三大智能战略发展方向，即智能工厂、智能生产和智能物流。

与德国强调的"硬"制造相比，美国则更侧重于在"软"服务方面推动新一轮工业化，即将虚拟网络与实体连接，形成更具有效率的生产系统。美国建立了数字化制造和设计创新中心（Digital Manufacturing and Design Innovation Institute，DMDI），聚焦制造全生命周期的数字化交换与集成。美国国家标准与技术研究院（National Institute of Standards and Technology，NIST）组织其工业界和 ICT 产业界的龙头企业，共同推动工业互联网相关标准框架的制定，通用电气公司联合亚马逊、埃森哲、思科等企业共同打造支持"工业互联网"战略的物联网与大数据分析平台。

在日本，工业 4.0 与其国情密切相关，其以人工智能作为引领。值得关注的是，日本政府一直非常重视高端制造业的发展，2014 年日本经济产业省把 3D 打印机列为优先政策扶持对象，计划当年投资 40 亿日元，实施名为"以 3D 造型技术为核心的产品制造革命"的大规模研究开发项目（张志恒，2014）；2015 年日本政府发布《机器人新战略》，2018 年又发布了《日本制造业白皮书（2018）》，把互联工业作为未来产业。三菱电机、富士通、日产汽车和松下等日本电子、信息、机械和汽车行业的主要企业等组建名为"产业价值链主导权"的联盟，共同探讨工厂互联的技术标准化，并争取使其成为国际标准。

因此，发达国家都在加紧布局智能制造，政企协作共同打造系统性的智能制造竞争优势，以抢占制造业未来发展的制高点。

3.2 发展中国家的实践和经验启示

经历了 2008 年全球金融危机之后，实体经济的重要性被重新认知，不仅美国、德国、日本等发达国家相继提出再工业化战略，巴西、印度等发展中国家也在加快谋划和布局制造业的转型,巴西80%的企业使用计算机和互联网进行企业管理和技术创新。而"印度制造"具有典型的后发优势特征,尤其在一些高新技术领域,其私营经济在创新经济发展方面更具灵活性。

3.2.1 巴西的实践

近年来,巴西数字化转型方兴未艾。巴西政府大力推动ICT建设,积极向数字服务转型。根据《G20国家数字经济发展研究报告》,巴西的数字经济规模在世界上位于前列,占国内生产总值的比例在10%~30%(陈威华,2021)。2020年的新冠疫情使巴西民众的消费观念发生巨大变化,网购的人数迅速增长,带动了电子商务的发展。目前,巴西数字经济正进入一个全新的产业周期,ICT、数字技术和数字基础设施得到广泛应用。

巴西互联网覆盖率持续增长,电子商务规模逐年上升,数字经济作为经济发展新动能的作用日益凸显。2011年巴西电商销售187亿雷亚尔(1美元约合4雷亚尔),同比增长26%,2013年和2014年巴西电商销售分别增长28.8%和35.8%,2015年增幅更是达到41.3%。2018年首次超过500亿雷亚尔,达到532亿雷亚尔,2021年达到1610亿雷亚尔。2011年以来订单数量持续增长,2011年为5400万,同比增长34%,2014年超过1亿,2017年为1.1亿,2018年为1.23亿[①],2021年为3.53亿[②]。在电商销量方面,2018年家电、电话和手机、家庭装饰用品、信息产品、电子产品是占比最多的品类,如表3-4所示,化妆品和清洁健康用品、服装和配件、体育和休闲用品在巴西电子商务销售中也占据重要地位。

表3-4　2018年巴西电商销售主要商品类别及占比（销售额占总销售额的比重/%）

类别	占比	类别	占比	类别	占比	类别	占比
家电	19.6	家庭装饰用品	10	电子产品	9.5	服装和配件	5.6
电话和手机	18.2	信息产品	9.6	化妆品和清洁健康用品	6.8	体育和休闲用品	3.6

巴西政府高度重视发展数字经济,2018年发布了《巴西数字化转型战略》,2022年11月17日又出台了《巴西数字化转型战略2022~2026》,极大地推动了巴西经济数字化转型。以淡水河谷公司为例,该公司是全球排名前十的金属及采矿公司。该公司积极实施人工智能和数字化行动,通过利用计算机视觉系统、人工智能等对采矿进行大量数据分析,可以更精准进行矿产勘探。又如,该公司使

---

① 巴西电商发展情况, http://file.mofcom.gov.cn/article/zwjg/zwdy/zwdymd/202001/20200102932014.shtml[2023-10-22]。

② 李晓骁. 2022-03-29. 巴西电子商务发展迅速[N]. 人民日报, (17).

用传感器来检查卡车轮胎中出现的问题,在这项措施实施后,铁矿石运输卡车的轮胎寿命增加了 30%。该集团 2018 年共有 400 辆铁矿石运输卡车,每个轮胎的花费为 7 万美元,仅在这个领域该公司就节省了 500 万美元。①

小微企业占巴西企业总数的 90% 以上,贡献了巴西国内生产总值的 30%。但是,根据瓦加斯基金会和巴西工业发展署(Agência Brasileira de Desenvolvimento Industrial,ABDI)联合进行的调查,66% 的巴西小微企业数字化程度不高,仍处于初级阶段。受访企业主表示,制约他们开展数字化运营的主要障碍是缺乏资源、找不到合适的技术人员。为此,政府将持续执行"巴西 Wi-Fi""北部和东北部互联""智慧城市"等计划,尽快弥补数字鸿沟,推动经济和民生进一步实现数字化(陈威华,2021)。

3.2.2 印度的实践

IT 产业是印度国际竞争力最强的产业,在其国民经济中占据主导地位。印度长期以来一直享有全球"最佳服务外包承接地"的美誉,其信息和通信技术服务出口占全球的市场份额虽有所波动,但到 2022 年仍占 14.91%,一批 IT 服务企业成为全球服务外包市场重要的国际服务供应商,并引领全球范围内离岸服务外包的业务创新与模式创新。印度 IT 行业的外包接包能力在新兴市场中处于领先地位,其服务经济也因此被视为新兴经济体的"领头羊"(黄烨菁等,2014)。

印度作为全世界 IT 业以及服务行业较发达的国家之一,在这两个领域的影响力日益深入。在全球大数据产业迅猛发展的当下,印度自然不甘落后。近年来,依托雄厚的服务产业基础,以及 IT 产业庞大的市场需求,印度的大数据产业得到了强势发展。

数字经济能在印度快速发展,离不开政府的政策支持。发展数字经济,在印度已上升为国家战略。印度总理莫迪 2014 年首次上任后就提出"数字印度"计划。经过多年的发展,"数字印度"计划取得了长足进展。2020 年 10 月,莫迪在数字技术论坛上表示,数字技术已不只是政府倡导的口号,其已成为印度的一种生活方式。印度政府在数字经济的基础设施领域至少提供了以下关键支持。第一,推出"阿达尔"电子生物识别系统。2010 年 9 月,印度开始推行"阿达尔"计划,收集居民的住址、照片、指纹、虹膜等数据,为每个居民提供独一无二的12 位身份证编号,并与手机号和银行账号绑定。截至 2019 年 12 月,约有 12.5亿的印度人口(接近总人口的 95%)拥有了该数字身份信息。第二,统一电子金融支付接口。2016 年 4 月,印度国家支付公司推出了统一支付接口,通过数字支

---

① 提高竞争力 巴西企业竞相对接工业 4.0,https://www.chinanews.com.cn/gj/2018/01-17/8426473.shtml[2023-10-22]。

付接口将未被银行服务覆盖的居民人口引入正规金融系统。统一支付接口与"阿达尔"绑定，当一个数字身份与"阿达尔"支持的支付系统连接时，可以通过使用"阿达尔"认证的任何银行进行在线交易。第三，通过政策鼓励建立基于印度本地的供应链网络，这主要是指印度政府推出的总额为2万亿卢比的制造业促进计划，旨在吸引本国和海外资金投资印度制造业，推动制造业升级换代，从而使印度成为世界制造业供应链的重要组成部分。这将直接促进与数字经济相关硬件的产出。根据印度研究咨询机构雷德西尔公司估算，印度2019～2020财年数字支付规模为2162万亿卢比，使用移动支付的用户在1.6亿人左右；疫情期间，印度食品、杂货的数字支付增长了75%；在政府相关政策的推动下，2025年，印度数字支付规模将达7092万亿卢比，移动支付使用人群接近8亿人。到2025年，印度数字经济将创造高达1万亿美元的经济价值，其中一半将来自不同经济领域涌现的新数字生态系统。[①]

Snapdeal是印度最大的在线交易平台之一，特别是移动设备的销售占据了其在线交易的大部分份额。2015年8月18日，富士康旗下控股上市公司——富智康集团有限公司宣布，将通过新加坡子公司Wonderful Stars投资2亿美元入股Jasper Infotech Private Limited，该公司旗下拥有并运营印度电商巨头Snapdeal。Wonderful Stars通过该项投资获得了4.27%的Snapdeal股权。Snapdeal联合创始人兼CEO Kunal Bahl（库奈尔·巴尔）表示，这一投资将促进Snapdeal在印度建立起最有影响力的数字商业系统，并同该国"数字印度"的战略举措相契合。[②] 2016年2月16日，Snapdeal宣布完成新一轮2亿美元融资。Snapdeal表示，此轮融资的资金将被用于进一步发展技术平台、物流、支付和后端基础设施。作为印度本土的电子商务平台，Snapdeal曾获得阿里巴巴、软银等企业的投资，截至2014年，Snapdeal平台入驻商家超过30万，覆盖印度6000多个城市，有超6000万种商品，平台主推商品是3C电子产品［3C产品是计算机类（computer）、通信类（communication）和消费类电子（consumer electronic）产品三者的统称］。Snapdeal的商业模式类似于中国的阿里巴巴集团，致力于助力印度中小型企业利用互联网发展企业，实现数字创新。

塔塔集团（Tata group）是印度的大型跨国企业，拥有超过100家运营公司。塔塔集团是19世纪后期由Jamsetji Tata（贾姆谢特吉·塔塔）先生创建的，开始时从事纺织业，并逐渐扩展到钢铁、电力、汽车、化工等行业。该公司注重经营多样化，后又进入了金融业、旅馆业、电信业和IT行业。塔塔集团旗下子公

---

① 【见闻】印度迎来数字经济高光时刻，https://www.cnfin.com/stock-xh08/a/20210724/1994998.shtml[2022-10-23]。

② 富士康旗下富智康2亿美元入股印度电商巨头Snapdeal，http://it.people.com.cn/n/2015/0819/c1009-27483181.html[2022-10-23]。

司包括塔塔咨询服务公司（该公司是印度第一家软件公司）、塔塔汽车公司（该公司于 1998 年生产出印度第一辆本土研制汽车 Indica）。在 2015 年印度尼西亚国际汽车展［GAIKINDO（Gabungan Industri Kendaraan Bermotor Indonesia，印度尼西亚汽车工业协会）Indonesia International Auto Show，GIIAS］上，塔塔汽车公司展出了一款 Tata Prima 4928.S-6x4 牵引车，宣称这款车是"世界智能卡车"，它的驾驶室设计来自意大利，发动机技术来自美国和欧洲，变速箱技术来自美国和印度，底盘框架结构来自墨西哥，钣金模具来自日本和韩国，而这些部件的焊接是在瑞典机器人焊接线上完成的。塔塔通信公司是塔塔集团旗下的电信公司，其运营着全球最大的传输网络之一。2017 年 6 月 10 日，塔塔通信公司和阿里云在云栖大会·上海峰会上宣布达成合作，双方将在云计算网络方面实现互联互通，将网络服务的覆盖范围拓展至全球超过 150 个国家和地区。

3.3 中国的实践和经验启示

互联网与产业经济融合作为一种新的经济形态，对中国经济发展产生了深远的影响，有助于促进产业结构转型、优化市场竞争格局、缓解就业压力等，已成为中国经济新的增长点。近年来，我国互联网发展迅猛，如表 3-5 所示，从 2014 年到 2020 年，我国域名数、互联网宽带接入端口、移动互联网接入流量、互联网宽带接入用户的年均增长率都超过了 10%，尤其是移动互联网接入流量的年均增长率达到了 107.71%，为我国互联网与产业经济融合发展奠定了良好的基础。由表 3-6 可知，我国有电子商务交易活动的企业数、电子商务销售额、电子商务采购额从 2013 年到 2020 年的年均增长率都超过了 10%，企业信息化水平不断提高。根据国家工业信息安全发展研究中心数据，2018 年企业数字化对经济产出的贡献份额为 11.08%，2019 年为 12.52%，2020 年为 13.31%。

3.3.1 部分大企业先行先试

我国部分大企业先行先试，积极推进互联网与产业深度融合，已积累了一定的实践经验。我国华为公司和吉利控股集团等，从智能服务驱动制造业产业链和供应链变革的角度，推动构建精益智能制造和智能配送体系，促进制造企业管理数字化和智能化，提高制造及物流运营效率；海尔、雅戈尔通过信息技术引领传统制造企业价值链延伸，打造信息化与制造业深度融合的新竞争优势，实现智能服务业驱动企业转型；阿里巴巴集团利用信息网络技术构建中国制造供应链生态，对中国制造产生了积极影响，并促进形成了一系列的经济新业态和新模式；小米之家利用智能硬件与互联网服务融合创新商业模式；海螺集团推出"双脑融合"（以生产管理为中心的"左脑"和以财务管理为中心的"右脑"）模式，促进生产

表 3-5 中国互联网发展情况（2014~2020 年）

指标	2014 年	2015 年	2016 年	2017 年	2018 年	2019 年	2020 年	年均增长率/%
域名数/万个	2 059.6	3 101.4	4 227.6	3 848.0	3 792.8	5 094.2	4 197.8	12.60
网页数/万个	18 991 864.9	21 229 622.4	23 599 758.4	26 039 903.0	28 162 240.6	29 782 991.5	31 550 109.8	8.83
IPv4 地址数/万个	33 198.8	33 652.0	33 810.3	33 870.5	33 892.5	33 909.3	34 066.8	0.43
互联网宽带接入端口/万个	40 546.1	57 709.4	71 276.9	77 599.1	86 752.3	91 578.0	94 604.7	15.17
移动互联网用户/万户	87 522.1	96 447.2	109 395.0	127 153.7	127 481.5	131 852.6	134 851.9	7.47
移动互联网接入流量/万 GB	206 193.6	418 753.3	937 863.5	2 459 380.3	7 090 039.3	12 199 200.6	16 556 817.2	107.71
互联网宽带接入用户/万户	20 048.3	25 946.6	29 720.7	34 854.0	40 738.2	44 927.9	48 355.0	15.80

资料来源：《中国统计年鉴》（2021 年）
注：GB 表示吉字节（gigabyte）

表 3-6 中国企业整体信息化及电子商务情况（2013~2020 年）

指标	2013 年	2014 年	2015 年	2016 年	2017 年	2018 年	2019 年	2020 年	年均增长率/%
企业拥有网站数/个	486 884	523 741	523 340	532 292	541 127	527 843	534 190	553 466	1.85
每百家企业拥有网站数/个	57	58	57	56	56	54	51	49	—
期末使用计算机数/台	36 530 303	40 876 910	42 658 164	44 884 674	47 427 774	50 380 625	54 433 299	57 782 891	6.77
每百人使用计算机数/台	20	22	23	25	26	29	32	34	—
有电子商务交易活动的企业数/个	44 289	64 863	87 436	102 761	92 122	99 035	109 410	124 552	15.92
有电子商务交易活动的企业数比重/%	5.2	7.2	9.6	10.9	9.5	10.0	10.5	11.1	—
电子商务销售额/亿元	56 683.6	79 657.9	91 724.2	107 321.8	130 480.7	152 424.5	169 325.9	189 334.7	18.80
电子商务采购额/亿元	34 662.9	48 681.6	53 499.1	63 347.2	74 365.1	85 597.8	101 275.1	109 133.4	17.80

资料来源：《中国统计年鉴》（2014~2021 年）

和经营全面融合；三一集团推动流程"四化"（标准化、在线化、自动化、智能化）和"5+2"（研发、制造、营销、服务、商务+财务、人资）流程数字化，数字化转型取得了积极进展。具体如表 3-7 所示。

表 3-7 互联网与产业经济融合驱动制造业转型典型案例

研究企业案例	转型模式	转型路径
华为智能化运营与华为企业云	通过信息网络技术自主创新促进企业管理智能化	作为我国 ICT 行业领导者的华为在运营管理过程中充分采用数字化进行运营管理，以包容、弹性的方式建立生态，技术平台更加开放，同时通过精益智能制造和智能配送体系来提高制造及物流运营效率。华为构建了企业云，可提供面向政府、智能制造、金融、交通、医疗、能源等领域的大数据和云计算服务
海尔智能工厂	全面改善信息网络基础设施，重塑传统制造业价值链	构建"1+7"的平台（1 即 U+智慧综合平台；7 即用户定制交互平台、零距离即时营销平台、开放创新平台、模块商平台、智能制造平台、智慧物流平台、智联服务平台），创造用户的个性化体验，从大规模制造向大规模定制转型，实时响应全球的用户定制需求，实现了企业的成功转型（江志斌等，2020）
吉利控股集团车联网"智慧出行"	借助智能制造提升企业整体协同能力	吉利汽车工业正进入智能时代，汽车正在通过智能互联和自动驾驶技术解放人的手脚，理解人的言行。车联网、人工智能和自动驾驶成为智能互联汽车的三大技术，自动驾驶是三者融合的方向。这个趋势将引发一系列变革，包括消费者出行和生活方式的变革、IT 和通信技术的变革、基础设施的变革、人类文化和社会进程的变革等。基于前瞻布局，吉利控股集团以沃尔沃为龙头，制定了全面的智能互联战略、技术路线和产品规划，高度重视电气化、轻量化和智能化等核心技术的研发，力争把吉利控股集团打造成全球前十大汽车工业集团
雅戈尔从"中国制造"走向"中国智造"	利用信息技术改造传统产业，整合供需链	雅戈尔利用新一代信息技术改造提升传统服装产业，将信息技术嵌入生产的各个环节，以现代化的网络科技远见和信息服务提升制造业的技术和产品的创新能力，推行会员制客户和"千店计划"，根据客户的个性化需求和对市场大数据的挖掘，为企业提供信息服务支持和整体的解决方案，从而实现按需智能生产和智能服务，降低库存率，提高企业效益
阿里巴巴集团引领中国制造变革与转型	利用信息网络技术构建中国制造供应链生态	根植于浙江省的阿里巴巴集团通过多元化的互联网业务，为来自国内外的供应商和买家提供服务。集团加强阿里巴巴电商平台、菜鸟物流等重点项目建设，发展阿里云及大数据产业，推进居民生活服务智能化，构建诚信体系等。依托阿里巴巴集团建构的电子商务生态系统，产生了一系列的经济新业态和新模式，对促进我国互联网与产业经济融合产生了积极影响
小米之家商业模式创新	智能硬件与互联网服务融合创新商业模式	小米之家商业模式的核心是硬件与互联网服务的融合。小米通过提供丰富的智能硬件产品，如智能手机、路由器等，与互联网服务相结合，为用户带来便捷、智能的生活体验。这种融合不仅拓宽了小米的业务范围，还为企业创造了更多的盈利点

续表

研究企业案例	转型模式	转型路径
海螺集团的"双脑融合"	以生产管理为中心的"左脑"和以财务管理为中心的"右脑"融合，构成海螺集团的工业大脑	海螺集团154条生产线分布在20多个省区市和海外8个国家，在跨供需的优化、跨工厂的管理协同、跨工序的管理方面还存在一些痛点、难点。海螺集团通过"双脑融合"战略建设"一云两网五平台N场景"①的工业互联网平台。目前海螺云工平台已经实现了上线运行，下一步将联合运营商、IT头部企业共同丰富生态、横向拓展，加大平台整合融通，不断做深做实应用价值，打造行业领先的工业互联网生态，共同创造价值，共同分享价值
三一集团的数字化改革	推动流程"四化"（标准化、在线化、自动化、智能化）和"5+2"（研发、制造、营销、服务、商务+财务、人资）流程数字化	全面推进研发、采购、制造、营销服务和管理的数字化，实施"三现"（现场、现实、现物）数据、设备互联、营销信息化、产销存一体化、研发信息化等一批数字化项目并取得积极进展，推动了各项业务的在线化和智能化。自2018年至2024年1月，数字转型投资超过200亿元，先后建设了47家数字化转型工厂，其中国内46家、海外1家。北京桩机工厂、长沙泵送18号厂房已成为重工行业唯二的世界级智能工厂，建成后实现了制造人均产值提升31%，制造工艺降本50.03亿元，人工成本下降47%，保内故障率累计下降39%

资料来源：《吉利汽车全面向智能时代转型》，http://finance.sina.com.cn/tech/2021-11-05/doc-iktzscyy3699804.shtml [2023-10-23]；《海螺集团"三步走"推进数字化转型》，http://www.sasac.gov.cn/n2588025/n2588129/c28003694/content.html[2023-10-23]；《三一集团有限公司坚定不移推进数字化转型》，http://www.acfic.org.cn/fgzs/mqfc/202401/t20240125_199361.Html[2023-10-23]。

3.3.2 浙江互联网与产业经济融合的实践和经验

1. 浙江互联网与产业经济融合发展现状

以新一代信息网络技术为基础、以智能制造为主攻方向的互联网与产业经济深度融合，是浙江省制造业弯道超车的最佳路径。多年来，浙江省勇于创新、大胆探索、狠抓落实，走出了一条具有浙江特色的互联网与制造业融合发展之路，获批全国唯一的两化深度融合国家示范区，产业数字化增加值约为数字经济总量的80%，产业数字化指数居全国第一。②

1）互联网基础设施服务能级全面提升

进入21世纪以来，浙江省加快信息网络基础设施建设，拓展带宽、提高网速，扩大通信管网、无线基站、各级机房等设施的覆盖面，加快构建高速、移动、安全、泛在的新一代信息基础设施，推进城市无线网络服务开放共享。互联网基础能力进一步增强，截至2019年，浙江省网页数位居全国第二，互联网宽带接入端

---

① "一云"是指一个云计算平台；"两网"是指物联网和互联网；"五平台"是指生产管理平台、销售管理平台、物资采购平台、自动排产平台和物流发运平台；"N场景"是指在上述平台上可以部署多个应用场景，满足不同业务需求，实现业务的多样化和个性化。

② 深化新一代信息技术与制造业融合发展 大力推进新智造，https://jxt.zj.gov.cn/art/2021/9/3/art_1657982_58927103.html[2023-10-23]。

口位居全国第四，5G 网络建设实现规模化发展。互联网产业能力持续提升，电子商务引领全国，网络零售规模稳居全国第二。工业云和智能服务平台逐步成为智能制造关键应用基础设施，低时延、高可靠、广覆盖、更安全的网络服务支撑能力进一步增强，物联网在交通物流、城市生态、社区管理等领域应用初步实现。如表 3-8 所示，浙江两化融合发展水平总指数由 2011 年的 63.51 提高到 2017 年的 106.01，位居全国第二；其中，浙江的基础环境指数由 2011 年的 65.90 提高到 2017 年的 107.99。截至 2020 年，浙江省网民规模达到 5321.8 万人，互联网普及率为 82.4%，互联网基础设施服务能级全面提升。

表 3-8　浙江及全国两化融合发展水平（2011~2018 年）

年份	浙江 基础环境指数	浙江 工业应用指数	浙江 应用效益指数	浙江 总指数	全国 基础环境指数	全国 工业应用指数	全国 应用效益指数	全国 总指数
2011	65.90	52.94	82.27	63.51（7）	52.93	50.26	57.47	52.73
2012	74.25	57.84	93.00	70.73（7）	58.36	56.13	65.65	59.07
2013	79.05	68.27	99.18	78.69（5）	64.87	57.34	68.27	61.95
2014	93.01	75.33	101.37	86.26（3）	71.71	59.70	73.43	66.14
2015	91.64	94.04	112.88	98.84（2）	75.38	66.04	83.25	72.68
2016	105.62	94.06	116.40	102.54（2）	85.44	66.80	83.97	75.75
2017	107.99	98.06	119.93	106.01（2）	88.58	70.28	87.59	79.18
2018	—	99.00	—	—	92.14	70.79	91.01	81.18

资料来源：《中国两化融合发展数据地图（2020）》

注：括号内为全国排名

2）以平台为支撑，打造"1+N"工业互联网平台体系

浙江省不断发挥龙头企业在人工智能、大数据、云计算、工业控制等领域的技术实力，协调集聚优势资源，推动 IT 与 OT（operational technology，运营技术）深度融合，做强做优基础性平台，阿里云 supET 工业互联网平台、supOS 工业操作系统入选国家 2020 年跨行业跨领域工业互联网平台。按照"广泛创建—严格认定—重点扶持"的思路，建立行业级、区域级、企业级工业互联网平台梯度培育模式，做专做精"N"类平台，其中行业级平台重点为行业输出全场景解决方案，区域级平台重点为域内企业提供能耗管理、优化资源配置与协同合作等服务，企业级平台重点推动企业生产方式、服务体系和商业模式重构。截至 2021 年 9 月，已创建省级工业互联网平台 210 家，基本覆盖标志性产业链、17 个重点传统制造行业和主要块状经济产业集聚区。[①]

[①] 深化新一代信息技术与制造业融合发展　大力推进新智造，https://jxt.zj.gov.cn/art/2021/9/3/art_1657982_58927103.html[2023-10-23]。

3）以企业为中心，加快形成以"未来工厂"为引领，以智能工厂（数字化车间）为主体的新智造体系

实施智能化技术改造行动，推进智能制造，截至 2020 年，已认定省级智能工厂（数字化车间）263 家。探索建设"未来工厂"，贯通消费与制造，打通全环节数据链路，首批认定 12 家，成为引领新智造发展的第一梯队。例如，"犀牛智造"作为专为中小企业服务的数字化智能制造平台，以淘宝网百万商家、海量消费数据为引擎，以阿里云 supET 工业互联网平台技术优势为基座，逆向从消费端向制造端进行改造，打通"消费-零售-制造"环节，服务中小商家、赋能中小企业，重构完整的服装制造行业生态体系，实现传统制造业从"0"到"1"的突破性创新，实现消费互联网与工业互联网的深度融合、叠加和倍增。①

4）以应用为牵引，推动企业数字化转型

发挥大企业示范引领作用，推动大型制造企业建设工业互联网平台，破解产业链上下游企业数据共享难、协同效应差等难题。例如，浙江春风动力股份有限公司从事大排量摩托车的制造销售，为满足用户的个性化定制需求，基于平台打通产品定制、研发、制造及运维等数据，实现了 300 多家核心供应商的协同调度，近 600 道制造工序全调度周期缩短至 7 天内，个性化订单比重超过 70%。梳理重点行业数字化转型诉求，分行业组织开展推广活动，拓展"工业互联网平台赋能服务商、服务商服务中小企业"的业务模式，创新服务定价机制，大规模推动中小企业数字化转型。例如，新昌县定制开发了一套低成本、易应用的微型智能制造系统，为 300 多家轴承企业、1.8 万余台设备提供远程控制、异常分析、故障诊断和维护等服务，行业综合成本降低 15%，劳动用工减少 50%，有效解决了量大面广的中小微轴承企业缺资金、缺技术、缺人才等数字化改造难题。又如，宁波恒奇精密模具有限公司是北仑首家全面数字化改造的模具企业，2017 年 3 月应用平台生产操作系统后，产能提升约 100%，交期缩短 20%，成本降低 15%，返工率降低 30%，管理人员减少 40%。宁波君灵模具技术有限公司 2019 年 10 月起基于平台开展数字化改造，基本实现有序化、数字化、透明化生产，生产效率提高约 30%，返工率减少约 15%，管理人员减少约 50%。宁波臻至机械模具有限公司 2020 年 5 月引入平台，实时采集车间一线生产数据，解决生产资源冲突、任务分配不合理等难题，生产效率已提升 10%以上。②

---

① 深化新一代信息技术与制造业融合发展 大力推进新智造，https://jxt.zj.gov.cn/art/2021/9/3/art_1657982_58927103.html[2023-10-23]。

② 工业互联网平台赋能北仑模具行业数字化转型，http://jxt.zj.gov.cn/art/2020/9/15/art_1657981_57916023.html[2023-10-23]。

5）以创新为引领，构建融合发展新生态

立足杭州湾产业带优势，打造中国（杭州）工业互联网小镇、长三角（杭州）制造业数字化能力中心，建设工业互联网平台应用创新推广中心，打造基础设施完善、应用场景丰富的产业创新平台。依托浙江大学、之江实验室等科研资源，成立工业互联网研究院和重点实验室，推进中国工业互联网研究院浙江分院建设，培育重量级的技术创新机构。举办第六届世界互联网大会"工业互联网的创新与突破"论坛（浙江分论坛）、中国工业互联网大赛、第五届全球工业互联网大会、中国工业大数据大会·钱塘峰会等重要活动，搭建工业互联网理论创新、产业融合创新、赋能技术创新的平台，塑造发展新动能、新优势，让创新成为高质量发展的引擎。

2. 互联网与产业经济融合发展的经验总结

1）加强政策引导，注重"互联网+产业"的顶层设计

一是加强科学规划。浙江省把智能制造作为制造业强省建设的主攻方向。同时，先后制定并印发了《浙江省加快推进智能制造发展行动方案（2015—2017）》《浙江省机器人产业发展规划》《中小企业数字化赋能行动方案（2021—2023年）》《浙江省数字经济促进条例》《浙江省数字经济发展"十四五"规划》《浙江省全球先进制造业基地建设"十四五"规划》等文件，明确了浙江省高端装备制造业、智能制造、机器人等重点产业发展目标和任务，为浙江省推进智能制造、互联网技术与产业经济融合设定了明确的发展路径。二是加强政策引导。浙江主动对接国家智能制造相关战略、规划，争取国家智能制造专项、智能制造试点示范、首台（套）重大技术装备保险补偿等政策支持；整合现有财政专项资金，加大信贷支持力度，引导银行业金融机构对技术先进、优势明显、带动和支撑作用强的智能制造项目优先给予信贷支持。浙江依托政策的先发优势，从政府顶层设计与合理布局的"五化"（数字产业化、产业数字化、数据价值化、治理数字化、数字普惠化）协同推进机制、以世界级产业集群打造为抓手的数字产业体系建设机制、依托中小企业集群数字化转型重塑千行百业的创新机制、数字基础设施与数字技术服务能力先行提升的支撑机制、法律规范与政策集成有序激发市场活力的制度保障机制等方面推动互联网与产业经济深度融合。

2）开展试点示范，引领制造业产品和装备数字化变革

一是加快推进数字化改革。数字化改革是浙江忠实践行"八八战略"、奋力打造"重要窗口"的具体行动，是立足新发展阶段、贯彻新发展理念、构建新发展格局的重要探索。围绕数字化改革，充分发挥数据作为关键生产要素的作用，以"产业大脑+未来工厂"为核心架构，以"产业数字化、数字产业化"为方向，

推动产业链、创新链、供应链融合应用，实现资源要素的高效配置和经济社会的高效协同，形成全要素、全产业链、全价值链全面连接的数字经济运行系统。二是创建工业互联网国家示范区。持续提升"1+N"工业互联网平台体系，推进"双城"联动（杭州打造"国际工业互联网之都"，宁波打造全球工业互联网研发应用基地）、"双链"畅通（产业链与供应链畅通），打通需求与供给，贯通消费与制造，打造环杭州湾工业互联网产业带，创建工业互联网国家示范区。[①]

3）坚持多措并举，加快传统产业数字化改造

统筹工业转型升级资金、技术改造专项资金、中小企业基金等财政专项资金，实施制造业信息化科技工程，重点支持制造业研发设计、生产装备、流程管理、物流配送、能源管理的数字化、网络化、智能化，促进企业两化融合迈向集成应用的新阶段。目前，ICT正在从单项业务应用向多业务综合集成转变，从单一企业应用向产业链协同应用转变，从局部流程优化向全业务流程再造转变，从传统生产方式向柔性智能生产方式转变。通过"产品换代"（实现产品和装备的网络化、智能化升级）、"机器换人"（用智能化的机器、工业机器人、自动化生产线等取代人工）、"制造换法"（构建车间级机器互联的无人车间、企业级机器互联的智能工厂，推广绿色安全制造技术）、"电商换市"（运用基于互联网的电子商务、智慧物流等技术拓展新市场）、"商务换型"（推进云服务、云制造、服务型制造等新商业模式的应用）、"管理换脑"（发挥云计算、大数据在智慧化服务、精细化管理、一体化管控和科学化决策等方面的作用），推动了浙江省传统产业数字化改造的全面推进。

4）优化发展环境，积极培育互联网与产业经济融合的新业态和新模式

智能工厂（离散型、流程型行业智能制造）、网络协同制造、个性化定制、服务型制造成为引领互联网与产业经济融合的重要模式，企业组织结构不断向扁平化、开放化、平台化、生态化方向发展，智能物流、智能健康、智能教育等智能应用服务快速发展，服务效能明显提升。通过制造业"互联网+"行动推进制造业服务化转型。一是制定"互联网+"协同制造专项计划，明确发展方向、目标和路径，重点发展基于互联网的个性化定制、众包设计、网络化制造等新型模式，推动形成基于消费需求动态感知的研发、制造和产业组织方式。二是组织实施机电一体化产业"互联网+"推广应用计划，基于互联网开展故障预警、远程维护、质量诊断、远程过程优化等在线增值服务，拓展产品价值空间，实现从制造向"制造+服务"、服务型制造的转型升级。三是加快工业大数据资源的聚合和分析应用平台建设。加快推进小微企业云服务平台建设，实现对全省80万家中小微企业全覆盖。四是分

---

① 深化新一代信息技术与制造业融合发展 大力推进新智造，https://jxt.zj.gov.cn/art/2021/9/3/art_1657982_58927103.html[2023-10-23]。

行业探索新智造发展路径。聚焦高端装备、电子信息、汽车制造、纺织服装等离散型行业，重点鼓励开展产品全生命周期管理服务，加快建设标准化信息采集、自动化诊断、故障预测、远程运维等系统，开展关键技术装备和先进制造工艺集成应用。聚焦绿色石化、生物医药、食品加工、原材料等流程型行业，重点构建生产全流程运行数据模型，实现工艺改进、运行优化、质量管控、能耗管理和安全生产。

5）夯实产业基础，增强浙江数字化转型的支撑服务能力

一是完善智能制造标准体系。浙江省先行先试，2016年就成立浙江省智能制造标准联盟，并制定和印发《中小企业数字化赋能行动方案（2021-2023年）》等。针对智能制造横跨行业数量多、涉及企业广、缺乏统一评价标准这一问题，率先在国内围绕流程型制造、离散型制造、个性化定制等五种智能制造模式中智能制造关键因素制定评价标准，并于2016年正式发布，获得企业广泛认可。二是完善数字化转型推进服务体系。第三方服务体系是"数字化转型"的活力之源，针对中介机构起步晚、底子薄、市场不规范的状况，浙江省2015年制定实施了《浙江省工业信息工程公司产业技术创新综合试点方案》（浙经信信息〔2015〕39号），并建立了12家工业信息工程升级重点企业研究院，为轻工、纺织、医化、电子等行业提供企业数字化转型和"云网端"一体化智慧工厂解决方案，以及工程总承办服务；培育了16家首批信息化与制造业深度融合的第三方服务机构，加强智能制造转型的技术支撑和应用对接。同时，重点培育工程技术服务公司近百家，分行业成立智能制造应用推进指导组，分地区、分步骤实施智能制造推进计划，为制造业提供专业、优质、高效的数字化改造服务。三是完善技术创新体系。围绕"石墨烯""燃气涡轮机械""数字化诊疗设备""工业大数据"等关键性技术领域，创建省级制造业创新中心。自2017年开始实施制造业创新中心培育创建工作，并制定了《浙江省制造业创新中心建设提升实施方案（2021—2025年）》，围绕全省"415X"[①]先进制造业集群和重点产业链精准布局，重点突破产业共性技术的关键难点和卡点。截至2024年8月，浙江省已建22家创新中心，覆盖了新材料、高端装备、数字经济、生物医药等重点领域，其中高端装备8家、新材料7家、数字经济5家、生物医药2家。[②]加强培育指导和服务，鼓励和支持杭州、

[①] "4"是指重点发展新一代信息技术、高端装备、现代消费与健康、绿色石化与新材料等4个万亿级世界级先进产业群；"15"是指重点培育15个千亿级特色产业集群，具体为数字安防与网络通信、集成电路、智能光伏、高端软件、节能与新能源汽车及零部件、机器人与数控机床、节能环保与新能源装备、智能电气、高端船舶与海工装备、生物医药与医疗器械、现代纺织与服装、现代家具与智能家电、炼油化工、精细化工、高端新材料；"X"是指重点聚焦"互联网+"、生命健康、新材料三大科创高地等前沿领域，重点培育若干高成长性百亿级"新星"产业群，使之成为特色产业集群后备军。

[②] 浙江：聚焦行业共性技术攻关，有效推进制造业创新中心培育建设，https://baijiahao.baidu.com/s?id=1808813911979277389&wfr=spider&for=pc[2024-09-23]。

宁波等有条件、综合实力较强的地方，培育建设一批市级制造业创新中心，作为省级制造业创新中心的支撑，为发展智能制造提供有效技术支撑。

6）重视人才引育，加强"互联网+产业"发展的人力资源建设

随着新技术发展和市场环境的不断开放，浙江创新创业的主体从小众走向大众。浙江是电商汇聚的创业之都，阿里巴巴集团的存在又给浙江的创客增加了互联网的标签；同时，浙江大学等高校源源不断输送创业创新人才，以及浙江火热的资本市场，也让越来越多的浙商成为创业投资群体，把浙江的"借贷文化"转变为"投资文化"，为浙江"大众创业、万众创新"提供不竭的动力（董碧水，2015）。高质量承办世界互联网大会乌镇峰会、世界青年科学家峰会等学术论坛活动，以学术交流为平台，不断为学校扩大引才育才的"朋友圈"；充分发挥高能级科研平台在人才聚集与培养中的作用，重视人才引育，着力造就拔尖人才，创新海外引才方式，深化人才发展体制机制改革，为推进互联网与产业经济融合发展提供了人力资源保障。

第4章 互联网与产业经济融合的理论基础和理论框架研究

4.1 互联网与产业经济融合的内涵及其特征

4.1.1 互联网与产业经济融合的内涵

互联网向产业的应用拓展可分为五个阶段。第一阶段是互联网在企业的初步引入，企业建立网站和信息管理系统，关注产品的宣传和客户及供应链关系的管理。第二阶段是互联网应用的起步阶段，电子商务与网络营销在企业供应和销售的流通环节发挥了重要作用。在第三阶段，互联网应用的着力点转到制造环节和生产要素的配置。在第四阶段，移动互联网与物联网融合进一步丰富了通信的功能，实现身份认证、导航定位、智能配送和精准制造等，为企业互联网与产业融合发展提供基础。在第五阶段，基于大数据的挖掘打开了数据驱动创新之路，并深刻影响产品生命周期的每一个阶段，从产品的研发、设计、生产、销售到售后服务，每一个环节都因大数据的深入应用而发生了深刻的变革。互联网与物联网、云计算和大数据相伴，将实现智能制造与管理，推动全球技术要素和市场要素配置方式的变革。互联网与产业经济融合的内涵就是指利用 ICT 以及互联网平台，让互联网与传统行业进行深度融合，创造新的发展生态。它代表一种新的社会形态，即充分发挥互联网在社会资源配置中的优化和集成作用，将互联网的创新成果深度融合于经济社会各领域，提升全社会的创新力和生产力，形成更广泛的以互联网为基础设施和实现工具的经济发展新形态。

4.1.2 互联网与产业经济融合的特征

互联网与产业经济融合孕育了大量新组织、新业态、新产品、新商业模式，改变了传统产业版图，模糊了传统产业边界，打破了服务提供地域限制，改变了产业组织模式。互联网与产业经济融合的本质是把传统产业放到线上，进行数据化管理。与传统产业经济相比，互联网融合产业经济下的企业行为、交换方式、生产方式、增长动力、资源配置等都有了新的特征，具体来讲，主要体现在以下四个方面。

一是跨行跨界融合。"互联网+"是利用信息网络技术以及互联网平台与传统产业进行深度融合，而这些产业和互联网之间的跨度较大，通过融合不断颠覆传统制造模式、生产组织方式和产业形态,赋能传统产业转型升级。"互联网+产业"推动了企业平台化、跨界化发展,企业跨行业重组整合已经成为互联网与产业经济融合下的一种趋势。

二是创新驱动。我国传统的要素驱动、投资驱动是粗放型的,难以为继,亟须向创新驱动转变。而在"互联网+产业"下,企业可以发挥互联网在生产要素配置中的优化和集成作用,运用互联网从整体上提升企业的创新力和运行效率,通过创新驱动企业竞争力提升。

三是结构优化。互联网等数字技术的蓬勃发展,对产业结构产生了影响。互联网等数字技术的产业化发展带动了产业结构升级,而互联网等数字技术与传统产业的深度融合则又推动了传统产业技术升级和效率提升,并由此促进产业结构升级。

四是开放共享。开放和共享是"互联网+产业"的核心。"互联网+产业"的推进,可以使制约创新的环节更优化,让企业有更多的机会去创新、去创造。

可见,互联网与产业经济融合是由大数据驱动、以互联网平台为支撑的新经济,由此形成了开放性、共享性、包容性、动态性和时效性等特征。

4.2 互联网与产业经济融合的理论基础

4.2.1 熊彼特创新理论

1. 熊彼特创新理论内涵

熊彼特在《经济发展理论》一书中提到,创新就是要"建立一种新的生产函数",即"生产要素的重新组合",就是要把一种从来没有的关于生产要素和生产条件的"新组合"引进生产体系,以实现对生产要素或生产条件的"新组合";作为"灵魂"的"企业家"的职能就是实现"创新",引进"新组合";而"经济发展"就是指整个社会不断地实现这种"新组合",或者说"经济发展"就是这种不断创新的结果;而这种"新组合"的目的是获得潜在的利润,即最大限度地获取超额利润。周期性的经济波动正是起因于创新过程的非连续性和非均衡性,不同的创新对经济发展会产生不同的影响,由此形成时间各异的经济周期。当经济进步使得创新活动本身降为"例行事物"时,企业家将随着创新职能减弱、投资机会减少而消亡。因此,创新被认为是社会经济增长和发展的动力,没有创新就没有社会的发展。

熊彼特进一步明确指出创新的五种情况:一是采用一种新的产品,二是采用一种新的生产方法,三是开辟一个新的市场,四是掠取或控制原材料或半制成品的一种新的供应来源,五是实现任何一种工业的新的组织。后来人们将熊彼特创新理论归纳为五个创新,依次对应产品创新、技术创新、市场创新、资源配置创新和组织创新,而这里的组织创新也可以看成是部分的制度创新,当然仅仅是初期的、狭义的制度创新。

按照熊彼特的观点和分析,创新就是建立一种新的生产函数,从而能够生产出比原来更多的产品;作为创新的"灵魂"的企业家就是引入"新生产函数"、引入"新组合";技术创新也不仅是"发明创造的构想"或者是"实验阶段的产品",而是"科技成果的商业化和产业化";因而经济发展就是指整个社会不断实现"新组合",不断创新,推动社会经济发展。

2. 数字经济背景下的熊彼特创新

数字经济时代,互联网、大数据、信息网络技术等对企业生产组织方式带来颠覆式影响,通过互联网技术在生产体系中的广泛应用,逐渐演化出扁平式的分散式生产、分布式制造,这将成为未来重要的生产方式。互联网在经历了学术科研应用阶段和消费互联网蓬勃兴起阶段后,凭借其通用性、交互性、开放性和共享性特征开始向生产领域进军,对生产要素、组织模式、用户角色、业务形态和企业管理模式都产生了巨大冲击,通过互联网信息平台技术与先进制造工艺的结合,形成了全新的标准化生产车间和生产方式。新的标准化生产为企业赢得了新的规模经济——产业价值增长不再依靠单纯的增值环节(点),而是在互联网平台上形成由信息和技术两个维度组合成的产业增值区域(面)。产业链上下游在互联网平台上集聚,按照生产流程固有逻辑关联整合,技术、信息、价值和财富以数字化的方式传递,不仅提高了传输效率,而且降低了交易成本,改变了成本结构。此时互联网平台为用户提供了自主设计、生产的可能性,同时产业链也可根据用户的需求发生改变,并产生新的组合。在"大规模定制生产"时代,企业均以用户为核心并以散点形式分布在周围,供用户组合和完成生产,最终实现消费者与厂商之间的多赢。此时的产业链创新过程,是为了满足用户个性化的需求、基于互联网平台而产生的新模式或新业态,创新会通过互联网平台迅速传播并形成网络,具有快速学习能力和不断创新意识的企业才能得以生存,产业竞争的核心也由对产业链前端(如资本、技术等)的温特式控制,转向对产业链后端(如市场挖掘、用户体验感)的引导能力,即用户导向性,拥有用户即拥有未来。传统的产业链理论专注于研究企业间分工协作转移和创造价值的过程,当前的产业链理论开始关注客户潜在需求的挖掘,与传统追求垄断地位的导向不同,用户价值导向是实现"熊彼特创新租金"的重要出发点(周静,2016)。

4.2.2 国家竞争优势理论

20 世纪八九十年代,美国哈佛大学商学院教授迈克尔·E. 波特(Micheal E.

Porter）先后出版了《竞争战略》（Competitive Strategy）、《竞争优势》（Competitive Advantage）和《国家竞争优势》（The Competitive Advantage of Nations）三本著作，引起了西方经济学界和企业界的强烈反响。在《竞争战略》中，他提出了企业获取竞争优势的三种战略，即成本领先战略、差别化战略和目标集聚战略。在《竞争优势》中，他创立了价值链理论，认为企业竞争优势的关键来源是价值链的不同。而在《国家竞争优势》中，波特从企业竞争优势、产业竞争优势出发，扩展到分析国家竞争优势问题，认为竞争优势状况在各国企业、产业、产品上的体现是千差万别的，将局部的企业、产业、产品竞争优势整合为整体竞争优势，即国家竞争优势。波特的竞争优势理论对当代国际贸易竞争的方式和内容进行了深入的研究，并提出了"钻石理论"，从而推动了国际贸易理论的进一步发展。

波特认为，一国兴衰的根本在于是否能赢得国家竞争优势，而赢得国家竞争优势的关键则在于是否具有适宜的创新机制和充分的创新能力（Porter，1990）。创新机制可以从微观、中观和宏观三个层面来阐述。①微观竞争机制：国家竞争优势的基础是企业内部活力，企业缺乏活力或不思进取，国家就难以树立整体优势。②中观竞争机制：企业的创新涉及产业与区域发展。企业经营过程中的升级有赖于企业的前向、后向和旁侧关联产业的辅助与支持。③宏观竞争机制：在把企业、产业、产品等的局部优势整合为国家竞争优势的过程中，政府行为起着一定的作用。

波特认为，一个国家的竞争优势由生产要素、需求条件、相关与支持性产业、企业战略结构与同业竞争四个关键因素决定。这四个关键因素之间的关系成菱形状，似钻石（图4-1），波特称其为"国家钻石"（state diamond），即著名的"钻石理论"（Porter，1990）。

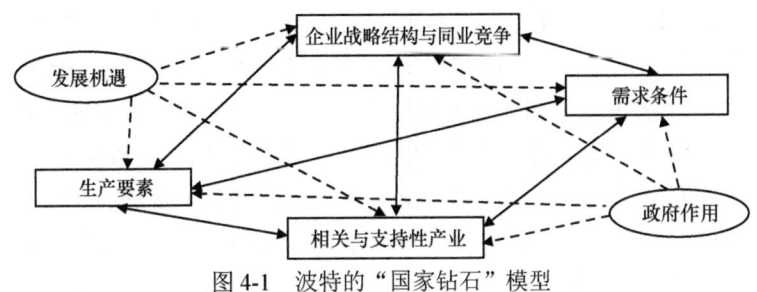

图 4-1 波特的"国家钻石"模型

实线表示四个关键因素之间的关系，成菱形，似钻石；虚线表示两个辅助因素与四个关键因素之间的关系

具体来讲：

（1）竞争优势来源于生产要素。生产要素主要包括：自然资源、人力资源、知识资源、资本资源和基础设施。波特还提出一种要素的分级系统，这种分级把要素区分为初级生产要素和高级生产要素，或者一般性生产要素和专业性生产要素。初级生产要素是指不需要进行开发活动，或仅需要相对来说比较少的、简单

的社会和私人投入（例如，某些自然资源、气候条件、半熟练和不熟练的劳动力、地理位置以及借入资本等）；而高级生产要素则是指通过投资和发展而创造的要素，包括受过高水平教育的人员和现代化的通信基础设施。波特认为，一国的真正竞争优势主要来源于经过不断地大量投资、创新和升级所取得的高级生产要素与专业性生产要素。初级生产要素的重要性，因对其需求的下降和容易得到而不断下降。此外，由于丰富的天然资源会促使一国简单地利用这种优势，不去想办法提升这些要素；而要素劣势相反会迫使企业想办法充分利用和提升自己要素的质量。因此，拥有初级生产要素优势的国家由于对其的依赖而使其国际竞争力反而下降。当然，要将要素劣势转化为优势需要具备一定的条件。

可见，波特继承了传统比较优势的思想并从两方面对其进行了修正。第一，他认为一国的要素禀赋在决定一国的竞争优势方面所起的作用要比通常所认为的更复杂。第二，他认为要素是动态的，因而可以被升级、被创造以及被特定化。他的结论是：很少有要素是真正通过继承取得的，它们通常是投资的产物。他还假定要素方面选择性的劣势可以通过具有影响力的战略和刺激性的发明来为一国产业的成功作贡献，从而完全颠覆了要素禀赋作为竞争优势来源的古典思想。

（2）竞争优势来源于苛刻的需求条件。本国需求状况对一国竞争优势的形成具有很大作用。市场的需求结构对国际竞争优势建立的影响有三：一是本国市场上有关产业的产品需求若大于海外市场，则拥有规模经济，有利于该国建立该产业的国际竞争优势；二是若本国市场消费者需求层次高，则对相关产业取得竞争优势有利，因为消费者对本国公司会产生一种促进产品质量、性能和服务等方面改进的压力；三是若本国公司对本国消费者预期需求反应迟钝，则不利于该国国际竞争力提升。波特认为，林德的需求偏好相似理论尚无法说明偏好相似的国家间的贸易流向。即便是需求结构相似的国家，仍然存在着各自的需求特点，而正是这些需求的差异之处使不同国家在不同产品或产业上具备了竞争优势。

（3）竞争优势来源于相关与支持性产业。波特认为以国内市场为基础的供应商的投入会以三种重要方式对下游产生优势。第一，供应商可以使下游产业早期、容易、迅速地逼近尽可能低的成本。第二，以国内市场为基础的供应商可以提供一种不断发展的协调优势，供应商可以尽早对下游公司的需求进行深入了解并相应地修改他们的产品计划。第三，下游公司也能够利用供应商技术创新的优势调整其战略计划。因此，波特认为一个产业若要形成竞争优势，就不能缺少一流的供应商，而且彼此之间必须维持紧密的合作关系。如果在一个国家的一定区域内能为某个产业聚集起健全而且具备国际竞争力的相关与支持性产业，从而形成强大的产业集群，则不仅有利于降低交易成本，而且有助于改进激励方式，改善创新条件，因而更容易形成竞争优势。

（4）竞争优势来源于企业战略结构与同业竞争。各国企业的目标不同，因而企业的竞争战略和结构不尽相同。跨国企业与国内企业比较，具有企业竞争战略优势，跨国企业的发展无疑也是国家竞争优势的来源。国内市场的竞争程度，对该国产业取得国际竞争优势有重大影响。世界上最成功的产业都与激烈的国内竞争密切相关。国内竞争的存在会对公司形成强大的压力，迫使公司去改进技术、进行创新和寻求更多的可持续竞争优势的来源，从而有利于该国国际竞争优势的形成。

此外，一国的发展机遇和政府作用，对国家竞争优势的形成起辅助作用。波特认为政府在保持产业竞争优势方面的作用天生就是从属性的。政府政策仅在那些决定国家优势的关键因素业已存在的产业中才能保持有效。他认为政府政策可以加速或增加获得竞争优势的可能性（或延迟与减少这些可能性），但在没有其他有利条件的情况下，政府政策缺少创造优势的力量。例如，二战后西方经济的复苏，就为日本的发展提供了充足的资本、技术和市场容量，而政府及时采取的产业结构、组织及技术政策，对于日本各时期主导产业的形成和及时转换，也起了不可低估的作用。在私人企业为主体的市场竞争中，"钻石"因素的作用更为重要，政府不能建立具有竞争力的产业，产业竞争力主要靠企业自身来创造，政府的作用是建立有利于培养竞争优势的外部环境。

波特强调，产业的竞争优势是国内各关键因素彼此长时间强化而衍生出来的，任何一个关键因素弱化都会影响产业升级的潜力。他认为，"钻石理论"体系以四大关键因素为支撑点，彼此环环相扣，组成动态的竞争模式，描绘了各国建立、提升产业竞争优势的实际可行进程。

4.2.3 "微笑曲线"理论

宏碁集团创办人施振荣先生，在1992年为"再造宏碁"提出了"微笑曲线"理论（施振荣，2005），并作为宏碁集团的策略方向。"微笑曲线"是施振荣创立国际品牌成功经验的高度概括。二十多年来，"微笑曲线"不仅为宏碁集团明确了发展方向，而且也为其他产业的发展提供了发展思路。

1. "微笑曲线"理论的内容

根据价值链理论，产业价值链环节可以细分为研发设计、生产制造、加工装配、市场开发、品牌营销、售后服务等。从附加值来讲，研发设计环节和品牌营销环节较高，而生产制造和加工装配环节较低，由此形成了一条类似微笑脸型的曲线，故称"微笑曲线"，如图4-2所示。

"微笑曲线"的形成，源于国际分工模式的变化。随着经济全球化的不断深化，产品内分工现象日益普遍，产品内分工使得同一个产品的生产环节分散在全球多个国家，参与国际分工合作的跨国企业，可以根据各自的要素禀赋和比较优

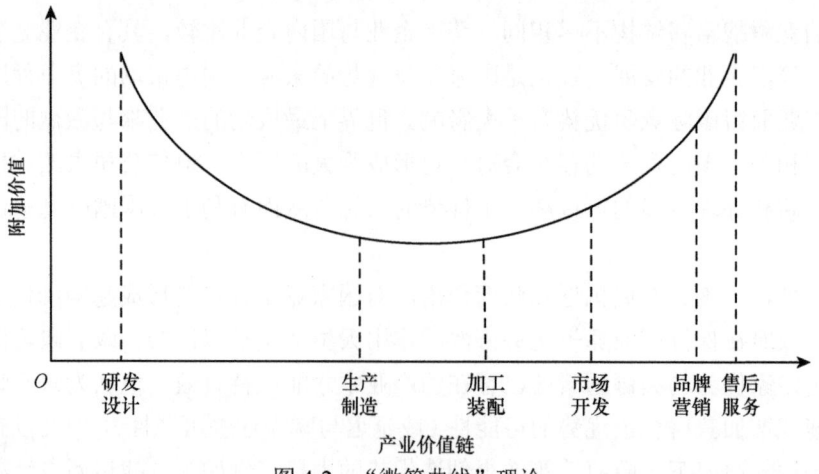

图 4-2 "微笑曲线"理论

势,选择参与产品价值链中的某个环节的分工和贸易,从而进一步促进全球范围内资源的优化配置。但是,产品价值链上各环节创造的附加值的多寡与要素的稀缺性相关,而它一般由实力雄厚的跨国公司主导。

从全球价值链来看,我国大部分是处于"微笑曲线"中间区域的生产制造和加工装配部分。我国劳动力资源丰富,制造业规模大且已成为世界工厂,但实际获得的利润却很微薄。例如,苹果公司的 iPhone 5c 手机售价 650 美元,其中,屏幕、闪存、中央处理器、蓝牙、全球定位系统等产自欧美韩日的重要部件等生产制造成本约为 226.85 美元,整机组装成本仅为 15 美元,而我国作为产品的组装者,仅仅获得 2.3%的微小利润。[①]因此,中国制造业应该通过向附加值高的价值链两端攀升来实现转型升级。

2. 数字经济背景下在"微笑曲线"中的定位

在数字经济时代,数据已成为继土地、劳动、资本和技术之后的又一关键生产要素。根据"微笑曲线",生产制造和加工装配环节所带来的附加价值微乎其微,处于两端的研发设计和售后服务则会带来更大的附加价值。而数据对研发设计和售后服务具有重要影响,未来时代,谁掌握数据谁就将掌握主动权,同时商业模式也随之发生了巨大改变,生产商不再是卖产品,而是卖服务。无处不在的传感器,源源不断地传送数据,通过掌握产品的实时情况,可以为客户提供智能服务。例如,制鞋公司在每双鞋中安装传感器,对用户使用状态进行实时了解,通过分析数据,可以设计生产出更加舒适的运动鞋,同时根据这些数据为客户定制最合适的鞋。

---

① 资料来源:嘉实投资回报研究中心. 2014-05-12. 从"微笑曲线"看中国制造业变化[N]. 上海证券报.

制造业服务化已逐渐成为当代的发展趋势。近年来，主要发达国家都计划通过"再工业化"或制造业振兴计划等，加速制造业与新一代信息技术的深度融合，推进制造业网络化、智能化、协同化、服务化发展，采取以用户需求为导向，以价值链延伸为基础的"产品+服务"的新型模式，实现价值增长。例如，美国通用电气公司的"技术+管理+服务"所创造的价值已超过公司总产值的2/3（郑贤玲，2016）。我国也已积极发挥已经形成的"互联网+"制造业的比较优势，推进制造业服务化转型，并取得了一定的成效。但是，我国仍存在着部分核心和关键技术尚需突破、附加值较低等问题，亟须向价值链高端攀升。

互联网与产业经济融合发展，强调人机交互、智能生产，不同功能的智能单元组成生产线，不同的智能生产线组成智能车间，不同的智能车间组成智能工厂，不同领域的智能工厂组成智能生产系统。智能生产系统与互联网连接，互联网根据订单自动分配合适的工厂，自动组织生产设备进行生产，联系物流终端进行运输，并通过电子信息技术追踪产品去向，接收数据，提升服务度，实现智能生产、智能产品、智能物流和智能服务。我国的制造业，在以往的国际竞争中并未一直处于有利地位，而此次以信息化带动的新一轮的工业整体升级，也许正孕育着一次赶超的机会。互联网与产业经济融合所提供的不仅是一个概念、产品或者解决方案，更是一个解决问题的思路和方法（张合伟和段国林，2016）。如果我国企业能够从中有所领悟，把握智能服务在未来产业发展中的方向，这才是其对中国制造业的最大贡献。

随着互联网信息平台技术与先进制造工艺的深度结合，全球产业链演进将呈现新的特点，企业会形成全新的标准化生产车间和生产方式，会出现与"微笑曲线"不同的新趋势。随着智能化生产的价值创造能力提升，"微笑曲线"逐渐趋平，关键增值环节集中于标准规则制定、智能制造和个性化集成三个阶段（周静，2016）。发达国家掀起再工业化浪潮，对产业链的全球空间布局进行重组，打破了全球生产体系原有的分工格局，进而控制全球高端产业价值链的全过程，导致高端产业价值链在发达国家内部、低端产业价值链在后发国家内部形成两个独立闭环，财富向发达国家集中，而发达国家将不需要的知识和管理模式向后发国家转移的趋势。

因此，在全球产业链演进新模式下，中国迫切需要加快互联网与产业经济融合发展，必须夯实互联网与产业经济融合的技术基础，加大基础领域的研究投入，开发自主的智能生产设备和新型自动化生产系统，抢夺新领域的制高点；互联网企业应积极融入国际高端产业链，重视品牌建设；个性化集成商竞争中的关键在于与用户的融合度与品牌的构建，企业应培养独立且具有国际竞争力的品牌，这对提升国际产业话语权与议价能力有积极帮助。

4.2.4 长尾理论

1. 长尾理论的概念与内涵

"长尾"这一概念是由美国《连线》(*Wired*)杂志总编辑克里斯·安德森(Chris Anderson)在 2004 年 10 月的"The long tail"(《长尾》)一文中最早提出来的,用来描述诸如亚马逊和 Netflix 之类网站的商业与经济模式。安德森(2006)认为,只要存储和流通的渠道足够大,需求不旺或销量不佳的产品共同占据的市场份额就可以和那些数量不多的畅销产品所占据的市场份额相匹敌,甚至更大。如图 4-3 所示,需求较大但品种较少的头部所占份额(斜线部分)和需求较小但品种较多的尾部所占份额(方格部分)大体相当,这就是长尾理论。

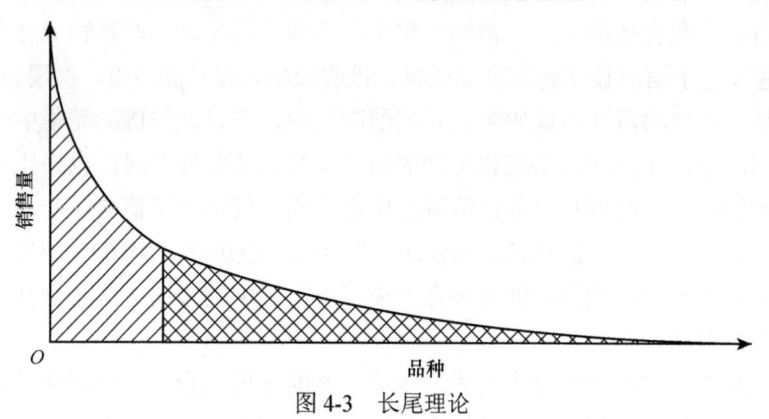

图 4-3 长尾理论

图 4-3 中,横轴是品种,纵轴是销售量。典型的情况是少数品种产品销售量较高,但多数品种产品销售量很低。传统的二八定律(或称 20/80 定律)关注头部(图 4-3 中斜线部分),认为 20%的品种带来了 80%的销量,因而认为应该只保留这部分,其余的都应舍弃。长尾理论则关注尾部(图 4-3 中方格部分),认为这部分积少成多,可以积累成足够大,甚至超过头部的市场份额。但是,长尾理论的有效实施是有条件的(欧阳芳,2016)。

长尾理论的有效作用在于要尽量增大尾巴,而这就要增加销售商品品种的数量和制造小额消费者。影响商品品种数量多寡的关键因素是销售成本。增加销售品种会带来销售量和利润,但同时也会增加成本。理智的零售商是不会经营引起亏损甚至利润很薄的商品,这也是二八定律的基础。为了吸引顾客和营造货品齐全的形象,超市可通过范围经济降低单品销售成本,甚至可以承受亏损销售一些商品,但迫于仓储、配送等成本,超市的承受能力是有限的。同时,要重视和制造小额消费者,通过鼓励用户体验和尝试,将众多可以忽略不计的小额销售量汇聚,汇集成有价值的商业流。

互联网企业则由于网站流量和维护费用远比传统商店成本低，且没有真正的库存，故可以进一步降低单品销售成本，能够极大地扩大销售品种，如亚马逊就是如此。而且，互联网经济有赢者独占的特点，所以网站在前期可以不计成本地增加投入，加剧品种的扩张。如果互联网企业销售的是虚拟产品，则仓储和配送成本几乎为0，即可以把长尾理论发挥到极致。Google Ads、iTunes 音乐下载都属于这种情况。因此，虚拟产品销售更适合长尾理论。

长尾理论目前已成为一种新型的经济模式，被成功应用于网络经济领域。例如，Google 就有效地利用了长尾策略。Google Ads 使得无数中小企业都能自如投放网络广告，而传统的网络广告投放大部分是大企业才能涉足的领域。Google AdSense 又使得大批中小网站都能自动获得广告商投放广告。Google Ads 和 AdSense 因此汇聚了成千上万的中小企业与中小网站，其产生的巨大价值和市场能量足以抗衡传统广告市场。如果 Google 只是将市场的注意力放在20%的大企业身上（像许多门户网站的网络广告策略那样），那么就难以创造如今的辉煌。同样，线上零售巨人亚马逊的商品包罗万象，而不仅是那些可以创造高利润的少数商品，结果证明，亚马逊模式是成功的，而那些忽视长尾，仅仅关注少数畅销商品的网站经营状况则并不理想。

2. 互联网下长尾理论的有效性

（1）智能终端（智能手机、个人电脑、平板电脑等）的普及使内容生产普及，低成本的生产得以实现。传统媒体在传播过程中，从经济上考虑，销售商不可能去经营太多的处于长尾部分的小众商品。互联网平台为这些小众商品提供了销售市场。所有非主流的市场累加起来就会形成一个比主流市场还大的市场，这些少量的需求会在需求曲线上面形成一条长长的"尾巴"，在这条长长的"尾巴"上，曾被大众流行挤压和忽略的"个性化"将被凸显出来。

（2）互联网传播工具的普及，使得消费和营销成本显著下降。从制作和传播上来说，传统媒体的制作和传播成本是相对高昂的。在互联网上，网民可以免费上传网页或撰写博客，免费在网络上传播自己的内容。低成本的制作和传播将会使长尾小众商品的生产与传播者获得更高的利益回报，从而繁荣长尾小众商品的供应市场。

（3）搜索引擎把低成本的产品和少量可能的无限需求迅速连接起来，使需求曲线向尾部移动。在互联网经济下，用户可以随时用自己感兴趣的关键词搜索，看自己想看的文章，甚至可以实时获得某些重要信息，而这些文章和信息就可能与处于长尾的小众商品有关；利用简易信息聚合技术，人们还可以在互联网上打造一份自己的个性化报纸，满足自己个性化阅读的需求。长尾理论对于搜索引擎营销中的关键词策略非常有用：虽然少数核心关键词或通用关键词可以为网站带来可能超过一半的访问量，但那些搜索人数不多然而非常明确的关键词的总和，即长尾关键词总和同样能为网站带来可观的访问量,并且这些长尾关键词检索所形成的顾客转化率更高,往往也大大高于通用关键词的转化率。

4.3 互联网与产业经济融合下产业竞争新优势形成机制

互联网和产业经济融合是以互联网为基础设施与创新要素的经济社会发展的新形态,直接作用于经济系统,改造传统产业,诱发新的产业,提供新的产品或服务,提高市场效率,塑造新的生产模式,进而对经济主体带来多重深刻影响。

4.3.1 推动传统产业研发设计网络化和柔性化

我国传统产业在核心技术研发、产品设计等方面,与国外先进水平差距较大。互联网技术与产业经济融合,为传统产业发展带来了新的机遇。例如,在纺织服装产业,利用信息网络技术,研究开发印染生产网络监控系统、数字化印花集成技术等印染生产线的数字化技术;利用物联网技术研究设计可穿戴设备类的智能纺织产品,通过感测器等电子元件,捕捉纺织产品使用者的生理信息,从而赋予纺织产品新的功能,可更好地满足消费者的差异化需求。根据 IDC(International Data Corporation,国际数据公司)报告,全球智能可穿戴设备总出货量 2016~2020 年复合增长率为 44.5%,预测 2020~2025 年全球智能可穿戴设备出货量复合增长率约为 25%,2025 年预计出货量为 13.58 亿台[①]。随着信息网络技术应用到量体、样品制作、裁剪和生产技术上,3D 扫描和设计公司定制、计算机辅助设计等生产技术应用广泛,纺织服装企业不仅通过大规模定制提供更多的差异性产品,而且通过网络协同设计、基于互联网平台的众包设计提升企业协同设计能力,从而形成新的竞争优势。例如,谷歌以庞大的数据库为基础,与德国电商共同推出人工智能服装设计产品,收集用户偏好取向后,为用户设计出符合本人要求的布料、服装。又如,佛山市顺德区爱斯达服饰有限公司自主研发了智能裁缝机器人,以远程定制为商业模式,通过"智能裁缝"定制平台,消费者既可自行选择面料、色彩、图案、款式,进行 DIY 设计,又可与设计师直接交流,选择符合自己理念和个性化需求的设计,实现了个性化定制产品批量化生产,生产效率提高了 30%~50%,成为全球首个"服装远程定制和快速制造平台"。[②]青岛酷特智能股份有限公司构建了订单提交、设计打样、生产制造、物流交付一体化的酷特互联网平台,将个性化定制和大规模工业化生产融于一体,全球客户都可以在这个平台上参与

[①] 预计 2026 年全球可穿戴设备市场规模分析 二季度中国可穿戴设备市场出货量分析,https://www.chinairn.com/news/20220922/174909991.shtml[2023-09-22]。

[②] [第一现场]服装制造业转型升级的"爱斯达模式",http://www.jjckb.cn/2016-01/26/c_135044554.htm[2023-09-22]。

设计、提交个性化定制的需求，企业经济效益大幅度提高，设计成本下降了40%，原材料库存减少了60%，生产周期缩短了40%，产品储备周期缩短了30%，生产成本下降了30%。[①]又如，小米采用互联网开发模式，研发人员根据微博、微信和论坛等渠道汇集网友的产品改进需求，手机系统的更新有4/5是根据网友建议产生的，1/3是由用户直接研发的（杜传忠和宁朝山，2016）。因此，互联网与产业经济深度融合构建了开放式生产组织体系下产业竞争新优势重塑和提升的机制。

4.3.2 推动传统产业生产过程自动化和智能化

互联网等数字技术的快速发展为智能装备产业发展奠定了基础，推进了传统产业制造设备智能化改造，推动了传统产业生产过程的自动化、数字化、网络化和智能化。主要体现在以下两个方面。一是机器换人，互联网与产业经济融合不仅可缓解劳动力短缺，而且还可提高传统产业管控一体化应用程度，从而提升企业的生产效率。例如，江苏省的盛虹控股集团引进工业机器人并导入互联网技术，企业整体用工减少了34%（李仲勋等，2016）。二是生产制造设备的智能化改造。例如，在纺织产业，3D编织、数字化印染等数字自动化设备大量应用，建立了数字化生产线，实现了生产过程智能化，全程监控从纺丝至成衣加工制作的整个流程；生产制造中广泛采用大数据分析、智能决策的智能制造模式，通过物联网与服务网将智能机器、存储系统和生产设施融入实体物理系统，可全面提高全产业链的自动化、智能化程度，智能制造单元、智能生产线、智能车间、智能工厂、智慧纺织日益增多。可见，传统产业技术与数字技术的融合，可提升制造设备数字化、自动化和智能化的水平，从而摒弃粗放型制造，形成差异化竞争优势。

4.3.3 推动传统产业管理过程的数字化和可视化

企业可通过建立以客户为中心的信息系统和管理信息化平台，促进管理过程的数字化与可视化，提高信息反馈和市场预警预测能力；通过构建互联网社交化软件建立社会化参与的产品设计生态圈，可拓展全球B2B（business-to-business，企业对企业）线上及线下合作伙伴渠道，将供应商、制造商、分销商、零售商，以及最终用户连成一个整体的功能网链结构，从而推进信息流、物流、资金流和商流高效协同。例如，报喜鸟控股股份有限公司通过持续优化开放式平台架构，构建了自主创新开发信息系统，打通了生产营销系统，实现了线上线下互动营销，为C2B（consumer-to-business，顾客对企业）的全品类私人定制业务、电子商务提供技术支持，从而实现了产销无缝对接，物耗下降了10%，能耗下降了10%，

---

① 红领集团：个性化定制工业化生产，https://articles.e-works.net.cn/eb/article133105.htm[2023-09-22]。

生产人员精简了10%（李晓钟和黄蓉，2018），有效降低了企业库存，提升了企业的核心竞争力。

4.3.4 推动传统产业营销模式创新和营销渠道拓展

传统产业与互联网等数字技术的深度融合和互促共进，创新了营销网络模式。随着信息网络技术的发展，电子商务等新型营销模式日益被企业接受并采用，传统产业与电子商务不断融合、渗透。随着电子商务基础设施、电子商务物流、网络支付、法律法规等逐渐完善，网络市场迅速发展，淘宝网、京东商城、当当网等电子商务模式崛起，通过B2B、B2C（business-to-consumer，企业对消费者）模式的电商平台，国际市场销售渠道得到了大幅拓展。与传统销售模式相比，新型模式具有销售环节少、商品信息透明度高、交易成本低、受地域和时间影响较小等特点，从而促进了其竞争优势的提升。例如，2012年6月"网上轻纺城"实现了在线交易功能；2014年以来，纺织产品已成为我国全球跨境网购的热销产品；2018年我国跨境电商出口产品中纺织产品规模名列第二，"网上轻纺城"实现交易额420.4亿元，线上线下成交额累计突破2000亿元（李晓钟和黄蓉，2018）。2023年，中国轻纺城市场群成交额2716.36亿元，轻纺城网上市场实现交易额893.09亿元，轻纺城线上线下两个市场成交额超3600亿元。[①]

4.3.5 推动传统产业"制造+服务"的融合创新

互联网等数字技术与先进制造技术的革命性突破和交叉融合，催生了传统产业的新模式和新业态。传统企业利用大数据、互联网、物联网等技术，在专业服务平台支撑下，可以创新和完善传统产业增值服务模式。例如，在纺织产业，可以把用户的需求放在价值链的首端，按照市场需求进行大批量资源配置和信息检索，实现纺织制造资源的智能化配置；可以通过互联网、电子商务、实体店等线上线下的多元销售渠道和商务交流活动，实现纺织企业产品与市场需求快速对接，并通过全过程数据化驱动跟踪和网络化运作，优化产品的设计与质量。通过开发智能纤维，织成智能面料；通过开发新型染色，或与电子智能元器件相结合，使普通织物具有智能特性等。智能纺织产品具有感知、分析、通信等功能，可适用于军事、医疗、防护、运动等领域。例如，智能家纺可以与智能家居合作，利用移动互联网技术和云计算技术，开展睡眠健康监测及相关增值服务。因此，数字技术融入纺织产业的全生命周期、全产业链，可培育制造与服务融合共生发展的

[①] 中国轻纺城：超3600亿元！"四重奏"唱响2023年高质量发展主旋律，http://news.ctei.cn/domestic/gnzx/202401/t20240112_4337472.htm[2024-03-21]。

新型产业业态,从单一的"制造+销售"传统业态转向以"制造+服务"为整体的新型业态,推动企业开展在线增值服务,拓展产品价值空间,推进中国制造向中国智造转型升级,从而促进中国产业竞争力的提升。

可见,互联网、物联网、云计算、大数据等在传统产业研发设计、生产制造、营销管理等领域不断渗透、交叉甚至重组,推动我国传统产业设计、生产、管理、经营和服务的信息化、数字化、网络化与智能化水平的提高,加快新旧生产体系的转换,推动传统产业从价值链低端向价值链高端攀升,从而实现我国传统产业由大到强的转变。

从价值链视角来分析,互联网与产业经济融合可以促进产业价值链环节内、环节间交易费用降低、协同度提升,有利于产业价值链优化和重构。互联网与产业经济融合,可以促进市场规模进一步扩大,优化研发、生产、销售等价值链环节内的传导机制,促进价值链各环节间基于信息集成共享、物流效率提升、融资效率增强等实现全局优化和各环节协同度增强,有利于形成叠加效应、聚合效应和倍增效应,重塑产业竞争新优势。

互联网与产业经济深度融合,催生了新模式不断涌现。例如,基于网络化协同制造实施在线计量、在线检测等全产业链质量控制的模式;基于个性化产品的研发、生产、服务模式;基于互联网在线增值服务拓展产品价值空间的模式等。制造企业与互联网企业跨界融合也有利于促进企业融合创新发展。例如,在制造企业与互联网企业合作培育新的经营主体背景下,可以从技术体系、标准规范、商业模式和竞争规则等方面,构建优势互补、合作共赢的融合发展机制。中小企业生产资源与互联网平台对接,可以提升中小企业快速响应和柔性高效的供给能力。制造企业与电子商务企业合作,可以构建制造、营销、物流等高效协同的生产流通一体化的新生态。因此,互联网与产业经济融合在改造传统产业、创新商业模式和产业业态的过程中发挥了重要的促进作用。

随着数字经济时代的到来,互联网等数字技术与传统产业融合,推动了我国传统产业技术进步、效率提升和组织变革,重构了传统产业新竞争优势,互联网与产业融合已成为推动我国实体经济高质量发展的新动能。

4.4 互联网与产业经济融合的动因和关键影响要素

我国为什么要推进互联网与产业经济融合发展?有哪些主要的关键要素?一方面,全球制造业格局重大调整对我国产业转型升级和竞争新优势重塑带来了新的压力,我国经济进入新发展阶段,资源环境和要素成本约束日益趋紧,产业转型也迫在眉睫;另一方面,尽管我国为互联网与产业经济融合提供了条件(如发布了《国务院关于积极推进"互联网+"行动的指导意见》《国务院关于深化制造业与互联网融合发展的指导意见》等政策文件），互联网与产业融合发展已初见成效，但互联网与产业经济融合发展仍是一项十分重要且异常艰巨的攻坚战。影响互联网与产业经济融合发展的动因可分为主观动因与客观动因，而影响推进互联网与产业经济融合发展的关键要素包括内生要素与外生要素。本节将推进互联网与产业经济融合发展的动因与关键要素，归纳为"六力动因"和"六大关键要素"。

4.4.1 推进互联网与产业经济融合的"六力动因"

现有的产业融合学术研究成果都认为，技术创新的扩散效应、资产通用性的提高、市场需求的扩大、政府管制的放松、企业的竞争合作压力及其对效益的追求等都是产业融合的动因。本书基于互联网与产业经济融合的理论基础与国内外竞争环境变化研究，认为影响互联网与产业经济融合发展的主要动因有六个方面，简称"六力动因"。

一是内涵发展驱动。互联网技术驱动制造业要素投入结构和供给结构优化，从而提升产品质量与附加值水平。

二是市场需求驱动。互联网技术的发展使得企业创新资源的配置方式和组织流程正从以生产者为中心向以用户为中心转变。为深化供给侧结构性改革，需要构建用户需求深度挖掘、实时感知、快速响应、及时满足的创新体系。

三是协同创新驱动。互联网技术促进产业创新主体、创新流程、创新模式变革，通过协同创新、迭代创新、众创、众包、众筹、O2O（online to offline，线上线下商务）等创新模式，推动技术创新、业态创新、商业模式创新相互交织融合，提升技术创新、市场创新、制度创新与管理创新能力。

四是绿色低碳驱动。互联网技术的发展和应用推动节能新技术、新工艺的开发与推广，促进形成低消耗、可循环、低排放、可持续的产业结构和运行方式。

五是生产服务化驱动。定制化、服务化成为生产方式变革的新趋势。互联网技术的发展是促使传统的大批量集中生产方式向分散化、个性化定制生产方式转变的路径。

六是智能制造驱动。通过基于互联网技术推动制造过程中人、机器、产品等要素的泛在连接，实现产业数字化、自动化、网络化与智能化转型。

4.4.2 推进互联网与产业经济融合的"六大关键要素"

根据本书的研究背景、文献综述、波特的国家竞争优势理论、互联网与产业经济的内涵、产业竞争新优势的重构机制，本书将互联网与产业经济融合的关键影响要素归纳为如下六种：网络基础与网络安全、互联网核心技术与融合标准、人力资源、资金要素、系统解决方案供应商与互联网平台、制度环境与政策体系。其中，互联网核心技术与融合标准作为互联网与产业经济融合的"驱动源"，决定新经济的成败，是一个非常重要的关键要素。

（1）网络基础与网络安全。"云""网""端"是互联网与产业经济融合的重要的基础设施。与发达国家比较，我国在网络基础设施投入力度、投入模式等方面尚存在一些不足之处，因此，我国要进一步完善人、机、物泛在互联的基础设施，提升天地一体化互联网络能力和水平，重视网络安全管理和融合带来的安全风险，健全网络基础设施安全防护、用户个人信息保护及数据共享安全的技术措施和管理制度。

（2）互联网核心技术与融合标准。互联网技术是互联网与产业经济融合的基础，我国要着力突破核心芯片、高端服务器、高端存储设备、数据库和中间件等产业薄弱环节的技术瓶颈，研究我国互联网前沿技术和关键核心技术的突破口、机制和实现路径；重视融合标准的制定，推动工业产品互联互通的标识解析、数据交换、通信协议等技术攻关和标准研制，研究工业互联网、智能电网、智慧城市等领域基础共性标准、关键技术标准的合作研制机制及推广路径。

（3）人力资源。在推进互联网与产业经济深度融合中，人才资源的基础性、战略性与决定性作用日益凸显，尤其是复合型人才和团队。我国要积极探索复合型人才培养模式创新和路径拓展的方法，从构建与完善相关人才的培养、选拔、使用、评价、激励机制等方面切入，探讨如何化解复合型人才供给不足的问题；研究如何构建体系化、结构化的人才团队，即包括领军人才、骨干人才和青年人才的团队。

（4）资金要素。互联网技术作为高新前沿技术，在研发、流转、应用等过程中需要大量的资金投入，且可能面临较大的创新沉没成本与失败风险，我国要探索如何创新科技金融服务体系与投融资机制，以促进互联网技术创新与应用在各个阶段及环节的有效衔接。

（5）系统解决方案供应商与互联网平台。网络平台和系统解决方案是促进互联网与产业经济融合的"黏合剂"。在推进互联网与产业经济融合中，企业是以建立网络平台为依托，构筑数字生态系统；面向重点行业智能制造单元、智能生产线、智能车间、智能工厂建设，需要一批为中小企业提供标准化、专业化的系统解决方案的供应商。因此，我国亟须探讨有条件的企业如何构建网络平台和开展系统解决方案业务剥离重组，研究推动系统解决方案服务专业化、规模化和市场化的机制与路径。

（6）制度环境与政策体系。互联网与产业经济融合孕育了大量新产品、新业态和新商业模式。从目前我国的发展现状来看，适应互联网与产业经济融合发展的制度环境尚待完善。需要研究的问题包括：如何界定及有效保护有关互联网技术及商业模式创新的知识产权？如何完善市场准入限制制度？如何以市场化为取向，构建有利于推进互联网与产业经济融合发展的制度环境?

4.5 基于"四链"融合模型推进互联网与产业经济融合发展

互联网技术的发展不仅可基于价值链优化的传导而驱动产业转型，而且还可进一步通过技术链、价值链、产业链、供应链的优化及深度融合而实现新旧发展动能和产业体系的转换。因此，可以把推进"互联网+产业"经济发展放在技术链、价值链、产业链、供应链相互融合的视角下，并以"网络化、智能化、服务化、协同化"为导向推动我国互联网与产业经济融合发展。

（1）在技术链、价值链、产业链、供应链"四链"融合中，以技术链为主导，以互联网技术与产业技术创新及相互融合为核心的技术链推动着价值链、供应链及产业链的优化。技术链与价值链的互动、技术链与产业链的融合、技术链与供应链的协同，以及"四链"的四维融合互动，都会推动互联网与产业经济的融合发展。

（2）在"四链"中，供应链中嵌套着信息流（数据流）、人才流、资金流、物流等，由于互联网具有开放性、包容性、创新性、渗透性、全球性等特点，信息可跨国界流动，信息流引领人才流、资金流、物流，在诸要素中起核心主导作用。如图4-4所示，"四流"的协同可进一步促进"四链"的融合。

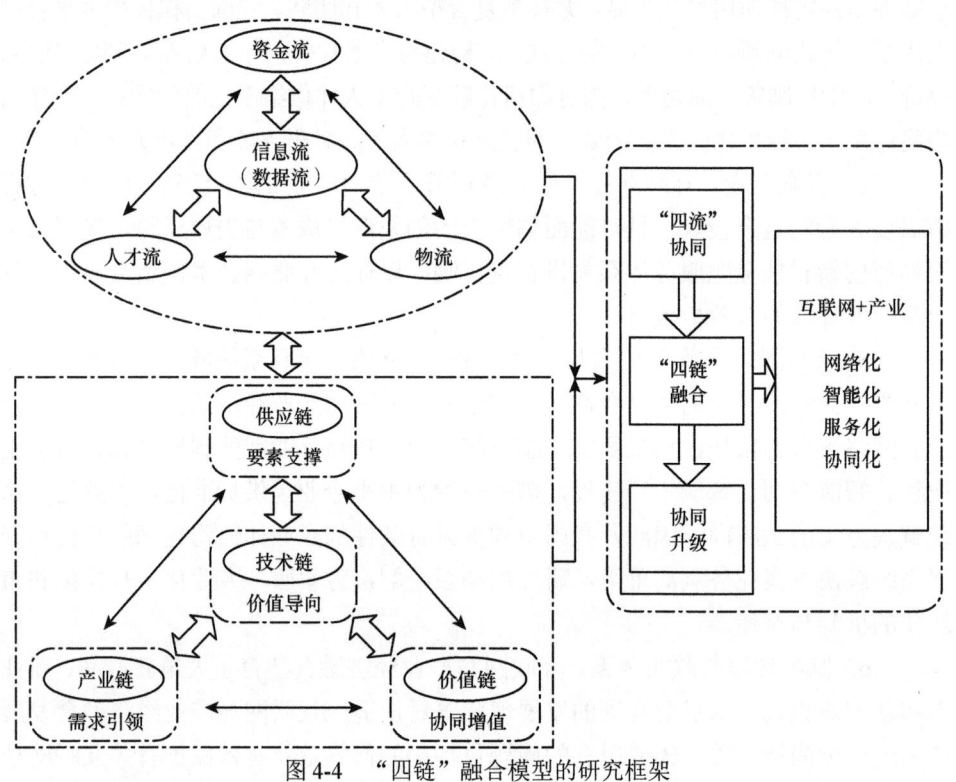

图4-4 "四链"融合模型的研究框架

（3）"四链"深度融合的创新机制。"四流"的协同可进一步促进"四链"的融合和协同升级。互联网技术驱动各产业的技术链、价值链、产业链、供应链深度融合创新，围绕技术链提升价值链，围绕价值链部署供应链，围绕供应链完善产业链，通过产业链的需求引领、技术链的价值导向、供应链的要素支撑和价值链的协同增值，推进互联网与产业经济融合发展。

（4）基于"四链"融合模型可确定互联网与产业经济融合发展方向，进而据此选择若干个重点领域，并依次制定可行的战略方向与实施方案，从技术演化趋势、国际竞争环境、与国家战略的匹配程度等方面解析以"网络化、智能化、服务化、协同化"为导向的互联网与产业经济融合的总体推进机制。

（5）我国可通过超前布局把握下一代互联网技术发展机遇，实现"弯道超车"，研究基于掌握前沿核心技术驱动我国"互联网+产业"跨越式发展的机制和路径，以下一代互联网技术作为重要驱动源，推动互联网与产业经济融合发展，从而促使我国产业朝着高端、智能、绿色、服务方向转型。

第 5 章 互联网与产业经济融合的竞争新优势重构机制和模式创新研究

以新一代互联网信息技术为推动的新工业革命，不仅带来了云计算、大数据和物联网等新兴产业，而且互联网与产业经济的融合赋予了现代产业体系新的结构特征。互联网与产业经济融合孕育了大量新组织、新业态、新产品、新商业模式，改变了产业组织模式，模糊了传统产业边界，在产业发展理念、产业体系、生产模式、业务模式等方面都有了新的变化。但是，现有的研究对"互联网+产业"对产业经济的影响尚缺乏系统的研究。本章探讨"互联网+产业"对产业组织、产业结构、产业集群和产业生态体系等的影响，探究互联网作为基础设施、创新要素和平台对产业竞争新优势重塑的作用机制，研究互联网与产业融合的模式特征及"互联网+产业"下产业转型升级的规律，为推进我国互联网与产业经济深度融合提供理论指导。

5.1 互联网与产业经济融合的竞争新优势重构机制

互联网与产业经济融合是一种新的经济形态，是互联网广泛应用于生产和服务各领域，实现智能化生产和服务及泛在化互联，并提供个性化产品，最终表现为虚拟化企业的新的经济发展形态。通过"互联网+产业"的模式，传统行业可以运用互联网思维去改造自身企业的业务流程和商业模式，重塑企业的整个价值链，构建竞争新优势。

互联网对企业的吸引力就在于它能够帮助企业获得成本优势、增值优势、聚焦优势、速度优势、机动优势等。从竞争优势的内涵来看，价值是其核心，创造价值意味着创造竞争优势，企业的竞争优势主要来源于企业在设计、生产、营销、交货等过程及辅助过程所进行的许多相互分离的活动，这些活动的每一种都对企业的相对成本地位有所贡献，并且奠定差异化的基础。具体来讲：一是"互联网+产业"引发了技术经济范式转变，带来了产业业态、商业模式以及创新范式的革命性变化，这些变革重构了企业"低成本""差异化"竞争新优势；二是"互联网+产业"下，可以实现产业信息实时采集、生产过程实时监控，为竞争新优势的再造提供了可能；三是"互联网+产业"为企业生产过程的无缝衔接和企业间的协同制造提供了条件；四是"互联网+产业"促进了企业生产系统的智能决策。可见，"互联网+产业"通过重构企业的产业链竞争新优势、技术链竞争新优势、价值链竞争新优势、供应链竞争新优势来提高产业总体的竞争优势。

在我国的产业转型实践过程中，部分地区部分产业的生产模式"自我锁定"，导致在全球价值链中的低端锁定（价值链）、产业整体技术创新能力与国外差距较大（技术链）、产业缺乏协同发展带来产能过剩（产业链）、重点领域人才和资金等要素供给能力不足（供应链）。因此，如何围绕产业链部署技术链，围绕技术链提升价值链，围绕价值链完善供应链，通过互联网技术实现"四链"协同升级具有重要现实意义。

基于"四链"融合及其协同升级对产业竞争新优势重构的重要作用，可对产业链、技术链、价值链、供应链协同升级的模式进行分类。具体如下。

（1）"互联网+产业"下"四链"协同升级的前端后延模式。随着互联网的普及和快速发展，企业和研究机构的研发人员可借助搜索引擎便捷地挖掘海量信息，通过邮件和线上会议，打破地域限制，开展协助与合作等，面向国家重大需求，全面提高科技创新源头供给能力，并加快促进科技成果高起点延伸孵化，将其加速转化为现实生产力，从而延伸开发、设计、生产、销售、服务等环节，实现创新成果的前端后延，不仅可提升企业的技术水平，而且更具新兴产业指向性，最终可以大幅提升融合的效率。

（2）"互联网+产业"下"四链"协同升级的后端前延模式。通过利用互联网平台实现由销售、生产向前延伸至产品/工艺设计、技术开发，互联网使企业、市场、用户实现平台化，促使企业与用户精准互动，推动定制化生产，既满足了不同用户的需求，又推动了企业技术创新能力的提高。

（3）"互联网+产业"下"四链"协同升级的中间键联模式。通过高校或研究机构为企业提供互联网技术专利或技术服务，构建互联网技术交易市场，组建产学研的互联网共性技术平台，推动互联网关键技术联合攻关（胡志伟和彭迪云，2014），最终实现前端（高校或研究机构）与中后端在位企业的键联目标。

（4）"互联网+产业"下"四链"协同升级的链流定向模式。企业通过从前端基础理论与技术趋势预测出发，绘制技术路线图，从而选定整合链的发展方向，或者从后端终点、客户需求出发，扫描、定格，从而依次确定中、前端资源的配置方向（陈廉和易露，2021），进而磁化整合链，使链资源配置具有方向性。

（5）"互联网+产业"下"四链"协同升级的要素重整模式。由于互联网平台具有开放性和全球性，信息流（数据流）可以引领人才流、资金流等实现要素跨国流动。因此，通过制度创新等，可以引导优质创新资源流向全球价值链的关键核心环节，实现资源重心由整合链后端逐步向前端移动，通过技术颠覆性突破、生产要素创新性配置，推动产业向全球价值链高端攀升。

5.2 互联网与产业经济融合的产业组织变革和优化

产业的组织结构是产业内部各种生产资源的配置以及产业发展任务分配的总体结构，它决定了产业组织内部成员之间的关系。产业组织结构的合理有效性是产业发展至关重要的因素。互联网技术的发展和广泛应用为产业经济发展带来了全新的变化，而基于"互联网+产业"的生产要素配置使得生产经营模式呈现在线化、去中心化、个性化、碎片化的特征，这些变化意味着传统产业的组织结构已经难以适应当前互联网经济环境。如何利用"互联网+产业"实现传统产业组织结构在横向和纵向两个方向不断变革，向扁平化、网络化和无界化方向发展显得尤为重要（李俊等，2016）。因此，本节围绕着"互联网+产业"下产业组织变革的内在机理与实现路径研究传统产业组织结构的变革和优化。

5.2.1 "互联网+产业"下产业组织演进与变革模式选择

"互联网+产业"是在技术创新的推动下，不同产业或同一产业内的不同行业相互渗透、相互交叉，从而使产业边界模糊化的发展过程，包括技术、产品、业务、市场等多方面的综合性融合。不同形式的互联网与产业融合对产业组织变化的作用方式不同，对产业竞争格局产生的影响不同。因此，本节借鉴余东华（2005a）的分析思路，从产业、产品和产业组织变动的角度，将"互联网+产业"下产业组织变革的实现模式归纳为如下四种。

（1）产业组织"渗透式"变革模式。该模式强调互联网信息技术具有渗透性、带动性、倍增性、网络性和系统性等特点，通过嫁接改造等多种方式渗透到传统产业组织中（余东华，2005a），进而导致产业组织在互联网与产业融合下形成竞争新优势。

（2）产业组织"互补式"变革模式。该模式强调互联网信息技术的广泛应用，使得在功能上具有互补性的独立产品，在同一标准元件束或集合下得到了高度兼容的整合。互补式融合对于产业组织结构的影响取决于"元件"和"接口"标准的开放性。如果标准是开放的，那么在融合过程中，由于新进入者容易进入，市场结构更加趋于竞争性；如果标准是封闭的，则一家企业在标准竞争中取得垄断地位，这时市场结构的变化取决于该垄断企业竞争策略的变化（余东华，2005a）。

（3）产业组织"替代式"变革模式。该模式强调在互联网与产业经济融合的过程中，其为具有替代性的不同产业组织提供了某种共同的标准元件束或集合后，具有相似特征及功能的不同产业组织在共同的标准元件束或集合下发生替代性融合。

(4)产业组织"重组式"变革模式。该模式强调以互联网信息技术为纽带的、产业链中的上下游产业的重组融合,融合后产生的产业组织表现出数字化、智能化和网络化特征。

5.2.2 "互联网+产业"对产业组织结构的影响与优化

如图 5-1 所示,互联网与产业经济融合本身内含了产业组织结构的重大变动,包括市场结构、市场行为、市场绩效等方面的变动。

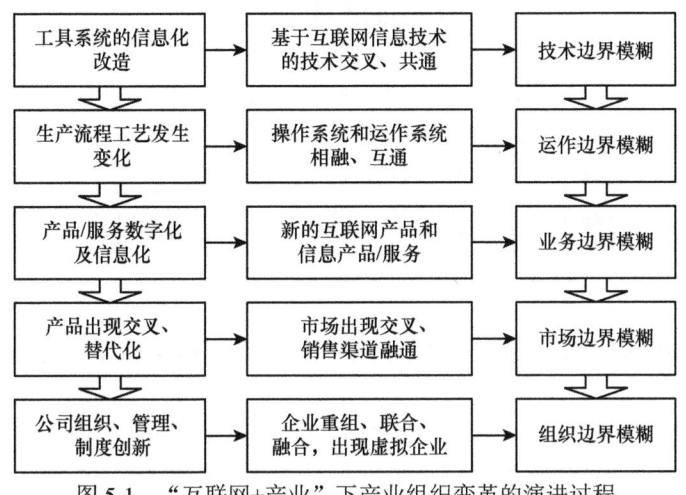

```
工具系统的信息化改造 → 基于互联网信息技术的技术交叉、共通 → 技术边界模糊
生产流程工艺发生变化 → 操作系统和运作系统相融、互通 → 运作边界模糊
产品/服务数字化及信息化 → 新的互联网产品和信息产品/服务 → 业务边界模糊
产品出现交叉、替代化 → 市场出现交叉、销售渠道融通 → 市场边界模糊
公司组织、管理、制度创新 → 企业重组、联合、融合,出现虚拟企业 → 组织边界模糊
```

图 5-1 "互联网+产业"下产业组织变革的演进过程

不同形式的"互联网+产业"对产业组织变化的作用方式不同,对产业竞争格局产生的影响也不同。互联网与产业经济融合的过程伴随着产业融合和企业之间竞争的加剧,也为企业提供了扩大生产和经营规模、扩展事业范围、开发新产品和新服务的机遇,在此过程中,企业会演化出新的组织形态,市场总在不断地变化和运动,"互联网+产业"将从技术、产品、业务、市场等方面对传统企业组织形态产生较大冲击,导致企业发展的产业环境、市场环境、组织环境等悄然发生较大的变化。

由于各行业互联网应用基础和优势不同,不同类型企业应用互联网实现组织变革的模式、路径和重点有所差异(郑明高,2010)。例如,对于家电、工程机械、钢铁、石化等领域的制造企业,互联网与产业经济融合对发展战略、生产组织、业务管理等都产生了影响,将变革从企业内部向企业外部延伸,促进全产业链、全价值链的关键要素集互联互通,推动实现从垂直集成向扁平协同、从制造过程向服务运维的转型,并由此成为"互联网+产业组织"融合创新的主要载体(秦业等,2015)。又如,百度、腾讯、阿里巴巴集团等互联网龙头企业,他们依托互联网内在的通用、交互、开放和共享等属性,通过与制造业各领域、各环节不断融合，创造出新产品、新业态和新模式，实现快速渗透。再如，浙江中控信息产业股份有限公司、北京和利时系统工程有限公司、上海宝信软件股份有限公司、北京智慧联合科技有限公司等来自不同领域的生产服务企业，他们利用互联网融合探索云制造、工业互联网、大数据等服务，打造开放、协作的资源共享和智能决策平台，拓展新的业务增长点。

5.3 互联网与产业经济融合的产业结构转型升级的动力机制和模式选择

随着我国进入新发展阶段，传统产业的发展模式难以为继，必须依靠转型实现经济持续健康发展，而"互联网+产业"则正成为驱动产业转型升级的核心要素。本节基于我国产业发展现状，从内涵式发展驱动、创新驱动、智能化驱动、服务化驱动等维度研究互联网技术与应用对我国产业转型过程的作用机制和影响路径。

5.3.1 "互联网+产业"影响产业结构转型升级的内在机理与动力机制构建

互联网技术是驱动我国产业升级发展、竞争优势重塑、国际地位巩固提升的重要因素，提升企业信息网络化水平则是产业结构升级的根本动力。同时，利用互联网技术驱动产业结构优化升级这一过程存在深刻的内在作用机理和体制机制。具体来讲：一是互联网技术促进传统产业结构转型。互联网技术通过推动新产品、新产业和新业态的出现及其应用，通过技术扩散与渗透等方式融合关联产业，催生并形成新兴产业群，促使不同产业部门劳动生产率提升、产品生产成本降低、资源消耗强度下降、可替代资源增加，进而导致市场需求结构发生变化。二是"互联网+产业"驱动产业结构转型升级。"互联网+产业"的发展，催生了需求结构的升级、产业组织结构的改革和创新；同时，"互联网+产业"还得到了国家政策层面的支持，并具有促进全球经济梯度发展的效应，而这些因素都可成为产业结构转型升级的动力机制。动力机制类型可分为三类，即政府主导型的"自上而下"的动力机制、企业自发的"自下而上"的动力机制、多元主体混合的动力机制。因此，针对不同产业和企业融合发展的基础与水平，我国应采取差异化的产业竞争新优势的培育机制和制度安排。

5.3.2 "互联网+产业"下产业结构转型升级驱动模式

"互联网+产业"的发展，不仅促进了电子商务、互联网金融等新兴产业的发展,而且还促进了传统产业的转型。具体来讲,通过"互联网+产业"促进产业结构优化的模式可分为如下四种。

1. 内涵式发展驱动模式

在互联网与产业经济融合的背景下,我国产业结构的优化升级要以"四高"(高质量、高效率、高附加值、高竞争力)为标准,以提高工业附加值水平为突破口,全面优化要素投入结构和供给结构,提升我国产业经济整体发展质量,最终实现产业经济的内涵式发展。具体来讲,一方面,应构建传统产业"人本""心理""市场""价值"四位一体的纵向内涵式转型的模式与路径。首先,在互联网信息技术背景下传统产业融入"人本"信息,向资金密集型、知识密集型、虚拟信息密集型发展;其次,融入"心理"信息,即将消费者的心理需求信息融入产品的设计,实现基于融入消费心理需求的产品转型;再次,对原材料到产品再到商品整个流程进行再造,实现从产品高附加值向商品高附加值的递进过渡;最后,将品牌创造的过程融于"技术创新""产品设计""流通渠道"等众多过程,最终实现纵向内涵式转型。另一方面,应构建传统产业"系统""组合""多元""体验"四位一体的横向内涵式转型的模式与路径。先将第三产业的理念、方法融入第一、第二产业,促使"产品系统"发展为"产品服务系统",进而基于传统产业产品以及品牌的组合构建泛传统产业下的产品网络,最终实现价值链、附加值、技术水平、竞争力从中低端向中高端跃进,即实现横向内涵式转型。

2. 创新驱动模式

加快推进互联网技术与制造技术的深度融合,突破制约产业转型升级的关键核心技术,加快推进发展动力向创新驱动转变。"互联网+产业"下,我国实现创新驱动转型的路径有多种,基于全球以制造业数字化、智能化为核心的产业变革新态势,主要有产业链延伸路径、自主创新路径、竞争与合作路径、结构优化路径等四大路径。我国可以根据产业特点和资源禀赋,选择合适路径,推动我国产业由要素驱动向创新驱动转型。

3. 智能化驱动模式

目前,面对以互联网信息技术创新引领的智能化制造新趋势,大力推进传统产业结构智能化转型升级成为打造中国产业经济升级版的必然选择。互联网信息技术驱动产业结构智能化转型的三大机制,可概括为互联网信息技术指数级增长、数字化和网络化的普及应用、集成式智能化创新。基于产业结构优化升级的智能化需求,我国制造业智能化转型模式主要有三种,即技术资本跨产业驱动的升级模式、集成式智能驱动的升级模式、双向嵌入/重构价值链驱动的升级模式。

4. 服务化驱动模式

制造业服务化由于具有整合性、增值性和创新性等特性成为许多国家制造业转型选择的有效路径之一。"互联网+产业"下制造业服务化发展呈现多重维度、具有多种实现路径。具体来讲，可分为两类，其一，基于服务环节在制造业价值链中的作用，以及制造业与服务业边界演化等角度，随着"云制造"模式下制造业服务化的发展，制造业服务化呈现四大模式，即"产品附加服务模式""产品交易便捷化模式""产品与服务整合模式""客户需求专业化模式"。其二，基于互联网技术发展对服务制造的本质要求，制造业企业服务化转型有四种实现路径，即"业务多样化路径""生产多元化路径""服务专门化路径""服务+产品综合路径"。

5.4 互联网与产业经济融合驱动产业集群转型的机制和模式选择

随着互联网技术对经济社会的改变，互联网与产业经济融合对产业集群的影响正从渠道扩展到整个服务链，从中小企业扩展到核心大企业，从传统产业延伸到新兴产业，通过对产业价值链的重构，"互联网+产业"正在深刻影响着我国产业集群的发展。互联网与产业经济融合不仅推动着新兴产业集群的蓬勃崛起，而且还直接推动着传统产业集群的转型与竞争优势重塑。本节将主要分析互联网与产业经济融合推动产业集群动态演化、升级的基本特征和主要模式，力图进一步丰富现有的理论基础和分析框架。

5.4.1 竞争新优势再造

"互联网+产业集群"与产业集群转型及竞争优势提升之间存在何种内在关联？其影响方式与路径如何？产业集群的动态演化通常会经历三个阶段，即数量扩张期、质量提升期、研发与品牌创新期。集群在不同情境下向不同的方向演进。"互联网+产业集群"驱动下，产业集群的用户需求响应能力、协同创新能力和国际竞争优势获取能力的提高，促进了产品与服务的创新、产业集群效率的提升，推动了产业集群转型与竞争优势提升。互联网技术驱动产业集群动态竞争优势持续增强主要是借助"互联网+产业集群"的全球化、海量化、平台化、技术化、融合化、移动化和服务化等特性，来强化其自身集群效应，以提高产业集群竞争力。如图5-2所示，"互联网+产业集群"从强化集聚效应、弱化挤出效应、降低交易成本、提升协同效应、提高创新能力、扩展品牌效应等方面促进集群竞争优势持续增强。

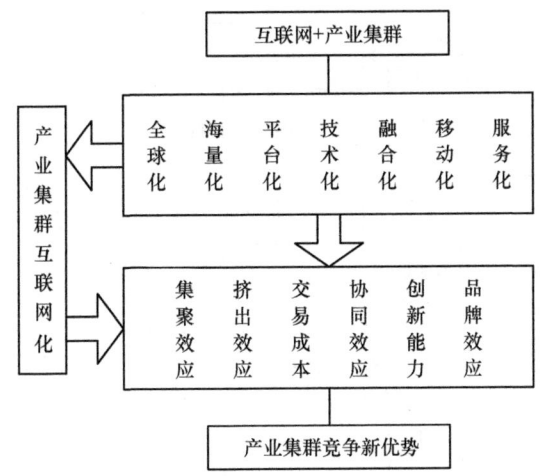

图 5-2　"互联网+产业集群"下产业集群竞争优势增强的渠道

5.4.2　竞争新优势重构的驱动机制

从"互联网+产业集群"对产业集群发展的影响来看，互联网的虚拟可靠性促进了产业集群需求及营销信息管理的数据化，实时交互性促进了产业集群作业信息管理的实时动态化，知识共享性促进了产业集群技术知识传递的高效化，异构集成性促进了产业竞争情报管理的智能化（王旭等，2016）。因此，可从"互联网+产业集群"驱动产业集群动态演化的作用机制、相关主体以及信息流动多个维度，构建"互联网+产业集群"下产业集群竞争新优势重构的驱动机制，如图 5-3 所示。具体来讲，主要包括如下几个方面。①精准营销数据挖掘机制。依托互联网信息技术，将产业集群对应的客户需求信息和消费者的消费行为数据的收集、整理、计算等信息管理工作与数据挖掘技术相结合，实现产业集群对应客户、消费者的精准定位，与客户、消费者之间建立个性化沟通渠道和服务体系，针对不同客户、消费者制订精准的营销计划和策略。②作业信息动态协同机制。产业集群服务链上的企业将自身作业信息实时传递给链上其他企业，达到协同作业、优势资源整合、服务链效率提高的目的，推动产业集群协同行为向动态化方向迈进。③技术知识传递联盟机制。产业集群内部企业之间、企业与技术研发机构之间在联盟约定下形成基于集群内部互动学习、提升集群整体竞争实力的技术知识共享和转移机制。④产业竞争情报云服务机制。它是以云计算和物联网为技术支撑，以产业集群整体和内部各企业为服务对象，以产业竞争情报为核心内容，以产业竞争情报搜集系统、产业竞争情报整合分析系统、产业竞争情报反馈系统以及平台保障系统为运作载体的信息管理促进机制（王旭等，2016）。

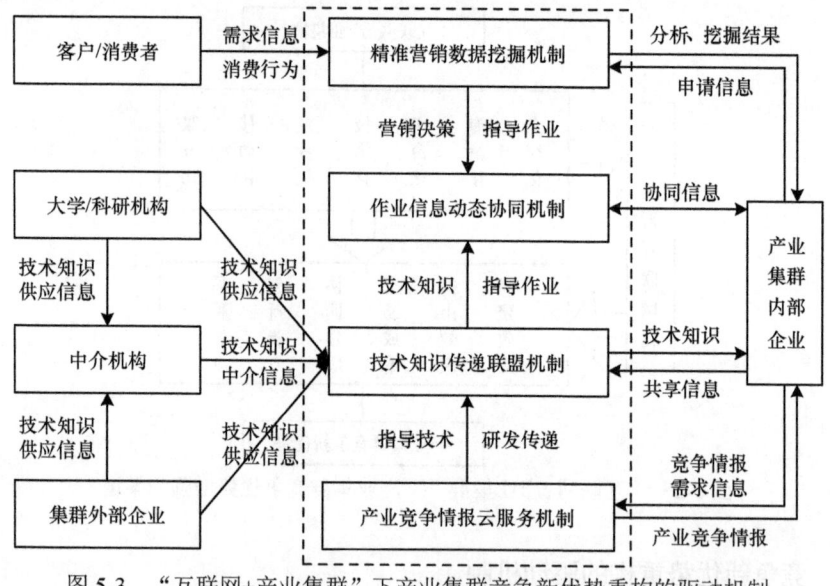

图 5-3 "互联网+产业集群"下产业集群竞争新优势重构的驱动机制
资料来源:王旭等(2016)

5.4.3 互联网化升级的结构性特征

伴随着互联网与产业经济融合发展,传统产业集群不仅能够借助现代通信和互联网技术,打通服务链各环节的信息孤岛,实现产业集群内上下游企业及客户的实时交互;而且还能够促进信息和知识在集群内不同产业间的流通,支撑产业集群垂直专业化,促进相关产业的跨界融合,创造出新产品、新服务。因此,传统产业集群在"互联网+产业集群"下已发展成为一种全新的数字化企业群落,其特征如下。

①"互联网+产业集群"下,产业集群内具有开放的网络系统空间特征。以互联网基础设施支持的网络开放系统有利于集群中企业进行知识交换和分享共有资源,从而使得集群中高度网络化的企业能够在地区外发掘新的商业路径。②"互联网+产业集群"下,产业集群内具有广阔的虚拟市场特征。虚拟市场通过使用互联网技术来接受和检验市场需求的能力,弥补了集群内产品或服务提供商和市场参与者之间的缺口。③"互联网+产业集群"下,产业集群内具有多用户参与特征。通过互联网的多用户参与,可以帮助集群内企业间建立信任,继而减少企业间建立稳定的商业关系所需的时间,从而有利于产业集群的持续健康发展。④"互联网+产业集群"下,产业集群内具有多样的个性化服务特征。"互联网+产业集群"下,集群内企业提供精确度极高的个性化产品能力的提高,会对传统商业模式及其制造商、经销商和零售商组织形式及运作方式产生较大影响,集群整体可以通过商业整合和知识共享过程而获益。

5.4.4 动态升级演化的模式选择

在互联网高度覆盖和知识信息虚拟共享的时代背景下，产业集群的动态演化与互联网技术的应用有着密切的关系，科学高效的集群演化模式和完善的互联网生态因子有助于产业集群形成互联网与产业经济融合的竞争新优势。因此，基于互联网与产业融合所具有的实时交互性、知识共享性、虚拟可靠性和异构集成性等特征，"互联网+产业集群"可从数据的搜集、存储、共享和分析平台，有效的数字化资源配置新方式，以及数字化的新型商业模式等方面促进传统产业集群沿着"融合—改造—创新"的渐进式思路向互联网化升级。具体模式如下。

①电子商务驱动升级模式。该模式强调通过改善整个集群与外部环境的互动关系，即在依托电商建立和完善数字化市场的基础上，调整产业集群内部结构，建立新型资源配置模式，构建新型的集群产业生态系统。②工业4.0驱动升级模式。该模式强调集群的升级过程应该是"先内部，再外部"，即首先通过集群内部和服务链的物联网建设，优化资源配置模式，提高生产制造的智能化水平；其次借助互联网和物联网，削减中介环节，与客户建立直接的联系，进而建立并拓展数字化市场；最后在商业模式创新的基础上，构建全新的产业生态，完成产业集群的一个升级周期（柳洲，2015）。③资源集成平台驱动升级模式。该模式强调充分利用互联网环境下的先进技术手段构建集群资源集成平台，实现跨集群的信息发布、查询统计、分析发现和评估优化功能，并提供金融保险、现代物流和科技创新等服务支撑，以实现跨区域资源和服务集成、多产业协同升级目标。

5.5 互联网与产业经济融合的产业生态体系的构建和模式选择

顺应互联网与产业经济融合发展，网络化、智能化、服务化、协同化的"互联网+"产业生态体系逐步形成。为此，本节探讨"互联网+产业"下的产业生态体系的构建，研究"互联网+产业"下产业生态体系的构建及模式选择。

5.5.1 "互联网+产业"下产业生态体系的构建

要围绕产业生态体系竞争的核心环节，部署核心技术开发、重大核心装备能力提升、商业模式创新、服务化转型、信息安全和数据资产安全保障等重要任务，构建一个涵盖产品生态体系、制造环节生态体系、全产业链生态体系、特定行业生态体系的"互联网+产业"下的产业生态体系。具体如下。

（1）产品生态体系，即构建互联网融合下覆盖客户、终端、平台、第三方应用的泛在化产品生态体系。

（2）制造环节生态体系，即围绕生产装备、设计工具、服务链、第三方应用、客户等制造系统各种要素资源进行精准配置调用，提升网络解决方案、智能工厂系统解决方案和基础产业创新能力等，在此基础上构建互联网融合下制造环节的生态体系。

（3）全产业链生态体系，即培育企业技术链、产业链、价值链、供应链的快速响应与传导能力，继而构建覆盖客户、制造商、供应商的全产业链生态体系。

（4）特定行业生态体系，即产品生态系统、制造环节生态系统、全产业链生产系统通过有效整合，健全完善标准体系、技术体系、人才体系、市场新规则，构建面向特定行业的生态体系。

产业生态体系的构建需要通过产业政策来推动，要健全和完善我国培育生态体系的产业政策，即与我国产业生态体系建设相适应的政策法律环境和体系，推动互联网和产业深度融合发展。

5.5.2 "互联网+产业"下产业生态体系的构建模式选择

与传统产业生态体系相比，"互联网+产业"下的产业生态体系是以互联网为平台，以消费者为核心，以营造创新生态为导向，为探索与培育新产业、新业态、新技术而形成的系统的、开放的、网状的产业生态系统，如图5-4所示。

"互联网+产业"下的产业生态体系成功运作的核心是确保生态体系整体的稳定性和有效性，因此需要选择适合产业发展的生态体系构建模式。

"互联网+产业"下产业生态体系构建首先要考虑参与主体的协同发展格局、系统安全和大数据资产安全、制造技术与商业模式融合创新状况等，围绕产业承载能力、服务能力、保障能力、示范能力以及创新应用、产业联动等方面，搭建公共服务平台、完善创新创业体系、优化产业生态体系。

在产业生态体系创新的典型构建模式方面，"深圳模式"和"中关村模式"是当前我国两大典型的"互联网+产业"下产业生态体系构建模式。其中，"深圳模式"作为我国第一个正式发布实施的产业生态体系，强调把政府、商协会、高等院校、智能制造技术企业、工业园区及中小企业等多方资源紧密融合起来，形成便于大多数企业特别是中小型企业进行实际性操作的巨大合力；而"中关村模式"的实质是打造"互联网+高端智造"产业生态体系，关键举措包括加速推进智能硬件产业发展、汇集高端智能制造解决方案并开展展示示范活动、推动智能硬件产业全链条服务体系建设、支持智能硬件创新创业交流活动等。这两大模式各有特点，各地区可以根据各自的产业基础、产业特色和未来目标进行选择。

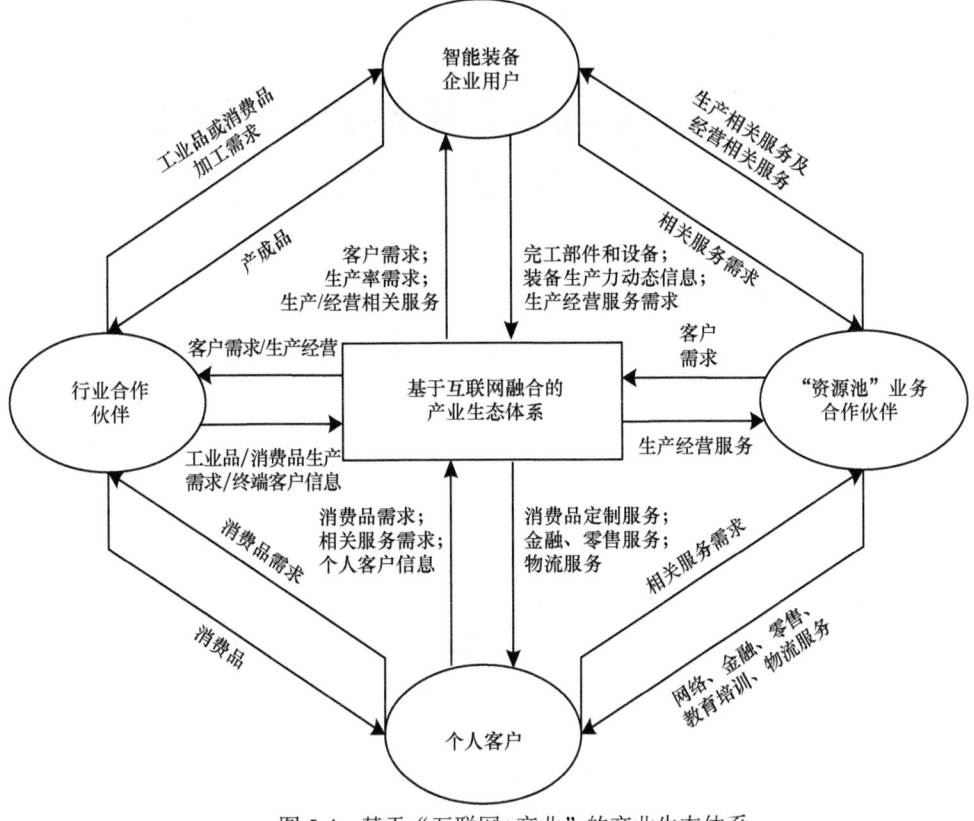

图 5-4　基于"互联网+产业"的产业生态体系

在基于"互联网+产业"进行产业生态体系新模式构建过程中，应该依据"互联网+产业"下产业生态体系的本质内涵与发展目标，从技术体系、标准体系和产业体系三个层面选择产业生态体系的结构框架，构建产品生态体系、制造环节生态体系和全产业链生态体系等，通过将数据、网络、安全多个维度融入工业互联网生态建设，全方位提升企业管理水平，助力其实现数字化转型升级。例如，浙江天能动力能源有限公司绿色智能制造技术改造建设项目通过构建"互联网+产业"的产业生态体系，系统实现了物料信息、人员信息、设备运行数据、质检数据、环境数据的高效、快速采集，将制造流程中的"人、机、料、法、环"信息自动地进行集成和关联，由此加强了对生产过程的正向管控和问题的反向追溯与定位，通过工业大数据不断加强生产组织的协调和管理，提高了生产效率，降低了生产成本，提升了产品品质，增强了对市场的响应能力（文晓，2019）。

第 6 章 互联网与产业经济融合的推进机制和实现路径研究

互联网技术向各产业的渗透融合，促进了各产业领域的技术进步、管理模式创新和增长动力转换，在创造新产业、打造新业态、增加新需求、提高资源配置效率、创造就业新空间等方面成效卓著，使我国互联网与产业经济融合呈现了快速发展态势。但是，由于各地区、各产业发展基础和资源分布等相差较大，且普遍存在着核心技术薄弱、中小互联网企业融资困难、高端人才匮乏、网络基础和安全保障机制不健全等问题，我国互联网与产业经济融合还存在推进不均衡的问题，且运行层次和运行质量有待进一步提高，故向更高层次的发展轨道推进已刻不容缓。互联网核心技术与融合标准、人力资源、资金要素、网络基础与网络安全、系统解决方案供应商与互联网平台、制度环境与政策体系是影响互联网与产业经济融合发展的关键要素。因此，我国可针对目前互联网与产业经济融合发展的主要制约因素，从互联网基础设施建设、互联网技术赶超、互联网产业发展等多方面构建推进机制，从而实现互联网与产业经济的深度融合。

6.1 互联网基础设施建设模式与路径选择

互联网是与国民经济和社会发展高度相关的重大信息基础设施，互联网发展水平已成为衡量国家综合实力的重要标志之一。抓住新形势下技术变革和产业发展的历史机遇，在现有互联网基础上进行创新，发展地址资源充足、设施先进、节能泛在、安全可信的新一代互联网，提供更大信息量和多样化的业务应用，更智能地支持人与人、人与物、物与物相互联通，为社会经济生活构建更坚实有力的基础，对促进我国互联网与产业经济融合发展具有重要意义。

6.1.1 互联网基础设施建设中存在的问题及制约因素

在"宽带中国"战略的实施和"提速降费"专项行动的推进下，我国互联网宽带设施建设成效显著，宽带网络覆盖范围不断扩大，传输和接入能力不断增强，宽带技术创新取得显著进展，完整产业链初步形成，应用服务水平不断提升，电子商务、软件外包、云计算和物联网等新兴业态蓬勃发展，网络信息安全保障逐步加强，但互联网宽带网络仍然存在公共基础设施定位不明确、区域和城乡发展不平衡、应用服务不够丰富、技术原创能力不足、发展环境不完善等亟须解决的问题。自 2015 年国家层面首次提出"提速降费"以来，我国宽带网络平均下载速率从 2014 年底的 4.25 兆比特/秒提升至 2021 年底的 62.5 兆比特/秒，增长了近 14 倍；我国的网络就绪指数在全世界的排名从 2007 年的第 57 位提升至了 2022 年的第 23 位（刘雨微，2022），发展迅猛，但与发达国家相比仍有差距。当前我国人工智能、工业互联网、物联网等新型基础设施建设刚起步，系统化、国际性的国家工业互联网平台空缺，作为产业互联网基石的云计算市场仍处于培育期。截至 2020 年，我国公有云的市场规模为 194 亿美元，仅占全球的 6.5%；我国 SaaS（software as a service，软件即服务）市场规模仅占全球的 2%（杨道玲等，2022）。因此，我国的网络基础设施建设亟待加强。

6.1.2　加快布局新一代互联网

新一代互联网已成为信息技术领域新一轮国际竞争的战略制高点，加快新一代互联网建设和应用，对于促进我国互联网与产业经济深度融合具有重要意义。目前，基于 IPv4 的现有互联网用于标识全球网络设备和终端设备的网络地址已基本分配殆尽，建设基于 IPv6 的新一代互联网，已成为发达国家在互联网技术领域竞争的焦点之一。由于技术和历史方面的原因，我国互联网存在网络地址获取量不足、安全性和服务质量还有待提高的问题，严重制约了我国互联网与产业经济向更高层次融合发展。随着物联网、云计算、移动互联网、大数据等新兴交互式应用的大规模发展，产业链各环节形成了对加快发展新一代互联网的迫切需求。具体来讲，一是我国要对标发达国家新一代互联网发展的路线图，加强顶层设计，加大对光纤网络、IPv6、5G 网络等互联网基础设施的投资力度；二是要加快研究我国下一代互联网商用部署的机制与路径、IPv6 地址管理与标识解析、未来网络创新试验平台构建模式，以增强北斗卫星的全球服务能力，构建天地一体化互联网络；三是要研究工业互联网网络架构体系，构建开放式国家创新试验验证平台模式及其运行机制。

6.1.3　提升互联网普及应用水平的路径

我国新一代互联网的发展已进入应用推广阶段，将带动大规模的网络建设和改造投资，并伴随新的业务和应用系统产生。因此，首先要加强互联互通的网络基础设施建设。在互联网经济下，加快推动互联网与各领域深入融合和创新发展，亟须解决网络的互联互通问题，包括规范基于 IPv6 的新一代互联网与基于 IPv4 的传统互联网之间互联互通的标准，以及工业互联网、智能电网、智慧城市等领域的基础共性标准、关键技术标准。其次，要加强商用化必需的网络支撑管理平台和商用业务应用系统建设。目前我国 IPv6 产品类型集中在网络设备领域，而对于芯片、协议栈、操作系统等方面涉足较少，基于 IPv6 的新一代互联网产业链仍待完善。所以，我国要加强构建和完善推进 IPv6 网络规模化商用的体制机制。最后，资金是互联网建设的关键影响要素。当前 PPP（public-private partnership，政府与社会资本合作）模式是有效增加资金供给、提升互联网普及效率的重要路径。我国可引入 PPP 模式，并从政企双方的资金投入比例、收益分配方式等方面构建促使双方协同互补、激励相容的制度安排。

6.1.4 提高互联网平台支撑能力的路径

平台支撑能力不足制约着互联网与产业经济融合的快速发展，因此，我国要进一步提高互联网平台的支撑能力。具体来讲：一是要适应重点行业融合创新发展需求，进一步完善无线传感网、行业云及大数据平台等新型应用基础设施；二是要实施云计算工程，通过引导行业信息化应用向云计算平台迁移，加快内容分发网络建设，优化数据中心布局，提升公共云服务能力；三是要加强物联网网络架构研究，通过组织开展国家物联网重大应用示范，利用财税优惠政策，鼓励具备条件的企业建设跨行业物联网运营和支撑平台。

6.2 互联网技术赶超推进机制与实现路径

互联网技术对推进我国互联网与产业经济融合发展至关重要，但"互联网核心技术是我们最大的'命门'，核心技术受制于人是我们最大的隐患"[①]。因此，研究互联网技术赶超机制，实现互联网技术从跟跑向并跑领跑转变，对于加快推进我国互联网与产业经济融合发展具有重要意义。

6.2.1 互联网技术赶超机制

世界历史上有两次比较成功的技术赶超，一是美国对英国等欧洲国家的技术赶超，二是日本对西方国家的技术赶超，这两次技术赶超实践为理论研究提供了丰富的内容，技术赶超理论也由此完善和系统化。但是，互联网技术因其高渗透性、高倍增性、高投入性、高智力性和高创新性，使后发国家的赶超面临许多新的困难和问题，现有赶超模型无法提供全面的理论指导，亟待理论创

---

① 习近平谈互联网发展：核心技术受制于人是最大的隐患，http://cpc.people.com.cn/xuexi/n1/2017/0626/c385476-29361656.html[2023-10-26]。

新。应构建以"互联网+产业"对技术的需求为牵引、以进口替代与出口导向为推动的"四链"融合发展的新型技术赶超机制,以政府、大企业集团、中小企业协同创新、多层次技术供给体系、国际创新要素集聚驱动互联网关键核心技术实现赶超,如图 6-1 所示。

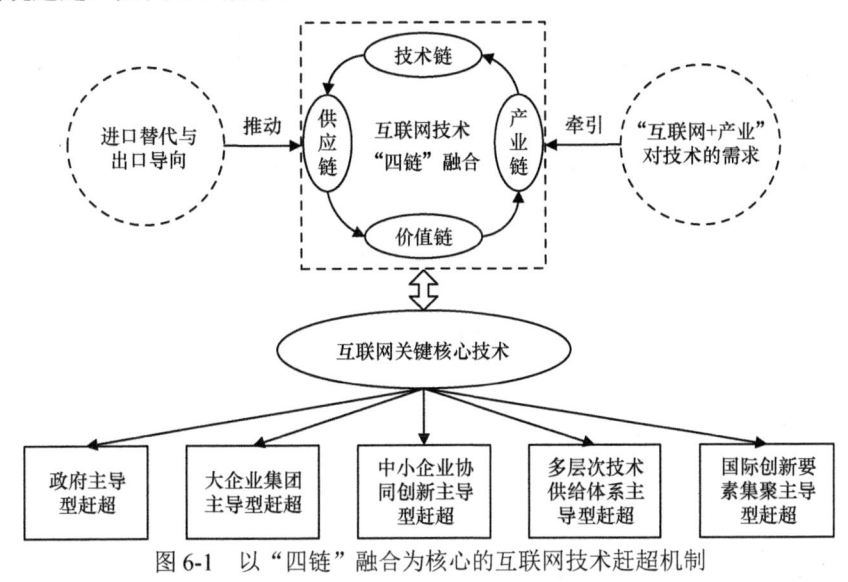

图 6-1 以"四链"融合为核心的互联网技术赶超机制

6.2.2 互联网技术赶超推进机制

如何打破西方发达国家的技术封锁,发挥后发优势,实现技术赶超,使互联网技术对我国互联网与产业经济融合发展发挥出更加强有力的支撑和驱动作用,亟待深入研究。具体来讲,互联网技术赶超推进机制可分为如下四种。

(1)技术创新跨界合作机制。跨界合作可以突破自身资源和能力限制,跨越组织边界,获得异质性知识和资源,是一种优化资源配置的创新方式。通过跨界合作,企业不仅能够和价值链上下游组织进行行业内的垂直跨界合作,还能与不同行业的企业进行跨度更大的水平跨界合作,以此来突破组织边界限制,整合外部资源,加速新产品开发,完善产品种类,减少新产品开发的时间,降低新产品开发的成本,实现创新能力的不断突破(吴松强等,2021)。

(2)技术创新"产-技"融合发展机制。该机制的突出特点是产业内若干企业共同出资成立产业发展基金,基金主要投向是本产业的重大技术攻关项目,攻关成功则利益分享,失败则损失共担。

(3)大企业大平台技术创新机制。大企业在构建创新平台方面拥有优势,并且可以利用自身的大平台开展技术创新,这种技术创新最广泛的模式就是众包,这种众包既可以是内包,也可以是外包。目前这种模式在国内的应用逐步增加。

例如，海尔一直着眼于互联网时代的平台型企业建设，实施的"人单合一双赢模式"就是一种典型的大企业大平台技术创新机制。截至2023年，海尔大型家电品牌零售量已经第15次蝉联全球第一，海尔成就的取得与其积极实施大企业大平台技术创新机制密切相关。

（4）中小企业第三方共享平台协同创新机制。中小企业没有能力建立自己的创新平台，但是可以借助第三方共享平台通过协同创新机制实现技术突破和赶超，这在国内外不乏成功的先例。中关村示范区已演化出多主体网络化的科技型中小企业系统创新模式，形成了以政府引领为主导、科技型中小企业产业集群为主体、产学研为载体的"五位一体"协同创新模式。其中，企业、政府、中介机构、科研机构和高校间的协同，是中关村科技型中小企业协同创新最为显著的特征。在科技创新方面，中关村新型孵化器更加强调"平台+创投+市场"模式，涵盖科技企业孵化器、大学科技园、创新型孵化器、行业协会和产业联盟、检验检测认证机构、知识产权和各类咨询评估服务机构及技术转移交易服务机构等，激活了科技型中小企业的发展活力（李海艳和李书彦，2021）。

6.2.3 互联网技术赶超实现路径

我国既是互联网大国，又是技术后发国，互联网技术发展至今，众多核心技术和关键部件仍依靠从发达国家进口，缺乏主动权，因此，在全球价值链网络中寻找和设计具有中国特色的互联网技术赶超之路成为当务之急。如图6-1所示，互联网技术赶超路径主要有以下几种。

（1）政府主导型（涉及国家安全和长远发展）的关键核心技术赶超实现路径。计算机操作系统等信息化核心技术和信息基础设施的重要性显而易见。因此，要大力发扬"两弹一星"和载人航天精神，加大自主创新力度，集中优势力量协同攻关，实现技术突破，从而以点带面，整体推进，为确保信息安全和国家安全提供有力保障。

政府一是要着眼国家安全和长远发展，精心选择、明确我国互联网技术创新的主攻方向和突破口；超前规划布局，加大投入力度，谋划制定互联网核心技术设备发展战略并明确时间表，着力攻克一批关键核心技术，加速赶超甚至引领步伐。二是要完善国家实验室的运行方式和运行机制。国家实验室已成为主要发达国家抢占科技创新制高点的重要载体。例如，美国阿贡国家实验室（Argonne National Laboratory）、洛斯·阿拉莫斯国家实验室（Los Alamos National Laboratory）、劳伦斯·伯克利国家实验室（Lawrence Berkeley National Laboratory）和德国亥姆霍兹国家研究中心联合会（Helmholtz Association of German Research Centres）等，均是围绕国家使命，依靠跨学科、大协作和高强度支持开展协同创新的研究基地。

我国可以借鉴美国国家实验室的管理体制、运行机制，在国家政策支持、共建单位和依托单位的配合下，通过不断的制度创新和科研创新来完善其运行方式与机制，将国家重点实验室建设成符合国家战略需求的科研实体，充分发挥其在促进重大科研成果转换和杰出人才培育方面的重要作用，加快我国国家实验室的建设。三是要在一些互联网关键核心技术领域组建一批国家实验室。据统计，截至2018年底，中国共有501个国家重点实验室[①]。近年来，中国面临着与美国的贸易摩擦和技术竞争，以及新冠疫情期间出现的全球供应链断裂，更表明了自力更生和创新的必要性。技术创新是企业的命根子。拥有自主知识产权和核心技术，才能生产具有核心竞争力的产品，才能在激烈的竞争中立于不败之地。因此，有必要在一些互联网关键核心技术领域组建一批国家实验室，组织具有重大引领作用的关键核心技术的协同攻关，形成能够代表国家水平、国际同行认可、在国际上拥有话语权的科技创新实力，努力抢占国际科技制高点。

（2）大企业集团主导型的新一代互联网技术赶超实现路径。发展核心竞争力强的大企业集团是我国实现互联网技术赶超的迫切需要，我国要鼓励传统企业运用新兴技术进行数字化、智能化、绿色化改造，改善企业成本结构；支持传统企业向新兴企业转型，开拓蓝海市场，提升企业盈利能力；切入龙头企业的产业链、供应链网络，拓宽产品市场；发挥相关要素优势，推动产业集聚发展，突出产业整体竞争力；鼓励后发型企业充分利用我国比较优势培育国际竞争力，实现我国互联网技术赶超。

（3）中小企业协同创新主导型的基础软件技术赶超实现路径。在发达的互联网基础上建立起来的创新型中小企业，其市场交易与企业间分工协作可不受地理空间局限，这将加速默会知识和黏性知识的流动，使得信息、物流、管理等要素的共享程度更高，领头企业的示范效应更强、辐射范围更广，技术升级步伐更快，形成对协同创新的需求。我国可以通过建立第三方创新平台，构建中小企业协同创新为主导的基础软件技术赶超路径。

（4）多层次技术供给体系主导型的基础前沿技术和共性关键技术的赶超实现路径。由于基础前沿技术和共性关键技术不仅具有准公共产品属性，而且具有易逝性、缄默性和复杂性，多数中小企业不仅无力研发，还容易使率先创新的企业因激励机制扭曲（如"搭便车"）而放弃创新努力，由此构成的"囚徒困境"容易导致市场与组织的"双重失灵"，使其供给严重不足。构建高效强大的共性关键技术供给体系迫在眉睫。技术供给体系有四种，即政府牵头的跨界合作技术创新体系、以产学研为平台的"产—技"融合发展式技术供给体系、以第三方平台为核心的企业间协同

---

① 国家重点实验室或现航母级科技平台，http://www.xinhuanet.com/politics/2019-01/29/c_1124055535.htm [2022-10-26]。

创新技术供给体系,以及基础前沿技术和共性关键技术的多层次技术供给体系。我国可根据上述四种技术供给体系,因势利导,加快实现高水平科技自立自强。

(5)国际创新要素集聚主导型的前沿技术赶超实现路径。在全球化、信息化、网络化深入发展的条件下,创新要素的开放性、流动性更强,不能关起门来搞创新。我国应通过"引进来"和"走出去"相结合,积极融入全球创新网络,全面提高我国互联网技术创新的国际合作水平。对于少数我国基础弱但对产业转型又具有重要支撑作用的全新的互联网前沿技术,可以通过国际合作集聚国际创新要素。可以通过搭建开放的互联网技术的国际合作平台,以发现我国所急需的创新要素,建立和完善吸引国际创新要素向我国集聚的利益分享机制和利益分配方案,实现以集聚国际创新要素为主导来推进我国部分前沿技术赶超。

6.3 互联网产业发展推进机制与实现路径

互联网新技术的不断涌现,催生了新的市场业态和经济增长点。因此,促进物联网、云计算、大数据等新兴产业可持续发展和发展具有国际竞争力的中国互联网大企业已是加快推进中国互联网与产业经济融合发展的一个重要主题。

6.3.1 互联网技术赶超与创新机制

"互联网+产业"正成为提升传统产业创新效率的重要动力,并驱动以新技术、新模式、新产业、新业态为代表的新经济快速发展,而互联网技术则成为新经济发展中的核心要素。虽然我国互联网技术创新取得了较大进展,但同世界先进水平相比还有较大差距,大量核心技术和关键元器件长期为国外公司所垄断,以互联网移动终端设备为例,我国80%以上元器件依靠从国外进口(表6-1),长此以往会使我国互联网与产业经济融合发展受到制约。

表6-1 我国互联网移动终端设备主要元器件被国外公司垄断供给的状况

部件	主要元器件	主要供货公司
芯片	核心芯片	美国的高通(Qualcomm)等
	DRAM(dynamic random access memory,动态随机存取存储器)	韩国的三星电子、海力士(SK Hynix),日本的东芝,美国的美光科技(Micron Technology)
机电组件	MLCC(multi-layer ceramic capacitor,多层陶瓷电容器)、射频前端模块、表面波滤波器、Wi-Fi和蓝牙模块等	日本的村田制作所、太阳诱电、京瓷、TDK等
接收发射组件	天线、射频功放、体声波滤波器	欧美企业安费诺(Amphenol)、莫仕(Molex)、思佳讯(Skyworks)、安华高科技(Avago Technologies)、美国射频微器件公司(RF Micro Devices)等

续表

部件	主要元器件	主要供货公司
屏幕	ITO（indium tin oxide，氧化铟锡）薄膜、偏光板、背光模组、玻璃基板、驱动IC（integrated circuit，集成电路）	日系企业，如日东电工、住友化学等
相机	CMOS（complementary metal oxide semiconductor，互补金属氧化物半导体）传感器、VCM（voice coil motor，音圈电机）	日本的索尼等
电池	电芯	日韩企业，如TDK、松下、三星SDI、LG化学等
边缘产品	振动马达、DC-DC（direct current- direct current，直流-直流）转换器、电子罗盘	日本的尼得科（Nidec）、村田制作所，美国的安森美等

因此，优化我国互联网技术赶超与创新机制，提升自主创新能力，使我国互联网技术创新从跟跑向并跑领跑转变，可为我国推进互联网与产业经济融合发展提供技术支撑。外包、众包、众创等研发方式可有效拓展组织边界，充分利用外部资源，可使研发的效费比大幅降低。然而，在这些研发方式中，创新要素供给双方的约束机制往往较弱，可能使机会主义倾向及道德风险的发生比例上升。因此，降低创新要素交易双方的交易费用，使其形成可信任的契约保障已成为创新机制持续推进的关键，为此，我们应从企业以及政府两个方面构建化解交易双方"囚徒困境"、促使互联网技术创新的长期合作博弈顺利开展的制度安排。

6.3.2 资金支持与融资保障机制

为推进互联网与产业经济融合发展，加强薄弱环节建设，迫切需要在互联网核心技术研发、公共关键技术研发、信息网络基础设施等重点领域进一步创新投融资机制，充分发挥社会资本特别是民间资本的积极作用。因此，一是要出台重点向"互联网+"相关领域倾斜，支持关键核心技术研发、跨界业务融合应用模式创新、商业模式创新的优惠政策。二是要充分发挥地方政府转型升级产业基金、信息经济创业投资基金的杠杆作用，引导更多社会资本对"互联网+"创新应用和新兴产业进行投资。三是要利用政府采购、科技创新券、专利权质押融资等方式，推进互联网与产业经济深度融合。

6.3.3 互联网大企业培育机制

发展核心竞争力强的互联网大企业集团是提升我国互联网与产业经济融合发展层次和质量的迫切需要，也是转变发展方式、调整产业结构的必然要求。但是，我国"互联网+产业"领域的科技型大企业较少,目前具有一定国际影响力的仅有百度、阿里巴巴集团和腾讯等。大企业是产业国际竞争力的主要载体,也是互联网技术产业化的有力推动者。因此,一是要借鉴发达国家互联网企业(如Apple、Google、Facebook等)的成长经验及其推动互联网技术产业化的经验,促进中国互联网大企业高质量发展。二是要借鉴华为、阿里巴巴集团等成功的后发型企业的成功战略、后发优势的利用和开发经验、在国际动态竞争中的成长经验等,促进后发企业充分利用后发优势,实现跨越式发展。三是要利用"互联网+产业",促进国内企业"走出去"和人才、技术、资本、服务、信息等创新要素的跨境流动,从而提升中国互联网企业的国际竞争力。四是要基于"海外设计""海外营销"等,促进互联网企业成长。

6.3.4 互联网人才引育机制

面向"互联网+产业"的发展需求,亟须加快培养复合型人才,从而为我国互联网与产业经济融合发展提供强大的智力支撑。因此,一是要充分利用现有人才引进计划和鼓励企业设立海外研发中心等多种方式,引进和培养一批"互联网+"领域高端人才。二是要面向"互联网+"融合发展需求,鼓励高校设置信息技术及互联网领域相关专业,聘请互联网领域高级人才作为兼职教师,加强"互联网+"领域实践教学。三是要鼓励校企、院企合作办学,加强"互联网+"专业技术人才培训,实施互联网领域产教融合、联合培养的模式。四是要鼓励地方各级政府采用购买服务的方式,向社会提供互联网知识技能培训,支持相关研究机构和专家开展"互联网+"基础知识与应用培训,推进传统企业与互联网企业开展信息咨询、人才交流等合作模式。

6.4 互联网与传统产业融合的作用机制与实现路径

互联网与传统产业的融合为传统经济转型升级注入了强劲的活力和动力,对促进企业间的竞争与融合、降低交易费用、重构市场格局以及深化分工等具有重要的积极作用。

6.4.1 "互联网+传统产业"对传统产业的作用机制

(1)正反馈机制。"互联网+传统产业"对传统产业的正反馈机制,可从微观、中观及宏观三个层面来分析。在微观层次,"互联网+"可以促进企业信息化水平提高、交易费用下降、生产效率提升和价值链得到优化;在中观层次,"互联网+"可以促进产业结构优化、并购效率提升、融资成本下降等;在宏观层次,

"互联网+"可以促进生产力水平上升、经济结构优化和市场空间拓展等。上述三个层次效率的提升是互联网与传统产业融合的内在动力源泉。

（2）马歇尔外部经济机制。在互联网基础上建立起来的虚拟化网络组织，使市场交易与企业间分工协作可不受地理空间局限，将会加速默会知识和黏性知识的流动，引致信息、物流、管理等要素高度共享，领头企业的示范效应更强、辐射范围更广，从而可以形成和放大互联网的马歇尔外部经济效应，这种效应也是互联网与传统产业融合的一种重要推进机制。

（3）试点示范带动机制。国家"互联网+"重大工程以及在重点行业和领域组织开展的"互联网+"示范工程，推进了企业与互联网融合发展。

（4）融合标准化体系规范机制。互联网与传统行业跨界融合的标准规范、线上线下服务体系的标准规范、重点行业领域的第三方线下服务体系管理标准和针对"互联网+"创新业务的规范，都促进了互联网与传统产业的融合。

6.4.2 互联网与传统产业融合的实现路径

互联网与传统产业融合的路径主要如下。

（1）传统企业通过研发设计的互联网化来实现与互联网融合。利用正反馈机制推动传统企业建设互联网型研发设计机构，发展网络协同设计、虚拟仿真、3D在线打印等互联网研发设计新技术，建设产业技术协同研发平台等。例如，佛山大观设计有限公司，就是传统陶瓷企业的研发设计业务互联网化后，成功引领企业实现转型升级的典范。

（2）传统企业通过生产制造智能化来实现与互联网融合。利用正反馈机制、马歇尔外部经济机制、试点示范带动机制等加强大数据、云计算、物联网、人工智能等新技术在传统生产过程中的应用，推进这些企业生产装备智能化升级、工艺流程智慧化改造和基础数据网络化共享，建设智能车间（工厂），提高生产制造数字化、网络化、智能化水平。例如，深圳市卓翼科技股份有限公司，就是传统代工企业通过互联网成功向生产制造智能化转型的典范。

（3）传统企业通过制造业的服务化来实现与互联网融合。利用试点示范带动机制、融合标准化体系规范机制等引导和支持传统制造业企业建立与客户对接的网络化服务平台，鼓励企业基于互联网开展在线检测、故障预警、质量诊断、远程维护、状态维保等在线增值服务，延伸产业链，实现从制造向"制造+服务"的转型升级。例如，杭州海康威视数字技术股份有限公司，就是监控产品供应商通过在线服务实现产品价值提升的典范。

（4）传统企业通过管理服务网络化来实现与互联网融合。利用正反馈机制、试点示范带动机制和融合标准化体系规范机制等促进传统企业利用互联网，特别是移动互联网加快构建新型工作信息平台，提高管理服务网络化水平。例如，星巴克的敏捷供应链系统。

6.5 "一带一路"倡议中中国互联网与产业经济融合发展的推进机制与路径

互联网与产业经济融合作为一种新经济，可以显著降低"一带一路"倡议中相关项目实施的成本和风险，有效盘活"一带一路"共建国家的要素存量，推动"一带一路"倡议得到更好落实。而"一带一路"倡议也为推进互联网与产业经济融合发展提供了良好的平台。

6.5.1 推进机制

"互联网+"作为一种新的经济形态，通过互联网的创新和优化，为"一带一路"共建国家带来了经济增长活力，并将在"一带一路"建设中发挥日益重要的作用。具体来讲，"一带一路"倡议中中国互联网与产业经济融合发展的推进机制主要包括以下三个方面。

（1）"一带一路"共建国家基础设施建设的推进机制。进一步推进与"一带一路"共建国家基础设施建设的互联互通，从传统的交通基础设施到信息网络基础建设，构建全方位、多层次、复合型的互联互通网络；构建由特色区域互联网平台、云供应链系统、互联网金融等组成的多边互联网业态。

（2）"一带一路"共建国家互联网技术联合创新推进机制。在与"一带一路"共建国家的合作中，可通过共建联合实验室、科技园区等，促进互联网技术的联合创新。

（3）"一带一路"倡议下人才培养交流推进机制。建立与"一带一路"倡议相匹配的人才培养机制。例如，习近平（2017）提出中国将在 5 年内安排 2500 人次青年科学家来华从事短期科研工作，培训 5000 人次科学技术和管理人员，投入运行 50 家联合实验室。根据商务部统计，自"一带一路"倡议提出以来，我国不断加大资源投入，丰富课程设置，创新培训方式，截至 2023 年 6 月，已累计为"一带一路"共建国家培养各类人才 10 万余名。

6.5.2 推进路径

"一带一路"倡议为中国传统产业、"互联网+"走向国际提供了新机遇。而"互联网+"要在"一带一路"建设过程中发挥重要作用，更要凭借行之有效的模式与路径。

（1）进一步鼓励互联网企业拓展海外合作和"走出去"。我国要进一步完善互联网企业拓展海外合作的支持政策，包括鼓励企业抱团出海，支持具有竞争优势的互联网企业联合制造、金融、通信等领域企业率先"走出去"，通过海外并购、联合经营、设立分支机构等方式，构建跨境产业链体系，增强全球竞争力。要进一步完善互联网企业"走出去"的支撑服务体系，建立一套信息咨询、法律援助、税务中介等一体化服务体系；构建企业间国际交流的服务平台，分享企业"走出去"的经验和教训等。

（2）进一步培育具有全球影响力的"互联网+"应用平台。鼓励"互联网+"企业整合"一带一路"共建国家资源，面向"一带一路"共建国家提供工业云、供应链管理、大数据分析等网络服务，加强区域性"互联网+"平台构建研究。鼓励互联网企业积极拓展海外用户，探讨适合"一带一路"共建国家各具特色的产品和服务，探究通过互联网技术应用推进"一带一路"建设中的"四链"融合和协同升级的路径。

（3）开创"一带一路"区域贸易新格局。在"一带一路"倡议下，探索"互联网+"新贸易模式的运行机制，探究区域内电子商务、区域间跨境电商的应用拓展以及对生产商、平台运营商、物流商和中国企业的影响，通过互惠互利、共赢发展的良好合作，逐步形成商贸发展新格局。

（4）推进"一带一路"共建国家"互联网+"服务产业发展。加快促进区域内的"互联网+"金融业的建设，包括打造安全可信的移动金融公共服务平台，制定相关应用服务的政策措施，推动金融机构、电信运营商、银行卡清算机构、支付机构、电子商务企业等加强合作，实现移动金融在电子商务领域的规模化应用。加快促进"互联网+"区域旅游业的发展，通过旅游信息化建设，推进"一带一路"共建国家智慧景区建设；发挥线下渠道优势、线上平台优势和大数据优势，通过"线上+线下"体验，拓展"一带一路"旅游业发展新空间。

第二篇 实证篇

互联网与产业经济融合的经济效应研究

第7章 互联网技术产业与实体经济融合的现状及其绩效研究

7.1 本章问题的提出

随着互联网等数字技术的不断发展,互联网与实体经济融合程度不断加深,那么互联网技术与实体经济融合会产生怎样的效应?本章拟从三个方面进行深入研究。①以浙江省信息产业与制造业融合为研究对象,分析比较浙江省信息产业与制造业的融合状况及产业融合对提升制造业产业绩效的影响,为政府及相关部门制定深化信息产业与传统产业融合、提升信息产业竞争力、促进制造业优化升级的相关政策提供理论依据。②以电子信息产业对汽车产业的影响为研究对象,运用耦合评价模型估算两大产业之间的耦合度和耦合协调度,实证分析两大产业耦合对汽车产业绩效的影响效应,并分析原因与探讨政策建议,以期为汽车产业与信息产业融合发展提供理论指导和决策依据。③以中国信息化和产业转型升级的耦合关系为研究对象,对两者关系进行理论分析,并对中国31个省区市(不包括港澳台地区)的信息化与产业转型升级进行实证研究。根据研究结论,本章探讨相应的政策建议,以期为互联网技术与实体经济融合绩效提高提供有益思路。

7.2 互联网技术产业与制造业融合的绩效研究:以浙江省信息产业与制造业融合为例

7.2.1 引言

目前,信息化在全球范围内不断推进,信息产业作为新兴产业正蓬勃发展,信息产业的发展水平已成为衡量一个国家及地区经济发展水平和竞争力的重要指标。2014年,我国规模以上电子信息产业企业已超过5万家,信息产业发展迅猛。2015年以来,我国政府提出了"互联网+"行动计划,大力推进云计算、物联网、大数据、移动互联网等与制造业结合,信息产业正以前所未有的速度渗透到制造产业的各个部分。但是,在实践中,由于我国各省区市的资源禀赋、工业基础等有所不同,因而各省区市产业融合的程度,以及产业融合所引致的经济影响也有所差异。因此,分析估算我国产业融合程度,探究产业融合对绩效的影响特征和未来发展的路径,对深化信息产业与制造业融合、提高制造业经济绩效、促进产业结构优化升级有重要作用。

自 Rosenberg（1963）提出产业融合的思想后，产业融合的动因和绩效的研究得到了学术界的广泛关注。众多学者对产业融合动因进行了理论分析与实证研究，Gambardella 和 Torrisi（1998）运用 32 家美国和欧洲的大型电子企业的专利数据进行了实证研究，结果发现，在 20 世纪 80 年代，尽管这些电子企业涉及的产业较少，但在计算机、通信、半导体和其他电子产品行业仍发生了由技术融合推动的产业融合现象，且企业的绩效与技术融合呈明显的正相关关系。日本学者植草益（2001）指出，产业融合就是通过技术革新和放宽限制降低行业间的壁垒，加强各行业企业间的竞争合作关系。李美云（2005）认为技术是产业融合的基础，由技术融合产生的创新活动能促进产业的发展，同时，政府管制的放松也在一定程度上促进了产业间的融合。Bröring 等（2006）研究发现不同资源背景的行业在进行创新活动时，技术创新能够推动产业融合。Bröring 和 Leker（2007）以 54 个保健品行业 R&D（research and development，研究与开发）项目的前端决策为例，研究产业融合及其对创新前端的启示，实证结果表明，选择传统的理念和做法将使产业融合很难进行，企业需要通过技术创新来促进产业融合。Han S C 和 Han Y H（2014）对韩国信息产业与五大核心传统产业融合的情况进行了研究，结果表明，信息产业与传统产业的融合将有助于提升韩国传统产业的竞争力，而技术创新被认为是促进产业融合的重要推动力。

关于产业融合对产业绩效的影响，学者的实证结论可分为两类。其一，产业融合与产业绩效之间存在正相关关系。徐盈之和孙剑（2009）利用 1996~2006 年的相关数据，通过实证研究，发现中国制造业的产业绩效与信息产业制造业的融合度呈正相关，信息产业与制造业的融合能提高传统制造业的竞争力。吴义杰（2010）以江苏省信息产业为例，研究表明，信息产业和传统产业的融合，不仅能有效提高信息产业的生产效率，而且能加速传统产业的改造升级。其二，产业融合和产业绩效的关系并不显著或存在负相关关系。马婷婷（2012）研究发现两化融合对于工业行业产业绩效的提升作用随着产业绩效的提高而降低，产业绩效高的行业产业融合与产业绩效呈负相关但不显著。毛甜（2013）通过实证表明辽宁、山东、浙江三省装备制造业经济效率与融合度之间存在显著关系，产业融合度的提升明显提高了装备制造业的经济绩效，但江苏、广东两省经济效率和融合度间关系则不显著，江苏省产业绩效受产业聚集程度影响较大，广东省则受市场开放水平影响较大。汪芳和潘毛毛（2015）的实证研究表明中国信息产业与制造业融合度和制造业产业绩效间存在负相关关系，他们认为原因是中国信息化水平不高，以及产业融合对产业绩效的提升作用存在一定的滞后性。

综上所述，国内外学者基本认同技术创新是产业融合的内在驱动力的观点，但对产业融合与产业绩效之间关系的实证分析结论并不完全一致。本节拟以浙江省信息产业与制造业融合为研究对象，分析比较浙江省信息产业与制造业的融合状况及产业融合对提升制造业产业绩效的影响，为政府及相关部门制定深化信息产业与传统产业融合、提升信息产业竞争力、促进制造业优化升级的相关政策提供理论依据。

本节的贡献主要有三。一是利用投入产出表估算信息产业与制造业的融合度，相比于其他常用的方法（如赫芬达尔指数法、专利系数法等）更全面和准确；二是对浙江省的分析，不仅将其与全国平均水平进行比较，而且将其分阶段进行比较，即从横向和纵向两个层面揭示浙江省信息产业与制造业融合水平变化趋势及其对产业绩效的影响；三是基于 SCP 范式构建计量模型，综合考虑产业融合度、市场结构水平、行业所有权结构、市场开放水平对制造业产业绩效的影响。因此，本章的研究结论不仅能为浙江省信息产业与制造业融合发展提供理论指导和决策依据，对其他省份也有重要的参考价值。

7.2.2 信息产业与制造业融合度估算

1. 产业融合度的测算方法选择

产业融合的演进过程中主要包括技术融合、业务融合、市场融合、制度融合等阶段，每个阶段都包含着特定的属性。在测量产业融合程度时，对于不同的研究目的，应根据所处的产业融合阶段选择不同的变量进行分析。目前，国内外学者对产业融合度的测算仍没有形成统一的标准和方法，实证研究大多着眼于产业融合的初始阶段——技术融合阶段，测算产业融合程度的常用方法有赫芬达尔指数法、专利系数法、投入产出法等。这三种方法各有特点，赫芬达尔指数法和专利系数法均是利用行业内企业的专利数据来测算产业间的技术融合程度，并以此近似表示产业间的融合程度，两者的区别主要体现在对原始数据的计算方法上。其中，赫芬达尔指数法较专利系数法更为常用，赫芬达尔指数是指一个行业中各市场竞争主体所占行业技术专利总数的比重的平方和，即行业中技术专利数的离散度；而专利系数法则是通过测算产业间专利的相关系数来估算产业融合程度。考虑到赫芬达尔指数法、专利系数法仅从专利这一方面考虑产业融合，存在一定的片面性，且制造业各行业的专利数据又较难获得，本节借鉴李美云（2005）、徐盈之和孙剑（2009）等国内学者对产业融合度测量的模型，采用投入产出法进行估算，以制造业各行业生产过程中信息技术产出占行业总产出的比重表示信息产业与制造业各行业的融合度，计算公式为

$$x_{it} = \frac{g_{ait}}{g_{it}} \times 100\% \qquad (7\text{-}1)$$

式中，x_{it} 表示制造业 i 行业 t 年的产业融合度；g_{ait} 表示制造业 i 行业 t 年生产过程

中的信息技术产出；g_{it} 表示制造业 i 行业 t 年的总产出。由于缺少制造业各行业信息技术产出的数据，将生产过程中的信息技术投入近似为最终产品的信息技术产出，尽管这将在一定程度上低估信息技术的实际产出，但仍能较好反映出信息产业与制造业各行业的融合趋势。因此，本节中的产业融合度指标用投入产出表中制造业 i 行业中的属于信息产业的部门的中间投入之和占 i 行业的总产出的比重来衡量。其中，信息产业的具体部门为计算机通信和其他电子设备制造业、邮政业、信息传输计算机服务和软件业、综合技术服务业四大部门。可见，融合度 x_{it} 的取值范围在 [0,1] 之间，当 x_{it} 取值为 0，则表示两个产业相互独立；当 x_{it} 取值为 1，则表示两产业完全融合。x_{it} 的取值越大，则表示信息产业与制造业的融合程度越深。

2. 浙江省信息产业与制造业融合度估算

本节选取浙江与全国 2007 年、2012 年的投入产出表及 2005 年、2010 年的延长表作为比较分析的依据，其中剔除了计算机通信和其他电子设备制造业，将制造业分为 15 个行业。根据投入产出法，估算浙江省及全国的信息产业与制造业 15 个行业的融合度，结果如表 7-1 所示。

表 7-1 浙江及全国的信息产业与制造业 15 个行业的融合度（单位：%）

行业	浙江 2005 年	浙江 2007 年	浙江 2010 年	浙江 2012 年	全国 2005 年	全国 2007 年	全国 2010 年	全国 2012 年
食品制造及烟草加工业	0.509	0.315	0.309	0.853	0.683	0.496	0.119	0.329
纺织业	0.995	0.552	0.606	1.058	0.941	0.505	0.122	0.200
纺织服装鞋帽皮革羽绒及其制品业	1.309	0.602	0.589	1.618	1.532	0.916	0.145	0.501
木材加工及家具制造业	2.039	0.611	0.623	1.251	1.293	0.564	0.316	0.578
造纸印刷及文教体育用品制造业	1.227	1.114	1.166	1.112	1.715	1.599	0.493	0.998
石油加工、炼焦及核燃料加工业	0.099	0.163	0.213	0.044	0.552	0.590	0.480	0.198
化学工业	1.201	0.838	0.929	0.857	1.217	0.825	0.364	0.898
非金属矿物制品业	8.496	0.615	0.627	0.945	1.579	0.540	0.354	2.333
金属冶炼及压延加工业	0.309	0.542	0.668	0.404	0.914	1.171	0.357	0.401
金属制品业	1.276	0.589	0.622	1.702	2.696	0.713	1.158	0.815
通用、专用设备制造业	2.341	2.244	2.370	3.140	3.449	3.106	2.845	5.767
交通运输设备制造业	7.342	1.334	1.362	1.426	1.924	1.767	2.926	2.925
电气机械及器材制造业	4.824	3.888	3.889	5.607	4.851	6.768	3.583	5.993
仪器仪表及文化办公用机械制造业	4.283	12.223	11.705	16.959	20.195	26.464	13.667	20.158
工艺品及其他制造业	0.884	1.034	1.088	1.529	1.899	1.022	0.163	1.941

由表 7-1 可知，在浙江省制造业 15 个行业中，有 11 个行业与信息产业融合度在

2005~2007年呈下降趋势，在2007~2010年各行业融合度呈小幅波动，在2010~2012年大部分行业又出现了上升趋势。这与全国相似，全国信息产业与制造业大部分行业的融合度在2005~2007年呈现下降趋势，2010~2012年除了石油加工、炼焦及核燃料加工业，金属制品业，以及交通运输设备制造业外，制造业各行业与信息产业的融合度都呈现上升趋势。其中，通用、专用设备制造业，交通运输设备制造业，电气机械及器材制造业，仪器仪表及文化办公用机械制造业等行业与信息产业的融合度在2005~2012年始终呈现出较高水平，这些行业的生产过程自动化程度较高，属于资金密集型行业或技术密集型行业，信息技术广泛应用于这些产业的生产、组织、管理等领域。而食品制造及烟草加工业，石油加工、炼焦及核燃料加工业等行业与信息产业的融合程度相对较低，这些行业属于劳动密集型行业或资源密集型行业，生产过程中主要依赖劳动力或原材料，自动化程度不高，与信息产业融合程度较低，信息技术在这些产业的业务、组织、管理等方面尚未得到有效应用与融合。

2005~2012年，浙江省制造业中纺织业、木材加工及家具制造业与信息产业的融合度始终高于全国平均水平；在2012年，浙江省食品制造及烟草加工业、纺织业、纺织服装鞋帽皮革羽绒及其制品业、木材加工及家具制造业、金属制品业与信息产业的融合水平超过了全国的2倍，尤其是纺织业。浙江省纺织业与信息产业的融合度在2010年、2012年分别为全国水平的4.97倍和5.29倍。纺织业是浙江省的传统优势主导产业，近年来浙江省纺织业在其发展过程中逐步重视对信息技术的应用。例如，浙江绍兴的柯桥中国轻纺城是亚洲最大的轻纺专业市场，2011年，柯桥建立了中国最早的纺织交易平台"网上轻纺城"，实现了实体市场与网上市场的融合发展，在"互联网+纺织"的背景下，柯桥中国轻纺城又开辟了轻纺城物流公共信息平台和"移动轻纺城"平台，互联网的创新成果逐步渗透到了纺织业中。同时，柯桥政府鼓励传统纺织企业推进"机器换人"，不仅缓解了"用工荒"难题，而且对提高生产效率、转变管理方式有重要作用。信息技术的应用对于浙江省制造业提升产业绩效发挥了重要作用。但与此同时，在2005~2012年，浙江省石油加工、炼焦及核燃料加工业，通用、专用设备制造业，仪器仪表及文化办公用机械制造业与信息产业的融合程度与全国平均水平有一定的差距，未来浙江省这些行业若要提高其竞争力，则必须加强信息技术的投入，进一步提升与信息产业的融合程度。

7.2.3 信息产业与制造业融合的绩效分析

1. 模型构建和数据说明

1）模型构建

参考徐盈之和孙剑（2009）、汪芳和潘毛毛（2015）等学者的模型，可构建产

业融合度对产业绩效影响的模型,即

$$Y_{it} = f(x_{it}) \tag{7-2}$$

基于 SCP 产业分析框架[即 Bain(1951)等学者提出的市场结构决定企业在市场中的行为,而企业行为又决定市场绩效的思想],在模型(7-2)中,加入市场结构水平、行业所有权结构、市场开放水平解释变量,构建的计量模型为

$$Y_{it} = \alpha_{it} + \beta_1 x_{it} + \beta_2 s_{it} + \beta_3 k_{it} + \beta_4 l_{it} + \varepsilon_{it} \tag{7-3}$$

为消除可能存在的异方差,在进行面板数据回归时,对模型(7-3)中的各个变量进行取对数处理,即

$$\ln Y_{it} = \alpha_{it} + \beta_1 \ln x_{it} + \beta_2 \ln s_{it} + \beta_3 \ln k_{it} + \beta_4 \ln l_{it} + \varepsilon_{it} \tag{7-4}$$

式中,Y 表示制造业产业绩效;x 表示信息产业与制造业融合度;s 表示市场结构水平;k 表示行业所有权结构;l 表示市场开放水平;α 表示截距项;ε 表示随机误差项;i 表示制造业行业截面;t 表示时间截面。

2)数据说明

(1)制造业产业绩效(Y_{it})。本节用总资产贡献率来衡量,即利润总额与平均资产总额的比值乘以 100%。

(2)信息产业与制造业融合度(x_{it}),由公式(7-1)计算,结果如表 7-1 所示。

(3)市场结构水平(s_{it}),反映市场结构水平常用的指标为市场集中程度,主要衡量方法有赫芬达尔指数法、熵值法等,考虑到数据的可得性,本节运用企业平均规模代表市场集中程度,即企业平均规模越大,表示市场越集中。行业 i 的企业平均规模即行业 i 的总产值与行业 i 中的企业总数之比。

(4)行业所有权结构(k_{it}),反映不同所有制成分的占比,本节用行业 i 内国有企业总产值与行业 i 总产值之比乘以 100% 来表示。

(5)市场开放水平(l_{it}),反映行业的开放程度,本节用行业 i 外商和港澳台投资的三资企业的主营业务收入与行业 i 所有企业主营业务收入之比来表示。

本节选取除信息制造业(计算机通信和其他电子设备制造业)之外的 15 个制造业行业为截面,以 2005~2012 年的数据作为样本进行分析。数据来源于各年度的《浙江统计年鉴》《中国统计年鉴》《中国工业统计年鉴》及浙江省、中国投入产出表(2007 年、2012 年基本表及 2005 年、2010 年延长表)。

2. 信息产业与制造业融合度对产业绩效的影响比较

利用 EViews 8.0 软件分别对浙江省和全国制造业 15 个行业 2005~2012 年的面板数据进行回归分析,回归结果如表 7-2 和表 7-3 所示。

表 7-2 浙江省信息产业与制造业融合度对总资产贡献率的影响

变量	模型 1	模型 2	模型 3	模型 4
常数项	1.804***	6.252*	12.978	14.091*
	(21.126)	(1.963)	(0.789)	(2.012)
ln$x$	−0.010	0.237***	0.311***	0.358***
	(−0.568)	(3.432)	(4.233)	(8.370)
ln$s$		−0.657***	−0.768***	−0.883***
		(−7.569)	(−8.942)	(−20.000)
ln$k$			0.035**	0.085***
			(2.372)	(5.637)
ln$l$				0.622***
				(5.628)
AR(1)	−0.212*	0.780***	0.878***	0.936***
	(−1.816)	(7.323)	(9.666)	(12.458)
AR(2)	0.653***	0.156	0.097	0.028
	(7.551)	(1.654)	(1.215)	(0.444)
R^2	0.929	0.830	0.867	0.956
调整后 R^2	0.920	0.802	0.839	0.945
F 统计值	112.823	30.449	31.190	83.440
DW 检验	2.090	2.239	2.129	1.998
观测值	60	60	60	60

注：括号中的数为 t 值；AR(1)表示一阶自回归（autoregressive）；AR(2)表示二阶自回归；DW 全称为 Durbin-Watson（杜宾-沃森）

***、**、*分别表示在 1%、5%、10%水平下显著

表 7-3 中国信息产业与制造业融合度对总资产贡献率的影响

变量	模型 1	模型 2	模型 3	模型 4
常数项	2.310***	2.930***	2.641***	2.774***
	(39.056)	(6.565)	(6.822)	(6.583)
ln$x$	−0.024*	0.014	0.020	0.022
	(−1.857)	(0.726)	(0.968)	(1.098)
ln$s$		−0.348***	−0.308***	−0.289**
		(−3.223)	(−3.078)	(−2.774)
ln$k$			−0.114**	−0.109**
			(−2.545)	(−2.568)
ln$l$				0.122
				(0.998)
AR(1)	0.136	0.816***	0.752***	0.776***
	(0.953)	(4.345)	(4.041)	(4.224)

续表

变量	模型 1	模型 2	模型 3	模型 4
AR(2)	0.138	−0.216*	−0.181	−0.220
	(1.061)	(−1.740)	(−1.337)	(−1.531)
R^2	0.323	0.668	0.754	0.774
调整后 R^2	0.245	0.615	0.703	0.715
F 统计值	4.128	12.594	14.704	13.154
DW 检验	1.215	2.006	1.918	1.966
观测值	60	60	60	60

注：括号中的数为 t 值

***、**、*分别表示在 1%、5%、10%水平下显著

在表 7-2 中，模型 1 的解释变量为信息产业与制造业融合度，模型 2、模型 3、模型 4 分别加入市场结构水平、行业所有权结构、市场开放水平解释变量。为消除模型中可能存在的异方差性和序列相关，采用可行广义最小二乘法（feasible generalized least squares，FGLS）对数据进行回归分析，根据 Hausman（豪斯曼）检验和 F 检验的结果判断模型应采用混合效应模型。由表 7-2 可知，四个模型调整后 R^2 分别为 0.920、0.802、0.839 和 0.945，拟合优度较高，且模型均通过了 F 检验，加入了 AR(1)、AR(2)修正后的模型不再具有序列相关性。

表 7-3 为中国信息产业与制造业融合度对产业绩效的影响，通过比较，可以得到如下结论。

（1）浙江省信息产业与制造业融合度提高对浙江省制造业的产业绩效水平有明显的提升作用。表 7-2 中模型 1 融合度系数为负，但未通过显著性检验，说明仅仅依靠融合度并不能显著影响浙江省制造业的产业绩效。在加入市场结构水平、行业所有权结构和市场开放水平变量后，融合度的系数与 t 值都有了明显提高，系数通过了显著性检验。由表 7-2 中的模型 4 可知，当融合度每提高一个单位，制造业产业绩效将提升 0.358 个单位，说明尽管浙江省信息产业与制造业融合度自身对制造业的绩效水平影响有限，但因与市场结构水平、行业所有权结构、市场开放水平三个因素有较好的协同作用，故能有效提升制造业的产业绩效。但从全国平均水平来看，模型 1 融合度系数为负，且通过了 10%的显著性检验，而在加入其他三个变量后，系数随之由负转正，但都未通过显著性检验。可见，从全国来讲，产业融合对于制造业产业绩效提升的作用潜力仍有待挖掘。

（2）浙江省市场结构水平与制造业产业绩效呈显著的负相关关系。从全国平均水平来看，市场结构水平与制造业产业绩效也始终呈现出显著的负相关关系。这与我们的理论预期相反，企业平均规模的扩大并未有效地提升产业绩效水平。这可能是由于在浙江及全国经济转型的过程中，在企业平均规模扩大的同时，各

种成本支出也随之增加,在一定程度上抵消了由生产效率改进所带来的产业经济绩效的提升(孙早和王文,2011)。

(3)从全国平均水平看,制造业国有企业产值比重与制造业产业绩效呈负相关关系,符合理论预期。但是,在浙江省制造业国有企业产值比重与产业绩效呈正相关关系,且与产业融合度、市场结构水平有较高的协同作用。出现上述情况可能是由于浙江省民营企业众多,且大量的民营企业集中于劳动密集型的传统制造业,甚至有些还处于小作坊式的生产模式,企业创新能力相对较弱,低端同质竞争过度,因此,国有企业产值比重的降低并没有带来产业绩效的提升。

(4)浙江省市场开放水平与制造业产业绩效呈显著的正相关关系,市场开放水平与融合度、市场结构水平和行业所有权结构呈较好的协同作用,符合理论预期。提高产业的开放水平,引入境外资本在一定程度上能够提升浙江省制造业的产业绩效水平。而从全国平均水平看,市场开放水平和产业绩效呈正相关关系,但未通过显著性检验,且与融合度、市场结构水平和行业所有权结构并未表现出良好的协同作用。究其原因,可能是利用境外资本对我国产品生产能力的扩大及一般技术的学习、消化、吸收和提升起了重要的作用,但境外资本核心技术的溢出效应仍较有限,甚至产生技术挤出效应,因而对行业资产运行效率提升作用有限。

3. 分阶段浙江省信息产业与制造业融合的产业绩效比较

随着信息网络技术的发展,信息产业与制造业的融合不断深化,对产业绩效产生的影响效应也发生了变化。为了比较产业融合的绩效影响效应的差异,本节进一步将浙江省的面板数据分为两阶段进行分析,第一个阶段为2005~2007年,第二个阶段为2010~2012年。产业绩效指标在采用总资产贡献率的基础上,增加全员劳动生产率指标,其中,全员劳动生产率应为行业增加值与行业平均从业人员数之比,但由于缺少行业增加值的统计数据,故用行业总产值代替,即本节中的行业全员劳动生产率为行业总产值与行业平均从业人员数之比,回归结果如表7-4和表7-5所示。

表7-4 分阶段浙江省信息产业与制造业融合对总资产贡献率的影响

变量	2005~2007年				2010~2012年			
	模型1	模型2	模型3	模型4	模型5	模型6	模型7	模型8
常数项	1.905***	1.917***	2.176***	2.869***	1.938***	2.250***	2.288***	1.938**
	(28.711)	(41.004)	(33.071)	(47.027)	(12.645)	(9.669)	(6.561)	(3.193)
lnx	0.034**	0.034***	0.035*	0.047***	0.239***	0.234***	0.240***	0.250***
	(2.327)	(3.523)	(1.904)	(6.006)	(7.440)	(6.339)	(4.759)	(5.225)
lns		0.018	−0.056	0.071		−0.234	−0.242	−0.220
		(0.520)	(−0.870)	(1.580)		(−2.750)	(−2.093)	(−1.558)

续表

变量	2005～2007年				2010～2012年			
	模型1	模型2	模型3	模型4	模型5	模型6	模型7	模型8
ln$k$			0.069**	0.093***			0.006	−0.003
			(2.632)	(7.052)			(0.421)	(−0.156)
ln$l$				0.475***				−0.139
				(12.747)				(−1.001)
R^2	0.961	0.899	0.945	0.997	0.941	0.962	0.967	0.968
调整后R^2	0.954	0.872	0.923	0.996	0.931	0.951	0.953	0.950
F统计值	147.562	32.761	42.816	704.420	96.062	91.896	72.516	54.689
观测值	30	30	30	30	30	30	30	30

注：括号中的数为t值

***、**、*分别表示在1%、5%、10%水平下显著

表7-5　分阶段浙江省信息产业与制造业融合对全员劳动生产率的影响

变量	2005～2007年				2010～2012年			
	模型1	模型2	模型3	模型4	模型5	模型6	模型7	模型8
常数项	−15.268	0.055	4.680***	0.669	17.738***	−13.983	−10.801	−8.104
	(−0.950)	(0.041)	(33.879)	(0.958)	(3.788)	(−0.453)	(−0.339)	(−0.276)
ln$x$	−0.013	−0.012	−0.004	−0.006	0.007	0.021	0.021	0.022
	(−1.342)	(−1.721)	(−0.369)	(−1.597)	(1.400)	(1.672)	(1.547)	(1.331)
ln$s$		0.459***	0.961***	0.412***		0.205***	0.233**	0.251**
		(6.165)	(16.707)	(5.915)		(3.282)	(2.378)	(2.268)
ln$k$			0.054**	0.002			−0.004	−0.004
			(2.663)	(0.214)			(−0.207)	(−0.195)
ln$l$				0.037				−0.060
				(0.535)				(−0.479)
R^2	0.999	0.999	0.998	0.999	0.999	0.999	0.999	0.999
调整后R^2	0.998	0.999	0.997	0.999	0.999	0.999	0.999	0.999
F统计值	4 136.58	6 903.37	1 596.38	165 664.10	12 843.78	81 998.85	77 784.00	53 661.99
观测值	30	30	30	30	30	30	30	30

注：括号中的数为t值

***、**分别表示在1%、5%水平下显著

在产业融合对制造业总资产贡献率的影响方面，如表7-4所示，在2005～2007年，4个模型结果显示浙江省信息产业与制造业融合度和制造业总资产贡献率呈现正相关关系，且系数都通过了显著性检验，4个模型中融合度对总资产贡献率的影响系数分别为0.034、0.034、0.035和0.047。而市场结构水平对总资产贡献率的影响并不显著。在2010～2012年，4个模型结果也都显示浙江省信息产业与制造业融合度对制造业产业绩效有显著的正向推动作用，系数都为正且通过了显

著性检验，融合度对总资产贡献率的影响系数分别提高到 0.239、0.234、0.240 和 0.250，分别为上一阶段的 7.03、6.88、6.86、5.32 倍。

在产业融合对制造业全员劳动生产率的影响方面，如表 7-5 所示，在 2005~2007 年的 4 个模型中，浙江省信息产业与制造业融合度与制造业全员劳动生产率呈负相关关系，但未通过显著性检验。在 2010~2012 年，4 个模型中浙江省产业融合度与全员劳动生产率的系数都由负转正，尽管系数没有通过显著性检验，但仍说明浙江省信息产业与制造业融合水平提高对制造业全员劳动生产率的正向作用已有所显现。

分阶段的面板数据回归结果表明，2010~2012 年浙江省信息产业与制造业的融合度对制造业总资产贡献率与全员劳动生产率的影响方向一致，即浙江省信息产业与制造业融合水平提高对制造业产业绩效的正向作用已逐步显现。

7.2.4 结论与建议

本节基于产业融合的理论，利用投入产出法对浙江及全国信息产业与制造业各行业的融合度进行了测算，并运用面板数据对产业融合对制造业产业绩效的影响进行了实证比较。研究结论如下。

（1）浙江省信息产业与制造业各行业的融合度总体趋于上升，其中，2012 年食品制造及烟草加工业、纺织业、纺织服装鞋帽皮革羽绒及其制品业、木材加工及家具制造业、金属制品业与信息产业的融合水平都远远高于全国的平均水平，尤其是纺织业。

（2）浙江省信息产业与制造业的融合，对浙江省制造业的产业绩效有明显的提升效应，且高于全国平均水平，因而促进信息产业与制造业融合，推进信息技术在制造业的进一步渗透和扩散，将有利于制造业的转型发展。

（3）除产业融合度影响制造业产业绩效外，市场结构水平、行业所有权结构、市场开放水平对制造业产业绩效也有重要作用，但在它们对产业绩效影响的方向上，浙江省与全国有所不同。在浙江省，产业融合度、国有企业占比和市场开放水平与产业绩效呈正相关关系，而市场集中度与产业绩效呈负相关关系；但从全国层面来看，市场集中度、国有企业占比与产业绩效呈负相关关系，产业融合度、市场开放水平与产业绩效呈正相关但尚不显著。

（4）分阶段来讲，相比于 2005~2007 年，在 2010~2012 年，浙江省信息产业与制造业融合度对制造业产业绩效的正向作用得到了增强，因此深化信息产业与制造业融合对提升制造业产业绩效有积极作用。

为更好地利用信息产业促进浙江制造业发展，政府应积极采取有效的政策措施，具体如下。

（1）应加大资金投入，进一步加强信息基础设施和专用设施的建设，如云计算服务平台建设，电信网、计算机网和有线电视网等信息基础设施的改造升级，促进网络互联互通和信息共享。

（2）抓住互联网带来的产业变革机遇，积极推进"互联网+"计划，充分发挥信息技术、互联网的优势，在制造业生产、组织、管理、服务等各个环节加强云技术、大数据、物联网等信息技术的应用，提高产品附加值，提升产业创新能力。进一步推进生产过程智能化，推动浙江制造向"浙江智造"转变。

（3）运用信息化手段，实现企业精细化管理。浙江省在经济转型过程中，企业平均规模的扩大并未有效提升产业绩效水平。因此，在信息产业与制造业深化融合的过程中，应引导制造业企业运用物联网等信息技术记录生产全过程，控制企业运营成本，实现精细化管理，全面提升企业的运营效率。

（4）发挥产业集聚优势，提高企业创新能力。浙江省制造业民营企业众多，产业集群是浙江省制造业的重要特色，但从实证分析结果来看，浙江省产业集聚并没有给制造业绩效水平带来明显的正向促进作用，这是由于部分中小企业进行低端、同质、低价竞争的现象尚未根本改变。应鼓励企业重视技术创新、注重品牌营销，通过信息化改造，促进创新主体协同合作不断深化、产业集群协同创新的能力和效率不断提高，促进产业集群转型升级。

（5）新工业革命的核心是智能制造，政府应支持智能制造关键技术研发，攻克制约产业发展的关键环节和共性技术，加快各个子行业龙头企业的培育，突出龙头企业和重大项目的示范带动作用。

（6）重视信息产业与制造业融合过程中的技术融合、业务融合、市场融合、制度融合的协同发展，通过生产线、供应商、产品、客户的互联集成，整合技术、人才等资源，挖掘新的需求，积极推进大规模个性化定制、云制造等新业务，深化信息产业与制造业各行业的融合，从而不断提高浙江省制造业附加值和竞争力。

7.3 互联网技术与汽车产业融合的绩效研究：以中国汽车产业与电子信息产业耦合发展为例

7.3.1 引言

进入 21 世纪以来，我国汽车产业发展迅猛，汽车产量占全球的比重从 2002 年的 5.6%上升到 2023 年的 32.5%，汽车销量占全球的比重从 2002 年的 5.6%上升到 2023 年的 32.9%，[①]到 2023 年已连续 15 年排名全球第一。但是，我国汽车企

---

① 数据来源：国际汽车制造商协会（https://www.oica.net/category/sales-statistics/）。

业在品牌含金量、核心技术、可持续发展能力等方面与发达国家仍存在一定的差距。汽车产业自主创新能力薄弱是制约产业可持续发展的根本问题，因此，增强自主创新能力、提高核心竞争力是我国汽车产业未来持续稳定发展的关键。

汽车产业的研究一直是学者关注的热点，研究的主题也比较广泛，包括技术创新、全球价值链、市场结构、外商直接投资、商业模式、新能源等。近年来，产业融合作为产业竞争力提升的重要途径，已得到人们的高度关注，国内外的研究文献也日益丰富，主要围绕产业融合的动因、途径、研究方法等。从产业融合的动因来看，Garcia-Murillo 和 MacInnes（2001）等认为信息技术的创新及政府管制的放松为产业间相互渗透、融合创造了条件。从产业融合的途径来看，胡汉辉和邢华（2003）提出产业融合的三种形式分别是产业渗透、产业交叉和产业重组；Kim 等（2015）利用大量的非结构化数据分析美国产业融合的趋势和模式，发现产业融合在不断推进，当产业集群慢慢融合时，融合的模式趋于稳定。在产业融合的研究方法上，Gambardella 和 Torrisi（1998）采用赫芬达尔指数测算了电子信息产业的技术融合状况；Fai 和 von Tunzelmann（2001）选择美国 1930~1990 年有专利活动记录的 32 家公司，采用产业间专利的相关系数来测算产业间的融合程度；单元媛和罗威（2013）也沿用这一方法，利用专利系数法对中国电子信息业与制造业技术融合度进行了测算；徐盈之和孙剑（2009）则利用投入产出法测算了电子信息产业与制造业的融合度。同时，诸多学者将耦合理论运用到产业融合研究中，Weick（1976）利用耦合理论研究社会经济问题；张倩男（2013）以广东为研究对象进行实证研究，发现电子信息产业与纺织业处于良好的协调状态；苑清敏和赖瑾慕（2014）剖析了战略性新兴产业与传统产业的动态耦合演化机理、动态耦合过程、演化趋势，探讨了产业耦合发展促进策略；王卉彤等（2014）通过实证研究发现我国战略性新兴产业和传统产业耦合度变化较小，属于中度耦合类型；陶长琪和周璇（2015）基于电子信息产业与制造业间的耦联对我国产业融合下的产业结构优化升级的空间效应进行了定量研究。

综上所述，产业融合及产业耦合的相关研究已非常普遍，诸多学者运用不同方法测算产业融合度，耦合理论也被运用到产业融合的研究中，这为我们后期的深入研究奠定了良好的基础。但是，尽管近年来学者对汽车产业信息化方面的关注越来越多，但汽车产业与信息产业耦合的系统研究仍较少，定量分析更是鲜见。本节则在前人研究的基础上，拟对电子信息产业对汽车产业的影响进行理论分析与实证研究。与以往研究的不同主要体现为，本节拟运用耦合评价模型估算两大产业之间的耦合度和耦合协调度，实证分析两大产业耦合对汽车产业绩效的影响效应，并分析原因与探讨政策建议，以期为汽车产业与信息产业融合发展提供理论指导和决策依据。

7.3.2 产业耦合评价模型

1. 产业耦合评价模型选择

本节以汽车产业子系统与电子信息产业子系统为耦合系统，引入两个评价指标，分别是耦合度和耦合协调度。耦合度指汽车产业与电子信息产业在耦合的空间逻辑上共同促进、共同发展的正向关联程度，反映两大产业相互作用的强弱；耦合协调度则用来分析汽车产业与电子信息产业交互耦合的协调程度。耦合评价模型构建过程如下。

1）功效函数及指标标准化

设 F 为汽车产业子系统的综合序参量，F_{ij} 为汽车产业子系统中第 i 个指标中第 j 个变量，其值为 X_{ij}（$i=1,2,\cdots,m$；$j=1,2,\cdots,n$）。同理，G 为电子信息产业子系统的综合序参量，G_{ij} 为电子信息产业子系统中第 i 个指标中第 j 个变量，其值为 Y_{ij}（$i=1,2,\cdots,m$；$j=1,2,\cdots,n$）。汽车产业子系统的有序功效模型和电子信息产业子系统的有序功效模型分别为

$$F_{ij} = \begin{cases} \dfrac{X_{ij} - \min X_{ij}}{\max X_{ij} - \min X_{ij}}, & \text{正指标} \\ \dfrac{\max X_{ij} - X_{ij}}{\max X_{ij} - \min X_{ij}}, & \text{负指标} \end{cases} \tag{7-5}$$

$$G_{ij} = \begin{cases} \dfrac{Y_{ij} - \min Y_{ij}}{\max Y_{ij} - \min Y_{ij}}, & \text{正指标} \\ \dfrac{\max Y_{ij} - Y_{ij}}{\max Y_{ij} - \min Y_{ij}}, & \text{负指标} \end{cases} \tag{7-6}$$

在式（7-5）和式（7-6）中，F_{ij} 和 G_{ij} 的取值范围为[0,1]，F_{ij} 和 G_{ij} 分别表示变量 X_{ij} 和 Y_{ij} 对各自子系统的功效贡献程度。正指标表示 F_{ij}（G_{ij}）随着 X_{ij}（Y_{ij}）的增大而增大，负指标表示 F_{ij}（G_{ij}）随着 X_{ij}（Y_{ij}）的增大而减少。

2）确定指标权重

设 a_{ij} 和 b_{ij} 分别表示各子系统中第 i 个指标第 j 个变量的权重，那么 a_i 和 b_i 则分别表示各子系统中第 i 个指标的权重，其赋值采用熵值法计算得出。

汽车产业、电子信息产业各子系统中指标的贡献模型为

$$F_i = \sum_{j=1}^{n} a_{ij} X_{ij} \tag{7-7}$$

$$G_i = \sum_{j=1}^{n} b_{ij} Y_{ij} \tag{7-8}$$

汽车产业、电子信息产业各子系统的综合贡献模型则分别为

$$F = \sum_{i=1}^{m} a_i X_i \tag{7-9}$$

$$G = \sum_{i=1}^{m} b_i Y_i \tag{7-10}$$

式中，F、G 分别表示汽车产业、电子信息产业各子系统的综合贡献值。

3）构建耦合度模型和耦合协调度模型

借鉴已有研究成果，汽车产业和电子信息产业两个子系统的耦合度模型和耦合协调度模型分别为式（7-11）和式（7-12）：

$$C = \left(\frac{F(X)G(Y)}{(F(X)+G(Y))^2} \right)^{\frac{1}{2}} \tag{7-11}$$

$$D = \sqrt{C \times T} \tag{7-12}$$

式中，C 表示耦合度，取值范围为[0,1]。当 $C=0$ 时，说明两个子系统处于无关状态；当 C 取值范围为(0,0.3]时，说明两个子系统处于低度耦合状态；当 C 取值范围为(0.3,0.7]时，说明两个子系统处于中度耦合状态；当 C 取值范围为(0.7,1)时，说明两个子系统处于高水平耦合状态；当 $C=1$ 时，汽车产业与电子信息产业完全耦合。T 表示综合调和指数，$T = \alpha F(X) + \beta G(Y)$，$\alpha$、$\beta$ 分别为汽车产业与电子信息产业的重要程度，$\alpha + \beta = 1$；α、β 可根据实际情况进行调整。据统计，2002~2013 年，汽车产业产值占 GDP 比重的平均值为 5.06%，电子信息产业产值的平均占比为 10.53%，故令汽车产业的贡献系数 α 为 0.3，电子信息产业的贡献系数 β 为 0.7。T 反映了汽车产业与电子信息产业发展的整体协同效应。D 表示耦合协调度，取值范围为[0,1]，目前学术界将耦合协调度 D 的等级分为十类，具体标准如表 7-6 所示。

表 7-6 耦合协调度 D 的等级划分标准

耦合协调度 D	协调等级	耦合协调度 D	协调等级
[0,0.1]	极度失调	(0.5,0.6]	勉强协调
(0.1,0.2]	严重失调	(0.6,0.7]	初级协调
(0.2,0.3]	中度失调	(0.7,0.8]	中级协调
(0.3,0.4]	轻度失调	(0.8,0.9]	良好协调
(0.4,0.5]	濒临失调	(0.9,1]	优质协调

2. 两大产业耦合的理论分析和指标体系构建

1）汽车产业与电子信息产业的耦合关联

随着信息网络技术的发展，一种新型的"信息社会""网络社会"正在崛起，知识、信息、技术已成为重要的生产要素。为提升汽车产业的先进制造能力，汽车生产制造中广泛采用数字化、智能化技术，这意味着企业创新和竞争力来源不再是大规模生产模式下的简单的机械操作能力，而是兼具能够准确把握市场需求，并能直接参与产品设计和生产的创造能力和执行能力，即汽车制造企业的关键人力资源基础将由操作型员工和技能型员工向知识型员工转变（黄群慧和贺俊，2013）。因此，基于人力资源提升汽车产业先进制造能力的路径有两种，一是能够在制造中进行再创新的智能化制造设备（如可编程工业机器人）的广泛采用；二是拥有能够通过"干中学"不断升级的知识型人力资源群体。在 2011 年，全世界 36% 的工业机器人（59 700 台）已经应用于汽车行业（国务院发展研究中心产业经济研究部等，2014）。汽车产业创新生产要素的不断引入，推动了汽车产业智能制造能力的提升，而这又对电子信息产业产生了新的市场需求。可见，两大产业良性互动，劳动、资本、技术等创新要素持续流入，促进了两大产业的协同发展。

在汽车产业与电子信息产业耦合过程中，两大产业的产业链的自然承接会更新汽车产品的特征，并通过汽车内部的信息流导致资金流和人才流的变化，进而促进企业资源配置优化，增强产业间组织结构的自适应性，有利于两大产业之间耦合机制的运行。在两大产业相互渗透过程中，产业效率越高，意味着市场越高效，产业间的配置效率就越高，有利于实现产业交互；产业集中度高，表明科技、知识、高素质人才集聚，有利于两大产业的交融；而贸易开放度的提高，可以实现产业间多种形式的交流，有利于形成产业交叉。因此，两大产业通过产业组织结构的转变，实现产业链交融，从而实现汽车产业与电子信息产业的耦合发展。

产业制度是促进两大产业耦合的重要影响因素。产业制度体现在政府对汽车产业和电子信息产业的培育与发展政策的相互促进关系上。政府的支持力度（包括政府的补贴、税收政策等）、国有企业的比重、研发的投入力度等，直接影响微观主体的创新动力和能力，进而影响知识、技术等要素在两大产业耦合过程中的溢出效应以及产业发展规模。合理的产业制度，既可推动汽车产业和电子信息产业的自我完善，又可通过产业链重组逐渐改善产业形态，促进两大产业耦合协调发展。

因此，随着以信息技术全面应用为特征的信息革命的迅猛发展，汽车产业与电子信息产业两大产业通过生产要素、组织结构和产业制度在汽车产品研发设计、生产制造、运营管理、物流配送、营销渠道等领域相互渗透、交叉甚至重组，改善了原有产品的特征,激发了新的市场需求,也改变了相关产业企业间的竞合关系,产业耦合引致两大产业相互协调、相互促进。这也是汽车产业研发过程、生产过程和服务过程实现信息化、智能化、个性化和绿色化,即汽车产业转型升级和提升国际竞争力的最佳路径。

2)指标体系构建

本节从产业的生产要素、产业组织结构和产业制度三个方面构建汽车产业和电子信息产业的耦合评价指标体系,考虑到相关数据的可得性,分别筛选出密切影响汽车产业与电子信息产业耦合度的具体指标,如表7-7所示。数据来源于《中国汽车工业年鉴》(2003~2015年)、《中国电子信息产业统计年鉴》(2003~2015年)和历年电子信息产业统计公报。

表 7-7 汽车产业与电子信息产业耦合评价指标体系

产业	一级指标	二级指标	具体指标	变量表示
汽车产业	生产要素	劳动要素	全年汽车产业职工平均人数(人)	X_1
		资本要素	汽车产业固定资产投资额(万元)	X_2
		技术要素	汽车产业企业工程技术人员职工人数(万人)	X_3
	产业组织结构	产业效益	汽车产业增加值(亿元)	X_4
		产业集聚	汽车产业企业单位占企业法人单位数比重(%)	X_5
		贸易开放	汽车产品进出口总额(万美元)	X_6
		产业贡献	汽车产业产值占GDP比重(%)	X_7
	产业制度	税收情况	汽车产业税收总额(亿元)	X_8
		技术支持	汽车产业研发经费支出(亿元)	X_9
		产权占比	国有汽车企业工业增加值占汽车产业工业增加值比重(%)	X_{10}
电子信息产业	生产要素	劳动要素	电子信息产业从业人员平均人数(万人)	Y_1
		资本要素	电子信息产业固定资产投资额(亿元)	Y_2
		技术要素	电子信息产业技术改造措施固定资产投资额(亿元)	Y_3
	产业组织结构	产业效益	电子信息产业增加值(亿元)	Y_4
		产业集聚	电子信息产业企业单位占企业法人单位数比重(%)	Y_5
		贸易开放	电子信息产业进出口总额(亿美元)	Y_6
		产业贡献	电子信息产业产值占GDP比重(%)	Y_7
	产业制度	税收情况	电子信息产业税收总额(亿元)	Y_8
		政府支持	电子与信息技术领域国家级火炬计划项目当年落实项目资金中政府资金(万元)	Y_9
		产权比重	电子信息产业国有企业累计完成固定资产投资占全行业比重(%)	Y_{10}

注:税收总额由利税总额减去利润总额得到;2010~2013年电子信息产业增加值的数据延续2009年的统计口径,用规模以上电子信息产业工业制造业增加值替代;电子信息产业技术改造措施固定资产投资额中的缺失数据由前后年份插值补足

7.3.3 实证结果及两大产业耦合度评价

基于上文构建的模型，本节首先利用熵值法测算出指标体系中各具体指标的权重，如表 7-8 所示；其次根据耦合评价模型，估算每年汽车产业综合贡献值 F、电子信息产业综合贡献值 G、耦合度 C 和耦合协调度 D；最后，根据耦合协调度 D 等级划分标准，确定每年汽车产业与电子信息产业的耦合协调等级，如表 7-9 所示。

表 7-8 汽车产业与电子信息产业各指标权重

汽车产业评价指标	指标权重（汽车产业）	电子信息产业评价指标	指标权重（电子信息产业）
X_1	0.124	Y_1	0.061
X_2	0.069	Y_2	0.106
X_3	0.123	Y_3	0.051
X_4	0.112	Y_4	0.089
X_5	0.067	Y_5	0.116
X_6	0.104	Y_6	0.074
X_7	0.060	Y_7	0.038
X_8	0.127	Y_8	0.198
X_9	0.114	Y_9	0.176
X_{10}	0.101	Y_{10}	0.094

表 7-9 2002～2013 年汽车产业与电子信息产业耦合协调度评价

年份	汽车产业综合贡献值 F	电子信息产业综合贡献值 G	耦合度 C	耦合协调度 D	协调等级
2002	0.111	0.107	0.500	0.233	中度失调
2003	0.193	0.084	0.459	0.231	中度失调
2004	0.275	0.388	0.493	0.418	濒临失调
2005	0.189	0.247	0.496	0.337	轻度失调
2006	0.266	0.255	0.500	0.359	轻度失调
2007	0.389	0.516	0.495	0.486	濒临失调
2008	0.453	0.455	0.500	0.477	濒临失调
2009	0.470	0.481	0.500	0.489	濒临失调
2010	0.699	0.632	0.499	0.571	勉强协调
2011	0.833	0.742	0.499	0.620	初级协调
2012	0.892	0.673	0.495	0.605	初级协调
2013	0.880	0.773	0.499	0.634	初级协调

由表 7-9 可知，从 2002 年到 2013 年，我国汽车产业与电子信息产业之间的

耦合度变化不大,始终在 0.45~0.5,说明两大产业为中度耦合。在这一阶段,电子信息产业快速成长,传统汽车产业调整改造步伐加速,两大产业之间的耦合作用不断增强,促进了两大产业的良性互动发展。

从汽车产业与电子信息产业的耦合协调度来讲,由 2002 年的 0.233 提高到 2013 年的 0.634,即由失调状态趋向于初级协调。其中 2002~2009 年,两大产业之间的耦合协调度在 0.231~0.489,处于失调状态;2010~2013 年,两大产业的耦合协调度在 0.571~0.634,由勉强协调趋向于初级协调。由图 7-1 可知,我国电子信息产业与汽车产业之间的耦合度较为平稳,耦合协调度总体呈上升趋势,正逐步趋于协调。

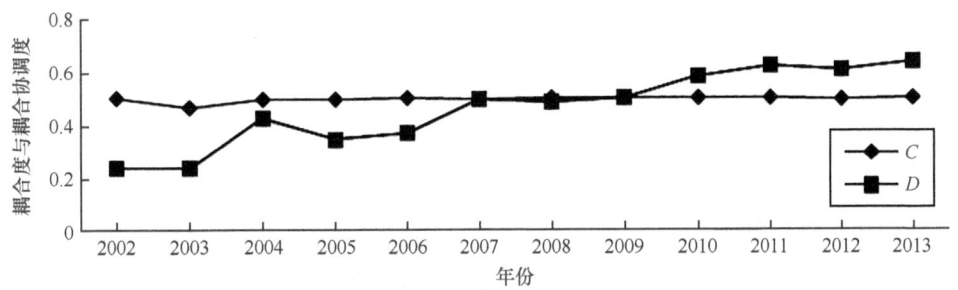

图 7-1 2002~2013 年汽车产业与电子信息产业的耦合度（C）与耦合协调度（D）

7.3.4 耦合协调度对汽车产业绩效的影响

1. 模型构建及变量设计

为分析汽车产业与电子信息产业的耦合协调度对汽车产业绩效的影响,构建模型如下:

$$Y_t = \alpha_t + \beta D_t + \mu_t$$

式中,Y 表示汽车产业绩效;D 表示汽车产业与电子信息产业的耦合协调度;μ 表示随机误差项;t 表示时间。由于衡量汽车产业绩效的指标较多,本章选取全员劳动生产率、能源消耗率、专利数、出口额代表汽车产业绩效水平。全员劳动生产率是指平均每个从业人员在单位时间内完成的工业增加值;能源消耗率是指每单位劳动成果(产值或产量)所消耗的能源;汽车产业的专利数和出口额分别反映了汽车产业的技术创新能力和汽车产业的贸易竞争力,为降低变量的波动性,对专利数和出口额进行取对数处理。数据来源于《中国汽车工业年鉴》(2003~2014 年)。

2. 实证结果分析

利用 EViews 6.0 对汽车产业 2002~2013 年的数据进行回归分析,结果如表 7-10 所示。

表 7-10　耦合协调度对汽车产业绩效的影响

被解释变量	C	D	R^2	调整后的 R^2	F 统计量	DW 检验
全员劳动生产率	−17 129.130 (−0.377)	508 366.100*** (5.316)	0.739	0.713	28.261	2.029
能源消耗率	0.018*** (13.319)	−0.023*** (−8.017)	0.866	0.852	64.266	1.258
专利数	5.701*** (9.772)	8.657*** (7.043)	0.832	0.815	49.610	1.807
出口额	11.871*** (30.077)	6.599*** (7.936)	0.863	0.849	62.987	1.775

注：括号内数值为 t 值

***表示在 1%水平下显著

由表 7-10 可知，有如下结论。

（1）两大产业耦合协调度的提高对汽车产业全员劳动生产率上升有显著的促进作用。随着网络信息技术的发展，电子信息技术已经深入汽车产业的研发、生产、物流和销售等环节，汽车产业的信息化水平不断提高，工业机器人的大量引入、3D 打印在汽车产业的应用，使汽车产业大规模定制成为可能。大规模定制概念最早是 Davis（1987）提出的，后来 Pine（1992）对其进行了系统性论述，其核心是在产品生产成本基本不增加的前提下显著提高产品多样性和个性化程度。目前，以数字化、信息化技术为核心的横置发动机模块化平台（Modularer Querbaukasten，MQB）在汽车生产环节中的应用日益广泛。例如，大众汽车集团的 MQB 能够覆盖 A0 级、A 级和 B 级 3 个系列；由于汽车零部件的模块化和通用化，企业可以得到更大的规模经济效应，如大众汽车集团通过 MQB 能够使生产小型车和中型车的成本降低 20%，组装时间减少 30%（国务院发展研究中心产业经济研究部等，2014）。同时，通过 MQB 提供汽车的整体架构，企业可根据消费者的需求，在框架内做出个性化改动，从而提高消费者的满意度。

（2）汽车产业与电子信息产业的耦合协调度与汽车产业的能源消耗率呈显著的负相关关系。随着两大产业的耦合发展，汽车物联网和智能驾驶系统应运而生。目前，大部分车联网产品已经实现人机交互，基于移动互联网和物联网的智能驾驶系统将成为各类企业的"标配"，搭载式的智能终端也升级为整车嵌入式的一体化智能汽车系统（刘建丽，2015）。基于"车-车""车-路"通信以及蜂窝通信技术的车联网应用，新能源汽车产业不断壮大，利用车联网获得的道路环境与交通环境等信息，可有效帮助改善发动机与变速器的控制策略，从而达到节能减排的效果。

（3）汽车产业与电子信息产业的耦合协调度与汽车产业的技术创新能力呈显著的正相关关系。基于汽车产业与信息网络技术的融合，可将大众参与的个性化设计与大规模定制有机结合起来，消费者可以直接参与到个性化产品的设计中去；

作为一种信息、机械和材料技术相互融合的数字化技术，3D打印在汽车产业的应用，能够显著缩短研发流程，降低研发成本。近年来，全球主要跨国汽车企业对自动驾驶技术的研发投入不断加大，而汽车产业巨大的潜在市场和盈利空间不断吸引着精英企业跨界投入。例如，2019年1月28日，北汽新能源与华为签署全面业务合作协议，联合设立"1873 戴维森创新实验室"，共同开发面向下一代的智能网联电动汽车技术；谷歌公司对无人驾驶汽车的研发已卓有成效。产业间企业的协同研发，可在某些核心技术开发上形成合力，促进汽车产业关键技术突破。

（4）汽车产业与电子信息产业的耦合协调度对汽车贸易出口额提高有显著的促进作用。信息技术的应用使跨境电子商务成为汽车贸易的一种新兴方式，有助于汽车企业对国际市场需求做出快速响应，在国际供应链中形成新的竞争优势，从而有利于提高汽车的国际市场占有率。

7.3.5 结论与建议

本节利用耦合评价模型对我国汽车产业和电子信息产业2002~2013年的耦合度和耦合协调度进行了评价，实证发现，汽车产业与电子信息产业的耦合度相对稳定，长期处于中等程度；两大产业的耦合协调度不断提高，但协调等级不高，由2002年的中度失调状态改善为2013年的初级协调状态。产业耦合也有利于产业绩效的提高。实证发现，我国汽车产业与电子信息产业耦合协调度的提高，有利于汽车产业全员劳动生产率改善、能源消耗率下降、专利数增加和出口规模扩大。

为进一步提高汽车产业与电子信息产业的耦合协调度，促进汽车产业与新一代技术的深度融合，本节认为，一是应加快汽车产业的信息化发展。应在生产制造和销售服务的各个环节中进一步提高信息化的应用水平，并通过推进数字化、智能化制造，提升汽车产业的先进制造能力。二是应优先发展电子信息产业。电子信息产业是推进"两化"融合的战略基础，应积极推进电子信息产业的集聚，形成持续竞争优势，努力实现电子信息产业的跨越式发展。大力发挥电子信息产业的中枢作用，带动关联性强的产业发展，加快信息技术向汽车产业等传统产业的扩散与渗透，提高产业间耦合发展的效率。三是应适度放松政府管制，优化政策环境。政府应健全市场准入机制，放松经济性管制，通过制定有利于实现产业交叉和边界融合的产业政策，促进汽车产业与电子信息产业耦合发展。我国汽车产业具有后发优势，通过与信息化的深度融合，可促进技术、产品、生产方式、商业模式和体制机制的整体创新，从而推动我国汽车产业整体实力的提高和国际竞争力的提升。

7.4　信息化与产业转型升级耦合协调发展研究

近年来，我国经济发展迅猛。2010 年中国的工业增加值高达 23 742 亿美元，首次超越超级大国——工业增加值为 22 063 亿美元的美国，跻身世界制造业第一大国。2023 年，我国工业增加值达到 39.91 万亿元，2010 年到 2023 年的年均增速为 7.02%；GDP 达到 126.06 万亿元，稳居世界第二。然而，中国工业的快速扩张很大程度上依赖于人口红利、政策红利、土地红利等，而在当前红利逐渐耗尽、资源环境约束日益趋紧的国内国际环境下，中国促进经济增长的模式必须加以改革和创新。

信息化是在经济发展、结构优化和科技进步达到一定程度时，社会由工业化向两化深度融合、由工业社会向信息社会迈入的动态发展过程。"2022 年，规模以上电子信息制造业增加值同比增长 7.6%，分别超出工业、高技术制造业 4 和 0.2 个百分点"[①]，充分发挥了信息产业在工业经济中的领先和支柱作用[②]。而信息化发展水平既可以通过生产信息技术产品或提供信息服务（信息产业化）来提高新兴产业的比重，优化产业结构；也可以通过为各产业提供信息技术、信息资源等高级生产要素（产业信息化）来提升产业劳动生产率，促进产业结构的转型升级。

7.4.1　引言

自"信息化"的概念提出以来，两化融合以及信息化与产业转型升级的互动发展一直受到国内外研究学者的关注。Bally（2005）认为，技术融合改变了独立的产业边界并形成了新的竞争环境，从而进一步推进了技术和产业的共同成长。Azadegan 和 Wagner（2011）采用微观企业调研数据分析了产业升级和创新绩效的关系，结果表明二者呈现显著的正相关关系，产业升级与技术创新协同发展。张劲（2010）表示两化融合能优化区域主导产业、完善区域辅助产业结构、催生区域新兴产业，从而促进区域产业结构升级。陈石和陈晓红（2013）利用微观企业调研数据和面板门限回归的方法，发现两化融合能促进企业经济效益和社会效益的增加。张亚斌等（2014）通过构建技术创新模型，发现较高的重工业化水平能促进两化融合水平的提升，而两化融合水平反过来能有效促进重工业化环境的改善。魏明和王超（2015）指出信息化通过创新驱动促进制造业转型升级。韩先锋等（2014）认为信息化能有效提高工业部门的技术创新效率，从而促进行业转型

---

① 2022 年电子信息制造业运行情况，https://www.miit.gov.cn/gxsj/tjfx/dzxx/art/2023/art_68cf6347b7d44170bcd70eedd658eebe.html[2024-05-22]。

② 2015 年电子信息产业统计公报，https://www.miit.gov.cn/gxsj/tjfx/dzxx/art/2020/art_275a91517124415cb5599b84aafb8a72.html[2024-05-22]。

升级。可见，信息化与产业转型升级之间确实存在正向联动关系。

更多学者通过构建指标体系对两化融合水平进行了测度。Yang 等（2013）建立了中国产业转型升级的指标体系，采用熵值法和层次分析法实证分析得出中国的工业发展模式已经逐步改变，但产业结构调整效果不太理想，人力资本和自主创新转化率较低。Zhou 等（2013）通过对 1995~2009 年的产业结构调整与碳排放的面板数据进行实证分析，发现产业结构调整是低碳经济的一部分，技术进步能够促进产业结构优化与升级。Li 等（2014）构建了区域综合评价指标体系，探讨了中国四化协调发展格局，指出四化协调发展能有效促进区域发展和经济增长。Cheong 和 Wu（2014）探讨了结构转型和产业升级对区域经济平衡性的影响，发现工业化对区域经济增长推动作用最大，也成为区域经济不平等的主要因素。郑珞琳和高铁峰（2011）运用层次分析法和模糊关联度分析法，综合评定了江苏省两化融合的发展水平，发现 2004~2010 年江苏省两化融合发展水平呈现稳步增长趋势。胡新等（2011）采用因子分析法，综合评价了我国两化融合的社会环境，并按照社会环境综合指数将全国分为四个梯队。张劼圻和郑建明（2013）创新地在两化融合水平测度体系中增加了信息资源、信息资产和信息消费，并分析了其重要性。支燕等（2012）基于 2000~2007 年的投入产出表，研究了制造业 15 大产业的两化融合度，发现资本与技术密集型制造业的融合度明显高于劳动密集型产业，呈现先导性的演进特征。刘力强和冯俊文（2014）基于粗糙集和神经网络理论建立区域两化融合评价模型，并采用 2010 年和 2011 年的数据通过实证证明了该模型具有良好的泛化能力。白雪和雷磊（2014）通过建立两化融合评价指标体系测算了我国两化融合水平，结果显示我国整体两化融合程度偏低，但具有增加的趋势，并且呈现群际分异的现象，东部城市的融合水平显著高于中西部。

综上可知，学者的研究多聚集于实证测度两化融合水平的高低，但对于信息化与产业转型升级系统间协同共进的内在驱动机制研究偏少。本节对中国信息化和产业转型升级的耦合关系进行理论探讨，构建耦合协调度模型，并对中国 31 个省区市（不包含港澳台地区）的信息化与产业转型升级进行实证研究。

7.4.2 信息化与产业转型升级耦合协调发展机理

信息化是一个综合发展过程，实质上是信息技术产业化和社会化的进程，不仅表现为信息资源从小集体向大众的转移集聚，还表现为信息与通信技术在各产业内的渗透和普及；不仅表现为信息技术在人们工作生活中的应用水平，还表现为信息产业对社会经济的贡献程度。因此，如图 7-2 所示，本节将信息化系统分为五个方面：基础设施、产业技术、应用水平、人才支撑和发展效果。

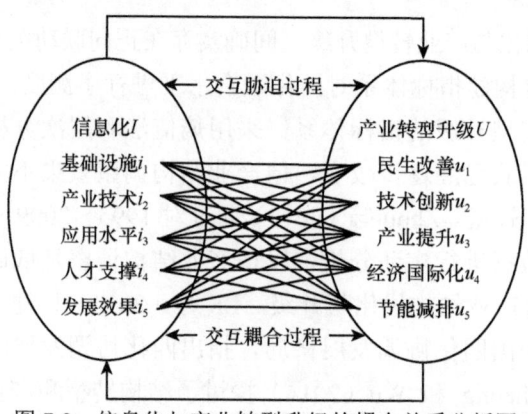

图 7-2　信息化与产业转型升级的耦合关系分析图

全球信息化的发展，一方面通过信息技术的创新更替、新兴产业的孕育发展给产业转型升级提供了机遇，另一方面通过市场环境的加速演变、竞争模式的进步升级提高了产业改革创新的迫切性，给我国带来了压力和挑战。信息化系统的各元素主要是通过信息产业化和产业信息化的合力对产业转型升级产生耦合作用，促进产业结构的合理化和高度化。

（1）信息基础设施的优化，一方面通过改善居民生活方式和消费结构，促进居民生活水平的提升和区域经济的增长；另一方面通过网络效应和外溢效应，拉动第三产业的发展，促进区域协同和产业结构的高级化（吴勤堂，2004）。

（2）产业技术反映了信息化的进程，是产业结构升级和产业转型发展的主要推动力。信息化发展催生了知识和技术的革新，具有高渗透性和创新性的信息技术在生产和服务环节的广泛应用，有利于传统生产方式的改进和企业管理方式的优化，有利于产业的自动化、智能化和现代化发展，有利于产品附加值的增加和企业生产效率的提高，有利于资本结构、就业结构和技术结构的转型升级。

（3）信息技术的应用和发展，加快了三次产业结构以及各产业内部结构的转移。信息产业自身规模的扩张和生产效率的提高，对国民经济整体生产效率有拉动作用，通过产业关联和融合机制产生竞争效应与外溢效应，加快传统产业边界的调整，促进新兴产业的蓬勃发展。

（4）信息化人才队伍的建设和居民总体教育水平的提升，推动了全球范围内的深度分工，加速了经济的国际化进程，促进了产业重组，优化了产业布局。

（5）在发展效果上，信息化带动了生产方式的变革，促进了生产要素智能化发展。信息资源的开发利用，有利于产业增长极限的扩大，使传统的劳动、资源密集投入的粗放型增长方式向知识、信息、技术密集投入的集约型增长方式转变，降低了单位能耗和生产成本，促进了产业的绿色低碳发展。而由于经济的增长、增长方式的转变、居民生活水平的提升，政府、企业、个人才更有财力和精力进行信息化建设。

7.4.3 耦合协调度模型构建与评价指标体系构建

由于信息化和产业转型升级系统的交错性与复杂性，应同时考虑两个子系统的关联度和协调发展度，本章拟采用耦合度和耦合协调度模型，从时间和空间两个角度定量评价我国31个省区市（不包含港澳台地区）的信息化与产业转型升级之间的关系，揭示信息化对产业转型升级的协同效应。

耦合是指两个或两个以上的系统通过相互作用实现协同发展的情形，其反映的是各子系统间互动产生的一种或协调或制约的动态关联关系（吴勤堂，2004）。耦合度衡量的是两个系统在空间逻辑上相互作用、共同发展的关联度，即系统内部序参量之间协同作用的大小；而耦合协调度则衡量的是在时间逻辑上系统内部序参量之间协调发展的程度。信息化和产业转型升级是两个相互作用、相互制约的耦合交互体，两系统间既存在关联协同性，也存在一定的异质性。本节将两个系统通过子系统元素产生相互关联的配合程度确定为信息化与产业转型升级的耦合度，并通过指标的时间轴进行纵向测算，以反映二者之间发展的协调关系。

1. 耦合协调度模型构建

设 E 为信息化子系统的综合序参量，E_{ij} 为信息化子系统中第 i 个指标中第 j 个变量，其值为 X_{ij}（$i=1,2,\cdots,m$；$j=1,2,\cdots,n$）。同理，H 为产业转型升级子系统的综合序参量，H_{ij} 为产业转型升级子系统中第 i 个指标中第 j 个变量，其值为 Y_{ij}（$i=1,2,\cdots,m$；$j=1,2,\cdots,n$）。

同 7.3.2 节一样，可以构建信息化、产业转型升级各子系统的耦合协调度模型：

$$C = \left(\frac{E(X)H(Y)}{(E(X)+H(Y))^2} \right)^{\frac{1}{2}} \qquad (7\text{-}13)$$

$$D = \sqrt{C \times T} \qquad (7\text{-}14)$$

$$T = aE(X) + bH(Y) \qquad (7\text{-}15)$$

式中，C 表示耦合度；D 表示耦合协调度；T 表示信息化与产业转型升级的综合调和指数，体现子系统间的整体协同效应；$E(X)$、$H(Y)$ 分别表示信息化与产业转型升级各子系统的综合贡献值；a、b 数值待定，分别表示子系统的贡献系数，且 $a+b=1$，本节选取 $a=b=0.5$。

根据耦合协调度 D、信息化子系统综合贡献值 $E(X)$ 与产业转型升级子系统综合贡献值 $H(Y)$ 的大小，并借鉴物理学中相关协调类型的划分，可对信息化与产业转型升级耦合系统进行分类，具体如表 7-6 所示。

2. 评价指标体系的建立和说明

为了使信息化与产业转型升级之间的耦合协调度能得到较好的评价，本节遵循科学性、系统性、共识性和可操作性原则，借鉴程惠芳等（2011）的研究成果，构建耦合协调度评价指标体系，如表7-11所示。

表7-11 信息化与产业转型升级耦合协调度评价指标体系

系统层	子系统层	总权重	指标层	权重	单位
信息化系统	基础设施	21.68	移动电话普及率	9.17	部/百人
			人均IPv4地址数	5.60	个/人
			高技术产业投资占比	6.91	%
	产业技术	20.15	人均电信业产值	9.14	元/人
			万人发明专利授权数	11.00	个/万人
	应用水平	11.79	互联网普及率	9.80	%
			通信类居民消费指数	1.99	—
	人才支撑	18.31	R&D活动人员数占比	9.67	%
			高中学历以上人口占比	8.64	%
	发展效果	28.08	高技术产业新产品销售收入占地区生产总值比重	11.10	%
			高技术产业研发经费占比	7.48	%
			人均地区生产总值	9.48	元/人
产业转型升级系统	民生改善	25.98	人均可支配收入	6.00	元/人
			人均全社会固定资产投资	5.98	元/人
			职工平均工资	7.52	元/人
			人均主营业务收入	6.01	元/人
			主营业务利润率	0.47	%
	技术创新	20.71	R&D经费内部支出占地区生产总值比重	3.87	%
			十万人在校大学生数	5.71	人/十万人
			万名从业人员专利申请数	4.60	件/万人
			万名从业人员专利授权数	4.24	件/万人
			新产品销售收入占比	2.29	%
	产业提升	16.41	第三产业比重	5.86	%
			高新技术产业比重	5.97	%
			高新技术产业出口比重	4.58	%
	经济国际化	12.07	进口依存度	5.72	%
			外商投资依存度	1.47	%
			出口依存度	4.88	%
	节能减排	24.83	单位地区生产总值电耗	5.44	千瓦时/元
			单位地区生产总值废气排放量	6.63	吨/万元
			单位地区生产总值废水排放量	7.23	吨/万元
			单位地区生产总值工业固体废物排放量	5.53	吨/万元

3. 数据来源与评价方法

本节中所用数据主要来源于 2010~2015 年的《中国统计年鉴》《中国高技术产业统计年鉴》《中国科技统计年鉴》，2009~2014 年的《中国信息年鉴》和中国互联网络信息中心报告（第 25、27、29、31、33、35 次），并以 31 个省区市（不包含港澳台地区）统计年鉴与国民经济和社会发展统计公报中相关数据作为补充。

考虑到使用的数据主要来自统计年鉴，故本节采用较为客观的赋权法——主成分分析法来确定指标的权重。主成分分析法的主要原理是通过变量转换的方法把众多相互关联的变量降维变成若干不相关的综合变量。采用主成分分析法可在一定程度上避免主观因素带来的偏差，并且降低指标的重复性，主要步骤如下。①子系统功效评价。参见 7.3.2 节的相关公式，可得信息化与产业转型升级子系统对耦合系统的有序功效系数。②指标权重确定。首先对指标进行主成分分析，得到各指标在各主成分线性组合中的系数；其次计算指标的方差贡献率；最后将指标权重进行归一化处理。为了使不同年份的数值具有可比性，统一采用 2009 年的数据处理后的权重作为各级指标的权重。③序参量计算。根据子系统的功效评价模型，计算系统序参量 $E(X)$ 和 $H(Y)$，得出子系统对耦合系统有序度的贡献值。④根据式（7-13）确定系统的耦合度 C，再根据式（7-14）和式（7-15）计算综合调和指数 T 和耦合协调度 D。

7.4.4 信息化与产业转型升级耦合协调发展实证结果分析与讨论

根据 7.4.3 节的模型，可以计算出信息化综合序参量（E）、产业转型升级综合序参量（H）和耦合协调度（D），实证结果如表 7-12 和表 7-13 所示。

表 7-12 中国各地区信息化综合序参量和产业转型升级综合序参量（2009~2014 年）

地区	信息化综合序参量（E）						产业转型升级综合序参量（H）					
	2009年	2010年	2011年	2012年	2013年	2014年	2009年	2010年	2011年	2012年	2013年	2014年
全国	0.23	0.27	0.28	0.32	0.33	0.36	0.39	0.41	0.44	0.47	0.49	0.51
北京	0.58	0.63	0.64	0.67	0.68	0.71	0.62	0.64	0.66	0.69	0.71	0.73
天津	0.45	0.47	0.47	0.51	0.54	0.56	0.54	0.57	0.60	0.63	0.67	0.68
河北	0.14	0.17	0.18	0.21	0.23	0.25	0.27	0.29	0.31	0.32	0.34	0.35
山西	0.15	0.17	0.17	0.20	0.22	0.24	0.23	0.26	0.28	0.32	0.35	0.35
内蒙古	0.14	0.15	0.19	0.22	0.25	0.25	0.27	0.30	0.33	0.34	0.37	0.39
辽宁	0.24	0.28	0.29	0.31	0.33	0.35	0.34	0.38	0.40	0.43	0.45	0.45
吉林	0.19	0.22	0.23	0.26	0.28	0.29	0.32	0.33	0.35	0.37	0.39	0.40
黑龙江	0.16	0.20	0.19	0.21	0.22	0.25	0.29	0.30	0.32	0.34	0.36	0.36
上海	0.49	0.54	0.50	0.51	0.52	0.53	0.63	0.66	0.68	0.69	0.70	0.73

续表

地区	信息化综合序参量（E）						产业转型升级综合序参量（H）					
	2009年	2010年	2011年	2012年	2013年	2014年	2009年	2010年	2011年	2012年	2013年	2014年
江苏	0.37	0.42	0.50	0.58	0.50	0.52	0.50	0.55	0.60	0.65	0.63	0.65
浙江	0.30	0.34	0.36	0.41	0.43	0.46	0.42	0.45	0.48	0.52	0.55	0.57
安徽	0.11	0.17	0.20	0.26	0.27	0.28	0.28	0.31	0.34	0.38	0.40	0.41
福建	0.27	0.33	0.34	0.37	0.39	0.40	0.36	0.39	0.42	0.45	0.47	0.49
江西	0.16	0.18	0.19	0.22	0.24	0.26	0.28	0.31	0.32	0.35	0.37	0.39
山东	0.22	0.25	0.27	0.32	0.32	0.34	0.37	0.40	0.42	0.45	0.48	0.50
河南	0.12	0.15	0.17	0.20	0.26	0.29	0.26	0.28	0.32	0.37	0.40	0.41
湖北	0.20	0.24	0.26	0.32	0.32	0.34	0.32	0.35	0.37	0.40	0.42	0.44
湖南	0.14	0.17	0.19	0.23	0.25	0.27	0.28	0.31	0.34	0.37	0.39	0.41
广东	0.44	0.52	0.52	0.57	0.56	0.58	0.50	0.53	0.55	0.58	0.59	0.61
广西	0.09	0.11	0.13	0.16	0.17	0.20	0.19	0.23	0.29	0.31	0.34	0.36
海南	0.20	0.22	0.19	0.24	0.27	0.27	0.29	0.31	0.34	0.37	0.39	0.40
重庆	0.18	0.20	0.24	0.26	0.28	0.32	0.30	0.34	0.40	0.46	0.50	0.52
四川	0.18	0.18	0.21	0.24	0.27	0.28	0.30	0.32	0.36	0.40	0.42	0.43
贵州	0.10	0.15	0.13	0.17	0.19	0.21	0.19	0.22	0.26	0.28	0.31	0.33
云南	0.07	0.09	0.10	0.12	0.14	0.16	0.23	0.25	0.25	0.28	0.31	0.32
西藏	0.10	0.15	0.14	0.12	0.17	0.22	0.35	0.34	0.34	0.37	0.39	0.40
陕西	0.24	0.28	0.29	0.33	0.34	0.38	0.32	0.35	0.37	0.40	0.44	0.45
甘肃	0.08	0.13	0.13	0.16	0.17	0.18	0.22	0.24	0.26	0.28	0.31	0.32
青海	0.10	0.13	0.12	0.15	0.17	0.18	0.17	0.18	0.17	0.20	0.23	0.25
宁夏	0.12	0.15	0.16	0.19	0.21	0.23	0.17	0.19	0.22	0.26	0.28	0.31
新疆	0.10	0.14	0.14	0.16	0.17	0.18	0.22	0.24	0.26	0.28	0.29	0.31

资料来源：根据相关数据处理而得

表 7-13　中国 2014 年信息化与产业转型升级的耦合协调度

地区	E	H	D	评价
北京	0.7134	0.7283	0.8490	良好协调
上海	0.5295	0.7262	0.7875	
天津	0.5569	0.6784	0.7840	
广东	0.5774	0.6067	0.7693	中级协调
江苏	0.5194	0.6475	0.7615	
浙江	0.4607	0.5713	0.7163	
福建	0.4014	0.4910	0.6663	
全国	0.3595	0.5062	0.6532	初级协调
山东	0.3420	0.4952	0.6415	
陕西	0.3758	0.4496	0.6411	

续表

地区	E	H	D	评价
重庆	0.3166	0.5171	0.6361	
辽宁	0.3463	0.4524	0.6291	初级协调
湖北	0.3361	0.4392	0.6198	
四川	0.2793	0.4329	0.5897	
河南	0.2884	0.4130	0.5874	
安徽	0.2847	0.4135	0.5858	
吉林	0.2897	0.3983	0.5829	
湖南	0.2720	0.4112	0.5783	
海南	0.2747	0.4029	0.5768	
江西	0.2598	0.3853	0.5625	
内蒙古	0.2518	0.3874	0.5589	勉强协调
黑龙江	0.2509	0.3637	0.5496	
河北	0.2520	0.3524	0.5459	
西藏	0.2151	0.4048	0.5432	
山西	0.2382	0.3534	0.5387	
宁夏	0.2335	0.3062	0.5171	
广西	0.1966	0.3591	0.5154	
贵州	0.2107	0.3258	0.5119	
甘肃	0.1834	0.3223	0.4931	
新疆	0.1841	0.3099	0.4887	濒临失调
云南	0.1621	0.3239	0.4787	
青海	0.1806	0.2466	0.4594	

1. 信息化水平和产业转型升级水平不断提高

随着国家对信息产业的重视，信息产业的宏观发展环境不断改善，技术创新能力不断增强，信息化建设力度不断加大。尤其是北京、广东、天津、上海、江苏和浙江等地区加快信息技术的研发与应用，以云计算、物联网、三网（电信网、广播电视网和互联网）融合、新型平板显示、高性能集成电路等新一代信息技术发展为支撑，稳定推进"智慧政务""智慧产业""智慧城市"等信息化建设，信息化水平不断提升。由表7-12可知，中国31个省区市（不包含港澳台地区）的信息化综合序参量指标大都处于增长态势，2014年，北京、广东、天津、上海、江苏和浙江名列全国前6位；产业转型升级综合序参量指标总体上呈上升态势，2014年，北京、上海、天津、江苏、广东和浙江名列全国前6位。

2. 信息化发展滞后于产业转型升级水平

从2014年全国各地区发展情况来看，信息化发展状况总体上滞后于产业转型升级状况，如图 7-3 所示。在全国 31 个地区中，只有北京、广东、福建、陕西、青海和宁夏 6 个地区的信息化综合序参量数值与产业转型升级综合序参量数值差的绝对值小于 0.1，即这 6 个地区信息化与产业转型升级发展是同步的。

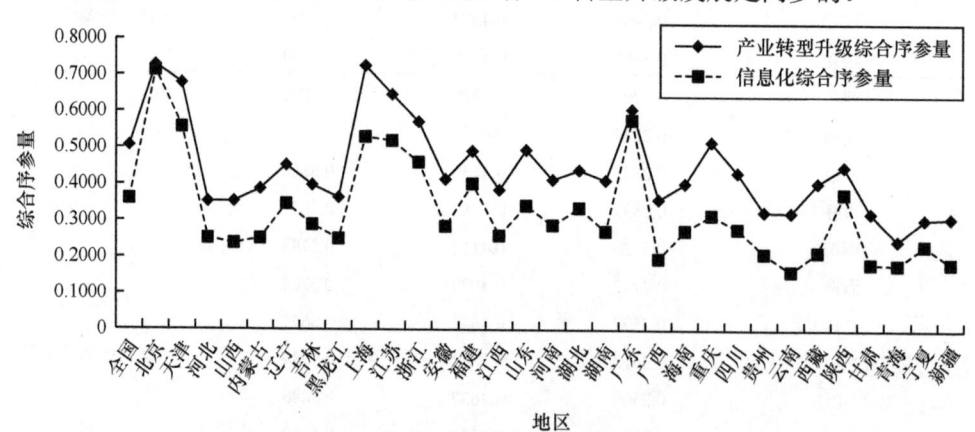

图 7-3　2014 年信息化与产业转型升级综合序参量趋势图

3. 区域之间的耦合协调度差距较大

由表 7-13 可知，中国总体上信息化与产业转型升级的耦合协调度处于中、下等水平，2014 年，耦合协调度排在第一位的为北京，达到良好协调水平；处于中级协调水平的地区有上海、天津、广东、江苏和浙江；有 6 个省市处于初级协调水平，有 15 个省区尚处于勉强协调水平，还有 4 个省区处于濒临失调水平。信息化与产业转型升级的耦合协调度实证表明，中国大部分信息化与产业转型升级尚未形成优质的互动耦合机制，甚至还出现交互掣肘的现象。因此，各地政府应该重视信息化与产业转型升级的耦合发展关系，根据当地信息化发展水平和产业结构制定相应的发展战略，促进二者协调发展。在空间分布上，信息化与产业转型升级耦合协调度呈现东部较高、中西部较低的现象，如图 7-4 所示。

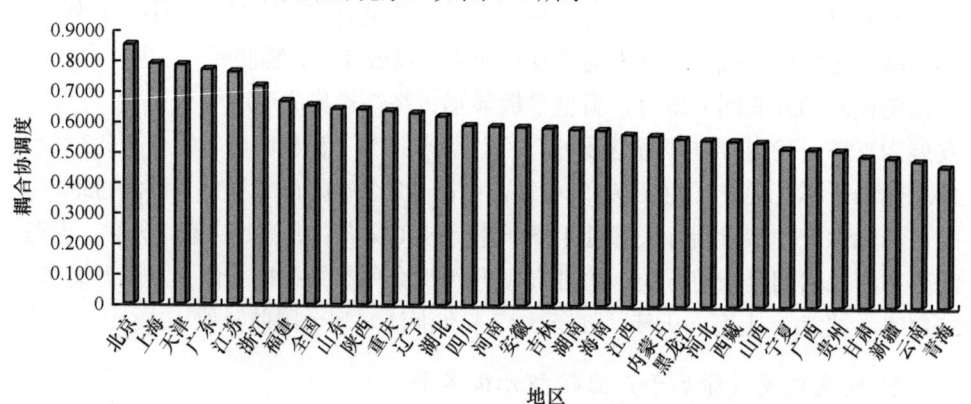

图 7-4　2014 年信息化与产业转型升级耦合协调度排序

7.4.5 结论与建议

本节对中国信息化和产业转型升级的耦合关系进行了理论探讨，并对中国 31 个省区市（不包含港澳台地区）信息化与产业转型升级进行了实证研究。结果表明，2009 年以来，中国 31 个省区市的信息化水平和产业转型升级水平总体上呈现增长趋势，但相对于产业转型升级水平，信息化发展较为滞后，且区域之间信息化与产业转型升级耦合协调度差距较大，有 1 个地区达到良好协调水平，有 5 个地区达到中级协调水平，有 6 个地区（剔除全国的平均数据）处于初级协调水平，有 15 个地区处于勉强协调水平，有 4 个地区处于濒临失调水平。总体上，信息化与产业转型升级耦合协调度呈现东部较高、中西部较低的现象。究其原因，中西部地区的经济实力、信息技术基础设施建设等都较东部地区弱，故信息化水平比东部地区低。尽管近年来各地政府在两化融合方面加大了投入力度，并已取得了一定的成效，但中西部地区和部分东部地区信息化与产业转型升级的耦合协调度仍较低，融合深度不够，即信息化对产业转型升级的推动作用还有待加强。

为提高两化融合质量，促进信息化与产业转型升级耦合协调发展，政府应积极采取相应的政策措施，具体如下。

（1）继续加大信息基础设施建设力度，深化管理体制改革，通过破除垄断机制，不断降低电信、网络使用成本，促进网络互联互通和信息共享，提高信息化普及程度。

（2）各级地方政府继续坚定不移地推进工业化与信息化的深度融合，完善两化融合的制度环境，在工业生产和服务中不断提升信息化的应用水平，积极支持产业集聚发展，扩大产业融合的模仿扩散效应，更好地发挥信息化推进区域产业转型升级的作用。

（3）引导和支持企业自主创新能力的培养和提升，鼓励企业发展战略性新兴产业、高端制造业和现代服务业，推动企业从投资驱动向创新驱动转变。

（4）加强人才队伍建设，为深化产业融合提供人才保障。政府应当推进各层级的信息化人才储备库的建立，促进高校与企业紧密联合与协作，重视信息化技术人才的培养和培训，引导企业建立创新激励机制。

（5）由于各地方要素禀赋有差异，融合的产业重点不一样，融合的质量也不同。因此，各地政府应因地制宜，采取差异化的产业融合政策，不断提高产业融合的质量和层次，以此促进产业结构的优化和升级。

7.5 本章小结

本章利用投入产出表估算信息产业与制造业的融合度，分析比较了浙江省信息产业与制造业的融合状况及产业融合对提升制造业产业绩效的影响；利用耦合评价模型分别估算了电子信息产业与汽车产业之间的耦合度和耦合协调度，实证分析了产业耦合对汽车产业绩效的影响效应；利用耦合协调度模型，对中国信息化和产业转型升级的耦合关系进行了理论探讨和实证研究。研究结论如下。

（1）浙江省信息产业与制造业各行业的融合度总体趋于上升，其中，2012年纺织业等部分产业与信息产业的融合水平远远高于全国的平均水平；浙江省信息产业与制造业的融合，对浙江省制造业的产业绩效有明显的提升效应，且高于全国平均水平；分阶段来讲，相比于2005～2007年，在2010～2012年，浙江省信息产业与制造业融合度对制造业产业绩效的正向作用不断增强，深化信息产业与制造业融合对提升制造业产业绩效有积极作用。

（2）汽车产业与电子信息产业的耦合度相对稳定，长期处于中等程度；两大产业的耦合协调度不断提高，但协调等级不高，由2002年的中度失调状态改善为2013年的初级协调状态。产业耦合也有利于产业绩效的提高。实证研究发现，我国汽车产业与电子信息产业耦合协调度的提高，有利于汽车产业全员劳动生产率改善、能源消耗率下降、专利数增加和出口规模扩大。

（3）2009年以来，中国31个省区市的信息化水平和产业转型升级水平总体上呈现增长趋势，但相对于产业转型升级水平，信息化发展相对滞后，且区域之间信息化与产业转型升级耦合协调度差距较大，信息化与产业转型升级耦合协调度呈现出东部较高、中西部较低的现象。根据研究结论，本章提出了有针对性的对策建议。

第 8 章 互联网对技术创新能力影响研究

8.1 本章问题的提出

随着人工智能、云计算、大数据等为代表的新一代互联网技术的发展，互联网已广泛渗透到经济社会的方方面面，为技术创新提供了更多的可能性，并推动着我国经济由高速发展阶段转向高质量发展阶段。中国是创新大国，拥有较大的创新规模和创新数量。《世界知识产权指标》报告显示，中国专利申请数量自 2011 年上升为世界首位后一直保持领先，截至 2022 年，专利申请量已经连续 12 年居世界首位；但也要看到，我国还不是创新强国，制造业在自主创新能力、信息化水平、资源利用效率等方面，与世界先进水平相比，还有差距。根据世界知识产权组织发布的《2023 年全球创新指数：面对不确定性的创新》（*Global Innovation Index 2023: Innovation in the Face of Uncertainty*），中国创新质量仅排名第 12 位。因此，无论是面对新一轮技术变革与抢占全球产业发展制高点，还是解决"卡脖子"技术问题并促进高质量发展，都迫切需要提升企业技术创新质量。但是，互联网促进技术创新的影响机制有哪些？是否存在非线性特征？如何使互联网更好地发挥对技术创新的驱动能力？目前，我国技术成果市场化率不高，亟须解决。那么，互联网对技术创新成果产出及其市场化的影响机制又是什么？怎样通过互联网有效推动技术创新成果市场化率提高？

基于上述问题，本章拟从三个方面进行研究。第一，系统分析互联网对技术创新影响的作用机理，实证分析互联网水平对技术创新作用提升的线性影响、非线性影响及其区域差异。第二，以互联网发展较快的浙江为研究样本，实证研究浙江省"互联网+"发展水平对制造业创新驱动能力的影响机理。第三，以高技术产业为研究样本，实证分析互联网发展水平对我国高技术产业科技创新成果产出及市场化的影响效应、门槛效应和异质性，以期为互联网推动技术创新质量提升提供有益思路。

8.2 互联网对中国技术创新能力的影响效应与门槛效应

8.2.1 引言

近年来，我国互联网产业发展迅猛，根据中国互联网络信息中心发布的第 53 次《中国互联网络发展状况统计报告》，中国网民的数量从 2002 年的 0.59 亿人增加到 2023 年的 10.92 亿人，互联网普及率从 4.6%上升到 77.5%。以互联网为代表的数字技术正在加速与经济社会的各个方面深度融合，区域创新能力和水平也在不断提高，中国专利申请授权数从 2002 年的 13.24 万项增加到 2022 年的 432.34 万项，年均增长率为 19.04%。互联网正推动着中国经济朝着更创新、更智慧、更绿色的方向发展，日益成为驱动区域创新发展新动能。

互联网因具有打破信息不对称、知识共享、降低交易成本和提升劳动生产率的特点，对经济发展产生了巨大的影响。互联网对技术创新能力影响的研究目前已成为学者关注的热点，研究成果主要分为以下三个方面。

一是互联网能否促进创新能力的提高。大多数学者研究认为，互联网能够促进技术创新能力提高。Apak 等（2012）认为互联网的应用引发了一系列的创新活动，增加了企业的利润。Bygstad（2010）通过对国际航空公司进行案例研究，发现基于互联网等信息技术的创新可以帮助企业加快创新过程。Lensing 和 Friedhoff（2018）认为互联网这一颠覆性技术，能够为生产系统带来新的变革，同时加快业务创新，使得企业在日益动荡的市场中保持竞争力。Literat 和 Glăveanu（2016）以众包这一创造性实践为例，详细分析了互联网对分布式创造力的影响。董祺（2013）认为企业信息化投入对企业规模、利润和创新成果增长存在显著的正向影响。部分学者从互联网对创新能力的影响机制方面进行了研究。王金杰等（2018）认为互联网改变了企业创新方式，扩大了研发人员和研发资金对创新的影响。张伯旭和李辉（2017）认为互联网带来了技术创新，从而对企业生产运营、组织结构等产生了影响，推动了互联网与实体经济的深度融合。张娜娜等（2014）通过多案例研究分析，发现互联网发展有利于技术创新、商业模式创新以及制度创新，从而形成协同发展机制。秦佳良等（2018）发现互联网对企业劳动生产率和创新绩效都有积极的溢出效应，而劳动生产率的差异会影响互联网对创新绩效的影响。

二是互联网促进创新能力提高是否存在地区差异。一些学者认为互联网对技术创新的影响存在地区差异。金春枝和李伦（2016）认为我国东、中、西部地区，城乡之间互联网使用规模和普及率均存在差异。汪明峰和邱娟（2011）指出东、中、西三大区域互联网用户增长存在着较为显著的"俱乐部收敛"趋势，收敛速度表现为东部慢于中部、中部慢于西部。张旭亮等（2017）指出由于数字鸿沟的存在，互联网为东部地区带来的创新效益大于其他地区。

三是互联网对创新能力的影响是否存在门槛效应。张家平等（2018）提出 ICT 与经济发展之间存在非线性关系，人力资本与创新水平的差异导致互联网对经济发展的影响表现出异质性。郭家堂和骆品亮（2016）指出由于存在显著的网络效应特征，互联网对中国全要素生产率的促进作用是非线性的。韩先锋等（2014）发现信息化对中国工业部门技术创新效率产生了显著影响，信息化与技术创新效率之间存在着显著的倒"U"形关系。

可见，当前关于互联网对创新能力影响的相关文献比较丰富，本节拟在前人研究的基础上，系统分析互联网对技术创新影响的作用机理，实证分析互联网水平对我国技术创新的影响及其区域差异。与以往研究的不同之处在于，本节不仅考虑互联网对技术创新作用提升的线性影响，而且还拟引入交互项和门槛模型，实证研究互联网对技术创新的门槛效应，分析互联网发展背景下研发强度对技术创新能力提升的作用，并探讨相应的对策建议，以期为更好地发挥互联网对我国技术创新能力的提升作用提供有益的思路。

8.2.2 互联网发展对技术创新能力影响的作用机理

互联网作为重要的沟通和交流媒介，能够降低信息扩散的成本，提高知识传播效率，扩大知识溢出效应，对技术创新产生积极影响。互联网发展创新了微观主体的思维与管理方式，催生了新的商业模式，激发了企业的创新活力，拓宽了企业的创新资源，开辟了创新理念转变为创新现实的新路径，有利于促进企业自主创新能力的提高。

1. 互联网的发展促进思维方式的转变，有利于实现内外协同创新

互联网"开放、平等、共享、协作"的基本特质正影响着企业发展。随着互联网的发展，企业不仅可以在内部进行及时的信息传递和沟通，而且还可方便快捷地了解企业外部的市场信息和科技发展新成果，共享和利用企业外部知识，提高技术创新能力。互联网成为连通外部资源的重要工具。例如，"众付+预付"已经成为企业融资的一种新模式，这种生产前、服务前支付购买的资金众筹方式，不仅可降低企业对创新投入的风险，提高企业内部研发资金的使用效率；而且还可使企业实现从有库存到零库存，再到负库存的飞跃，从而降低库存成本。此外，还有"众包"方式，它指企业利用外部的资源，将企业的非核心业务或者部分核心业务外包，降低企业的生产经营成本。例如，小米公司激励发烧友、消费者等为小米研发提供创意，利用客户的认知和能力采用众包方式与客户合作，更大程度地满足了客户需求。互联网促进了共享经济蓬勃发展，催生了众智、众包、众聚等新模式，推动了知识、技术、人才、资金等创新资源通过互联网自由流动，从而加速了创意→原型→商品化→产业化良性发展，提高了企业技术创新能力。

2. 互联网的发展推进管理方式的"扁平化"，有利于提高技术研发效率

互联网技术的发展推动着组织结构和管理方式的创新与发展，网络化、扁平化、柔性化和模块化的企业组织形式，一方面增强了企业的灵活性，有利于企业内部信息的顺畅流动，使得员工参与企业治理和监督成为可能，从而可激发内部员工以及利益相关者的积极性，在一定程度上能够降低企业的管理成本。另一方

面，在互联网快速发展的背景下，为了更好地满足市场和消费者的需求，企业纷纷成立"小微"团队。例如，华为探索出来的"铁三角"管理模式，由客户经理、解决方案专家和交付专家组成的面向客户的作战单元，负责前期与客户沟通、中期产品设计和后期交付，形成了以项目为中心的团队运作模式。这种由传统的集权式、垂直式的治理结构向"去中心化""扁平化"发展的模式，在一定程度上降低了企业的治理成本。可见，互联网能够有效促进企业组织的简化和管理效率的提升，有利于增强企业技术创新的动力。

3. 互联网的发展催生新的商业模式，有利于提高技术转化效率

互联网将生产、销售以及研发紧密联系起来，大大削减了产销之间的信息不对称，加速了研发端、生产端与市场需求端的紧密连接，并催生出一套新的商业模式。随着互联网的发展，企业的生产更加柔性化，以销定产和订单式的生产更可能成为一种常态，厂商根据市场需求变化研发技术，组织物料采购、生产制造和物流配送，使得生产方式由大批量、标准化的推动式生产向市场需求拉动式生产转变，企业能够在差异化产品和生产成本之间达到一种新的平衡。例如，浙江报喜鸟服饰股份有限公司将线下实行多年的私人定制业务搬到线上，推出了"O2O+C2B"的经营模式，个性化和快速响应市场的特点有效地提高了其市场占有率和品牌竞争力。可见，互联网的发展，释放了消费者的个性化消费潜力，而多样化的市场需求也倒逼企业加大研发投入，重视技术创新能力和水平的持续提高。

8.2.3 模型构建与数据来源

1. 模型构建

为估算互联网对我国创新能力的影响效应，本节利用生产函数来构建创新产出函数，如式（8-1）所示：

$$Y_t = A_t K_t^{\alpha} L_t^{\beta} \qquad (8\text{-}1)$$

式中，Y_t 表示 t 年的产出；K_t 和 L_t 分别表示 t 年的资本投入和劳动投入；α、β 分别表示资本和劳动的产出弹性；A 表示综合技术水平。

由于综合技术水平受互联网发展水平和研发强度的影响，故将互联网发展水平和研发强度纳入模型；同时，为消除异方差的影响，本节对指标进行取对数处理，修正后的模型如式（8-2）所示：

$$\ln Y_{i,t} = c + \beta_1 \ln K_{i,t} + \beta_2 \ln L_{i,t} + \beta_3 \ln INT_{i,t} + \beta_4 \ln RDI_{i,t} + \varepsilon_{i,t} \qquad (8\text{-}2)$$

式中，$Y_{i,t}$ 表示 i 地区 t 年的总创新产出，用专利授权数来表示；$K_{i,t}$ 和 $L_{i,t}$ 分别表示 i 地区 t 年的创新资本投入（资本存量）和创新劳动投入（从业人数），鉴于并非所有的创新产出都只是由统计意义上的研发人员和研发经费创造的，而且互联网又具

有开放和共享的特质，故本节用各地区的资本投入和劳动从业人数来表示；$INT_{i,t}$ 为 i 地区 t 年的互联网发展水平，用互联网普及率（即网民人数占总人数的比例）来表示；$RDI_{i,t}$ 表示 i 地区 t 年的研发强度（研发支出占地区生产总值的比重）；c 表示常数；β_1、β_2、β_3、β_4 表示系数；$\varepsilon_{i,t}$ 表示随机误差；i 为 $1, 2, 3, \cdots, 31$，分别表示我国 31 个省区市（不包含港澳台地区）；t 表示 2002~2016 年。

考虑到互联网发展水平对创新能力的作用在一定程度上依赖于研发强度，本节将互联网普及率与研发强度进行交互，构建的模型如式（8-3）所示：

$$\ln Y_{i,t} = c + \beta_1 \ln K_{i,t} + \beta_2 \ln L_{i,t} + \beta_3 \ln INT_{i,t} + \beta_4 \ln RDI_{i,t} \\ + \beta_5 (\ln INT_{i,t} \times \ln RDI_{i,t}) + \varepsilon_{i,t} \quad (8-3)$$

式中，$INT \times RDI$ 表示互联网普及率与研发强度的交互项。

为进一步测算互联网发展水平对创新能力的网络效应，构建门槛模型，如式（8-4）和式（8-5）所示：

$$\ln Y_{i,t} = c + \beta_1 \ln K_{i,t} + \beta_2 \ln L_{i,t} + \beta_3 \ln RDI_{i,t} I(q_{i,t} \leq \gamma) + \beta_4 \ln RDI_{i,t} I(q_{i,t} > \gamma) + \varepsilon_{i,t} \quad (8-4)$$

$$\ln Y_{i,t} = c + \beta_1 \ln K_{i,t} + \beta_2 \ln L_{i,t} + \beta_3 \ln INT_{i,t} I(q_{i,t} \leq \gamma) + \beta_4 \ln INT_{i,t} I(q_{i,t} > \gamma) + \varepsilon_{i,t} \quad (8-5)$$

式中，$I(\cdot)$ 表示指示函数，当括号内的条件满足时取 1，否则取 0；$q_{i,t}$ 表示门槛变量；γ 表示特定的门槛值，式（8-4）与式（8-5）的核心解释变量分别为研发强度与互联网普及率。式（8-4）与式（8-5）为假设存在一个门槛的模型，可根据实际情况扩展为多重门槛模型。

2. 数据来源

本节选取我国 31 个省区市 2002~2016 年的相关数据。其中，专利授权数、从业人数来自 2001~2017 年《中国统计年鉴》。互联网普及率来自第 11~39 次《中国互联网络发展状况统计报告》以及 2001~2017 年《中国统计年鉴》。研发强度数据来源于科学技术部。

资本存量采用永续盘存法估算，如式（8-6）所示：

$$K_{i,t} = K_i(t-1)(1 - \delta_{i,t}) + I_{i,t} / P_{i,t} \quad (8-6)$$

式中，i 表示地区；t 表示年份；K 表示实际的资本存量；I 表示固定资产投资总额（当年价）；P 表示固定资产投资价格指数；δ 表示折旧率，借鉴单豪杰（2008）的做法，折旧率选取 10.96%。数据主要来源于《中国统计年鉴》。

主要变量的描述性统计情况如表 8-1 所示。

表 8-1 主要变量的描述性统计

变量	含义	观察个数	均值	标准偏差	最小值	最大值
Y	专利授权数	465	21 854	42 886.43	7	269 944
INT	互联网普及率	465	28.24	19.71	1.12	77.77

续表

变量	含义	观察个数	均值	标准偏差	最小值	最大值
RDI	研发强度	465	1.28	1.03	0.12	6.01
K	资本存量	465	36 647.58	37 850	542.52	237 765.20
L	从业人员数	465	2 462.37	1 711.96	130.20	6 726
INT×RDI	互联网普及率和研发强度交互项	465	46.84	68.83	0	456.22

资料来源：作者根据 Stata 15.0 软件计算得出

8.2.4 实证结果与分析

1. 互联网发展水平对技术创新能力的影响

利用 Stata 15.0 软件对式（8-2）、式（8-3）进行实证分析，结果如表 8-2 和表 8-3 所示。根据 Hausman 检验的结果，不论是全国、东部还是中西部地区的 p 值都接近 0，故选择固定效应模型。同时考虑到互联网对各地区的影响存在差异，故将全国 31 个省区市（不包含港澳台地区）分为东部和中西部两个子样本分别进行分析[①]。

表 8-2 互联网发展水平对我国专利授权数的影响

变量	模型I	模型II	模型III	模型IV
常数项	−6.14***	−1.71	−0.62	0.98
	(−5.05)	(−1.47)	(−0.50)	(0.86)
ln$K$	1.24***	0.84***	0.82***	0.65***
	(39.86)	(17.69)	(17.00)	(13.76)
ln$L$	0.32*	0.12	0.02	−0.04***
	(1.69)	(0.71)	(0.09)	(−0.26)
lnINT		0.36***	0.34***	0.49***
		(10.41)	(9.51)	(13.81)
lnRDI			0.21**	−0.31***
			(2.49)	(−3.33)
lnINT×lnRDI				0.21***
				(9.83)
R^2	0.8861	0.9089	0.9102	0.9267
F	138.79	84.87	41.88	38.87
Hausman 检验的 p 值	0.0086	0.0000	0.0000	0.0000

注：括号内为变量的 t 值

*、**、***代表在 10%、5%、1%水平下显著

[①] 东部地区包括：北京、天津、河北、辽宁、上海、江苏、浙江、福建、山东、广东和海南。中西部地区包括：山西、内蒙古、吉林、黑龙江、安徽、江西、河南、湖北、湖南、广西、四川、重庆、贵州、云南、西藏、陕西、甘肃、青海、宁夏、新疆。

表 8-3　互联网发展水平对东部、中西部专利授权数的影响

变量	东部				中西部			
	模型I	模型II	模型III	模型IV	模型I	模型II	模型III	模型IV
常数项	−7.56***	−2.24	−0.85	4.71***	−6.03***	0.36	1.09	−1.57
	(−3.74)	(−1.12)	(−0.44)	(2.89)	(−3.58)	(0.21)	(0.62)	(−0.90)
ln$K$	1.10***	0.65***	0.41***	0.22**	1.28***	0.91***	0.91***	0.78***
	(14.69)	(6.63)	(3.64)	(2.44)	(39.41)	(17.68)	(17.66)	(14.43)
ln$L$	0.79**	0.48	0.61**	0.06	0.20	−0.29	−0.38	0.12
	(2.32)	(1.56)	(2.07)	(0.27)	(0.80)	(−1.25)	(−1.57)	(0.47)
lnINT		0.50***	0.40***	0.50***		0.32***	0.31***	0.41***
		(6.33)	(5.04)	(7.85)		(8.59)	(7.75)	(9.67)
lnRDI			0.81***	−0.01			0.13	−0.25**
			(3.74)	(−0.05)			(1.42)	(−2.24)
lnINT×lnRDI				0.36***				0.16***
				(9.71)				(5.31)
R^2	0.8407	0.8741	0.8848	0.9294	0.9112	0.9299	0.9304	0.9369
F	136.91	64.46	18.61	31.60	47.61	37.89	30.41	28.00
Hausman检验的p值	0.0500	0.0000	0.0051	0.0006	0.0012	0.0001	0.0000	0.0191

注：括号内为变量的 t 值

、*代表在 5%、1%水平下显著

由表 8-2、表 8-3 的模型I可知，无论是从全国样本上还是从东部、中西部的区域样本上，我国创新水平的提高主要依赖于资本的投入，劳动力的贡献较小。相比于东部，中西部劳动力对创新水平的作用不显著，这是因为中西部地区的人力资本存量低于东部地区。以 2016 年为例，东部地区的高中及大学学历人数占比普遍超过 50%，其中天津达到 65.23%，而中西部地区普遍低于 50%，仅陕西和重庆地区较高。① 由表 8-2 和表 8-3 中模型II、模型III可知，互联网普及率提高对技术创新具有显著的促进作用，但存在着明显的区域差异，互联网发展水平对东部地区的促进作用大于中西部地区；研发强度对于技术创新也具有正向作用，但研发强度仅对东部地区技术创新作用显著，而中西部地区则不显著。

在模型中引入互联网普及率和研发强度的交互项后，实证结果如表 8-2 和表 8-3 中的模型IV所示。

对于全国，研发强度对技术创新的交叉效应为

$$\frac{\partial \ln Y}{\partial \ln \text{RDI}} = \beta_4 + \beta_5 \ln \text{INT} = -0.31 + 0.21 \ln \text{INT} \quad (8\text{-}7)$$

当且仅当 lnINT 为 0 时，系数为−0.31，因为 lnINT 最小为 0.11，故这种情况是不可能产生的。因此，在测算偏导效应时，应选择有意义的 lnINT 值，根据原

---

① 数据来源：根据《2017 中国统计年鉴》数据整理得到。

始数据的计算整理，lnINT 的均值为 2.97，故此时研发强度对技术创新的交叉效应约为 0.31[①]。

对于东部地区，研发强度对技术创新的交叉效应为

$$\frac{\partial \ln Y}{\partial \ln \text{RDI}} = \beta_4 + \beta_5 \ln \text{INT} = -0.01 + 0.36\ln \text{INT} \tag{8-8}$$

由于 lnRDI 的系数为-0.01，且不显著，根据原始数据的计算整理，lnINT 的均值为 3.36，故此时研发强度对技术创新的交叉效应约为 1.20[②]。

对于中西部地区，研发强度对技术创新的交叉效应为

$$\frac{\partial \ln Y}{\partial \ln \text{RDI}} = \beta_4 + \beta_5 \ln \text{INT} = -0.25 + 0.16\ln \text{INT} \tag{8-9}$$

当且仅当 lnINT 为 0 时，系数为-0.25，因为 lnINT 最小为 0.11，故这种情况是不可能产生的。因此，在测算偏导效应时，应选择有意义的 lnINT 值，根据原始数据的计算整理，lnINT 的均值为 2.75，故此时研发强度对技术创新的交叉效应约为 0.19[③]。

在加入互联网普及率与研发强度的交互项后，不论是全国还是东部、中西部，交互项的系数都为正，且显著，说明研发投入加强了互联网发展水平对创新水平提升的促进作用。由表 8-2 和表 8-3 可知，随着互联网发展水平和研发强度变量的加入，如模型Ⅲ、模型Ⅳ所示，互联网发展水平对创新能力的促进作用大体呈上升趋势，且 R^2 也逐渐增大，表明变量的加入使得模型趋于稳定。可见，互联网发展水平已经逐渐成为推动我国技术创新能力提升的重要因素。

2. 互联网发展水平对我国创新能力的门槛效应

由于存在网络效应，互联网对我国创新能力的促进作用可能是非线性的，为此，本节构建了门槛模型，如式（8-4）和式（8-5）所示。门槛模型有两个基本的假设需要检验：一是门槛效果是否显著的检验，二是门槛估计值是否等于其真实值的检验。具体来讲，对于第一个检验，依次按不存在门槛、存在一个门槛、存在两个门槛、存在三个门槛来展开；对于第二个检验，其原假设是：$\gamma = \gamma_0$，然后计算相应的似然比（likelihood ratio，LR）检验统计量 LR，当 $\text{LR}(\gamma = \gamma_0) \leqslant -2\ln\left[1-\left(1-\alpha\sqrt{1-\alpha}\right)^{\frac{1}{2}}\right]$ 时不能拒绝原假设。其中，α 表示显著性水平，本节取

[①] $\dfrac{\partial \ln Y}{\partial \ln \text{RDI}} = -0.31 + 0.21 \times 2.97 \cong 0.31$。

[②] $\dfrac{\partial \ln Y}{\partial \ln \text{RDI}} = -0.01 + 0.36 \times 3.36 \cong 1.20$。

[③] $\dfrac{\partial \ln Y}{\partial \ln \text{RDI}} = -0.25 + 0.16 \times 2.75 \cong 0.19$。

5%，则对应的 LR 的临界值为 7.35（单豪杰，2008）。

（1）以互联网普及率为门槛变量、研发强度为解释变量、专利授权数为被解释变量对式（8-4）进行实证分析，结果如表 8-4 所示。通过门槛的显著性检验，发现单一门槛在 5%的水平下显著，双重门槛在 10%的水平下显著。双重门槛对应的门槛值为 0.7230 和 3.3912，其将互联网普及率分为三部分，如表 8-5 所示。当 lnINT≤0.7230 时，研发强度对创新水平的促进作用系数为 0.38；当 0.7230＜lnINT≤3.3912 时，研发强度对创新水平的促进作用系数为 0.72；当 lnINT＞3.3912 时，研发强度对创新水平的促进作用系数为 1.10。实证结论表明，互联网普及率越高，研发强度对创新水平的促进作用越强，这也印证了前面分析的互联网的发展促进技术创新水平提高的结论。

表 8-4　对专利授权数的门槛变量检验（互联网普及率为门槛变量）

模型	F 值	p 值	10%临界值	5%临界值	1%临界值	门槛估计值	95%的置信区间
单一门槛	50.20	0.0200	30.7534	40.3536	60.7451	3.4287	[3.3587, 3.4691]
双重门槛	26.69	0.0767	24.4966	31.1472	41.0457	0.7230	[0.3550, 0.8755]
						3.3912	[3.3514, 3.4287]
三重门槛	6.56	0.8367	25.7976	33.4816	44.2498		

注：本节面板数据处理采用 Stata 15.0 软件，门槛回归采用王群勇的 xtptm 命令，p 值为采用自助法（bootstrap）反复抽样 300 次得到的结果

表 8-5　研发强度对专利授权数影响的门槛效应回归结果

变量	系数	变量	系数
常数项	-2.33^{*} (-1.90)	lnRDI（0.7230＜lnINT≤3.3912）	0.72^{***} (7.79)
lnK	1.11^{***} (32.86)	lnRDI（lnINT＞3.3912）	1.10^{***} (6.71)
lnL	-0.03 (-0.15)	R^2	0.9057
lnRDI（lnINT≤0.7230）	0.38^{***} (4.59)	F	71.48

注：括号内为变量的 t 值

*、***代表在 10%、1%水平下显著

（2）以研发强度为门槛变量、互联网普及率为解释变量、专利授权数为被解释变量对式（8-5）进行实证分析，结果如表 8-6 所示，通过门槛的显著性检验，发现单一门槛在 1%的水平下显著，双重门槛在 10%的水平下显著。双重门槛对应的门槛值为 0.1118 和 0.5470，其将研发强度分为三部分，如表 8-7 所示。当 lnRDI≤0.1118 时，互联网普及率对创新水平的促进作用系数为 0.37；当 0.1118＜lnRDI≤0.5470 时，互联网普及率对创新水平的促进作用系数为 0.45；当 lnRDI＞0.5470 时，互联网普及率对创新水平的促进作用系数为 0.56。研究结果表明，研

发强度越高，互联网普及率对创新水平的促进作用越强。

表 8-6 对专利授权数的门槛效果检验（研发强度为门槛变量）

模型	F 值	p 值	10%临界值	5%临界值	1%临界值	门槛估计值	95%的置信区间
单一门槛	60.52	0.0100	35.9285	41.4533	52.6041	0.5470	[0.5067, 0.5781]
双重门槛	26.69	0.0767	24.4966	31.1472	41.0457	0.1118	[0.0622, 0.1173]
						0.5470	[0.5067, 0.5781]
三重门槛	26.83	0.1733	31.9363	39.3837	69.2816		

注：本节面板数据处理采用 Stata 15.0 软件，门槛回归采用王群勇的 xtptm 命令，p 值为采用自助法反复抽样 300 次得到的结果

表 8-7 互联网普及率对专利授权数影响的门槛效应回归结果

变量	系数	变量	系数
常数项	−0.31 （−0.29）	lnINT（0.1118<lnRDI≤0.5470）	0.45*** （13.37）
ln$K$	0.69*** （15.07）	lnINT（lnRDI>0.5470）	0.56*** （14.79）
ln$L$	0.10 （0.65）	R^2	0.9251
lnINT（lnRDI≤0.1118）	0.37*** （11.76）	F	43.54

注：括号内为变量的 t 值
***代表在 1%水平下显著

8.2.5 本节实证结论与政策建议

本节在剖析互联网发展对我国技术创新影响机制的基础上，利用 2002～2016 年我国 31 个省区市（不包含港澳台地区）的数据实证分析了互联网对我国技术创新能力的影响效应与门槛效应。研究发现：

（1）互联网发展水平对我国技术创新水平的提升具有显著的促进作用，且存在着区域差异，互联网对东部地区创新能力提升的促进作用明显高于中西部地区。

（2）本节引入了互联网普及率与研发强度交互项，实证研究发现，交互项对全国、东部、中西部技术创新水平的影响系数都为正且显著，表明研发强度的提高，增大了互联网发展水平对创新水平提升的促进作用；同时，互联网发展水平的提高，也增大了研发强度对创新水平提升的促进作用。

（3）互联网发展水平对创新水平提升的促进作用是非线性的，存在着门槛效应，互联网普及率不同，研发强度对技术创新水平提升的效应也不同。当 lnINT≤0.7230 时，研发强度对创新水平的促进作用系数为 0.38；当 0.7230<lnINT≤3.3912 时，研发强度对创新水平的促进作用系数为 0.72；当 lnINT>3.3912 时，研发强度对创新水平的促进作用系数为 1.10。同样，研发强度不同，互联网发展水平对技术创新水平提升的效应也不同。当 lnRDI≤0.1118 时，互联网普及率对创新水平的促进作用系数

为 0.37；当 0.1118＜lnRDI≤0.5470 时，互联网普及率对创新水平的促进作用系数为 0.45；当 lnRDI＞0.5470 时，互联网普及率对创新水平的促进作用系数为 0.56。可见，研发强度越高，互联网普及率对创新水平的促进作用越强。

为了更好地发挥互联网对我国技术创新水平的提升作用，我国应继续提高互联网发展水平，加大研发强度。具体来讲：

（1）进一步完善互联网基础设施建设。互联网基础设施建设是发挥互联网溢出作用的前提和基础，但目前我国互联网水平呈现区域发展不平衡现象，东中西部差距较大，数字鸿沟明显。因此，政府应进一步加大电信固定资产投资和通信网络建设，特别是应加大对中西部地区物联网、移动互联网、宽带等设施建设的投入，鼓励人才流向中西部地区，加大中西部地区研发人才资源储备。

（2）建设普惠互联网。以互联网技术进步为核心的信息革命已成为推动我国技术创新的重要动力，正如前述所提到的，当互联网普及率超过一个临界值时，互联网对创新的作用会更加明显。因此，我国一方面应该进一步提高互联网普及率，建设普惠互联网，增加网络接入端口数量，组织实施电信普遍服务试点，提升网络服务能力；另一方面应该提高企业和用户对于互联网更深层次的认知，积极实施网络强国战略，加快互联网与实体经济融合，在技术创新中进一步释放互联网所蕴含的能量，从而充分发挥互联网对于技术创新的作用。

（3）积极营造良好的网络环境。应充分发挥政府对互联网监管的作用，一方面政府应加大网络基础设施的投入，加强管理并完善互联网基础资源；另一方面，应加强对网络信息的监管，制定和健全相关法律法规，完善互联网安全等相关保障体系，为互联网发展提供有序的发展环境。

（4）激发企业创新活力，提高技术创新水平。政府应进一步积极引导企业创新，鼓励企业加大研发投入，构建良好的创新氛围。我国可通过推动"政产学研用"协同创新，积极引导企业与高校和科研所进行合作，不断提升协同创新能力；积极鼓励企业借助大数据、云计算以及电商平台加速信息传递，实现在设计、制造、销售等方面信息共享，利用众包、众智、众筹等模式，促进生产与需求对接、传统产业与新兴产业融合，有效汇聚资源，推进分享经济成长，形成创新驱动发展新格局。

8.3 "互联网+"对制造业创新驱动能力影响研究：基于中国浙江案例

8.3.1 引言

制造业在我国国民经济发展中占据主导地位，是兴国之器、强国之基。但是，我国虽然是世界制造业第一大国，但却不是制造业第一强国。目前，大量中国制造企业还处在工业 2.0 状态，对传统渠道依赖过大，且不同行业、地区和企业之间的自动化与信息化水平存在显著差异，发展水平参差不齐。近年来，随着"互联网+"快速发展，"互联网+"与制造业融合程度不断加深，"互联网+"新思维、新技术催生了各类新模式、新业态、新产业，变革了制造业企业研发、生产、加工、销售等组织方式，推动了传统产业的转型升级。国务院关于《深化"互联网+先进制造业"发展工业互联网的指导意见》指出，"加快建设和发展工业互联网，推动互联网、大数据、人工智能和实体经济深度融合，发展先进制造业，支持传统产业优化升级，具有重要意义"[①]。党的十九大报告也指出，"加快发展先进制造业，推动互联网、大数据、人工智能和实体经济深度融合，在中高端消费、创新引领、绿色低碳、共享经济、现代供应链、人力资本服务等领域培育新增长点、形成新动能"[②]。浙江是我国互联网经济发展的领先省份，2018 年，全省建成"无人车间""无人工厂"66 家，新增工业机器人 1.6 万台，累计上云企业超 28 万家。本节拟以浙江为研究对象，研究浙江"互联网+"发展水平、制造业创新驱动能力大小及其相互之间的关系，探讨相应的对策建议，以期进一步提高"互联网+"对制造业创新驱动能力提升的促进作用。

8.3.2 文献综述

目前，关于"互联网+"与制造业的研究已成为国内外学者关注的热点。Hamel 和 Prahalad（1994）认为信息产业与制造业、服务业的融合发展是未来产业发展的必定趋向与转型升级的必由之路。Brynjolfsson 和 Hitt（2000）提出信息技术可以促进生产率提高。Salvador 和 Ikeda（2014）研究发现，互联网技术与制造业结合的过程就是产生新的科技成果、形成新的生产力彼此融合的过程。Czernich 等（2011）通过实证研究发现宽带普及率提高 10 个百分点，人均国内生产总值的年增长率可以提高 0.915 个百分点。Nobre 和 Tavares（2017）指出可以借助大数据解决循环经济问题。黄阳华（2015）研究表明，我国可借鉴德国工业 4.0 计划，在新一代互联网技术基础之上，强化创新驱动发展模式，以工业发展应对我国发展中的问题。张伯旭和李辉（2017）认为"互联网+"所引发的技术经济范式变革，以及信息技术工具在制造业的深入应用，将对制造业的制造范式和运营方式带来深刻变化。周济（2015）指出"互联网+"为创新驱动发展开辟了无限广阔的空间，

---

① 国务院关于深化"互联网+先进制造业"发展工业互联网的指导意见，https://www.gov.cn/zhengce/content/2017-11/27/content_5242582.htm[2020-10-21]。

② 习近平：决胜全面建成小康社会 夺取新时代中国特色社会主义伟大胜利——在中国共产党第十九次全国代表大会上的报告，https://www.gov.cn/zhuanti/2017-10/27/content_5234876.htm[2020-10-21]。

互联网与先进制造业和现代服务业的深度融合，可以使互联网最新的信息技术、方法论和商业模式深度融合于制造业与服务业的各个领域，从而促进制造业提质增效、转型升级，推动服务型制造业和生产性服务业的发展。马化腾（2016）指出加快推进"互联网+"的发展，促进互联网创新成果与经济社会各领域的深度融合，对实行创新驱动型经济具有重要意义。邵安菊（2017）认为要培育互联网与制造业融合发展的新方式，以互联网思维重构制造业价值链，推进产品个性化智能定制生产模式，构建完善的制造业产业链生态圈。

随着互联网技术的快速发展，"互联网+"已经渗透到各个行业，如"互联网+农业""互联网+金融""互联网+工业"等，充分展现了"互联网+"的影响能力。目前，相关研究大多是对"互联网+"的基本特征及产生影响进行研究，但定性分析较多，定量分析较少。然而，在技术创新能力方面的定量研究成果还是较丰富的。例如，Kiminami等（2019）运用空间计量分析和结构方程建模的方法探究了上海创新城市的影响因子。邹燕（2012）从创新系统构成要素角度出发构造指标体系，运用主成分分析法和聚类分析法分别测评了创新水平与结构。向小东和陈丽芬（2016）将制造业技术创新过程划分为技术研究与开发、技术应用与改造、环境污染治理三个阶段，运用虚拟系统法构建出制造业三阶段链式网络DEA交叉效率评价模型，并用于评价福建省制造业的技术创新效率。邹一南和赵俊豪（2017）从创新发展、协调发展、绿色发展、开放发展、共享发展五个方面，构建了中国经济发展方式转变的指标体系，并综合利用德尔菲法和熵值法，对"十一五"至"十二五"期间经济发展方式的转变程度进行了测算。王俊松等（2017）基于2003~2013年城市专利数据，采用基尼系数、趋势面分析、空间动态面板数据模型等方法，探讨了中国城市技术创新能力的空间分布和影响因素。赵传松和任建兰（2017）以中国近20年科技创新与可持续发展的相关数据为依据，运用熵值法和灰色关联分析模型，分析了科技创新与可持续发展的演化进程及科技创新不同环节对可持续发展的影响程度。

总体来说，学者从城市建设、产业升级政策、知识产权、国际比较、社会福利效应、生态创新绩效、企业核心技能等多个维度对创新驱动展开了广泛的研究，为我们后期深入研究奠定了良好的基础。但是，围绕"互联网+"对制造业的创新驱动研究的内容多集中于"互联网+"的意义及其对宏观经济所产生的影响，较少有文献探究"互联网+"对制造业的创新能力的影响机理。鉴于此，本节拟以互联网发展较快的浙江为例，通过构建"互联网+"发展水平评价指标体系和制造业创新驱动能力评价指标体系，运用熵值法和灰色关联分析方法，研究浙江省"互联网+"发展水平对制造业创新驱动能力的影响机理，以期为浙江经济乃至我国其他地区的更好发展提供有益的思路。

8.3.3 指标体系与研究方法

1. 指标体系

随着"互联网+"的深入发展,"互联网+"发展水平评价成为学者关注的重点。目前关于"互联网+"水平的衡量指标主要有互联网经济总收入指标、互联网普及率、人均邮电通信业务总量、互联网宽带用户数、移动电话用户数等。随着互联网经济的发展,"互联网+"对区域经济创新能力的提升作用不断增大。"互联网+"可以以信息、知识为主导要素,利用互联网的互动、连接、泛在等基础特性,变革传统生产组织、社会生活和公共管理方式,优化重组生产、消费、流通、服务全过程,提高经济运行效率与质量。因此,"互联网+"的发展水平包括互联网自身的基础,"互联网+"催生出的经济新模式、新业态和新产业,以及"互联网+"与传统产业融合所创造的效益。本节拟从基础设施、技术应用、人才规模、投入水平、经济效益五个方面来评价区域"互联网+"发展水平,考虑到数据的可获得性,选取了八个二级指标,如表 8-8 所示。

表 8-8 "互联网+"发展水平评价指标体系及对应权重

一级指标	二级指标	权重
基础设施	互联网普及率（户/百人）	0.1095
	移动电话普及率（户/百人）	0.1089
技术应用	电信业务收入（亿元）	0.1468
人才规模	信息传输、计算机服务和软件业从业人员（万人）	0.1469
	规模以上电子信息制造业从业人员（万人）	0.1002
投入水平	信息传输、计算机服务和软件业固定资产投资（亿元）	0.1445
经济效益	规模以上电子信息制造业主营业务收入（亿元）	0.1203
	信息传输、计算机服务和软件业收入（亿元）	0.1228

关于区域或产业创新能力水平的评价,研究成果较为丰富。例如,范柏乃等（2002）从城市技术创新的过程及其管理的角度来分析,把城市技术创新能力分为技术创新投入能力、技术创新配置能力、技术创新支撑能力、技术创新管理能力与技术创新产出能力。刘欣英（2007）指出了建立技术创新指标体系的原则,并指出区域技术创新指标体系的框架应由技术创新投入、技术创新产出和技术创新效果三部分构成。李廉水等（2015）研究表明创新经费投入对创新能力的提升起着至关重要的作用。王新红和李世婷（2017）从基本要素驱动力、科技创新驱动力、绿色发展驱动力和经济效益驱动力四个方面构建了中国制造业创新驱动能力的评价体系。田晖和宋清（2018）将创新驱动分为创新投入、创新产出、创新主体与创新活力四个方面,分析了创新驱动对智慧城市经济绿色发展水平的促进

作用。李黎明等（2019）从技术创新、制度创新、文化创新、创新发展、协调发展、绿色发展、开放发展、共享发展八个方面建立了创新驱动发展评价指标体系。Cho 等（2008）在分析了韩国的制造业后，认为制造业的创新能力就是协调好技术、竞争力和企业业绩之间关系的能力。

本节借鉴以上国内外相关研究成果，拟从创新投入驱动能力、创新产出驱动能力、发展绩效驱动能力、创新环境支撑驱动能力四个方面，构建浙江省制造业创新驱动能力的评价指标体系，并选取 11 个二级指标和 24 个三级指标，如表 8-9 所示。

表 8-9　浙江省制造业创新驱动能力评价指标体系及对应权重

一级指标	二级指标	三级指标	权重
创新投入驱动能力	创新人才	每万人 R&D 人员全时当量（人年）	0.0443
		R&D 人员数占从业人员数比重（%）	0.0403
		R&D 研究人员占 R&D 人员比重（%）	0.0529
	创新经费	R&D 经费支出（万元）	0.0389
		R&D 经费内部支出增长率（%）	0.0444
		政府研发资金投入占制造业 R&D 经费支出比重（%）	0.0344
		科研机构以及高校的经费占 R&D 经费支出比重（%）	0.0347
	创新主体	研发机构数量（个）	0.0481
创新产出驱动能力	知识产出	拥有有效发明专利数（件）	0.0442
		形成国家或行业标准数（项）	0.0423
		科技项目数（项）	0.0376
		发表科技论文数（篇）	0.0365
	产品产出	新产品产值率（%）	0.0494
		制造业技术创新投入产出系数	0.0458
		高技术产品主营业务收入占制造业总产值比重（%）	0.0437
发展绩效驱动能力	可持续发展	单位产值废水排放量（万吨/亿元）	0.0423
		单位产值废气排放量（吨/亿元）	0.0360
		工业固体废弃物综合利用率（%）	0.0412
	社会经济	制造业利润总额（亿元）	0.0378
		制造业产品出口占工业总产值比重（%）	0.0400
创新环境支撑驱动能力	网络基础	互联网宽带普及率（户/百人）	0.0390
	政府支持	科学技术支出占财政支出比重（%）	0.0528
	开放程度	进出口总额/地区生产总值	0.0354
	教育	教育支出占财政支出比重（%）	0.0379

2. 研究方法

1）熵值法

综合评价指标体系中的指标权重通常运用主观赋权法和客观赋权法进行测算，考虑到主观赋权法是根据决策者的主观判断直接赋权，从而确定各个指标的权重值，如层次分析法、二项系数法等，可能会影响最终赋权结果的客观性。为使研究结论更客观，本节采用客观赋权法中的熵值法来确定各个指标的权重。其基本步骤如下。

（1）初始矩阵构建。设有 m 个研究区域、n 个评价指标，x_{ij} 表示第 $i(i=1, 2, \cdots, m)$ 个研究区域的第 j $(j=1, 2, \cdots, n)$ 项评价指标值，构成初始矩阵 $X = \{x_{ij}\}_{m \times n}$。

（2）无量纲化处理。每个指标的量纲和单位是不同的，无法直接比较、计算，所以在各指标权重计算前，需对其进行标准化处理。

$$\text{正向指标：} \quad x'_{ij} = \frac{x_{ij} - x_j^{\min}}{x_j^{\max} - x_j^{\min}} \quad (8\text{-}10)$$

$$\text{负向指标：} \quad x'_{ij} = \frac{x_j^{\max} - x_{ij}}{x_j^{\max} - x_j^{\min}} \quad (8\text{-}11)$$

（3）数据平移化处理。为消除负值可以进行平移处理，一些指标数值进行标准化处理后，可能会出现数值较小或负值的情况，为了计算的统一与方便，将标准化后的数值进行平移处理，从而消除上述情况。

$$x''_{ij} = H + x'_{ij} \quad (8\text{-}12)$$

式中，H 表示指标平移的幅度，一般取 1。

（4）利用比重法对数据进行无量纲化处理。

$$y_{ij} = \frac{x''_{ij}}{\sum_{i=1}^{n} x''_{ij}} \quad (8\text{-}13)$$

（5）计算第 j 个指标的熵值。

$$e_j = -k \sum_{i=1}^{m} \left(y_{ij} \times \ln y_{ij} \right) \quad (8\text{-}14)$$

式中，令 $k = \dfrac{1}{\ln m}$，有 $0 \leq e_j \leq 1$。

（6）计算第 j 个指标的差异系数。

$$g_j = 1 - e_j \quad (8\text{-}15)$$

式中，$j=1, 2, \cdots, p$。

（7）计算第 j 个指标的权重。

$$\omega_j = \frac{g_j}{\sum_{j=1}^{p} g_j} \tag{8-16}$$

（8）利用标准化的数据与权重相乘得到综合得分。

$$Z_i = \sum_{j=1}^{p} \omega_j x'_{ij} \tag{8-17}$$

2）灰色关联分析

本节利用灰色关联分析方法（刘思峰等，2014）来分析"互联网+"发展水平对制造业创新驱动能力的影响。灰色关联分析作为一种系统分析技术，是分析系统中各因素关联程度的方法，或者说是对系统动态过程发展态势的量化比较分析的方法。灰色关联分析的基本步骤如下。

（1）计算参考序列与比较序列的相对差值 Δ_{0i}。

以制造业创新驱动能力指标序列为参考序列，记为 $X_0(k)$，以"互联网+"发展水平指标序列为比较序列，记为 $X_i(k)$，根据式（8-10）和式（8-11）进行初始化处理并计算参考序列与比较序列的相对差值 Δ_{0i}。

$$\Delta_{0i}(k) = |X_0(k) - X_i(k)| \tag{8-18}$$

（2）计算两级最小差与两级最大差。

两级最小差： $\min_i \min_k |X_0(k) - X_i(k)|$ (8-19)

第一级的最小差为 $\min_k |X_0(k) - X_i(k)| = \Delta_{0i}(\min_k)$ (8-20)

即在参考序列 X_0 与第 i 个比较序列的绝对差值（取绝对值）中，选出一个最小的差值，简记为 $\Delta_{0i}(\min_k)$。

第二级的最小差为 $\min_i \min_k |X_0(k) - X_i(k)| = \Delta_{\min}$ (8-21)

即在参考序列 X_0 与所有比较序列 X_i 的最小绝对差值中，再选出一个最小的差值，简记为 $\Delta_{\min}$。

两级最大差： $\min_i \min_k |X_0(k) - X_i(k)|$ (8-22)

第一级的最大差为 $\min_k |X_0(k) - X_i(k)| = \Delta_{0i}(\max_k)$ (8-23)

即在参考序列 X_0 与第 i 个比较序列的绝对差值（取绝对值）中，选出一个最大的差值，简记为 $\Delta_{0i}(\max_k)$。

第二级的最大差为 $\max_i \max_k |X_0(k) - X_i(k)| = \Delta_{\max}$ (8-24)

即在参考序列 X_0 与所有比较序列 X_i 的最大绝对差值中，再选出一个最大的差值，简记为 $\Delta_{\max}$。

(3) 计算灰色关联系数 $\xi_{0i}(k)$。

$$\xi_{0i}(k) = \frac{\Delta_{\min} + \theta \cdot \Delta_{\max}}{\Delta_{0i}(k) + \theta \cdot \Delta_{\max}} \quad (8-25)$$

式中，θ 表示分辨系数。它是为了削弱最大绝对差值过大而失真的影响，以提高关联系数之间的差异显著性，而人为给定的系数，一般介于[0,1]之间，根据经验取 $\theta = 0.5$。

(4) 计算灰色关联度 R_{0i}。

$$R_{0i} = \frac{1}{N} \sum_{k=1}^{n} \xi_{0i}(k) \quad (8-26)$$

本节所选取的指标体系的数据来源于 2011～2016 年的《浙江统计年鉴》《浙江科技统计年鉴》《中国城市统计年鉴》以及浙江省国民经济和社会发展统计公报，并运用 MATLAB 软件进行测度。

8.3.4 实证结果与分析

1. "互联网+"发展水平与制造业创新驱动能力分析

根据式（8-10）～式（8-16）的计算步骤，对 2011～2016 年的浙江省"互联网+"发展水平和制造业创新驱动能力 2 个系统 32 项指标的原始数据进行处理，可得到浙江省"互联网+"发展水平和制造业创新驱动能力的各项指标对应的权重，如表 8-8 和表 8-9 所示。

可以发现，各个评价指标的权重数值相差不大，说明这两个指标体系考虑得较为全面，能较好地评价"互联网+"发展水平和制造业创新驱动能力。根据式（8-17），可得到"互联网+"发展水平和制造业创新驱动能力的综合得分结果，如表 8-10 所示。由表 8-10 可知，浙江省"互联网+"发展水平基本上处于快速上升态势，"互联网+"发展水平综合得分 2016 年和 2011 年之间差值为 0.9628；制造业创新驱动能力总体上呈现稳定上升态势，制造业创新驱动能力综合得分 2016 年和 2011 年之间差值为 0.3902。

表 8-10 "互联网+"发展水平和制造业创新驱动能力综合得分结果

指标	2011 年	2012 年	2013 年	2014 年	2015 年	2016 年
"互联网+"发展水平综合得分结果	0.0372	0.1322	0.2886	0.4585	0.6582	1.0000
制造业创新驱动能力综合得分结果	0.2506	0.3753	0.5162	0.5852	0.5938	0.6408

2. "互联网+"发展水平对制造业创新驱动能力影响的灰色关联分析

为了进一步分析"互联网+"发展水平对制造业创新驱动能力的影响程度，采用式（8-18）～式（8-26）的计算步骤，利用灰色关联分析模型估算得出"互联网+"发展水平与制造业创新驱动能力三级指标的灰色关联度，如表 8-11 所示。

表 8-11 "互联网+"发展水平与制造业创新驱动能力三级指标的灰色关联度

一级指标	三级指标	灰色关联度
创新投入驱动能力	每万人 R&D 人员全时当量（人年）	0.5849
	R&D 人员数占从业人员数比重（%）	0.6104
	R&D 研究人员占 R&D 人员比重（%）	0.5649
	R&D 经费支出（万元）	0.6235
	R&D 经费内部支出增长率（%）	0.5549
	政府研发资金投入占制造业 R&D 经费支出比重（%）	0.5144
	科研机构以及高校的经费占 R&D 经费支出比重（%）	0.4975
	研发机构数量（个）	0.5793
创新产出驱动能力	拥有有效发明专利数（件）	0.6806
	形成国家或行业标准数（项）	0.5123
	科技项目数（项）	0.6409
	发表科技论文数（篇）	0.5323
	新产品产值率（%）	0.6186
	制造业技术创新投入产出系数	0.5711
	高技术产品主营业务收入占制造业总产值比重（%）	0.5845
发展绩效驱动能力	单位产值废水排放量（万吨/亿元）	0.5246
	单位产值废气排放量（吨/亿元）	0.5426
	工业固体废弃物综合利用率（%）	0.5151
	制造业利润总额（亿元）	0.6032
	制造业产品出口占工业总产值比重（%）	0.5191
创新环境支撑驱动能力	互联网宽带普及率（户/百人）	0.7127
	科学技术支出占财政支出比重（%）	0.5228
	进出口总额/地区生产总值（%）	0.5189
	教育支出占财政支出比重（%）	0.5156

利用表 8-10 和表 8-11 的计算结果，可以分别估算得出浙江省"互联网+"发展水平与制造业创新投入、创新产出、发展绩效、创新环境支撑驱动能力的关联度，以及"互联网+"发展水平与制造业创新驱动能力的总关联度，如表 8-12 所示。结果表明，"互联网+"发展水平对制造业创新驱动能力所包括的创新投入、创新产出、发展绩效和创新环境支撑驱动能力的影响不同，按灰色关联度平均值的大小排序，依次为创新产出驱动能力＞创新环境支撑驱动能力＞创新投入驱动能力＞发展绩效驱动能力；"互联网+"发展水平对制造业创新驱动能力的总关联度为 0.5695，说明"互联网+"发展水平对制造业创新驱动能力提升具有促进作用，但"互联网+"发展水平对制造业创新驱动能力的促进作用还有待进一步提高。

表 8-12 "互联网+"发展水平与制造业创新驱动能力的灰色关联度

制造业创新驱动能力	创新投入	创新产出	发展绩效	创新环境支撑	总关联度
灰色关联度	0.5662	0.5915	0.5409	0.5675	0.5695

由表 8-11 和表 8-12 可得,"互联网+"发展水平与制造业创新投入驱动能力的关联度为 0.5662,其中,"互联网+"发展水平与"R&D 人员数占从业人员数比重"和"R&D 经费支出"关联度较高。"互联网+"发展水平与制造业融合发展具有高技术、高知识、高复杂度等特点,随着"互联网+"发展水平的提高和产业融合的推进,制造业对高端专业技术人才和高技能人才需求量也越来越大,研发的人员投入与经费投入也越来越多。

"互联网+"发展水平与制造业创新产出驱动能力的关联度为 0.5915,是制造业创新驱动能力四个子指标中关联度最高的。其中,"互联网+"发展水平与"拥有有效发明专利数""科技项目数""新产品产值率""高技术产品主营业务收入占制造业总产值比重"关联度较高。通过与互联网深度融合,传统制造业企业可以在研发设计、生产制造、经营管理和市场营销等环节实现量的提升与质的转变,同时也在这一过程中不断涌现出新模式、新业态以及新的创新产出成果。此外,"互联网+"还催生了用户创新、开放创新、大众创新、协同创新等新型创新模式,所以也更有利于促进创新。

"互联网+"发展水平与制造业发展绩效驱动能力的关联度为 0.5409,是制造业创新驱动能力四个子指标中关联度最低的,但"互联网+"发展水平对"制造业利润总额"方面的影响效果却较明显,表明随着制造业与互联网融合的深化,制造业新模式、新业态不断涌现,经济增长方式转型已初见成效。制造业企业更加注重保护生态环境,更加注重促进形成绿色生产方式,更加注重节能信息化管理系统建设,并以智能制造为突破口,驱动制造业生产经营模式变革,努力让"互联网+"变成企业转型和变革的驱动力。

"互联网+"发展水平与制造业创新环境支撑驱动能力的关联度为 0.5675,表明浙江省的互联网基础、发展环境、相关政策以及相关产业链之间的衔接融合已取得一定进展,但还需要进一步完善。

8.3.5 本节结论与政策建议

本节运用熵值法和灰色关联分析法,分析了浙江省 2011~2016 年"互联网+"发展水平对制造业创新驱动能力的影响程度。实证研究表明:①浙江省"互联网+"发展水平和制造业创新驱动能力都在不断提升;②浙江省"互联网+"发展水平对制造业创新驱动能力四个子指标的影响程度不同,按照影响大小排序依次为创新产出驱动能力＞创新环境支撑驱动能力＞创新投入驱动能力＞发展绩效驱动能力；③"互联网+"发展水平对浙江制造业创新驱动能力提升有明显的促进作用，但其促进作用有待进一步提高。

为了更好地发挥"互联网+"对浙江制造业创新驱动能力的提升作用，浙江省应因地制宜，充分发挥"互联网+"作用，提升制造业创新能力，加快浙江省制造业从"制造"向"智造"转变。具体措施如下。

（1）进一步完善我国网络信息安全法律制度。加强互联网治理顶层设计，完善互联网信息内容管理、关键信息基础设施保护等法律法规，依法保障网络信息安全，构建安全的互联网环境，并进一步加大对知识产权的全方位保护力度。

（2）加强互联网基础设施建设。加快推进宽带网络基础设施建设与改造，扩大网络覆盖范围。同时，要高度重视基础研究和关键核心技术的突破，通过产学研用等多渠道集聚创新资源，做大做强大数据、云计算、物联网、5G、人工智能、机器人等相关产业。

（3）加强高层次人才队伍的建设。政府应鼓励高校增设新兴学科，并通过加大高校和社会资源的整合，创新科教结合、产教融合协同育人的模式，多渠道培育互联网技术人才和应用创新型人才；要进一步创新人才使用机制，通过人才使用模式从注重"刚性化"转向"刚性化"与"柔性化"并重，鼓励通过挂职、短期工作、项目合作等柔性流动方式加强人才互通共享，积极推进各类人才合理流动；加大海内外高层次人才的引进力度，为"互联网+"发展水平提高与制造业创新能力提升提供人力和智力的保障。

（4）促进"互联网+"与制造业深度融合。发挥行业龙头企业"互联网+智能制造"融合示范作用，积极推进企业智能化技术改造进程，鼓励企业通过互联网平台整合资源，鼓励企业开展用户个性需求与产品设计、生产与制造精准对接的规模化定制，培养一批智能制造一体化服务企业、系统集成方案和解决方案供应商，推动面向质量追溯、设备健康管理、产品增值服务的服务化转型。

（5）强化财政资金导向作用，加大关键共性技术攻关力度，加大精准扶持力度，引导社会资本加大对制造业与互联网融合发展重点领域和关键环节的投入力度，推动企业积极利用互联网新技术、新模式实施数字化、网络化、智能化升级，加快重塑制造新优势，为浙江乃至全国经济高质量发展提供新动能。

8.4 互联网发展对科技创新成果产出及市场化影响研究：基于中国高技术产业

8.4.1 引言

随着信息技术革命的到来，以互联网为代表的新一代数字技术不断更新升级，我国信息通信网络建设规模达到全球领先水平，算力总量已位居世界第二[①]。在万物互联的大背景下，数字中国的建设已然成为我国实现高质量发展的客观要求。我国互联网宽带接入户已经从2011年的15 000万户增加到2022年的53 579万户[②]，截至2022年12月我国互联网普及率达75.6%[③]。但从专利市场价值分布看，中国数字技术专利价值不足30万美元的占98%，这意味着尽管中国数字技术的基础实力增长强劲，但与发达国家相比在高价值部分（将市场价值为100万美元及以上的专利视为高价值专利）[④]仍存在一定程度的差距。据统计，2022年我国发明专利产业化率为36.7%，比2018年提高4.3个百分点。其中企业发明专利产业化率为48.1%，而高校发明专利产业化率只有3.9%，科研单位发明专利产业化率为13.3%[⑤]。这说明科技成果转化率存在不足，创新成果转化成效较弱。因此，抓住互联网发展的机遇并将其作为经济增长的新动力，赋能我国科技创新成果市场化，是助力科技成果从"书架"走向"货架"的重要因素。因此，研究互联网发展对我国科技成果产出及市场化的影响，探讨相应的对策建议，具有重要的理论价值和现实意义。

国内外关于探讨互联网发展对创新活动影响的研究颇丰，主要成果至少可分为三类。一是互联网能促进创新水平的提高。Paunov和Rollo（2016）通过实证研究发现，互联网对企业创新绩效有知识溢出效应，特别是对非出口型小企业影响最为明显。Lensing和Friedhoff（2018）认为互联网技术给生产系统带来变革的同时能加快业务创新，让公司在竞争激烈的市场中保持优势。Warner和Wäger（2019）指出使用移动互联网、大数据分析等新兴数字技术，能够增强客户体验感、创新业务模式等，从而实现创新性的改进。李晓钟和何晨琳（2019）基于浙江省数据发现"互联网+"发展水平对其制造业创新驱动能力有明显的正向提升关系。沈国兵和袁征宇（2020）认为进行互联网转型的企业能提升中国企业的创新能力，特别是积极参与互联网化的低生产率企业表现更明显。林峰等（2022）发现"互联网+"显著推动了中国企业的技术创新，数字文化、数字生活和数字经济对企业技术创新的促进作用更为明显；同时，城市智能化与"互联网+"能够产生协同创新作用。

---

① 《中国互联网发展报告（2023）》发布 展望未来五方面发展趋势，http://finance.people.com.cn/n1/2023/0719/c1004-40039144.html[2023-12-20]。

② 资料来源：国泰安CSMAR（China Stock Market & Accounting Research，中国经济金融研究）数据库。

③ 第51次《中国互联网络发展状况统计报告》发布，https://news.gmw.cn/2023-03/03/content_36403545.htm[2023-12-20]。

④ 全球数字科技研究实力报告：中国正迎头赶上，http://www.aliresearch.com/ch/information/informationdetails?articleCode=405942197876297728&type=%E6%96%B0%E9%97%BB&special=%E6%95%B0%E5%AD%97%E5%95%86%E4%B8%9A[2023-12-20]。

⑤ 2022年中国专利调查报告，https://www.cnipa.gov.cn/art/2022/12/28/art_88_181043.html?eqid=a6be231d0005858f00000000664 7bf84b[2023-12-20]。

二是互联网对创新能力提高的促进作用存在地区差异。张旭亮等（2017）指出区域间数字鸿沟现象明显，中国省域互联网发展形成了明显的"沿海—内陆"空间分异格局，且创新效益在东部地区的表现优于其他地区。蒋仁爱等（2021）发现互联网在城市经济发展水平和人力资本水平越高的地区对创新效率的正向影响越小。

三是互联网发展水平与创新效率之间存在非线性关系。韩先锋等（2020）认为"互联网+"对我国区域创新效率表现出正向推动作用，有着边际效率递增的动态非线性变化特征。周宇等（2021）研究发现随着金融发展水平的提高，互联网发展对高技术产业创新效率的影响表现出倒"U"形的动态非线性变化。袁胜超（2023）发现数字化发展对产学研协同创新具有长期效应，呈现边际效应递增的趋势，且对东部地区和南方地区的提升效应显著强于中西部地区和北方地区。

可见，关于互联网发展对创新的影响研究已经很丰富，但已有研究对科技创新成果市场化相对关注较少，本节拟进行探索，边际贡献在于：第一，基于2011~2021年中国30个省区市（因数据缺失，不包含港澳台和西藏地区）的面板数据，考察互联网发展水平对我国高技术产业科技创新成果产出及转化的影响效应；第二，引入门槛模型探讨分析互联网发展水平对科技创新成果市场化的非线性影响；第三，基于数字经济发展水平分析互联网发展对科技创新成果的异质性作用，以期为互联网推动更高质量的技术创新提供有益思路。

8.4.2 互联网发展对高技术产业科技创新成果影响的作用机理

传统的封闭式创新强调创新主体自有知识的重要性，但在大数据和智能化浪潮下，互联网的快速普及提高了信息化和数字化的效率，可以以企业作为主体，以产业引领前沿技术和关键共性技术为导向，聚焦产业上下游的企业、高校、科研院所的能力，完善高校、科研院所创新能力的产学研用创新体系，有效提升产业链和创新链的竞争力。因此，互联网发展有利于创新资源的聚集、优化和配置，使创新环节各主体在引进新技术、研发设计、生产制造、拓展新产品等领域相互交织甚至重组，形成独特的竞争优势，从而可为提高创新能力提供未来突破的方向，为连接科研和市场架起"桥梁"。

1. 互联网发展推动研发设计网络化，催生新一轮技术创新

互联网发展打破了创新要素在企业和各研发机构合作过程中流动的地理障碍，有利于创新资源在更大范围内相互关联、相互整合，形成网络，降低研发风险和成本，提高研发成功率。

第一，互联网简化了创新主体间的知识转移流程。企业可以通过其研发机构与高校、科研院所开展前沿科技合作项目，高校和科研院所获得资金、设备支持，在加快研发速度的同时能为企业提供专业性指导，从而通过知识流动过程将知识

有效应用于创新活动的各个环节，缩短了技术创新探索的周期，实现核心技术创新能力提升（张羽飞和原长弘，2022）。

第二，互联网发展降低了创新的试错成本。高校和科研机构的创新活动试错成本高昂，只能依靠研发经验来筛选和验证少量方案，而互联网数字系统能够让研发人员模拟研发生产、市场趋势等不同场景，高效便捷地测试并验证大量不同方案。通过互联网，各部门人员能够快速了解研发全过程的运行情况，这不仅能有效降低技术创新实际运作过程中的失败概率，而且能避免陷入经验形成的路径依赖，加快研发速度（肖静华等，2021）。

第三，互联网发展有利于将用户和市场需求放在价值链首端，加速高科技项目落地推广。企业利用大数据、互联网等技术，按照市场需求开展大批量资源配置和信息检索，拓展产品的可创新空间，且在实现科技成果转化链条中，科技成果既可以搭载技术转移机构、成果孵化器等平台，也可以通过金融机构、应用型研发机构等加速实现市场化。例如，市场中的各种移动用户论坛、新版 App 内测等模式逐渐变得普遍（林峰等，2022）。再如，宝马汽车客户可以根据个人需求选择线上/线下定制装配菜单。此外，高温超导技术等前沿引领技术，通过互联网在全球推进商用化进程，已在城市电力、高端医疗、轨道交通等领域实现了广泛的应用。

2. 互联网发展有利于产品销售模式的创新，推动科技成果市场化

在传统创新活动中，创新主体收集的产品市场环境、竞争者和消费者等数据是有限的，而零散的数据不足以推动科技成果有效转换为市场价值。然而，互联网的普及逐步重构了新技术产品销售模式并拓宽了产品信息反馈渠道。

第一，互联网发展促使企业搭建全网络平台数字生态系统，对生产、销售等运作环节进行数据化和智能化指引，如在行业内建设智能生产线、智能工厂等，有利于形成人与智能系统协同制造的创新（李晓钟和黄蓉，2018），摒弃粗放型制造，带来生产力提升、质量改进、成本下降、利润增长等多方面的优化，打通企业营销全链路，提高创新产品营收。世界经济论坛发布的报告"Impact of the fourth industrial revolution on supply chains"（《第四次工业革命对供应链的影响》）显示，数字化转型使制造企业成本降低 17.6%、营收提升 22.6%[1]。例如，西门子已实现从管理、产品研发、生产到物流配送全过程的网络互联，使得产品上市时间至少减少了 30%，制造成本降低了 13%。在新产品上市比例、设备生产效率、产品交付能力及营运利润率等多个方面，数字化工厂的指标均远远高于传统制造企业[2]。

---

[1] 产品研发数字化 助力制造业企业转型突破，https://baijiahao.baidu.com/s?id=1747529440095160960&wfr=spider&for=pc[2024-02-15]。

[2] 未来制造 数字之道——西门子的数字化体验，http://www.gkong.com/solutions/Siemens_solution_Details.asp?id=24815[2024-02-15]。

第二，互联网发展催生了科技产品新型营销模式和信息反馈渠道。随着电子商务等新型网络营销模式日益被大众接受，淘宝、京东等电子商务模式的崛起，不仅拓展了新产品的市场销售渠道，而且能多方面收集产品的销售、投诉、评论等反馈数据，再通过数字智能互联网系统对所获得的市场数据信息进行分析，从而以数据驱动产品研发创新。例如，字节跳动旗下 VR（virtual reality，虚拟现实）国货品牌开通国内外线上线下同步购物体验，集合 VR 产品体验、销售和售后于一体，在"黑五购物节"实现电商全球销量增长 5 倍，并通过电商和实体店的消费者反馈信息捕捉产品市场、竞品和消费者变化的动态大数据。

3. 互联网发展水平对科技创新成果转化的影响存在门槛效应

互联网等信息技术的快速发展，不仅带来了互联网和高新技术的研发创新，还带来了互联网与实体经济的融合创新。互联网发展本身存在网络效应，在互联网使用人数（或者称为互联网普及率）达到某一门槛时，互联网使用者能从其中得到更多的信息和更大的价值（韩长根和张力，2019）。主要体现在以下两个方面。

第一，互联网具有开放性和分享性，可以推动创新资源跨区域流动，不仅可以推动技术信息传播速度的极大增长，缩短信息传递的链条，还可以通过吸收其他地区的优质示范企业、高新技术人才等获得技术溢出效应，从而提高该地区的科技创新效率。

第二，借助互联网可以搭建出以客户为中心的信息系统，构建出创新和完善科技成果的增值服务模式。互联网通过将研发端、供应端、制造端、零售端到用户终端连接成整体的功能网链结构，通过持续优化开放式平台架构，构建以客户为主体的自主创新开发信息系统，打通科技成果市场化的链条，实现线上线下互动营销。目前，网络直播已成为"线上引流+实体消费"的数字经济新模式，作为科技创新引领的标杆企业，格力电器于 2020 年开启线上线下联动直播带货，以参观格力国家重点实验室（空调设备及系统运行节能国家重点实验室）等形式展示格力科研实力并推荐格力创新科技产品，实现直播 2 分钟销售额破亿，全天销售额 65.4 亿的纪录[①]。因此，当互联网普及程度较高时，互联网发展对科技创新成果市场化产生的积极作用更强。

8.4.3 模型构建与数据说明

1. 模型构建

为检验互联网发展对高技术产业科技创新成果产出及市场化的影响，构建如

[①] 参见 http://www.gree.com.cn/Article/view/d4ee3b9fa06c4c1da71b0c14158cdba4。

下基准检验模型，如式（8-27）所示：

$$LnY_{i,t} = \beta_0 + \beta_1 LnX_{i,t} + \sum \beta_k LnControl_{i,t} + \delta_i + \delta_t + \varepsilon_{i,t} \qquad (8-27)$$

式中，被解释变量 $Y_{i,t}$ 表示 i 地区第 t 年高技术产业创新成果，参考李想和徐艳梅（2019）的研究，以发明专利申请数衡量科技创新成果产出、以新产品销售收入衡量科技创新成果市场化；核心解释变量 $X_{i,t}$ 表示 i 地区第 t 年的互联网发展水平，参考蒋仁爱等（2021）的研究，用互联网发展水平（互联网宽带接入用户数×100/年末总人口数）衡量；$Control_{i,t}$ 表示一系列控制变量，其中包括经济发展水平、金融发展水平、外商直接投资水平、人口密度；k 表示第 k 个控制变量；δ_i 表示省份固定效应；δ_t 表示时间固定效应；$\varepsilon_{i,t}$ 表示随机扰动项。β_1 是本节主要关注的系数，即如果互联网发展水平对高技术产业创新成果有显著的提升作用，系数 β_1 应该显著为正。主要变量名称及定义如表 8-13 所示。

表 8-13 主要变量名称及定义

变量名	变量定义
apply	科技创新成果产出，用各地区高技术产业发明专利申请数来衡量
income	科技创新成果市场化，用各地区高技术产业新产品销售收入来衡量
internet	互联网发展水平，用互联网宽带接入用户数×100/年末总人口数来衡量
pgdp	经济发展水平，用人均地区生产总值来衡量
fil	金融发展水平，用金融机构贷款余额/地区生产总值来衡量
fdi	外商直接投资水平，用当年实际使用外商投资金额/地区生产总值来衡量
popul	人口密度，用各地区的人口密度来衡量

为进一步测算互联网发展水平对高技术产业科技创新成果的效应，本节借助 Hansen（1999）提出的非动态面板回归模型，构建单门槛模型，如式（8-28）和式（8-29）所示：

$$\begin{aligned}LnY_{i,t} = \gamma_0 + \gamma_1 LnX_{i,t} \times I(\cdot)(Lninternet \leqslant \xi) + \gamma_2 LnX_{i,t} \times I(\cdot)(Lninternet > \xi) \\ + \sum \beta_k LnControl_{i,t} + \delta_i + \delta_t + \varepsilon_{i,t}\end{aligned} \qquad (8-28)$$

式中，ξ 表示待估计的门槛值；$I(\cdot)$ 表示指示函数；internet 为门槛变量；γ_0 表示常数项；γ_1 和 γ_2 表示门槛模型中各变量的回归系数。实际情况中可能会存在多重门槛，式（8-29）可以类推。

2. 数据来源

本节以我国 30 个省区市 2011~2021 年共 10 年的相关数据为研究范围。其中，高技术产业发明专利申请数、新产品销售收入数据均来自 CSMAR 数据库，人均地区生产总值、金融机构贷款余额、实际使用外商投资金额、人口密度数据来自《中国统计年鉴》。主要变量的描述性统计结果如表 8-14 所示。

表 8-14　主要变量的描述性统计

变量名	样本量	均值	标准差	最小值	最大值
apply	330	11 000	33 676	1	323 347
income	330	4 093	33.54	2 253	2 459
internet	330	22.48	10.26	5.235	47.87
pgdp	330	9.325	0.463	8.542	10.78
fil	330	1.423	0.237	0.923	2.212
fdi	330	0.018	0.014	0	0.077
popul	330	5.483	1.271	2.182	8.276

8.4.4　实证分析

1. 基准回归分析

表 8-15 为互联网发展水平对高技术产业科技创新成果影响的基准回归结果。由表 8-15 可知，互联网发展水平对科技创新成果产出及市场化的影响系数均显著为正，这表明互联网发展能有效推动科技创新成果产出及实现创新成果市场化。

表 8-15　互联网发展水平对高技术产业科技创新成果的基准回归

变量	Lnapply	Lnincome
Lninternet	0.4461**	1.0746***
	(2.3741)	(4.6226)
Lnpgdp	−0.0211	−0.3680
	(−0.0372)	(−0.5256)
Lnfil	−0.0167	−3.1051***
	(−0.1066)	(−3.9657)
Lnfdi	8.1995**	11.3204***
	(2.5356)	(2.8298)
Lnpopul	2.7465**	1.7944
	(2.5584)	(1.3512)
常数项	−10.3846***	38.1034***
	(−5.1565)	(3.7879)
观测值	330	330
R^2	0.5396	0.5984
调整后 R^2	0.4686	0.5364
F 值	22.27	28.31

注：括号内为 t 值

、*分别代表在 5%和 1%的水平下显著

2. 稳健性检验

为进一步保证研究结果可靠，本节进行稳健性检验。①替换被解释变量。对两个被解释变量进行滞后一期处理。②替换核心解释变量。参考魏福成和朱东霞（2021）的研究，用互联网用户数占地区人口数的比重（New_internet）衡量互联

网发展水平。稳健性检验结果如表8-16所示，可以看出，尽管互联网发展水平对高技术产业科技创新成果的促进效应系数有一定的改变，但核心解释变量依然显著为正，说明互联网发展对高技术产业科技创新成果产出及市场化的促进作用显著为正，结论稳健。

表8-16 互联网发展水平对科技创新成果影响的稳健性检验结果

变量	替换被解释变量		替换解释变量	
	Lnapply$_{t-1}$	Lnincome$_{t-1}$	Lnapply	Lnincome
Lninternet	0.6070***	1.3549***		
	(4.7832)	(8.8901)		
LnNew_internet			2.3704**	3.0674**
			(2.5198)	(2.5683)
控制变量	控制	控制	控制	控制
观测值	300	300	330	330
R^2	0.4569	0.5498	0.5408	0.5781
调整后 R^2	0.3873	0.4920	0.4699	0.5129
F值	44.59	64.73	22.37	26.03

注：括号内为 t 值

、*分别代表在5%和1%的水平下显著

3. 门槛效应检验

以互联网发展水平为核心解释变量、互联网发展水平为门槛变量，分别对式（8-28）进行门槛回归，结果如表8-17和表8-18所示。

表8-17 互联网发展水平对科技创新成果的门槛效应检验结果

门槛变量	因变量	模型	F值	p值	门槛值	95%的置信区间
互联网发展水平	apply	单一门槛	2.78	0.9240	3.0714	[3.0575, 3.0886]
	income	单一门槛	18.21	0.0760	2.6496	[2.5516, 2.6646]

表8-18 互联网发展水平对高技术产业科技创新成果的门槛回归结果

变量	Lnincome	变量	Lnincome
Lninternet（Lninternet≤ξ）	0.6198*** (3.2409)	常数项	−9.8061 (−1.2797)
Lninternet（Lninternet>ξ）	0.7867*** (4.8259)	观测值	330
Lnpgdp	0.4721 (0.7778)	R^2	0.5925
Lnfil	1.1230* (1.9256)	调整后 R^2	0.5440
Lnfdi	7.4485* (1.8831)	F值	71.25
Lnpopul	2.9932** (2.4606)		

注：括号内为 t 值

***、**、*分别表示在1%、5%、10%的水平下显著

由表8-17可以看出，当以互联网发展水平为门槛变量时，其对高技术产业科技创新成果产出的影响没有产生门槛效应，这可能是因为高技术产业有着知识和

技术密集、科技人员比重大、更新换代快等特点，主要目的在于利用当代尖端技术生产高技术产品，仅借助互联网普及水平提高无法使其创新成果产出实现跨越式提升。但是，互联网发展水平对高技术产业科技创新成果市场化的影响存在门槛效应。当 Lninternet≤2.6496（即互联网发展水平≤13.15%）时，互联网发展水平对科技创新成果市场化的促进效应为 0.6198；当 Lninternet＞2.6496（即互联网发展水平＞13.15%）时，互联网发展水平对科技创新成果市场化的促进效应为 0.7867。可见，当互联网发展水平跨越相应的门槛值时，互联网发展水平对高技术产业科技创新成果市场化转化的边际效应呈现出非线性递增特点，这可能是因为高技术产业凭借互联网，创新营销方式，能快速拉近与消费者的距离，有利于科技创新成果的产业化。

4. 异质性分析

本节将互联网发展水平高于中位数的地区作为互联网发展水平较高地区，反之则为互联网发展水平较低地区，对这两类地区进一步分析互联网发展对高技术产业科技创新成果的驱动效应，回归结果如表 8-19 所示。由表 8-19 可知，对于科技创新成果产出而言，组间系数差异检验的 p 值为 0.090，在 10%的水平下显著，因而组间系数差异显著，即互联网发展水平对高技术产业科技创新成果产出的影响存在区域差异性。互联网发展水平对高技术产业科技创新成果产出的影响在互联网发展水平较高地区显著为正，这说明在互联网普及程度较高的地区，其对科技创新成果产出表现出明显的激励作用。而在互联网发展水平较低地区，受政策、环境等多重因素限制，互联网发展水平对高技术产业科技创新成果产出未表现出显著的促进作用。

表 8-19 互联网发展水平对高技术产业科技创新成果影响的异质性分析

分组变量	apply		income	
	较高水平地区	较低水平地区	较高水平地区	较低水平地区
internet	1.2324***	0.6744	1.2274***	1.5809**
	(5.1380)	(1.1374)	(4.3681)	(2.0123)
pgdp	2.5197***	−2.2396**	2.6570***	−2.7239**
	(3.7693)	(−2.3969)	(3.3928)	(−2.1932)
fil	2.7871***	0.6742	1.6104*	−0.6412
	(3.8225)	(0.6595)	(1.8853)	(−0.4727)
fdi	4.0073	7.2782	7.9370**	−32.0567**
	(1.5336)	(0.6828)	(2.5927)	(−2.2757)
popul	5.1957***	6.1384***	1.1155	7.6658***
	(3.8957)	(2.8576)	(0.7139)	(2.6870)
常数项	−56.0043***	−6.7755	−22.7166*	−1.6259
	(−4.9138)	(−0.5198)	(−1.7014)	(−0.0941)
观测值	165	165	165	165

续表

分组变量	apply		income	
	较高水平地区	较低水平地区	较高水平地区	较低水平地区
R^2	0.7038	0.5681	0.6764	0.6600
调整后 R^2	0.6175	0.4368	0.5822	0.5574
F 值	20.11	10.96	17.70	16.31
组间系数差异 p 值	0.090		0.122	

注：括号内为 t 值；异质性分析的组间系数差异检验的 p 值采用 Fisher（费希尔）组合检验计算得到
***、**、*分别表示在 1%、5%、10%的水平下显著

此外，互联网发展水平对所有地区的高技术产业科技创新成果市场化均有显著的提升作用，这说明互联网发展有助于推动科技成果有效转化为市场价值，其中在互联网发展水平较低地区的促进效应更明显。这可能是因为借助互联网消费模式，传统一二线城市已基本实现了消费升级，但互联网架起了相对落后地区和高新技术产品消费市场之间的"桥梁"，打通了技术产品销售、流通、消费各环节的堵点，刺激了这些地区对高科技产品的各种新型消费行为，从而科技成果市场化的效果更明显。事实上，随着 5G、移动互联网应用持续爆发，包括三线以下城市在内的下沉市场用户持续增长，截至 2024 年 3 月，这部分用户达到 6.47 亿，在整个移动互联网大盘中的占比达到 52.6%。下沉市场对各行业流量起到支撑作用，在全网净增量排名前十的行业中，下沉市场贡献率多数超 50%，如手机银行、综合电商、智能家居、支付结算领域[①]。"5G+"已成为加速中国新型工业化进程的重要支撑。

8.4.5 本节结论与政策建议

本节利用 2011~2021 年我国 30 个省区市的数据，实证分析了互联网发展水平对我国高技术产业科技创新成果产出及市场化的影响作用和门槛效应。研究发现：

（1）互联网发展水平对高技术产业科技创新成果产出及其市场化有显著的促进作用。

（2）互联网发展水平对高技术产业科技创新成果产出的影响不存在门槛效应，但互联网发展水平对高技术产业科技创新成果市场化的影响存在门槛效应，即当互联网发展水平≤13.15%时，互联网发展水平对科技创新成果市场化的促进效应为 0.6198；当互联网发展水平＞13.15%时，相应的促进效应为 0.7867。当互

---

① QuestMobile2024 下沉市场洞察报告：下沉用户规模同比提升 1.7%达 6.47 亿，短视频、健康、购物等领域，消费潜力巨大，https://www.questmobile.com.cn/research/report/1792752741040361473[2024-02-15]。

联网发展水平跨越相应的门槛值时，互联网发展水平对科技创新成果市场化的边际效应呈现出非线性递增特点。

（3）异质性分析发现，在互联网发展水平较高地区，互联网发展对高技术产业科技创新成果产出有显著的驱动作用，而在互联网发展水平较低地区，则未表现出显著的促进作用；但互联网发展水平对所有地区的高技术产业科技创新成果市场化都有促进作用，且在互联网发展水平较低地区的促进作用更明显。

基于以上研究结论，本节提出如下政策建议。

（1）加强互联网基础设施建设，推动我国区域信息基础设施建设整体协调发展。政府合理配置不同区域的互联网资源，加大对相对落后地区的互联网基础设施建设的支持力度，促使我国互联网建设在发达地区和欠发达地区均稳中有进。

（2）优化政府研发投入导向机制，提升关键核心技术的突破能力。重视各地区高技术产业在发展中的关键地位，给予相应的创新研究、资金政策等倾斜，可以依托工业互联网、数字技术等平台，构建完善的互联网园区数据共享生态，开展科研项目分类分级管理、工业软件开发等基础工作，推动产业集群、数字特色小镇等产业结构升级。

（3）完善科技创新体系，推动创新链、产业链和人才链深度融合。利用互联网等数字技术推进企业、高校和科研机构等多主体间技术要素跨地域流动，集合企业丰富的市场经验数据，发挥高校和科研所人才聚集、研究系统严谨、多学科复合等优势，构建多方良性互动机制，致力解决一批制约产业发展的关键、核心、共性技术，实现多方共赢。

（4）探索科技成果转化体系，缩短创新成果走向产业化的距离。不断完善科技成果转化平台，将"研究—开发—中试—产业化"的单向链转为闭环链，推动重点产业领域项目、技术、资金、人才一体化配置，畅通重大科技成果转移转化路径，大幅提高科技成果转化效率；完善以增加知识价值为导向的科技成果权益分配机制，切实激发科研人员开展科技成果转化的动力和活力，从而形成以市场为主导、企业为核心、高校和科研院所为支撑、政府为推动、产业链为载体的"政产学研用"紧密结合的新型研发体系，有效提升产业链与创新链竞争力。

8.5 本章小结

本章在剖析互联网发展对技术创新影响机制的基础上，实证分析了互联网对中国技术创新能力的影响效应与门槛效应，并分别以中国浙江省、中国高技术产业为研究样本，研究了浙江省"互联网+"发展水平对制造业创新驱动能力的影响机理，探究了互联网发展水平对中国高技术产业科技创新成果产出及市场化的影响效应。研究发现：

（1）互联网发展水平对我国技术创新水平提升具有显著的促进作用，且存在着区域差异，互联网对东部地区创新能力提升的促进作用明显高于中西部地区；互联网对创新水平提升的促进作用是非线性的，存在着门槛效应；互联网发展水平不同，研发强度对技术创新水平提升的效应也不同；研发强度不同，互联网发展水平对技术创新水平提升的效应也不同。

（2）浙江省"互联网+"发展水平和制造业创新驱动能力都在不断提升；浙江省"互联网+"发展水平对制造业创新驱动能力的四个子指标的影响程度不同，按照影响大小，排序依次为创新产出驱动能力＞创新环境支撑驱动能力＞创新投入驱动能力＞发展绩效驱动能力；"互联网+"发展水平对浙江省制造业创新驱动能力提升有明显的促进作用，但其促进作用有待进一步提高。

（3）互联网发展水平对高技术产业科技创新成果产出及其市场化有显著的促进作用；互联网发展水平对高技术产业科技创新成果产出的影响不存在门槛效应，但互联网发展水平对高技术产业科技创新成果市场化的影响存在门槛效应；互联网发展水平对高技术产业科技创新成果产出的影响存在区域差异性，即在互联网发展水平较高地区，互联网发展对高技术产业科技创新成果产出有显著的促进作用，而在互联网发展水平较低地区，则未表现出显著的促进作用；但互联网发展水平对所有地区的高技术产业科技创新成果市场化都有促进作用，且在互联网发展水平较低地区的促进作用更明显。

根据以上研究结论，本章提出了有针对性的对策建议，以期为政府相关部门提供理论参考和决策依据。

第 9 章　互联网对进出口贸易影响研究

9.1　本章问题的提出

随着互联网的蓬勃发展，新一代信息技术与产业经济深度融合，国际产业分工格局也正在重塑。互联网技术作为基础设施和生产要素，日益得到学者的认可，互联网对全球国际贸易发展发挥着日益重要的作用。国内外学者围绕互联网对贸易的影响的研究已经取得了一系列有意义的成果，为后期深入研究奠定了良好的基础。但是，互联网促进贸易发展的内部传导机制如何？互联网对贸易的促进机制如何发挥得更好？现有文献研究较少，本章拟对此进行探索。具体来讲，本章拟研究以下三个方面的问题：①以"一带一路"沿线国家（因本章使用的是 2007~2016 年以及 2009~2018 年的数据，所以保留沿线国家的用法）为研究样本，研究互联网对进出口贸易的影响效应和差异性，并在时间维度上，分段分析互联网的发展对我国与"一带一路"沿线国家进出口贸易的影响，揭示互联网作用的动态效应；②以"一带一路"沿线国家为研究样本，研究互联网对进出口贸易影响的传导机制，实证分析互联网对我国与"一带一路"沿线国家贸易规模影响的非线性特征；③以世界主要贸易国家为研究样本，系统研究互联网对制造业出口技术复杂度影响的理论机制，实证分析互联网水平对制造业出口技术复杂度的影响效应及其区域差异性，探究互联网对制造业出口技术复杂度的正向非线性递增效应，以期为我国基于互联网更好地促进对外贸易发展和制造业出口技术复杂度提升提供有益思路。

9.2　互联网对进出口贸易的影响效应与异质性研究

9.2.1　引言

随着信息技术的进步，互联网行业取得了长足的发展。根据统计，世界的互联网普及率从 2007 年的 20.5%增加到 2023 年的 67%[1]，年均增长率为 7.68%。中国的互联网普及率从 2007 年的 16%增加到 2023 年的 77.5%[2]，年均增长率为 10.36%。信息技术作为一种基础设施，作为一种广义的生产要素，日益得到学者的认可，互

---

[1] 加强全球协作　弥合数字鸿沟（国际视点），http://world.people.com.cn/n1/2024/0112/c1002-40157321.html [2024-02-15]。

[2] 第 53 次《中国互联网络发展状况统计报告》发布　互联网激发经济社会向"新"力（大数据观察），https://www.cac.gov.cn/2024-03/25/c_1713038218396702.htm [2024-04-15]。

联网对全球国际贸易发展发挥着日益重要的作用。"互联网+"行动与"一带一路"倡议的提出为我国进出口贸易的发展提供了新的引擎和落脚点，同时提高国际通信的互联互通水平也是"一带一路"倡议的重点内容，因此，进一步深入探究互联网的发展对我国与"一带一路"沿线国家进出口贸易的影响具有重要意义。

关于互联网对国际贸易的影响研究已成为学术界关注的热点。互联网对国际贸易产生的效应主要基于以下几点：其一，互联网的发展有利于合作双方的信息交流及共享，方便沟通合作，节约相关成本（Anderson and van Wincoop, 2004; Bakos, 1997; Fink et al., 2002）；其二，互联网的发展有利于搜集信息，增加交易信息的透明度，从而减少不确定性和交易风险（Arrow, 1984）；其三，互联网的发展有利于知识的学习以及共享（Ruiz et al., 2006）从而提高学习效率，提升人力资本水平；其四，互联网的发展有利于生产效率提升，降低企业管理运营成本，降低产品生产成本，增加产品的竞争力（Venables, 2001）。

一些学者也从企业微观角度和国家宏观角度进行了实证研究。在企业微观层面上，施炳展（2016）通过实证研究发现，互联网有利于提升企业出口的扩展边际和集约边际，降低企业出口价格和增加出口数量。岳云嵩等（2016）采用倍差匹配法，证实互联网能显著促进我国企业进口技术复杂度的提升，通过异质性检验发现，仅对中小型企业和中、高开放地区企业进口技术复杂度的促进作用显著。类似的研究还有 Clarke（2008）和 Yadav（2014）等。在国家宏观层面上，冯萍和刘建江（2010）利用扩展的引力模型，通过实证研究，发现互联网的发展对我国的出口有显著的拉动作用，且拉动作用逐年增强。Clarke 和 Wallsten（2006）指出高互联网渗透率的发展中国家出口多于低互联网渗透率的发展中国家，互联网渗透率的高低不影响高收入国家对发展中国家的出口。Choi（2010）以出口国互联网普及率为衡量互联网发展水平的指标，指出互联网的发展能有效地促进服务贸易的出口。Meijers（2014）指出互联网的发展对经济增长和贸易增加都具有显著的促进作用，并且互联网对低收入国家的贸易影响大于对高收入国家的贸易影响。类似的研究还有 Yushkova（2014）、Hellmanzik 和 Schmitz（2015）等。

可见，当前关于互联网与国际贸易的相关研究文献较为丰富，为我们后续深入研究奠定了基础。但是，有关互联网发展水平对我国与"一带一路"沿线国家进出口贸易影响的文献仍较为匮乏，本节拟对此进行探索。本节的研究与以往的差异主要体现在两个方面：其一，在研究对象上，本节不仅基于2007~2016年"一带一路"沿线国家的年度面板数据，研究互联网对我国与"一带一路"沿线国家进出口贸易的总体影响，而且通过区域比较，揭示互联网发展水平对我国与"一带一路"沿线国家进出口贸易影响的区域差异；其二，在时间维度上，分段分析互联网的发展对我国进出口贸易的影响，揭示互联网作用的动态效应，以期为"互联网+"行动和"一带一路"倡议的推进提供有益思路。

9.2.2 模型构建与数据来源

1. 模型构建

引力模型是研究双边贸易的经典模型，传统的解释变量通常是国家的规模和双边距离，本节采用我国和"一带一路"沿线国家的国内生产总值（2010年不变美元价）来衡量国家的规模，采用我国与"一带一路"沿线国家的地理距离来衡量双边距离。鉴于国家之间发展的不平衡，本节在传统模型的基础上引入要素禀赋互补性指数，该指数由我国与"一带一路"沿线国家的人均国内生产总值对数之差来衡量，取绝对值后纳入模型，构成一个扩展的引力模型。

在互联网指标的选取方面，岳云嵩等（2016）选取企业网站和邮箱的使用状况作为互联网发展水平的衡量指标；Freund 和 Weinhold（2004）选取互联网计算机数量作为衡量互联网发展水平的指标；Bojnec 和 Fertö（2010）选取互联网用户数量作为衡量互联网发展水平的指标。梅特卡夫定律指出，一个网络的价值同其用户数量的平方成正比，表明互联网用户的数量是影响互联网价值发挥的重要因素，因此本节以互联网普及率（每百人中互联网用户的数量）作为衡量互联网发展水平的指标。

综上所述，本节的模型构建基于扩展的贸易引力模型，同时加入本节的核心解释变量——互联网普及率，模型如式（9-1）和式（9-2）所示：

$$\ln im_{it} = \beta_0 + \beta_1 \ln inter_{it} + \beta_2 \ln interc_t + \beta_3 \ln gdp_{it} + \beta_4 \ln gdpc_t \\ + \beta_5 comp_{it} + \beta_6 \ln dis_i + \varepsilon_{it} \tag{9-1}$$

$$\ln ex_{it} = \beta_0 + \beta_1 \ln inter_{it} + \beta_2 \ln interc_t + \beta_3 \ln gdp_{it} + \beta_4 \ln gdpc_t \\ + \beta_5 comp_{it} + \beta_6 \ln dis_i + \varepsilon_{it} \tag{9-2}$$

式中，im_{it} 表示 t 年我国从"一带一路"沿线国家 i 进口的贸易额；ex_{it} 表示 t 年我国对"一带一路"沿线国家 i 出口的贸易额；$inter_{it}$ 和 $interc_t$ 是本节的核心解释变量，$inter_{it}$ 表示 t 年国家 i 的互联网普及率，$interc_t$ 表示 t 年我国的互联网普及率；gdp_{it} 表示 t 年国家 i 的国内生产总值，$gdpc_t$ 表示 t 年我国的国内生产总值；$comp_{it}$ 表示 t 年我国与 i 国的互补性指数；dis_i 表示我国与 i 国的距离；β_0 表示常数项；$\beta_1,\beta_2,\beta_3,\beta_4,\beta_5,\beta_6$ 表示系数；ε_{it} 表示随机误差项；i 表示"一带一路"沿线国家，$i=1,2,3,\cdots,61$；t 表示年份，$t=2007,2008,2009,\cdots,2016$。

2. 数据来源

由于部分国家部分指标数据缺失，基于指标数据的可得性和完整性，本节选取 61 个"一带一路"沿线国家作为样本，截取 2007~2016 年的面板数据。其中，我国与"一带一路"沿线国家进出口的贸易额来自联合国 Comtrade 数据库；我国和"一带一路"沿线国家的互联网普及率来自国际电信联盟数据库；我国和"一带一路"沿线国家的国内生产总值（2010年不变美元价）来自世界银行的世界发展指标（World Development Indicators，WDI）数据库；互补性指数由我国和"一带一路"沿线国家人均国内生产总值（2010年不变美元价）对数的差额计算得到，其中人均国内生产总值来自世界银行的WDI数据库；我国与"一带一路"沿线国家的双边距离来自法国CEPII（Centre d'études prospectives et d'informations internationales，国际信息与前景研究中心）的Gravity（引力）数据库。

9.2.3 实证结果及分析

1. 互联网对我国与"一带一路"沿线国家进出口贸易的影响

本节先从整体上把握互联网对我国与"一带一路"沿线国家进出口贸易的影响。由表9-1可知，根据Hausman检验的结果，研究互联网对我国与"一带一路"沿线国家进出口贸易的影响时都应选择随机效应模型。我国及"一带一路"沿线国家的互联网普及率对我国与"一带一路"沿线国家的进出口贸易都有显著的正向影响，并且我国的互联网普及率对双边贸易的边际贡献大于"一带一路"沿线国家的互联网普及率，同时我国和"一带一路"沿线国家的互联网普及率对进口贸易的影响大于对出口贸易的影响；"一带一路"沿线国家的国内生产总值对进出口贸易产生了显著的正向影响；我国的国内生产总值对双边进出口贸易的影响缺乏显著性；互补性指数对我国的进口贸易影响不显著，对我国的出口贸易有显著的正向影响，表明我国与贸易伙伴国互补性程度越高越有利于我国对贸易伙伴国出口贸易的进行；双边距离对进出口贸易有显著的负向影响，符合传统模型的理论预期。

表9-1 互联网对我国与"一带一路"沿线国家进出口贸易的影响

变量	进口		出口	
	随机效应	随机效应	随机效应	随机效应
常数项	15.646***	34.365***	18.702***	25.208***
	(35.16)	(3.59)	(68.65)	(5.10)
lninter	0.395***	0.376***	0.197***	0.077*
	(6.06)	(4.29)	(5.66)	(1.70)
lninterc	0.836***	1.089*	0.561***	0.575*
	(8.56)	(1.67)	(10.75)	(1.71)
lngdp		1.489***		1.000***
		(34.98)		(45.56)
lngdpc		−0.987		−0.131
		(−0.96)		(−0.25)
comp		−0.057		0.280***
		(−0.58)		(5.45)

续表

变量	进口		出口	
	随机效应	随机效应	随机效应	随机效应
lndis		−2.096***		−1.322***
		(−10.28)		(−12.56)
R^2	0.43	0.91	0.49	0.86
χ^2	408.47	1417.93	522.53	2457.29
Hausman 检验 p 值	0.9616	0.9427	0.7885	0.9298
观测值	610	610	610	610

注：括号内为 z 值

*和***分别表示在10%和1%的水平下显著

2. 互联网对我国与不同收入水平的"一带一路"沿线国家进出口贸易的影响

世界银行和国际电信联盟的数据显示，2016年"一带一路"沿线国家中人均国内生产总值最高的国家为卡塔尔，其互联网普及率高达94.3%，人均国内生产总值最低的国家为阿富汗，其互联网普及率仅为10.6%，可见样本国家的经济发展水平和互联网发展水平存在较大差异，那么在我国与其进行进出口贸易时，互联网普及率对我国与不同经济发展水平国家贸易的影响是否存在差异值得研究。本节根据世界银行对国家收入水平的界定标准①，把"一带一路"沿线国家分为中等偏下及低收入国家、中等偏上收入国家和高收入国家三大类②，分别研究互联网对我国与不同收入水平的"一带一路"沿线国家进出口贸易的影响，结果如表9-2所示。

表9-2　互联网对我国与不同收入水平的"一带一路"沿线国家进出口贸易的影响

变量	中等偏下及低收入		中等偏上收入		高收入	
	进口（随机效应）	出口（随机效应）	进口（随机效应）	出口（固定效应）	进口（随机效应）	出口（随机效应）
常数项	30.520***	28.433***	38.237***	10.887***	49.540***	27.965***
	(2.87)	(4.94)	(2.82)	(3.02)	(3.23)	(4.05)

---

① 世界银行对国家收入水平的界定标准如下。低收入国家：人均收入1045美元及以下。中等偏下收入国家：人均收入1046~4125美元。中等偏上收入国家：人均收入4126~12 735美元。高收入国家：人均收入12 736美元及以上（https://datahelpdesk.worldbank.org/knowledgebase/articles/378834-how-does-the-world-bank-classify-countries）。

② 中等偏下及低收入国家：阿富汗、亚美尼亚、孟加拉国、不丹、格鲁吉亚、印度尼西亚、印度、约旦、吉尔吉斯斯坦、柬埔寨、老挝、斯里兰卡、摩尔多瓦、缅甸、蒙古国、尼泊尔、巴基斯坦、菲律宾、塔吉克斯坦、乌克兰、乌兹别克斯坦、越南、也门，其中阿富汗和尼泊尔为低收入国家。中等偏上收入国家：阿尔巴尼亚、阿塞拜疆、保加利亚、波黑、白俄罗斯、克罗地亚、伊朗、哈萨克斯坦、黎巴嫩、马尔代夫、北马其顿、黑山、马来西亚、罗马尼亚、俄罗斯、塞尔维亚、泰国、土库曼斯坦、土耳其。高收入国家：阿联酋、巴林、文莱、塞浦路斯、捷克、爱沙尼亚、希腊、匈牙利、以色列、科威特、立陶宛、拉脱维亚、阿曼、波兰、卡塔尔、沙特阿拉伯、新加坡、斯洛伐克、斯洛文尼亚。

续表

变量	中等偏下及低收入		中等偏上收入		高收入	
	进口 （随机效应）	出口 （随机效应）	进口 （随机效应）	出口 （固定效应）	进口 （随机效应）	出口 （随机效应）
lninter	0.368*** (3.91)	0.180*** (3.57)	0.307 (1.45)	−0.138 (−1.24)	−0.429 (−1.63)	0.230 (1.30)
lninterc	0.907** (2.44)	0.673*** (3.39)	1.197** (2.22)	0.476** (2.00)	1.477*** (4.92)	0.477** (2.19)
lngdp	1.330*** (5.30)	1.058*** (7.74)	1.381*** (6.38)	1.171*** (2.98)	1.232*** (4.96)	1.046*** (10.15)
lngdpc	−0.675 (−0.92)	−0.730* (−1.86)	−0.452 (−0.52)	0.119 (0.30)	−0.843 (−1.54)	−0.227 (−0.62)
comp	−0.704 (−1.63)	0.155 (0.66)	0.469 (0.97)	0.107 (0.47)	−0.216 (−0.49)	−0.216 (−0.95)
lndis	−1.774* (−1.70)	−0.990* (−1.74)	−3.199*** (−2.61)		−3.530** (−2.37)	−1.498*** (−2.56)
R^2	0.64	0.72	0.81	0.88	0.70	0.84
F				21.37		
χ^2	255.97	397.13	183.37		203.83	271.99
Hausman 检验 p 值	0.2691	0.9728	0.5007	0.0061	0.9441	0.7146
观测值	230	230	190	190	190	190

注：固定效应模型括号内为 t 值，随机效应模型括号内为 z 值

*、**和***分别表示在10%、5%和1%的水平下显著

由表 9-2 可知，根据 Hausman 检验的结果，研究互联网对我国与中等偏下及低收入、高收入的"一带一路"沿线国家的进出口贸易，以及与中等偏上收入的"一带一路"沿线国家的进口贸易的影响时应选择随机效应模型，而研究互联网对我国与中等偏上收入的"一带一路"沿线国家的出口贸易的影响时应选择固定效应模型。实证结果显示，中等偏下及低收入的"一带一路"沿线国家的互联网普及率对我国与其的进出口贸易有显著的正向效应，而中等偏上及高收入的"一带一路"沿线国家的互联网普及率对我国与其的进出口贸易无显著影响，这可能是因为收入水平较高的国家信息技术和互联网发展水平也较高，而收入水平较低的国家经济发展较为滞后，科技发展水平仍是制约该国经济贸易发展的"短板"，互联网的普及能为其带来显著的便利性，促进经济的发展、贸易的进行。我国的互联网普及率对我国与不同收入水平的"一带一路"沿线国家的进出口贸易都有显著的正向影响，且其对我国进口贸易的影响大于对出口贸易的影响，这表明我国互联网的普及仍能为我国的进出口贸易提供红利。

3. 时间维度上互联网对我国与"一带一路"沿线国家进出口贸易的影响

为考察互联网的动态效应，本节将研究期分成两个时间段，即 2007~2011 年

（前期）和 2012~2016 年（后期），分别分析两个时间段内互联网对我国与"一带一路"沿线国家进出口贸易的影响，实证结果如表 9-3 所示。

表 9-3 互联网对我国与"一带一路"沿线国家进出口贸易的分时段影响结果

变量	2007~2011 年 进口（固定效应）	2007~2011 年 出口（固定效应）	2012~2016 年 进口（随机效应）	2012~2016 年 出口（固定效应）
常数项	−37.112*** (−3.31)	−5.887 (−1.15)	63.474*** (3.38)	42.921*** (3.70)
lninter	0.136 (0.83)	0.061 (0.81)	0.646*** (4.29)	0.007 (0.06)
lninterc	−1.077** (−2.27)	−0.400* (−1.84)	3.295 (0.96)	3.915* (1.80)
lngdp	1.312** (2.19)	1.157*** (4.23)	1.454*** (11.41)	0.763** (2.10)
lngdpc	4.724*** (3.97)	1.908*** (3.50)	−4.334 (−1.57)	−3.635** (−2.08)
comp	0.011 (0.03)	0.040 (0.24)	−0.195 (−0.87)	−0.169 (−0.79)
lndis			−2.139*** (−3.96)	
R^2	0.65	0.72	0.69	0.67
F	32.29	41.62		2.39
χ^2			171.43	
Hausman 检验 p 值	0.0161	0.0126	0.1443	0.0103
观测值	305	305	305	305

注：固定效应模型括号内为 t 值，随机效应模型括号内为 z 值

*、**和***分别表示在 10%、5%和 1%的水平下显著

由表 9-3 可知，根据 Hausman 检验的结果，研究 2007~2011 年互联网对我国与"一带一路"沿线国家进出口贸易的影响和 2012~2016 年互联网对我国与"一带一路"沿线国家出口贸易的影响时应采用固定效应模型，研究 2012~2016 年互联网对我国与"一带一路"沿线国家进口贸易的影响时应采用随机效应模型。由实证结果可知，"一带一路"沿线国家的互联网普及率对我国与其的进口贸易产生的影响由前期的不显著到后期的 1%水平下显著，边际贡献由前期的 0.136 提高到后期的 0.646，表明"一带一路"沿线国家的互联网普及率对我国与其的进口贸易的促进作用显著提升；我国的互联网普及率对我国与"一带一路"沿线国家进口贸易的影响由前期的显著负效应（−1.077）转为后期的正效应（3.295），但后期效应不显著，表明我国的互联网普及率提升对我国与"一带一路"沿线国家进口贸易的影响已呈现出由前期的抑制效应开始向促进效应转化的态势。"一带一路"沿线国家的互联网普及率对我国与"一带一路"沿线国家出口贸易的影响不显著；

我国的互联网普及率对我国与"一带一路"沿线国家出口贸易的影响也经历了由微弱抑制效应（−0.400）向较强促进效应（3.915）转化的过程。综上所述，互联网普及率对我国与"一带一路"沿线国家进出口贸易的影响具有动态性，在互联网发展不成熟的阶段，国家要投入大量资金构建及完善相关基础设施，并且在初期由于相关专业人才缺乏，互联网的优势可能难以显现，进而可能会对进出口贸易的促进效应不显著，甚至会出现抑制效应，但是经过一段时间的健康发展，网络基础设施的逐渐普及、专业人才的培育和积累，以及相关政策制度的建立和完善，都会使互联网对我国与"一带一路"沿线国家进出口贸易的促进作用逐渐增强。

9.2.4 本节结论与建议

本节利用扩展的引力模型，选取2007~2016年61个"一带一路"沿线国家的面板数据，研究了互联网对我国与"一带一路"沿线国家进出口贸易的影响。实证结果表明：①总体上看，互联网普及率对我国与"一带一路"沿线国家的进出口贸易存在正向的促进作用。②从收入水平不同的国家层面上看，我国的互联网普及率对我国与"一带一路"沿线国家的进出口贸易有显著的促进作用，中等偏下及低收入的"一带一路"沿线国家的互联网普及率对我国与其的进出口贸易有显著的正向效应，而中等偏上及高收入的"一带一路"沿线国家的互联网普及率对我国与其的进出口贸易影响不显著。③从时间维度上看，互联网普及率对我国与"一带一路"沿线国家进出口贸易的影响具有动态性，2007~2011年影响不显著甚至有抑制效应，而2012~2016年则呈现出促进效应。

基于以上研究结论，本节提出如下政策建议。一是我国应继续大力推进"一带一路"倡议的实施，加强与相关国家的双边战略合作，通过进一步降低关税、减少通关成本、消除投资贸易壁垒等，实现真正的"设施联通"和"贸易畅通"，提高投资贸易便利化水平，提升出口贸易效率，扩大贸易规模。二是在"一带一路"建设中，积极推进相关国家的互联网发展水平的提高。积极寻求双边或多边合作，加快相关国家传统的交通基础设施和信息网络基础设施的建设，加大信息化建设投入力度，缩小数字鸿沟，构建并完善网络合作平台，努力构建全方位、多层次、复合型的互联互通网络。三是利用互联网、智能制造促进贸易产品结构优化，根据市场需求变化，及时调整出口结构，提高产品的出口竞争力。四是加强互联网人才的培养和引进，加大研发投入，鼓励技术创新，推动互联网、大数据、人工智能与实体经济的深度融合，不断提高我国互联网核心技术的自主研发能力，强化网络空间安全。五是在"一带一路"建设中，积极探索"互联网+"新贸易模式，通过发挥线上平台优势、线下渠道优势等，不断拓展我国与相关国家进出口贸易发展的新空间，通过互惠互利实现共赢发展。

9.3 互联网对进出口贸易影响的传导机制与非线性影响研究

9.3.1 引言

自"一带一路"倡议提出以来，我国与"一带一路"沿线国家的贸易增长较快，进出口总额从2009年的7997.22亿美元增加至2022年的28 702.02亿美元，年均增速为10.33%，占2022年我国进出口总额的45.41%[①]。互联网发展在一定程度上消除了地理距离、基础设施等传统因素的消极影响，在推动贸易增长中具有举足轻重的作用。近年来，随着数字技术的蓬勃发展，我国与"一带一路"共建国家的互联网发展迅速，但国家之间仍存在较大差距，数字鸿沟等问题仍然是阻碍挖掘双边贸易潜力的不利因素。现有文献虽然已证实互联网发展对我国与"一带一路"共建国家的双边贸易具有积极的促进作用，但鲜有文献对其影响机制进行识别和探讨，互联网对贸易影响的区域差异的研究也较少，本节拟对此进行探索，以期为互联网对我国与"一带一路"共建国家贸易规模扩大产生更大的促进作用提供有益的思路，因而本节具有重要的理论价值和现实意义。

"一带一路"倡议得到了各个国家的积极响应，诸多学者都指出其对双边贸易具有积极意义。徐梁（2016）认为中国与"一带一路"沿线国家推进贸易畅通，对中国加强与周边区域经济合作、促进共同发展、实现共同繁荣具有重要意义。李敬等（2017）认为"一带一路"倡议促进了贸易网络密度的增加，"一带一路"沿线国家进出口贸易增速总体高于全球平均值，沿线国家之间的贸易互补性显著大于竞争性，依旧存在巨大贸易潜力待挖掘。关于影响国际贸易因素的研究文献较丰富，大多数学者从基础设施、运输距离等角度进行分析。例如，李晓钟等（2019）通过实证研究发现两国之间的地理距离对我国与"一带一路"沿线国家的贸易规模存在显著负影响。方英和马芮（2018）认为传统因素仍然是中国对"一带一路"沿线国家文化产品出口的主要阻碍，地理距离和文化差异在一定程度上阻碍了文化贸易，进口国的市场规模、人口规模、经济规模与文化贸易规模显著正相关。孙瑾和杨英俊（2016）认为完善基础设施建设能够有效降低我国与"一带一路"主要国家的双边贸易成本，基础设施包括铁路网络、电话网络、互联网络设施，均与双边贸易成本显著负相关。龚静和尹忠明（2016）提出我国各省区市的出口贸易效率表现出"东高西低"的明显区域差异，可以通过加强铁路网络建设、缩短运输里程、增加资本要素积累、提高人力资本来提高出口贸易效率，从而发掘我国巨大的贸易潜力。

[①] 数据来源：海关总署、EPS（Economy Prediction System，经济预测系统）数据库。

随着数字技术的蓬勃发展，互联网对国际贸易的影响已成为研究热点，众多研究结论都表明，互联网对进出口贸易发展具有促进作用。较多学者认为互联网通过降低贸易成本从而促进贸易增长。Anderson 和 van Wincoop（2004）认为贸易成本主要包括搜索成本和沟通成本，而互联网恰好可以通过降低搜索成本和沟通成本来促进国际贸易的发展。赵维等（2020）运用中介效应模型进行实证研究后发现，互联网基础设施有助于促进我国与"一带一路"沿线国家的贸易往来，其主要通过降低贸易成本而非提高全要素生产率来实现扩大贸易效应。李兵和李柔（2017）认为企业能够通过使用互联网来降低其出口的可变成本，从而提高对外贸易规模。潘家栋和肖文（2018）认为互联网通过降低信息搜寻成本、沟通成本及生产成本来促进我国的进出口贸易，特别是面对发达国家和地区时，互联网对我国的出口贸易具有显著的正向影响。潘申彪和王剑斌（2018）提出互联网既降低了国际贸易的固定成本，也降低了可变成本，互联网的普及可以有效缓解基础设施落后、地理距离较远等传统贸易阻碍带来的消极影响，进而促进外贸增长。张奕芳（2019a）认为互联网贸易能够提升产品质量指数，具有促进本地市场效应形成的显著优势。张鹏飞和汤蕴懿（2020）通过互联网普及率、宽带普及率、移动电话普及率等多维度指标来衡量一国的数字化服务水平，认为发达国家与发展中国家存在数字鸿沟，数字化服务水平对不同收入国家出口贸易的促进作用存在差异。

综上所述，国内外学者围绕互联网对贸易的影响的研究已取得了一系列有意义的成果，但是，互联网促进贸易发展的内部传导机制如何？互联网对贸易的促进机制如何发挥得更好？现有文献研究较少。本节拟对此进行探索。与以往文献相比，本节的创新之处主要体现在三个方面。其一，已有文献较少对互联网对贸易的影响机制进行分析和识别，本节拟利用中国与"一带一路"沿线国家的数据，借助中介效应模型，揭示互联网通过贸易成本、人力资本水平的中介效应对我国与"一带一路"沿线国家贸易规模的影响机制。其二，已有文献大都肯定互联网对贸易的促进效应，但对促进效应的非线性研究较少，本节拟借助门槛模型进行研究，探究互联网对我国与"一带一路"沿线国家贸易规模影响的非线性特征。其三，已有文献对互联网效应的区域差异研究较少，本节拟以互联网发展水平和人力资本水平为门槛变量，揭示互联网贸易效应的区域间差异，并据此提出有针对性的政策建议。

9.3.2 理论分析与研究假设

1. 互联网发展与贸易成本降低

目前许多学者对互联网发展水平影响贸易成本的观点比较统一，认为其有效地降低了贸易成本，但是，互联网影响贸易成本的途径是多样的。

（1）互联网能够有效地降低信息不对称，降低国际贸易中的固定成本和可变成本。Yadav（2014）指出使用电子邮件和设立网站等互联网工具能够减少进入国际市场的信息成本。对外贸企业而言，搜索成本不仅包括生产环节中搜索原材料、中间产品等价格信息的成本，还包括在销售环节中寻找潜在客户、开拓市场等的信息成本，而互联网的发展有利于企业借助网络获得的丰富信息作出采购、生产、销售等精准决策；在交易成本方面，传统上外贸企业需要通过越洋电话、邮件、电报，甚至是成本更大的实地考察等方式来进行沟通和谈判，而随着信息网络技术的高速发展，企业现在可以方便快捷地通过互联网来实现，利用电子邮件与客户沟通，通过企业门户网站来展示商品，从而有效地克服了地理距离较远的问题，提高了贸易双方的成功匹配率，极大地节约了时间成本和财务成本。

（2）互联网发展催生了新的贸易模式。随着互联网技术的发展，跨境电子商务异军突起。Fan 等（2018）发现，电子商务打破了进入新市场的贸易壁垒，即降低了新建商店及铺设渠道等的固定成本。互联网信息平台的搭建和 ICT 的发展让贸易跨越了时间和空间的限制，在大数据支撑下，跨境交易和订单物流跟踪能够较容易地实现，商家能以更小的成本来获取客户资源并高效地投放贸易信息，在一定程度上消除了阻碍贸易的传统因素，如运输距离、语言等问题。电子及数码产品和相关服务产业的迅速发展也弱化了运输成本在贸易中的影响，互联网发展大幅降低了交通运输成本。

（3）互联网发展能够优化资源配置，从而降低生产成本。在经济全球化和互联网等数字技术快速发展的背景下，领先企业有可能在全球范围内配置资源，提高产业链效率，从而降低生产成本。但是，社会分工水平提高的同时需要更高的协调成本，而互联网恰恰能够给予企业更高效的信息处理能力，从而帮助其降低协调成本。李津等（2020）认为数字基础设施对一国价值链升级的影响存在中介效应，数字基础设施通过提高知识溢出效率和创新效率来提升一国的价值链地位。

2. 互联网发展与人力资本水平提升

劳动者知识素养和技能水平是人力资本的核心要素，若一国人力资本水平较高，即代表劳动者能够实现更高的劳动生产率，并帮助企业提升创新能力，增强其在外贸市场上的竞争力。而互联网发展水平的提高有助于人力资本水平的提升。

（1）互联网催生的各类网络教学平台能在一定程度上作为基础教育系统的额外补充，为各年龄段、各行业的劳动者提供较低成本的网络教育资源，使其通过网络学习来提高自身劳动技能，从而提升自身竞争力。Jiménez 等（2014）认为互联网技术普及对本科生、研究生有积极影响，为全球创新指数提升作出了贡献。

（2）计算机及各类数字化设备在生产中普及，要求劳动者具备相应的新知识，对员工工作能力和水平提升形成了倒逼机制。为提高计算机及新型设备的使用效率，企业需要加强对劳动者专业技能培训的投入，同时劳动者通过"干中学"能够提高综合素质。当劳动者使用技术的熟练度和相关处理效率提高时，能够在相同的单位时间内实现更高的产量，从而提高企业在国际市场上的竞争力。此外，出口技术复杂度的不断提高对知识技能生产要素提出了新需求，李金城和周咪咪（2017）指出高复杂度的制造业特征就是人力资本富集、信息密集度高，互联网发展会导致高复杂度制造业相对中低复杂度制造业产生比较优势，从而在生产要素需求方面推动人力资本水平的提升。

3. 互联网效应的非线性与区域异质性

当前，互联网正在以前所未有的方式改变经济的增长模式，而其独有的网络效应日益得到人们的高度重视。计算机让全球信息的互联互通成为现实，全世界依靠其构建成一个庞大的网络，而信息、技术以及各资源要素都能通过网络加速扩散传播，尤其是当这个网络规模扩大到一定程度时，它对经济体系的作用会被瞬间放大，即当资源能够数字化时，其传播的边际成本便会逐渐缩小甚至趋向于零，从而改变经济发展的传统思维和方式。施炳展（2016）发现互联网不仅提升了企业出口规模，同时还提高了企业的出口概率和持续性，影响贸易模式与贸易利益，具有优化企业内部资源配置的功能，尤其对一般贸易、本土企业、差异化产品、高生产效率企业促进作用更强。朱彤和苏崇华（2012）通过实证研究发现互联网普及率总体上促进了中国出口贸易增长，尤其是对经济欠发达的西部地区促进作用最明显。李坤望等（2015）基于企业层面的分析发现，当企业的信息化密度较高、企业所在地区信息基础设施水平较完善时，企业会拥有较高的出口绩效。Meijers（2014）提出互联网的使用对低收入国家贸易增长的影响更大，因为高收入国家市场规模扩大会导致边际收益的下降。孙穗和朱顺和（2020）认为ICT基础设施能够衡量一国数字化水平，而ICT外溢对贸易的影响存在区域差异，其对发展中国家贸易的促进作用更明显。因此，可以推测互联网对贸易的影响存在不同的门槛区间，即其影响是非线性的。

为此，本节提出如下理论假设。

假设9.1：互联网发展能直接有效地促进我国与"一带一路"沿线国家的贸易规模扩大。

假设9.2：互联网发展能够通过贸易成本、人力资本水平的中介效应，促进我国与"一带一路"沿线国家的贸易规模扩大。

假设9.3：互联网发展对我国与"一带一路"沿线国家贸易规模的影响是非线性的，且由于"一带一路"沿线国家间互联网发展水平和人力资本水平等的异质性，互联网发展的效应存在区域差异性。

9.3.3 研究设计与数据说明

1. 实证模型设计

为检验假设 9.1，本节构建基准模型，如式（9-3）所示：

$$\text{lntrade}_{it} = \alpha_0 + \alpha_1 \text{lninter}_{it} + \alpha_2 \text{lncost}_{it} + \alpha_3 \text{lnhum}_{it} + \alpha_c Z_{it} + \varepsilon_{it} \qquad (9\text{-}3)$$

式中，trade_{it} 表示 i 国第 t 年与中国的进出口贸易规模；inter_{it} 表示 i 国第 t 年的互联网发展水平；cost_{it} 表示 i 国第 t 年与中国的贸易成本；hum_{it} 表示 i 国第 t 年的人力资本水平；向量 Z_{it} 表示一系列控制变量；ε_{it} 表示随机误差项；α_0 表示常数项；α_1、α_2、α_3、α_c 表示各变量的回归系数。

为检验假设 9.2，构建中介效应模型，如式（9-4）到式（9-8）所示：

$$\text{lntrade}_{it} = \beta_0 + \beta_1 \text{lninter}_{it} + \beta_c Z_{it} + \varepsilon_{it} \qquad (9\text{-}4)$$

$$\text{lncost}_{it} = \chi_0 + \chi_1 \text{lninter}_{it} + \chi_c Z_{it} + \varepsilon_{it} \qquad (9\text{-}5)$$

$$\text{lntrade}_{it} = \delta_0 + \delta_1 \text{lninter}_{it} + \delta_2 \text{lncost}_{it} + \delta_c Z_{it} + \varepsilon_{it} \qquad (9\text{-}6)$$

$$\text{lnhum}_{it} = \phi_0 + \phi_1 \text{lninter}_{it} + \phi_c Z_{it} + \varepsilon_{it} \qquad (9\text{-}7)$$

$$\text{lntrade}_{it} = \varphi_0 + \varphi_1 \text{lninter}_{it} + \varphi_2 \text{lnhum}_{it} + \varphi_c Z_{it} + \varepsilon_{it} \qquad (9\text{-}8)$$

式中，cost_{it} 和 hum_{it} 都表示中介变量。式（9-4）中 β_0 表示常数项，β_1、β_c 表示各变量的回归系数；式（9-5）中 χ_0 表示常数项，χ_1、χ_c 表示各变量的回归系数；式（9-6）中 δ_0 表示常数项，δ_1、δ_2、δ_c 表示各变量的回归系数；式（9-7）中 ϕ_0 表示常数项，ϕ_1、ϕ_c 表示各变量的回归系数；式（9-8）中 φ_0 表示常数项，φ_1、φ_2、φ_c 表示各变量的回归系数。

检验假设 9.2 的具体步骤如下：在互联网发展水平（inter）对于贸易规模（trade）的线性回归模型［式（9-3）］的系数 α_1 显著性通过检验的基础上，分别构建 inter 对于中介变量 cost、hum 的回归方程，以及 inter 与中介变量 cost、hum 对 trade 的回归模型，通过 β_1 的回归系数的显著性再次验证互联网发展水平的直接效应，通过 χ_1、δ_1、δ_2、ϕ_1、φ_1、φ_2 等回归系数的显著性判断中介效应是否存在。

为检验假设 9.3，需要分析互联网发展水平对贸易规模影响的非线性特征，构建门槛模型。借鉴 Hansen（1999）的非动态面板回归模型，建立基于互联网发展水平、人力资本水平的门槛模型，如式（9-9）和式（9-10）所示：

$$\text{lntrade}_{it} = \gamma_0 + \gamma_1 \text{lninter}_{it} \times I(\text{lninter} \leqslant \eta) + \gamma_2 \text{lninter}_{it} \times I(\text{lninter} > \eta) + \gamma_c Z_{it} + \varepsilon_{it} \qquad (9\text{-}9)$$

$$\text{lntrade}_{it} = \theta_0 + \theta_1 \text{lninter}_{it} \times I(\text{lnhum} \leqslant \eta) + \theta_2 \text{lninter}_{it} \times I(\text{lnhum} > \eta) + \theta_c Z_{it} + \varepsilon_{it} \qquad (9\text{-}10)$$

考虑到实际情况，可能结果显示存在单门槛或是多重门槛，式（9-9）、式（9-10）可以类推。其中，η 表示待估计的门槛值，I 表示指示函数，式（9-9）中 γ_0 表示常数项，γ_1、γ_2、γ_c 表示门槛模型中各变量的回归系数，式（9-10）中 θ_0 表示常数项，θ_1、θ_2、θ_c 表示门槛模型中各变量的回归系数。

2. 变量说明及数据来源

被解释变量：贸易规模（trade），用中国与"一带一路"沿线国家的进出口贸易总额表示。

核心解释变量：互联网发展水平（inter），用各国使用互联网人数占比（互联网普及率）来表示，数据来自国际电信联盟数据库。

中介变量：贸易成本（cost）和人力资本水平（hum）。贸易成本由中国与"一带一路"沿线国家的原始贸易数据测算所得，贸易数据来自联合国的 Comtrade 数据库；人力资本水平用联合国《人类发展报告》中公布的教育指数（education index）来表示。其中，贸易成本（cost）利用 Novy（2006）的方法测算，如式（9-11）所示：

$$\text{cost}_{it} = 1 - \left[\frac{\text{export}_i \times \text{exportc}_i}{(\text{gdpi} - \text{exporti}) \times (\text{gdpc} - \text{exportc}) \times s^2} \right]^{\frac{1}{2(p-1)}} \quad (9\text{-}11)$$

式中，export_i 表示 i 国对中国的出口额；exportc_i 表示中国对 i 国的出口额；gdpi 表示 i 国的国内生产总值；gdpc 表示中国的国内生产总值；exporti 表示 i 国的总出口额；exportc 表示中国的总出口额；s 表示可贸易品所占份额；p 表示替代弹性。参考 Anderson 和 van Wincoop（2004）的做法，将可贸易品所占份额 s 取值 0.8，替代弹性 p 取值 8，来测算中国与"一带一路"沿线国家的贸易成本。

控制变量：贸易伙伴国的人口规模（pop_{it}）；各国国内生产总值（gdp_{it}）；航运便利度（ship_{it}），用班轮运输指数表示；对外开放程度（open_{it}），用 i 国进出口贸易总量占其国内生产总值的比重表示。控制变量的数据来自世界银行 WDI 数据库和联合国 Comtrade 数据库。

agr_{it} 表示关于自贸区协定的虚拟变量，若 i 国已与中国签订自贸区协定，则取值为 1，否则为 0，自贸区协定数据来自商务部的中国自由贸易区服务网。i 表示"一带一路"沿线国家。

为了消除原始数据因量纲不同产生的不利影响，实证中将除了虚拟变量以外的变量进行取对数处理。本节将 61 个"一带一路"沿线国家作为样本[①]，利用 2009~2018 年的面板数据进行回归估计。主要变量的描述性统计如表 9-4 所示。

---

① 根据中国一带一路网（https://www.yidaiyilu.gov.cn）截至 2019 年列明基础数据的"一带一路"沿线国家，基于指标数据的可获性和完整性，本节选取 61 个"一带一路"沿线国家作为样本，包括新加坡、马来西亚、印度尼西亚、缅甸、泰国、老挝、柬埔寨、越南、文莱、菲律宾、伊朗、伊拉克、土耳其、约旦、黎巴嫩、以色列、沙特阿拉伯、也门、阿曼、阿联酋、卡塔尔、科威特、巴林、希腊、塞浦路斯、埃及、印度、巴基斯坦、孟加拉国、阿富汗、斯里兰卡、马尔代夫、尼泊尔、不丹、哈萨克斯坦、乌兹别克斯坦、土库曼斯坦、塔吉克斯坦、吉尔吉斯斯坦、俄罗斯、乌克兰、白俄罗斯、格鲁吉亚、阿塞拜疆、亚美尼亚、波兰、立陶宛、爱沙尼亚、拉脱维亚、捷克、斯洛伐克、匈牙利、斯洛文尼亚、克罗地亚、波黑、黑山、塞尔维亚、阿尔巴尼亚、罗马尼亚、保加利亚以及蒙古国。

表 9-4 主要变量的描述性统计

变量	符号表示	有效观测值	最小值	最大值	均值	标准差
贸易规模	trade	610	1 598 888	1.48×10^{11}	1.57×10^{10}	2.48×10^{10}
互联网发展水平	inter	610	0.002	1	0.481	0.260
贸易成本	cost	610	0.048	0.839	0.547	0.106
人力资本水平	hum	610	0.319	0.893	0.684	0.142
人口规模	pop	610	353 398	1.35×10^9	5.13×10^7	1.67×10^8
国内生产总值	gdp	610	1.23×10^9	2.71×10^{12}	2.07×10^{11}	3.72×10^{11}
航运便利度	ship	610	1	110.832	20.351	22.502
对外开放程度	open	610	0.200	2.775	0.780	0.428
自贸区协定	agr	610	0	1	0.172	0.378

9.3.4 实证结果与分析

1. 基准回归分析

首先利用 Stata 15.0 软件对式(9-3)进行基准回归分析，回归结果如表 9-5 所示。由于 Hausman 检验 p 值显著为 0，故选择固定效应模型进行分析。由表 9-5 可知，互联网发展水平提高、贸易成本降低、人力资本水平提升都能够有效地扩大中国与"一带一路"沿线国家的贸易规模；且贸易伙伴国的人口规模越大、国内生产总值越高、对外开放程度越高、与中国签订自贸协定，都对贸易规模扩大有积极影响。

表 9-5 互联网发展水平对进出口贸易规模的影响

变量	lntrade（固定效应模型）	lntrade（随机效应模型）
lninter	0.135***	0.182***
	(0.029)	(0.027)
lncost	−0.642***	−0.938***
	(0.120)	(0.129)
lnhum	1.191***	0.560**
	(0.372)	(0.284)
lnpop	0.568***	0.329***
	(0.209)	(0.061)
lngdp	0.962***	0.758***
	(0.068)	(0.059)
lnship	0.085	0.058
	(0.055)	(0.041)
agr	0.149**	0.311***
	(0.073)	(0.075)
lnopen	0.696***	0.546***
	(0.079)	(0.076)
常数项	−10.824***	−2.287**
	(3.494)	(1.104)

续表

变量	Intrade（固定效应模型）	Intrade（随机效应模型）
观测值	610	610
R^2	0.674	0.659
Hausman 检验 p 值	0.000	

注：括号中数字为标准误。

***、**分别表示在1%、5%水平下显著

2. 中介效应分析

互联网发展水平对进出口贸易规模影响的中介效应分析结果如表9-6所示。

表9-6　互联网发展水平对进出口贸易规模影响的中介效应分析结果

变量	模型1 Intrade	模型2 lncost	模型3 Intrade	模型4 lncost₋₁	模型5 Intrade	模型6 lnhum	模型7 Intrade
lninter	0.170*** (0.027)	0.001 (0.009)	0.171*** (0.027)	−0.017*** (0.006)	0.125*** (0.030)	0.030*** (0.003)	0.139*** (0.030)
lncost			−0.614*** (0.121)				
lncost₋₁					−1.316*** (0.221)		
lnhum							1.045*** (0.380)
lnpop	0.704*** (0.210)	0.008 (0.073)	0.709*** (0.206)	0.083* (0.048)	0.761*** (0.232)	0.118*** (0.024)	0.580*** (0.214)
lngdp	1.069*** (0.068)	−0.108*** (0.024)	1.003*** (0.068)	−0.107*** (0.014)	0.870*** (0.074)	0.032*** (0.008)	1.036*** (0.069)
lnship	0.117** (0.057)	−0.035* (0.020)	0.095* (0.056)	−0.014 (0.013)	0.088 (0.062)	0.008 (0.006)	0.109* (0.057)
agr	0.165** (0.076)	−0.016 (0.026)	0.155** (0.074)	0.011 (0.026)	0.339*** (0.124)	0.004 (0.008)	0.160** (0.075)
lnopen	0.861*** (0.076)	−0.205*** (0.026)	0.735*** (0.078)	−0.127*** (0.016)	0.568*** (0.083)	0.028*** (0.009)	0.831*** (0.076)
常数项	−15.761*** (3.387)	1.945* (1.174)	−14.567*** (3.321)	0.669 (0.802)	−12.649*** (3.889)	−3.097*** (0.380)	−12.524*** (3.567)
观测值	610	610	610	549	549	610	610
R^2	0.653	0.172	0.668	0.254	0.556	0.472	0.657

注：括号中数字为标准误，cost₋₁表示滞后一期的贸易成本变量。

***、**、*分别表示在1%、5%、10%水平下显著

表9-6中，模型1是对应式（9-4）的估算，结果显示互联网发展水平越高、贸易国人口规模和国内生产总值越大、航运便利度越高、对外开放程度越高，并且与中国签订自贸区协定，则越有利于扩大双边贸易规模。模型2和模型3、模型4和模型5是对应式（9-5）和式（9-6）来检验贸易成本的中介效应。由于模

型 2 中的 lninter 的系数并不显著，故将贸易成本变量滞后一期再进行回归，模型 4 实证结果表明 lninter 的系数-0.017 在 1%的水平下显著，且模型 5 的 lninter 的系数 0.125、lncost₋₁ 的系数-1.316 都在 1%的水平下显著，说明互联网发展水平提高有效地降低了滞后一期的贸易成本，贸易成本存在中介效应，而贸易成本的降低有助于扩大双边贸易规模；模型 6 和模型 7 是对应式（9-7）和式（9-8）来检验人力资本水平的中介效应，其中模型 6 中 lninter 的系数 0.030 在 1%的水平下显著，并且模型 7 结果显示 lninter 的系数 0.139、lnhum 的系数 1.045 都在 1%的水平下显著，说明互联网发展水平提高能够显著提升人力资本水平，人力资本水平存在中介效应，对贸易规模能够产生积极影响。

在将贸易成本作为中介变量的模型中，中介效应大小为 $\chi_1\delta_2/\beta_1 = 0.017\times1.316/0.170 = 13.16\%$，表明互联网发展水平对贸易规模的促进效应有 13.16%是通过降低贸易成本实现的，而互联网发展水平对贸易规模的直接促进效应占 86.84%；在将人力资本水平作为中介变量的模型中，中介效应大小为 $\phi_1\varphi_2/\beta_1 = 0.030\times1.045/0.170 = 18.44\%$，表明互联网发展水平对贸易规模的促进效应有 18.44%是通过提升人力资本水平实现的，而互联网发展水平对贸易规模的直接促进效应占 81.56%。上述实证结果验证了假设 9.1 和假设 9.2。

3. 门槛模型与非线性效应分析

本节运用 Stata 15.0 软件中的 xthreg 命令进行门槛个数抽样检验，结果如表 9-7 所示。由表 9-7 可知，当互联网发展水平（inter）作为门槛变量时，单门槛检验在 5%的水平下显著，双门槛检验不显著；当人力资本水平（hum）作为门槛变量时，单门槛检验在 1%的水平下显著，双门槛检验不显著。其中，当互联网发展水平作为门槛变量时，lninter 单门槛值为-1.704，对应 inter 数值 0.182，双门槛值为-1.744 和-1.152，分别对应 inter 数值 0.175 和 0.316；当人力资本水平作为门槛变量时，lnhum 单门槛值为-0.711，对应 hum 数值 0.491，双门槛值为-0.711 和-0.476，对应的 hum 数值分别为 0.491 和 0.621。根据门槛估计值以及相应的置信区间，可以确定应基于单门槛进行回归分析，回归结果如表 9-8 所示。

表 9-7 门槛个数抽样检验结果

门槛变量	门槛	门槛值（lnη）	门槛值（η）	F 值	p 值	10%临界值	5%临界值	1%临界值
互联网发展水平（inter）	单门槛	-1.704	0.182	30.33	0.023**	20.158	23.466	31.877
	双门槛	-1.744；-1.152	0.175；0.316	11.82	0.367	17.633	19.987	24.211
人力资本水平（hum）	单门槛	-0.711	0.491	47.89	0.007***	27.226	32.001	44.293
	双门槛	-0.711；-0.476	0.491；0.621	11.09	0.590	26.189	28.123	39.502

***和**分别表示在 1%和 5%水平下显著

表 9-8 单门槛回归估计结果

解释变量	门槛变量 互联网发展水平	门槛变量 人力资本水平
lninter（inter≤η）	0.183*** (0.030)	
lninter（inter>η）	0.320*** (0.045)	
lninter（hum≤η）		0.065** (0.030)
lninter（hum>η）		0.262*** (0.034)
lncost	−0.559*** (0.119)	−0.574*** (0.116)
lnhum	0.941** (0.366)	1.634*** (0.364)
lnpop	0.371* (0.207)	0.255 (0.207)
lngdp	1.005*** (0.067)	0.997*** (0.066)
lnship	0.049 (0.055)	0.037 (0.054)
agr	0.124* (0.072)	0.126* (0.071)
lnopen	0.640*** (0.078)	0.737*** (0.076)
常数项	−8.569** (3.439)	−6.232* (3.438)
观测值	610	610
R^2	0.690	0.698

注：括号中数字为标准误

***、**、*分别表示在 1%、5%、10%水平下显著

当互联网发展水平（inter）作为门槛变量时，由表 9-8 可知，当 inter 低于或等于门槛值 0.182 时，lninter 的系数 0.183 在 1%的水平下显著；当 inter 高于门槛值 0.182 时，lninter 的系数 0.320 在 1%的水平下显著。这说明当一国的互联网发展水平较低及相应基础设施较落后时，互联网对其贸易的促进作用是有限的；当互联网发展水平提高到一定程度时，其对双边贸易的促进作用更明显。lncost 的系数为−0.559 且在 1%的水平下显著，lnhum 的系数为 0.941 且在 5%的水平下显著，说明降低贸易成本、改善一国人力资本水平可以有效地促进贸易规模扩大；lnpop 的系数为 0.371 且在 10%的水平下显著，lngdp 的系数为 1.005 且在 1%的水平下显著，说明贸易伙伴国人口规模越大、国内生产总值越高，其对双边贸易商品的需求就越大，则越有利于双边贸易规模的扩大；lnship 的系数为 0.049，但并

不显著,说明航运等交通基础设施建设需要继续加强;agr 的系数为 0.124,在 10% 的水平下显著,说明双方签订自贸区协定可以有效地加强沟通,拓展合作,降低关税等贸易壁垒,增强战略互信,有利于挖掘贸易潜力;lnopen 的系数为 0.640,在 1%的水平下显著,说明扩大对外开放程度具有积极意义。

当人力资本水平（hum）作为门槛变量时,由表 9-8 可知,当 hum 低于或等于门槛值 0.491 时,lninter 的系数 0.065 在 5%的水平下显著;当 hum 高于门槛值 0.491 时,lninter 的系数 0.262 在 1%的水平下显著,说明当一国的人力资本水平跨入门槛值时,互联网对贸易的促进作用更明显。lncost 的系数为-0.574 且在 1%的水平下显著,即降低贸易成本可以显著地提高双边贸易规模;lnhum 系数为 1.634 且在 1%的水平下显著,说明提升一国人力资本水平可以有效地促进贸易发展;lnpop 的系数为 0.255,但是不显著;lngdp 的系数为 0.997 且在 1%的水平下显著,说明贸易伙伴国经济规模越大,其国内市场对贸易的需求量就越大;agr 的系数为 0.126 且在 10%的水平下显著,lnopen 的系数为 0.737 且在 1%的水平下显著,表明双方签订自贸区协定、扩大对外开放程度,有利于贸易规模的扩大。

表 9-9 为不同互联网发展水平的国家分布情况（按互联网发展水平的门槛值划分）。由表 9-9 可知,在 2009 年,互联网发展水平（inter）高于门槛值 0.182 的样本国家有 38 个,低于或等于门槛值 0.182 的样本国家有 23 个;2018 年,互联网发展水平（inter）高于门槛值 0.182 的样本国家有 58 个,低于或等于门槛值 0.182 的样本国家有 3 个。表 9-10 为不同人力资本水平的国家分布情况（按人力资本水平的门槛值划分）。由表 9-10 可知,在 2009 年,人力资本水平（hum）高于门槛值 0.491 的样本国家有 50 个,低于或等于门槛值 0.491 的样本国家有 11 个;到 2018 年,人力资本水平（hum）高于门槛值 0.491 的样本国家有 54 个,低于或等于门槛值 0.491 的样本国家有 7 个。可见,互联网发展对我国与"一带一路"沿线国家贸易规模的影响是非线性的,且由于"一带一路"沿线国家间互联网发展水平和人力资本水平存在异质性,互联网的影响效应因此也存在区域差异性,这也验证了假设 9.3。

表 9-9　不同互联网发展水平的国家分布情况（2009 年和 2018 年）

年份	inter≤0.182	inter＞0.182
2009	缅甸、柬埔寨、伊拉克、土库曼斯坦、尼泊尔、孟加拉国、阿富汗、印度、老挝、印度尼西亚、不丹、巴基斯坦、斯里兰卡、菲律宾、也门、蒙古国、塔吉克斯坦、乌兹别克斯坦、伊朗、亚美尼亚、吉尔吉斯斯坦、乌克兰、哈萨克斯坦	埃及、格鲁吉亚、泰国、马尔代夫、约旦、越南、阿曼、阿塞拜疆、白俄罗斯、俄罗斯、黎巴嫩、黑山、土耳其、罗马尼亚、波黑、沙特阿拉伯、塞尔维亚、阿尔巴尼亚、希腊、保加利亚、文莱、塞浦路斯、克罗地亚、科威特、巴林、卡塔尔、马来西亚、波兰、立陶宛、匈牙利、以色列、阿联酋、斯洛文尼亚、捷克、拉脱维亚、新加坡、斯洛伐克、爱沙尼亚

续表

年份	inter≤0.182	inter＞0.182
2018	阿富汗、孟加拉国、巴基斯坦	缅甸、柬埔寨、伊拉克、土库曼斯坦、尼泊尔、印度、老挝、印度尼西亚、不丹、斯里兰卡、菲律宾、也门、蒙古国、塔吉克斯坦、乌兹别克斯坦、伊朗、亚美尼亚、吉尔吉斯斯坦、乌克兰、哈萨克斯坦、埃及、格鲁吉亚、泰国、马尔代夫、约旦、越南、阿曼、阿塞拜疆、白俄罗斯、俄罗斯、黎巴嫩、黑山、土耳其、罗马尼亚、波黑、沙特阿拉伯、塞尔维亚、阿尔巴尼亚、希腊、保加利亚、文莱、塞浦路斯、克罗地亚、科威特、巴林、卡塔尔、马来西亚、波兰、立陶宛、匈牙利、以色列、阿联酋、斯洛文尼亚、捷克、拉脱维亚、新加坡、斯洛伐克、爱沙尼亚

表 9-10 不同人力资本水平的国家分布情况（2009 年和 2018 年）

年份	hum≤0.491	hum＞0.491
2009	也门、阿富汗、巴基斯坦、缅甸、不丹、孟加拉国、尼泊尔、老挝、柬埔寨、印度、马尔代夫	伊拉克、土库曼斯坦、印度尼西亚、斯里兰卡、菲律宾、蒙古国、塔吉克斯坦、乌兹别克斯坦、伊朗、亚美尼亚、吉尔吉斯斯坦、乌克兰、哈萨克斯坦、埃及、格鲁吉亚、泰国、约旦、越南、阿曼、阿塞拜疆、白俄罗斯、俄罗斯、黎巴嫩、黑山、土耳其、罗马尼亚、波黑、沙特阿拉伯、塞尔维亚、阿尔巴尼亚、希腊、保加利亚、文莱、塞浦路斯、克罗地亚、科威特、巴林、卡塔尔、马来西亚、波兰、立陶宛、匈牙利、以色列、阿联酋、斯洛文尼亚、捷克、拉脱维亚、新加坡、斯洛伐克、爱沙尼亚
2018	也门、阿富汗、巴基斯坦、缅甸、不丹、老挝、柬埔寨	尼泊尔、孟加拉国、印度、马尔代夫、伊拉克、土库曼斯坦、印度尼西亚、斯里兰卡、菲律宾、蒙古国、塔吉克斯坦、乌兹别克斯坦、伊朗、亚美尼亚、吉尔吉斯斯坦、乌克兰、哈萨克斯坦、埃及、格鲁吉亚、泰国、约旦、越南、阿曼、阿塞拜疆、白俄罗斯、俄罗斯、黎巴嫩、黑山、土耳其、罗马尼亚、波黑、沙特阿拉伯、塞尔维亚、阿尔巴尼亚、希腊、保加利亚、文莱、塞浦路斯、克罗地亚、科威特、巴林、卡塔尔、马来西亚、波兰、立陶宛、匈牙利、以色列、阿联酋、斯洛文尼亚、捷克、拉脱维亚、新加坡、斯洛伐克、爱沙尼亚

4. 稳健性检验

选取替代变量 fwq（安全互联网服务器数量），将解释变量 inter（互联网发展水平）替换，进行稳健性检验，结果如表 9-11 所示。结果显示，增加安全互联网服务器数量有利于扩大中国与贸易伙伴国的贸易规模，并且能够通过降低贸易成本、提升人力资本水平从而产生中介效应，对双边贸易产生积极影响。这说明上述实证结果具有稳健性。

表 9-11 选取替代变量进行稳健性检验的结果

变量	lntrade	lncost	lntrade	lncost_1	lntrade	lnhum	lntrade
lnfwq	0.045***	−0.002	0.044***	−0.003**	0.032***	0.009***	0.038***
	（0.007）	（0.002）	（0.007）	（0.001）	（0.007）	（0.001）	（0.008）
lncost			−0.575***				
			（0.121）				

续表

变量	lntrade	lncost	lntrade	lncost₋₁	lntrade	lnhum	lntrade
lncost₋₁				−1.312***			
				(0.219)			
lnhum							0.748*
							(0.400)
lnpop	0.738***	0.029	0.755***	0.064	0.819***	0.114***	0.653***
	(0.206)	(0.072)	(0.202)	(0.046)	(0.222)	(0.022)	(0.211)
lngdp	1.115***	−0.102***	1.056***	−0.113***	0.903***	0.037***	1.087***
	(0.065)	(0.023)	(0.065)	(0.014)	(0.071)	(0.007)	(0.066)
lnship	0.096*	−0.029	0.079	−0.016	0.073	0.001	0.095*
	(0.057)	(0.020)	(0.056)	(0.013)	(0.062)	(0.006)	(0.057)
agr	0.194***	−0.014	0.186**	0.016	0.296**	0.009	0.188**
	(0.075)	(0.026)	(0.073)	(0.026)	(0.123)	(0.008)	(0.074)
lnopen	0.860***	−0.203***	0.744***	−0.131***	0.592***	0.027***	0.840***
	(0.076)	(0.026)	(0.078)	(0.016)	(0.082)	(0.008)	(0.076)
常数项	−17.905***	1.455	−17.069***	1.167	−14.705***	−3.242***	−15.480***
	(3.164)	(1.103)	(3.108)	(0.740)	(3.563)	(0.338)	(3.413)
观测值	610	610	610	549	549	610	610
R^2	0.767	0.473	0.780	0.315	0.795	0.022	0.772

注：括号中数字为标准误

***、**、*分别表示在1%、5%、10%水平下显著

9.3.5　研究结论与政策建议

本节利用中介效应模型和门槛模型，实证研究了互联网对中国与"一带一路"沿线国家贸易的影响机制及其区域差异。研究结论如下。

（1）互联网发展水平提高、贸易成本降低、人力资本水平提升都能够有效地扩大中国与"一带一路"沿线国家的贸易规模；此外，贸易伙伴国人口规模越大、国内生产总值越高，则越有利于双边贸易规模的扩大；双方签订自贸区协定、扩大对外开放程度，也对贸易规模扩大有积极影响。

（2）互联网发展水平通过贸易成本和人力资本水平的中介效应对中国与"一带一路"沿线国家的贸易往来产生积极效应。互联网发展水平提高可以通过降低信息不对称程度、催生新贸易模式、优化资源配置来降低贸易成本；通过催生网络教学平台、倒逼员工参与技能培训来提升人力资本水平。

（3）门槛模型表明，当互联网发展水平（inter）作为门槛变量时，其低于或等于门槛值0.182，则互联网发展水平对贸易规模扩大的作用系数为0.183；其高于门槛值0.182，则互联网发展水平对贸易规模扩大的作用系数为0.320。当人力资本水平（hum）作为门槛变量时，其低于或等于门槛值0.491，则互联网发展水平对贸易规模扩大的作用系数为0.065；其高于门槛值0.491，则互联网发展水平

对贸易规模扩大的作用系数为 0.262。可见，互联网对贸易的促进效应是非线性的，对具有较高互联网发展水平、人力资本水平的国家而言，互联网对其与中国贸易规模扩大的促进作用更强。

（4）由于"一带一路"沿线国家之间互联网发展水平和人力资本水平存在较大差异，因而互联网发展水平对我国与"一带一路"沿线国家贸易规模的影响存在显著的区域差异，我国应根据国家之间的差异特征采取有针对性的对策，从而促进互联网对中国与"一带一路"沿线国家的贸易发展发挥更大的作用。

基于以上研究结论，本节提出如下政策建议。

一是充分利用当今数字经济蓬勃发展的战略机遇，深化互联网等数字技术在贸易领域的应用。我国要继续加强互联网基础设施建设，弥合数字鸿沟，提高互联网普及率。尤其要高度关注乡村地区的信息网络技术建设，降低村民使用宽带成本，改变偏远农村地区互联网基础设施落后的局面，引导农村大力发展电子商务和跨境电商，紧跟数字化潮流，不断推进乡村振兴。

二是借助我国互联网优势，提高人力资本水平。截至 2023 年 12 月，我国网民规模达 10.92 亿人[①]，海量用户催生的庞大市场使得中国在互联网产业上具有不可比拟的优势。在提高人力资本水平方面，应加强"互联网+"在教育方面的应用，将网络教学作为基础教育系统的额外补充，鼓励劳动者利用网络教育资源来提高自身技能，丰富知识储备。建议资源和政策向中西部地区以及偏远山区倾斜，提高低收入群体的互联网使用技能，有针对性地向低收入人群开展信息技术技能培训，使其能够利用互联网来提高技能素养，从而实现更高效的生产创收。

三是加强与"一带一路"共建国家的合作，设立离岸数据中心，构建数字贸易自由港，推进信息跨区域传播和流动。我国可以利用多种国际合作援助方式来助力一些互联网发展水平较低的国家完善 ICT 基础设施建设、提升宽带普及率等，真正实现贸易网络及互联网络的相互联通，挖掘贸易潜力，实现合作共赢。

四是加强数据跨境流动安全管理。目前全球尚未建立起统一完善的数字贸易监管框架体系，因此在贸易中要高度重视信息隐私保护、数字交易监管等问题，我国要结合自贸区建设的经验，深入研究制定关于数据共享、数据权和数据交易定价的法规，探讨数字贸易新规则、新标准等，推动我国成为全球数字贸易制度建设的策源地，为提升互联网对中国与"一带一路"共建国家贸易发展的促进作用提供制度与安全支撑。

---

① 我国网民规模达 10.92 亿人，https://www.gov.cn/yaowen/liebiao/202403/content_6940952.htm[2024-04-22]。

9.4 互联网对制造业出口技术复杂度影响研究

9.4.1 引言

随着工业互联网的蓬勃发展，新一代信息技术与制造业深度融合，国际产业分工格局也正在重塑。近年来，欧美等发达国家和地区都把互联网等信息技术产业发展纳入国家战略，鼓励信息技术和制造业融合升级，以谋求抢占制高点、强化新优势。我国也高度重视互联网等数字技术在制造业转型升级中的重要作用。2020 年 5 月，李克强总理在《政府工作报告》中进一步强调，要推动制造业升级和新兴产业发展，全面推进"互联网+"，打造数字经济新优势[①]。但是，由于研发创新不足等原因，中国企业仍处于全球价值链中低端，整体的出口技术复杂度较低。在中国经济步入高质量发展阶段的背景下，研究互联网对一国制造业出口技术复杂度的影响机理对推动制造业向信息化和智能化转型升级具有重要的现实意义。

近年来国内外学者围绕互联网发展对进出口贸易的影响展开了一系列的研究，如 Lin（2015）采用 200 多个国家 16 年的双边贸易数据，分析了互联网对国际贸易的影响，发现互联网可以降低交易者的信息成本，并显著促进出口规模的扩大。温珺等（2015）利用修正引力模型发现，互联网的使用能够促进我国进出口额的整体增长，其中对于我国与发达经济体之间的贸易所起的积极作用更大。潘申彪和王剑斌（2018）研究发现互联网发展差距对中国与"一带一路"沿线主要国家贸易的发展存在一定制约。张奕芳和刘富华（2018）认为互联网是提高我国出口效率的主要因素，且互联网对于不同类型商品出口效率的提升作用存在差异。岳云嵩和李兵（2018）利用 2000~2009 年"阿里巴巴"中国站付费会员数据研究发现，网络电商平台能够显著提高企业进入出口市场的概率，并且促进国家和产品广延边际的提升。

有关互联网发展水平的评价目前尚没有官方的统一标准。一种是利用互联网普及率或者网民数等单一指标反映互联网通信能力，单一指标测算法的弊端在于研究结果可能因指标选取具有主观性和片面性，不能全面反映互联网发展的综合水平。于是许多学者开始采用多个指标来同时评价一国的互联网发展水平。卢福财和金环（2019）采用衡量互联网使用情况的网民人口比例（每百人）作为互联网发展的代理变量，发现互联网发展水平能够通过出口贸易这一中介机制促进制造业升级。刘德学和吴旭梅（2021）基于互联网发展数量和质量两个角度，采用

---

① 政府工作报告，https://www.gov.cn/premier/2020-05/29/content_5516072.htm[2020-05-22]。

固定宽带订阅量和固定宽带速度考察互联网发展对全球价值链参与度的影响。另一种是通过构建指标体系或者模型衡量互联网的发展水平。韩先锋等（2019）从互联网普及、互联网基础设施、互联网信息资源、互联网商务应用和互联网发展环境五个角度构建了互联网发展水平的指标体系。李晓钟和王欢（2020a）从基础设施、产业技术、知识支撑以及应用消费四个方面构建了互联网发展水平评价指标体系，探究互联网发展水平对我国经济发展影响的地区差异。

出口技术复杂度是衡量一国制造业高质量发展水平的重要指标，近年来学者从国家、行业、企业层面均对其进行了较为全面的探讨。其一，关于出口技术复杂度的影响因素，盛斌和毛其淋（2017）从企业和行业两个层面进行经验研究，发现进口贸易自由化显著提高了企业出口技术复杂度，且中间品关税减让对企业出口技术复杂度的促进作用大于最终品。卓乘风和邓峰（2018）将互联网技术的发展纳入异质性企业贸易模型，研究发现互联网发展可以通过对资源配置效率的改善显著提升中国制造业出口技术水平。杨亚平和张侠（2020）认为在"一带一路"倡议提出前后，中国对外直接投资对沿线国家出口技术复杂度的作用由不明显转变为正向促进，且随其经济发展水平呈"U"形。此外，还有学者认为基础设施、金融发展、制度质量、外商投资等会对出口技术复杂度产生影响。其二，关于出口技术复杂度的测算，主要是基于 Hausmann 等（2007）提出的两步法。第一步测算出各贸易子项下每一种出口品的技术复杂度，第二步利用出口品的技术复杂度计算一国出口商品结构的总体复杂度。杜修立和王维国（2007）认为要以产品的生产分布为基础计算出口技术复杂度。王直等（2015）利用出口差异指数衡量出口技术复杂度，发现中国与日本、欧盟的出口比例有明显差异，出口结构却趋于相似。代中强（2014）基于地区层面出口数据和地区层面人均生产总值，将出口技术复杂度的计算扩展到中国省际层面。陈虹和王蓓（2021）将增加值贸易理论扩展到产业领域出口技术复杂度的测度，研究发现制造业生产性服务化可以通过提升企业全要素生产率和降低成本等机制，提升制造业出口技术复杂度。

本节拟从理论机制上分析互联网与制造业出口技术复杂度的内在联系，并进行实证研究。本节的创新和贡献在于以下三个方面：其一，梳理互联网发展水平对制造业出口技术复杂度影响的理论机制，不仅分析互联网发展水平对制造业出口技术复杂度影响的直接传导机制，还从扩大经济规模和激励研发创新两个渠道分析其间接影响机制。其二，与既有文献相比，本节利用门槛模型，进一步探讨互联网发展对制造业出口技术复杂度提升的正向非线性递增效应。其三，基于国家类型和商品类型验证互联网发展水平对制造业出口技术复杂度影响效应的异质性，以期为我国基于互联网更好地促进制造业出口技术复杂度提升提供有益思路。

9.4.2 理论分析与研究假设

1. 互联网影响制造业出口技术复杂度的内在机制

近年来，互联网、大数据、区块链等新一代信息技术在扩大市场需求、淘汰落后产能、加快研发创新等方面发挥了较大作用，从而推动传统制造业向智能制造转型。首先，互联网的发展会激发产品的多样化需求，促进产品市场数量和种类的变化，是推动产业高度化、智能化的关键因素。其次，对于制造业等传统企业来说，互联网凭借其便捷的信息交流平台，为企业决策提供信息来源和信息基础，这在很大程度上可以优化商品交易流程，并降低成本。最后，随着数字化技术的发展，信息通信网络等基础设施不断完善，依托互联网的大数据和云计算等优势，进一步实现生产要素的合理配置，传统制造业可以将更多资源投入在研发创新环节上，从而使出口技术复杂度得到提升。因此，本节提出如下研究假设。

假设 9.4：互联网发展可以有效提升制造业的出口技术复杂度。

2. 互联网影响制造业出口技术复杂度的主要路径

目前国内外学者试图从多个角度探究互联网对制造业的影响。互联网与制造业的融合不仅为国际贸易增添了创新活力，同时通过互联网可以快速、高效地传递信息，能够最大限度地降低各环节的成本。制造业产业链的顺畅运行依赖于各个环节之间的信息流通和协调。但是，制造业产业链的上、中、下游各个环节可能会存在信息不对称、信息传递不及时的问题，这会导致供应链中的需求预测不准确、市场响应速度下降，甚至可能导致产品滞销或供应短缺。随着互联网与实体经济的融合，一方面互联网可以提高信息的透明度，为商品和服务贸易提供交换空间，促进贸易额的增加；另一方面，互联网的应用打破了时空的限制，增加了出口商进入国际市场的机会，提高了信息跨国界的传递效率。李金城和周咪咪（2017）认为互联网的发展加强了市场主体获取、处理和传递信息的能力，能够进一步降低信息成本，使企业的单位产出成本实现节约，进而对贸易模式和出口技术复杂度产生影响。谭用等（2019）提出互联网深化会影响信息交流成本，进而影响贸易成本。也有文献将贸易成本划分为固定成本和可变成本，如 Melitz（2003）基于异质性贸易理论模型研究发现，互联网可以降低企业的固定成本和可变成本，进而提升国际贸易的扩展边际和集约边际。鞠雪楠等（2020）基于中小企业跨境电商平台"敦煌网"的跨境出口数据研究发现，跨境电商模式能够有效降低国际贸易中的固定成本，但对可变成本（如关税）更加敏感。

互联网作为一种资源投入要素,还可以通过促进产品和流程创新提升一国制造业的全要素生产率,进而提高出口技术复杂度。一方面,互联网的发展降低了企业获取新技术、新知识的难度,为企业间的沟通和协作提供了机会,促进了企业生产率和创新绩效的提升。黄群慧等(2019)提出互联网的发展有利于全球资源的充分利用以及制造业的分工协作,进而推动制造业技术创新及转型升级。郭然等(2021)认为互联网可以加速企业技术创新和知识的内在扩散,从而有效降低创新成本和提高创新效率。另一方面,互联网的发展极大地促进了劳动分工和人才流动,提升了制造业生产的专业化水平。因此,本节提出如下研究假设。

假设9.5:互联网可以通过扩大经济规模、激励研发创新两种路径推动制造业出口技术复杂度的提升。

3. 互联网对制造业出口技术复杂度影响的非线性效应

新经济的驱动力量是网络经济,计算机网络先驱梅特卡夫曾提出,一个网络的价值同其用户数量的平方成正比,因而网络上的用户越多,网络的整体价值就越大。随着新节点的接入,网络价值呈非线性增长,对原来的节点而言,其从网络获得的价值也会增大。网络效应的存在意味着若企业在市场竞争中能够快速占领市场并获得足够多的客户,则会吸引更多的客户或供应商创造出更大的价值。反之,负反馈机制就会发生作用(李晓华,2019)。随着大数据、云计算等技术的发展,多方参与者的加入使得各部门之间联动的边际成本持续下降,参与者从中获取的收益呈几何式增长,且这种趋势随着数字经济的发展而愈发明显(赵涛等,2020)。惠宁和刘鑫鑫(2020)通过实证研究发现互联网发展对区域创新能力存在边际报酬递增的正向非线性影响。

经济发展较好、市场较发达的国家,拥有比较完整的产业链和基础设施,低成本竞争优势更明显。党琳等(2021)提出ICT基础设施是触发工业互联网网络效应的必要条件,企业间广泛深入的网络连接为多元创新主体的汇聚提供了可能。与此同时,互联网的发展对技术创新能力提出了更高要求。一国的研发投入水平直接影响互联网对其制造业出口技术复杂度的提升作用。具体而言,研发投入的增加能够加速知识和技术在不同国家间的扩散,创新示范效应和竞争效应得以强化,从而推动互联网与制造业生产经营各环节、各领域深度融合。因此,当一个地区在市场规模和研发投入方面处于领先地位时,互联网对制造业出口技术复杂度产生的积极作用更强。为此,本节提出如下研究假设。

假设9.6:互联网对制造业出口技术复杂度的提升作用具有边际递增的非线性特征,且经济规模和研发投入在互联网对制造业出口技术复杂度的影响中存在门槛效应。

9.4.3 研究设计与数据说明

1. 模型构建

1)基准模型

为检验上述假设,首先进行 Hausman 检验,结果显示模型 p 值近乎于 0,故选择构建固定效应模型,如式(9-12)所示:

$$\text{lnexpy}_{it} = \alpha_0 + \alpha_1 \text{lnnet}_{it} + \alpha_c Z_{it} + \mu_i + \delta_t + \varepsilon_{it} \quad (9\text{-}12)$$

式中,expy_{it} 表示制造业的出口技术复杂度;net_{it} 表示各个国家的互联网发展水平;Z_{it} 表示控制变量;模型中还加入了个体效应 μ_i 和时间效应 δ_t;ε_{it} 表示残差项;下标 i 和 t 分别表示国家和时间。

2)中介效应模型

基于前述分析,除了式(9-12)所体现的直接效应,还应考虑互联网发展水平对制造业出口技术复杂度的间接效应,对此本节采用逐步回归的中介效应模型检验其传导机制,构建模型如下:

$$\text{Meditor}_{it} = \beta_0 + \beta_1 \text{lnnet}_{it} + \beta_c Z_{it} + \mu_i + \delta_t + \varepsilon_{it} \quad (9\text{-}13)$$

$$\text{lnexpy}_{it} = \gamma_0 + \gamma_1 \text{lnnet}_{it} + \gamma_2 \text{Meditor}_{it} + \gamma_c Z_{it} + \mu_i + \delta_t + \varepsilon_{it} \quad (9\text{-}14)$$

式中,Meditor_{it} 表示中介变量,包括经济规模(pgdp)和研发投入(rd),具体的检验思路如下:首先对式(9-12)进行估计,在互联网发展水平的系数 α_1 显著性通过检验的基础上,分别构建式(9-13)和式(9-14),通过系数 β_1、γ_1 和 γ_2 等回归系数的显著性判断中介效应是否存在。

3)门槛模型

对于间接传导机制的实证检验除了中介效应模型以外,还可以考虑互联网发展水平对制造业出口技术复杂度的非线性动态溢出效应。因此本节基于 Hansen(1999)提出的非动态面板门槛模型,构建模型如下:

$$\text{lnexpy}_{it} = \varphi_0 + \varphi_1 \text{lnnet}_{it} \times I(\text{Adj}_{it} \leqslant \gamma) + \varphi_2 \text{lnnet}_{it} \times I(\text{Adj}_{it} > \gamma) \\ + \varphi_c Z_{it} + \mu_i + \varepsilon_{it} \quad (9\text{-}15)$$

式中,Adj_{it} 表示经济规模(pgdp)和研发投入(rd)等门槛变量;γ 表示门槛值;$I(\cdot)$ 表示指示函数,括号内条件满足时取 1,否则取 0。式(9-15)考虑的是单门槛情形,可以根据实际情况扩展为多门槛情形。

2. 变量测度与数据说明

1)被解释变量:制造业出口技术复杂度

出口技术复杂度最早是由 Hausmann 等(2007)提出的。本节采用王直等

(2015)提出的通过产业部门的前向联系构建的 NRCA（new revealed comparative advantage，新的显示比较优势）指数，该指数的计算公式如式（9-16）所示：

$$\text{NRCA}_i^k = \frac{\left(\text{vax}\_f_i^k + \text{rdv}_i^k\right) \bigg/ \sum_{i=1}^{n}\left(\text{vax}\_f_i^k + \text{rdv}_i^k\right)}{\sum_{k=1}^{g}\left(\text{vax}\_f_i^k + \text{rdv}_i^k\right) \bigg/ \sum_{k=1}^{g}\sum_{i=1}^{n}\left(\text{vax}\_f_i^k + \text{rdv}_i^k\right)} \quad (9\text{-}16)$$

式中，k 表示国家；g 表示国家数；i 表示行业；n 表示行业数；$\text{vax}\_f_i^k$ 表示 k 国 i 行业生产增加值以最终产品和中间品形式出口且被国外吸收的部分；rdv_i^k 表示生产增加值以中间品形式出口，但最终返回国内的部分。分子整体表示某国该行业出口增加值占该国总出口增加值的比重；分母整体表示所有国家该行业出口增加值占全球总出口增加值的比重。

对该指标的权重进行修正，以消除引进国外技术的影响。修订后的出口技术复杂度为

$$\text{PRODK}_i = \sum_k \frac{\left(\text{vax}\_f_i^k + \text{rdv}_i^k\right) \bigg/ \sum_{i=1}^{n}\left(\text{vax}\_f_i^k + \text{rdv}_i^k\right)}{\sum_{k=1}^{g}\left(\text{vax}\_f_i^k + \text{rdv}_i^k\right) \bigg/ \sum_{k=1}^{g}\sum_{i=1}^{n}\left(\text{vax}\_f_i^k + \text{rdv}_i^k\right)} Y^k \quad (9\text{-}17)$$

式中，PRODK_i 表示 i 行业的出口技术复杂度；Y^k 表示 k 国的人均国内生产总值。通过计算 PRODK_i，可以得到 k 国的出口技术复杂度（expy_k），如式（9-18）所示：

$$\text{expy}_k = \sum_i \frac{\left(\text{vax}\_f_i^k + \text{rdv}_i^k\right)}{\sum_{i=1}^{n}\left(\text{vax}\_f_i^k + \text{rdv}_i^k\right)} \text{PRODK}_i \quad (9\text{-}18)$$

在出口技术复杂度相关的研究中，大多数学者都使用 WIOD（World Input-Output Database，世界投入-产出数据库）所发布的世界投入产出表。但由于 WIOD 数据并不是很全面，不适合本节的分析需求，故本节选用对外经济贸易大学全球价值链研究院构建的全球价值链数据库中的出口增加值数据，并借鉴樊茂清和黄薇（2014）的行业分类，按不同要素密集度把制造业划分为劳动密集型产业、资本密集型产业和技术密集型产业。

2）核心解释变量：互联网发展水平

现有文献中关于互联网的度量标准尚未统一，且涉及测度互联网的研究大多停留在省级层面。世界银行近年来采用互联网用户数、固定电话用户数、移动电话用户数三个指标来衡量全球各国互联网发展水平，这类指标更好地反映了近年来互联网使用从一般互联网到固定宽带和手机移动互联网三种不同阶段的技术变迁。本节根据世界银行全球宏观数据库提供的数据，借鉴韩剑等（2018）构造的

互联网发展综合指数，选取每百人固定宽带用户数（$net_{it,1}$）、每百人移动电话用户数（$net_{it,2}$）以及每百人互联网用户数（$net_{it,3}$）三个指标的几何加权平均数来衡量一国或地区互联网的发展水平。互联网发展综合指数测算方法如式（9-19）所示：

$$\text{lnnet}_{it} = (net_{it,1} \times net_{it,2} \times net_{it,3})^{1/3} \quad (9\text{-}19)$$

3）其他控制变量

考虑到数据的可得性，本节选取的样本为 40 个主要贸易国家①，这些国家 2008～2017 年的年均制造业出口增加值占全球制造业出口增加值总额的比重超过了 80%，其中，2017 年这些国家制造业出口增加值占比高达 91.92%。

借鉴现有文献，本节选取的控制变量如下：贸易开放度（open），用一国进出口贸易总量占国内生产总值的比例来衡量；基础设施总体质量（fra），用世界经济论坛《全球竞争力报告》中各国基础设施总体质量指数来衡量；进口贸易（import）和外商直接投资（fdi），两者带来的技术溢出效应能够促进一国企业的自主研发和创新，其中进口贸易用制造业进口占商品进口比例来衡量，外商直接投资用外商投资净流入来衡量；制度环境（free），借鉴唐海燕和张会清（2009），用 Fraster Institute（弗雷泽研究所）发布的经济自由度指数作为样本国制度环境的代理变量；经济规模（pgdp），用一国人均国内生产总值来衡量；研发投入（rd），用一国专利申请数来衡量。除基础设施总体质量和制度环境变量外，其他数据均来自世界银行。考虑到平稳性问题和变量量纲的影响，本节对各变量均取对数，主要变量的描述性统计结果如表 9-12 所示。

表 9-12 主要变量的描述性统计

变量类型	变量名称	观察值	中位数	标准差	最小值	最大值
被解释变量	lnexpy	400	10.5484	1.7416	6.0886	13.8157
解释变量	lnnet	400	3.9023	0.5670	1.1865	4.4027
控制变量	lnopen	400	4.3531	1.1242	2.4862	8.2911
	lnfra	400	1.5794	0.2119	0.9073	1.9128
	lnfdi	400	1.6660	1.2655	-4.8423	4.6052
	lnfree	400	4.2052	0.1212	3.9080	4.4200
	lnimport	400	4.1838	0.1535	3.6513	4.4373
中介变量	lnpgdp	400	9.9076	1.0093	6.8648	11.6854
	lnrd	400	7.4931	2.5798	0.6931	14.0352

① 40 个国家为澳大利亚、奥地利、比利时、保加利亚、巴西、加拿大、瑞士、中国、塞浦路斯、捷克、德国、丹麦、西班牙、爱沙尼亚、法国、英国、希腊、匈牙利、印度尼西亚、印度、意大利、日本、韩国、立陶宛、卢森堡、拉脱维亚、墨西哥、马耳他、荷兰、波兰、葡萄牙、俄罗斯、斯洛伐克、斯洛文尼亚、瑞典、土耳其、美国、泰国、哈萨克斯坦、巴基斯坦。

9.4.4 互联网对制造业出口技术复杂度影响的实证检验

1. 基准回归分析

表 9-13 显示了互联网发展水平对制造业出口技术复杂度影响的基准回归结果，模型 1 为随机效应模型，结果显示，一国制造业出口技术复杂度与互联网发展水平呈显著正相关关系，互联网发展水平对制造业出口技术复杂度的提高起到了促进作用。模型 2 加入控制变量后互联网发展水平的系数仍为正，且显著。模型 3 和模型 4 控制了个体和时间效应，结果显示互联网发展水平对制造业出口技术复杂度的影响同样显著为正。加入控制变量后在其他条件不变的情况下，互联网发展水平每提高 1%，平均意义上将使国家的制造业出口技术复杂度提高约 0.3079%。上述分析验证了假设 9.4。

表 9-13 互联网发展水平对制造业出口技术复杂度影响的基准回归结果

变量	模型 1 lnexpy	模型 2 lnexpy	模型 3 lnexpy	模型 4 lnexpy
lnnet	0.3003*** (0.0375)	0.3143*** (0.0414)	0.3639*** (0.0443)	0.3079*** (0.0468)
lnopen		0.0417 (0.0677)		−0.1196* (0.0628)
lnfra		0.0270 (0.1009)		−0.1107 (0.0786)
lnfdi		−0.0048 (0.0071)		0.0201*** (0.0076)
lnfree		0.4754* (0.2830)		0.3709* (0.2089)
lnimport		−0.2608** (0.1161)		0.3055*** (0.1035)
个体效应			控制	控制
时间效应			控制	控制
观测值	400	400	400	400
R^2	0.1513	0.1891	0.5040	0.5481
F 值			35.56	27.90

注：括号内数值为标准误

*、**和***分别表示在 10%、5%和 1%的水平下显著

2. 稳健性检验

1）工具变量法

为有效规避可能存在的内生性问题，本节借鉴黄群慧等（2019）的研究方法，

选取各国 1998 年每百万人固定电话数量与每个样本时期的上一年（与时间相关）互联网普及率的交叉项，作为本年互联网水平的工具变量，基于面板工具变量模型对互联网发展水平与出口技术复杂度之间的关系进行检验。表 9-14 中的模型 1 显示了 2SLS（two stage least squares，两阶段最小二乘法）回归结果，Wald（沃尔德）F 检验拒绝原假设，LM（Lagrange multiplier，拉格朗日乘子）统计量对应 p 值在 1%水平下显著，表明在一定程度上控制内生性问题后，互联网发展水平对制造业出口技术复杂度仍有正向影响。同时，本节还选取互联网发展水平滞后一期作为另一个工具变量，结果见表 9-14 中的模型 2，回归结果依然稳健。

表 9-14 稳健性检验回归结果

变量	模型 1 lnexpy	模型 2 lnexpy	模型 3 lnexpy	模型 4 lnexpy	模型 5 lnexpy
lnnet	0.2015*** (0.0557)	0.2509*** (0.0606)	0.1590*** (0.0346)	0.0344*** (0.0104)	0.2433*** (0.0528)
lnopen	−0.1701*** (0.0637)	−0.1470** (0.0624)	−0.1961*** (0.0624)	−0.1895*** (0.0656)	−0.1373** (0.0653)
lnfra	−0.1364* (0.0779)	−0.0475 (0.0782)	−0.1273 (0.0811)	−0.1472* (0.0821)	−0.1000 (0.0884)
lnfdi	0.0204*** (0.0075)	0.0135* (0.0077)	0.0218*** (0.0078)	0.0219*** (0.0079)	0.0200*** (0.0076)
lnfree	0.4363** (0.2069)	0.3053 (0.2085)	0.4415** (0.2147)	0.4673** (0.2180)	0.3528 (0.2167)
lnimport	0.2728*** (0.1026)	0.3190*** (0.1039)	0.2586** (0.1061)	0.2380** (0.1074)	0.2848*** (0.1048)
Kleibergen-Paap rk LM	247.180 [0.0000]	—	—	—	—
Kleibergen-Paap rk Wald F	755.869 {16.38}	—	—	—	—
个体效应	控制	控制	控制	控制	控制
时间效应	控制	控制	控制	控制	控制
观测值	400	360	400	400	380
R^2	0.5414	0.5805	0.5208	0.5070	0.5254
F 值	25.48	29.32	25.00	23.65	24.14

注：（）内为标准误，[ ]为 p 值，{ }内为 Stock-Yogo 弱识别检验 10%水平下的临界值

*、**和***分别表示在 10%、5%和 1%的水平下显著

2）替换变量法

为检验上述结果的稳健性，本节参照刘德学和吴旭梅（2021），将互联网发展水平指标分别替换为固定宽带订阅量（每百人）和固定宽带速度，这两个指标较为全面真实地反映了一国 ICT 发展水平。回归结果见表 9-14 中的模型 3、模型 4，

lnnet 的系数均在 1% 的水平下显著为正，与基准回归结果相同。

3）剔除特殊样本

考虑到部分样本国家的经济发展水平较低，其互联网发展水平落后于其他国家，为保证检验结果的稳健性，此处剔除互联网发展水平后 5% 的国家来研究互联网发展水平对制造业出口技术复杂度的影响，见表 9-14 中的模型 5。可以看出，lnnet 系数的显著性仍与基准回归结果保持一致。

3. 中介效应分析

基准回归结果验证了互联网发展水平对制造业出口技术复杂度存在正向影响，基于此，为检验假设 9.5 的影响机制，本节构建中介效应模型进行回归，结果如表 9-15 所示，其中模型 1、模型 2 是以经济规模为中介变量得出的估计结果，模型 3、模型 4 是以研发投入作为中介变量得出的估计结果，由于基准回归结果已经得到验证，可以看到模型 1、模型 3 中的互联网发展水平（lnnet）的系数均在 1% 的水平下显著为正，说明互联网发展水平能够促进一国经济发展、提升研发创新水平。接下来将互联网发展水平和中介变量同时加入回归模型，结果见模型 2、模型 4，可以看出经济规模（lnpgdp）和研发投入（lnrd）的系数都是正向且显著的，表明经济发展水平和研发水平的提高均能促进制造业出口技术复杂度的提升，互联网发展水平的系数均通过了显著性检验，中介效应占总效应的比例分别为 42.54% 和 11.38%。以上结果说明中介效应显著，假设 9.5 得以验证。

表 9-15 中介效应检验回归结果

变量	模型 1	模型 2	模型 3	模型 4
	lnpgdp	lnexpy	lnrd	lnexpy
lnnet	0.2365***	0.1769***	0.4333***	0.2729***
	（0.0354）	（0.0452）	（0.1117）	（0.0470）
lnpgdp		0.5538***		
		（0.0646）		
lnrd				0.0809***
				（0.0222）
lnopen	−0.6424***	0.2362***	−0.4641***	−0.0821
	（0.0476）	（0.0706）	（0.1500）	（0.0626）
lnfra	−0.0293	−0.0944	0.0005	−0.1107
	（0.0595）	（0.0715）	（0.1876）	（0.0772）
lnfdi	−0.0006	0.0204***	0.0165	0.0188**
	（0.0058）	（0.0069）	（0.0181）	（0.0075）
lnfree	0.8758***	−0.1141	0.4818	0.3320
	（0.1583）	（0.1982）	（0.4986）	（0.2056）
lnimport	0.1167	0.2409**	−0.1066	0.3141***
	（0.0784）	（0.0944）	（0.2471）	（0.1018）
个体效应	控制	控制	控制	控制

续表

变量	模型 1	模型 2	模型 3	模型 4
	lnpgdp	lnexpy	lnrd	lnexpy
时间效应	控制	控制	控制	控制
观测值	400	400	400	400
R^2	0.6670	0.6277	0.1447	0.5650
F 值	46.07	36.24	3.89	27.92

注：括号内数值为标准误

和*分别表示在 5%和 1%的水平下显著

为检验上述结果的稳健性，将互联网发展水平指标替换为固定宽带订阅量（每百人）进行实证检验，结果如表 9-16 所示，互联网发展水平的系数和显著性与原检验结果基本一致，再一次验证了假设 9.5 成立。

表 9-16 中介效应稳健性检验结果

变量	模型 1	模型 2	模型 3	模型 4
	lnpgdp	lnexpy	lnrd	lnexpy
lnnet	0.1234***	0.0853***	0.2112**	0.1391***
	(0.0262)	(0.0318)	(0.0810)	(0.0341)
lnpgdp		0.5976***		
		(0.0635)		
lnrd				0.0945***
				(0.0224)
lnopen	−0.7007***	0.2226***	−0.5773***	−0.1416**
	(0.0473)	(0.0713)	(0.1463)	(0.0623)
lnfra	−0.0416	−0.1024	−0.0274	−0.1247
	(0.0614)	(0.0724)	(0.1901)	(0.0792)
lnfdi	0.0007	0.0214***	0.0188	0.0200***
	(0.0059)	(0.0070)	(0.0183)	(0.0076)
lnfree	0.9292***	−0.1137	0.5905	0.3857*
	(0.1626)	(0.2005)	(0.5033)	(0.2100)
lnimport	0.0810	0.2102**	−0.1765	0.2752***
	(0.0804)	(0.0949)	(0.2488)	(0.1037)
个体效应	控制	控制	控制	控制
时间效应	控制	控制	控制	控制
观测值	400	400	400	400
R^2	0.6467	0.6190	0.1246	0.5443
F 值	42.11	34.93	3.27	25.68

注：括号内数值为标准误

*、**和***分别表示在 10%、5%和 1%的水平下显著

4. 门槛效应分析

为验证假设 9.6,本节以经济规模和研发投入为门槛变量、以互联网发展水平为解释变量,对相关数据进行实证检验。首先进行面板门槛存在性检验,采用自助法反复抽样 300 次,进行单一门槛和双重门槛检验,结果如表 9-17 所示。

表 9-17 互联网发展水平对制造业出口技术复杂度的门槛效应检验结果

门槛变量	模型	F 值	p 值	10%临界值	5%临界值	1%临界值	抽样次数
lnpgdp	单一门槛	58.92	0.0000	29.4886	32.9994	39.6440	300
	双重门槛	27.05	0.2367	35.3364	40.1949	48.5375	300
lnrd	单一门槛	34.99	0.0500	29.5998	34.6652	47.0086	300
	双重门槛	17.55	0.3933	30.3864	42.6750	64.9054	300

由表 9-17 可知,当门槛变量为经济规模(lnpgdp)和研发投入(lnrd)时,双重门槛 p 值不显著,单一门槛通过显著性检验。由表 9-18 可知,经济规模的单一门槛值为 9.2820,研发投入的单一门槛值为 7.1959。

表 9-18 经济规模和研发投入的门槛估计值结果

门槛变量	门槛值	估计值	95%置信区间下界	95%置信区间上界
lnpgdp	γ_1	9.2820	9.2780	9.2960
lnrd	γ_2	7.1959	7.1716	7.1982

进一步回归结果如表 9-19 所示。①当门槛变量为经济规模(lnpgdp)时,门槛面板模型中两个区间的互联网发展水平的系数存在差异,表明互联网发展水平与制造业出口技术复杂度之间并不是简单的线性关系。当 lnpgdp≤9.2820(即 pgdp≤10 742.896 2)时,互联网发展水平对制造业出口技术复杂度的作用系数为 0.2735,在 1%的水平下显著。当 lnpgdp>9.2820(即 pgdp>10 742.896 2)时,互联网发展水平对制造业出口技术复杂度的作用系数为 0.3503,通过了 1%的显著性检验。②当门槛变量为研发投入(lnrd)时,当 lnrd≤7.1959(即 rd≤1333.9503)时,互联网发展水平对制造业出口技术复杂度的作用系数为 0.2820;当 lnrd>7.1959(即 rd>1333.9503)时,互联网发展水平对制造业出口技术复杂度的作用系数为 0.3748,在 1%的水平下显著。可以看出研发投入水平会影响互联网发展水平对制造业出口技术复杂度的作用,在不同的研发水平下,互联网发展水平对制造业出口技术复杂度的影响效应有所差异。因此,互联网发展水平对制造业出口技术复杂度的提升不仅存在直接效应,还受经济规模和研发投入调节影响,假设 9.6 得以验证。

表 9-19　门槛面板模型回归结果

变量	门槛变量为 lnpgdp	门槛变量为 lnrd
lnnet (lnpgdp ≤ γ_1)	0.2735*** (0.0374)	
lnnet (lnpgdp > γ_1)	0.3503*** (0.0370)	
lnnet (lnrd ≤ γ_2)		0.2820*** (0.0385)
lnnet (lnrd > γ_2)		0.3748*** (0.0389)
lnopen	0.2230*** (0.0644)	0.2270*** (0.0664)
lnfra	−0.0607 (0.0902)	−0.0280 (0.0924)
lnfdi	−0.0013 (0.0063)	−0.0069 (0.0065)
lnfree	0.6815*** (0.2536)	0.6000** (0.2603)
lnimport	−0.1919* (0.1036)	−0.1687 (0.1066)
常数项	6.2983*** (1.2546)	6.4957*** (1.2886)
R^2	0.3038	0.2646
F 值	22.01	18.14

注：括号内数值为标准误

*、**和***分别表示在 10%、5%和 1%的水平下显著

为检验上述结果的稳健性，本节通过增加控制变量 [一国总人口数（lnpop）]，以及将控制变量制造业进口占比（lnimport）替换成一国总人口数（lnpop）进行实证检验，结果如表 9-20 所示，可以看到门槛值没有发生变化。门槛模型中不同区间主要解释变量——互联网发展水平的系数存在差异，且符号和显著性水平与原模型一致，进一步验证了假设 9.6 成立。

表 9-20　通过增加、替换控制变量的门槛回归稳健性检验结果

门槛变量	原门槛模型 门槛区间	原门槛模型 解释变量系数	增加控制变量 门槛区间	增加控制变量 解释变量系数	替换控制变量 门槛区间	替换控制变量 解释变量系数
lnpgdp	(0, 9.2820]	0.2735***	(0, 9.2820]	0.3880***	(0, 9.2820]	0.3880***
	(9.2820, +∞)	0.3503***	(9.2820, +∞)	0.4624***	(9.2820, +∞)	0.4624***
lnrd	(0, 7.1959]	0.2820***	(0, 7.1959]	0.3979***	(0, 7.1959]	0.3973***
	(7.1959, +∞)	0.3748***	(7.1959, +∞)	0.4864***	(7.1959, +∞)	0.4871***

***表示在 1%的水平下显著

5. 异质性分析

1）基于国家类型的异质性检验

本节根据世界银行对国家收入水平的界定标准（同 9.2.3 节划分标准），将 40 个总样本国家划分为 30 个高收入国家和 10 个中收入国家，分组检验互联网发展水平对一国制造业出口技术复杂度的效应，结果如表 9-21 所示，其中，中收入国家包括中等偏上收入国家和中等偏下收入国家。由表 9-21 可知，互联网发展水平显著提升了高收入国家的制造业出口技术复杂度，而对于中收入国家的影响并不明显。这可能是因为高收入国家拥有更先进的研发技术和更完善的治理体系，为互联网的发展和制造业的出口提供了优良的环境。

表 9-21 基于国家类型的异质性检验

变量	高收入国家 lnexpy	中收入国家 lnexpy
lnnet	0.4677***	0.0311
	（0.1340）	（0.1374）
lnopen	0.0679	−0.5770***
	（0.0661）	（0.1621）
lnfra	−0.1025	−0.1452
	（0.0929）	（0.1716）
lnfdi	0.0192***	0.0468
	（0.0065）	（0.0480）
lnfree	0.8825***	−0.2492
	（0.2117）	（0.5207）
lnimport	0.3068***	−0.0825
	（0.0941）	（0.3974）
个体效应	控制	控制
时间效应	控制	控制
观测值	300	100
R^2	0.5634	0.6498
F 值	21.94	9.28

注：括号内数值为标准误

***表示在 1%的水平下显著

2）基于制造业要素密集度的异质性检验

基于行业异质性特征，本节将制造业划分为劳动密集型、资本密集型和技术密集型三个类别，分别检验互联网发展水平对制造业出口技术复杂度的影响，结果如表 9-22 所示。由表 9-22 可知，互联网发展水平对技术密集型和资本密集型制造业出口技术复杂度的提升作用更大，对劳动密集型制造业出口技术复杂度的影响系数最小。究其原因，相对于劳动密集型产品，资本密集型和技术密集型产品需要更高的研发创新水平，同时对资本和技术的要求也较高，存在大量可被 ICT

资本替代的设备和人力。

表 9-22　基于制造业要素密集度的分组回归

变量	劳动密集型 lnexpy	资本密集型 lnexpy	技术密集型 lnexpy
lnnet	0.2263*** (0.0732)	0.2714*** (0.0544)	0.3345*** (0.0505)
lnopen	−0.1130 (0.0983)	−0.0697 (0.0731)	−0.1486** (0.0679)
lnfra	−0.0552 (0.1230)	−0.1318 (0.0915)	−0.1399 (0.0849)
lnfdi	0.0178 (0.0119)	0.0156* (0.0088)	0.0221*** (0.0082)
lnfree	0.8537*** (0.3270)	0.2862 (0.2431)	0.5176** (0.2257)
lnimport	0.5904*** (0.1621)	0.3500*** (0.1205)	0.2161* (0.1118)
个体效应	控制	控制	控制
时间效应	控制	控制	控制
观测值	400	400	400
R^2	0.3434	0.3782	0.4320
F 值	12.03	13.99	17.49

注：括号内数值为标准误

*、**和***分别表示在 10%、5%和 1%的水平下显著

9.4.5　本节结论与政策建议

基于"互联网+制造业"融合发展的背景,本节利用 2008~2017 年 40 个国家的数据,利用固定效应模型、中介效应模型和门槛模型探讨了互联网对制造业出口技术复杂度的影响。研究发现：①互联网发展水平显著促进了制造业出口技术复杂度的提升,该结论在分样本回归及采用工具变量进行内生性检验后依然稳健。②互联网发展水平对制造业出口技术复杂度提升的影响存在着非线性递增的特点,在经济规模和研发投入跨越门槛值的国家,互联网发展水平对制造业出口技术复杂度的提升作用更大。③互联网发展水平不仅会对制造业出口技术复杂度提升产生直接影响,还可以通过扩大经济规模和激励研发创新两种路径推动制造业出口结构优化与协调发展。

基于上述研究结论,我国要进一步加快互联网、大数据、云计算、区块链等新一代信息网络技术的发展,并把其作为提高出口技术复杂度、优化出口商品结构的重要抓手。一是要发扬"两弹一星"精神,聚力突破关键核心技术。健全新型举国体制,加强有组织科研,持续优化创新体系,不断攻克难关,持续提升自

主创新能力。二是要优化营商环境,引导企业创新创业。深化资源配置市场化改革,完善知识产权保护,优化创新环境,通过协助融资、税收减免或财政补贴等方式,引导企业不断加大研发投入力度,鼓励支持企业开展技术创新、平台建设等各类研发创新活动,促进创新要素向企业集聚,提升企业技术创新能力,加快推动数字产业化、产业数字化,进一步做大企业规模、提高市场竞争力。三是要全面推动互联网与制造业的融合发展。支持并鼓励互联网相关产业与制造业行业间的分工协作,激发制造业创新活力,通过互联网技术赋能制造业的产品设计、生产、销售等环节,提高智能化和大规模定制化生产能力,促进生产型制造向服务型制造转变,实现制造业"高效、安全、节能、环保"的"管、控、营"一体化,加快推进传统制造业转型升级,从而推动制造业高质量发展。

9.5 本章小结

本章以"一带一路"沿线国家为研究样本,利用扩展的引力模型、中介效应模型和门槛模型,实证研究互联网发展水平对中国对外贸易的影响效应、影响机制及区域差异;以世界上的主要贸易国家为研究对象,利用固定效应模型、中介效应模型和门槛模型实证研究互联网对制造业出口技术复杂度的影响效应。

研究发现:①从总体上看,互联网发展水平对我国与"一带一路"沿线国家的进出口贸易存在正向的促进作用;从收入水平不同的国家层面上看,我国的互联网普及率对我国与"一带一路"沿线国家的进出口贸易有显著的促进作用,中等偏下及低收入国家的互联网普及率对我国与其的进出口贸易有显著的正向效应,而中等偏上及高收入国家的互联网普及率对我国与其的进出口贸易影响不显著;从时间维度上看,互联网普及率对我国与"一带一路"沿线国家进出口贸易的影响具有动态性,2007~2011年影响不显著甚至有抑制效应,而2012~2016年则呈现出促进效应。②互联网发展水平提高、贸易成本降低、人力资本水平提升都能够有效地扩大中国与"一带一路"沿线国家的贸易规模;互联网通过降低贸易成本和提升人力资本水平对中国与"一带一路"沿线国家的贸易往来产生积极效应;互联网发展水平对贸易的促进效应是非线性的,对具有较高互联网发展水平和人力资本水平的国家而言,互联网对其贸易的促进作用更强。③互联网发展水平显著促进了制造业出口技术复杂度的提升,且互联网发展水平对制造业出口技术复杂度提升的影响存在着非线性递增的特点,在经济规模和研发投入跨越门槛值的国家,互联网发展水平对制造业出口技术复杂度的提升作用更大;互联网发展水平不仅会对制造业出口技术复杂度提升产生直接影响,还可以通过扩大经济规模和激励研发创新两种路径推动制造业出口结构优化与协调发展。

根据研究结论,本章提出了有针对性的对策建议,以期为互联网对中国对外贸易发展产生更大的促进作用提供有益的思路。

第10章 互联网对中国经济发展影响的区域差异比较研究

10.1 本章问题的提出

近年来，随着信息技术的快速发展，互联网已经成为驱动我国经济发展的新动能。我国互联网基础设施建设逐步完善，域名数从2006年的410.90万个增加到2022年的3440.05万个，年均增长率为14.20%；互联网宽带接入端口从2006年的6486.40万个增加到2022年的107 104.18万个，年均增长率为19.16%；互联网国际出口带宽从2006年的256 696兆比特/秒增加到2022年的18 469 972兆比特/秒，年均增长率为30.64%；互联网上网人数从2006年的1.37亿人增加到2022年的10.6744亿人，年均增长率为13.69%；网页数从2006年的447 257.9万个增加到2022年的35 878 144.3万个，年均增长率为31.53%；信息传输、软件和信息技术服务业法人单位数从2006年的100 614个增加到2022年的1 747 117个，年均增长率为19.53%；2023年全国信息技术服务收入为812 262 300万元，互联网和相关服务业已成为国民经济发展中增长速度最快的行业之一。[①]可见，互联网的快速发展为我国经济增长提供了新动力、增添了新活力。

目前，互联网对区域经济发展的影响已成为国内外学者研究的主题，研究成果可以分为三个方面。其一，互联网能否促进经济发展。张旭亮等（2017）、谭松涛等（2016）、罗珉和李亮宇（2015）、Bygstad（2010）、Lensing和Friedhoff（2018）认为互联网这一颠覆性技术，给生产系统带来了新的变革，同时能够加快业务创新，使得企业在日益激烈的市场竞争中保持优势。张娜娜等（2014）、赵振（2015）、杨德明和刘泳文（2018）、王金杰等（2018）、张伯旭和李辉（2017）认为互联网带来了技术创新，推动了互联网与实体经济的深度融合，从而具有更强的报酬递增效应。Colombo等（2013）实证分析了互联网技术对中小型企业的生产率提升的积极影响。Shao和Lin（2016）利用随机前沿分析（stochastic frontier analysis, SFA）的方法，测算了经济合作与发展组织中的12个国家的信息技术产出绩效，发现在2000年到2011年信息技术服务行业生产率增长了7.4%。Alfaro C E和Alfaro N J L（2011）采用居民互联网技术、企业互联网技术和电子交易三个变量来衡量信息技术发展水平，发现互联网技术极大地促进了经济的增长。Jiménez

---

① 数据来源：国家统计局（https://data.stats.gov.cn/easyquery.htm?cn=C01&zb=A0G0Z&sj=2022）。

等（2014）将人口、人力资本、互联网技术纳入柯布-道格拉斯生产函数进行分析，结果表明互联网接入对经济增长有显著影响。Salahuddin 和 Gow（2016）研究了互联网使用率对经济增长的影响，结果表明，长期来看，互联网使用率对于经济增长有显著的正向影响。侯汉坡等（2010）、李立威和景峰（2013）、谢印成和高杰（2015）、戴德宝等（2016）从不同的角度分析了互联网对经济增长的作用，基本认同互联网对经济发展存在促进效应。

其二，互联网对经济发展的促进作用是否存在地区差异。张灿（2017）认为由于区域间互联网发展水平的差异，互联网发展对东部地区经济增长的促进作用大于中西部地区。金春枝和李伦（2016）研究认为我国东、中、西部省份和城、乡之间互联网使用者规模与普及率均存在差异。汪明峰和邱娟（2011）指出东、中、西部三大区域互联网用户增长存在着较为显著的"俱乐部收敛"趋势，收敛速度表现为东部慢于中部，中部慢于西部。邱娟和汪明峰（2010）认为互联网省际发展存在极大的地域集中性，同时，城乡之间也存在着明显的数字鸿沟。

其三，互联网对经济发展的促进作用是否存在门槛效应。Röller 和 Waverman（2001）进一步利用经济合作与发展组织国家的面板数据研究了网络效应问题，发现固定电话普及率超过临界值后对经济增长的作用变得更大。郭家堂和骆品亮（2016）发现互联网对属于技术进步推动型的中国全要素生产率有着显著的促进作用，但由于存在显著的网络效应特征，互联网对中国全要素生产率的促进作用是非线性的。张家平等（2018）提出 ICT 和经济增长之间具有非线性关系。

综上所述，国内外学者围绕互联网对地区经济发展影响的研究已取得了一些有意义的研究结论，为后期的深入研究奠定了良好的基础。但是，我国互联网对经济发展的区域差异以及门槛效应等尚待进一步深入研究，本章拟对此进行深入探索。本章与以往研究的不同之处至少有三：一是拟通过构建互联网发展水平的评价指标体系，估算我国各地区的互联网发展水平；二是拟构建模型，研究互联网发展水平对我国经济发展影响的区域差异；三是拟通过构建门槛模型，研究互联网发展水平对区域经济发展的非线性影响，并探讨对策建议，以期为政府相关部门决策提供依据。

10.2　互联网发展水平的评价指标体系构建与估算

10.2.1　互联网发展水平的评价指标体系构建

互联网发展水平的评价是国内外学者关注的热点，但尚没有官方的统一标准。目前，国内学者对互联网发展水平衡量的指标大致可以分为三类，其一，用互联网普及率（贺娅萍和徐康宁，2019；汪东芳和曹建华，2019）或用互联网普及率和移动电话普及率两个指标（张灿，2017；张家平等，2018）来衡量互联网发展的水平。其二，以网站、网民等作为互联网发展水平的衡量指标，如张旭亮等（2017）利用网页数来衡量互联网发展的水平；俞立平（2006）利用网站和网民两个指标来衡量互联网发展的水平；孙中伟等（2010）以".CN"域名数量和网民数量作为互联网资源的衡量指标；郭家堂和骆品亮（2016）、胡俊（2019）将各地区的网站数量除以该地区的法人单位数量作为衡量地区互联网发展水平的指标。其三，构建互联网指标体系，如邱娟和汪明峰（2010）从区域经济发展水平、区域科技文化水平、区域对外开放程度、区域信息基础设施发展水平、区域非农化水平以及地理区位特征方面构建了互联网时空差异指标体系；韩先锋等（2019）从互联网普及、互联网基础设施、互联网信息资源、互联网商务应用以及互联网发展环境等五个方面构建了互联网发展水平的指标体系；黄群慧等（2019）则选择互联网普及率、互联网相关从业人员、互联网相关产出和移动互联网用户数四个维度构建了衡量互联网发展水平的指标体系。

为全面和客观地反映我国互联网发展的真实水平，本章在学者前期研究的基础上，参考《中国信息化发展指数统计监测年度报告》，并考虑到数据的可得性，构建包含基础设施、产业技术、知识支撑以及应用消费4个一级指标、7个二级指标和13个三级指标组成的互联网发展水平的评价指标体系，如表10-1所示。相关数据来源于《中国高技术产业统计年鉴》《中国电子信息产业统计年鉴》《中国统计年鉴》。

表 10-1 互联网发展水平的评价指标体系

一级指标	二级指标	三级指标
基础设施	电信通信能力	每百人互联网宽带接入端口数
		网站数/法人数量
	电信通信服务水平	移动电话普及率
		互联网普及率
产业技术	产业规模	电子信息产业产值
		软件和信息技术服务业占地区生产总值的比重
	技术水平	每万人授权的专利数
知识支撑	人力投入	每万人中R&D人员人数
		高中及以上学历人口平均受教育年限
	经费投入	研发经费占地区生产总值的比重
应用消费	居民、企业消费情况	人均电信业务量
		人均邮政业务量
		技术市场成交额占地区生产总值的比重

10.2.2 互联网发展水平的估算

由于西藏、青海部分数据缺失，本章选择我国除港、澳、台地区之外的 29 个省区市作为研究对象，利用 SPSS 20.0 统计分析软件，对我国 29 个省区市 2006~2016 年的互联网发展水平进行因子分析。为了消除由于量纲不同可能引起的不利影响，对原始数据进行标准化处理。为了检验数据是否适合进行主成分分析，本章对主成分分析的数据进行 KMO（Kaiser-Meyer-Olkin，凯泽-迈耶-奥尔金）检验和 Bartlett（巴特利特）球形检验，结果如表 10-2 所示，KMO 值为 0.782，大于 0.7，且 p 值小于 0.05，表明数据支持进行主成分分析。同时，按照特征值大于 1 的原则，提取 3 个公因子，累计方差贡献率为 84.970%，故提取 3 个公因子，就可以反映原变量 84.970%的方差，如表 10-3 所示。

表 10-2　KMO 检验和 Bartlett 球形检验

指标	数值
取样足够多的 KMO 度量	0.782
Bartlett 球形检验近似卡方	495.446
自由度	78
p 值	0.000

表 10-3　解释的总方差

成分	初始特征值 特征值	初始特征值 方差贡献率/%	初始特征值 累计/%	提取平方和载入 特征值	提取平方和载入 方差贡献率/%	提取平方和载入 累计/%	旋转平方和载入 特征值	旋转平方和载入 方差贡献率/%	旋转平方和载入 累计/%
1	7.864	60.493	60.493	7.864	60.493	60.493	7.644	58.799	58.799
2	1.996	15.126	75.619	1.966	15.126	75.619	1.974	15.186	73.985
3	1.216	9.350	84.969	1.216	9.350	84.969	1.428	10.985	84.970
4	0.688	5.291	90.260						
5	0.433	3.333	93.594						
6	0.322	2.473	96.067						
7	0.180	1.381	97.449						
8	0.138	1.065	98.514						
9	0.100	0.769	99.283						
10	0.040	0.311	99.594						
11	0.022	0.173	99.767						
12	0.015	0.119	99.886						
13	0.015	0.115	100.00						

本章进一步以主成分的方差贡献率为权重，对该指标在各主成分线性组合中

的系数进行加权平均的归一化，利用主成分分析方法计算指标权重。

首先，计算线性组合中的系数，计算公式为

$$U_i^j = \frac{F_i^j}{\mu^j} \qquad (10\text{-}1)$$

式中，U_i^j 表示第 i 个指标中第 j 个主成分对应的线性组合中的系数；F_i^j 表示第 i 个指标中第 j 个主成分对应的成分矩阵值；μ^j 表示第 j 个主成分特征值的平方根；$i=1,2,3,\cdots,13$，$j=1,2,3$。

计算结果如下：

$$\begin{aligned}F_1 =\ & 0.2999X_1 + 0.3003X_2 + 0.0760X_3 + 0.3348X_4 + 0.3142X_5 \\ & + 0.3274X_6 + 0.3149X_7 + 0.2614X_8 + 0.3363X_9 + 0.0043X_{10} \\ & + 0.0528X_{11} + 0.3181X_{12} + 0.3338X_{13}\end{aligned} \qquad (10\text{-}2)$$

$$\begin{aligned}F_2 =\ & -0.0585X_1 + 0.0036X_2 - 0.0920X_3 - 0.0442X_4 + 0.0214X_5 \\ & + 0.0114X_6 - 0.0242X_7 - 0.0599X_8 - 0.0050X_9 + 0.7032X_{10} \\ & + 0.6975X_{11} + 0.0271X_{12} + 0.0128X_{13}\end{aligned} \qquad (10\text{-}3)$$

$$\begin{aligned}F_3 =\ & 0.2467X_1 + 0.0127X_2 + 0.8035X_3 + 0.1524X_4 + 0.0889X_5 \\ & - 0.2730X_6 + 0.2185X_7 - 0.2585X_8 - 0.1324X_9 + 0.0490X_{10} \\ & + 0.0825X_{11} - 0.2022X_{12} - 0.0762X_{13}\end{aligned} \qquad (10\text{-}4)$$

式中，$X_1, X_2,\cdots,X_{13}$ 分别表示表 10-1 中的 13 个三级指标。

其次，根据线性组合中的系数以及主成分的方差，计算综合得分模型中的系数，具体计算公式为

$$Q_i = \frac{U_i^1 \times R^1 + U_i^2 \times R^2 + U_i^3 \times R^3}{R^1 + R^2 + R^3} \qquad (10\text{-}5)$$

式中，Q_i 表示综合得分模型中的系数；U_i^1、U_i^2 和 U_i^3 分别表示第 i 个指标在第 1、2、3 个主成分中线性组合中的系数；R^1、R^2 和 R^3 分别表示第 1、2、3 个主成分的方差。

最后，将各指标进行归一化处理，计算各个因子所占的权重（w_i）：

$$w_i = \frac{Q_i}{\sum Q_i} \qquad (10\text{-}6)$$

因此，互联网发展水平的计算公式为

$$\text{HLW} = \sum_{i=1}^{n} w_i y_i \qquad (10\text{-}7)$$

式中，HLW 表示互联网发展水平；w_i 表示第 i 个指标的权重；y_i 表示第 i 个指标的标准化数值。

利用我国各地区的相关数据对式（10-7）进行估算，结果如表 10-4 所示。由表 10-4 可知，我国全国和各个地区总体上互联网发展水平都呈上升态势，在 2016

年互联网发展水平最高的 6 个地区分别是：北京、上海、浙江、广东、天津和江苏；总体上东部地区发展较快，中西部地区发展较慢。

表 10-4　2006～2016 年我国全国及 29 个省区市的互联网发展水平

地区	2006 年	2007 年	2008 年	2009 年	2010 年	2011 年	2012 年	2013 年	2014 年	2015 年	2016 年
全国	0.1901	0.2584	0.2600	0.2600	0.2691	0.2742	0.2779	0.3062	0.3137	0.3228	0.3710
北京	0.7749	0.8253	0.8389	0.8402	0.8429	0.8509	0.8534	0.8596	0.8853	0.8865	0.9040
天津	0.2915	0.3029	0.3111	0.3129	0.3249	0.3283	0.3290	0.3391	0.3431	0.3579	0.3748
河北	0.0831	0.0869	0.0919	0.0932	0.1020	0.1104	0.1169	0.1173	0.1259	0.1261	0.1296
山西	0.0819	0.0927	0.0980	0.0984	0.0996	0.1075	0.1142	0.1206	0.1223	0.1238	0.1257
内蒙古	0.0677	0.0758	0.0829	0.1001	0.1009	0.1035	0.1086	0.1130	0.1157	0.1166	0.1323
辽宁	0.1663	0.1829	0.1854	0.1895	0.2039	0.2070	0.2159	0.2262	0.2266	0.2273	0.2460
吉林	0.0822	0.1017	0.1047	0.1058	0.1093	0.1198	0.1208	0.1236	0.1352	0.1366	0.1373
黑龙江	0.0723	0.0901	0.0925	0.0969	0.1013	0.1066	0.1078	0.1159	0.1185	0.1317	0.1325
上海	0.5425	0.5534	0.5882	0.5932	0.6033	0.6056	0.6138	0.6253	0.6386	0.6559	0.7130
江苏	0.2379	0.2450	0.2499	0.2803	0.3077	0.3377	0.3445	0.3463	0.3487	0.3637	0.3688
浙江	0.3382	0.3506	0.3578	0.3579	0.3644	0.3863	0.4175	0.4258	0.4606	0.4630	0.5077
安徽	0.0385	0.0418	0.0434	0.0577	0.0732	0.0747	0.0837	0.0873	0.0875	0.0901	0.1078
福建	0.2393	0.2470	0.2489	0.2662	0.2989	0.3113	0.3137	0.3224	0.3429	0.3452	0.3456
江西	0.0339	0.0355	0.0369	0.0384	0.0430	0.0526	0.0561	0.0566	0.0699	0.0712	0.0756
山东	0.1402	0.1511	0.1516	0.1517	0.1537	0.1584	0.1595	0.1624	0.1718	0.1733	0.1750
河南	0.0520	0.0541	0.0581	0.0592	0.0601	0.0604	0.0651	0.0697	0.0747	0.0826	0.0995
湖北	0.1041	0.1121	0.1144	0.1156	0.1168	0.1192	0.1281	0.1302	0.1344	0.1397	0.1503
湖南	0.0583	0.0635	0.0665	0.0667	0.0686	0.0700	0.0753	0.0795	0.0810	0.0844	0.0968
广东	0.3896	0.4043	0.4068	0.4136	0.4174	0.4257	0.4279	0.4492	0.4500	0.4650	0.4749
广西	0.0351	0.0371	0.0378	0.0445	0.0451	0.0456	0.0488	0.0548	0.0549	0.0562	0.0568
海南	0.0901	0.1005	0.1032	0.1088	0.1153	0.1299	0.1300	0.1457	0.1536	0.1559	0.1621
重庆	0.1199	0.1206	0.1229	0.1251	0.1259	0.1343	0.1408	0.1441	0.1503	0.1578	0.2019
四川	0.0808	0.0892	0.1041	0.1161	0.1207	0.1272	0.1272	0.1348	0.1378	0.1566	0.1798
贵州	0.0162	0.0183	0.0194	0.0219	0.0238	0.0279	0.0320	0.0345	0.0361	0.0362	0.0367
云南	0.0252	0.0296	0.0335	0.0364	0.0399	0.0420	0.0454	0.0515	0.0518	0.0547	0.0605
陕西	0.1463	0.1500	0.1566	0.1573	0.1612	0.1621	0.1677	0.1724	0.1740	0.1815	0.2082
甘肃	0.0369	0.0400	0.0416	0.0416	0.0422	0.0424	0.0479	0.0480	0.0495	0.0496	0.0556
宁夏	0.0773	0.0858	0.0881	0.0901	0.0934	0.0939	0.1129	0.1133	0.1181	0.1205	0.1339
新疆	0.0846	0.0849	0.0925	0.0980	0.1031	0.1379	0.1384	0.1448	0.1541	0.1576	0.1756

10.3 互联网对中国经济发展影响的模型选择与数据说明

10.3.1 模型选择

本章利用生产函数来估算互联网发展水平对我国区域经济发展的影响，具体如式（10-8）所示：

$$Y_t = A_t K_t^\alpha L_t^\beta \qquad (10\text{-}8)$$

式中，Y_t 表示第 t 年的产出；K_t 和 L_t 分别表示第 t 年的资本投入和劳动投入；α、β 分别表示资本和劳动的产出弹性；A 表示综合技术水平。由于综合技术水平受互联网发展水平和研发强度的影响，故将互联网发展水平和研发强度纳入模型；考虑到民营经济活跃度、城镇化水平、对外贸易依存度对区域经济的发展也有一定的影响，故也将其纳入模型。为了全面分析互联网发展水平对我国地区经济发展的影响，本章分别从技术创新能力和经济增长水平两个方面进行分析。同时，为消除异方差的影响，对式（10-8）两边进行取对数处理，修正后的模型如式（10-9）和式（10-10）所示：

$$\ln ZL_{i,t} = \beta_{10} + \beta_{11}\ln K_{i,t} + \beta_{12}\ln L_{i,t} + \beta_{13}\ln HLW_{i,t} + \beta_{14}\ln RDI_{i,t} \\ + \beta_{15}\ln PE_{i,t} + \beta_{16}\ln UR_{i,t} + \beta_{17}\ln TRA_{i,t} + \varepsilon_{i,t} \qquad (10\text{-}9)$$

$$\ln PGDP_{i,t} = \beta_{20} + \beta_{21}\ln K_{i,t} + \beta_{22}\ln L_{i,t} + \beta_{23}\ln HLW_{i,t} + \beta_{24}\ln RDI_{i,t} \\ + \beta_{25}\ln PE_{i,t} + \beta_{26}\ln UR_{i,t} + \beta_{27}\ln TRA_{i,t} - \beta_{28}\ln PEO_{i,t} + \varepsilon_{i,t} \qquad (10\text{-}10)$$

式中，$ZL_{i,t}$ 和 $PGDP_{i,t}$ 分别表示 i 地区第 t 年的创新产出和经济产出水平，分别用专利授权数和人均地区生产总值来衡量；β_{10} 和 β_{20} 表示常数，$\beta_{11}, \beta_{12}, \cdots, \beta_{17}$ 和 $\beta_{21}, \beta_{22}, \cdots, \beta_{28}$ 均表示系数；$\varepsilon_{i,t}$ 表示随机误差；i 为 $1, 2, \cdots, 29$，分别表示我国 29 个省区市；t 表示 2006~2016 年；$HLW_{i,t}$ 表示 i 地区第 t 年的互联网发展水平，由互联网发展水平评价指标体系估算所得，见表 10-4；$L_{i,t}$ 表示 i 地区第 t 年的劳动投入，鉴于并非所有的创新产出都只是由统计意义上的研发人员和研发经费创造的，且互联网又具有开放和共享的特质，故式（10-9）和式（10-10）中的 $L_{i,t}$ 都用各地区的劳动力就业人数来表示；$RDI_{i,t}$ 表示 i 地区第 t 年的研发强度，用研发支出占地区生产总值的比重来衡量；$PE_{i,t}$ 表示 i 地区第 t 年的民营经济活跃度，用私营企业工业销售总产值占规模以上工业销售产值的比重来衡量；$UR_{i,t}$ 表示 i 地区第 t 年的城镇化水平，用城镇人口占总人口数的比重来衡量；$TRA_{i,t}$ 表示 i 地区第 t 年的对外贸易依存度，用进出口总额占地区生产总值的比重来衡量；$PEO_{i,t}$ 表示 i 地区第 t 年的总人数；$K_{i,t}$ 表示 i 地区第 t 年的资本存量，采用永续盘存法进行估算，具体如式（10-11）所示：

$$K_{i,t} = K_{i,(t-1)}\left(1 - \delta_{i,t}\right) + I_{i,t}/P_{i,t} \qquad (10\text{-}11)$$

式中，i 表示地区；t 表示年份；K 表示实际的资本存量；I 表示固定资产投资总额（当年价）；P 表示固定资产投资价格指数；δ 表示折旧率，借鉴单豪杰（2008）的做法，折旧率选取 10.96%。

为进一步测算互联网发展水平对地区经济发展的网络效应，本章利用 Hansen（1999）提出的非动态面板门槛模型，构造如式（10-12）和式（10-13）所示的模型：

$$\ln ZL_{i,t} = \beta_{30} + \beta_{31}\ln K_{i,t} + \beta_{32}\ln L_{i,t} + \beta_{33}\ln HLW_{i,t} I(q_{i,t} \leq \gamma)$$
$$+ \beta_{34}\ln HLW_{i,t} I(q_{i,t} > \gamma) + \beta_{35}\ln RDI_{i,t} + \beta_{36}\ln PE_{i,t} \quad (10\text{-}12)$$
$$+ \beta_{37}\ln UR_{i,t} + \beta_{38}\ln TRA_{i,t} + \varepsilon_{i,t}$$

$$\ln PGDP_{i,t} = \beta_{40} + \beta_{41}\ln K_{i,t} + \beta_{42}\ln L_{i,t} + \beta_{43}\ln HLW_{i,t} I(q_{i,t} \leq \gamma)$$
$$+ \beta_{44}\ln HLW_{i,t} I(q_{i,t} > \gamma) + \beta_{45}\ln RDI_{i,t} + \beta_{46}\ln PE_{i,t} \quad (10\text{-}13)$$
$$+ \beta_{47}\ln UR_{i,t} + \beta_{48}\ln TRA_{i,t} + \beta_{49}\ln PEO_{i,t} + \varepsilon_{i,t}$$

式中，$I(\cdot)$ 表示指示函数，当括号内的条件满足时取 1，否则取 0；$q_{i,t}$ 表示门槛变量，本章选取互联网发展水平作为门槛变量；γ 表示特定的门槛值；β_{30}、β_{40} 为常数；$\beta_{31}, \beta_{32}, \cdots, \beta_{38}$ 和 $\beta_{41}, \beta_{42}, \cdots, \beta_{49}$ 均表示系数。式（10-12）和式（10-13）为仅假设存在一个门槛的模型，可根据实际情况扩展为双重或多重门槛模型。

10.3.2 数据说明

本章选取我国 29 个省区市 2006~2016 年共 11 年的相关数据。其中，人均地区生产总值、专利授权数、劳动力就业人数、民营经济活跃度和对外贸易依存度数据来源于 2005~2017 年《中国统计年鉴》；互联网发展水平根据主成分分析法估算得到，见表 10-4；研发强度数据来源于《中国科技统计年鉴》；城镇化水平数据来源于《中国人口和就业统计年鉴》。主要变量的描述性统计情况如表 10-5 所示。

表 10-5 主要变量的描述性统计

变量	含义	观察个数	均值	标准偏差	最小值	最大值
PGDP	人均地区生产总值	319	2.688 6	1.671 6	0.101 8	8.939 2
ZL	专利授权数	319	30 157.35	49 475.83	248	269 944
K	资本存量	319	47 694.55	40 570.41	2 535.18	237 765.20
L	劳动力就业人数	319	2 566.392	1 546.717	303.9	6 726
HLW	互联网发展水平	319	0.188 9	0.185 6	0.016 2	0.904 0
RDI	研发强度	319	1.449 3	1.055 9	0.197 1	6.013 7
PE	民营经济活跃度	319	25.758 2	12.278 2	2.859 4	56.745 1
UR	城镇化水平	319	53.210 2	13.941 4	27.452 6	89.606 6
TRA	对外贸易依存度	319	0.487 4	0.545 6	0.059 2	2.542 4
PEO	总人数	319	4 586.922	2 614.701	604	10 999

资料来源：作者由 Stata 15.0 软件计算得到

10.4 互联网对中国经济发展影响的实证结果与分析

10.4.1 基本影响结果分析

利用 Stata 15.0 软件对式（10-9）和式（10-10）进行实证分析，同时考虑到互联网发展水平对地区影响存在差异，将全国 29 个省区市分为东部、中西部两个子样本分别进行分析[①]，实证结果如表 10-6 所示。根据 Hausman 检验的结果，两个模型的 p 值都接近 0，故选择固定效应模型。

表 10-6 互联网发展水平对专利授权数和人均地区生产总值的影响

变量	专利授权数 全国	专利授权数 东部	专利授权数 中西部	人均地区生产总值 全国	人均地区生产总值 东部	人均地区生产总值 中西部
常数项	−16.34*** (−6.34)	−26.18*** (−6.15)	−12.73*** (−3.69)	−10.12*** (−5.86)	−13.61*** (−4.98)	5.38** (2.44)
ln$K$	0.41*** (5.13)	0.27* (1.77)	0.56*** (4.54)	0.17*** (4.98)	0.22*** (3.11)	0.35*** (10.29)
ln$L$	0.98*** (3.67)	2.26*** (5.57)	0.68* (1.85)	0.41*** (3.24)	0.65*** (2.66)	0.50*** (4.36)
lnHLW	4.40*** (4.84)	5.50*** (5.14)	2.78* (1.77)	0.80** (2.10)	1.76*** (3.38)	1.57*** (3.05)
lnRDI	0.13* (1.67)	0.82*** (3.30)	0.13 (0.88)	0.14*** (2.78)	0.38*** (6.25)	0.11*** (3.29)
lnPE	0.38*** (3.43)	0.45** (2.41)	0.36*** (3.00)	0.27*** (8.00)	0.79*** (6.61)	0.07* (1.81)
lnUR	3.15*** (7.66)	4.61*** (6.37)	2.48*** (4.10)	1.16*** (6.63)	1.27*** (3.50)	0.69*** (4.15)
lnTRA	0.16*** (2.74)	0.24* (1.73)	0.18*** (2.85)	0.13*** (5.40)	0.16** (2.29)	0.07*** (3.77)
lnPEO				0.08 (0.38)	0.63*** (1.99)	−1.87*** (5.78)
R^2	0.9194	0.9217	0.9303	0.9233	0.8886	0.9726
F	44.12	47.17	35.09	529.90	549.01	333.25
Hausman 检验的 p 值	0.0000	0.0000	0.0000	0.0496	0.0500	0.0019

注：括号内为变量的 t 值

*、**、***代表在 10%、5%、1%的水平下显著

由表 10-6 可知，互联网发展水平提高对专利授权数的正向作用存在着明显的

---

① 东部地区包括：北京、天津、河北、辽宁、上海、江苏、浙江、福建、山东、广东和海南。中西部地区包括：山西、内蒙古、吉林、黑龙江、安徽、江西、河南、湖北、湖南、广西、四川、重庆、贵州、云南、陕西、甘肃、宁夏、新疆。

区域差异，互联网发展水平对东部地区的作用系数为 5.50，而对中西部的作用系数仅为 2.78，原因在于中西部地区网络基础设施建设相对东部地区较为落后，互联网相关的专业人才也较为匮乏，互联网发展环境有待提高，从而在一定程度上削弱了互联网发展水平对中西部地区技术创新能力的积极影响。同时，研发强度、民营经济活跃度、城镇化水平以及对外贸易依存度等对东部地区技术创新能力提升的促进效应也都大于中西部，主要原因在于东部地区在地理位置、基础设施建设、经济发展水平、人力资本、教育水平等方面都相对中西部地区有优势。

互联网发展水平提高对人均地区生产总值也具有显著的促进作用，但存在着明显的区域差异，如表 10-6 所示，互联网发展水平对东部的促进作用系数为 1.76，对中西部的系数为 1.57，故互联网发展水平对东部地区的促进效应大于中西部地区。研发强度、民营经济活跃度、城镇化水平和对外贸易依存度对东部、中西部地区的人均地区生产总值的影响也存在区域差异性，东部地区系数明显高于中西部地区。互联网发展水平对东部地区经济增长的促进效应高于中西部地区，原因之一可能就是互联网发展水平对东、中西部地区技术创新能力提升效应的差异。

10.4.2 门槛效应分析

门槛模型有两个基本的假设需要检验：一是门槛效应是否显著的检验，二是门槛估计值是否等于其真实值的检验。具体来讲，对于第一个检验，依次按不存在门槛、存在一个门槛、存在两个门槛、存在三个门槛来展开。门槛效应存在性检验的原假设为 $H_0: \beta_1 = \beta_2$，构造统计量：

$$F = \frac{[S_0 - S_n(\gamma)]}{\sigma^2} \quad (10\text{-}14)$$

式中，S_0、$S_n(\gamma)$ 分别表示无门槛和有门槛情况下的残差平方和；σ^2 表示有门槛情况下的估计残差的方差。因为原假设的门槛值是暂未识别的，并且 F 服从非标准渐进分布，所以在 F 统计量的临界值上使用自助法来测试阈值效应是十分重要的。

对于第二个检验，原假设是 $\gamma = \gamma_0$，然后计算相应的似然比检验统计量 $\mathrm{LR}(\gamma)$，当 $\mathrm{LR}(\gamma) \leq -2\ln(1-\sqrt{1-\alpha})$ 时不能拒绝原假设。其中，α 为显著性水平，本章取 5%，则对应的 LR 的临界值为 7.35。

1. 互联网发展水平对技术创新能力的门槛效应

以互联网发展水平为门槛变量，专利授权数为被解释变量，利用我国东、中西部地区相关数据对式（10-12）进行实证分析。由表 10-7 和表 10-8 可知，不论是东部地区还是中西部地区，都通过了门槛效应的显著性检验，东部地区存在单一门槛且在 1%的水平下显著。中西部地区存在双重门槛，双重门槛在 10%的水平下显著。东部地区对应的门槛值为 0.8429，中西部地区对应的门槛值分别为 0.0434 和 0.0634，东部地区的门槛值远高于中西部地区。

表 10-7 对东部地区专利授权数影响的门槛效应检验结果

被解释变量	核心解释变量	门槛变量	模型	F值	p值	10%临界值	5%临界值	1%临界值	门槛估计值	95%的置信区间
lnZL	lnHLW	lnHLW	单一门槛	39.62	0.0100	20.8820	24.5607	32.4270	0.8429	[0.7130, 0.8509]
			双重门槛	27.09	0.8633	89.2583	101.1132	123.9835		

注：本节面板数据处理采用 Stata 15.0 软件，门槛回归采用王群勇的 xtptm 命令，p 值为采用自助法反复抽样 300 次得到的结果

表 10-8 对中西部地区专利授权数影响的门槛效应检验结果

被解释变量	核心解释变量	门槛变量	模型	F值	p值	10%临界值	5%临界值	1%临界值	门槛估计值	95%的置信区间
lnZL	lnHLW	lnHLW	单一门槛	29.34	0.0433	21.3910	28.1993	36.0645	0.0515	[0.0463, 0.0520]
			双重门槛	18.14	0.0833	17.5167	20.6368	30.7184	0.0434	[0.0430, 0.0581]
									0.0634	[0.0634, 0.0686]
			三重门槛	7.30	0.7300	28.7541	34.4833	45.4408		

注：本节面板数据处理采用 Stata 15.0 软件，门槛回归采用王群勇的 xtptm 命令，p 值为采用自助法反复抽样 300 次得到的结果

由表 10-9 可知，对于东部地区而言，当 lnHLW≤0.8429 时，存在单一门槛效应，互联网发展水平对专利授权数的促进作用系数为 4.52；当 lnHLW>0.8429 时，互联网发展水平对专利授权数的促进作用系数为 5.35。对于中西部地区而言，存在双重门槛效应，当 lnHLW≤0.0434 时，互联网发展水平对专利授权数的影响不显著；当 0.0434<lnHLW≤0.0634 时，互联网发展水平对专利授权数的促进作用系数为 2.31；当 lnHLW>0.0634 时，互联网发展水平对专利授权数的促进作用系数为 3.27。东、中西部地区的研究结论都表明，互联网发展水平越高，互联网发展水平对技术创新的促进作用越强。东部地区门槛值高于中西部地区，对专利授权数的影响系数也高于中西部地区。

表 10-9 互联网发展水平对我国东、中西部地区专利授权数的门槛回归结果

变量（东部）	东部 系数	东部 t值	变量（中西部）	中西部 系数	中西部 t值
常数项	−22.70***	−6.12	常数项	−13.07***	−4.16
lnK	0.20	1.61	lnK	0.42***	3.75
lnL	0.18***	4.90	lnL	0.66**	1.99

续表

变量（东部）	东部 系数	t值	变量（中西部）	中西部 系数	t值
lnRDI	0.92***	4.32	lnRDI	−0.15	−1.08
lnPE	0.13	1.18	lnPE	0.49***	4.41
lnUR	4.56***	7.32	lnUR	2.89***	5.24
lnTRA	0.24**	2.04	lnTRA	0.17***	2.92
lnHLW（lnHLW≤0.8429）	4.52***	4.83	lnHLW（lnHLW≤0.0434）	1.01	0.89
lnHLW（lnHLW>0.8429）	5.35***	5.80	lnHLW（0.0434<lnHLW≤0.0634）	2.31*	1.97
			lnHLW（lnHLW>0.0634）	3.27*	1.91
R^2	0.9425		R^2	0.9446	
F	65.90		F	46.22	

*、**、***代表在10%、5%、1%水平下显著

由表 10-10 可知，东部地区大部分地区还没有达到门槛值（0.8429），到 2016 年，仅北京的互联网发展水平超过了 0.8429。中西部地区内部的互联网发展水平也存在差异性，以 2016 年的数据为例，贵州互联网发展比较缓慢，发展水平未能超过第一个门槛值（0.0434），难以发挥互联网的促进作用。广西、云南和甘肃的互联网发展处于中等水平，一定程度上制约了互联网对技术创新能力提升的促进作用的发挥。

表10-10　东、中西部地区不同门槛值的互联网发展水平分布（对专利授权数）

地区	门槛值	2006年	2016年
东部	lnHLW≤0.8429	北京、天津、河北、辽宁、上海、江苏、浙江、福建、山东、广东、海南	天津、河北、辽宁、上海、江苏、浙江、福建、山东、广东、海南
	lnHLW>0.8429	无	北京
中西部	lnHLW≤0.0434	安徽、江西、广西、贵州、云南、甘肃	贵州
	0.0434<lnHLW≤0.0634	河南、湖南	广西、云南、甘肃
	lnHLW>0.0634	山西、内蒙古、吉林、黑龙江、湖北、重庆、四川、陕西、宁夏、新疆	山西、内蒙古、吉林、黑龙江、安徽、江西、河南、湖北、湖南、重庆、四川、陕西、宁夏、新疆

2. 互联网发展水平对区域经济增长的门槛效应

以互联网发展水平为门槛变量，人均地区生产总值为被解释变量，利用我国东、中西部地区相关数据对式（10-13）进行实证分析。由表 10-11 和表 10-12 可知，不论是东部地区还是中西部地区，都通过了单一门槛效应的显著性检验，东部、中西部地区对应的门槛值分别为 0.2273、0.2006，东部地区的门槛值高于中西部地区。

表 10-11 对东部地区人均地区生产总值的门槛效应检验结果

被解释变量	核心解释变量	门槛变量	模型	F 值	p 值	10%临界值	5%临界值	1%临界值	门槛估计值	95%的置信区间
lnPGDP	lnHLW	lnHLW	单一门槛	126.23	0.0000	33.5478	39.2744	57.6182	0.2273	[0.2266, 0.2379]
			双重门槛	−31.46	1.0000	29.1444	42.5270	77.8803		

注：本节面板数据处理采用 Stata 15.0 软件，门槛回归采用王群勇的 xtptm 命令，p 值为采用自助法反复抽样 300 次得到的结果

表 10-12 对中西部地区人均地区生产总值的门槛效应检验结果

被解释变量	核心解释变量	门槛变量	模型	F 值	p 值	10%临界值	5%临界值	1%临界值	门槛估计值	95%的置信区间
lnPGDP	lnHLW	lnHLW	单一门槛	142.61	0.0000	40.2630	51.1879	73.5090	0.2006	[0.1982, 0.2193]
			双重门槛	−72.13	1.0000	47.5433	80.6811	197.2700		

注：本节面板数据处理采用 Stata 15.0 软件，门槛回归采用王群勇的 xtptm 命令，p 值为采用自助法反复抽样 300 次得到的结果

由表 10-13 可知，对于东部地区而言，当 lnHLW≤0.2273 时，互联网发展水平对人均地区生产总值的促进作用系数为 2.33；当 lnHLW>0.2273 时，互联网发展水平对人均地区生产总值的促进作用系数为 6.18。对于中西部地区而言，当 lnHLW≤0.2006 时，互联网发展水平对人均地区生产总值的促进作用系数为 0.68；当 lnHLW>0.2006 时，互联网发展水平对人均地区生产总值的促进作用系数为 3.63。可见，互联网发展水平越高，互联网发展水平对经济增长的促进作用越强；且东部地区门槛值高于中西部地区，对人均地区生产总值的影响系数也高于中西部地区。

表 10-13 互联网发展水平对东、中西部地区人均地区生产总值的门槛回归结果

变量（东部）	东部地区 系数	t 值	变量（中西部）	中西部地区 系数	t 值
常数项	−10.58***	−5.59	常数项	−8.88***	−6.19
ln$K$	0.17***	3.42	ln$K$	0.23***	7.89
ln$L$	0.16	0.96	ln$L$	0.09	0.83
lnRDI	0.71***	8.65	lnRDI	0.17***	5.88
lnPE	0.90***	3.58	lnPE	0.86***	5.86
lnUR	−0.03	−0.62	lnUR	0.08***	3.91
lnTRA	0.20***	4.50	lnTRA	0.07*	1.80
lnPEO	0.84***	3.86	lnPEO	0.31*	1.70
lnHLW（lnHLW≤0.2273）	2.33***	6.20	lnHLW（lnHLW≤0.2006）	0.68**	2.15
lnHLW（lnHLW>0.2273）	6.18***	11.36	lnHLW（lnHLW>0.2006）	3.63***	9.03
R^2	0.9481		R^2	0.9475	
F	610.97		F	739.80	

*、**、***代表在 10%、5%、1%水平下显著

由表 10-14 可知，东部、中西部内部各地区之间互联网发展水平也存在差异性。2016 年，东部地区的河北、山东、海南的互联网发展水平均未超过门槛值；而中西部地区仅有陕西和重庆的互联网发展水平超过了门槛值，说明全国大部分地区的互联网发展水平还有待提高。

表 10-14　东、中西部地区不同门槛值的互联网发展水平分布（对人均地区生产总值）

地区	门槛值	2006 年	2016 年
东部	lnHLW≤0.2273	河北、辽宁、山东、海南	河北、山东、海南
	lnHLW>0.2273	北京、天津、上海、江苏、浙江、福建、广东	北京、天津、辽宁、上海、江苏、浙江、福建、广东
中西部	lnHLW≤0.2006	山西、内蒙古、吉林、黑龙江、安徽、江西、河南、湖北、湖南、广西、重庆、四川、贵州、云南、陕西、甘肃、宁夏、新疆	山西、内蒙古、吉林、黑龙江、安徽、江西、河南、湖北、湖南、广西、四川、贵州、云南、甘肃、宁夏、新疆
	lnHLW>0.2006	无	重庆、陕西

10.5　本章小结

本章通过构建互联网发展水平的评价指标体系，估算了我国的互联网发展水平；通过构建模型，实证分析了互联网发展水平对我国技术创新能力和经济发展水平的影响。实证结果表明：

（1）我国各地区互联网发展水平从 2006 年到 2016 年都呈上升态势，在 2016 年互联网发展水平最高的 6 个地区分别是北京、上海、浙江、广东、天津和江苏；总体上东部地区发展较快，中西部地区发展较慢。

（2）互联网发展水平对技术创新能力、经济增长具有促进效应，且存在着区域差异。互联网发展水平对东部地区的促进效应明显高于中西部地区。

（3）互联网发展水平对东部和中西部地区专利授权数的影响存在着门槛效应。东部地区对应的门槛值为 0.8429，当 lnHLW≤0.8429 时，互联网发展水平对专利授权数的促进作用系数为 4.52；当 lnHLW>0.8429 时，互联网发展水平对专利授权数的促进作用系数为 5.35。中西部地区对应的门槛值为 0.0434 和 0.0634，当 lnHLW≤0.0434 时，互联网发展水平对专利授权数的影响不显著；当 0.0434<lnHLW≤0.0634 时，互联网发展水平对专利授权数的促进作用系数为 2.31；当 lnHLW>0.0634 时，互联网发展水平对专利授权数的促进作用系数为 3.27。可见，互联网发展水平越高，互联网发展水平对技术创新能力的促进效应越强；东部地区门槛值高于中西部地区，对专利授权数的影响系数也高于中西部地区。

（4）互联网发展水平对东部和中西部地区人均地区生产总值的影响存在门槛效应。东部、中西部地区对应的门槛值分别为 0.2273 和 0.2006。对于东部地区而言，当 lnHLW≤0.2273 时，互联网发展水平对人均地区生产总值的促进作用系数为2.33；当lnHLW>0.2273时，互联网发展水平对人均地区生产总值的促进作用系数为6.18。对于中西部地区而言，当lnHLW≤0.2006时，互联网发展水平对人均地区生产总值的促进作用系数为0.68；当lnHLW>0.2006时，互联网发展水平对人均地区生产总值的促进作用系数为3.63。也就是说，互联网发展水平越高，互联网对经济增长的促进作用越大，且东部地区的门槛值和对应的影响系数都大于中西部地区。而互联网发展水平对东部地区经济增长的促进效应高于中西部地区，原因之一可能就是互联网发展水平对东、中西部地区技术创新能力提升效应的差异。

（5）门槛模型实证结论表明，对于技术创新能力，东部地区存在单一门槛效应，但在2016年，仅北京的互联网发展水平超过了门槛值，东部其他地区均未超过门槛值；中西部地区存在双重门槛效应，且区域间存在较大差异性。对于经济增长水平，东、中西部地区都存在单一门槛效应，2016年，东部地区的河北、山东、海南的互联网发展水平均未超过门槛值；而中西部地区仅有陕西和重庆的互联网发展水平超过了门槛值，说明全国大部分地区的互联网发展水平还有待提高。

为了更好地发挥互联网作为经济新动能的重要作用，我国地方政府应进一步因地制宜，继续提高互联网发展水平，努力扩大互联网对区域经济发展的促进效应，从而推动区域经济更好更快地发展。具体来讲：

（1）应加大互联网基础设施的建设力度。加大对物联网、移动互联网、宽带等设施建设投入，提高互联网普及率，增加网络接入端口数量，进一步完善互联网基础设施建设，不断缩小东、中西部地区互联网发展水平的差距。

（2）要不断提高互联网技术的自主创新能力。加大互联网核心技术创新投入的力度，发挥财政扶持资金的引导作用，积极引导和支持有条件的企业开展战略性关键技术和重点产品的研究开发，加强关键信息基础设施安全保障，不断完善网络治理体系。

（3）应加强互联网与传统产业的融合发展。"互联网+"传统产业，可带动生产模式和组织方式变革，催生网络化、智能化、服务化、协同化的产业发展新形态，从而推动传统产业转型升级，因而政府要积极引导和推进互联网的推广与应用，并使之成为各地区转变经济发展方式、实现产业结构优化升级的重要途径。

（4）应加强互联网人才的培养和引进。为弥补互联网人才的缺口，我国应多措并举，全方位构建互联网人才培养体系。一方面，政府应积极鼓励高校根据"互联网+"融合发展需求和学校实际办学能力设置相关专业，加快互联网相关专业人才培养；另一方面，各级政府和相关企业也可采用购买服务等方式，聘请相关研究机构和专家开展"互联网+"基础知识与应用培训。此外，我国可通过进一步完善人才引进机制，聚天下英才而用之，为互联网发展提供有力的人才支撑。

（5）可实施动态化、差异化的区域互联网发展战略。研究结论表明，互联网发展水平对东、中西部地区的门槛效应是不同的，且东、中西部地区内部的互联网发展水平也有所差异。因此，各地区政府应根据各地的资源禀赋和互联网发展的实际情况，采取切实有效的措施，不断提高互联网发展水平，并注重互联网与其他产业的融合发展。同时，由于中西部地区的门槛值相较东部地区低，故中西部地区提升空间较大，并可从互联网发展水平提高中获得更多的红利。因此，中西部地区可以利用互联网开放平台整合全国乃至全球范围内的产业链资源，突破产业发展的资源瓶颈、路径依赖与成长周期，加快发展大数据、物联网、云计算、移动互联网等新兴产业，把中西部地区的后发优势尽快转化为产业优势和发展优势，从而更好地推动我国东、中西部地区协调发展。

第三篇　拓展篇
数字经济发展及其与实体经济融合的经济效应研究

第 11 章 数字经济发展现状与特征研究

11.1 本章问题的提出

随着互联网等数字技术的不断发展,数字经济强势崛起。那么数字经济的内涵、特征和效应如何?数字经济及其与实体经济融合发展面临的挑战和存在的问题有哪些?未来发展的思路是什么?本章拟从以下四个方面进行深入研究:①数字经济的内涵、特征及其影响。②世界主要国家数字经济发展的现状与特征。③中国数字经济发展的现状和特征。④中国数字经济及其与实体经济融合的挑战与发展思路。

11.2 数字经济概述

随着 20 世纪 90 年代互联网的广泛运用,互联网技术的持续发展驱动现代数字技术不断更迭,以大数据、物联网、人工智能、区块链、云计算等为代表的各种现代信息技术创新发展,大数据、人工智能与实体经济逐步融合,数字产业化、产业数字化对经济增长的主引擎作用日益凸显,数字经济强势崛起。

11.2.1 数字经济的内涵

"数字经济"最早由美国学者唐·塔普斯科特(Don Tapscott)提出,但对数字经济内涵的诠释,不同学者也持不同观点。Tapscott(1996)认为数字经济描述的是一个广泛运用 ICT 的经济系统,包含基础设施、电子商务以及运用 ICT 的 B2B、B2C 和 C2C(customer to customer,顾客对顾客)交易模式。Kling 和 Lamb(1999)认为数字经济囊括了信息技术行业、电子商务、数字支付以及由信息技术作为支撑的有形商品零售,侧重于那些开发、生产、销售都重度依赖数字技术的商品或服务。Mesenbourg(2001)将数字经济划分为三部分:一是包括硬件、软件、系统、网络在内的电子商务基础设施,二是为促成交易目的而进行的电子商务流程(如视频会议、电子邮件等),三是利用计算机实现交易过程的电子商务。Landefeld 和 Fraumeni(2001)认为数字经济涵盖数字技术生产力,强调数字技术产业及其市场化应用。胡鞍钢等(2016)认为数字经济是一种新型经济发展模式,由于互联网产业迅速发展,数字经济与其他产业深度融合形成新技术、新产业、新业态,重塑产业及经济的运行模式,从促进就业、推动产业升级等各方面积极作用于宏观经济。2016年9月，二十国集团领导人杭州峰会通过的《二十国集团数字经济发展与合作倡议》[①]认为，"数字经济是指以使用数字化的知识和信息作为关键生产要素、以现代信息网络作为重要载体、以信息通信技术的有效使用作为效率提升和经济结构优化的重要推动力的一系列经济活动"。Bukht 和 Heeks（2017）认为数字经济的核心是生产基础数字产品和服务的IT/ICT部门，狭义的数字经济可以定义为经济产出当中完全或主要来源于以数字技术为基础的数字商品或服务，而广义的数字经济可以定义为信息通信技术在所有经济领域的使用。许宪春和张美慧（2020）认为数字经济应包括数字化赋权基础设施、数字化媒体、数字化交易和数字经济交易产品。中国信息通信研究院（2020）认为数字经济是以数字化的知识和信息作为关键生产要素，以数字技术为核心驱动力，以现代信息网络为重要载体，通过数字技术与实体经济深度融合，不断提高数字化、网络化、智能化水平，加速重构经济发展与治理模式的新型经济形态。陈晓红等（2022）认为数字经济是以数字化信息（包括数据要素）为关键资源，以互联网平台为主要信息载体，以数字技术创新驱动为牵引，以一系列新模式和新业态为表现形式的经济活动。纵观学界及各国政府对数字经济的定义，尚未形成统一权威标准，目前，较多学者都是采纳《二十国集团数字经济发展与合作倡议》和中国信息通信研究院（2020）对数字经济的定义进行研究。

11.2.2　数字经济的特征

当今，数字经济已成为推动全球经济的重要引擎，并呈现新的特征。

（1）数字技术推动融合创新。数字技术作为数字经济的核心要素，使创新主体之间的知识分享和合作更高效；多样化的创新主体主动适应数字化技术以创造新产品和新服务，使得数字创新产品和服务具有快速迭代的特征。新一代数字技术发展使创新过程不再受从知识积累、研究到应用的线性链条规律的限制，创新阶段边界逐渐模糊，各阶段相互作用，创新过程逐渐融为一体。

（2）数据资源成为关键要素。数据资源成为支撑价值创造和经济发展的关键生产要素，是数字经济最本质的特征、最关键的资源。数据要素具有非竞争性、共享性，可依据场景反复开发利用，其所具有的非实体性使研发、设计和试验过程大大缩短，成本降低、质量提高，并带来深度渗透、要素共享、跨界融合。利用数据资源挖掘消费者潜在需求是开拓新商业模式、创新产品服务的关键。

（3）数据平台促成开放共享。数字经济时代各类数字化平台成为协调和配置资源的基本单位，整合生产、流通、服务和消费等各个环节，推动资源的有

[①] 二十国集团数字经济发展与合作倡议，http://www.g20chn.org/hywj/dncgwj/201609/t20160920_3474.html [2023-02-22]。

机结合，创造许多新的商业模式和生产组织形态，形成平台经济、共享经济。平台所具有的强连接能力加速产业的协同生产及跨界融合进程，并形成产业数字化集聚。

（4）以个性化服务实现需求导向。数字经济发展正逐步破除以生产过程、最终产品为核心，转向以满足用户需求、用户体验为原动力。运用数字化优势和互联网优势基础，推动各模块相融合，提供更加个性化和精准化的产品和服务。

（5）以推动价值链升级为导向。数字经济以全新的技术经济范式从根本上改变着价值链各环节的空间布局与价值分配，通过发挥网络连接效应、成本节约效应、价值创造效应影响一国及其特定部门的价值链的广度与高度。

11.2.3 数字经济的影响

数字经济作为一种新型经济发展形态，依托以互联网为主的各种网络平台，以数据作为新型生产要素，推动数字技术与传统产业相互融合，对各国的生产消费、产业布局、技术进步产生重大影响。

一是数字经济促进产业结构转型升级。数字经济从要素驱动到数据驱动、从产品导向到用户体验、从产业关联到企业群落、从竞争合作到互利共生四个维度赋能制造业转型（焦勇，2020）。互联网、人工智能、大数据等数字技术的产业化和传统产业的数字化过程都可驱动产业结构转型升级。

二是数字经济促进消费规模扩大和福利水平提高。数字经济的快速发展为我国居民的消费形式带来了许多改变，电子商务销售额呈现逐年递增的态势，手机App、影视、网络博主等降低了经济活动的搜索成本、复制成本、运输成本、追踪成本及验证成本，网络上琳琅满目的商品为消费者带来更多选择的同时，也提供了便利性。因此，消费者一方面可以以更低的成本获取自己想要商品的信息或直接进行购买，另一方面，更完善的信息基础设施能帮助消费者获取各种实况信息，通过手机支付可以快速购买到一些必要物资，从而有利于消费规模的扩大和消费者福利水平的提高。

三是数字经济促进对外贸易发展。数字经济发展使得国家间往来沟通更为高效，从而加速国际贸易的发展。"数字海关"、在线物流跟踪服务等数字信息技术的运用大大克服了地理距离和制度差异带来的障碍，在很大程度上提升了数据和信息在经济体之间的流通效率，降低了贸易过程中的信息时滞和沟通协调成本。数字信息平台建设的逐步完善也加强了进、出口国之间的贸易信息交流，扩大了对外贸易的信息搜索范围，能够在一定程度上满足双方在贸易中的特定需求。利用数据信息等核心生产要素，逐渐形成融入新技术、新模式的高效生态系统，促进产业创新和资源有效配置，提升生产效率。数字经济还通过产业融合的方式，从新引擎、新业态、新平台方面推动数字经济与传统产业的高效融合,促进产业结构升级和出口贸易结构优化,进而提升出口贸易效率。

四是数字经济促进经济高质量发展。数字经济以知识和信息为核心要素,具有高成长性、经济带动性和节约交易费用等特征,通过数字技术赋能促进生产方式的变革,实现产业结构优化、经济效率提升,是经济高质量发展的引擎。

数字经济对各国的影响不仅体现在宏观经济规模上,也渗透到企业生产和群众生活的每个环节。互联网与制造业的融合不仅带来技术创新方面的正向整合,而且可能导致商业模式的重塑或重构,在制造业掀起数字化革命。例如,三一集团搭建了一个"工业互联网平台",与云计算结合,把分布全球的 30 万台设备接入平台,实时采集近 1 万个运行参数,远程管理庞大设备群的运行状况,不仅实现了故障维修 2 小时到现场、24 小时内完成,并实现了精准的大数据分析、预测和运营等支持服务。[①]马化腾指出,"数字经济"与"互联网+"概念一脉相承,又更进一个层次。"互联网+"强调连接,而"数字经济"强调的是连接之后要有产出、有效益。[①]随着数字经济强势崛起,越来越多的生产要素和经济增长点正在被发掘,由"互联网+"催生的数字经济蕴藏着推动世界各国经济发展的巨大动能,全球各国都在谋划数字经济发展战略。

11.3 世界主要国家数字经济发展现状与特征

11.3.1 美欧等国家和地区都把数字经济纳入国家战略

当今时代,互联网等数字技术、数字经济是世界科技革命和产业变革的先机,世界各国都把推进经济数字化作为实现创新发展的重要动能,力图依托各自在信息、科技等领域的优势,抢占未来发展制高点。在围绕数字经济的全球竞争中,各国抢抓数字经济的发展机遇,推出发展战略,制定治理规则,从顶层设计的高度加速数字经济布局。例如,美国商务部早在 2015 年就发布了《数字经济议程》,2019 年制定了《国家人工智能研究和发展战略计划》,在 2022 年美国又推出了《国家先进制造业战略》,其中提到了两大关键目标:一是通过大力推进数字化制造与智能化制造引领智能制造的未来;二是通过推进供应链数字化转型创新,加强供应链的相互联系。在 2020 年,欧盟发布了《塑造欧洲数字未来》,制定了《欧盟数据战略》。在 2023 年 4 月,德国在汉诺威工业博览会上提出了面向工业供应链的"制造-X"计划。韩国也高度重视数字经济的发展,在 2022 年,韩国发布了《半导体超级强国战略》;2022 年 7 月,韩国正式实施《产业数字转型促进法》;2023 年 5 月,韩

[①] "互联网+"驱动数字经济强势崛起, http://dz.jjckb.cn/www/pages/webpage2009/html/2018-04/17/content_42649.htm[2022-04-17]。

国又发布了"半导体未来技术路线图"。发展中国家也不甘落后,如印度2021年宣布了一项100亿美元芯片产业激励计划,2022年又出台了促进芯片和显示面板制造的激励计划,计划至少争取250亿美元投资。[①]可见,世界大部分国家和地区都把发展数字经济纳入了国家战略,并作为产业发展与变革的重要引擎。

11.3.2 世界数字经济发展迅猛,但国家之间的差异较大

根据中国信息通信研究院发布的《全球数字经济白皮书(2022年)》,2021年全球47个主要经济体的数字经济规模达到了38.1万亿美元,数字经济占GDP的比重达到45.0%,较上年增长5.1万亿美元。根据《全球数字经济白皮书(2023年)》,2022年全球51个主要经济体的数字经济规模为41.4万亿美元,同比名义增长7.4%,占GDP的比重为46.1%。同时,数字经济发展区域高度集中。据统计,2022年,美国、中国、德国、日本和韩国5个国家的数字经济规模为31万亿美元,占51个主要经济体数字经济规模总量的74.9%,这5个国家数字经济规模占GDP的比重为58%,较2016年提升约11个百分点;数字经济规模同比增长7.6%,高于GDP增速5.4个百分点。[①]数字经济已经成为各国经济发展的主要动力来源,有效支撑经济持续稳定发展。

尽管世界数字经济发展迅猛,但存在明显的国家差异。从数字经济发展的规模来讲,从2018年到2021年,美国、中国、德国、日本、英国和法国数字经济规模位于世界前六,但这6个国家数字经济规模的差异较大,如表11-1所示。由表11-1可知,美国排名第一,中国排名第二,但在2021年,中国数字经济规模仅为美国的46.1%,排名第三的德国仅为美国的18.8%,排名第六的法国仅为美国的8.9%。可见,美国的数字经济规模在全球遥遥领先。

表11-1 名列世界前六的国家的数字经济规模(2018~2021年)(单位:亿美元)

年份	美国	中国	德国	日本	英国	法国
2018	123 408	47 290	23 994	22 901	17 287	11 550
2019	130 652	51 954	24 380	23 949	17 606	11 698
2020	135 997	53 565	25 398	24 769	17 884	11 870
2021	153 181	70 576	28 767	25 691	21 679	13 637

资料来源:中国信息通信研究院

如表11-2所示,从数字经济规模占GDP的比重来讲,德国、英国和美国在2018~2021年都名列全球前三,到2021年三国都已超过60%。中国尽管数字经济规模名列全球第二,占GDP的比重总体上也呈现上升趋势,但到2021年比重

---

① 资料来源:《全球数字经济白皮书(2023年)》。

也仅为 39.74%，仍有较大的上升空间。

表 11-2　名列世界前六的国家的数字经济规模占 GDP 的比重（单位：%）

年份	美国	中国	德国	日本	英国	法国
2018	60.10	34.16	60.34	45.43	59.99	41.36
2019	61.11	36.23	62.70	46.79	61.59	42.86
2020	64.57	36.04	65.35	49.06	66.08	45.03
2021	65.70	39.74	67.48	51.33	69.41	46.11

资料来源：数字经济规模来自中国信息通信研究院；6 个国家的 GDP 来自国际货币基金组织、中国国家统计局

11.3.3　世界数字经济发展成效显著

随着物联网、云计算、大数据、人工智能等新技术新产业的蓬勃兴起，全球信息化、数字化、智能化进入全面渗透、跨界融合、加速创新、引领发展的新阶段，数字经济发展成效显著。

（1）加快布局新型基础设施，加强互联网等数字技术的发展。作为数字经济发展的基础，数字基础设施建设已成为未来国际竞争的主要赛道。近年来，数字技术的深度发展对数字基础设施建设不断提出新的要求，各国加快在新型数字基础设施方面的布局。截至 2023 年 3 月，全球 5G 网络人口覆盖率为 30.6%。人工智能产业平稳发展，2022 年全球人工智能市场收入达 4500 亿美元。全球 ICT 发展总体趋稳，电子信息制造业增长压力加大，电信业营收稳步增长，互联网行业营收增长放缓，软件业营收增速回落。根据《全球数字经济白皮书（2023 年）》，全球数字经济"独角兽"企业稳步发展，2022 年，全球数字经济"独角兽"企业达 1032 家，较上年增加 10 家，产业数字化"独角兽"企业较上年增加 16 家，整体进入深化应用阶段。

（2）加快产业数字化转型，推动数字经济与实体经济深度融合发展。各国高度重视产业数字化转型，根据《全球数字经济白皮书（2023 年）》，在 2022 年，全球 51 个主要经济体第一、第二、第三产业数字经济增加值占行业增加值比重分别为 9.1%、24.7%和 45.7%，产业数字化已经成为数字经济发展的主引擎。以 5G、人工智能、半导体等为代表的新兴数字技术产业化进程不断加速，为全球产业链升级提供关键支撑，全球产业数字化转型应用领域由生产研发向供应链协同、绿色低碳方向延伸，持续催生个性化定制、智能化生产、网络化协同、服务型制造等新模式、新业态，推动产业高端化、智能化、绿色化、融合化发展，助力提升产业链、供应链韧性和安全水平。

（3）充分发挥数据要素价值，加快构建数字经济新规则。近年来，各国将行业数据空间作为数据流通的关键基础设施，持续打造产业生态合力。主要经济体加

快数据空间建设探索，欧盟在"数字欧洲计划"统一体系下，多主体协同推进公共领域及行业数据空间建设；美国依托云基础设施优势，面向数据流通进行产业转型升级；日本以点破面，通过指导现有基础设施向数据流通服务方向转型，建设数据空间；中国加强行业数据空间应用牵引，培育行业龙头与初创企业产业生态。[1]

同时，数字经济创新发展对现有国际规则体系带来新的挑战，国际规则亟待重塑。针对隐私保护、数据安全、数据确权、数字税收、数据法治等，各国应继续加强网络安全国际合作和交流，增进共识和信任，共同推动制定切实可行的国际规则，让数据流动更好地促进技术进步，服务数字经济发展。

11.4 中国数字经济发展现状与特征

11.4.1 数字经济发展上升为国家战略

党的十八大以来，党中央高度重视发展数字经济。从国家战略层面对全国数字经济发展进行顶层设计和全面规划，地方出台相应举措推动数字经济发展规划落地实施，自上而下形成了完整的中国特色数字经济政策体系。

党的十八届五中全会提出，实施网络强国战略，实施"互联网+"行动计划，发展分享经济，实施国家大数据战略。2016 年发布的《中华人民共和国国民经济和社会发展第十三个五年规划纲要》明确提出"实施'互联网+'行动计划""实施国家大数据战略""实施网络强国战略，加快建设数字中国"[2]。2017 年至今，"数字经济"连续八年写入政府工作报告。2018 年 8 月，发布《数字经济发展战略纲要》，这是首个国家层面的数字经济整体战略。2021 年 3 月通过的《中华人民共和国国民经济和社会发展第十四个五年规划和 2035 年远景目标纲要》专设"加快数字化发展 建设数字中国"篇章，对"加强关键数字技术创新应用""加快推动数字产业化""推进产业数字化转型"提出了明确的目标[3]。2022 年 1 月，国务院印发《"十四五"数字经济发展规划》，明确了"十四五"期间我国数字经济发展的指导思想、发展目标和重点任务。党的二十大报告明确提出"加快发展数字经济，促进数字经济和实体经济深度融合，打造具有国际竞争力的数字产业集群"[4]。

---

[1] 资料来源：《全球数字经济白皮书（2023 年）》。
[2] 中华人民共和国国民经济和社会发展第十三个五年规划纲要，https://www.gov.cn/xinwen/2016-03/17/content_5054992.htm[2023-02-11]。
[3] 中华人民共和国国民经济和社会发展第十四个五年规划和 2035 年远景目标纲要，https://www.gov.cn/xinwen/2021-03/13/content_5592681.htm[2023-02-11]。
[4] 习近平：高举中国特色社会主义伟大旗帜 为全面建设社会主义现代化国家而团结奋斗——在中国共产党第二十次全国代表大会上的报告，http://www.qstheory.cn/yaowen/2022-10/25/c_1129079926.htm[2023-02-11]。

按照中央的部署，国家发展和改革委员会、工业和信息化部、财政部、科学技术部、农业农村部等国家部委制定实施了上百个政策文件，其内涵主要包括数字产业化政策、产业数字化政策和数字化治理政策三个方面，涉及大数据、互联网、数字技术、数字产业发展、新型基础设施建设、电子商务、智慧农业、智能制造、数字金融、数字交通、数字市场监管、数字政府建设等，覆盖了经济社会的各个领域（易棉阳，2024）。各省、自治区、直辖市纷纷出台有关政策文件，加大数字经济布局力度。各地政策既包括宏观层面的省域数字经济发展规划、行动计划和指导意见，也包括促进数字技术进步、数字化基础设施建设、数字产业发展、产业数字化转型、数字政府建设、数字化治理应用等中微观层面。[①]

数字经济的健康发展必须以完善的数字经济治理体系为保障。构建和完善数字经济治理体系，政府是主导者，法律是依据，机制是关键，技术是手段。党的十八大以来，我国颁布实施《中华人民共和国网络安全法》《中华人民共和国数据安全法》《中华人民共和国个人信息保护法》《国家网络空间安全战略》《政府网站发展指引》《国务院反垄断委员会关于平台经济领域的反垄断指南》《关于强化反垄断深入推进公平竞争政策实施的意见》《关于促进平台经济规范健康发展的指导意见》等法律法规政策（易棉阳，2024），促进了网络空间的清朗，规范了市场主体的经营行为，为我国数字经济的持续健康发展提供了制度保障。

政府的高度重视，为我国数字经济的高质量发展提供了强大动力、制度保障和政策支持。

11.4.2 数字经济发展势头强劲

1. 数字经济规模稳步提高

我国数字经济发展迅猛，其增速高于同期 GDP 的增速。如表 11-3 所示，2014～2022 年我国数字经济增速已连续 9 年超过 GDP 增速。2020 年受全球新冠疫情影响，数字经济增速和 GDP 增速均出现下降态势，但 2021 年都有所回升。从表 11-4 中可以看出，我国的数字经济规模从 2002 年的 1.2 万亿元增长到 2022 年的 50.2 万亿元，发展活力持续释放。我国的数字经济总量在 2015 年以后稳居世界第二，成为名副其实的数字经济大国。数字经济占 GDP 的比重从 2002 年的 10.0%增长到 2022 年的 41.5%，数字经济作为国民经济的重要支柱地位更加凸显。可见，数字经济的高增速已经成为经济增长的新引擎，在推动我国经济社会发展、构建全球竞争新优势中的重要作用日益凸显。

[①] 资料来源：中国数字经济发展报告（2022 年）。

表 11-3 中国数字经济增速和 GDP 增速（单位：%）

指标	2014 年	2015 年	2016 年	2017 年	2018 年	2019 年	2020 年	2021 年	2022 年
数字经济增速	21.1	17.5	18.9	20.3	20.9	15.6	9.7	16.2	10.3
GDP 增速	7.4	7.0	8.4	11.5	10.5	7.3	2.7	13.4	5.3

资料来源：《中国信息经济发展白皮书（2015 年）》《中国信息经济发展白皮书（2016 年）》《中国数字经济发展报告（2022 年）》《中国数字经济发展报告（2023 年）》

表 11-4 中国数字经济规模和占 GDP 的比重

指标	2002 年	2005 年	2008 年	2010 年	2012 年	2013 年	2014 年	2015 年
规模/万亿元	1.2	2.6	4.8	7.0	11.2	14.0	16.1	18.6
占 GDP 的比重/%	10.0	14.2	15.2	17.0	21.6	23.7	26.1	27.5

指标	2016 年	2017 年	2018 年	2019 年	2020 年	2021 年	2022 年
规模/万亿元	22.6	27.2	31.3	35.8	39.2	45.5	50.2
占 GDP 的比重/%	30.3	32.9	34.8	36.2	38.6	39.8	41.5

资料来源：《中国信息经济发展白皮书（2015 年）》《中国信息经济发展白皮书（2016 年）》《中国数字经济发展报告（2022 年）》《中国数字经济发展报告（2023 年）》

2. 数字经济与实体经济融合程度不断加深

随着数字经济的快速发展，互联网、大数据以及人工智能等数字技术逐渐突出赋能作用，数字经济向第一、第二、第三产业渗透赋能，与实体经济融合走深走实。如表 11-5 所示，数字经济在实体经济的渗透率中，第三产业高于第二产业、第二产业高于第一产业，但第一、第二、第三产业的数字经济渗透率都在不断提高，促进了传统产业数字化转型，高端化、智能化、绿色化水平不断提升，激活了巨大的市场空间和经济潜力，为经济高质量发展持续注入新动能。

表 11-5 中国数字经济在第一、第二、第三产业的渗透率（单位：%）

产业	2016 年	2017 年	2018 年	2019 年	2020 年	2021 年	2022 年
第一产业	6.2	6.5	7.3	8.2	8.9	10.4	10.5
第二产业	16.8	17.2	18.3	19.5	21.0	22.8	24.0
第三产业	29.6	32.6	35.9	37.8	40.7	43.1	44.7

资料来源：《中国信息经济发展白皮书（2015 年）》《中国信息经济发展白皮书（2016 年）》《中国数字经济发展报告（2022 年）》《中国数字经济发展报告（2023 年）》

工业互联网平台的建设对企业数字化转型能力提升有重要作用。截至 2022 年，我国已培育大型工业互联网平台 150 多家，服务企业超过 160 万家，覆盖 45 个国民经济大类。工业互联网的应用从设备管理和生产过程管理逐渐延伸到研发设计、智能制造、工艺流程、供应链管理等环节。[1]

---

[1] 资料来源：《数字中国发展报告（2021 年）》。

随着数字经济与实体经济的融合不断加深，网络化协同等新模式不断涌现，工业互联网平台发挥全面连接优势，在 2020 年防疫期间，实时打通防疫物资、生产原材料等供需信息，实现端到端的数字化管理协同，有效保障了防疫物资生产和企业复工复产。例如，海尔的工业互联网平台——卡奥斯 COSMOPlat 链接超过 2600 多家企业，发布及承接企业需求 5000 多万件，成功赋能 800 多家企业实现复工增产[①]。工业互联网平台集成边缘计算、机器视觉等智能化工具，可以实现远程智能管控、智能预排产、智能检测等功能，帮助企业化解疫情期间员工到岗不足、生产协同困难等痛点。例如，联想工业互联网平台 iLeapCloud 开发了激光检测+机器视觉联动复核的钢管表面缺陷检测解决方案，帮助某大型钢厂实现了以不超过 1.5 米/秒的速度对尺寸为 73～219 毫米的无缝钢管表面缺陷进行有效检测，漏检率降低 80%[②]，不仅帮助企业有效应对了劳动力短缺的矛盾，而且还提升了生产质量和效率。

数字化管理也成为很多企业改革的目标。企业基于工业互联网平台开展数字化管理，打通研发、生产、管理、服务等环节，实现设备、车间、物流等数据的泛在采集，推动全生命周期、全要素、全产业链、全价值链的有效连接，打造状态感知、实时分析、科学决策、精准执行的数据流动闭环，辅助企业进行智能决策，显著提升企业风险的感知、预测、防范能力，打造数据驱动、敏捷高效的经营管理体系，推进可视化管理模式普及。例如，树根互联股份有限公司与久隆财产保险有限公司、三湘银行合作，将工业互联网与大数据分析应用于动产融资、UBI（usage-based insurance，基于使用量的保险）等领域，实现对各档保险的精准定价和定向营销。

3. 数字产业与平台创新发展

数字经济主要包括数字产业化和产业数字化。数字产业化指信息技术产业的发展，包括电子信息制造业、软件和信息服务业、信息通信业等数字相关产业。近年来，我国数字产业化向高质量发展稳步迈进。数字产业化规模由 2011 年的 2.9 万亿元增至 2021 年的 8.4 万亿元，2021 年占数字经济总量的比重为 18.5%，如表 11-6 所示。在网络基础设施方面，根据《数字中国发展报告（2021 年）》，我国数字技术专利保持领先，计算机技术、数字通信领域 PCT（patent cooperation treaty，专利合作条约）国际专利申请数量均位列全球第一，全球占比均超过三分

---

① 工业互联网战"疫"｜卡奥斯 COSMOPlat：多措并举赋能企业抗击疫情、复工增产，https://mp.weixin.qq.com/s?__biz=MzI0MjE4NDUwNA==&mid=2652613691&idx=2&sn=c4a775baf2f63c3c174ed4f6f249e5a9&chksm=f2e0934cc5971a5aa65eb582b1911fbeedffa2c44cff43c815e4a4c5dc9b4b2dcc057acc67b9&scene=27[2024-10-12]。

② 工业互联网战"疫"｜联想工业互联网平台（iLeapCloud），全面助力企业复工复产，https://www.aii-alliance.org/resource/c334/n1455.html[2024-02-15]。

之一；截至 2021 年，我国 5G 基站增加到 142.5 万个，已经实现全国所有地级以上城市 5G 网络全覆盖；IPv6 地址资源总量 63 052 块（/32），IPv6 活跃用户数达 6.08 亿，位居世界第一。我国在 5G、移动支付等领域成功实现由跟跑、并跑向领跑角色的转变。

表 11-6 数字产业化和产业数字化的规模和比重

指标	2011 年	2014 年	2015 年	2016 年	2017 年	2018 年	2019 年	2020 年	2021 年
数字产业化规模/万亿元	2.9	4.2	4.8	5.2	6.2	6.4	7.1	7.5	8.4
数字产业化占数字经济总量的比重/%	30.9	26.1	25.8	23.1	22.8	20.5	19.6	19.2	18.5
产业数字化规模/万亿元	6.5	11.9	13.8	17.4	21.0	24.9	28.8	31.7	37.1
产业数字化占数字经济总量的比重/%	69.1	73.9	74.2	76.9	77.2	79.5	80.4	80.8	81.5

资料来源：中国信息通信研究院

产业数字化指以新一代信息技术为支撑，传统产业及其产业链上下游全要素的数字化改造，通过与信息技术的深度融合，实现产业赋能。近年来，我国产业数字化呈现由单点应用向全局协同的演进趋势，并持续向深层次领域拓展。根据《中国数字经济发展白皮书（2023 年）》，规模以上工业企业的关键工序数控化率由 2017 年的 46.4%提高到 2021 年的 55.3%，再提高到 2022 年的 55.7%；数字化研发设计工具普及率由 2017 年的 63.3%上升到 2021 年的 74.7%，再上升到 2022 年的 75.1%。由表 11-6 可知，我国产业数字化规模由 2011 年 6.5 万亿元增至 2021 年的 37.1 万亿元，2021 年占数字经济总量的比重为 81.5%。

党的十八大以来，以互联网为载体的中国本土平台企业快速成长。2014 年，阿里巴巴集团在纽约证券交易所上市，成为美股史上最大 IPO。2018 年年末，全球市值最高的十家公司中，平台企业占七席，分别是苹果、微软、谷歌、亚马逊、脸书、阿里巴巴、腾讯，阿里巴巴、腾讯两家中国企业位列其中。到 2020 年底，我国在境内外上市的互联网企业共计 147 家，总市值 16.8 万亿元，其中，在沪深上市的有 48 家、在香港上市的有 38 家、在美国上市的有 61 家。[①]如表 11-7 所示，在 2019 年《福布斯》公布的全球数字经济 100 强榜单上，中国企业有 14 家。可见，我国数字经济多个领域已走进全球第一方阵，我国已成为引领全球数字经济创新的重要策源地。

---

① 资料来源：第 47 次《中国互联网络发展状况统计报告》。

表 11-7　2019 年《福布斯》公布的全球数字经济 100 强榜单（中国企业名单）①

排名	公司名	国家和地区	分类
8	中国移动有限公司	中国	电信服务
10	阿里巴巴集团	中国	互联网和目录零售
14	腾讯控股	中国	计算机服务
19	台积电	中国台湾	半导体
24	鸿海精密	中国台湾	电子产品
27	中国电信股份有限公司	中国	电信服务
34	中国联合网络通信（香港）股份有限公司	中国香港	电信服务
44	京东	中国	互联网和目录零售
49	百度	中国	计算机服务
56	小米集团	中国	—
71	中国铁塔股份有限公司	中国	—
88	联想控股	中国	计算机硬件
89	联想集团	中国香港	计算机硬件
90	网易	中国	计算机服务

11.5　中国数字经济和实体经济融合的挑战与发展思路

11.5.1　面临的挑战

伴随着新技术的快速发展和应用，数字经济发展及其与实体经济的融合依然面临着诸多挑战和问题，存在着数字经济与实体经济融合不深、不全，出现不愿融合、不便融合、不能融合及区域行业融合不平衡等现象。

（1）存在数字鸿沟，下沉市场融合发展受阻。"十四五"时期，推进数字经济与实体经济融合不仅需促进互联网巨头及头部实体企业耦合发展，更要全面推动欠发达地区的数字经济与实体经济共生互融。然而，数字鸿沟对下沉市场（乡镇农村、三线以下城市）的融合产生了负面影响，数字经济与实体经济融合在区域上存在明显的非均衡特征。

（2）核心技术外部依赖性大，技术供需短板限制了数字经济与实体经济融合。从数字技术的供给来看，我国数字经济的关键技术和核心部件自主研发能力仍有待加强，集成电路芯片和软件对外依存度较大，工业网络核心架构依赖国外。从数字技术需求来看，新一代工业数字技术应用场景仍然缺乏，多数企业数字化普及率、核心环节数控化率仍然偏低，核心生产环节数字赋能较弱，无法为数字经济与实体经济融合提供软件的可靠供应。同时，数字技术高附加值的受益者主要

---

① 全球数字经济 100 强出炉：中国 14 家企业入选，BATJ 在列，https://news.cctv.com/2019/10/12/ARTIz5QiATaOuOltc3PNH9Az191012.shtml[2023-05-11]。

还是技术来源国,数字技术对我国制造业带来的激励作用难以得到充分发挥。我国占领的多为低端市场,核心技术及国际品牌仍然较为缺乏。

(3)企业对数字化转型的认知模糊,企业数字战略能力不足。企业数字化转型需要从战略层面进行统筹谋划和顶层设计。主要表现在两个方面:一是数字集成化能力不足,部分企业重视网络、系统、平台等建设,还未能从战略全局层面推进业务数字化转型,缺乏对企业组织结构、运行机制、管理制度等全方面、多层次的革新,数字化转型仅停留在数字技术创新应用上。二是数据要素化能力不足,数据作为生产要素的地位和作用仍不强,部分企业重视数据采集和汇聚,却忽视以数据深度挖掘来促进业务战略转型,缺乏从战略层面以数据促进业务形态、服务模式、管理模式等变革创新。

(4)监管较为滞后,政府数字生态治理能力不足。数字平台垄断导致价格机制的作用难以得到充分发挥,无法真正实现市场对资源的合理配置;既有的市场界定规则对数字平台企业适用性有所不足,相关制度与政策法规相对缺位,制约着数字经济与实体经济耦合发展。头部数字平台的爆炸式发展形成了"赢家通吃""一家独大"的格局,头部平台的巨大力量会阻碍潜在的市场进入者,对创新创业产生挤出效应,扭曲数字市场的正常发展,给数字经济和实体经济的融合发展带来负面影响。这对政府数字生态治理能力提出了挑战。数字生态治理已成为数字经济领域治理的重要命题,需要有为政府与有效市场相互赋能。主要存在两方面问题:一是数字规则制度供给不足,存在规则缺失、滞后,适用性差,匹配度弱等现象,在"产业大脑"建设运营中对各类主体的行为活动缺乏规范约束,对企业参与运用"产业大脑"缺乏有效的激励机制设计,在发挥数据生产要素作用上,数据确权规则、价格形成机制、交易流通制度等方面还处于空白。二是数字素养和技能不足,如平台垄断监管、算法治理等难题具有隐蔽性、复杂性,如何在加强互联网平台监管的同时充分利用平台数据为政府治理赋能、如何根据发展进展动态调整和创新公共政策,都对数字治理能力提出了高要求,尤其是既懂算法理论又懂数字技术,还熟悉业务的高复合型人才普遍匮乏。

(5)产业多元主体协同能力不足,数字经济和实体经济各行业、各产业融合发展的程度不均衡。由于多元主体间存在信息不对称、竞争合作关系复杂等原因,产业多元主体间协同深度和广度仍不够。主要表现在两个方面:一是连接能力不足。产业链内同类和不同主体通过多向交互共同推动协同创新,但对于涉及企业核心竞争力的关键技术和信息难以有效共享,龙头企业或"链主企业"不仅直接参与系统内活动,也掌握着系统资源通道,具有"裁判员"和"运动员"双重身份,难以真正实现深度连接、高效协同。二是融通能力不足,智能理论、数字技术与业务发展的有效衔接、融会贯通不足。以制造业领域为例,当前制造企业虽拥有较为丰富的工业制造专家知识,但数字化机理模型更多产生于高校、研究所的实验室，与工业知识存在脱节、缺乏融合，数字技术供给浅层化、碎片化。数字经济和实体经济各行业、各产业融合发展的程度不均衡。截至 2022 年底，我国第一、第二、第三产业数字化渗透率分别为 10.5%、24.0%、44.7%（中国信息通信研究院，2023）。第三产业数字化发展较为超前，但是第一、第二产业则相对滞后。科研和技术服务、文化娱乐、商贸服务等领域数字化渗透程度较高，工业领域数字化发展不断加速，但农林牧渔等领域数字化发展则相对较慢。

11.5.2 发展思路

（1）加快新型数字基础设施建设，全方位推动基础设施能力提升。新型数字基础设施是以数据、软件、芯片、通信及分子涂层等"数字材料"为主体构建的软硬件一体的基础设施。应加强大数据、人工智能、5G 等数字化技术研发，适度超前建设 5G、算力等信息基础设施，加快推进智能化演进升级，提升产业数字化基础设施水平；加快推进传统产业基础设施数字化进程，提升传统产业数字化发展水平；搭建产业数字化赋能平台，加快产业价值链的数字化渗透，改造升级产业环节，提高产业资源配置效率。

（2）突破关键核心技术"卡脖子"问题，促进数字技术主导的产业升级。缺乏关键核心技术，一直是我国数字经济领域产业创新和国际竞争的"软肋"与"瓶颈"。因此，我国应集中优势资源，最大限度地激发各类创新主体的潜能、释放各类创新主体的活力；进一步加大对企业数字技术创新支持力度，从税收优惠、政府补助等方面提供必要的财政支持，激发企业数字技术创新的积极性；多途径持续给予技术创新充足的资金支持，强化自主研发能力，强化数字经济共性技术、关键技术供给；构建超前的人才战略体系，储备一批数字经济领域高端人才，发挥数字经济对实体经济的加速、叠加效应。

（3）以提高企业参与积极性为关键，深化市场化改革模式创新。一是深化新模式探索。继续深化龙头企业、"链主企业"牵头建设"产业大脑"模式，创新推出一批普惠型、开放式的服务治理场景。加快探索"产业大脑"第三方机构联建模式，支持产业联盟、行业协会、产业园区、专业智库等机构共同组建联合体，明确职责边界，在"产业大脑"建设上探索出一条新路。探索成立政企协同、多方参与的第三方运营公司，建立健全"产业大脑"常态长效持续运营机制。二是强化新技术应用。积极开展"隐私计算""区块链"等新型数字技术在"产业大脑"建设和相关跨应用场景中的运用，强化数据所有权和使用权分离，着力破解同质企业交互数据隐私保护、不同企业互信机制、跨行业数据流通等难题，确保在安全合规的前提下最大化释放数据价值。

（4）以提升产业基础高级化和产业链现代化为导向，丰富现代化新型组织基本单元。一是打造一批数字经济和实体经济融合型的标杆企业。培育一批兼具数字技术能力和实体经济属性、对推动数字化转型具有较强促进作用的数字经济和实体经济融合型的标杆企业,加大政策支持力度,探索出一条"大带小、新型带传统"的有效路径。二是建设一批枢纽型新型产业组织。鼓励互联网平台、行业龙头企业等优势主体,发挥资源优势和协同作用,集聚各方资源,建设一批具有枢纽型、联合性功能的产业组织,更好服务企业发展,助推产业转型升级。三是培育一批通用型数字服务包。依托"产业大脑"和"未来工厂"等组织,强化科研院所、智库机构与市场主体深度对接,分行业、分模块研发一批具有独立性、通用性和可移植性的细分行业数字化转型通用解决方案、数据要素增值应用通用包、模型算法通用包,并嵌入相关应用场景,为企业服务。

(5) 以发挥数据新型生产要素关键作用为核心,健全数字规则和治理体系。一是丰富数字规则供给。持续迭代完善"产业大脑"数据归集、交互共享、开发应用规章制度建设,明确各类主体尤其是龙头企业、建设单位行为规范要求,支持行业自治、多元共治,引导产业联盟、行业协会等组织推出行业数据治理公约等软性规则。深入开展数据确权规则、价格形成机制、交易流通制度等重点关键问题研究,积极开展相关试点探索实践,加快转化成制度成果。二是创新激励机制设计。打通数据要素使用与"创新券"等的应用兑换渠道,探索数据交易与"创新券"协同流通机制,探索将数据要素增值应用通用包纳入技术市场交易范围,并给予适当政策支持。探索开展"以智能增效能"专项行动,将数据要素贡献度纳入"亩均论英雄"评价体系。三是提升数字治理能力。强化智能算法、机理模型等内容专题培训,进一步提升领导干部数字素养和技能。探索设置"数据特派员"制度,筛选一批复合型专业化人才,建立数据特派员专家库,常态化开展特派员进企业服务活动。

(6) 强化制度创新,不断持续完善促进数字经济和实体经济融合的政策体系,因地制宜形成优势互补、联动发展的空间布局。一是优化制度政策措施。完善促进数字产业化和产业数字化政策体系,加大对数字前沿技术研发的支持力度,加快数字科技成果市场化转化;围绕数字场景,强化新领域、新赛道制度供给,完善促进新技术与新场景对接的政策措施,加快新一代信息技术全方位、全链条普及应用。通过政府的顶层设计、政策引导、财政支持,优化我国数字经济和实体经济融合发展环境,促进创新链、产业链、资金链、政策链精准对接,不断推动数字经济发展水平提高,更好地发挥数字经济对区域经济韧性的提升作用。二是因地制宜促进东中西部数字经济协调发展。不同区域有不同的资源禀赋与产业基础,应有重点、有选择地发展数字经济相关产业。数字经济发展较快的地区创新要素丰富,应集中区域资源,打造数字经济科创中心,发挥数字增长极的辐射带动作用,带动周边地区摆脱"孤岛"局面,缩小数字鸿沟,带动数字经济整体发展。数字经济发展较慢的地区创新资源存量相对匮乏,产业结构和技术缺乏活力,应基于自身的区位优势,发展特色产业,融入地区产业链,推动区域传统产业实现数字化转型,与周边区域实现互联互通,充分释放数字红利。鼓励各地区因地制宜,发挥区域的产业优势,关注区域间发展差异,推动数字经济协调发展,改善区域经济发展的不平衡性,加快落后偏远地区数字基础设施发展建设步伐,重视产业数字化建设,促进生产要素自由跨区域流动,发挥市场经济的资源配置作用,保障经济稳定、高质量发展。

11.6 本章小结

本章通过文献回顾和梳理,阐述了数字经济的内涵、特征及其影响;从美欧等国家与地区发展数字经济的国家战略、世界数字经济发展规模及其增速、世界主要国家数字经济发展的差异,以及世界数字经济发展成效方面,研究了世界主要国家数字经济发展现状与特征;从中国数字经济发展上升为国家战略、数字经济规模稳步提高、数字经济与实体经济融合程度不断加深、数字产业与平台创新发展等方面研究了中国数字经济发展的现状和特征;此外,本章还深入分析了中国数字经济和实体经济融合的挑战与发展思路,以期为我国数字经济高质量发展提供对策建议。

第12章　数字化转型对制造业企业技术创新的影响研究

12.1　本章问题的提出

随着以人工智能、云计算、移动互联网、大数据等为代表的数字化技术不断升级迭代，数字化已然渗透到经济社会的各个层面，为技术创新提供了更多的可能性，推动着中国经济由高速发展阶段转向高质量发展阶段。作为数字经济主战场的制造业一直面临着由"制造大国"向"制造强国"转变的难题，而数字技术的发展无疑为赋能制造业发展提供了思路。2022年我国数字经济总量稳居全球第二，规模达到50.2万亿元，占GDP比重提升至41.5%[①]。然而，在世界知识产权组织发布的《2021年全球创新指数报告》中，中国仅排第12位[②]。此外，根据埃森哲发布的《可持续发展进行时，跨越数字化分水岭：2021埃森哲中国企业数字转型指数》，进行数字化转型的中国企业中领军企业占比仅为16%[③]，这说明数字化转型与企业发展过程中的适配性还有待提高。鉴于此，分析数字化转型对企业技术创新的影响及作用机制，对我国实现从创新大国向创新强国的"蝶变"具有重要的理论价值和现实意义。

随着数字技术的发展和普及，越来越多学者关注到数字化转型对企业技术创新的作用，并逐渐形成了一些富有启发性的结论，主要成果至少可分为三类。其一，数字化转型对企业技术创新有直接或间接的积极作用。在宏观层面，韩先锋等（2019）首次把互联网纳入区域创新效率的分析框架，认为互联网和基础设施普及能够提高区域创新效率水平。杨水利等（2022）发现数字化转型企业所处产业竞争水平越高、所处地区市场化程度越低，数字化推动创新效率的作用就越明显。李晓钟和毛芳婷（2023）发现数字经济能显著提升"一带一路"共建国家的创新绩效，且创新溢出效应具有边际效应递增的非线性特点。在微观层面，刘艳霞（2022）发现企业数字化转型在技术层面能够促进企业效率变革和技术创新，

---

① 2022年我国数字经济规模达50.2万亿元，http://www.gov.cn/yaowen/2023-04/28/content_5753561.htm [2023-11-11]。

② 《2021年全球创新指数报告》发布 中国排名连续9年稳步上升，http://www.gov.cn/xinwen/2021-09/21/content_5638535.htm[2023-11-11]。

③ 可持续发展进行时：跨越数字化分水岭，https://www.accenture.com/cn-zh/insights/artificial-intelligence/digital-transformation-index-2021[2023-11-11]。

且在时间上对全要素生产率的提升作用有一定的持续性。张国胜和杜鹏飞（2022）研究表明数字化转型促进了技术创新数量的增加，但制约了技术创新质量的提升，且"双重套利"和"同群效应"是导致企业技术创新质量难以提升的重要原因。

其二，数字化转型对企业技术创新存在着消极影响。Teece（2018）提出数字经济面临特殊的商业模式，如果技术创新不被重视，会影响未来创新水平，导致社会对未来研发的投资不足。戚聿东和蔡呈伟（2020）认为数字技术难以和企业原始资源融合，商业模式创新的积极影响会被管理不平衡所抵消。Rolland 和 Hanseth（2021）认为数字化转型过程会受限于企业现有技术和社会历史背景而对组织创新绩效产生不利影响。

其三，数字化转型和企业技术创新间呈现出非线性关系。唐要家等（2022）提出数字经济对创新绩效表现出"创新潜力滞后—创新融合释放—创新绩效牵制"的动态非线性变化轨迹。董香书等（2022）基于数字鸿沟视角发现数字经济能够促进制造业技术创新，但其中存在"边际效应"非线性递增的特征。李晓静和蒋灵多（2023）认为数字化对企业创新的影响呈现出显著的非线性特征，创新的促进作用在企业资本禀赋和研发强度越过门槛值后会极大增强。

与已有研究相比，本章的创新性探索主要体现在：其一，拟将数字中国时代下微观企业数字化转型与企业技术创新相联系，并基于企业技术创新数量和企业技术创新质量两个维度，揭示数字化转型对企业技术创新数量和创新质量影响效应的差异性，并探究数字化转型对企业技术创新影响效应的产权异质性、行业异质性和时间异质性。其二，拟探究数字化转型对企业技术创新的作用机制，揭示数字化转型通过降低信息不对称程度、缓解融资约束赋能企业技术创新的传导机制。其三，拟利用门槛模型分析数字化转型对技术创新质量的影响存在边际效应递增的非线性特征，揭示人力资本在促进数字化转型对企业技术创新质量的提升效应中的作用，从而为数字化转型推动企业更高质量的技术创新提供有益思路。

12.2 数字化转型对企业技术创新的影响机制

12.2.1 数字化转型对企业技术创新的影响效应

数字技术与制造业不断交叉融合，有益于制造业企业创新资源的聚集、优化和配置，使企业产品研发设计、生产制造、销售服务等过程相互渗透、交叉甚至重组，从而促进制造业转型升级，技术创新增量提质。

第一，数字技术降低企业研发设计的试错成本，提高企业技术创新成功率。传统技术创新活动试错成本高昂，企业只能依靠研发人员的经验筛选和验证少量方案，而数字化企业能够让研发人员在虚拟环境中模拟研发生产、市场趋势等不同场景,高效、低成本地进行大量不同方案的测试验证,使得各部门人员快速了解研发全过程的运行情况,这不仅能有效降低技术创新实际运作中的失败概率,还能避免陷入经验形成的路径依赖,加快研发创新速度。

第二,数字化转型推进生产过程网络化、智能化,优化原有产品设备研发创新。一方面生产过程的自动化体现在机器换人方面,企业内的工作可以部分被新型机器设备所取代,从事原有工作的人可以有更多精力和时间做更具创新性的任务;另一方面,制造行业内建设智能制造单元、智能生产线、智能工厂等,形成人与智能系统协同制造的创新,有利于突破工业能力限制,提高企业产品设备更新换代的创新能力,大幅提升制造业创新水平。例如,徐工集团工程机械股份有限公司在行业内率先实施数据采集与监视(supervisory control and data acquisition,SCADA)系统,拥有超过2000台联网设备,近18万个接入数据点,每天生产超过5亿条数据[①],系统可以实时监控生产线和设备的利用率、能耗等,还能采集和分析产品加工过程质量、检测信息等多种情况。

第三,数字化转型促进制造业企业实现"数字化+制造+服务"融合创新。一方面,数字技术为客户参与商品设计和生产过程提供可视化平台,客户个性化需求被激发后能够积极参与到产品创意设计中,对产品和服务的诉求倒逼企业开展以客户需求为导向的技术创新(赵丽锦和胡晓明,2022)。另一方面,云计算、物联网等数字新技术在企业内部的灵活应用有助于开发新的售后服务模式,在新模式下企业能够在后台直观了解智能产品使用情况,并根据产品运行状态的数据分析其是否需要清洁维护、更换零件或进行质检,提前判断以便告知客户,将服务从事后变成事前,不仅降低了企业成本,又能在一定程度上满足客户对各种服务的需求,从而增强了企业在数字化转型过程中的创新开发能力。基于此,本章提出如下假设。

假设12.1:数字化转型能够促进企业技术创新数量和质量的提升。

12.2.2 数字化转型对企业技术创新影响的传导机制

数字化转型能够有效缓解信息不对称,增强积极的市场预期,为促进企业技术创新拓宽"信息渠道"。首先,数字化转型可有效提升企业信息传递的便捷性。随着数字化、智能化信息处理技术愈发成熟,企业信息的传播速度呈指数级增长,以互联网平台为代表的新型信息传递渠道使企业信息传递链条的中间环节得到了精简,降低了企业内外信息传递过程中的噪声和失真,提高了信息传递效率(徐子尧和张莉沙,2022),从而能够及时向市场还原企业动态和运营发展情况,对企业信息环境产生积极影响,推动企业内外部有关技术、资金等资源的信息高效循

---

① 徐工王民:"缔结同盟军"!力争2025年挺进世界工程机械前三强!http://www.sushang.cn/celebrity/184.html[2024-03-22]。

环流动。例如，基于微博、"互动易"和"上证 e 互动"等各种形式多样的网络技术平台，投资者与管理层之间不仅可以实时直接沟通并反馈信息，还能多方面了解来自股东、债权人、客户、供应商、监管部门的信息，从而及时准确地了解企业研发新动态和经营运作情况。

其次，数字化转型能够提高企业内外部信息的透明度。在数字技术的作用下，企业内部能够运用其大数据优势，将数据进行结构化、标准化输出，有效提升处理和挖掘数据的能力，提高企业原有生产经营过程中的信息可利用程度（沈剑飞等，2022）。同时越来越多企业通过数字技术建立起与市场各主体的沟通"桥梁"，丰富的信息和高效的交易反馈渠道可以减少企业在面临不确定情况下的机会主义行为，能够使企业决策、控制过程与交易结果具有充分的事实依据和可预见性，从而实现效用最大化，提升企业的经济效益。例如，美的曾有一款主打烤肉功能的电烤箱，质量佳却销量差，企业通过市场信息数据进行用户画像分析后发现是年轻人的偏好已从烤肉转向烘焙，于是进行产品调整创新，新产品收获了极佳的市场利润。因此，企业实现数字化转型后能更高效地利用可得信息，提升企业内外部信息透明度，使企业有相对充足的信息和充裕的资金投入技术创新过程，进而推动企业技术创新数量和质量水平的提升。基于此，本章提出如下假设。

假设 12.2：数字化转型通过降低信息不对称程度，推动企业技术创新数量和质量的提升。

数字化转型能够降低融资约束，为企业开展技术创新提供资金支持。首先，数字化转型能够降低企业的借贷门槛和融资成本。数字技术的广泛应用能够增强企业经营状况的披露强度，银行等其他融资机构可以凭借大量的数据对企业情况进行识别判断（范红忠等，2022），优化原有传统的金融服务模式，实现银行与企业的紧密相连，增强资本对企业技术创新和研发投入的支持力度（Goldfarb and Tucker, 2019）。例如，华夏银行对专精特新企业实行名单制管理，对不同细分领域、不同发展阶段的企业进行数字化匹配，实施定制化服务方案，快速高效地审批和放款以保障企业资金需求。

其次，数字化转型可以提升企业在市场上的整体评价和声誉。随着信息技术的发展和市场竞争格局的变化，越来越多的企业意识到通过数字化转型可快速响应客户需求，同时中国政府已经陆续出台了一系列政策措施，支持企业进行数字化转型，包括《智能制造发展规划（2016—2020 年）》《工业互联网创新发展行动计划（2021—2023 年）》等。符合政策和市场导向的数字化企业既能获得更多的优惠政策倾斜及政府资源投入，还能向资本市场传递发展前景广阔的积极信号，更加受到资本市场的认可，这会对企业融资环境产生积极影响，缓解融资约束，为企业技术创新活动的开展提供资金保障。因此，企业数字化转型扩大了企业资本来源渠道，提高了信贷匹配效率，有效缓解了企业融资贵、融资难的问题，为企业带来了更多的外部投资，进而推动企业技术创新数量和质量水平的提升。基于此，本章提出如下假设。

假设 12.3：数字化转型通过缓解融资约束，推动企业技术创新数量和质量的提升。

12.2.3 数字化转型对企业技术创新的非线性影响

数字技术更新换代的速度加快使得技术创新的要求更高，而人才正是创新的首要资源，高素质人才更是企业在攻克关键核心技术并获得市场地位的至关重要的因素。其一，数字技术应用能将人才链嵌入企业产业链和创新链的每一个环节。数字化转型企业可以根据产业结构特点、核心技术现状和人才招引需求，利用大数据全面分析专业论文发表、专利授权等关键信息，合成人才关系网，刻画学术指纹，对人才精准定位，形成立体清晰的人才画像，提高人才与企业创新需求的匹配度，这有利于聚焦技术创新的靶向延伸。其二，数字化转型可以优化人力资源配置，提高企业内部的知识重组和再创造能力。一方面，随着技术水平的进步，企业通过数字技术实施智慧生产和研发，加大了对高技能和高学历员工的需求，而数字经济的发展恰好有利于高水平人才的培养和企业创新能力的增强（李晓钟和毛芳婷，2023）；另一方面，高学历、高素质的人力资本具有较强的学习能力和较多的知识储备，能主动学习先进技术和知识，并结合企业的创新要素资源对外源知识吸收消化，同时企业内部高素质人力资本的大量聚集能够推动知识、技术在各类人才间的互补和叠加，从而提高企业技术创新的成功率，有助于关键核心技术的协同攻关。因此，数字化转型推动高质量人力资本的汇聚，为企业研发注入了知识的活力和动力，从而对技术创新质量的提升作用也会逐渐增强，使企业不局限于对技术创新求"快"轻"好"、求"量"轻"质"。基于此，本章提出如下假设。

假设 12.4：在人力资本作用下，数字化转型对企业技术创新质量存在边际效益递增的非线性影响。

12.3 数字化转型对企业技术创新的影响效应与异质性的实证研究

12.3.1 模型构建、变量说明与数据来源

1. 模型构建

为检验假设 12.1，借鉴以往研究文献，本章构建如下计量模型：

$$Y_{i,t} = \alpha_0 + \alpha_1 \mathrm{dig}_{i,t} + \sum \varphi_i \mathrm{control}_{i,t} + \delta_i + \delta_t + \varepsilon_{i,t} \tag{12-1}$$

式中，$Y_{i,t}$ 表示企业技术创新水平，分别从创新数量（patentud）和创新质量（patenti）两个维度刻画；$\mathrm{dig}_{i,t}$ 表示企业数字化转型程度；$\mathrm{control}_{i,t}$ 表示控制变量，其中包括公司规模（size）、资产负债率（lev）、现金流比率（cash）、账面市值比（bm）、营业收入增长率（growth）、前十大股东持股比例（top10）、上市年限（listage）；δ_i 表示个体固定效应；δ_t 表示时间固定效应；$\varepsilon_{i,t}$ 表示随机扰动项。α_1 是本章重点关注的系数，即如果企业数字化转型对技术创新（包括技术创新数量、技术创新质量）水平有显著的提升作用，系数 α_1 应该显著为正。为使选定模型更加可靠，本章通过 Hausman 检验确定固定效应优于随机效应，因此选取固定效应模型作为基准回归模型。

2. 变量说明

（1）被解释变量。本章主要关注企业技术创新，并分别从企业技术创新数量（patentud）、企业技术创新质量（patenti）两个维度进行衡量。根据中国对专利类型的分类以及三种专利科技创新含量的差异，同时参考黎文靖和郑曼妮（2016）与胡山和余泳泽（2022）的做法，本章认为非发明专利授权（包括实用新型专利和外观设计专利）能够较好地反映企业技术创新数量，发明专利授权能够较好地反映企业技术创新质量。因此本章以当年获得授权的非发明专利数量加1后取自然对数来衡量企业技术创新数量，以当年获得授权的发明专利数量加1后取自然对数来衡量企业技术创新质量。

（2）核心解释变量。本章的核心解释变量为企业数字化转型程度。为了较准确地反映企业数字化转型的程度，借鉴吴非等（2021）、赵宸宇等（2021）关于数字化的研究，按如下步骤构建我国制造业上市企业数字化转型指标：①对我国沪深A股制造业上市公司2007～2021年的年报进行收集整理，并将其转为文本格式；②整理归集数字化转型的特征词库，具体细分指标名称如表12-1所示；③运用Python对上市公司年报提取的数据库进行分析，根据企业数字化转型特征词进行搜索—匹配—词频统计—词频加总，据此描述数字化转型程度。鉴于此数据呈现出较为明显的"右偏性"，本章在总词频基础上进行了对数化处理。

表12-1 企业数字化转型的特征词库

类别	词汇
人工智能技术	人工智能、商业智能、图像理解、投资决策辅助系统、智能数据分析、智能机器人、机器学习、深度学习、语义搜索、生物识别技术、人脸识别、语音识别、身份验证、自动驾驶、自然语言处理、高端智能、工业智能、移动智能、智能控制、智能终端、智能移动、智能管理、智能工厂、智能物流、智能制造、智能仓储、智能技术、智能设备、智能生产、智能网联、智能系统、智能化、自动控制、自动监测、自动监控、自动检测、自动生产、数控、一体化、集成化、集成解决方案、集成控制、集成系统、工业云、未来工厂、智能故障诊断、生命周期管理、生产制造执行系统、虚拟化、虚拟制造

续表

类别	词汇
大数据技术	大数据、数据挖掘、文本挖掘、数据可视化、异构数据、征信、增强现实、混合现实、VR
云计算技术	云计算、云生态、云服务、云平台、流计算、图计算、内存计算、多方安全计算、类脑计算、绿色计算、认知计算、融合架构、亿级并发、EB级存储、物联网、信息物理系统
区块链技术	区块链、数字货币、分布式计算、差分隐私技术、智能金融合约
信息化	信息共享、信息管理、信息集成、信息软件、信息系统、信息网络、信息终端、信息中心、信息化、网络化、工业信息、工业通信
数字技术运用	移动互联网、工业互联网、移动互联、互联网医疗、电子商务、移动支付、第三方支付、NFC支付、智能能源、B2B、B2C、C2B、C2C、O2O、网联、智能穿戴、智慧农业、智能交通、智能医疗、智能客服、智能家居、智能投顾、智能文旅、智能环保、智能电网、智能营销、数字营销、无人零售、互联网金融、数字金融、Fintech、金融科技、量化金融、开放银行、数据管理、数据挖掘、数据网络、数据平台、数据中心、数据科学、数字控制、数字技术、数字通信、数字网络、数字智能、数字终端、数字营销、数字化、移动互联网、工业互联网、产业互联网、互联网解决方案、互联网技术、互联网思维、互联网行动、互联网业务、互联网移动、互联网应用、互联网营销、互联网战略、互联网平台、互联网模式、互联网商业模式、互联网生态、电商、电子商务、internet、互联网+、线上线下、线上到线下、线上和线下

注：EB 表示艾字节（exabytes），约为 2^{60} 字节；NFC 表示近场通信（near field communication）；Fintech 即金融科技（financial technology）；internet 即互联网

（3）控制变量。本章参考刘艳霞（2022）、袁淳等（2021）的研究，加入了公司规模（size）、资产负债率（lev）、现金流比率（cash）、账面市值比（bm）、营业收入增长率（growth）、前十大股东持股比例（top10）、上市年限（listage）作为本节模型中的控制变量，另外模型中对年份固定效应和个体固定效应也进行了控制。主要变量及其计算方法如表 12-2 所示。

表 12-2 主要变量及其计算方法

变量类型	变量名	变量定义	计算方法
被解释变量	patentud	非发明专利授权数	实用新型专利和外观设计专利授权数总和+1，取对数
	patenti	发明专利授权数	发明专利授权数+1，取对数
核心解释变量	dig	数字化转型程度	年报中数字化转型相关词汇的词频+1，取对数
控制变量	size	公司规模	年末总资产，取对数
	lev	资产负债率	年末总负债/年末总资产
	cash	现金流比率	经营活动产生的现金流量净额/总资产
	bm	账面市值比	账面价值/总市值
	growth	营业收入增长率	本年营业收入/上一年营业收入-1
	top10	前十大股东持股比例	前十股东持股数量/总股数
	listage	上市年限	当年年份-上市年份+1，取对数

3. 数据来源

本章以 2007~2021 年的中国制造业上市企业为研究对象，相关企业年报数据

来自上海证券交易所、深圳证券交易所官方网站，企业专利信息数据来自中国研究数据服务平台（Chinese Research Data Services Platform，CNRDS），其他数据来自 CSMAR 数据库。本章将 2007~2021 年中国制造业上市企业相关数据依据"企业代码-年度"将数字化转型程度、专利数据和其他变量进行匹配，数据处理过程中，删除 ST（special treatment，特别处理）和 ST*企业、新三板企业、9 开头的 B 股企业及数据缺失较多的企业。最终获得 24 525 个观测值。

12.3.2 实证结果及分析

1. 描述性统计

表 12-3 为主要变量的描述性统计结果。由表 12-3 可知，企业技术创新数量和质量均存在较大的差距，且发明专利授权数均值低于非发明专利授权数，与中国目前创新质量水平相对较低的现实相吻合。从企业数字化转型程度（dig）来看，数字化转型程度的均值和标准差分别为 2.664 和 1.175，25%分位数和 75%分位数分别为 1.792 和 3.466，表明大多数制造业企业已经开始数字化转型，但企业间的数字化转型水平差异较大。在样本中有超过一半的企业低于平均水平，这说明当前中国制造业企业数字化转型的进展仍相对缓慢。

表 12-3 主要变量的描述性统计结果

变量名	样本数	均值	标准差	25%分位数	中位数	75%分位数	最小值	最大值
patentud	24 525	2.831	1.840	1.609	3.045	4.143	0	9.298
patenti	24 525	1.666	1.496	0	1.609	2.565	0	8.731
dig	24 525	2.664	1.175	1.792	2.639	3.466	0	6.909
size	24 525	21.907	1.171	21.060	21.750	22.561	19.405	26.430
lev	24 525	0.396	0.196	0.237	0.387	0.540	0.027	0.925
cash	24 525	0.049	0.068	0.010	0.047	0.088	−0.224	0.283
bm	24 525	0.817	0.811	0.344	0.578	0.985	0.051	10.140
growth	24 525	0.178	0.388	−0.009	0.121	0.281	−0.660	4.330
top10	24 525	0.587	0.150	0.480	0.596	0.705	0.199	0.910
listage	24 525	1.918	0.914	1.386	2.079	2.639	0	3.367

2. 基准回归分析

表 12-4 为数字化转型程度影响企业技术创新的基准回归结果。数字化转型程度（dig）的系数均在 1%的水平下显著为正，这说明数字化转型既增加了企业技术创新数量，又提高了企业技术创新质量，即数字化转型有效推动了企业技术创新的量质提升，从而验证了假设 12.1。进一步发现，数字化转型程度在促进企业

技术创新数量上的作用更明显,进行组间系数差异的 SUR(seemingly unrelated regression,近似不相关回归)检验后,可得 χ^2 值为 3.53,且 p 值小于 0.1,这表明数字化转型对促进企业技术创新数量增加的作用显著大于促进企业技术创新质量提升的作用。

表 12-4　数字化转型程度影响企业技术创新的基准回归结果

变量	patentud	patenti
dig	0.071 6***	0.039 7***
	(6.217 2)	(3.971 8)
size	0.589 9***	0.548 6***
	(30.802 9)	(33.017 4)
lev	−0.134 9*	−0.070 7
	(−1.835 7)	(−0.303 3)
cash	−0.005 3	−0.070 7
	(−0.043 0)	(−0.666 7)
bm	0.010 3	−0.004 5
	(0.633 8)	(−0.317 0)
growth	−0.074 4***	−0.092 9***
	(−4.018 5)	(−5.781 1)
top10	−0.073 6	−0.118 8
	(−0.730 2)	(−1.359 7)
listage	−0.050 4**	−0.104 9***
	(−2.082 5)	(−4.997 9)
常数项	−11.091 3***	−11.050 3***
	(−28.785 7)	(−33.054 5)
时间固定效应	控制	控制
个体固定效应	控制	控制
观测值	24 525	24 525
R^2	0.310 6	0.286 1
调整后 R^2	0.217 7	0.189 9
F 值	442.551	393.762

注:括号内为 t 值

*、**、***分别代表在 10%、5%和 1%的水平下显著

3. 稳健性检验

(1)更换新的模型估计方法。考虑到被解释变量存在大量零值,即技术创新数量和质量的指标在 10%分位点上仍为 0,这属于下限受限问题,因此本节采用面板 Tobit 估计方法重新进行检验。结果如表 12-5 所示,企业数字化转型程度(dig)的估计系数均在 1%的水平下显著为正,且数字化转型在促进技术创新数量提升上的作用更明显,与基准结果一致。

表 12-5　更换新的模型估计方法的检验结果

变量	patentud	patenti
dig	0.298 6***	0.210 4***
	(23.932 5)	(17.633 7)
控制变量	控制	控制
sigma_u（组间标准差）	1.502 1***	1.250 2***
	(61.826 9)	(59.163 5)
sigma_e（组内标准差）	1.194 5***	1.172 2***
	(179.147 4)	(162.552 4)
观测值	24 525	24 525

注：括号内为 t 值

***代表在 1%的水平下显著

（2）替换新的被解释变量。考虑到所选取的被解释变量的代理变量可能对估计结果造成影响，本节改变企业技术创新数量和质量的指标，重新进行基准模型的回归。其一，利用企业非发明专利（包括实用新型专利和外观设计专利）申请量加 1，并取自然对数来衡量技术创新数量（applyud）；其二，利用企业发明专利申请量加 1，并取自然对数来衡量技术创新质量（applyi）。替换新的被解释变量的衡量指标后回归结果如表 12-6 中的模型 1 和模型 2 所示，可以看出，其与基准回归结果基本一致。

表 12-6　数字化转型程度对技术创新数量和质量影响的稳健性检验结果

变量	替换新的被解释变量		替换新的解释变量		剔除异常年份	
	模型 1	模型 2	模型 3	模型 4	模型 5	模型 6
	applyud	applyi	patentud	patenti	patentud	patenti
dig	0.078 2***	0.064 9***	0.061 0***	0.060 6***	0.073 9***	0.027 5**
	(6.652 8)	(6.075 3)	(3.211 4)	(3.486 6)	(3.412 0)	(1.681 4)
控制变量	控制	控制	控制	控制	控制	控制
时间固定效应	控制	控制	控制	控制	控制	控制
个体固定效应	控制	控制	控制	控制	控制	控制
观测值	24 525	24 525	24 488	24 488	11 428	11 428
F 值	378.037	438.758	153.801	169.168	26.430	18.871
R^2	0.277 9	0.308 8	0.744 5	0.763 2	0.827 6	0.816 1
调整后 R^2	0.180 6	0.215 6	0.710 4	0.731 7	0.775 5	0.760 5

注：括号内为 t 值

、*分别代表在 5%和 1%的水平下显著

（3）替换新的解释变量。考虑到数字化转型程度指标是连续变量可能会对回归结果造成影响，本章改变企业数字化转型程度的衡量方式，重新进行基准模型的回归。考虑到制造业行业的细分产业数字化转型程度亦存在差异，改用经行业中位数调整的指标衡量企业数字化转型程度，根据企业数字化转型程度指标的中

位数设置哑变量，即数字化转型相关词汇的词频大于中位数时赋值为 1，代表企业数字化转型程度高，小于中位数时赋值为 0，代表企业数字化转型程度低。类似地，采用经行业平均数调整的解释变量指标进行检验。结果如表 12-6 中的模型 3 和模型 4 所示，可以看出，替换新的数字化转型程度衡量指标后的回归结果与基准结果基本一致。

（4）改变样本数据的时间覆盖范围。考虑到本章所研究的时间段内存在两个重大事件，分别是 2008 年的全球金融危机和 2015 年的中国"股灾"，它们作为大型不利金融事件可能对企业数字化转型产生影响，如果企业在数字化转型过程中忽略这些因素所带来的冲击，可能会导致回归结果出现一定程度的偏误。因此，鉴于事件可能带来的潜在影响，本节剔除与这两大事件相关的后续年份样本，选择 2017～2021 年的数据进行回归。结果如表 12-6 中的模型 5 和模型 6 所示，研究结论依然稳健。

（5）内生性问题处理。数字化转型和企业技术创新可能相互之间存在影响。一方面，随着数字化转型的推进，企业技术创新能力会得到增强；另一方面，创新水平较高的企业为了持续发展和壮大，可能会进一步调整优化数字化转型战略布局，故数字化转型和企业技术创新有可能存在着相互促进、互为因果的关系。因此，本节采用 2SLS 处理内生性问题。参考杨水利等（2022）的研究，选择滞后一期的数字化转型程度和滞后两期的数字化转型程度作为核心解释变量的工具变量。弱工具变量检验结果显示 Cragg-Donald（克拉格-唐纳德）Wald F 检验统计量在 10%水平下显著，表明弱工具变量通过检验。如表 12-7 所示，无论工具变量为滞后一期的数字化转型程度还是滞后两期的数字化转型程度，第一阶段回归分析中都表明工具变量和核心解释变量之间在 1%的水平下显著正相关；第二阶段回归分析结果表明，数字化转型程度的系数在 1%的水平下依然显著为正，表明在考虑了内生性问题后，研究结论依然稳健可信。

表 12-7 工具变量法回归结果

变量	滞后一期的数字化转型程度			滞后两期的数字化转型程度		
	第一阶段	第二阶段		第一阶段	第二阶段	
	模型 1	模型 2	模型 3	模型 4	模型 5	模型 6
	dig	patentud	patenti	dig	patentud	patenti
工具变量	0.475 4*** (74.57)			0.211 9*** (28.05)		
dig		0.154 8*** (5.98)	0.110 6*** (4.88)		0.211 3*** (3.89)	0.166 7*** (2.71)
控制变量	控制	控制	控制	控制	控制	控制
时间固定效应	控制	控制	控制	控制	控制	控制
个体固定效应	控制	控制	控制	控制	控制	控制
观测值	20 983	20 983	20 983	18 300	18 300	18 300

续表

变量	滞后一期的数字化转型程度			滞后两期的数字化转型程度		
	第一阶段	第二阶段		第一阶段	第二阶段	
	模型 1	模型 2	模型 3	模型 4	模型 5	模型 6
	dig	patentud	patenti	dig	patentud	patenti
F 值	157.94	347.45	296.26	195.45	263.34	225.16
R^2	0.151 2	0.282 4	0.250 0	0.212 0	0.247 6	0.209 5
Cragg-Donald Wald F 统计量	5 560.06				786.72	

注：括号内为 t 值

***代表在 1%的水平下显著

4. 异质性分析

（1）产权异质性。本章根据企业产权性质不同，将样本中制造业企业划分为国有和非国有两类，设 SOE 为产权的虚拟变量，若制造业企业为国有企业，则 SOE 取值为 1，若为非国有企业，则 SOE 取值为 0，并分别进行估计。如表 12-8 和表 12-9 所示，对于国有企业和非国有企业，dig 的系数均显著为正，说明数字化转型为国有和非国有企业均带来了技术创新的增量提质的效果，尤其是对技术创新数量的促进作用更显著，且对国有企业的提升效应比非国有企业的更高。原因在于，国有企业凭借政策优势和资源优势，具有良好的创新基础和条件，且为争取政府对专利的资金支持，对政府所鼓励推行的专利授权领域的创新研究和开发给予高度重视，对复杂的高技术创新有更持久的投入能力，从而有助于国有企业技术创新的量质提升。

表 12-8　数字化转型对企业技术创新数量的异质性检验

变量	模型 1	模型 2	模型 3	模型 4	模型 5	模型 6
	国有	非国有	高科技	非高科技	2015~2021 年	2007~2014 年
dig	0.076 1***	0.072 5***	0.076 0***	0.045 9**	0.138 3***	0.049 8***
	(3.587 6)	(5.167 5)	(5.384 2)	(2.255 4)	(8.444 1)	(2.520 2)
控制变量	控制	控制	控制	控制	控制	控制
时间固定效应	控制	控制	控制	控制	控制	控制
个体固定效应	控制	控制	控制	控制	控制	控制
观测值	7 169	17 356	15 658	8 859	15 035	9 490
F 值	466.014	581.552	733.687	296.856	270.960	215.505
R^2	0.401 7	0.255 8	0.324 2	0.274 7	0.230 1	0.181 5
调整后 R^2	0.329 1	0.137 8	0.226 5	0.172 6	0.228 9	0.001 3
组间回归系数差异性检验 p 值	0.003 6		0.018 4		0.002 2	

注：dig 行对应的括号内数值为 t 值

、*分别代表在 5%和 1%的水平下显著

表 12-9 数字化转型对企业技术创新质量的异质性检验

变量	模型 1 国有	模型 2 非国有	模型 3 高科技	模型 4 非高科技	模型 5 2015~2021 年	模型 6 2007~2014 年
dig	0.060 2***	0.027 0**	0.045 2***	0.014 6	0.049 3***	0.016 5
	(3.164 8)	(2.254 5)	(3.499 4)	(0.903 5)	(3.107 7)	(1.110 3)
控制变量	控制	控制	控制	控制	控制	控制
时间固定效应	控制	控制	控制	控制	控制	控制
个体固定效应	控制	控制	控制	控制	控制	控制
观测值	7 169	17 356	15 658	8 859	15 035	9 490
F 值	465.930	417.482	594.652	203.351	212.77	188.774
R^2	0.406 3	0.214 8	0.305 2	0.222 3	0.283 1	0.252 0
调整后 R^2	0.334 3	0.090 2	0.204 8	0.112 8	0.282 4	0.250 8
组间回归系数 差异性检验 p 值	0.069 3		0.009 4		0.035 2	

注：dig 行对应的括号内数值为 t 值

、*分别代表在 5%和 1%的水平下显著

（2）行业异质性。按照《国民经济行业分类》（GB/T 4757—2017），制造业分为高科技企业和非高科技企业，设 Tech 为高科技企业的虚拟变量，若制造业企业为高科技企业，则 Tech 取值为 1，否则为 0，分别进行估计。由表 12-8 和表 12-9 可知，模型 3 中 dig 的系数显著为正，但模型 4 中 dig 的系数在表 12-8 中显著，而在表 12-9 中不显著，说明数字化转型为高科技企业带来了企业技术创新的增量提质的效果，特别是对技术创新数量的促进作用更大；但数字化转型仅对非高科技企业技术创新数量有显著的提升效应。原因在于，高科技企业作为国家科技战略布局的重要组成部分，拥有较丰富的数字硬件基础设施和较强的创新能力，比非高科技企业更愿意和更积极地利用数字技术，其自身对新技术的投入和应用更加敏感，为了广泛吸引投资者、客户等多方的关注和青睐，以赢得激烈的市场竞争，会加大投入资金、人才和技术创新要素的力度用于企业研发创新，从而更加专注于创新产出的量质提升。

（3）时间异质性。中国经济于 2013 年前后正式进入新常态，近年来中国数字技术发展更加迅速、数字基础设施建设更加完善、数字经济的应用场景更加丰富，特别是在 2015 年，我国政府发布的《促进大数据发展行动纲要》首次在国家层面将数据同石油、矿产等重要资源并称为国家战略资源；同年我国成立了第一个大数据交易所（贵阳大数据交易所）。因此本节按时间维度将样本分为两个阶段：第一阶段为 2007~2014 年，第二阶段为 2015~2021 年。设 Time 为时间虚拟变量，若在第一阶段，则 Time 取值为 1；若在第二阶段，则 Time 取值为 0，分别进行估计。由表 12-8 可知，核心解释变量的估计系数均显著为正；由表 12-9 可知，模型 5 中核心解释变量的估计系数显著为正，但模型 6 中估计系数不显著，存在

显著的时间异质性,在 2015 年后数字化转型对技术创新的增量提质效果更明显。原因在于,2014 年以前数字化在我国刚起步,在逐步意识到数字技术和数据要素对国家发展的重要性后,国家层面陆续围绕数字经济出台了鼓励数字经济发展的相关政策和指导意见,促使企业形成了较为明确的产业发展方向和发展目标,企业更有动力开展创新活动。

12.4 数字化转型对企业技术创新影响的传导机制与非线性影响的实证研究

12.4.1 模型构建与变量说明

1. 模型构建

为检验假设 12.2 和假设 12.3,本节借鉴温忠麟等(2004)的递归方程,将信息不对称程度与融资约束程度作为中介变量,以更加清晰地揭示数字化转型对企业技术创新存在的间接作用机制。

$$Y_{i,t} = \alpha_0 + \alpha_1 \text{dig}_{i,t} + \sum \varphi_i \text{control}_{i,t} + \delta_i + \delta_t + \varepsilon_{i,t} \quad (12\text{-}2)$$

$$\text{mediator}_{i,t} = \beta_0 + \beta_1 \text{dig}_{i,t} + \sum \varphi_i \text{control}_{i,t} + \delta_i + \delta_t + \varepsilon_{i,t} \quad (12\text{-}3)$$

$$Y_{i,t} = \theta_0 + \theta_1 \text{dig}_{i,t} + \theta_2 \text{mediator}_{i,t} + \sum \varphi_i \text{control}_{i,t} + \delta_i + \delta_t + \varepsilon_{i,t} \quad (12\text{-}4)$$

式中,mediator 表示中介变量——信息不对称程度与融资约束程度。如果 α_1、β_1、θ_1 均显著,但 θ_2 不显著,则认为存在完全中介效应;如果 α_1、β_1、θ_1、θ_2 均显著,则认为存在部分中介效应。

为检验假设 12.4,本节借鉴 Hansen(1999)提出的非动态面板回归模型,构建单门槛模型,即

$$\begin{aligned} Y_{i,t} &= \gamma_0 + \gamma_1 \text{dig}_{i,t} \times I(\cdot)(\text{human}_{i,t} \leqslant \xi) + \gamma_2 \text{dig}_{i,t} \times I(\cdot)(\text{human}_{i,t} > \xi) \\ &\quad + \sum \varphi_i \text{control}_{i,t} + \delta_i + \delta_t + \varepsilon_{i,t} \end{aligned} \quad (12\text{-}5)$$

式中,ξ 表示待估计的门槛值;$I(\cdot)$ 表示指示函数;human 为门槛变量,表示人力资本水平;γ_0 表示常数项;γ_1 和 γ_2 表示门槛模型中各变量的回归系数。

2. 变量说明

(1)中介变量。一是信息不对称程度。信息不对称主要来自企业对外界信息的不确定,以及企业间对于创新和经营状况的不确定。作为资本市场重要参与者的分析师主要通过调研、访谈等多种方式追踪企业信息并形成相关的研究报告,使市场各方获得更多的信息,从而实现信息的传递。在数字化转型背景下上市公

司会吸引更多的分析师的关注,提高上市企业信息的公开透明度,缓解市场中各利益主体间的信息不对称问题。因此,本节利用上市公司该年分析师跟踪人数加1取对数(information)来衡量信息不对称程度,如果跟踪企业的分析师数量越多,则说明其受到的分析师关注度越高,即其信息不对称程度越低。二是融资约束程度。由于没有固定的财务指标来衡量企业受到的融资约束,本节参考Whited和Wu(2006)的做法,以WW指数(financing)来衡量企业面临的融资约束程度,如果企业的WW指数越大,说明其面临的融资约束越强。

(2)门槛变量。人力资本水平的重要衡量指标是员工的受教育水平,企业技术创新依赖知识的传递和积累,高学历员工通常倾向于从事高技能和有创造力的工作,而受教育程度较低的员工则通常倾向于从事常规的低技能的工作。因此,本节参考赵烁等(2020)的做法,以本科及以上学历员工占总员工人数的比例来衡量企业的人力资本水平(human)。

(3)其他变量含义同12.3.1节。

(4)样本和数据来源同12.3.1节。

12.4.2 实证结果及分析

1. 影响机制分析

为检验数字化转型是否通过降低信息不对称程度和缓解融资约束影响企业技术创新,本节以分析师关注度和WW指数作为衡量指标来进行中介效应检验,检验结果如表12-10所示。

表12-10 数字化转型影响企业技术创新的传导机制检验

变量	模型1	模型2	模型3	模型4	模型5	模型6
	information	patentud	patenti	financing	patentud	patenti
dig	0.059 9***	0.070 6***	0.065 0***	−0.008 5***	0.070 6***	0.039 1***
	(7.585 7)	(6.118 0)	(6.163 6)	(−2.263 8)	(6.133 9)	(3.911 9)
information		0.017 6*	0.020 7**			
		(1.769 8)	(2.279 2)			
financing					−0.117 5***	−0.071 3***
					(−5.649 2)	(−3.947 9)
控制变量	控制	控制	控制	控制	控制	控制
时间固定效应	控制	控制	控制	控制	控制	控制
个体固定效应	控制	控制	控制	控制	控制	控制
观测值	24 525	24 525	24 525	24 525	24 525	24 525
F值	360.080	393.762	423.487	442.551	425.302	377.573
R^2	0.268 2	0.310 7	0.358 8	0.286 1	0.311 6	0.286 7
调整后R^2	0.169 6	0.217 7	0.272 3	0.189 9	0.218 8	0.190 5

续表

变量	模型 1 information	模型 2 patentud	模型 3 patenti	模型 4 financing	模型 5 patentud	模型 6 patenti
Sobel 检验		0.014 7** (z = 1.724)	0.018 7** (z = 2.183)		0.001 0** (z = 2.101)	0.000 6** (z = 1.964)
结论		机制有效——正向传导			机制有效——正向传导	

注：dig 和 information 行对应的括号内数值为 t 值

*、**、***分别代表在 10%、5%和 1%的水平下显著

首先，模型 1 中 dig 对 information 的系数在 1%的水平下显著为正，说明数字化转型能够提升分析师关注度，即可降低信息不对称程度；模型 2 和模型 3 中，在中介变量加入后，dig 和 information 的系数均显著为正，说明数字化转型和分析师关注度的提升都可以推动企业技术创新增量提质，同时模型 3 中 information 的系数更大，即分析师关注度对创新质量的提升作用更加明显，在 Sobel（索贝尔）检验中 z 值也显著。由此可见，"企业数字化转型（程度高）→分析师关注度（提高）[即信息不对称程度（降低）]→技术创新（水平提高）"的传导路径成立，所以数字化转型可以通过降低信息不对称程度推动企业技术创新增量提质，验证了本章所提出的假设 12.2。

其次，模型 4 中 dig 对 financing 的系数在 1%的水平下显著为负，说明数字化转型能够有效缓解企业面临的融资约束；模型 5 和模型 6 中，在中介变量加入后，dig 的回归系数均显著为正，financing 的回归系数显著为负，这说明数字化转型能够在一定程度上缓解企业所面临的融资约束，伴随着企业融资约束问题的改善，企业技术创新水平得到显著提升，在 Sobel 检验中的 z 值也显著。由此可见，"企业数字化转型（程度高）→融资约束（缓解）→技术创新（水平提高）"的传导路径成立，即数字化转型通过缓解融资约束推动了企业技术创新的量质提升，验证了假设 12.3。

2. 门槛效应分析

数字化转型对企业技术创新影响的门槛效应检验结果如表 12-11 所示，可以看出，当因变量为技术创新数量时，单门槛检验不显著。当因变量为技术创新质量时，单门槛显著性通过检验，即 human 作为门槛变量时，门槛值为 0.2857，企业中对应的本科及以上学历员工占总员工人数的比例为 28.57%。

表 12-11　数字化转型对企业技术创新影响的门槛效应检验结果

因变量	门槛变量	门槛值	F 值	p 值	95%置信区间下界	95%置信区间上界
paptentud	human	0.1236	14.10	0.25	0.1086	0.1238
patenti	human	0.2857	43.99	0.00	0.2837	0.2865

数字化转型对企业技术创新影响的门槛效应回归结果如表 12-12 所示。尽管 dig 的系数都显著为正，即数字化转型能够有效推动企业技术创新的量质提升，但在不同的人力资本水平区间下，数字化转型对技术创新质量的作用系数大小存在差异。具体而言，对于技术创新质量，当 human≤0.2857 时，dig 的系数为 0.0467 且在 1%的水平下显著；当 human>0.2857 时，dig 的系数为 0.1167 且在 1%的水平下显著。这表明在不同的人力资本水平下，数字化转型对技术创新质量存在不同程度的影响，存在着明显的门槛效应，即当人力资本水平跨越门槛值后，数字化转型对技术创新质量的提升作用更强，该结论验证了假设 12.4。

表 12-12 数字化转型对企业技术创新影响的门槛效应回归结果

变量	模型 1 patentud	模型 2 patenti
dig（human≤ξ）	0.1147*** (6.2046)	0.0467*** (3.1765)
dig（human>ξ）	0.1598*** (9.7368)	0.1167*** (7.1600)
size	0.6694*** (22.3851)	0.6939*** (26.0196)
lev	−0.7988*** (−6.8390)	−0.2747*** (−2.6416)
cash	−0.1246 (−0.6412)	0.0876 (0.5060)
bm	0.0801*** (3.7256)	−0.0544*** (−2.8408)
growth	−0.0598* (−1.9363)	−0.0069 (−0.2524)
top10	−0.1345 (−0.8556)	−0.0921 (−0.6580)
listage	0.3202*** (8.4239)	0.0612* (1.8102)
常数项	−12.4981*** (−21.2026)	−13.5064*** (−25.7283)
观测值	10 252	10 252
R^2	0.2442	0.1932
调整后 R^2	0.1679	0.1118
F 值	334.242	247.799

注：括号内数值为 t 值。

*、***分别代表在 10%、1%的水平下显著

12.5 本章小结

本章以 2007~2021 年沪深 A 股制造业上市企业为样本，利用大数据文本挖

掘法归集企业年报中有关"数字化转型"的特征词来刻画企业数字化转型程度,实证分析数字化转型对企业技术创新的影响效应。研究发现:①数字化转型对企业技术创新量质提升有显著的促进作用,但促进技术创新数量增加的作用显著大于促进企业技术创新质量提升的作用,该结论在经过一系列稳健性检验后依然成立。②异质性分析发现数字化转型在国有企业、高科技产业以及2015~2021年对企业技术创新具有更显著的促进作用,且对企业技术创新数量的促进作用更大。③数字化转型通过降低信息不对称程度、缓解融资约束推动企业技术创新量质提升。④以人力资本水平作为门槛变量进行回归后发现,数字化转型对企业技术创新数量的单门槛检验不显著,但对企业技术创新质量的影响呈现边际效应递增的非线性特征,在跨越门槛值后,数字化转型对技术创新质量的提升作用更大。

基于研究结论,在国际竞争日益激烈的环境下,我国应进一步加快推进企业数字化转型、引导与支持企业进行高质量技术创新。具体建议如下:

(1)找准制造业数字化转型的发力点,以多渠道推动制造业企业转型升级。引导企业树立数字化转型思维和理念,着力培育企业数字化转型的关键能力,依托工业互联网平台,开展数据分级分类管理、数据质量管理、工业软件开发等基础工作;构建完善的制造业园区数字化转型生态,围绕企业个体发展要求及园区企业的共性需求,推动数字特色小镇、制造产业园区等产业集群实现数字化转型,形成一系列推动产业结构升级的解决方案。

(2)营造微观企业技术创新的良好制度环境,促进企业关键技术创新能力提高。政府要加大对传统行业和中小微企业的扶持力度,推动数字信息与各个产业的融合发展,通过优化政府研发投入导向机制,鼓励企业以高质量技术创新为方向,不断提升关键核心技术的突破能力;监管部门要调整和优化现有企业信息披露模式,努力缩小企业内外部信息不对称程度,为企业技术创新提供良好的信息环境;支持企业数字化、金融体系数字化相关建设,提升企业融资便利性水平,简化企业融资过程,降低融资约束门槛,帮助企业在金融市场获得有效资源,为数字化转型驱动企业创新提供资金保障。

(3)充分重视高素质人才在数字化转型中的重要作用,加强高素质人才的培养以及数字化人才队伍的建设。政府要大力支持高校、职业技术院校等建立数字化人才培训基地,着力推进企业、高校及科研机构之间的技术要素流动,培养复合型、创新型、实践型的数字化转型人才,为企业技术创新提供高质量的人才支撑;企业要建立可持续发展的数字化人才团队,如扩大企业内部数字化人才技能培训的规模、提高高学历研发人员比例等,为我国企业数字化转型与技术创新质量提升提供强有力的人才保障。

第 13 章 制造业智能化对绿色发展效率影响研究

13.1 本章问题的提出

历经四十多年改革开放,我国已成为世界第一制造大国,但大而不强,仍存在着产品附加值较低、能源利用率不足等问题。目前,工业化进程正处于百年未有之大变局,新工业革命兴起,新一轮科技革命方兴未艾,赋能我国绿色发展。《"十四五"智能制造发展规划》提出我国要"以新一代信息技术与先进制造技术深度融合为主线,深入实施智能制造工程,着力提升创新能力、供给能力、支撑能力和应用水平,加快构建智能制造发展生态,持续推进制造业数字化转型、网络化协同、智能化变革",为绿色发展提供了新思路。

制造业智能化以优化产品生产与交易为目标,利用先进的信息和制造技术提高制造过程的灵活性和柔性,以应对动态变化的全球市场。从实践进程来看,中国的智能制造已经呈现出良好的发展态势。2022年工业和信息化部发布的智能制造数据显示,中国智能制造试点数量已从 2015 年的 46 个发展为 2021 年的 342个。大数据、智能技术等能够作用于制造业设计、生产、管理、经营和服务水平的提高,是促进经济绩效和环境绩效双赢的重要途径。

随着绿色发展理念深入人心,绿色发展的研究日益得到学术界的广泛关注,对绿色发展效率的影响因素、分行业的效率差异及其时空差异的研究文献也日益增多。随着互联网、人工智能等数字技术的发展,学者开始从智能化视角探讨绿色发展效率。主要研究可以归纳为三个方面:一是智能化对经济发展效率的影响。部分学者关注人工智能的负面作用。黄旭和董志强(2019)、Gasteiger 和 Prettner(2017)提出人机竞争会使工资率降低,劳动者自身技能与自动化技能不匹配会阻碍全要素生产率的提升,需控制人工智能部门规模。但也有学者肯定了智能化对提升发展效率的积极作用。林晨等(2020)和 Mao 等(2022)认为智能化能够使设备的软硬件升级,促进技术进步与能源效率提升,进而驱动经济发展效率的提升。Graetz 和 Michaels(2018)、陈彦斌等(2019)、杨光和侯钰(2020)研究发现自动化、工业机器人这些新兴的生产方式可以驱动全要素生产率的提升,促进经济高质量发展。吕越等(2020)证明智能化能够增强企业竞争力,从而提升生产率,有利于中国深度参与全球价值链分工。二是智能化对绿色发展的影响。师博(2020)认为人工智能对科学管理能源消耗、促进绿色发展和节能减排具有正向影响。Waltersmann 等(2021)提出人工智能的应用可以提高资源应用效率,从而使企业生态绩效提高。韩晶等（2022）提出发展数字经济对抑制污染物排放具有显著作用，呈现"绿色效应"。三是智能化促进绿色发展的传导路径。研究发现人工智能基于人力资本效应（Chen et al.，2019）、结构效应（陈芳和刘松涛，2022；许宪春等，2019）、创新效应（唐晓华和迟子茗，2022）和成本效应（Yang et al.，2022）等传导路径能够显著提高绿色发展效率，对绿色发展具有正外部性。

综上所述，学者从国家、区域或行业层面对绿色发展效率进行了实证分析，深入研究了智能技术的效应，揭示了传统产业智能化对经济发展效率的影响。在传统产业智能化进程中，虽然规模扩张、竞争、劳动者能力不适配等因素会引发负面效应，但智能技术能通过提升生产率、促进技术进步来拉动经济发展。同时，学者开始关注智能化背景下的绿色发展效率的因素分析，揭示出人工智能有利于提高资源利用效率、减少能源消耗从而促进绿色发展的结论。但鲜有文章从制造业智能化角度研究对绿色发展效率的影响。那么，制造业智能化水平提升过程中是否促进了绿色发展效率的提高？制造业智能化水平提升是否会影响要素错配程度和能源使用效率？它的传导机制是什么？什么情况下会产生更有效的影响？本章拟探索制造业智能化对绿色发展效率的影响机制与路径，以期揭示制造业智能化影响绿色发展效率的效应、传导机制和非线性特征。

与以往研究相比，本章的贡献主要体现在四个方面：其一，从制造业智能化的视角切入，研究其对绿色发展效率的影响效应；并基于新一代信息技术的变革发展，从基础投入、生产应用和市场效益三个层面构建制造业智能化评价指标体系。其二，不仅研究制造业智能化对我国绿色发展效率的直接效应，而且还考察间接效应，揭示制造业智能化通过缓解要素错配程度和提高能源使用效率进而促进绿色发展效率提升的传导机制。其三，构建门槛模型，说明制造业智能化水平对绿色发展效率的影响存在非线性，即在技术创新水平和政府支持程度跨越门槛值的地区，其促进效应更明显。其四，从区域和企业两个层面探究制造业智能化对绿色发展效率的影响效应，揭示其影响特征，以期为政府决策提供理论参考。

13.2　制造业智能化提升绿色发展效率的影响机制

由于智能技术具有替代性、协同性和渗透性的特征，故制造业智能化发展可为绿色发展注入新动力。本节将从直接影响、间接影响和非线性影响三方面分析制造业智能化水平提升对绿色发展效率影响的内在机理。

13.2.1　直接影响

随着大数据、人工智能与云计算等技术的发展，智能化与制造业在要素、组织和生产等方面的融合程度日益加深，并从四个方面产生影响。

其一，智能化能够缓解信息不对称问题、提高资源配置效率进而提升绿色发展效率。生产智能化构建了一个信息共享的产品生命周期系统，涵盖了产品的设计、生产、运输等全过程，提高了信息的准确性。这打破了信息传播壁垒，使企业内部、企业和企业之间的信息传播更为顺畅，从而使企业能够更合理地配置人力、资金与技术等资源，提升资源配置效率。

其二，制造业智能化有助于企业更好地识别客户真实、显性的需求，进而进行柔性生产和个性化定制研发，减少了生产过剩的问题。例如，浙江报喜鸟服饰股份有限公司通过智能制造体系实现了顾客的个性化、独特化的服装定制需求，生产效率提高了50%，平均生产周期从原有的15天缩短至7天，质量合格率提升至99.6%（李晓钟和黄蓉，2018）。同时，企业基于智能化技术对回收产品进行独家设计，设计出符合客户偏好的新产品，从而提高资源利用效率。

其三，部分传统生产要素被智能设备所取代。在大数据、物联网等数字技术的驱动下，智能技术替代了部分劳动、资本、原材料等传统生产要素，对传统生产要素的依赖度下降。智能化生产协同度更高、组织性更强，各生产环节能最大程度地利用各要素的价值，最终在同等投入下实现产出增加，生产效率得到提高。就劳动力要素而言，智能化对低技术水平的岗位有挤出效应，机器替代劳动力进行大规模生产，实现繁杂任务自动化，生产效率得到提高。例如，中国东方电气集团公司通过智能技术实现24小时无人干预持续加工，并能在40秒内自主提供原料，最终达到99%的质量合格率，人均效率提高了650%（萧永航，2022）。同时，生产智能化对劳动者技能提出了更高的要求，其倒逼机制有利于劳动者整体技能的提高，从而促进生产效率的进一步提升。

其四，智能化能自动识别高耗能、高污染生产环节，实时分析信息并提出解决方案，增强了企业的生产组织性，生产的协同程度也大幅度上升。

13.2.2 间接影响

制造业智能化通过缓解要素错配程度和提高能源使用效率影响绿色发展效率。

在制造业智能化的过程中伴随着渗透效应、替代效应和协同效应，能够改善劳动力错配和资本错配，使得要素配置的效率得到提高，具体如下：

其一，智能化推动人岗适配。制造业智能化伴随着信息的充分流动，相关求职者能够在平台上筛选出匹配的就业信息，企业则可以通过智能化的匹配技术进一步优化人才管理与招聘流程，二者的双向选择避免了结构性失业，更好地缓解了劳动力错配问题，进而可以提升要素配置效率。

其二，智能化加速劳动力流动。制造业智能化需配备相应的高技能人才，而其获得的收入水平也相应更高。在薪酬激励制度下，更多的劳动者会在高薪驱动下主动提升自己的技能水平,进而流入具有比较优势的企业或地区,这有助于改善资源配置。

其三,智能化改善信息不对称情况。在互联网技术与大数据不断深入融合的背景之下,数字红利的出现大大增强了企业对数据的收集、处理及分析能力,有助于打破信息壁垒。面对多元化、个性化的需求,通过利用智能技术增强信息的可获得性及真实性,从而有针对性地进行生产,可以真正实现以需定供,减少资源的浪费和错配。

其四,智能化有助于推动资本利用率最大化。一方面,大数据等技术能够精准识别企业的盈利和负债水平,以此描绘个性化客户画像。金融机构据此筛选出优质投资效益企业,进而可以降低中小微制造业企业的融资门槛、缩减资金流转周期。投资者也可以据此将更多资金投入具有发展潜力、经营状况良好的企业,从而缓解资本错配情况。另一方面,通过数据分析、风险评估和预测,智能化技术能够帮助企业减少投资盲目性,企业可以结合自身实际情况精准分析投资方向,进一步实现资源有效配置;而缓解要素错配程度的过程中伴随着全要素生产率的提高,因此,制造业智能化能够通过缓解要素错配程度促进绿色发展效率的提升。

制造业智能化延伸了企业的生产可能性边界,使企业不再受传统生产模式下范围经济、长尾效应和规模经济的约束,在提高企业生产效率时不过度消耗资源环境等要素,并通过加快要素结构调整带来的节能减排效应提升绿色发展效率。

首先,制造业智能化过程是制造业与物联网等数字技术深度融合的过程,有利于降低生产和运输过程中的能耗,提升能源使用效率。以重庆市巴南区的 147 家企业为例,这些企业通过智能化转型促使能源利用率提高了 12%,生产效率提高了 87%(冉瑞成和吴陆牧,2022)。通过智能化技术,企业在生产过程中能够选择最适配的能源,增加绿色新材料的投入使用,减少污染。智能化技术结合传感器等智慧检测设备等,能够精准识别能源利用率不足的环节,通过改进生产流程和技术,降低绿色发展中的非期望产出,从而有效提高能源利用效率。能源利用效率的提高意味着相同的产出水平所消耗的能源更少,而企业生产中能源消耗的减少等价于投入的减少,即生产智能化使同等的产出水平所需的投入减少。

其次,智能化生产降低了因设备故障而浪费能源的概率。设备故障会导致生产被迫中止或产品的次品增多,而智能化生产克服了以往的人工排查、检修消耗大量的能源、人力,从而导致生产效率低下的问题。它能自动选择生产线上运行良好的设备继续运作,大大降低生产停滞的可能性,进而减少生产停滞时能源的消耗,使能源最大限度地被利用。例如,浙江野马电池股份有限公司通过智能化与生产线制造相结合的方式将能源使用率提高了 10%以上,生产产品不良率降低了 10%以上,产品报废率降低至 1.5‰以下(郁进东,2022)。

最后,智能技术的出现减少了企业生产对能源的需求。在智能化背景下,企业会更多地使用智能机器进行生产,降低了对传统能源的需求,减少了传统能源生产导致的污染,进而提升了绿色发展效率。企业也更多地关注智能技术的发展、机器设备的升级迭代,而非局限于对能源投入的研究。随着智能化的发展,制造业价值链不断被重构,现有生产模式不断升级,向更合理、更高级的方向转型。绿色生产体系应运而生,低污染、高效益的企业逐渐替代高污染、高耗能企业,产业附加值得到提高,进一步提升了绿色发展效率。

13.2.3 非线性影响

制造业智能化水平对绿色发展效率的影响程度受到技术创新水平和政府支持程度的影响。

一般来讲,一个地区的技术创新处于较高水平时,则意味着该地区的创新环境较好,技术溢出较大,对绿色发展效率提高也会产生积极影响。随着技术创新水平的进一步提高,一是智能设备的运行效率和能源利用率将会得到进一步的提高,智能化驱动绿色发展的作用更明显。设备运行效率的提高则意味着生产要素的利用率、回收率的提高,而能源利用率的提高则意味着生产带来的污染和资源浪费减少,企业绿色发展效率得到提升。

二是技术创新水平达到一定程度后,智能化企业的资金投入不再局限于研发,而更有可能关注绿色发展。随着市场需求中可持续发展的呼声越来越高,仅将研发资金用于提高发展效率不足以应对市场挑战,运用智能化手段提高绿色发展效率才能真正增强企业的竞争力,从而使智能化企业更好地发挥优势,绿色发展效率也将得到进一步提升。

三是技术创新水平的不断提高会促进创新要素的集聚,从而有利于促进绿色发展效率提高。技术创新水平达到一定程度时会加速创新成果溢出,吸引更多高技能、高素质人才。高技能劳动者的集聚,使智能设备更大程度地得到利用,生产效率得到提高。同时,高素质劳动者会更加关注绿色生产,倡导经济效益与环境效益的双赢,进而形成企业新的增长点,促进绿色发展效率提升。

政府在制造业智能化水平对绿色发展效率的影响中起着重要作用。一是政府通过支持政策和措施,可以带来充足的研发投入资金,促进企业开展数字技术创新,从而有利于实现智能化和实体经济的深度融合,对绿色发展产生积极影响。同时,政府加大财政支出力度,通过发挥国家公共财政的"乘数效应",并在智能设备、环保设备等领域采取贴息、补助等方式引导智能化发展,会使制造业智能化对绿色发展效率的促进作用更明显。

二是政府鼓励制造业企业向智能化转型和相关的绿色发展政策会向企业、市场释放信号,从而使更多的社会资本流入智能化、绿色化生产领域。政府通过制定相关政策及设立关注绿色发展的智能化示范企业这一柔性治理信号，可以引导更多企业改善传统生产模式，关注绿色生产，向智能化转型，从而通过智能技术手段提升绿色发展效率。

三是由于生态环境属于公共产品，需要市场"无形的手"和政府"有形的手"共同作用。由于公共产品具有非竞争性、非排他性特征，因此，政府"有形的手"可以减少公共产品消费特性本身所导致的市场失灵，通过政府对市场的调控，助力资源配置效率提高。

13.3 制造业智能化对中国绿色发展效率影响的实证研究：基于区域层面

13.3.1 模型设定与指标选取

1. 模型设定

构建理论模型如下：

$$\text{gte}_{it} = \beta_0 + \beta_1 \text{int}_{it} + \gamma Z_{it} + \varepsilon_{it} \tag{13-1}$$

式中，gte 为被解释变量，表示绿色发展效率；int 为本节核心解释变量，表示制造业智能化水平；Z 表示一组控制变量；i 表示省区市；t 表示年份；β_0 表示常数项；β_1、γ 为系数；ε_{it} 表示随机误差项。

为了检验制造业智能化水平对绿色发展效率的作用机制，构建机制检验模型：

$$\text{mediation}_{it} = \lambda_0 + \lambda_1 \text{int}_{it} + \gamma Z_{it} + \varepsilon_{it} \tag{13-2}$$

$$\text{gte}_{it} = \varphi_0 + \varphi_1 \text{mediation}_{it} + \gamma Z_{it} + \varepsilon_{it} \tag{13-3}$$

式中，mediation 表示中介变量，分别为要素错配程度和能源使用效率。

为检验制造业智能化水平与绿色发展效率二者之间的非线性关系，构建以下门槛模型：

$$\text{gte}_{it} = \alpha + \lambda_1 \text{int}_{it} \times I(X \leq \eta) + \lambda_2 \text{int}_{it} \times I(X > \eta) + \gamma Z_{it} + \mu_{it} \tag{13-4}$$

式中，X 表示门槛变量，将技术创新水平和政府支持程度作为门槛变量；η 表示门槛值；$I(\cdot)$ 表示指示函数，当括号内条件满足时取值为 1，反之为 0。双重门槛模型、三重门槛模型等可由式（13-4）拓展得到。

2. 变量说明与数据来源

1）制造业智能化水平

本节借鉴孙早和侯玉琳（2019）以及刘军等（2021）的思路与方法，从基础投入、生产应用和市场效益三个层面构建制造业智能化评价指标体系，包括 3 个一级指标和 10 个二级指标,具体如表 13-1 所示。

表 13-1　制造业智能化评价指标体系

一级指标	一级指标权重	二级指标	测度指标	测度指标权重
基础投入层 (X_1)	0.4322	研发经费投入	高技术制造业 R&D 经费(X_{11})	0.1223
		智能设备投入	信息传输、软件和信息技术服务业固定资产投资(X_{12})	0.0391
		互联网基础投入	光缆长度/省域面积(X_{13})	0.0882
		人员投入	高技术制造业从业人数(X_{14})	0.1095
			信息传输、软件和信息技术服务业从业人数(X_{15})	0.0731
生产应用层 (X_2)	0.4526	软件开发与服务情况	软件业务收入(X_{21})	0.1215
		智能技术产业化程度	高技术制造业新产品产值(X_{22})	0.1412
			高技术制造业有效发明专利数量(X_{23})	0.1899
市场效益层 (X_3)	0.1151	智能设备市场利润	高技术制造业利润总额(X_{31})	0.0924
		智能设备市场效率	高技术制造业主营业务收入/从业人数(X_{32})	0.0118
		环境改善	工业固体废物产生量/地区生产总值(X_{33})	0.0025
		能源强度	能源消耗/地区生产总值(X_{34})	0.0084

为了保证各地区之间数据的可比性,利用熵值法对指标进行赋值,即通过全国数据得到各个指标的权重,再利用权重值对标准化处理后的 30 个省区市(由于香港、澳门、台湾和西藏地区相关数据缺失严重,不纳入本节研究范围)的数据进行测算,得到 2011~2021 年各地区制造业智能化水平的估计值,并按照 2011~2021 年的均值进行了排序,结果如表 13-2 所示。

表 13-2　2011~2021 年我国各地区制造业的智能化水平估计值及排序结果

地区	2011 年	2012 年	2013 年	2014 年	2015 年	2016 年	2017 年	2018 年	2019 年	2020 年	2021 年	排序
广东	0.3165	0.3637	0.4097	0.4596	0.5305	0.6066	0.6760	0.7301	0.7874	0.8794	0.9715	1
江苏	0.2113	0.2514	0.2954	0.3265	0.3600	0.3922	0.3984	0.4061	0.4044	0.4876	0.5707	2
北京	0.1222	0.1386	0.1562	0.1669	0.1826	0.1971	0.2259	0.2590	0.2850	0.3295	0.3741	3
上海	0.0984	0.1155	0.1378	0.1611	0.1767	0.1927	0.2087	0.2228	0.2530	0.2709	0.2887	4
浙江	0.0855	0.0974	0.1121	0.1317	0.1536	0.1741	0.1963	0.2173	0.2433	0.2861	0.3289	5
山东	0.0841	0.1032	0.1229	0.1410	0.1668	0.1821	0.1858	0.1795	0.1745	0.2036	0.2327	6
四川	0.0547	0.0615	0.0809	0.0891	0.0966	0.1115	0.1234	0.1322	0.1472	0.1696	0.1920	7
福建	0.0575	0.0637	0.0680	0.0750	0.0880	0.1045	0.1190	0.1414	0.1440	0.1471	0.1501	8
河南	0.0367	0.0449	0.0675	0.0780	0.0919	0.1039	0.1100	0.1143	0.1098	0.1393	0.1688	9
湖北	0.0391	0.0453	0.0560	0.0614	0.0737	0.0842	0.0890	0.1056	0.1233	0.1228	0.1223	10
天津	0.0463	0.0591	0.0700	0.0763	0.0833	0.0853	0.0849	0.0846	0.0895	0.1013	0.1131	11
安徽	0.0305	0.0369	0.0446	0.0534	0.0663	0.0777	0.0855	0.0917	0.0938	0.1174	0.1409	12
湖南	0.0365	0.0397	0.0498	0.0536	0.0670	0.0730	0.0824	0.0855	0.1023	0.1145	0.1267	13

续表

地区	2011年	2012年	2013年	2014年	2015年	2016年	2017年	2018年	2019年	2020年	2021年	排序
陕西	0.0361	0.0405	0.0457	0.0557	0.0617	0.0720	0.0777	0.0849	0.0937	0.1015	0.1092	14
辽宁	0.0533	0.0614	0.0716	0.0799	0.0771	0.0604	0.0645	0.0652	0.0682	0.0740	0.0798	15
重庆	0.0287	0.0345	0.0412	0.0469	0.0601	0.0666	0.0761	0.0757	0.0841	0.1011	0.1181	16
江西	0.0289	0.0334	0.0383	0.0441	0.0506	0.0566	0.0675	0.0748	0.0881	0.1101	0.1321	17
河北	0.0280	0.0312	0.0378	0.0420	0.0466	0.0533	0.0599	0.0597	0.0751	0.0815	0.0879	18
吉林	0.0264	0.0290	0.0331	0.0381	0.0456	0.0495	0.0556	0.0477	0.0401	0.0551	0.0702	19
广西	0.0251	0.0278	0.0320	0.0342	0.0380	0.0455	0.0447	0.0441	0.0520	0.0605	0.0689	20
黑龙江	0.0245	0.0274	0.0303	0.0333	0.0338	0.0372	0.0393	0.0357	0.0356	0.0347	0.0338	21
云南	0.0175	0.0193	0.0240	0.0229	0.0230	0.0330	0.0316	0.0338	0.0369	0.0468	0.0567	22
贵州	0.0134	0.0154	0.0191	0.0214	0.0261	0.0304	0.0361	0.0414	0.0402	0.0445	0.0488	23
山西	0.0160	0.0217	0.0215	0.0222	0.0259	0.0269	0.0268	0.0291	0.0306	0.0335	0.0364	24
海南	0.0152	0.0182	0.0175	0.0191	0.0234	0.0258	0.0291	0.0302	0.0316	0.0314	0.0312	25
内蒙古	0.0178	0.0180	0.0231	0.0296	0.0213	0.0236	0.0270	0.0275	0.0253	0.0248	0.0242	26
甘肃	0.0106	0.0117	0.0147	0.0159	0.0173	0.0200	0.0187	0.0212	0.0223	0.0232	0.0240	27
新疆	0.0103	0.0096	0.0104	0.0125	0.0155	0.0164	0.0194	0.0222	0.0202	0.0211	0.0221	28
宁夏	0.0059	0.0054	0.0062	0.0079	0.0119	0.0159	0.0157	0.0144	0.0146	0.0152	0.0158	29
青海	0.0023	0.0040	0.0058	0.0064	0.0115	0.0132	0.0129	0.0129	0.0143	0.0123	0.0104	30

2）绿色发展效率

新近研究多采用方向距离函数模型、DEA 模型以及由此扩展的 SBM-DEA（slacks-based measure-data envelopment analysis，基于松弛值的测量-数据包络分析）模型，考虑非期望产出，并结合 Malmquist-Luenberger（马姆奎斯特-龙伯格）指数（ML 指数，用于测算生产效率的变化）测算国家、省域、城市层面的绿色发展效率。本节采用绿色全要素生产率的真实值衡量绿色发展效率（gte）。借鉴 Chung 等（1997）、Tone（2001）提出的包含非期望产出的模型，采用 SBM-GML（global Malmquist-Luenberger，全局 ML 指数）方法测算绿色发展效率。本节设定的投入指标包括劳动、资本以及能源三个方面。劳动投入采用各省区市的年末从业人数进行衡量，资本投入借鉴张军等（2004）的永续盘存法进行测算，能源投入采用各省区市的年末能源消费量进行衡量。产出指标中的期望产出以 2000 年不变价计算的各地区生产总值进行测度，非期望产出采用熵值法构建污染排放综合指标，综合考虑碳排放、工业二氧化硫、废水和工业固体废弃物的排放。参考邱斌等（2008）的做法测算绿色发展效率的真实值，假设 2011 年的 gte 为 1，则 2012 年的 gte 为上一年度的基期值 1 乘以当年的 ML 指数，以此类推。

3）其余变量

借鉴相关研究成果，本节选取的控制变量包括：人力资本水平（hc），用平均受教育年限来衡量[①]；人均地区生产总值（eco），用各省区市的人均实际生产总值来衡量；对外开放度（fd），用各地区的外国直接投资与地区生产总值的比值来衡量；产业结构（sr），用第三产业增加值占第二产业增加值的比例来衡量；电信发展水平（td），用长途光缆里程来衡量。

本节选取的中介变量如下。

（1）要素错配程度（mis），借鉴余文涛和吴士炜（2020）的做法，用指数法测度：

$$\text{mis} = (\text{product}_{it} - \text{factor}_{it})/\text{factor}_{it} \tag{13-5}$$

式中，product_{it} 表示 i 地区 t 年的产品市场化指数；factor_{it} 表示 i 地区 t 年的要素市场化指数。

（2）能源使用效率（en），用地区工业增加值与能源消耗的比值来衡量。

本节选取的门槛变量如下。

（1）技术创新水平（tec）。我国技术创新主要包括发明专利、实用新型专利和外观设计专利。其中，发明专利是指对产品、方法或对其改进所提出的新的技术方案，相较于实用新型专利和外观设计专利，发明专利的技术水平较高、不易被学习模仿。因此，借鉴姚东旻等（2017）的研究方法，用发明专利授权量与专利授权总量的比值来衡量。

（2）政府支持程度（gov），用各省区市的政府财政支出与地区生产总值的比值来衡量。

4）数据来源

本节选取我国 2011～2021 年 30 个样本省区市的面板数据，数据来自《中国统计年鉴》《中国劳动统计年鉴》《中国电子信息产业统计年鉴》《中国高技术产业统计年鉴》《中国能源统计年鉴》《中国科技统计年鉴》。为了减小异方差以及变量间共线性的影响，对控制变量人均地区生产总值（eco）、电信发展水平（td）取自然对数。主要变量的描述性统计结果如表 13-3 所示。

表 13-3 主要变量的描述性统计结果

变量	变量名	样本量	均值	标准差	最小值	最大值
gte	绿色发展效率	330	1.1909	0.2496	0.8958	2.8727
int	制造业智能化水平	330	0.1006	0.1326	0.0023	0.9715
hc	人力资本水平	330	9.3747	0.9804	7.4739	12.7820
eco	人均地区生产总值	330	10.8669	0.4369	9.7058	12.0171
fd	对外开放度	330	0.0190	0.0149	0.0004	0.0796

[①] 平均受教育年限衡量方式如下：当受教育人口进入某一教育等级时，就以完成这一教育等级所需年数作为已经接受教育的年数。平均受教育年限=（小学学历人数×6+初中学历人数×9+高中学历人数×12+中职教育人数×12+大学专科学历人数×15+大学本科学历人数×16+研究生学历人数×19）/6 岁以上人口总数。

续表

变量	变量名	样本量	均值	标准差	最小值	最大值
sr	产业结构	330	1.2606	0.7234	0.5180	5.4244
td	电信发展水平	330	13.5354	0.9081	10.8325	15.2743

13.3.2 实证结果及分析

1. 基准回归结果

表13-4为制造业智能化水平对绿色发展效率影响的基准回归结果，由于Hausman检验p值显著为0，故采用固定效应模型进行分析。由表13-4列（1）可知，核心解释变量int系数为正且显著，表明制造业智能化水平的提升能够促进绿色发展效率的提高。控制变量中，人均地区生产总值（eco）和产业结构（sr）的系数为正且显著，表明经济发展水平的提高以及产业结构的优化有利于绿色发展效率的改善。对外开放度（fd）和电信发展水平（td）的系数显著为负，意味着我国利用外资规模扩大、加大长途光缆等基础设施建设力度时，可能会对绿色发展效率产生不利影响。

表13-4 制造业智能化水平对绿色发展效率影响的基准回归结果（区域层面）

变量	固定效应模型 (1)	随机效应模型 (2)
int	0.7258***	0.4582***
	(0.1423)	(0.1215)
hc	0.0004	0.0006
	(0.0170)	(0.0170)
eco	0.2426***	0.1653***
	(0.0567)	(0.0443)
fd	−3.4057***	−2.9281***
	(0.7357)	(0.7274)
sr	0.4084***	0.2550***
	(0.0325)	(0.0239)
td	−0.1017***	0.0224
	(0.0286)	(0.0163)
常数项	−0.5967	−1.2260***
	(0.4206)	(0.3803)
R^2	0.4805	0.5729
F值	131.74	
Wald值		641.94
固定效应	控制	控制
观测值	控制	控制
Hausman检验 p值	0.0000	

注：括号中数字为标准误

***表示在1%的水平下显著

2. 内生性检验

遗漏变量会使得误差项和解释变量相关，造成系数估计的偏误，从而产生内生性问题，而双重差分法恰能解决这一困境。因此本节在内生性检验中，采用双重差分法进行研究。

2015年12月我国发布《国家智能制造标准体系建设指南》，文件指出要推进生产过程智能化，并加快推进新一代信息技术与制造技术融合发展，在此基础上建立清洁、低碳、循环的智能制造绿色发展体系。本节认为东部地区和中西部地区由于发展水平不同，会呈现不同的政策影响程度。由于政策提出的时间具有外生性，本节参考李建军和韩珣（2019）的做法，将东部地区和中西部地区分别作为实验组和对照组，运用双重差分模型检验制造业智能化的政策效应，模型如下：

$$gte_{it} = \alpha_0 + \alpha_1 treated_i \times time_t + \gamma Z_{it} + \mu_i + \delta_t + \varepsilon_{it} \quad (13-6)$$

式中，treated 表示地区虚拟变量（东部地区为1，中西部地区为0）；time 表示时间虚拟变量，2015年《国家智能制造标准体系建设指南》提出之前为0，2015年及之后为1；μ_i 表示地区固定效应；δ_t 表示年份固定效应；ε_{it} 表示随机扰动项。

由表13-5中的估计结果可知，核心解释变量 treated×time 的回归系数在1%的水平下显著为正，这说明《国家智能制造标准体系建设指南》发布后显著提升了东部地区的绿色发展效率，其系数为0.1622。其余控制变量中人均地区生产总值、产业结构和电信发展水平均对绿色发展效率存在显著的促进效应，而对外开放度对绿色发展效率存在显著的抑制效应，这与基准回归结果较为一致，说明基准回归结果较为稳健。

表 13-5　双重差分模型估计结果

变量	双重差分模型	变量	双重差分模型
treated×time	0.1622*** （0.0280）	常数项	−2.4300*** （0.4113）
hc	0.0019 （0.0170）	R^2	0.6517
eco	0.2649*** （0.0455）	Wald值	698.98
fd	−1.4186* （0.7457）	固定效应	控制
sr	0.2402*** （0.0245）	观测值	330
td	0.0394** （0.0178）		

注：括号中数字为标准误。

*、**、***分别表示在10%、5%和1%的水平下显著。

由于双重差分模型的运用必须满足平行趋势假设这一前提，即实验组与对照组在政策实施前的变动趋势相同。为了避免多重共线性的影响，本节将《国家智能制造标准体系建设指南》政策实施前第 4 年作为参照组进行估计，检验结果如图 13-1 所示。可以看出，在 2015 年政策实施之前，核心解释变量的系数均不显著，表明实验组和对照组的政策效果的变化并没有明显差异，可以通过平行趋势检验。另外，虽然政策实施前的估算系数均为正且不显著，但政策实施后的估算系数均显著为正，说明 2015 年的《国家智能制造标准体系建设指南》政策对绿色发展效率的影响大约有一年的滞后期，且具有持续的正向作用。

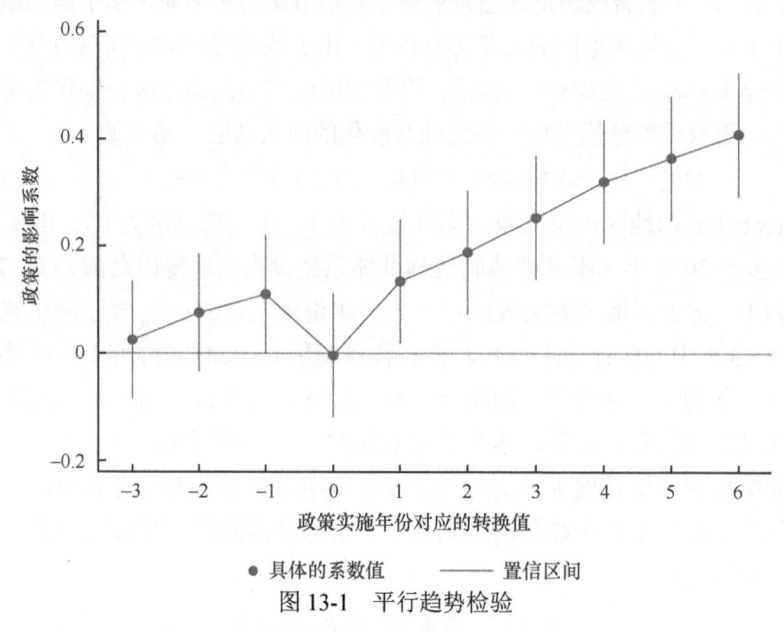

图 13-1 平行趋势检验

3. 稳健性检验

1）核心解释变量滞后法

将核心解释变量制造业智能化水平滞后一期再次进行回归，结果如表 13-6 中的列（1）所示。可以看出，核心解释变量的方向和显著程度均未发生实质性变化，制造业智能化水平提升能显著促进绿色发展效率的提升，证明回归结果是稳健的。

表 13-6 稳健性检验结果

变量	核心解释变量滞后法 （1）	缩尾回归 （2）	剔除省份 （3）
int	0.6517*** (0.1677)	0.8555*** (0.1586)	0.4883*** (0.1059)
hc	0.0005 (0.0166)	0.0203 (0.0155)	0.0139 (0.0129)
eco	0.2742*** (0.0594)	0.1431*** (0.0533)	0.0497 (0.0456)

续表

变量	核心解释变量滞后法 （1）	缩尾回归 （2）	剔除省份 （3）
fd	−3.5951***	−3.1809***	−1.1410*
	（0.7788）	（0.6735）	（0.6628）
sr	0.4102***	0.2725***	0.0996***
	（0.0343）	（0.0298）	（0.0325）
td	−0.1021***	−0.0211	0.0910***
	（0.0293）	（0.0262）	（0.0257）
常数项	−0.9207**	−0.6401*	−0.8906***
	（0.4760）	（0.3972）	（0.3209）
R^2	0.4938	0.4947	0.4520
F 值	115.73	129.98	95.96
Wald 值			
固定效应	控制	控制	控制
观测值	控制	控制	控制
Hausman 检验 p 值		0.0000	

注：括号中数字为标准误

*、**、***分别表示在10%、5%和1%的水平下显著

2）缩尾回归

在1%的水平下对核心解释变量进行缩尾回归，结果如表13-6中的列（2）所示。可以看出，核心解释变量与控制变量的回归结果与表13-4中的基准回归结果基本一致，证明结果是稳健的。

3）剔除省份

由于绿色发展效率水平在各地区之间存在差异，一些地区的绿色发展效率远远领先于其他地区，因此本节剔除了绿色发展效率排名前四的地区，分别为北京、上海、天津和重庆。表13-6中的列（3）结果显示核心解释变量制造业智能化水平对绿色发展效率仍有显著的正向影响，证明结果是稳健的。

4. 机制检验

前文已证实制造业智能化水平的提升能够促进绿色发展效率的提升，但仍需进一步检验其影响机制。借鉴江艇（2022）的做法，采用两步法进行机制检验。首先探究制造业智能化水平对中介变量是否存在显著性影响，再对中介变量与绿色发展效率进行回归，检验结果如表13-7所示。列（1）显示制造业智能化水平对要素错配程度（mis）具有显著抑制作用，列（2）显示要素错配程度对绿色发展效率的估计系数显著为负，表明要素错配程度存在显著的中介作用，即制造业

智能化水平能够通过缓解要素错配程度来促进绿色发展效率的提升。列（3）证明制造业智能化水平能显著提升能源使用效率（en），而列（4）的检验结果表明，能源使用效率对绿色发展效率存在显著的正向促进效应，因此证实制造业智能化水平可以通过提高能源使用效率，从而提升绿色发展效率，能源使用效率机制得以验证。

表 13-7　制造业智能化水平影响绿色发展效率的机制检验

变量	mis （1）	gte （2）	en （3）	gte （4）
int	−2.5234*** （0.6217）		0.5228*** （0.0667）	
mis		−0.0648*** （0.0130）		
en				0.5375*** （0.1138）
hc	0.2011*** （0.0743）	0.0244 （0.0169）	−0.0414*** （0.0080）	0.0314* （0.0173）
eco	0.0460 （0.2475）	0.3118*** （0.0544）	0.5137*** （0.0266）	0.0189 （0.0851）
fd	4.0549 （3.2131）	−3.4599*** （0.7363）	0.4706 （0.3450）	−3.9092*** （0.7359）
sr	0.1598 （0.1418）	0.4319*** （0.0324）	−0.1168*** （0.0152）	0.4816*** （0.0346）
td	0.6051*** （0.1249）	−0.0718** （0.0298）	−0.1091*** （0.0134）	−0.0504 （0.0316）
常数项	−10.5251*** （1.8367）	−1.9288*** （0.4002）	−3.0638*** （0.1972）	0.5356 （0.5708）
R^2	0.4394	0.4740	0.3146	0.5548
F 值	38.41	131.03	111.69	129.66
固定效应	控制	控制	控制	控制
观测值	330	330	330	330

注：括号中数字为标准误。

*、**和***分别表示在 10%、5%和 1%的水平下显著。

5. 门槛效应检验

运用 Stata 软件进行门槛个数抽样检验，结果如表 13-8 所示。由表 13-8 可知，当技术创新水平（tec）和政府支持程度（gov）作为门槛变量时，单门槛检验均在 1%的水平下显著，双门槛检验均不显著。根据门槛估计值以及相应的置信区间，可以确定应基于单门槛进行回归分析，回归估计结果如表 13-9 所示。由表 13-8 可知，当技术创新水平（tec）作为门槛变量时，门槛估计值为 0.3302。由表 13-9 可知，当 tec≤0.3302 时，int 的系数为 0.5540；当 tec＞0.3302 时，int 的系数为

3.0732，说明当技术创新水平提高到一定程度时，制造业智能化水平对绿色发展效率的促进作用呈跨越式提升。当政府支持程度（gov）作为门槛变量时，门槛值为 0.1765。当 gov≤0.1765 时，int 的系数为 0.6716；当 gov＞0.1765 时，int 的系数为 2.8832，说明当政府支持程度跨入门槛值时，制造业智能化水平对绿色发展效率的促进作用更明显。

表 13-8　制造业智能化水平对绿色发展效率影响的门槛效应检验结果（区域层面）

门槛变量	门槛	门槛估计值	F 值	p 值	10%临界值	5%临界值	1%临界值
tec	单门槛	0.3302	83.65	0.0000	18.3868	24.0789	32.3635
gov	单门槛	0.1765	82.27	0.0000	34.5168	38.9394	51.1774

表 13-9　制造业智能化水平对绿色发展效率影响的门槛回归估计结果（区域层面）

变量	门槛变量 tec	门槛变量 gov
int（tec≤η）	0.5540*** (0.1284)	
int（tec＞η）	3.0732*** (0.2964)	
int（gov≤η）		0.6716*** (0.1273)
int（gov＞η）		2.8832*** (0.2789)
hc	0.0159 (0.0153)	−0.0046 (0.0152)
eco	0.1662*** (0.0513)	0.0965* (0.0533)
fd	−3.9383*** (0.6588)	−3.8141*** (0.6588)
sr	0.2609*** (0.0335)	0.2845*** (0.0323)
td	−0.0125 (0.0275)	−0.0549** (0.0261)
常数项	−0.9229** (0.3768)	0.4654 (0.3951)
R^2	0.5555	0.5843
F 值	153.02	152.35
观测值	330	330

注：括号中数字为标准误。

*、**、***分别表示在 10%、5%和 1%的水平下显著。

13.3.3　本节结论与政策建议

本节在分析制造业智能化水平对绿色发展效率影响的理论基础上，利用 2011～

2021年30个样本省区市的面板数据进行了实证分析。研究结果表明：①制造业智能化水平的提升显著促进了绿色发展效率的提升。②采用双重差分法进行内生性检验，结论证实2015年《国家智能制造标准体系建设指南》发布后显著提升了东部地区的绿色发展效率；此外，采用核心解释变量滞后法、缩尾回归与剔除省份的稳健性检验方法，证实制造业智能化水平能够促进绿色发展效率提升的结论是稳健的。③从作用机制看，制造业智能化水平能够通过缓解要素错配程度和提高能源使用效率推动绿色发展效率的提升。④制造业智能化水平对绿色发展效率的影响存在非线性，技术创新水平和政府支持程度在制造业智能化水平对绿色发展效率的影响中存在门槛效应，即在技术创新水平和政府支持程度跨越门槛值的地区，其促进效应更明显。

基于此，本节提出如下建议。

（1）由于制造业智能化水平对绿色发展效率存在显著的正向影响，应着力推动制造业智能化水平提升，可通过建设产品云平台、使用先进数字技术等加以实现。

（2）根据地区特性实施差异化政策。智能化依托信息技术和数字平台，存在一定的空间溢出效应，东中西部地区应立足各自优势特色，加强地区间协同发展。引导东部地区先进技术和人才向中西部流动，缩小区域的智能化水平差距，发挥智能化的辐射性，推动不同地区共同实现制造业智能化赋能绿色发展效率提升。

（3）充分发挥技术创新以及能源使用效率的作用。首先，应加大对关键技术领域的研发投入，为提升智能化水平提供资金保障，促使企业向创新链前端延伸。其次，应提高技术创新能力，着力攻克技术难关，实现"蝶变"升级。深化智能制造产学研融合，引进高技术人才，催生更多自主创新、颠覆性创新的成果。最后，应提高能源使用效率，转变能源消费结构，实现能源供给和消费的多元化。

（4）由门槛效应可知，当政府支持程度跨越门槛值时，制造业智能化水平对绿色发展效率的正向作用更明显，因此应充分发挥政府引导和服务作用。一方面，政府可以通过制定政策和设立智能化示范企业向市场释放信号，使更多社会资本流向生产智能化，引导企业通过智能制造赋能绿色发展。政府应强化激励、考核导向，发挥集成、协调作用，促使更多企业形成成熟、可复制、可推广的智能制造新模式，进而提升绿色发展效率。另一方面，应加大对智能制造、环保领域的财政支持，发挥公共财政的"乘数效应"。充足的研发投入资金及研发费用加计扣除等政策可以为企业数字技术创新奠定基础，推动企业智能化转型。绿色项目贴息、补助政策可以为企业绿色生产提供保障，促使企业实现高效率的绿色发展。

13.4 制造业智能化对中国绿色发展效率影响的实证研究：基于企业层面

为充分探究微观层面制造业智能化对绿色发展效率的影响，本节以沪深 A 股制造业上市公司为样本，采用 2011~2021 年的数据展开研究。

13.4.1 制造业上市企业样本分布情况及智能化水平测算

1. 制造业上市企业样本分布情况

1）研究样本与数据来源

本节以我国 2011~2021 年沪深 A 股上市制造业企业为研究对象，采用企业年度数据，数据来源于 CSMAR、中经网数据库。为保证研究的科学性和准确性，对数据进行如下处理：①删除数据缺失的样本；②剔除 ST、ST*和 PT（particular transfer，特别转让）企业；③为了防止数据异常值对研究产生影响，本节对数据进行缩尾处理，处理水平为 1%；④由于本节采用 SBM-GML 方法测算企业绿色发展效率，其所要求的数据为平衡面板数据，因此本节通过 Stata 软件对数据进行处理，使其满足要求。最终以 942 家企业共 10 362 条样本数据展开研究。

2）样本空间分布

本节基于样本所在地域空间进行分析，将所有上市企业所在地划分为东、中、西部三大地区，其中东部地区制造业企业总数为 633 家，样本数为 6963，中部地区企业总数为 175 家，样本数为 1925，而西部地区企业总数为 134 家，样本数为 1474。从样本所在地域来看，东部地区最多，中部地区其次，而西部地区最少。

3）样本行业分布

从选取的样本行业分布来看，行业广泛分布于 29 个制造业大类，制造业所有的细分行业几乎全部涵盖。但是不同细分行业间的企业数量存在一定的差异，具体如图 13-2 所示。其中企业数量最多的行业为计算机、通信和其他电子设备制造业，共 133 家，占总样本比重为 14.12%；其次为医药制造业，共 112 家，占总样本比重为 11.89%；电气机械和器材制造业数量排名第三，共计 100 家，占比 10.62%。其余行业，如化学原料和化学制品制造业、专用设备制造业也占据一定份额，而废弃资源综合利用业的企业数量最少（仅有 1 家），皮革、毛皮、羽毛及其制品和制鞋业、家具制造业次之，这两大行业的企业总数分别仅有 2 家。其他制造业细分行业分布则较为均衡。

总样本数据中高新技术企业总数为 720 家,占比 76%,而非高新技术企业总数为 222 家,占比 24%。这也证实了我国整体制造业结构和附加值正在不断升级,向高品质、高技术的制造业高端生态位迈进。此外,以生产要素类型划分,可以将样本企业分为劳动密集型、资本密集型和技术密集型,其中劳动密集型企业总数为 122 家,占比 13%;资本密集型总数为 283 家,占比 30%;而技术密集型企业总数为 537 家,占比 57%。这进一步证实了我国制造业企业正向技术密集型靠拢,更加注重技术的投入、产出,自主创新能力不断提高。

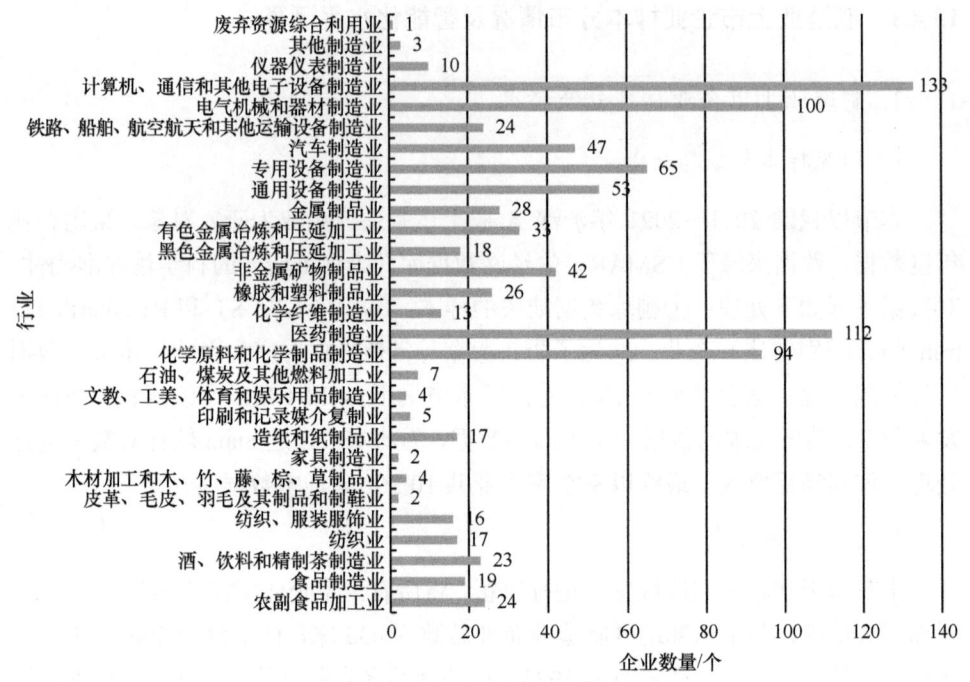

图 13-2 样本企业行业分布

2. 制造业上市企业智能化水平测算

借鉴 Yu 等(2021)的观点,本节采用文本分析法,根据特定关键词出现的频率,构建制造业智能化水平指标。首先,收集 2011~2021 年沪深 A 股制造业上市公司的年度报告,为了便于后续分析,将年报数据转换为文本格式,同时截取年报中的"管理层讨论与分析(Management Discussion and Analysis,MD&A)"部分。其次,为了准确衡量制造业企业智能化水平,在选择特征词方面,本节借鉴重要政策文件和研究报告[1],使用 Python 开放源 jieba 中文分词模块的自带词典

---

[1] 以《"十四五"智能制造发展规划》《高端智能再制造行动计划(2018—2020 年)》《工业互联网创新发展行动计划(2021—2023 年)》《国家新一代人工智能标准体系建设指南》《新一代人工智能发展规划》《智能制造发展规划(2016—2020 年)》《中小企业数字化赋能专项行动方案》《推动企业上云实施指南(2018—2020 年)》以及 2016~2021 年《政府工作报告》为蓝本。

对文本进行分词，确定制造业智能化水平的相关语言表述特征，归纳整理出制造业智能化水平的特征词库；在学术文献的借鉴上，参考一系列以数字化、智能化为主题的经典文献，进一步扩充有关制造业智能化水平的特定关键词，并展开结构化分类（即"智能技术"与"智能化战略"两个层面），形成了如表 13-10 所示的特征词。最后，基于自建的分词词典，使用 jieba 功能对所有样本进行分词处理，统计关键词的披露次数，以此反映企业的制造业智能化水平。

表 13-10 制造业智能化水平的特征词

维度	特征词
智能技术	人工智能、信息科技、信息技术、物联网、智联网、大数据、机器人、云计算、深度学习、机器感知、生物识别、情感计算、自然语言处理、人机交互、自动化、数据可视化、感知技术、智能识别、传感器、控制器、数据挖掘、数据管理、高端智能、工业智能、智能控制、数控、智能物流、智能生产、智能技术、区块链、数字智能、数据中心、集成化、一体化、自动监测、自动监控、自动生产、智能管理、无人、文本挖掘、机器学习、数字技术、控制系统、数字化控制、智能监测、云存储、AI、量子芯片、网络化协同、算法、类脑、5G、语音识别、人脸识别、身份验证、流计算、图计算、增强现实、混合现实、VR、数据安全、信息系统、智能
智能化战略	工业互联网、互联网+、智能制造、云平台、云制造、智慧制造、智能识别、主动制造、智能营销、数字营销、智能企业、智能终端、工业4.0、智能工厂、未来工厂、虚拟制造、电子商务、O2O、B2B、B2C、C2C、C2B、产品全生命周期管理、绿色制造、智能环保、定制、个性化、产学研、线下、线上、互联网化、智能化、数字化、信息化、网络化、平台经济、移动互联、移动支付、第三方支付

注：AI 表示人工智能（artificial intelligence）

13.4.2 变量说明

（1）解释变量：制造业智能化水平（int）。根据前文文本分析法测算所得。为了便于分析，本节以 int/100 来衡量制造业智能化水平。

（2）被解释变量：绿色发展效率（gte）。本节采用绿色全要素生产率的真实值衡量绿色发展效率。基于非期望产出的 SBM 拓展模型，构造基于 SBM 的方向距离函数。本节设定的投入指标包括劳动力和资本。劳动力投入采用各企业职工总人数测算，资本投入采用各企业固定资产净额测算。产出指标中的期望产出以各企业的主营业务收入测度，非期望产出采用各企业的二氧化碳排放量测度。

（3）控制变量：董事会人数（dir），用董事会人数取自然对数来衡量；资产负债率（lev），用年末总负债与年末总资产的比值来衡量；净资产收益率（roe），用净利润与股东权益平均余额的比值来衡量；现金流比率（cfr），用经营活动产生的现金流量与总资产的比值来衡量；账面市值比率（bme），用账面价值与总市值之间的比率来计量；总资产净利润率（roa），用净利润与总资产平均余额的比值来衡量；托宾 Q（tob），用(流通股市值+非流通股股份×每股净资产×负债账面值)/总资产来反映。

（4）中介变量：信息不对称程度（asy），借鉴于蔚等（2012）构建的上市公司 ASY（asymmetric，不对称）指数来衡量；企业技术创新水平（inn），用上市公司专利申请总数来衡量。

（5）门槛变量：企业规模（siz），用年末总资产的自然对数来衡量；环境规制（env），参考刘畅等（2023）的研究方法，使用上市公司所在地当年投入废气废水污染治理的金额占该年工业产值的比重来衡量。

主要变量的描述性统计结果如表 13-11 所示。同时，本节拟构建如式（13-1）所示的固定效应模型，如式（13-2）、式（13-3）所示的机制检验模型，以及如式（13-4）所示的门槛模型实证分析企业层面制造业智能化水平对绿色发展效率的影响，除变量变化外，其余均保持不变。

表 13-11　主要变量的描述性统计

变量	变量名	样本量	均值	标准差	最小值	最大值
gte	绿色发展效率	10 362	2.993 4	5.289 2	0.157 8	36.086 9
int	制造业智能化水平	10 362	0.197 2	0.298 7	0.000 0	1.720 0
dir	董事会人数	10 362	2.135 2	0.188 4	1.386 3	2.890 4
lev	资产负债率	10 362	0.402 5	0.186 4	0.007 5	1.018 1
roe	净资产收益率	10 362	0.072 4	0.112 9	−2.322 3	1.021 5
cfr	现金流比率	10 362	0.051 0	0.064 6	−0.289 6	0.407 7
bme	账面市值比率	10 362	0.883 9	0.846 6	0.214 1	12.747 9
roa	总资产净利润率	10 362	0.045 6	0.060 4	−0.608 9	0.477 5
tob	托宾Q	10 362	1.985 2	1.304 4	0.000 0	21.295 8

13.4.3　实证结果及分析

1. 基准回归

根据 Hausman 检验结果，本节采用固定效应模型进行基准回归，同时控制时间固定效应以及行业固定效应。从基准回归结果来看，表 13-12 列（1）为不加入控制变量的结果，可以看出核心解释变量 int 在 1%的水平下显著促进了绿色发展效率的提升；继续加入控制变量，从列（2）可以看出，核心解释变量 int 在 1%的水平下显著促进了绿色发展效率的提升，回归系数为 0.6052，证明制造业智能化水平每提升 1 个百分点，绿色发展效率提升 0.6052 个百分点。从控制变量来看，资产负债率（lev）在 1%水平下显著促进了绿色发展效率的提升，回归系数为 2.9859，因为提高资产负债率可以提升资金成本优势，并拓宽企业的经营活动空间，企业就能投入更多的资金用于提升绿色发展效率。roe 在 10%的水平下显著促进了绿色发展效率的提升，回归系数为 1.5409；一般而言，企业净资产收益率能反映企业的财务绩效，该指标越高，说明投资所带来的收益回报越高，因此高收益的回报会让企业加大对各领域的投资力度，从而促进绿色发展效率提升。cfr 在 1%的水平下显著促进了绿色发展效率的提高，回归系数为 3.4526，证明企业有充足的流动资金，可用于提升企业创新能力等，进而促进绿色发展效率的提升。bme 在 1%的水平下显著抑制了绿色发展效率的提升，账面市值比率越高，该企业的投资价值越低，因此企业无法获得足够资金，这在一定程度上抑制了绿色发展效率的提升。roa 在 10%的水平下显著促进了绿色发展效率的提升，回归系数为 3.5633，总资产净利润率是考核企业盈利能力的重要指标，该指标越高，企业盈利能力越强，发展前景越广阔。一方面企业盈利能力强，规模会不断扩张，企业会更重视能源利用效率；另一方面，总资产净利润率越高，越可以吸引其他机构和企业投资者进行投资，从而提升企业创新及绿色投资能力，进而提升绿色发展效率。

表 13-12　制造业智能化水平对绿色发展效率影响的基准回归结果（企业层面）

变量	固定效应模型 (1)	固定效应模型 (2)
int	0.6163*** （0.2232）	0.6052*** （0.2213）
dir		0.2167 （0.3391）
lev		2.9859*** （0.3811）
roe		1.5409* （0.8995）
cfr		3.4526*** （0.7833）
bme		−0.6943*** （0.0636）
roa		3.5633* （1.8909）
tob		0.0452 （0.0427）
常数项	2.9622*** （0.6318）	1.8332** （0.9589）
R^2	0.1659	0.1709
F 值	2678.86	2988.23
时间固定效应	控制	控制
行业固定效应	控制	控制
随机效应	不控制	不控制
观测值	10362	10362
Hausman 检验 p 值	0.0000	0.0000

注：括号中数字为标准误
*、**、***分别表示在 10%、5%和 1%的水平下显著

2. 稳健性检验

1) 剔除直辖市

本节在稳健性检验中剔除了直辖市企业样本进行实证分析，由表 13-13 列（1）回归结果可知，int 在 1%水平下显著促进了 gte 的提升，回归系数为 0.7391，与基准回归结果类似，证明结论具有稳健性。

表 13-13 制造业智能化水平对绿色发展效率影响的稳健性检验

变量	剔除直辖市	Tobit 模型	滞后一期	分位数回归 25%	分位数回归 50%	分位数回归 75%
	（1）	（2）	（3）	（4）	（5）	（6）
int	0.7391***	3.1548***		0.1582***	0.1894***	0.4626***
	(0.2611)	(0.2021)		(0.0463)	(0.0484)	(0.1778)
int$_{(-1)}$			0.6982***			
			(0.2692)			
dir	0.0360	−0.8730**	0.2263	−0.0216	−0.0544	0.0014
	(0.3924)	(0.3639)	(0.3697)	(0.0391)	(0.0579)	(0.1177)
lev	2.9974***	3.6785***	2.9371***	0.0473	0.2729***	0.5829***
	(0.4357)	(0.4083)	(0.4230)	(0.0494)	(0.0524)	(0.1767)
roe	1.7042*	1.6689*	1.1929	0.0886	−0.0707	0.1396
	(1.0063)	(0.9827)	(1.0363)	(0.2222)	(0.2630)	(0.3967)
cfr	3.1968***	8.4226***	3.8695***	0.2560***	0.4163***	0.6734*
	(0.8819)	(0.8291)	(0.8538)	(0.0824)	(0.1209)	(0.3927)
bme	−0.7066***	−0.7538***	−0.9354***	0.0057	0.0028	0.0172
	(0.0712)	(0.0611)	(0.0754)	(0.0056)	(0.0076)	(0.0132)
roa	3.3534	0.9407	4.2174**	0.8254*	2.0462***	3.1395***
	(2.1322)	(2.0506)	(2.1334)	(0.4382)	(0.4585)	(1.2249)
tob	0.0230	−0.0688***	0.0430	0.0128**	0.0249*	−0.0128
	(0.0500)	(0.0431)	(0.0452)	(0.0064)	(0.0148)	(0.0261)
常数项	1.8500*	2.9644***	2.9149***	1.7741*	1.3106***	2.0681***
	(1.0802)	(0.8049)	(1.0481)	(0.9588)	(0.3120)	(0.5801)
R^2	0.1866		0.1607	0.0219	0.0527	0.1336
F 值	2717.18	703.84	2664.07			
时间固定效应	控制		控制	控制	控制	控制
行业固定效应	控制		控制	控制	控制	控制
随机效应		控制				
观测值	8799	10362	9420	10362	10362	10362
Hausman 检验 p 值	0.0000	0.0000	0.0000	0.0000	0.0000	0.0000
LR 检验		2140.36***		0.1582***	0.1894***	0.4626***
				(0.0463)	(0.0484)	(0.1778)

注：括号中数字为标准误

*、**、***分别表示在 10%、5%和 1%的水平下显著

2）Tobit 模型

Tobit 模型被用于研究样本或是变量受限、存在截断的情况，因此本节进一步采用 Tobit 模型进行稳健性检验。模型通过了 LR 检验，由表 13-13 列（2）回归结果可知，int 在 1%的水平下显著促进了 gte 的提高，回归系数为 3.1548，其余控制变量结果也与基准回归结果类似，证明了结果的稳健性。

3）核心解释变量滞后法

为了剔除上市公司年报文本数据的滞后性影响，降低回归结果的偏差，本节采用核心解释变量的滞后一期数据进行回归。从表 13-13 列（3）的结果来看，估计系数为 0.6982，且在 1%的水平下显著，与前文估计结果相似，结论具有稳健性。

4）分位数回归

为了检验不同分位点下制造业智能化水平对绿色发展效率的影响，本节进一步采用分位数回归模型进行稳健性检验，各分位点回归系数分别为 0.1582、0.1894 和 0.4626，且均在 1%的水平下显著，证实了结论的稳健性。系数变化说明绿色发展效率水平越高，制造业智能化水平的促进效应越明显。企业绿色发展效率的提升，倒逼企业投入更多资金推动数智化转型，从而提升促进效应。

3. 异质性检验

为了更深入验证制造业智能化的异质性影响效应，本节根据企业性质、创新水平和企业所有权性质对样本进行分类，具体分析结果如下。

1）企业性质

本节借鉴《战略性新兴产业分类（2018）》相关文件的分类标准，将制造业企业分为高新技术企业和非高新技术企业。高新技术企业往往在其核心业务、技术水平、市场定位和政策支持等方面具有优势。

由表 13-14 中列（1）和列（2）可知，制造业智能化水平的系数在高新技术企业样本中为 0.5816，且在 1%的水平下显著为正，而在非高新技术企业样本中，系数为 1.4424，且在 10%的水平下显著为正，证明制造业智能化水平对非高新技术企业的绿色发展效率的促进效应更强。这是由于高新技术企业在发展初期由于对知识、技术、人才等要求较高，需要不断研发新产品，而当达到一定规模时，规模效应会不断减弱，智能化所带来的边际效应不断减弱。对于非高新技术企业而言，由于其缺乏一定的技术、知识、资源条件，企业在初期的生产效率相对较低，因此提升智能化水平能带来生产效率、产出大幅提升，边际产出能力较大，促进效应较强。

表 13-14　制造业智能化水平对绿色发展效率影响的异质性检验

变量	高新技术企业	非高新技术企业	高创新水平企业	低创新水平企业	国有企业	非国有企业
	（1）	（2）	（3）	（4）	（5）	（6）
int	0.5816***	1.4424*	0.7409*	0.6415***	0.1723	0.6320**
	(0.2245)	(0.7917)	(0.4695)	(0.2491)	(0.3689)	(0.2778)
dir	0.0874	0.6790	−1.1065	0.3251	0.7632*	−0.2702
	(0.3832)	(0.6928)	(0.9896)	(0.3585)	(0.4639)	(0.4654)
lev	2.7623***	3.0396***	0.4717	2.9761***	1.8380***	3.2442***
	(0.4400)	(0.7613)	(1.4289)	(0.3923)	(0.5538)	(0.5261)
roe	1.8360*	−1.1055	8.4017**	1.0447	2.7899**	0.4513
	(0.9966)	(2.3760)	(3.6756)	(0.9127)	(1.1235)	(1.3368)
cfr	3.5815***	3.7819**	5.8151**	3.2260***	1.2239	4.0031***
	(0.8901)	(1.6350)	(2.5042)	(0.8180)	(1.0378)	(1.0658)
bme	−0.6589***	−0.7061***	−0.5655***	−0.7258***	−0.3855***	−1.0785***
	(0.0714)	(0.1344)	(0.1598)	(0.0697)	(0.0671)	(0.1115)
roa	2.5503	9.1912*	−16.4349**	4.7583***	−1.7966	6.9324***
	(2.0880)	(4.7906)	(8.2085)	(1.9075)	(2.8133)	(2.6030)
tob	0.1149**	−0.2374***	−0.0649	0.0673	0.1204**	0.0108
	(0.0474)	(0.0957)	(0.1551)	(0.0444)	(0.0575)	(0.0581)
常数项	−0.1308	0.9942	3.7544	2.0127**	0.3882	3.0388**
	(2.0561)	(1.5883)	(3.2872)	(0.9945)	(1.5279)	(1.2623)
R^2	0.1528	0.2408	0.1796	0.1713	0.1160	0.2166
F 值	2191.49	814.13	433.28	2510.56	621.96	2520.11
时间固定效应	控制	控制	控制	控制	控制	控制
行业固定效应	控制	控制	控制	控制	控制	控制
观测值	7920	2442	1598	8764	3799	6563
Hausman 检验 p 值	0.0000	0.0000	0.0000	0.0000	0.0000	0.0000

注：括号中数字为标准误

*、**、***分别表示在 10%、5%和 1%的水平下显著

2）创新水平

根据企业创新水平的差异，本节将创新水平高于平均值的企业定义为高创新水平企业，将低于平均值的企业定义为低创新水平企业。表 13-14 中列（3）、列（4）回归结果显示，高创新水平制造业企业在 10%水平下显著促进了企业绿色发展效率提升，回归系数为 0.7409；低创新水平制造业企业在 1%水平下显著促进了绿色发展效率提升，回归系数为 0.6415，证明制造业智能化水平对高创新水平企业的绿色发展效率的促进作用更大。这是由于高创新水平的企业由于数字化水平较高、数据要素丰富、数字技术更为先进，可以充分发挥规模效应、技术溢出效应，数智化转型更加深入。同时，高创新水平也能激励制造业企业推动数智化转型，提高研发创新投入，从而对制造业绿色发展效率的促进效应更为显著。

3）企业所有权性质

考虑企业所有权异质性，将样本分为国有企业和非国有企业，以此来检验制造业智能化水平对企业绿色发展效率的影响。由表13-14列（5）、列（6）检验结果可知，国有企业样本中，制造业智能化水平提升对企业绿色发展效率影响系数为0.1723，但不显著；而在非国有企业中，制造业智能化水平对企业绿色发展效率影响系数为0.6320，在5%水平下显著。可能的原因在于相较于国有企业而言，非国有企业在市场环境和经济形势的变化中有着更强的调整与适应能力，伴随着制造业智能化转型所带来的组织、产业变革，私营企业能更好地适应。此外，在激烈的市场竞争中，非国有企业相较于国有企业政策、资金支持较少，因此提高了非国有企业利用内外部资源的能力。例如，其善于借助工业互联网、大数据平台等外部资源降低研发和制造成本，同时将内部资源配置在具备差异化竞争优势的获取上，从而可以进一步提升全要素的投入产出效率。

4. 机制检验

前文已证实制造业企业智能化水平显著促进了企业绿色发展效率的提升，但仍需进一步分析其传导机制。在宏观层面，制造业智能化水平能够通过提升技术创新水平进而提升绿色发展效率，那么在微观层面这一传导机制是否成立？本节通过控制行业和时间固定效应，进一步针对制造业企业进行探究。根据表13-15列（1）和列（2）的回归结果来看，制造业智能化水平在10%水平下显著促进了企业技术创新水平提升；而企业技术创新水平的提升在5%水平下显著促进了绿色发展效率的提升，表明制造业智能化能通过促进技术创新来提升绿色发展效率。这是由于制造业智能化能够集聚创新要素和倒逼企业进行技术创新。同时，在技术创新的过程中伴随着环境污染的减少、资源配置的优化以及生产水平的提高，制造业企业绿色发展效率由此得以提升。

表13-15 机制检验结果

变量	inn	gte	asy	gte
	（1）	（2）	（3）	（4）
int	0.1362*	0.0606**	−0.1592***	−1.3068***
	(0.0751)	(0.0280)	(0.0203)	(0.1062)
dir	0.4124***	0.1933	−0.1641***	−0.0572
	(0.1200)	(0.3392)	(0.0320)	(0.3379)
lev	0.3318**	2.9959***	−0.3482***	2.4340***
	(0.1358)	(0.3807)	(0.0361)	(0.3817)
roe	0.1420	1.5324*	−0.2221***	1.2617
	(0.2889)	(0.9000)	(0.0793)	(0.8933)
cfr	−0.2919	3.4331***	−0.3641***	2.8988***
	(0.2528)	(0.7835)	(0.0693)	(0.7788)

续表

变量	inn （1）	gte （2）	asy （3）	gte （4）
bme	−0.099 4*** （0.020 9）	−0.686 2*** （0.063 6）	0.007 2 （0.005 7）	−0.689 6*** （0.063 2）
roa	0.145 2 （0.610 4）	3.502 3* （1.891 6）	−1.045 5*** （0.167 3）	1.922 8 （1.881 7）
tob	−0.001 7 （0.014 1）	0.044 9 （0.042 7）	−0.110 7 （0.003 8）	−0.095 8** （0.043 9）
常数项	−0.902 6** （0.447 6）	1.856 9** （0.956 8）	0.950 7*** （0.103 8）	3.240 4*** （0.962 7）
R^2	0.049 7	0.172 7	0.364 6	0.176 8
F 值	203.20	2 981.62	8 376.24	3 177.07
时间固定效应	控制	控制	控制	控制
行业固定效应	控制	控制	控制	控制
观测值	10 362	10 362	10 362	10 362
Hausman 检验 p 值	0.000 0	0.000 0	0.000 0	0.000 0

注：括号中数字为标准误

*、**、***分别表示在10%、5%和1%的水平下显著

在企业的经营活动中，信息的掌握与了解在很大程度会影响企业决策。就理论分析而言，制造业智能化转型能提升信息传递效率，并降低处理、代理成本，从而缓解信息不对称。其一，智能化水平提升所带来的数字红利，大幅提升了企业对数据的收集、处理及分析能力，保障信息在不同部门之间充分流动，提升传递效率，打破原有部门之间所存在的信息壁垒。因此企业各部门、股东、管理层及员工之间的信息不对称程度得以降低，这有助于建立高效且透明的组织管理机制。其二，制造业智能化转型所构筑的一系列大数据整合平台，能够更高效地将企业生产、经营等信息进行标准化编码，使公司信息更加透明，减少企业与投资者之间的信息不对称。其三，一方面由于信息具备规模经济特征，企业推进智能化转型后，所获取的信息不断增多，处理信息的边际成本逐渐降低，信息所带来的价值逐渐增大。这种规模经济能大大优化企业管理层决策的质量并提升决策效率，使企业的信息处理能力进一步增强。另一方面数字技术与生产要素的融合，可以自主创造协同化、去中心化、效率更高的组织架构运营体系，缩短委托代理链条，降低委托代理成本，提高治理效率。当企业信息不对称得到有效缓解时，投资者能有效识别企业内部经营状况，从而帮助企业吸引投资，企业有更多资金用于提升绿色发展效率。此外，信息披露可助力绿色企业获得银行大额贷款，缓解企业资金需求，为企业进行绿色创新研发等活动提供更充足的资金，进而提升企业绿色发展效率。

就实证结果而言，由表 13-15 列（3）和列（4）可知，制造业智能化水平在1%水平下能够显著降低信息不对称程度，而信息不对称程度的降低在 1%水平下

显著提高了绿色发展效率,这表明信息不对称程度在制造业智能化水平促进绿色发展效率的过程中起传导作用。这是由于制造业智能化水平提升能在一定程度上扩大信息覆盖面,减少治理主体之间的信息差,从而降低信息不对称程度。而信息不对称程度的降低可以有效促进企业绿色发展效率的提升,因此制造业智能化能够通过缓解信息不对称,进而提升绿色发展效率。

5. 门槛效应检验

为了进一步验证制造业智能化水平对于企业绿色发展效率的非线性影响效应,本节借助门槛模型进行检验。由表 13-16 可知,当以环境规制(env)作为门槛变量时,单门槛和双门槛检验分别在 1%和 5%的水平下显著,第一门槛值为 0.0003,第二门槛值为 0.0004。当以企业规模(siz)作为门槛变量时,单门槛在 1%水平下显著,而双门槛检验未通过,其中单门槛值为 22.4992。

表 13-16 制造业智能化水平对绿色发展效率影响的门槛效应检验结果(企业层面)

门槛变量	门槛	门槛值	F 值	p 值	10%临界值	5%临界值	1%临界值
env	单门槛	0.0003	77.11	0.0000	50.2839	54.0685	64.4746
	双门槛	0.0003;0.0004	40.17	0.0267	25.7960	30.2746	44.5782
siz	单门槛	22.4992	124.43	0.0000	29.2610	34.1970	41.0048

根据门槛值以及相应的置信区间,可以确定应分别基于双门槛和单门槛进行回归分析,回归结果如表 13-17 所示。当环境规制(env)作为门槛变量时,由表 13-17 可知,当 env 低于或等于第一门槛值 0.0003 时,int 的系数为 3.2872;当 env 介于第一门槛值 0.0003 和第二门槛值 0.0004 之间时,int 的系数为 7.9294,此时有 3.38%的企业处于第一门槛值和第二门槛值之间;而当 env 高于第二门槛值 0.0004 时,int 的系数为 3.2120,此时有 91.33%的企业跨越第二门槛值。这说明在发展初期,当环境规制力度提升时,制造业智能化水平对绿色发展效率的促进作用呈跨越式上升态势。这是因为环境规制强度的提升会积极引导有关部门进行信贷融资创新,以期实现信贷、产业绿色化及资源节约化。同时,环境规制力度的提升也会推动清洁产业进行绿色技术创新,推动高耗能、高污染企业实现绿色化转型,从而提升制造业智能化水平对绿色发展效率的正向效能。但是,当环境规制力度提高到一定程度,环境治理成本的增加将挤占企业研发投入资金,产生挤出效应,弱化制造业智能化水平的提升作用。

表 13-17 制造业智能化水平对绿色发展效率影响的门槛回归估计结果(企业层面)

变量	门槛变量	
	env	siz
int(env$\leq \eta_1$)	3.2872***	
	(0.3996)	

续表

变量	门槛变量	
	env	siz
int（$\eta_1<$env$\leq\eta_2$）	7.929 4***	
	(0.500 0)	
int（env$>\eta_2$）	3.212 0***	
	(0.242 9)	
int（siz$\leq\eta$）		1.520 2***
		(0.294 9)
int（siz$>\eta$）		5.019 7***
		(0.260 9)
dir	−0.795 1*	−0.871 9**
	(0.434 2)	(0.431 8)
lev	4.604 9***	4.570 0***
	(0.495 2)	(0.494 7)
roe	2.160 4**	2.099 4**
	(1.000 3)	(0.999 3)
cfr	8.311 1***	8.604 9***
	(0.856 0)	(0.855 0)
bme	−0.889 2***	−0.871 7***
	(0.063 4)	(0.063 3)
roa	0.453 7	0.531 0
	(2.104 1)	(2.101 8)
tob	−0.108 1**	−0.101 9**
	(0.045 5)	(0.045 5)
常数项	2.545 2***	2.761 4***
	(0.956 6)	(0.956 1)
R^2	0.033 7	0.091 2
F值	92.60	104.94
观测值	10 362	10 362

注：括号中数字为标准误

*、**、***分别表示在10%、5%和1%的水平下显著

当以企业规模（siz）作为门槛变量时，siz低于或等于门槛值22.4992时，int的作用系数为1.5202；而当siz高于门槛值22.4992时，int的作用系数为5.0197，此时有38.97%的企业跨越门槛值。这说明当企业规模跨入门槛值时，更能发挥企业的规模效应，降低生产运营成本，制造业智能化水平提升对绿色发展效率的促进作用更明显。

13.4.4 本节结论与政策建议

本节基于微观视角进一步分析制造业智能化水平提升对绿色发展效率的影响

效应，结论如下：第一，由基准回归结果可得，制造业智能化水平能够显著促进企业绿色发展效率的提升，稳健性检验也证明该结论依旧成立。第二，以企业性质、创新水平和企业所有权性质分类进行异质性检验，检验结果显示制造业智能化水平对非高新技术企业、高创新水平企业、非国有企业的促进效应更强。第三，机制检验结果说明制造业智能化水平能够通过提高企业技术创新水平与降低信息不对称程度两条传导路径，促进企业绿色发展效率提升。第四，门槛回归结果表明，以环境规制作为门槛变量时，具有双门槛效应；跨越第一门槛值时，制造业智能化水平对绿色发展效率的促进作用呈跨越式上升态势，而跨越第二门槛值时促进作用减弱。当以企业规模作为门槛变量时，具有单门槛效应，跨越门槛值后促进效应更明显。

基于此，本节提出如下建议。

（1）筑牢智能化理念，实现主体智能化升级。一方面，充分发挥企业家精神，在新一轮信息技术革命背景下以多元化和创新的眼光看待企业的发展，充分利用新兴技术实现制造业转型升级；另一方面，处理好企业在发展过程中遇到的制度约束，通过制度创新实现企业转型升级和提升实践能力。制造业智能化要求企业加强与政府、科研机构、高等院校等的合作，这就需要培育企业家精神，为企业的智慧决策提供保证，驱动企业实现智能化升级。

（2）促进企业技术创新，提高智能化水平。企业应加大对关键技术领域的研发投入，为提升智能化水平筑牢技术根基。着力攻克技术难关，实现"蝶变"升级。我国制造业仍然面临关键核心技术"卡脖子"问题，应强化基础研究，以各企业为抓手，实现创新链和产业链的融合，提高其韧性，推动企业智能化从点至面的系统发展。

（3）优化组织结构，降低信息不对称程度。在制造业智能化过程中需要对组织结构进行优化，以适应企业转型升级带来的变化。本节的研究结论证实制造业智能化水平能够通过降低信息不对称程度进而促进绿色发展效率的提高，因此企业应降低信息不对称程度，促使信息在各部门间自由流通，打破部门间信息壁垒。同时，根据环境和技术的变化调整组织结构，向网络化和扁平化转变，精简业务流程，高效灵活满足市场所需，使组织管理、运行效率不断提高，进而促进绿色发展效率的提升。

13.5 本章小结

本章在收集归纳制造业智能化及绿色发展效率相关文献的基础上，分析了制造业智能化对绿色发展效率的直接、间接和非线性影响机制；并从基础投入、生产应用和市场效益三个层面构建了制造业智能化评价指标体系，利用 SBM-GML

模型测度了绿色发展效率，根据理论分析构建回归模型，选取 2011~2021 年我国 30 个省区市的面板数据进行了实证分析。通过机制检验模型探索制造业智能化水平促进企业绿色发展效率提升的传导机制，通过门槛模型探索技术创新水平和政府支持程度的非线性影响。在此基础上，以微观视角进一步展开研究，筛选出沪深 A 股 942 家制造业上市公司，探究不同类型企业的影响效应和基于企业层面的传导机制与门槛效应。

基于上述研究，本章得出了一系列研究结论。

在区域层面，利用 2011~2021 年省级面板数据实证分析两者之间的直接影响效应、间接影响效应和门槛效应，研究发现：制造业智能化水平的提升显著促进了绿色发展效率的提升；采用双重差分法进行内生性检验，结论证实 2015 年《国家智能制造标准体系建设指南》发布后显著提升了东部地区的绿色发展效率；制造业智能化水平提高能够通过缓解要素错配程度和促进能源使用效率改进推动绿色发展效率提升；制造业智能化水平对绿色发展效率的影响具有门槛效应，在技术创新水平和政府支持程度跨越门槛值的地区，其促进效应更明显。

在企业层面，基于我国 2011~2021 年沪深 A 股上市制造业企业数据，研究发现：制造业智能化水平提升显著促进了企业绿色发展效率的提升，且对非高新技术企业、高创新水平企业、非国有企业促进效应更强；制造业智能化水平通过提高企业技术创新水平与降低信息不对称程度推动企业绿色发展效率提升；制造业智能化水平对企业绿色发展效率的影响存在门槛效应。以往文献主要研究智能化内涵与绿色发展效率的测度，鲜有文章从制造业智能化角度探究其对绿色发展效率的影响。本章通过区域和企业两个层面，构建计量模型，深入研究了制造业智能化水平对于绿色发展效率的影响效应及传导路径，并提出了相应的政策建议，以期为政府决策提供有益思路。

第 14 章 数字经济对产业结构、消费结构和城乡收入差距影响研究

14.1 本章问题的提出

当前，数字经济蓬勃发展，已经全面渗透到经济社会的各行各业，对我国产业结构、消费结构、城乡收入差距等都产生了潜移默化的影响，但相关的研究相对较少。本章拟对此进行深入探索。具体来讲：①利用 PVAR 模型、脉冲响应、方差分解，分区域探讨数字经济与产业结构转型升级之间的动态互动关系，并基于系统 GMM 分区域分析数字经济子系统对产业结构转型升级子系统的驱动作用特征。②利用基准回归模型、门槛模型等，从多个层面分析数字经济对居民线上消费影响效应的特征；利用 QUAIDS 模型分析数字经济不同发展程度地区居民消费结构的差异；模拟并量化分析当数字经济发展水平或物价水平发生变动时，数字经济不同发展程度地区居民福利水平的变动情况，以形成更为直观的比较。③系统研究数字经济对城乡收入差距的影响机制，通过构建模型，实证分析数字经济发展水平对城乡收入差距影响的倒"U"形发展态势，并利用门槛回归对影响城乡收入差距的因素进行研究。根据研究结论，本章探讨了相应的对策建议，以期为我国经济发展方式的转变提供有益的思路。

14.2 数字经济驱动产业结构转型升级区域差异研究

14.2.1 引言

随着互联网、物联网、云计算和大数据等数字技术的快速发展，我国数字经济发展迅猛。据统计，我国数字经济总量由 2015 年的 18.6 万亿元，增加到 2023 年的 53.9 亿元（中国信息通信研究院，2024b），占 GDP 的比重从 27.1%提高到 42.8%，数字经济的年均增长率为 14.22%，占 GDP 比重的年均增长率为 5.88%，数字经济已成为推动我国经济增长的新引擎。当前，数字经济正日益融入国民经济各领域，为我国经济发展提供了新动能，在促进产业结构转型升级方面的作用也日益凸显。但是，由于我国各地区的资源禀赋、产业基础、信息化发展水平等有所不同，因而数字经济对区域产业结构转型升级的影响也有所差异。为此，本节拟通过构建模型，考察数字经济对我国产业结构转型升级影响的区域差异和特

征，以期更好地发挥数字经济对产业结构转型升级的驱动作用，这对于我国经济高质量发展具有重要的现实意义。

产业结构转型升级研究一直得到学术界的高度重视，产业结构转型升级是指随着一国经济的发展，劳动、资本等生产要素和最终产品在三次产业间再配置的过程（张辉等，2019）。学者实证研究产业政策（Lund，2009）、外商直接投资（黄日福和陈晓红，2007）、技术进步（杨丹萍和杨丽华，2016）、环境规制（李娜等，2016）、新型城镇化（蓝庆新和陈超凡，2013）等对产业结构转型升级的促进作用机理。Bally（2005）认为技术融合使得不同产业之间的界限趋于模糊，并营造出新的竞争环境，进一步推动了技术和产业的共赢式成长。Hu 和 Jefferson（2004）研究发现企业内部研发和技术转让的交互作用对制造业生产率提升有显著的推动效应，从而促进制造业升级。随着数字技术的成熟，数字经济作为产业结构转型升级的新动力得到学者的关注。例如，Kim 和 Park（2009）从关联结构模式和组织演化角度，提出信息化可以提升产业间知识流动效率，推动产业组织的结构正向演化。张于喆（2018）认为数字经济是融合型经济，以制造业数字化改造为切入点，对实体经济实施数字化、网络化和智能化改造，可推动产业结构迈向中高端。李永红和张淑雯（2019）基于大数据价值链视角，提出大数据驱动传统产业转型升级的路径，包括数据驱动路径、能力构建路径和思维双元路径。部分学者还进行了相关的实证研究。例如，石喜爱等（2017）基于省级面板数据，实证分析了"互联网+"对中国制造业转型升级的影响及区域差异。较多的文献关注的是数字技术对产业绩效的影响。例如，Hofman 等（2016）利用 1990~2013 年拉丁美洲 18 个国家面板数据，分析认为 ICT 对拉丁美洲经济增长和生产力有促进作用。汪斌和余冬筠（2004）分析了信息化对我国国民经济的带动度和对三次产业的差别影响。韩先锋等（2014）实证发现信息化对中国工业部门技术创新效率产生了显著影响，信息化与技术创新效率之间存在显著的倒"U"形关系。徐盈之和孙剑（2009）实证研究认为制造业的产业绩效与该产业融合度呈明显的正相关，产业融合成为提高制造业绩效新的切入点。李晓钟和杨丹（2016）研究了汽车产业与电子信息产业耦合发展情况及对汽车产业绩效的影响；实证分析了我国信息产业与制造业的融合情况，并揭示了产业融合对产业绩效提升作用的产业间和区域间的差异特征（李晓钟等，2017）。

综上所述，研究数字经济对产业转型升级和产业绩效影响的文献日益丰富，但对数字经济和产业结构转型升级之间互动关系的研究相对较少，对数字经济驱动产业结构转型升级区域差异的实证研究鲜见。本节拟对此进行探索。本节拟在估算数字经济发展水平、产业结构转型升级水平的基础上，利用 PVAR 模型分区域分析数字经济对产业结构转型升级的影响效应，为政府及相关部门制定数字经济与实体经济深度融合、促进产业结构转型升级的相关政策提供理论依据。与已有研究相比，本节至少有三个方面的不同，一是拟运用动态多指标评价体系估算数字经济发展水平，即考虑时间先后计算时间权重，相比其他常用的方法更全面和准确；二是拟运用 PVAR 模型、系统 GMM 和脉冲响应模型研究数字经济对产业结构转型升级的影响，不仅考察数字经济驱动产业结构转型升级的静态效果，还探究其动态效果；三是拟通过分区域、分子系统（二级指标）进行实证比较，揭示数字经济驱动产业结构转型升级作用效果的区域差异以及数字经济子系统对产业结构转型升级子系统的影响特征，为相关部门制定政策建言献策。

14.2.2 数字经济发展水平与产业结构转型升级水平评价指标体系构建和方法选择

1. 数字经济发展水平评价指标体系构建和方法选择

数字经济发展水平是本节的核心变量，用 DE（digital economy）表示，根据《二十国集团数字经济发展与合作倡议》报告，数字经济是指以使用数字化的知识和信息作为关键生产要素、以现代信息网络作为重要载体、以信息通信技术的有效使用作为效率提升和经济结构优化的重要推动力的一系列经济活动[1]。本节参考国家统计信息中心等关于信息化测算的相关研究，考虑到数据的可获取性，构建数字经济发展水平的综合评价指标体系，如表 14-1 所示。

表 14-1 数字经济发展水平与产业结构转型升级水平评价指标体系

一级指标	二级指标	三级指标
数字经济发展水平	数字经济基础设施水平	长途电缆线路
		宽带接入端口
	数字经济应用水平	手机数量
		网民数量
		个人电脑数量
		域名数
		网站数
	数字经济产业发展水平	电子信息制造业主营业务收入/员工数
		信息服务人员占比
	数字经济发展环境水平	大学生数量
		R&D 经费投入占地区生产总值比重
		每人教育经费投入
		每人电信消费数
产业结构转型升级水平	产业结构合理化	改进的泰尔指数倒数
	产业结构转型化	新方法计算的产业结构转型值

---

[1] 二十国集团数字经济发展与合作倡议，https://www.cac.gov.cn/2016-09/29/c_1119648520.htm[2016-09-29]。

由于各个指标的量纲不同，故首先用极差法消除量纲不同带来的影响，然后运用主成分分析法降维，得到综合指标，并确定各个三级指标的权重，再借助动态多指标评价方法（茶洪旺和左鹏飞，2016）来计算数字经济动态综合发展水平值，具体步骤如下。

（1）设 F_{ij} 为第 j 年第 i 项无量纲化后的指标数值，I_j 表示该地区第 j 年数字经济综合发展水平，w_i 表示用主成分分析法确定的第 i 个指标的权重。

$$I_j = \sum_{i=1}^{13} w_i F_{ij} \qquad (14\text{-}1)$$

（2）引入时间权重。由于时间先后顺序不同，数值所包含的信息不同，时间越靠后，数值所包含的信息就越多，故采用动态多指标法（于斌斌，2015）中的赋权法，时间越靠后，对其赋予的权重就越大。本节考虑 2007~2016 年的时间先后顺序（k），2007 年记为 1（即 $k=1$），2008 年记为 2，2009 年记为 3，以此类推，2016 年记为 10。考虑时间的先后顺序，故第 j 年的时间权重为

$$\lambda_j = \frac{j}{\sum_{k=1}^{10} k}, \quad k \in [1,10] \qquad (14\text{-}2)$$

（3）结合时间权重，构建动态综合评价模型，得出各地区在第 j 年的数字经济动态综合发展水平为

$$\mathrm{DE}_j = \sum_{j=1}^{10} \lambda_j I_j \qquad (14\text{-}3)$$

本节选取我国 30 个省区市为研究对象[①]，为比较区域差异，将我国分为东部、中部、西部地区，其中，东部地区包含北京、天津、河北、辽宁、上海、江苏、浙江、福建、山东、广东、海南 11 个地区，中部地区包含吉林、黑龙江、山西、安徽、江西、河南、湖北、湖南 8 个地区，西部地区包括四川、重庆、贵州、云南、陕西、甘肃、青海、宁夏、广西、新疆、内蒙古 11 个地区。表 14-1 中的指标数据主要来源于《中国统计年鉴》、《中国电子信息产业统计年鉴》和《中国互联网络发展状况统计报告》。

2. 产业结构转型升级水平评价指标体系构建和方法选择

关于产业结构转型升级的测算，用 IS（industry structure）表示该变量，考虑到数据的可得性，本节沿用大部分学者的观点，从产业结构合理化和转型化两个层面考虑产业结构转型升级综合水平，其评价指标体系如表 14-1 所示，用熵值法计算产业结构转型升级水平，具体的测算方法如下。

---

① 由于西藏数据缺失，没有纳入分析；由于香港、澳门、台湾有些数据难以获得，也没有纳入考虑。

(1) 产业结构合理化是产业之间在不断调整下的有序协调状态，参考于斌斌（2015）、干春晖等（2011）的文献，采用改进的泰尔指数倒数来度量产业结构合理化水平，其计算公式为

$$\mathrm{IS\_h} = \frac{1}{\mathrm{TL}^*} = \frac{1}{\sum_{j=1}^{N}\left(\frac{Y_{ij}}{Y_i}\right)\sqrt{\left(\frac{Y_{ij}}{L_{ij}}\bigg/\frac{Y_i}{L_i}-1\right)^2}} \quad (14\text{-}4)$$

式中，TL^* 表示改进的泰尔指数；Y_i 表示 i 地区三次产业总增加值；Y_{ij} 表示 i 地区第 j 产业的增加值；L_i 表示 i 地区从业人数；L_{ij} 表示 i 地区第 j 产业的从业人数；N 表示产业部门数。TL^* 越大意味着地区产业结构合理性越差，为了数据的可解释性，对 TL^* 取倒数，即 $\mathrm{IS\_h}$ 越大，则该地区产业结构越合理。

(2) 产业结构转型化是指产业结构从一种状态转变为另一种状态的规律性变化的过程，主要表现为三次产业比重沿着第一、二、三产业的顺序不断上升，参考付凌晖（2010）的文献，构建产业结构转型化的度量方法，具体计算公式如下：

$$\theta_j = \arccos\left(\frac{\sum_{d=1}^{3}(x_{d,j}\cdot x_{d,0})}{\sum_{d=1}^{3}(x_{d,j}^2)^{\frac{1}{2}}\sum(x_{d,0}^2)^{\frac{1}{2}}}\right), \quad j=1,2,3 \quad (14\text{-}5)$$

$$\mathrm{IS\_z} = \sum_{k=1}^{3}\sum_{j=1}^{k}\theta_j \quad (14\text{-}6)$$

式中，$x_{d,j}$ 表示空间向量中的一个分量，用第一、第二或第三产业增加值占地区生产总值的比重表示。三次产业构成三维向量 $X_0 = (x_{1,0}, x_{2,0}, x_{3,0})$，然后分别计算 X_0 与产业低层次到高层次的向量 $X_1 = (1,0,0)$、$X_2 = (0,1,0)$、$X_3 = (0,0,1)$ 的夹角 θ_1、θ_2、θ_3，最终计算 $\mathrm{IS\_z}$，其值越大，表明该地区产业结构转型化水平越高。

利用熵值法计算产业结构转型升级综合水平。首先将以上第 i 地区第 w 个指标计算的具体数值记为 $\mathrm{IS}_{iw}(w=1,2)$，具体步骤如下。

(1) IS_{iw} 为第 i 地区第 w 个产业结构转型升级指标值，无量纲化后的数据为 P_{iw}，计算第 i 地区第 w 个产业结构转型升级指标的比重 P_{iw}^*。

$$P_{iw} = \frac{\mathrm{IS}_{iw} - \min(\mathrm{IS}_{iw})}{\max(\mathrm{IS}_{iw}) - \min(\mathrm{IS}_{iw})} + 1 \quad (14\text{-}7)$$

$$P_{iw}^* = \frac{P_{iw}}{\sum_{i=1}^{m}P_{iw}} \quad (14\text{-}8)$$

(2) 计算第 w 个产业结构转型升级指标的熵值。

$$E_w = -\frac{1}{\ln(m)} \sum_{i=1}^{m} P_{iw}^* \ln P_{iw}^*, \quad m = 30 \qquad (14\text{-}9)$$

（3）计算第 w 个产业结构转型升级指标的差异系数 d_w，并计算第 w 个产业结构转型升级指标在综合指标中的权重 α_w。

$$d_w = 1 - E_w \qquad (14\text{-}10)$$

$$\alpha_w = \frac{d_w}{\sum_{w=1}^{2} d_w} \qquad (14\text{-}11)$$

（4）计算各个地区的产业结构转型升级综合水平。

$$\text{IS} = \sum_{w=1}^{2} \alpha_w P_{iw}^* \qquad (14\text{-}12)$$

14.2.3　数字经济对产业结构转型升级的影响

1. 模型选择

PVAR 模型将系统中所有变量均视为内生变量，并具有三个方面的特点：一是同时在时间和截面上取得数据；二是可以控制不可观测的个体异质性；三是其正交化的脉冲响应函数可以刻画变量间的动态交互作用。PVAR 模型融合了面板数据模型和 VAR（vector autoregression，向量自回归）模型的优点。因此，本节选择 PVAR 模型以更有效地分析数字经济与产业结构转型升级之间的动态关系。为了削弱异方差性，将数字经济发展水平和产业结构转型升级水平都取对数，分别表示为 lnDE 和 lnIS，并将内生变量滞后项作为其工具变量进行广义矩估计。

本节所使用 PVAR 模型的一般形式如下：

$$Z_{i,t} = \Gamma_0 + \sum_{j=1}^{n} \Gamma_j Z_{i,t-j} + \mu_i + d_t + \varepsilon_t \qquad (14\text{-}13)$$

式中，$Z_{i,t}$ 表示内生变量列向量；μ_i 表示外生变量列向量；j 表示 PVAR 的滞后阶数；i 表示地区（省区市）；t 表示年份；Γ_j 表示待估参数矩阵；d_t 表示时间效应；ε_t 表示随机干扰项。

选取 30 个省区市 2007~2016 年的面板数据，利用 Stata 14.0 对模型进行 LLC（Levin-Lin-Chu，莱文-林-丘）平稳性检验，如表 14-2 所示，变量 lnDE、lnIS 都通过平稳性检验，同时通过单位根检验，说明满足稳定性条件，适用 PVAR 模型。另外，由于 2007~2016 年的时间周期为 10 年，时间间隔较短，故基于 PVAR 模型，数字经济对产业结构转型升级的动态影响机制将选择一阶作为滞后阶数。

第 14 章 数字经济对产业结构、消费结构和城乡收入差距影响研究

表 14-2 变量平稳性检验表

变量	Adjusted t	p 值	检验结果
lnDE	−23.3300	0.000	平稳
lnIS	−3.2157	0.000	平稳

2. GMM 与格兰杰因果检验

综合上述平稳性、滞后阶数选择过程，构建数字经济发展水平（lnDE）与产业结构转型升级水平（lnIS）的 PVAR 模型，可得出最终的 PVAR 模型数学表达式为

$$Z_{i,t} = \Gamma_0 + \Gamma_1 Z_{i,t-1} + \mu_i + d_{i,t} + \varepsilon_t \tag{14-14}$$

根据模型（14-14）进行 GMM。为消除模型表达式中的时间虚拟变量及固定效应，首先采用组内均值差分法去除时间虚拟变量，其次采用"前向均值差分法"消除固定效应，得到当期 lnDE、lnIS 序列值，用 h_lnDE、h_lnIS 表示。上述转换后的变量与滞后变量正交，最后将滞后变量作为工具变量进行 GMM。

由表 14-3 可知，数字经济发展水平与产业结构转型升级水平两者来源于自身的内部促进和数字经济发展水平对产业结构转型升级的促进作用。值得注意的是，h_lnDE_{t-1} 对 h_lnIS 的促进系数小于 h_lnIS_{t-1} 对 h_lnIS 的促进系数，说明产业结构转型升级受其自身的内部促进作用大于数字经济发展水平带来的促进作用。同时，比较格兰杰因果检验与系统 GMM 的结果可以发现，如表 14-4 所示，数字经济发展水平是产业结构转型升级的格兰杰的因，而产业结构转型升级同时也是数字经济的格兰杰的因，进一步验证两者之间存在互相的促进作用，且互动影响作用显著。

表 14-3 系统 GMM 结果表

解释变量	被解释变量			
	h_lnDE		h_lnIS	
	系数	p 值	系数	p 值
h_lnDE_{t-1}	0.8499***	0.000	0.0235***	0.003
h_lnIS_{t-1}	−0.7785***	0.000	0.6369***	0.000

注：h_lnDE_{t-1}、h_lnIS_{t-1} 分别表示 h_lnDE、h_lnIS 滞后一期的值

***表示在1%水平下显著

表 14-4 格兰杰因果检验表

变量	Z-bar	Z-bar tilde	p 值	检验因果关系
lnDE←lnIS	8.9154	2.9291	0.000***	拒绝 H_0，即存在格兰杰因果
lnIS←lnDE	24.1223	9.3409	0.000***	拒绝 H_0，即存在格兰杰因果

注：Z-bar、Z-bar tilde 是格兰杰因果统计量

***表示在1%水平下显著

3. 分区域 GMM

为考察数字经济对产业结构转型升级动态互动影响的区域差异性，本节将我国分为东部、中部、西部地区，实证结果如表 14-5 所示。由表 14-5 可知，东部地区的促进效应在 10%的显著性水平下为正，中部地区的促进效应在 1%的显著性水平下为正，西部地区的促进效应不显著性，数字经济对产业结构转型升级的促进作用存在区域差异。值得注意的是，东部地区数字经济对产业结构转型升级的促进系数大于中部、西部地区，而且各个区域中产业结构转型升级对其自身的促进作用都大于数字经济对产业结构转型升级的促进作用，这与全国整体样本所得出的结论一致。

表 14-5　东部、中部、西部地区系统 GMM 结果

区域	解释变量	被解释变量			
		h_lnDE		h_lnIS	
		系数	p 值	系数	p 值
东部	h_lnDE_{t-1}	0.9085***	0.000	0.0327*	0.071
	h_lnIS_{t-1}	−1.0116***	0.001	0.5603***	0.000
中部	h_lnDE_{t-1}	0.8922***	0.000	0.0302***	0.001
	h_lnIS_{t-1}	−1.3873***	0.000	0.5814***	0.000
西部	h_lnDE_{t-1}	0.9463***	0.000	0.0129	0.229
	h_lnIS_{t-1}	−2.9054***	0.000	0.6454***	0.000

*、***分别表示在 10%、1%水平下显著

4. 脉冲响应

为了检验数字经济与产业结构转型升级之间的动态互动关系，对数字经济与产业结构转型升级进行脉冲响应分析，结果如图 14-1～图 14-4 所示。由图 14-1 可知，来自数字经济的外部冲击会对自身产生正向的促进作用，而且作用持续的时间较长，但响应程度随着时间延长而逐渐衰减，直到最终收敛到一个稳定的正值。即数字经济对自身具有持续显著的动态促进作用，但随着期数的增加，其作用效果逐渐衰减并趋于稳定。由图 14-2 可知，在数字经济的外部冲击下，产业结构转型升级响应程度迅速增加到峰值。具体来看，随着期数不断增加，响应值最终趋于稳定的正值，说明数字经济的发展对产业结构转型升级的影响越来越稳定，处于积极的响应状态，具有持续显著的动态促进作用。数字经济通过加快产业的跨界融合，推进产业的转型升级，成为产业结构转型升级的主要动因。由图 14-3 可知，来自产业结构转型升级的最初冲击会对数字经济产生负向冲击效应，随着期数增加，其负向作用效果先强后弱，最终呈现趋向稳定值的态势；而两者的互动关系是长期的，来自产业结构转型升级的冲击对数字经济的影响不是短暂的，通过产业结构转型升级调整投资结构，从而向数字经济发出宏观调控信号，会对数字经济产生较为深远的影响。由图 14-4 可知，来自产业结构转型升级的冲击开

始时对自身产生正影响，但影响效果随着期数增加逐渐衰减，并出现了负值。

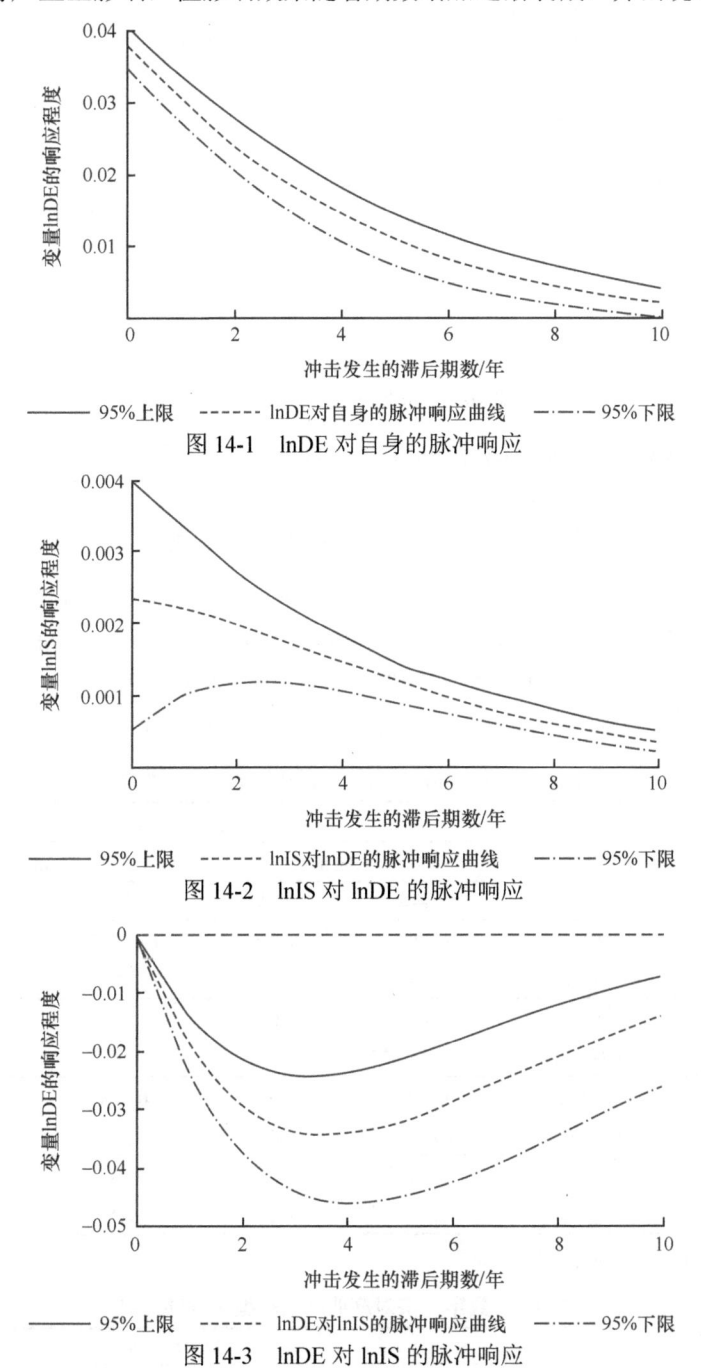

图 14-1　lnDE 对自身的脉冲响应

图 14-2　lnIS 对 lnDE 的脉冲响应

图 14-3　lnDE 对 lnIS 的脉冲响应

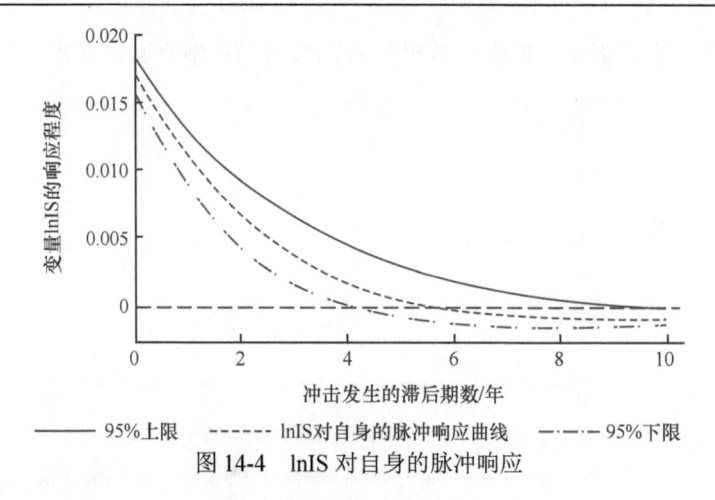

图 14-4　lnIS 对自身的脉冲响应

14.2.4　数字经济对产业结构转型升级的驱动效果

1. 数字经济发展水平对产业结构转型升级子系统驱动效果

为了进一步比较数字经济对产业结构转型升级子系统的驱动效果,构建数字经济(h_lnDE)与产业结构合理化(h_lnIS_h)、数字经济(h_lnDE)与产业结构转型化(h_lnIS_z)两组 PVAR 模型,同时为了考虑区域差异性,本节分东部、中部、西部地区分别进行 GMM,结果如表 14-6 和表 14-7 所示。

表 14-6　数字经济对产业结构合理化驱动效果

区域	解释变量	被解释变量 h_lnDE 系数	p 值	被解释变量 h_lnIS_h 系数	p 值
全国	h_lnDE_{t-1}	0.8750***	0.000	0.0790***	0.000
	$h\_lnIS\_h_{t-1}$	−0.2976***	0.000	0.6179***	0.000
东部	h_lnDE_{t-1}	0.8767***	0.000	0.2290**	0.014
	$h\_lnIS\_h_{t-1}$	−0.1673***	0.004	0.5277***	0.001
中部	h_lnDE_{t-1}	0.8318***	0.000	0.0396	0.102
	$h\_lnIS\_h_{t-1}$	−0.3073***	0.000	0.7510***	0.000
西部	h_lnDE_{t-1}	0.9181***	0.000	0.0757**	0.023
	$h\_lnIS\_h_{t-1}$	−0.7065***	0.003	0.5223**	0.025

、*分别表示在 5%、1%水平下显著

表 14-7　数字经济对产业结构转型化驱动效果

区域	解释变量	被解释变量 h_lnDE 系数	p 值	被解释变量 h_lnIS_z 系数	p 值
全国	h_lnDE_{t-1}	0.9052***	0.000	0.0054***	0.009
	$h\_lnIS\_z_{t-1}$	−4.6828***	0.000	0.6418***	0.000

续表

区域	解释变量	被解释变量			
		h_lnDE		h_lnIS_z	
		系数	p 值	系数	p 值
东部	h_lnDE$_{t-1}$	0.9993***	0.000	0.0167*	0.092
	h_lnIS_z$_{t-1}$	−5.2414**	0.047	0.4228*	0.062
中部	h_lnDE$_{t-1}$	0.9259***	0.000	0.0047	0.129
	h_lnIS_z$_{t-1}$	−6.7678***	0.000	0.6420***	0.000
西部	h_lnDE$_{t-1}$	1.0069***	0.000	0.0061*	0.094
	h_lnIS_z$_{t-1}$	−10.7951***	0.001	0.5606***	0.003

*、**、***分别表示在10%、5%、1%水平下显著。

由表14-6和表14-7可知，东部、中部、西部地区的数字经济发展水平均对自身有显著的促进作用，与全国整体样本的情况一致。数字经济发展水平对不同区域的产业结构转型升级子系统的驱动作用存在差异，数字经济发展水平对东部、西部地区产业结构合理化、转型化的驱动作用显著，但对中部地区不显著。

2. 数字经济发展水平子系统对产业结构转型升级的驱动效果

进一步利用GMM考察数字经济发展水平的子系统（二级指标）——数字经济基础设施水平（DE_j）、数字经济应用水平（DE_y）、数字经济产业发展水平（DE_f）、数字经济发展环境水平（DE_h）对产业结构转型升级的影响，结果如表14-8所示。

表14-8 数字经济子系统对产业结构转型升级子系统驱动效果

解释变量	区域	被解释变量	
		h_lnIS_h	h_lnIS_z
h_lnDE_j$_{t-1}$	全国	0.0685***	0.0054**
	东部	0.1466**	0.0168
	中部	0.0438*	0.0047
	西部	0.0905	0.0061
h_lnDE_y$_{t-1}$	全国	0.0734***	0.0054***
	东部	0.1568***	0.0168
	中部	0.0414*	0.0047
	西部	0.0807*	0.0061*
h_lnDE_f$_{t-1}$	全国	0.0683***	0.0054**
	东部	0.1462**	0.0170
	中部	0.0442*	0.0047
	西部	0.0918	0.0062
h_lnDE_h$_{t-1}$	全国	0.0721***	0.0054**
	东部	0.1542***	0.0167
	中部	0.0419*	0.0047
	西部	0.0826	0.0061*

*、**、***分别表示在10%、5%、1%水平下显著。

由表 14-8 可知,从全国来看,数字经济的子系统(基础设施水平、应用水平、产业发展水平、发展环境水平)均对产业结构合理化、转型化有显著促进作用;但区域差异较大。从数字经济的子系统来看:①数字经济基础设施水平的驱动效果。在东部和中部地区,数字经济基础设施水平均仅对合理化有显著促进作用;而在西部地区对合理化、转型化均无显著促进作用。②数字经济应用水平的驱动效果。在东部和中部地区,数字经济应用水平均仅对合理化有显著驱动作用;而在西部地区对合理化、转型化的驱动作用均显著。③数字经济产业发展水平的驱动效果。在东部和中部地区,数字经济产业发展水平均仅对合理化有显著驱动作用;而在西部地区对合理化、转型化的驱动作用均不显著。④数字经济发展环境水平的驱动效果。在东部和中部地区,数字经济发展环境水平均仅对合理化有显著驱动作用;而在西部地区则仅对转型化有显著驱动作用。

14.2.5 本节结论与政策建议

本节在估算数字经济发展水平和产业结构转型升级水平的基础上,利用 PVAR 模型和脉冲响应模型,分区域分析数字经济与产业结构转型升级之间的动态互动关系;利用系统 GMM 分区域研究数字经济及其子系统对产业结构子系统的驱动作用。研究发现:①数字经济对产业结构转型升级产生正向的促进作用,但存在着明显的区域差异,即数字经济对东部、中部地区产业结构转型升级存在着显著的促进作用,但对西部地区作用不显著。②数字经济对产业结构转型升级具有长期且持续、正向且显著的动态作用。产业结构转型升级对数字经济具有持续、显著的动态作用,这种作用初期为负向,但负向的作用在慢慢减小,而且有转为正向的趋势。③数字经济与产业结构转型升级的相互拉动作用是非对等的,即数字经济对产业结构转型升级的影响弱于产业结构转型升级对数字经济的影响;而数字经济和产业结构转型升级均对自身具有持续显著但逐步趋弱的动态促进作用。④我国数字经济对产业结构合理化、转型化具有显著的驱动作用,也存在着区域差异,即数字经济对东部、西部地区的产业结构合理化、转型化均有显著的驱动作用,但对中部地区的产业结构合理化、转型化的驱动作用均不显著。⑤数字经济的子系统对我国及东部、中部、西部地区产业结构的合理化、转型化的驱动作用效果也存在差异。

因此,为充分发挥数字经济对产业结构转型升级的驱动作用,我国一是要积极探索东中西部地区数字经济区域协调发展模式。中西部地区要加强顶层设计、前瞻布局,不断完善信息基础设施支撑体系,积极引进与培育龙头和骨干互联网企业,主动和发达地区加强经济交流与合作,强化区域间产业对接和帮扶,总结发达地区数字经济发展经验和成功模式,推动数字技术从东部地区向中西部地区转移和渗透,加快中西部地区数字经济发展。二是要强化财政资金导向作用。聚焦关键核心技术,通过产学研用等多渠道集聚创新资源,加大精准扶持力度,加大对制造业与互联网融合发展重点领域和关键环节的投入力度,做大做强大数据、云计算、物联网、5G、人工智能等相关产业。三是要加强数字经济与实体经济的深度融合。鼓励企业通过互联网平台整合资源,打造一批基于人工智能、区块链的数据应用案例和业务解决方案,引导企业开展网络化的协同、服务型的制造、个性化的定制等新模式、新业态,通过"示范基地""示范企业""示范项目"等示范工程,积极鼓励企业利用大数据、云计算、物联网、5G、人工智能等新技术、新模式实施数字化、网络化、智能化升级,加快重塑产业新优势,为我国经济高质量发展提供新动能。

14.3 数字经济对消费结构及居民福利的影响研究

14.3.1 引言

随着我国居民收入水平的不断提高,消费质量和福利水平的提高日益得到人们的重视。数字经济的快速发展为我国居民的消费形式带来了许多改变,电子商务销售额呈现逐年递增的态势,网络上琳琅满目的商品为消费者带来更多选择的同时,也提供了便利性,手机 App、影视、网络博主等的引导潜移默化地对居民的消费模式和消费结构产生影响,进而影响居民福利水平。因此,研究数字经济对我国居民消费结构的影响,以及这种影响给人们带来的福利效应的变化,可以为我国制定促进数字经济发展、刺激消费、优化消费结构等相关政策提供理论指导和决策依据。

本节拟利用 2015~2020 年我国省域层面(不包括港澳台地区)的数据,从纵向和横向两个角度实证分析数字经济对居民消费产生的影响,并模拟一些特定情况下数字经济发展水平对居民福利水平的影响效应。本节可能的创新点归结为三个方面:其一,采用实证模型,从多个层面分析数字经济对居民线上消费影响效应的特征;其二,采用 QUAIDS 模型分析数字经济不同发展程度地区居民消费结构的差异;其三,模拟并量化分析当数字经济发展水平或物价水平发生变动时,数字经济不同发展程度地区居民福利水平的变动,这可以形成更为直观的比较,从而可为政府相关部门决策提供有益思路。

14.3.2 理论分析与研究假设

数字经济对居民消费的影响是多方面的,本节将居民消费结构分为纵向(线上线下消费）和横向（不同类型消费品消费）两种类型，并从这两个层面分析数字经济发展带来的影响。

1. 数字经济与线上线下消费

数字经济会影响居民线上消费倾向，这可以从两个方面进行解释。一方面，数字经济的发展意味着搜索引擎的优化、线上信息的完善等，这使得在网络上获取信息及利用信息的成本将变得更低，Goldfarb 和 Tucker（2019）认为数字经济降低了经济活动的搜索成本、复制成本、运输成本、追踪成本及验证成本。更低的成本使居民更有动机选择线上消费，白硕等（2018）研究了成都市居民的网络消费特征，也发现节约成本是居民线上消费的主要动机之一。另一方面，网络的发展能更智能地推荐用户感兴趣的内容，张峰和刘璐璐（2020）认为数字化发展使人的消费方式等受到控制，出现"精准被消费"现象；Forman 等（2008）也发现在线上购物时，消费者对评论中包含身份信息的评价比较敏感，因此容易受到引导；此外，Reimers 和 Waldfogel（2021）的研究结果显示，数字化的评级系统相比传统的评级机构，能给网上购物的消费者带来更多的消费者盈余。这些因素的存在使线上消费变得更具有针对性，驱使消费者进行更多的线上消费。为此，本节提出如下研究假设。

假设14.1：数字经济对消费的纵向结构存在影响，具体表现为数字经济提高了居民的线上消费额以及消费比重。

2. 数字经济与不同类型消费品

居民对不同类型消费品的偏好差异一定程度上可以在商品支出弹性与价格弹性上得以体现，而数字经济对居民消费支出与商品价格这两个层面都存在影响。一方面，数字经济对经济的高质量发展具有促进作用，更好地匹配了供需（荆文君和孙宝文，2019），为居民消费带来了新的增长点。另一方面，数字经济影响了商品价格。例如，随着数字经济的发展，企业能获取更多信息以调整消费品价格，进而影响消费者的行为和福利（龚雅娴，2021），Ferguson 等（2010）也发现电子商务的发展会影响企业的商业模式，进而影响市场份额。通过这两条路径，数字经济的发展最终会对居民的横向消费结构产生影响。

现有文献提及的消费结构主要指的是消费的横向结构，一些较为直接的研究显示，互联网的发展促进了农村居民消费结构的转变，并且呈现一定的区域差异（刘湖和张家平，2016），曾洁华和钟若愚（2021）基于广东省的市级层面数据，研究发现互联网能优化居民的消费结构，并释放居民的消费潜力。在居民消费结构的变化方面，目前广受认可的观点是随着互联网等新兴技术的发展，居民将越发倾向于进行发展型与享受型消费（刘湖和张家平，2016；齐红倩和马溎君，2021）。

结合上述文献，可以发现，居民的横向消费结构受新兴技术的影响正悄然发生着变迁。为此，本节提出如下研究假设。

假设 14.2：数字经济对消费的横向结构存在影响，具体体现为数字经济影响了居民对不同类型消费品的消费倾向。

3. 数字经济与居民福利

数字经济通过影响居民消费结构，进而引起福利水平的变动。在其他条件等同的情况下，物品价格的上升相当于居民实际购买能力的下降，意味着福利的损失，此处在假设 14.2 的基础上进行拓展，若数字经济对居民消费结构存在影响，则不同消费品价格上涨时，对不同数字经济发展程度地区居民的影响也理应存在差异。

以往部分学者对新兴技术为人们带来的福利效应进行了研究（Reimers and Waldfogel，2021；Gelauff et al.，2019），数字经济与居民的福利水平密切相关，新兴技术在一定程度上提高了居民的福利水平。随着我国数字经济的发展，数字化应用的广度和深度不断增加，一方面，数字经济的发展为人们的日常生活提供了诸多便利，为消费提供了更多选择，居民可以以更低的成本获取自己想要商品的信息或直接进行购买，因此通过消费角度，更高的数字经济发展水平可以使居民获得额外效用；另一方面，更完善的信息基础设施能帮助居民获取各种实况信息，通过手机支付可以快速购买到一些必要物资，因此，随着数字经济发展水平的提升，居民抵御外界风险的能力会有所提升，数字经济的发展对我国居民福利水平存在影响。为此，本节提出如下研究假设。

假设 14.3：当各消费品价格上升时，不同数字经济发展程度地区居民福利损失存在差异；当其他条件一定时，数字经济自身的发展在提高居民福利的同时，能降低总体物价上涨导致的福利损失。

14.3.3 模型选择与数据来源

1. 模型选择

1）数字经济对消费纵向结构的影响

根据假设 14.1，为检验数字经济发展水平对居民线上消费额与线上消费比重的影响，设定如下的基准回归模型。

$$\text{sale}_{i,t} = \beta_{1_0} + \beta_{1_1}\text{DE}_{i,t} + \beta_1\text{Controls} + \tau_{1_{i,t}} \quad (14\text{-}15)$$

$$\text{rsale}_{i,t} = \beta_{2_0} + \beta_{2_1}\text{DE}_{i,t} + \beta_2\text{Controls} + \tau_{2_{i,t}} \quad (14\text{-}16)$$

式中，$\text{sale}_{i,t}$ 表示线上消费额；$\text{rsale}_{i,t}$ 表示线上消费比重；$\text{DE}_{i,t}$ 表示数字经济发

展水平；Controls 表示所选的控制变量；β_{1_0}、β_{2_0} 表示常数项；β_{1_1}、β_{2_1}、β_1、β_2 分别表示对应变量的系数；$\tau_{1_{i,t}}$、$\tau_{2_{i,t}}$ 表示误差项。

由于数字经济对居民线上消费额与线上消费比重的影响可能不仅仅是简单的线性关系，为了进一步分析其中的影响机制，将数字经济发展水平作为门槛变量和门槛效应变量，选择门槛回归模型，门槛模型的基本形式如式（14-17）、式（14-18）所示，按实际的检验结果确定门槛数。

$$\text{sale}_{i,t} = \beta_{3_0} + \beta_{3_1}\text{DE}_{i,t} \times L(\text{DE}_{i,t} \leqslant q) + \beta_{3_2}\text{DE}_{i,t} \times L(\text{DE}_{i,t} > q) \\ + \beta_3\text{Controls} + \tau_{3_{i,t}} \quad (14\text{-}17)$$

$$\text{rsale}_{i,t} = \beta_{4_0} + \beta_{4_1}\text{DE}_{i,t} \times L(\text{DE}_{i,t} \leqslant q) + \beta_{4_2}\text{DE}_{i,t} \times L(\text{DE}_{i,t} > q) \\ + \beta_4\text{Controls} + \tau_{4_{i,t}} \quad (14\text{-}18)$$

式中，$L(\cdot)$ 表示若满足括号内条件，则取值为 1，否则取值为 0；q 表示测算出的门槛值；β_{3_0}、β_{4_0} 表示常数项；β_{3_1}、β_{4_1}、β_{3_2}、β_{4_2}、β_3、β_4 分别表示对应变量的系数；$\tau_{3_{i,t}}$、$\tau_{4_{i,t}}$ 表示误差项；其他字母含义同上。

2）数字经济对消费横向结构的影响

参考程名望和张家平（2019a）的消费分类方式，同时考虑到居住消费在整体消费支出中占据的比例明显上升，故将居住消费单分成一组，最终形成生存型消费（食物+衣着）、居住消费（居住）、享受型消费（交通通信+家庭设施）、发展型消费（文教娱乐+医疗保健）、其他消费这五类消费。本节下文的 w_1、w_2、w_3、w_4、w_5 分别代表生存型消费、居住消费、享受型消费、发展型消费、其他消费。

根据假设 14.2，为检验数字经济发展水平对居民不同类型消费品支出倾向的影响，选择合适的消费系统模型测算居民对不同类型消费品的支出弹性及价格弹性。

常见的需求系统模型有 AIDS（additive income demand system，附加收入需求系统，又称近似理想需求系统）模型、ELES（extend linear expenditure system，扩展线性支出系统）模型、QUAIDS 模型以及 EASI（exact affine Stone index implicit Marshallian demand system，准确映射斯通指数隐含马歇尔需求系统）模型，常规的 AIDS 模型与 ELES 模型中各消费支出与总消费呈线性关系，而 QUAIDS 模型考虑了支出的二阶效应，EASI 模型则没有阶数的限制，EASI 模型可取最高支出阶数为（消费类型–2），因此，选择模型前，需要了解各消费品支出份额与总消费支出之间的关系，本节选择以高斯核作为内核的加权局部多项式回归对除其他消费之外的四种消费类型的恩格尔曲线进行平滑拟合，结果如图 14-5~图 14-8 所示。由图 14-5~图 14-8 可知，部分消费类型的消费份额与支出之间明显呈现非线性变化的特点。本节先使用 EASI 模型进行检验，结果显示，支出的一次项、二次项、三次项在各消费份额方程中并不显著[①]。因此，本节选择 QUAIDS 模型进行后续的检验分析。

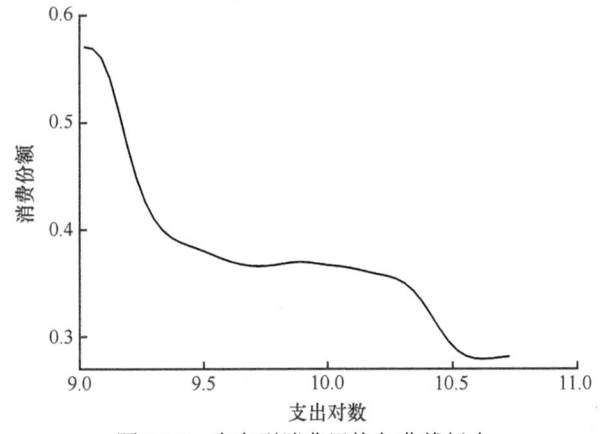

图 14-5　生存型消费恩格尔曲线拟合

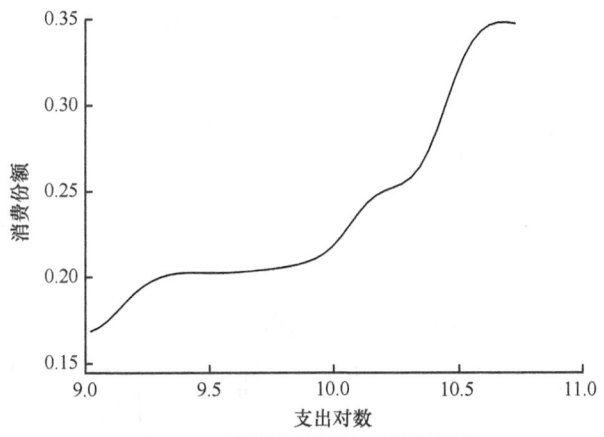

图 14-6　居住消费恩格尔曲线拟合

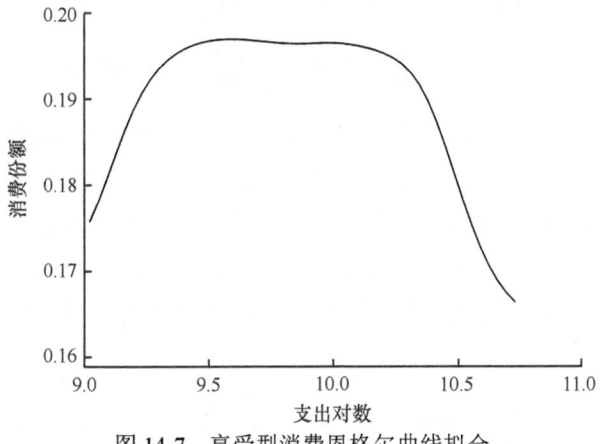

图 14-7　享受型消费恩格尔曲线拟合

---

① 限于篇幅，本节未列出详细过程，有需要的读者可向作者索取。

图 14-8　发展型消费恩格尔曲线拟合

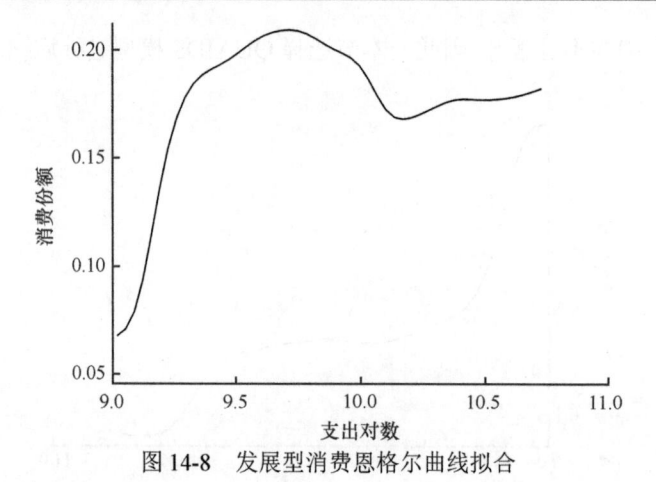

Banks 等（1997）提出了 QUAIDS 模型，该模型在消费领域尤其是食物消费中获得了较为广泛的应用，该模型满足间接效用（$\ln V$）函数，即

$$\ln V = \left\{ \left[\frac{\ln m - \ln A(p)}{\prod_{i=1}^{J} p_i^{\beta_i}} \right]^{-1} + \sum_{i=1}^{J} \lambda_i \ln p_i \right\}^{-1} \tag{14-19}$$

Banks 等（1997）在此基础上对消费份额表达式进行了推导，结果如式（14-20）所示。

$$w_i = \frac{\partial \ln A(p)}{\partial \ln p_i} + \frac{\partial \ln \prod_{i=1}^{J} p_i^{\beta_i}}{\partial \ln p_i} \ln r + \frac{\partial \sum_{i=1}^{J} \lambda_i \ln p_i}{\partial \ln p_i} \times \frac{1}{\prod_{i=1}^{J} p_i^{\beta_i}} (\ln r)^2 \tag{14-20}$$

消费份额表达式中涉及函数的具体形式如式（14-21）所示。

$$\ln A(p) = \alpha_0 + \sum_{i=1}^{J} \alpha_i \ln p_i + \frac{1}{2} \sum_{i=1}^{J} \sum_{j=1}^{J} \gamma_{ij} \ln p_i \ln p_j \tag{14-21}$$

式中，w_i 表示第 i 种消费品的支出份额；j 表示第 j 种消费品（与 i 的含义类似）；J 表示消费品的类别数，本节为 5；m 表示总消费支出；p_i 表示第 i 种消费品的价格，本节以地区相应消费类型的价格指数代替；$A(p)$ 表示综合价格指数；r 等于 $m/A(p)$；α、β、γ、λ 分别表示待估参数。模型需要满足加总性、齐次性和对称性。

Poi（2012）建立了加入特征变量后的 QUAIDS 模型，具体形式如式（14-22）所示。

$$w_i = \alpha_i + \sum_{j=1}^{J} \gamma_{ij} \ln p_j + \left(\beta_i + \sum_{k=1}^{K} \eta_{ik} z_k \right) \ln \frac{m}{\left(1 + \sum_{k=1}^{K} \rho_k z_k \right) A(p)}$$

$$+\frac{\lambda_i}{\prod_{n=1}^{J} p_n^{\beta_n + \sum_{k=1}^{K} \eta_{ik} z_k}} \left[\ln \frac{m}{\left(1 + \sum_{k=1}^{K} \rho_k z_k\right) A(p)} \right]^2 \quad (14\text{-}22)$$

式中，K 表示加入特征变量的个数；z_k 表示第 k 个特征变量；ρ、η 表示待估参数；n 表示第 n 种消费品（与 j 的含义类似，用不同字母表示以作区分）；其他字母含义同上。本节选取了各省区市数字经济发展水平、城镇化水平、年份作为特征变量。

Poi（2012）在增加了特征变量的 QUAIDS 模型基础上进行推导，得到消费品的各类弹性，其中马歇尔未补偿弹性（ε_{ij}）、支出弹性（μ_i）、希克斯补偿弹性（ε_{ij}^c）的计算分别如式（14-23）、式（14-24）和式（14-25）所示。

$$\varepsilon_{ij} = -\delta_{ij} + \frac{1}{w_i} \left\{ \gamma_{ij} - \left[\beta_i + \sum_{k=1}^{K} \eta_{ik} z_k + \frac{2\lambda_i}{\prod_{n=1}^{J} \ln p_n^{\beta_n + \sum_{k=1}^{K} \eta_{ik} z_k}} \ln \frac{m}{\left(1 + \sum_{k=1}^{K} \rho_k z_k\right) A(p)} \right] \right.$$

$$\left. \times \left(\alpha_j + \sum_l \gamma_{jl} \ln p_l \right) - \frac{\left(\beta_j + \sum_{k=1}^{K} \eta_{jk} z_k\right) \lambda_i}{\prod_{n=1}^{J} \ln p_n^{\beta_n + \sum_{k=1}^{K} \eta_{ik} z_k}} \left[\ln \frac{m}{\left(1 + \sum_{k=1}^{K} \rho_k z_k\right) A(p)} \right]^2 \right\} \quad (14\text{-}23)$$

式中，δ_{ij} 表示 Kronecker（克罗内克）函数，当 $i = j$ 时，输出值为 1，否则为 0；l 和 n 均为计数用符号，范围为 1～J。

$$\mu_i = 1 + \frac{1}{w_i} \left[\beta_i + \sum_{k=1}^{K} \eta_{ik} z_k + \frac{2\lambda_i}{\prod_{n=1}^{J} p_n^{\beta_n + \sum_{k=1}^{K} \eta_{ik} z_k}} \ln \frac{m}{\left(1 + \sum_{k=1}^{K} \rho_k z_k\right) A(p)} \right] \quad (14\text{-}24)$$

$$\varepsilon_{ij}^c = \varepsilon_{ij} + \mu_i w_j \quad (14\text{-}25)$$

3）居民福利的测算

为验证假设 14.3，在 QUAIDS 模型的基础上进行居民福利的测算，主要考虑以下两个方面。

A. 物价变动导致的福利变动

为了衡量各消费品物价变动对数字经济不同发展程度地区居民福利产生的影响，此处采用补偿变动法进行分析。当价格上升时，为维持原来的效用水平，应给予消费者货币补偿的数值计算公式如式（14-26）所示。

$$CV = e(p_1, u_0, z_0) - e(p_0, u_0, z_0) \quad (14\text{-}26)$$

式中，e 表示支出；p_0、p_1 分别表示各类消费品的初始价格和变化后的价格；u_0

表示消费者的初始效用水平；z_0 表示各种特征变量的初始值。

参考 Friedman 和 Levinsohn（2002）的方法，对补偿变动方程进行二阶泰勒展开，可得

$$\mathrm{CV} \approx \sum_{i=1}^{J} \omega_i(p_0, u_0, z_0) \Delta \ln p_i + \frac{1}{2} \sum_{i=1}^{J} \sum_{j=1}^{J} \frac{\partial \omega_i(p_0, u_0, z_0)}{\partial \ln p_j} \Delta \ln p_i \Delta \ln p_j \quad (14\text{-}27)$$

式中，CV 表示补偿值；$\omega_i(\cdot)$ 函数表示第 i 种消费品的希克斯需求；$\Delta \ln p_i$ 由 Δp_i 取对数变化而来。以消费支出代替其中的效用水平，可得消费品的马歇尔需求，即 $w_i(\cdot)$，经过换算，最终得到

$$\mathrm{CV} \approx \sum_{i=1}^{J} w_i \Delta \ln p_i + \frac{1}{2} \sum_{i=1}^{J} \sum_{j=1}^{J} w_{ij} \varepsilon_{ij} \Delta \ln p_i \Delta \ln p_j \quad (14\text{-}28)$$

假设第 i 种消费品的价格上升比例为 t_1，其他消费品价格不变，则福利变动方程可写为

$$\mathrm{CV} \approx w_i \ln(1 + t_1) + w_i \varepsilon_i^c [\ln(1 + t_1)]^2 \quad (14\text{-}29)$$

式中，ε_i^c 表示第 i 种消费品的希克斯自价格弹性。式（14-29）可分为两部分，分别体现价格变化对福利影响的一阶效应和二阶效应，一阶效应可以表示为价格上升带来的直接影响，一般表现为福利的损失；二阶效应可以表示为替代效应，当消费品的自价格弹性为负时，表示居民会减少在该消费品上的支出，并购买替代品，因此可以缓解一阶效应带来的福利损失，消费品自价格弹性为正时则相反。

B. 数字经济继续发展导致的福利变动

将加入特征变量的函数代入间接效用函数，如式（14-30）所示。

$$\ln V = \left[\frac{\prod_{n=1}^{J} p_n^{\beta_n + \sum_{k=1}^{K} \eta_{nk} z_k}}{\ln m - \ln A(p) - \ln\left(1 + \sum_{k=1}^{K} \rho_k z_k\right)} + \sum_{i=1}^{J} \lambda_i \ln p_i \right]^{-1} \quad (14\text{-}30)$$

式中，z_1 特征变量表示数字经济发展水平，其他字母含义同上。假设数字经济发展水平提高幅度为 t_2，α_0 等于 0，并且其他条件保持一致，则效用函数可以表示为式（14-31）的形式。

$$\ln V_1 = \left[\frac{\prod_{n=1}^{J} p_n^{\beta_n + t_2 \eta_{n1} z_1 + \sum_{k=1}^{K} \eta_{nk} z_k}}{\ln m - \ln A(p) - \ln\left(1 + t_2 \rho_1 z_1 + \sum_{k=1}^{K} \rho_k z_k\right)} + \sum_{i=1}^{J} \lambda_i \ln p_i \right]^{-1} \quad (14\text{-}31)$$

通过上述效用函数测算当数字经济发展水平提高不同幅度时，对数字经济不

同发展程度地区居民福利产生的影响。

2. 变量说明与数据来源

1) 核心解释变量——数字经济发展水平测算

本节的核心解释变量为数字经济发展水平。数字经济发展水平的测算较为复杂，有相当一部分学者针对数字经济指标体系的构建进行了研究，但就目前而言，尚未形成统一的框架，相关文献与报告各有不同的侧重点。本节参考茶洪旺和左鹏飞（2016）对互联网发展水平的测算方法，并在其基础上增加了数字化交易的子指标，构建了数字经济发展水平测算的指标体系，如表14-9所示，指标体系数据主要来源于历年《中国统计年鉴》和《中国互联网络发展状况统计报告》。为统一量纲，采用极差法对数据进行标准化。

$$X_i = \frac{x_i - x_{i,\min}}{x_{i,\max} - x_{i,\min}} \qquad (14\text{-}32)$$

式中，x_i 表示初始第 i 个指标的值；$x_{i,\max}$ 表示第 i 个指标的最大值；$x_{i,\min}$ 表示第 i 个指标的最小值；X_i 表示标准化处理后的指标。由于三级指标较多，因此本节采取主成分分析法对数据进行降维。

表14-9　数字经济发展水平指标体系

一级指标	二级指标	三级指标
数字经济发展水平	数字化基础设施	光缆密度
		移动电话基站密度
		人均互联网端口数
	数字化应用普及	移动电话普及率
		移动互联网普及率
		人均域名数
		人均网页数
		人均IPv4数
	数字化交易	电子商务采购额
		电子商务销售额
		网上零售额
	数字化发展环境	软件和技术服务业收入/地区生产总值
		地区人均大学毕业生数
		人均教育经费投入
		人均专利授权数
		规上企业R&D投入/地区生产总值
		人均电信业务消费量

本节首先对数据进行相应的前置检验,其中 KMO 值为 0.872,Bartlett 检验拒绝了指标之间不存在相关性的假设,即本节数据适合采用主成分分析法。主成分分析结果表明,其中前四个主成分的特征值大于 1,并且累计方差达到 0.8510,能够体现所选指标的主要信息,因此可选择这四个主成分。根据所选主成分中体现的各指标信息,结合主成分特征值与贡献权重,经过换算,可以得到三级指标权重。将各指标按各自权重加权求和可得到最终的数字经济发展水平[①]。

2)其他变量

本节选取了八类消费品支出、价格指数、城镇化率、居民可支配收入、居民消费支出、第三产业占地区生产总值比重、人均网上实物零售额等变量。由于本节将八类消费品支出分为五组,其中生存型、享受型和发展型消费组包含两类消费品支出,因此其支出份额等于这两类消费品支出份额之和,其价格则通过式(14-33)来计算。

$$p_i = \frac{W_j + W_{j+1}}{W_j/P_j + W_{j+1}/P_{j+1}} \quad (14\text{-}33)$$

式中,p_i 表示新分组中第 i 种消费品的价格;W_j、W_{j+1} 表示新分组第 i 种消费品中包含的两种消费品的支出份额;P_j、P_{j+1} 表示新分组第 i 种消费品中包含的两种消费品的价格,用其价格指数估算,数据来源于《中国统计年鉴》。

3)数据来源

本节选取了 2015~2020 年我国省域层面的数据,数字经济发展水平(DE)利用上述指标体系进行测算,城镇化率(u)、居民可支配收入的对数(r)、居民消费支出的对数(ex)、第三产业占地区生产总值比重(s)、人均网上实物零售额的对数(re)、生存型消费份额与价格(w_1,p_1)、居住消费份额与价格(w_2,p_2)、享受型消费份额与价格(w_3,p_3)、发展型消费份额与价格(w_4,p_4)、其他消费份额与价格(w_5,p_5)的数据主要来源于《中国统计年鉴》,其描述性统计如表 14-10 所示。

表 14-10 本节初始数据描述性统计

变量	平均值	标准差	最小值	最大值
DE	0.2646	0.1406	0.0408	0.7875
u	0.6073	0.1189	0.2887	0.8930
r	10.1385	0.3510	9.4136	11.1876
ex	9.7957	0.3211	9.0175	10.7278
s	0.5088	0.0827	0.3880	0.8390
re	7.2919	1.4570	4.2887	10.6142

---

① 限于篇幅,本节未列出详细过程,有需要的读者可向作者索取。

续表

变量	平均值	标准差	最小值	最大值
w_1	0.3681	0.0450	0.2490	0.5856
w_2	0.2190	0.0417	0.1634	0.4038
w_3	0.1943	0.0175	0.1478	0.2454
w_4	0.1948	0.0332	0.0659	0.2707
w_5	0.0239	0.0039	0.0151	0.0363
p_1	108.8794	6.4545	100.1661	128.2630
p_2	105.2129	4.0076	97.7000	116.4000
p_3	99.3231	1.5476	95.5194	103.5347
p_4	109.4230	5.9405	99.9187	125.3083
p_5	106.1441	5.3750	100.0000	127.4000

14.3.4 数字经济对消费结构的影响

1. 消费结构纵向比较

由于个人的线上消费额不易获取，这里使用人均网上实物零售额（万元）代替；线上消费比重使用人均网上实物零售额除以人均总消费的值代替。以式（14-15）、式（14-16）为基础，选择城镇化率、居民可支配收入、第三产业占地区生产总值比重作为控制变量，进行基准的固定效应面板回归，结果如表14-11所示。由表14-11可知，数字经济对居民线上消费额具有显著的促进作用，同时对居民线上消费比重的促进作用也非常显著，这表明数字经济对我国居民的线上消费倾向产生了影响。

表 14-11　数字经济对线上消费影响基准回归结果

变量	线上消费额	线上消费比重
DE	4.431***	1.139***
	(0.606)	(0.145)
u	−14.940***	−2.532***
	(1.566)	(0.375)
r	1.401***	0.192*
	(0.438)	(0.105)
s	−0.412	−0.019
	(0.570)	(0.137)
常数项	−5.667	−0.543
	(3.595)	(0.861)
观测值	186	186
省区市数量	31	31
R^2	0.733	0.760

注：括号内数据为标准误

*、***分别表示在10%、1%水平下显著

进而以式（14-17）、式（14-18）为基础，检验数字经济对线上消费额以及线上消费比重促进形式的非线性变化，经过初步检验，以线上消费额作为被解释变量时，三重门槛的 p 值明显大于 0.1，因此选择以双重门槛的形式进行回归；以线上消费比重作为被解释变量时，双重门槛的 p 值大于 0.1，因此选择以单门槛形式进行回归。回归结果如表 14-12 所示，更高的模型拟合度说明数字经济对线上消费的促进作用的确存在非线性特征，同时数据显示，随着数字经济发展水平的提高，数字经济对线上消费额与线上消费比重的促进效应不断增强，这也符合数字经济的现实特征，数字经济受到梅特卡夫定律的支配，其价值会随着节点数的增加呈指数形式上升，不断发展的数字经济促使更多人参与互联网消费，并从网络购物中获得更大的效益。

表 14-12　数字经济对线上消费影响门槛回归结果

变量	线上消费额	变量	线上消费比重
u	−6.305*** (1.452)	u	−1.973*** (0.354)
r	1.017*** (0.342)	r	0.220** (0.095)
s	0.117 (0.435)	s	0.033 (0.124)
DE≤0.4481	1.326** (0.555)	DE≤0.3908	0.769*** (0.147)
0.4481<DE≤0.5858	2.256*** (0.504)	DE>0.3908	0.959*** (0.136)
DE>0.5858	3.236*** (0.488)		
常数项	−6.552** (2.796)	常数项	−1.104 (0.788)
观测值	186	观测值	186
省区市数量	31	省区市数量	31
R^2	0.849	R^2	0.803

注：括号内数据为标准误

、*分别表示在 5%、1%水平下显著

将各省区市按东部、中部、西部分区域[①]，按是否超过门槛值为标准计算各区域的省区市个数，计算结果如表 14-13 所示，可以发现，存在较为明显的区域差异，在线上消费额层面，东部地区数字经济发展水平超过第一重门槛或第二重门槛的省区市数随时间逐渐增加，中部、西部地区各省区市则始终未超过第一重门

---

① 东部地区：北京、天津、河北、辽宁、上海、江苏、浙江、福建、山东、广东、海南（11 个）。中部地区：吉林、黑龙江、山西、安徽、江西、河南、湖北、湖南（8 个）。西部地区：四川、重庆、贵州、云南、西藏、陕西、甘肃、青海、宁夏、广西、新疆、内蒙古（12 个）。

槛；在线上消费比重层面，东部地区数字经济发展水平超过第一重门槛的省区市数同样随时间增加，中部、西部地区各省区市则始终未超过第一重门槛。在数字经济发展水平超过门槛值的省区市，居民更倾向于进行线上消费，故纵向消费结构的变动也更加明显。上述实证检验与分析，表明假设 14.1 成立。

表 14-13 各区域达到不同门槛的省区市个数

年份	线上消费额				线上消费比重			
	数字经济发展水平	东部	中部	西部	数字经济发展水平	东部	中部	西部
2016	DE≤0.4481	9	8	12	DE≤0.3908	8	8	12
	0.4481<DE≤0.5858	2	0	0	DE>0.3908	3	0	0
	DE>0.5858	0	0	0				
2018	DE≤0.4481	7	8	12	DE≤0.3908	6	8	12
	0.4481<DE≤0.5858	3	0	0	DE>0.3908	5	0	0
	DE>0.5858	1	0	0				
2020	DE≤0.4481	5	8	12	DE≤0.3908	4	8	12
	0.4481<DE≤0.5858	4	0	0	DE>0.3908	7	0	0
	DE>0.5858	2	0	0				

2. 消费结构横向对比

以式（14-22）为基础，实证分析数字经济给横向不同类型的消费带来的影响。由于面板数据存在个体效应和时间效应，因此本节首先对数据进行去除个体效应的处理，在模型中分别加入数字经济发展水平、城镇化率、第三产业占地区生产总值比重以及时间趋势变量作为特征变量，为了防止出现共线性，时间趋势变量 $t=\ln(年份)$，本节采用 Poi（2012）提供的程序进行回归，实证结果如表 14-14 所示。由表 14-14 可知，多数待估参数结果显著。

表 14-14 QUAIDS 模型回归结果

变量	系数	变量	系数	变量	系数
γ_{11}	0.152*** (0.033)	γ_{42}	−0.020 (0.025)	γ_{55}	−0.008 (0.008)
γ_{21}	−0.009 (0.023)	γ_{52}	0.005 (0.010)	α_1	0.384*** (0.005)
γ_{31}	−0.057** (0.025)	γ_{33}	0.196*** (0.041)	α_2	0.200*** (0.003)
γ_{41}	−0.066*** (0.022)	γ_{43}	−0.007 (0.024)	α_3	0.206*** (0.003)
γ_{51}	−0.020*** (0.006)	γ_{53}	0.010 (0.009)	α_4	0.186*** (0.003)
γ_{22}	0.166*** (0.046)	γ_{44}	0.080*** (0.027)	α_5	0.0238*** (0.001)
γ_{32}	−0.142*** (0.036)	γ_{54}	0.0130* (0.007)	β_1	−0.092 (0.152)

续表

变量	系数	变量	系数	变量	系数
β_2	0.573*** (0.136)	$\eta_{DE,3}$	−0.247 (0.216)	$\eta_{s,4}$	−0.280 (0.229)
β_3	−0.235* (0.123)	$\eta_{DE,4}$	−1.663*** (0.311)	$\eta_{s,5}$	−0.031 (0.031)
β_4	−0.166 (0.108)	$\eta_{DE,5}$	−0.145*** (0.050)	$\eta_{t,1}$	−0.123*** (0.028)
β_5	−0.081*** (0.028)	$\eta_{u,1}$	−0.514 (0.325)	$\eta_{t,2}$	−0.019 (0.017)
λ_1	−0.101** (0.049)	$\eta_{u,2}$	−1.088*** (0.280)	$\eta_{t,3}$	0.031** (0.015)
λ_2	−0.194*** (0.045)	$\eta_{u,3}$	0.485* (0.254)	$\eta_{t,4}$	0.106*** (0.028)
λ_3	0.032 (0.040)	$\eta_{u,4}$	0.916*** (0.280)	$\eta_{t,5}$	0.005 (0.004)
λ_4	0.238*** (0.048)	$\eta_{u,5}$	0.201*** (0.060)	ρ_{DE}	−3.584*** (0.436)
λ_5	0.025*** (0.009)	$\eta_{s,1}$	0.508** (0.208)	ρ_u	1.669*** (0.457)
$\eta_{DE,1}$	1.016*** (0.307)	$\eta_{s,2}$	−0.117 (0.148)	ρ_s	−1.138* (0.583)
$\eta_{DE,2}$	1.039*** (0.243)	$\eta_{s,3}$	−0.080 (0.108)	ρ_t	0.296*** (0.063)

注：括号内数据为标准误

*、**、***分别表示在10%、5%、1%水平下显著

Wald 检验的结果显示，在模型中加入数字经济发展水平这个特征变量后，模型的估计效果更好，说明加入数字经济发展水平变量可以增加模型的解释力①。

将 2015~2020 年分成 3 个时间段，以式（14-24）为基础，测算各时间段的支出弹性，结果如表 14-15 所示。各类消费的支出弹性为正，说明随着总支出的增加，各类消费的支出都会增加，其中生存型消费与居住消费缺乏弹性，并且处于逐年递减的态势，享受型消费和发展型消费总体上富有弹性，并且处于逐年递增的态势，因此，随着总支出的增加，居民倾向于将更多的消费应用于享受和发展，这两类消费与新兴的技术有较大的联系。

表 14-15 各时间段不同类型消费的支出弹性

各时间段	生存型消费	居住消费	享受型消费	发展型消费	其他消费
2015~2016 年	0.8769*** (0.0476)	0.8916*** (0.0685)	0.9423*** (0.0706)	1.3886*** (0.0859)	1.3283*** (0.1214)
2017~2018 年	0.7173*** (0.0460)	0.8540*** (0.0647)	1.0802*** (0.0680)	1.5431*** (0.0652)	1.4335*** (0.1190)

---

① 限于篇幅，本节未列出详细过程，有需要的读者可向作者索取。

各时间段	生存型消费	居住消费	享受型消费	发展型消费	其他消费
2019~2020年	0.6548***	0.6415***	1.1817***	1.7810***	1.7175***
	(0.0721)	(0.0851)	(0.1087)	(0.0914)	(0.1815)

注：括号内数据为标准误

***表示在1%水平下显著

为了更清晰地反映数字经济发展程度差异对居民消费结构产生的影响，后续将总体样本分成数字经济欠发达组、数字经济中等发达组与数字经济发达组进行比较，分组方式为：将各省区市历年的数字经济发展水平进行加总，以该数值为基础将31个省区市划分为三组[①]。

结合表14-16，数字经济总体发展程度越高的小组，生存型消费、居住消费的支出弹性越高，享受型消费和发展型消费的支出弹性则越低，这表明，随着居民支出水平的上升，数字经济发达地区的居民相对会增加更多的生存型消费和居住消费，数字经济欠发达地区的居民相对会增加更多的享受型消费和发展型消费。形成以上差异的现实原因可能为：数字经济发达地区的各类设施相对比较完善，居民受到网络媒体、电视新闻等的影响，对食品安全、居住区域等较为重视，相应地，消费也会更多关注品质的提升，因而对享受型消费品与发展型消费品的投入相对较多，因此总支出变化时，在享受型与发展型消费品上的投入变化与数字经济欠发达地区等相比会更小；对于数字经济欠发达地区和中等发达地区，新事物的出现会驱使人们进行尝试，因此人们更愿意增加对享受型消费品与发展型消费品的支出。

表14-16 不同样本组不同类型消费支出弹性

样本组	生存型消费	居住消费	享受型消费	发展型消费	其他消费
欠发达组	0.7539***	0.7963***	1.0672***	1.5673***	1.4878***
	(0.0498)	(0.0644)	(0.0760)	(0.0698)	(0.1294)
中等发达组	0.7542***	0.7970***	1.0671***	1.5662***	1.4869***
	(0.0497)	(0.0643)	(0.0759)	(0.0697)	(0.1292)
发达组	0.7563***	0.8041***	1.0658***	1.5565***	1.4787***
	(0.0489)	(0.0636)	(0.0745)	(0.0692)	(0.1271)

注：括号内数据为标准误

***表示在1%水平下显著

马歇尔未补偿弹性的测算结果如表14-17所示，其中生存型消费、居住消费、享受型消费和发展型消费的自价格弹性都小于0，表示这几类消费品的需求都会

---

① 数字经济分组：欠发达组包括黑龙江、河南、湖南、广西、贵州、云南、西藏、甘肃、青海、新疆；中等发达组包括河北、山西、内蒙古、吉林、安徽、江西、湖北、海南、四川、宁夏；发达组包括北京、天津、辽宁、上海、江苏、浙江、福建、山东、广东、重庆、陕西。

随自身的价格上升而下降；生存型消费品与居住消费品互为替代品；享受型消费品、发展型消费品这两种消费品与其他类型的消费品都互为互补品。究其原因，随着时代的发展，人们的生活水平不断提高，生活质量得到日益重视，而享受型消费包括交通、家庭设施等，发展型消费包括保健、文教等，这两类支出可以在某种程度上提高生存型消费与居住消费支出的质量。对于数字经济不同发展程度地区，总体上差距不大，数字经济欠发达地区与数字经济中等发达地区非常接近。

表 14-17 数字经济不同发展程度地区各消费品马歇尔未补偿弹性

消费类型	样本组	生存型消费	居住消费	享受型消费	发展型消费
生存型消费	欠发达组	−0.4913	0.0301	−0.1067	−0.1359
	中等发达组	−0.4914	0.0300	−0.1067	−0.1359
	发达组	−0.4922	0.0295	−0.1072	−0.1362
居住消费	欠发达组	0.0351	−0.1854	−0.6105	−0.0639
	中等发达组	0.0348	−0.1856	−0.6106	−0.0640
	发达组	0.0321	−0.1874	−0.6119	−0.0651
享受型消费	欠发达组	−0.3168	−0.7468	−0.0048	−0.0484
	中等发达组	−0.3167	−0.7468	−0.0048	−0.0484
	发达组	−0.3162	−0.7464	−0.0045	−0.0482
发展型消费	欠发达组	−0.5569	−0.2408	−0.1445	−0.6803
	中等发达组	−0.5565	−0.2406	−0.1443	−0.6802
	发达组	−0.5528	−0.2382	−0.1425	−0.6786

与上文支出弹性部分的分析类似，数字经济发达地区居民相对更关注生存型消费与居住消费，因此在其他条件等同时，这两类消费品价格的上升，会驱使数字经济发达地区居民相对更大幅度地减少在这两类消费品上的支出份额。数字经济发达地区在其他类型消费品价格发生变动时，对于享受型消费品与发展型消费品的需求变动相对会更小，原因可能为数字经济发达地区居民在享受型与发展型消费品上的支出已比较成熟，相对更稳定，因此在外界条件变动时，在这两类消费品上的支出变动相对较小。上述实证检验与分析表明假设 14.2 成立。

14.3.5 数字经济对居民福利影响分析

1. 物价变动导致的福利变动

由于本节数字经济不同发展程度地区分组以历年数字经济发展水平均值为主要依据，出于对照性，此处的福利模拟分析以历年各样本组不同消费品支出比例的均值为基础，假设居民消费支出比例保持不变，使用式（14-29）测算不同类型消费品价格上升时，给不同类型居民福利水平带来的影响，结果如表 14-18 所示。由表 14-18 可知，生存型消费品价格上升给居民带来的福利损失明显大于其他消费品。

生存型消费品、享受型消费品与发展型消费品价格上升时，数字经济发达地区居民受到的福利损失相对会更小；而居住消费品价格上升时，数字经济发达地区居民受到的福利损失相对会更大，这在一定程度上可归结于数字经济发达地区居民的居住消费品所占的支出比例较高，因而受到居住消费品价格波动的影响也更大。

表 14-18 不同消费品价格上升带来的福利损失差异（单位：%）

消费类型	样本组	福利损失				
		上涨幅度 2%	上涨幅度 5%	上涨幅度 10%	上涨幅度 18%	上涨幅度 30%
生存型消费	欠发达组	0.7547	1.8479	3.5735	6.1107	9.4785
	中等发达组	0.7359	1.8018	3.4843	5.9581	9.2418
	发达组	0.6906	1.6908	3.2698	5.5913	8.6728
居住消费	欠发达组	0.3940	0.9704	1.8947	3.2877	5.2059
	中等发达组	0.4116	1.0137	1.9792	3.4343	5.4380
	发达组	0.4893	1.2052	2.3531	4.0831	6.4652
享受型消费	欠发达组	0.3932	0.9743	1.9211	3.3827	5.4639
	中等发达组	0.3840	0.9517	1.8765	3.3041	5.3369
	发达组	0.3823	0.9474	1.8680	3.2892	5.3129
发展型消费	欠发达组	0.3897	0.9497	1.8223	3.0781	4.6903
	中等发达组	0.3971	0.9676	1.8566	3.1361	4.7786
	发达组	0.3636	0.8860	1.7000	2.8715	4.3752

2. 数字经济发展水平变化导致的福利变动

1）数字经济发展水平单独变化

以历年各样本组价格水平、消费支出、各特征变量的均值为基础，利用式（14-31）测算数字经济发展水平在不同提升幅度下对我国居民福利水平的影响，结果如表 14-19 所示。由表 14-19 可知，在其他条件一定时，数字经济发达地区居民的福利水平明显大于数字经济欠发达地区和数字经济中等发达地区，并且随着数字经济的发展，数字经济发达地区居民福利水平的提升速率大于这两类地区，而数字经济欠发达地区与数字经济中等发达地区效用值与提升效率非常接近。

表 14-19 数字经济发展水平提高带来的福利提升差异

样本组	提高幅度	初始水平	2%	5%	10%	18%	30%
欠发达组	效用值	4.6662	4.6763	4.6915	4.7174	4.7604	4.8284
	效用变化幅度/%		0.2165	0.5422	1.0973	2.0188	3.4761
中等发达组	效用值	4.6995	4.7126	4.7326	4.7667	4.8237	4.9155
	效用变化幅度/%		0.2788	0.7043	1.4299	2.6428	4.5962
发达组	效用值	5.8172	5.8583	5.9233	6.0422	6.2683	6.7492
	效用变化幅度/%		0.7065	1.8239	3.8678	7.7546	16.0215

注：效用变化幅度计算以各样本初始效用值为基准

数字经济发达地区与其他地区之间的福利差距随着数字经济的继续发展呈现逐渐扩大的趋势，表明数字经济发展对不同地区居民福利的促进作用存在马太效应，这可以从两个方面来解释：①数字经济发达地区的现有基础设施、人才储备等相对更为完善，数字经济发展水平已经较高，因此当数字经济发展水平呈现与其他地区相同比例的增长时，可以为当地居民带来更多的红利；②数字经济发达地区居民对新兴技术的接受能力相对更强，因此也能更大程度地获得数字经济跨越发展的红利。

2）数字经济发展水平与物价同时变动

出于计算的简洁性以及比较的直观性，依然选择式（14-31）对各样本组进行后续的福利模拟，以历年各样本组价格水平、消费支出、各特征变量的均值为基础进行测算，模拟分析所有物价同时上升一定幅度给各地区居民带来的福利差异，结果如表14-20所示。由表14-20可知，当所有消费品价格上升一定幅度时，居民福利水平出现降低，与数字经济欠发达地区相比，数字经济发达地区居民福利水平降低幅度更小，表现出对这类不利冲击更强的抵御能力；此外，总体上，随着数字经济发展水平的提高，各地区居民因总体物价上涨导致的福利降低幅度处于不断缩小的状态。可见，当物价水平总体上升一定幅度时，数字经济的发展能有效减少居民福利的损失。上述实证检验与分析表明假设 14.3 成立。

表 14-20　数字经济发展水平与物价同时变动引起的福利差异

数字经济发展水平提高幅度	样本组	初始价格水平 效用值	物价上升5% 效用值	效用变化幅度/%	物价上升10% 效用值	效用变化幅度/%	物价上升18% 效用值	效用变化幅度/%	物价上升30% 效用值	效用变化幅度/%
初始水平	欠发达组	4.6662	4.6188	−1.0158	4.5735	−1.9866	4.5052	−3.4503	4.4109	−5.4713
	中等发达组	4.6995	4.6543	−0.9618	4.6112	−1.8789	4.5460	−3.2663	4.4561	−5.1793
	发达组	5.8172	5.7689	−0.8303	5.7230	−1.6193	5.6536	−2.8123	5.5578	−4.4592
10%	欠发达组	4.7174	4.6700	−1.0048	4.6247	−1.9651	4.5564	−3.4129	4.4622	−5.4098
	中等发达组	4.7667	4.7215	−0.9482	4.6784	−1.8524	4.6132	−3.2203	4.5232	−5.1084
	发达组	6.0422	5.9940	−0.7977	5.9481	−1.5574	5.8787	−2.7060	5.7830	−4.2898
30%	欠发达组	4.8284	4.7810	−0.9817	4.7357	−1.9199	4.6675	−3.3324	4.5732	−5.2854
	中等发达组	4.9155	4.8704	−0.9175	4.8273	−1.7943	4.7622	−3.1187	4.6723	−4.9476
	发达组	6.7492	6.7012	−0.7112	6.6553	−1.3913	6.5861	−2.4166	6.4906	−3.8316

注：效用变化幅度计算以各样本初始价格水平下的效用值为基准

14.3.6 本节结论与政策建议

基于2015～2020年我国省域层面的面板数据，本节构建了数字经济发展水平指标体系，将各省区市分为数字经济欠发达组、数字经济中等发达组和数字经济发达组三组，从纵向与横向两个层面分析数字经济对我国居民消费结构的影响，同时模拟了各消费品价格水平上升与数字经济发展水平提高不同幅度时，对数字经济不同发展程度地区居民福利产生的影响。经过上述检验分析，可以得出以下研究结论：①数字经济提高了我国居民的线上消费额，并提升了线上消费支出占总消费支出的比例，这种影响效应会随着数字经济发展水平的提高而呈现阶段性提升的趋势；②数字经济对我国居民在不同类型消费品上的支出比例存在影响，其中，数字经济发达地区对于生存型和居住消费品的支出弹性相对更高，对于享受型和发展型消费品的支出弹性相对更低；③各消费品的价格上升时，数字经济不同发展程度地区居民的福利损失存在差异，对于数字经济发达地区，居住消费品价格上升会给其居民带来更大的福利损失，生存型消费品、享受型消费品或发展型消费品价格上升所导致的结果则相反；④在数字经济发展水平提高时，我国居民的福利水平会随之提高，其中数字经济发达地区居民获得的效用水平与其他两类地区相比更高，并且随着数字经济发展水平提高幅度的上升，数字经济发达地区居民效用水平的提升速度也比其他两类地区更快；⑤各消费品价格同时上涨一定幅度时，数字经济发达地区居民福利水平的降低幅度相对更小，并且随着数字经济发展水平的进一步提高，居民福利因物价上涨出现损失的幅度也会降低，表明数字经济对这一类型不利冲击存在抵御作用。

基于上述研究结论，提出如下政策建议。一是加强对网上销售的管理。随着网上消费额的不断提升，传统市场中的各类问题也会陆续在网上市场中出现，因此需要完善监管机制，保证网上交易的有序进行。二是因地制宜，对不同数字经济发展程度的地区实行针对性的政策。一方面，应关注中西部地区的发展，完善信息基础设施及附属服务，缩小东部地区与中西部地区的数字经济发展水平差距，加快中西部地区居民消费结构的转型；另一方面，稳定数字经济欠发达地区的享受型消费品与发展型消费品的物价水平，保障数字经济发达地区的食品安全与住房需求，鼓励引导居民追求更高质量的消费需求，促进数字经济欠发达地区居民消费结构的升级，持续改善各地区居民的福利水平。三是大力发展数字经济，加快传统企业的数字化转型，让企业更好地适应不断变化的外部环境，为现有的市场带来更多活力，要进一步完善应急管理措施，在提升居民对外界不利冲击的抵御能力的同时，能够使居民更好地获得数字经济发展带来的红利。

14.4 数字经济发展对城乡收入差距的影响研究

14.4.1 引言

改革开放以来，我国农村经济发展迅速，但与城镇居民收入相比，农村收入仍增长缓慢，城乡收入差距依然较大。城乡发展不平衡、城乡收入差距较大一直是我国社会发展面临的难题。我国城乡收入比在 2009 年达到 3.1，近年来有所下降，但在 2023 年城乡收入比仍达到 2.39。根据国际惯例，基尼系数处于 0.4～0.5，被视为收入差距较大，属于国际警戒线水平，而在 2023 年，我国基尼系数已达到 0.47。鉴于此，分析城乡收入差距的影响因素与理论机理对缩小我国城乡收入差距，促进我国经济高质量发展有着重要的理论和现实意义。

关于我国城乡收入差距，一直是学术界研究的热点，城乡收入差距的影响因素的研究成果更是丰富，主要成果可以分为三类。其一，引致城乡收入差距扩大的影响因素。张杰（2020）认为，政府投资政策的城市偏向会导致城乡发展机会不同，城市偏向的政府政策往往会扩大城乡收入差距。匡远凤（2018）认为在一定机制下，农村劳动力择优性流出会扩大城乡收入差距。董洪梅等（2020）利用东北老工业基地的面板数据研究发现，产业结构整体升级扩大了城乡之间的收入差距。其二，引致城乡收入差距缩小的影响因素。王能和李万明（2016）研究发现，从长期来看，财政分权显著缩小了城乡收入差距，且财政分权程度每提高 1 单位，城乡收入差距就缩小 0.3587 单位。尹晓波和王巧（2020）研究认为金融服务覆盖面的扩大短期内能缩小城乡收入差距。李晓龙和冉光和（2019）认为，农村产业融合发展显著缩小了城乡收入差距，并检验了农村产业融合发展能够通过促进农村经济发展或城镇化缩小城乡收入差距。李尚蒲和罗必良（2012）以全国 308 个中小城镇为对象，研究发现，城镇化水平的提高会缩小城乡收入差距。其三，影响因素与城乡收入差距之间存在非线性关系。徐春华和刘力（2015）研究发现，市场潜力和产业结构升级对城乡收入差距的作用存在"U"形特征。李标等（2020）研究发现，农村信贷供给对城乡收入差距的影响出现"先上升后下降"的"库兹涅茨效应"。此外，张秀娟（2015）研究发现金融集聚对城乡收入差距的影响存在时间拐点：1997 年以前，金融集聚显著拉大了城乡收入差距，1998 年以后金融集聚显著缩小了城乡收入差距。王明康和刘彦平（2019）研究发现，休闲农业对城乡收入差距的影响随政府干预水平的依次提升呈现出"缩小—扩大—缩小"的倒"N"形格局。

随着数字技术的发展和普及，近年来学者开始探讨 ICT、互联网发展、数字普惠金融对城乡收入差距的影响。刘欢（2020）利用动态空间面板模型，实证发现工业智能化显著扩大了城乡收入差距,分区域而言,对东部地区呈现缩小作用,对西部地区呈现扩大作用,对中部地区不显著。宋晓玲(2017)认为在互联网、数字化背景下,提高普惠金融发展水平能够降低城乡收入差距,能够带来"数字红利"。韩长根和张力(2017)研究发现相较于城乡居民,互联网对提高农村居民收入的影响更显著。刘晓倩和韩青(2018)研究发现互联网的使用能够促进农村居民的收入增长。

综上所述,学者对城乡收入差距进行了大量的研究,并且开始关注在互联网背景下的城乡收入差距的因素分析,但总体而言,数字经济发展对城乡收入差距影响的分析还较少,本节拟对此进行研究。与已有研究相比,本节至少在三个方面进行差异性探索,其一,本节通过构建数字经济发展水平指标体系,系统地评价我国数字经济发展水平;其二,通过构建模型,实证分析数字经济发展对城乡收入差距的影响,考虑到内生性问题,用系统 GMM 方法对模型进行估计,并利用门槛回归对影响城乡收入差距的因素进行分析;其三,研究结论,即数字经济发展水平对城乡收入差距的影响呈现先扩大后缩小的倒"U"形,对政策制定有重要参考价值。

14.4.2 机理分析与研究假设

1. 数字经济会提高农村居民收入,缩小城乡收入差距

农村人口就业包括务农和非农就业两方面,因此农村居民的主要收入包括农业生产收入和非农就业收入。我们在讨论数字经济的发展推动农村居民的收入增长时,主要从提高农业生产收入和非农就业收入两方面进行探究。

(1)数字经济的发展能够通过提高农业生产收入来提高农村居民收入。

数字经济对农业生产收入的影响可以分以下四个方面。①降低信息获取成本。随着数字经济的发展,在数字化时代信息已逐渐成为经济过程的重要投入要素。有效信息能够提高企业、个人等经济主体参与全球经济的能力,能够推动经济主体积极参与经济发展过程。随着数字经济的发展,一些地区由于互联网普及率低、信息获取不足等原因出现了新的贫困形式,即"信息贫困"。在发展中国家,信息很少是对称的或无价的,去不同地方获取信息不仅需要运输成本,而且需要花费个人时间的机会成本,信息不对称会对发展中国家农业技术的应用和农业发展产生一定的阻碍。而像互联网、通信设备等信息工具的存在使信息得以高效传播,能够减少农民的信息搜寻成本,从而降低农业技术或相关技术的相对成本,提高市场效率。②提高农业生产效率。一方面,数字经济的发展有利于农民快速高效地发现有用信息,增进农民对改良农业实践和最新农业技术、最先进的农业生产信息的了解,通过对相关农业技术与专业信息的获取和筛选,农民可以选择适宜的种植品种、种植

方式等，优化生产决策，从而提高农业生产率。另一方面，ICT 的发展和信息工具的使用让农民有机会用较低成本获得知识更新，从而能够提升人力资本。而人力资本存在自溢出效应，农民通过信息工具积累的人力资本能够在区域间实现流动，而与其他农民的交流、互动、经验分享等，能够推动生产经验与农业相关知识的传播，提高农民生产积极性，从而提高边际生产率和收入水平。③推动营销模式创新。数字经济的发展创新了农产品的营销模式。电子商务等新型营销模式逐渐被农户接受，通过相关线上销售平台和农产品信息网等网站，农民能够及时了解市场价格，获取市场供求信息，选择最佳生产和营销方式，开展网络营销，能有效地提升资源配置效率和农业供应链效率，打破市场的地域和时间限制。与此同时，还能拓宽销售渠道，增加销售量，甚至解决农产品滞销问题。例如，海南省海口市永兴镇的佛手瓜通过电商打开销路，走向全国甚至海外；宁夏永宁的冬枣也搭上了电商快车，借助微商、抖音等电商平台扩大了品牌影响力，提升了冬枣销量。④随着数字经济的快速发展、互联网和数字技术的广泛运用，农民的思想观念与思维方式也会受到影响。农民接收的有效信息与先进知识能够推动他们的观念变革，激发自身思考，激活主观能动性，有利于知识体系的更新、思维方式的转变，从而有利于农民传统生产生活方式的改变与优化，实现就业与生产的多样性，从而提高农业收入。

（2）数字经济的发展能够通过促进非农就业来提高农村居民收入。

就业是最大的民生，如在疫情下，"稳就业"更是成为"六稳"工作的重要一项。数字经济有利于我国农村劳动力非农就业率的提高。①数字经济的发展提供了更多的就业岗位和就业信息。中国信息通信研究院统计显示，2018 年，中国数字经济领域提供了 1.91 亿个就业岗位，占全年就业总人数的 24.6%（中国信息通信研究院，2019）。数字经济能够发挥"蒲公英效应"，推动中小企业发展，提供更多就业机会（何宗樾和宋旭光，2020）。同时，通信工具、互联网等信息工具在资源信息获取、机会识别方面存在较大优势，大量资源、技术、市场信息等都能借助互联网得以传播，农民借助就业网站、招聘 App、公众号等媒介能够快速获取就业招聘信息，迅速获得行业信息与市场动态，及时应对市场变化，从而提高收入，并改善农村家庭生存环境，推动地区经济收入增长。②数字经济能够促进人力资本积累从而扩大非农就业规模。一般认为，非农部门的边际收益高于农业部门，但由于农民本身人力资本较低、就业信息不对称等较难向非农部门转移。在农村家庭中，人力资本禀赋较高的劳动力会参与非农劳动，而人力资本禀赋较低的劳动力会从事农业生产（张景娜和朱俊丰，2020）。随着数字经济的发展，农村地区的年轻人不仅以网络作为"工具"进行信息搜索，而且利用互联网以较低的成本进行知识与技能的学习，从而提升专业素养和自身能力，而人力资本积累下的优质的劳动力会产生非农就业倾向，带来经济收入的提高。

2. 数字经济会扩大城乡数字鸿沟，增大城乡收入差距

许多学者都对数字鸿沟进行了研究并给出相关定义。Furuholt 和 Kristiansen（2007）认为应将数字鸿沟概念分为四个类别，即基础设施、社会经济、人口和文化数字鸿沟。其中，基础设施数字鸿沟是基本的鸿沟，是城乡地区接入互联网和 ICT 的差异的问题。Büchi 等（2016）认为 ICT 的获取和使用存在的不平等，称为一级和二级数字鸿沟。一级数字鸿沟主要是基础设施等方面的差异，二级数字鸿沟主要是信息甄别、利用与加工等方面的差异。数字鸿沟不仅存在于地级市之间，也存在于城乡之间。①我国城乡存在一级数字鸿沟。一方面，2009 年，我国农村网民规模为 1.07 亿人，占全国网民规模的 27.8%；到 2017 年，我国农村网民规模达 2.09 亿人，占全国网民规模的 27.0%（中国互联网络信息中心，2018）。尽管农村上网人数在不断增加，但占总体网民规模的比例却在下降，城乡上网人数占比差距较大，农村网民数量的增长更为缓慢。另一方面，2013 年，我国城镇地区互联网普及率为 60.3%，农村地区互联网普及率为 28.1%；2023 年，我国城镇地区互联网普及率为 83.3%，农村地区互联网普及率为 66.5%。尽管我国农村数字基础设施建设加快，网络条件得到改善，但差距还是较大。②我国城乡之间存在二级数字鸿沟。现阶段，我国农村居民的整体受教育程度较低，缺乏对计算机、手机等信息工具系统学习的机会和使用互联网的技能，大量群体在应用数字设备时存在障碍，从而也加剧了城乡数字鸿沟。

许多学者探究了数字鸿沟导致的收入差距。Kumar 和 Keniston（2004）认为"信息富人"和"信息穷人"之间出现的"数字鸿沟"，会导致他们的收入差距，这也就意味着，数字鸿沟阻碍了有效信息的获取，阻碍了劳动力技能提高，无法拓宽获益渠道。例如，Bourgeois（2007）分析了加拿大新斯科舍地区城市与乡村的互联网普及程度，发现"信息富人"能够通过互联网购买基金、股票，从而获得收益，而"信息穷人"却没有因此获益。此外，城乡数字鸿沟的存在也导致农业信息化程度较低，阻碍农业劳动生产率的提高、农村产业结构优化升级、城乡经济一体化发展，导致城乡二元结构固化。

3. 数字经济发展对城乡收入差距的影响可能呈倒"U"形

本节认为，我国数字经济发展对城乡收入差距的影响会呈现先扩大后缩小的态势。在数字经济发展的初期，由于我国城乡数字鸿沟差距较大，不仅存在一级数字鸿沟即基础设施等方面的差异，而且存在信息甄别、利用与加工等方面的二级数字鸿沟，因而导致城乡收入差距逐渐扩大；但随着数字经济的发展，农村居民也能获得数字经济发展带来的"数字红利"，数字经济发展不仅引致农民思想理念转变、生产成本降低、生产效率提高，从而提升农业收入水平，还能带来非农就业、创业机会，从而有利于城乡收入差距缩小。

许多学者也探究了相关因素与城乡收入差距的非线性关系。例如，陈斌开和林毅夫（2013）研究发现，中国城乡收入差距随着经济发展先下降后上升，呈现"U"形规律，库兹涅茨倒"U"形曲线在中国不成立。邵红伟和靳涛（2016）认为，在由传统向现代发展以及从计划经济向市场经济转型的双重作用下，中国的收入差距应该会表现出更强的倒"U"形走势。程名望和张家平（2019b）构建两部门生产函数并推导出互联网普及率和城乡收入差距之间存在倒"U"形的曲线关系，认为我国正位于倒"U"形曲线右侧，即互联网使得我国城乡收入差距缩小的阶段。因此，本节提出如下理论假设。

假设 14.4：我国数字经济发展水平对城乡收入差距的影响呈倒"U"形，即呈现先扩大后缩小的态势。

但是，由于现阶段数字鸿沟的存在，数字经济的发展仍处于起步阶段。数字经济对城乡收入差距的扩大作用可能大于缩小作用。由此，提出如下理论假设。

假设 14.5：我国数字经济发展呈现扩大城乡收入差距的效应。

4. 经济发展水平、研发强度在数字经济对城乡收入差距的影响中存在门槛效应

在经济发展水平较高、市场发达、乡镇企业多、效益好的地区，地方政府或村集体组织有能力提供更多的资源与资金加强基础设施建设；而在经济发展水平较低、乡镇财力较困难的地区，基础设施的建设存在投入不足的现象。农村的基础设施发展与经济发展呈正向关系（张秀莲和王凯，2012）。因此，在经济发展状况较差的情况下，农村地区的信息基础设施建设较落后，导致城乡的一级数字鸿沟变大，农村居民就业与收入都受到消极影响，城乡收入差距也难以缩小；而在经济发展态势较好的情况下，农村地区的交通基础设施、信息基础设施等建设投入较多，城乡的一级数字鸿沟缩小，农村居民可以获取较多由信息基础设施带来的正面效应，从而可增加农业与非农收入，城乡收入差距也会缩小。与此同时，当经济发展状况较好时，农村的教育投入和教育水平也会随之提高，农村居民学习机会增多，对互联网等信息工具的应用技能也会随之提高，从而缩小二级数字鸿沟。因此，在经济发展状况较好时，数字经济发展水平对城乡收入差距产生的缩小作用更强。由此，本节提出如下理论假设。

假设 14.6：经济发展水平在数字经济对城乡收入差距的影响中存在门槛效应。

数字经济相对传统产业而言，对技术创新要求更高，研发投入能为数字经济发展增添新动力，具体而言，数字经济的创新主要体现在三个方面：一是围绕互联网和信息技术的创新；二是围绕新一代互联网与大数据、人工智能和实体经济的深度融合创新；三是围绕数字经济的新产品、新业态、新模式创新。一个地区研发投入强度的高低，直接影响数字经济对当地农村经济发展水平提升作用的大

小。具体而言，研发强度提高有利于促进信息基础设施更新和进步，推动基础设施数字化、智能化转型；有利于推动农业农村数字化转型，推进农业生产智能化、网络化，提高农业生产率；同时，数字经济的发展和农业农村创新投入的加强，有利于推进农业农村大数据建设和管理，有利于推进数字技术与农业生产经营各环节、各领域深度融合应用，有利于推进智慧农业建设，培育新业态。因此，当一个地区研发强度较高时，数字经济发展对缩小城乡收入差距产生的积极作用更强。基于此，本节提出如下假设。

假设 14.7：研发强度在数字经济对城乡收入差距的影响中存在门槛效应。

14.4.3 模型构建、变量说明与数据来源

1. 模型构建

根据前文的理论假设，构建如下计量模型：

$$\text{Theil}_{i,t} = \alpha_i + \alpha_{11}\text{De}_{i,t} + \alpha_{12}\text{De}_{i,t}^2 + \beta_i X_{i,t} + \varepsilon_{i,t} \quad (14\text{-}34)$$

将因变量的滞后项引入模型中，考虑到动态面板模型能够避免普通面板模型可能造成的结果偏差，也能克服模型的内生性问题，故构建动态面板模型：

$$\text{Theil}_{i,t} = \alpha_i + \theta_i \text{Theil}_{i,t-1} + \alpha_{11}\text{De}_{i,t} + \alpha_{12}\text{De}_{i,t}^2 + \beta_i X_{i,t} + \varepsilon_{i,t} \quad (14\text{-}35)$$

式中，Theil 表示城乡收入差距，为被解释变量；De 表示数字经济发展水平，为本节的核心解释变量；X 表示一组控制变量；i 表示省份；t 表示年份；α_i 表示常数项；θ_i、α_{11}、α_{12}、β_i 表示系数；$\varepsilon_{i,t}$ 表示随机误差项。如果 $\alpha_{12} < 0$，则数字经济发展和城乡收入差距具有倒"U"形关系；如果 $\alpha_{12} > 0$，则数字经济发展和城乡收入差距具有正"U"形关系；如果 $\alpha_{11} > 0$，$\alpha_{12} = 0$，则数字经济发展拉大了城乡收入差距；如果 $\alpha_{11} < 0$，$\alpha_{12} = 0$，则数字经济发展缩小了城乡收入差距。

2. 变量设置

本节被解释变量城乡收入差距用泰尔指数（Theil）来衡量，核心解释变量数字经济发展水平（De）通过构建指标体系来估算。本节主要选取如下控制变量：①经济发展水平（Eco），用人均地区生产总值取对数来衡量，并引入其二次项作为解释变量之一；②受教育程度（Edu），用各地区每十万人中高等学校学生人数的占比来衡量；③城镇化水平（Urban），用各地区城镇常住人口数占其总人口数的比重来衡量；④经济开放程度（Open），用经营单位所在地进出口总额占其地区生产总值的比重来衡量；⑤政府财政支出（Gov），用各地区政府财政支出占其地区生产总值的比重来衡量；⑥第一产业结构（Prim），用各地区第一产业增加值占其地区生产总值的比重来衡量；⑦第三产业结构（Tert），用各地区第三产业增加值占其地区生产

总值的比重来衡量。

3. 变量测算与数据来源

1）数字经济发展水平测算

本节借鉴二十国集团领导人杭州峰会上发布的《二十国集团数字经济发展与合作倡议》中对数字经济的定义，基于数字经济的内涵和发展特征，参考权威机构和以往学者构建的数字经济发展指标体系，从四个方面选取相关指标，构建包含 4 个一级指标、14 个二级指标的数字经济发展水平评价指标体系，如表 14-21 所示。数字基础，主要从宽带、网站、长途光缆等方面反映我国数字经济发展的基础设施建设；应用能力，从移动电话普及率、互联网普及率、在线政府指数、数字生活指数等方面反映数字化应用的普及情况；产业支撑，利用信息传输、软件和信息技术服务业，电子信息产业，以及信息经济产业的发展衡量数字产业的支撑能力；发展能力，利用研发强度、信息经济发展方式指数等指标反映数字经济的发展情况。

表 14-21　数字经济发展水平评价指标体系

一级指标	一级指标权重	二级指标	二级指标权重	数据来源
数字基础 X_1	0.637 27	人均互联网宽带接入端口量 X_{11}	0.359 06	《中国统计年鉴》
		每百人网站拥有数量 X_{12}	0.123 65	《中国统计年鉴》
		单位面积长途光缆长度 X_{13}	0.009 15	《中国统计年鉴》
		数字电视用户比例 X_{14}	0.145 41	《中国统计年鉴》
应用能力 X_2	0.232 31	移动电话普及率 X_{21}	0.044 41	《中国信息年鉴》
		互联网普及率 X_{22}	0.052 14	《中国信息年鉴》
		在线政府指数 X_{23}	0.007 44	《2017 全球、中国信息社会发展报告》[①]
		数字生活指数 X_{24}	0.128 32	《2017 全球、中国信息社会发展报告》
产业支撑 X_3	0.082 16	信息传输、软件和信息技术服务业城镇单位就业人员比例 X_{31}	0.038 60	《中国统计年鉴》
		电子信息产业主营业务利润率 X_{32}	0.022 73	《中国电子信息产业统计年鉴》
		信息经济产业结构指数 X_{33}	0.020 83	《2017 全球、中国信息社会发展报告》
发展能力 X_4	0.048 26	研发强度 X_{41}	0.009 88	《中国科技统计年鉴》
		信息经济发展方式指数 X_{42}	0.020 83	《2017 全球、中国信息社会发展报告》
		网络社会指数 X_{43}	0.017 55	《2017 全球、中国信息社会发展报告》

利用熵值法对指标进行赋值，为保持数据的横向可比性，即省区市之间的可

---

① 2017 全球、中国信息社会发展报告，http://www.sic.gov.cn/sic/82/566/1226/8724_pc.html[2017-12-26].

比性，本节利用全国数据得到各个指标的权重值，再利用测算得出的权重值对标准化处理后的各省区市的数据进行测算①，可估算 2009~2017 年各地区数字经济发展水平。

2）泰尔指数测算

采用泰尔指数测算城乡收入差距，计算公式如下：

$$\text{泰尔指数} = \frac{\text{农村收入}}{\text{总收入}} \times \ln\left(\frac{\text{农村收入/总收入}}{\text{农村人口/总人口}}\right) + \frac{\text{城镇收入}}{\text{总收入}} \times \ln\left(\frac{\text{城镇收入/总收入}}{\text{城镇人口/总人口}}\right) \tag{14-36}$$

利用式（14-36）分别测算出全国及各个地区的泰尔指数。由表 14-22 可知，全国的泰尔指数呈现逐年下降的态势，从 2009 年的 0.150 下降到 2017 年的 0.100。

表 14-22　城乡收入差距及其变化态势（2009~2017 年）

地区	2009 年	2010 年	2011 年	2012 年	2013 年	2014 年	2015 年	2016 年	2017 年
全国	0.150	0.139	0.127	0.121	0.112	0.108	0.105	0.102	0.100

3）控制变量的数据来源

本节选取我国 30 个省区市（除西藏、港澳台地区外②）2009~2017 年的面板数据。各地区的经济发展水平（Eco）、受教育程度（Edu）、城镇化水平（Urban）、经济开放程度（Open）、政府财政支出（Gov）、第一产业结构（Prim）、第三产业结构（Tert）的原始数据均来源于《中国统计年鉴》。其中，国家统计局在 2013 年将原来的"农村人均纯收入"指标更改为"农村人均可支配收入"指标，故 2013 年以前"农村人均可支配收入"的数据由"农村人均纯收入"代替。各变量的描述性统计如表 14-23 所示。

表 14-23　变量的描述性统计

变量	样本量	均值	最大值	最小值	标准差
Theil	270	0.106 183	0.255 917	0.020 007	0.049 250
De	270	0.331 547	0.886 852	0.100 221	0.151 038
Eco	270	10.632 000	11.767 520	9.303 011	0.482 617
Edu	270	0.024 894	0.064 100	0.010 430	0.008 747
Urban	270	0.553 337	0.896 066	0.298 841	0.129 602
Open	270	0.283 602	1.548 163	0.016 868	0.331 068
Gov	270	0.238 746	0.626 863	0.096 401	0.100 084
Prim	270	0.102 146	0.279 402	0.003 616	0.052 428
Tert	270	0.438 938	0.805 562	0.286 150	0.093 318

---

① 限于篇幅，此处省略了具体的原理与测算过程，如有需要可向作者索取。
② 西藏、港澳台地区由于数据缺少，故没有考虑。

14.4.4 实证分析

1. 单位根检验

为避免数据不平稳导致的伪回归，在实证分析前先对面板数据进行单位根检验。本节选择 LLC 检验和 Hadri（哈德里）检验，结果如表 14-24 所示，所有变量都通过了显著性检验，可以进行协整检验。

表 14-24 单位根检验

变量	LLC	p 值	Hadri	p 值	结论
Theil	-5.4563^{***}	0.0000	8.1352^{***}	0.0000	平稳
De	-10.9743^{***}	0.0000	2.3157^{**}	0.0103	平稳
De^2	-7.2737^{***}	0.0000	5.5743^{***}	0.0000	平稳
Eco	-28.4550^{***}	0.0000	12.9826^{***}	0.0000	平稳
Eco^2	-26.8848^{***}	0.0000	12.9630^{***}	0.0000	平稳
Edu	-13.0268^{***}	0.0000	10.8427^{***}	0.0000	平稳
Urban	-13.6646^{***}	0.0000	7.4952^{***}	0.0000	平稳
Open	-8.5979^{***}	0.0000	8.9245^{***}	0.0000	平稳
Gov	-9.6103^{***}	0.0000	5.8085^{***}	0.0000	平稳
Prim	-6.6051^{***}	0.0000	2.7060^{***}	0.0034	平稳
Tert	-8.7921^{***}	0.0000	9.9008^{***}	0.0000	平稳

、*分别表示在 5%、1%水平下显著

2. 协整检验——Kao 检验

由于本节是多变量间进行回归，因此选择 Kao（卡奥）检验来进行协整检验。Kao 检验的原假设为不存在长期协整关系，由表 14-25 可知，统计量均通过了显著性检验，拒绝原假设，即各变量之间存在长期的稳定关系，因而可以进行回归分析。

表 14-25 协整检验

检验统计量	统计量的值	p 值
modified Dickey-Fuller t（修正的迪基-福勒 t）检验	-1.5627^{*}	0.0591
Dickey-Fuller t（迪基-福勒 t）检验	-2.5705^{***}	0.0051
augmented Dickey-Fuller t（增强型迪基-福勒 t）检验	-4.0197^{***}	0.0000
unadjusted modified Dickey-Fuller t（未调整修正的迪基-福勒 t）检验	-1.5699^{*}	0.0582
unadjusted Dickey-Fuller t（未调整的迪基-福勒 t）检验	-2.5744^{***}	0.0050

*、***分别表示在 10%、1%水平下显著

3. 实证结果及其分析

1）全国样本

本节利用全国样本进行回归估计，回归结果如表 14-26 所示。首先，在表 14-26 中，模型（1）～模型（4）采用静态面板模型，通过了 Hausman 检验；模型（5）～模型（8）选择了两步系统 GMM 方法的动态面板模型，加入城乡收入差距 Theil

的滞后一期（L.Theil）。由表 14-26 可知，在静态面板回归中，模型（1）～模型（4）在加入控制变量后 R^2 增大，可见加入控制变量是必要的。模型（5）～模型（8）均通过自相关检验，且 Hansen（汉森）检验的 p 值均大于 0.1，从而通过"工具变量联合有效"的假设，表明工具变量有效。在增加了其他控制变量后，模型（2）和模型（6）中的核心解释变量数字经济发展水平均显著且系数为正，表明数字经济发展水平扩大了城乡收入差距。

表 14-26 全国面板回归

变量	静态固定效应				系统 GMM 回归			
	模型（1）	模型（2）	模型（3）	模型（4）	模型（5）	模型（6）	模型（7）	模型（8）
De	−0.1495***	0.0308*	−0.4062***	0.1347***	0.0068***	0.0126***	0.0206***	0.0339***
	(0.0085)	(0.0175)	(0.0194)	(0.0412)	(0.0003)	(0.0035)	(0.0012)	(0.0075)
De^2			0.3465***	−0.1054***			−0.0143***	−0.0257***
			(0.0248)	(0.0380)			(0.0009)	(0.0071)
Eco		−0.1680**		−0.2170***		−0.0710***		−0.1227***
		(0.0671)		(0.0685)		(0.0208)		(0.0221)
Eco^2		0.0059*		0.0080**		0.0031***		0.0055***
		(0.0033)		(0.0033)		(0.0010)		(0.0010)
Edu		−1.3988***		−1.7542***		−0.0864		−0.0289
		(0.3874)		(0.4028)		(0.0538)		(0.0580)
Urban		−0.2683***		−0.2987***		−0.0401***		−0.0394***
		(0.0514)		(0.0519)		(0.0045)		(0.0057)
Open		−0.0129		−0.0263***		0.0020*		0.0010
		(0.0086)		(0.0097)		(0.0012)		(0.0011)
Gov		−0.0098		−0.0215		0.0205***		0.0196***
		(0.0316)		(0.0314)		(0.0030)		(0.0026)
Prim		−0.0462		−0.0547		−0.0169***		−0.0155***
		(0.0567)		(0.0560)		(0.0035)		(0.0043)
Tert		−0.0265		−0.0489**		0.0051		0.0051
		(0.0227)		(0.0238)		(0.0054)		(0.0062)
L.Theil					0.9256***	0.8096***	0.9331***	0.8131***
					(0.0015)	(0.0113)	(0.0023)	(0.0118)
常数项	0.1557***	1.4162***	0.1949***	1.7230***	−0.0009***	0.4313***	−0.0045***	0.7044***
	(0.0030)	(0.3403)	(0.0036)	(0.3532)	(0.0003)	(0.1100)	(0.0005)	(0.1165)
Hausman 检验	9.75 (p=0.0076)	26.91 (p=0.0014)	17.85 (p=0.0005)	35.56 (p=0.0001)				
R^2	0.5633	0.8866	0.7604	0.8903				
AR(1) 检验					0.000	0.000	0.000	0.000
AR(2) 检验					0.768	0.634	0.713	0.701
Hansen 检验					0.548	0.766	0.529	0.705

注：括号内为标准误，Hausman 检验结果的括号内数字代表 p 值；AR、Hansen 检验显示的是 p 值

*、**、***分别表示在 10%、5%和 1%水平下显著

由表 14-26 中的模型（8）可知，数字经济发展水平系数为正且通过了 1%的显著性水平检验，而其平方项系数为负，通过了 1%的显著性水平检验，说明数字经济发展水平和城乡收入差距存在倒"U"形曲线关系，且拐点处的数字经济发展水平约为 0.6595。该结论表明，数字经济发展水平先扩大了城乡收入差距，在数字经济发展到一定程度时，会缩小城乡收入差距。该结论证实了假设 14.4。经济发展水平的系数为负，其平方项系数为正，呈现出正"U"形关系，表明城乡收入差距随着经济的发展先降低后上升；受教育程度、城镇化水平的系数均为负数，表明受教育程度和城镇化水平的提高都会缩小城乡收入差距，但受教育程度的系数不显著；经济开放程度的系数为正但不显著；政府财政支出的系数为正且通过 1%的显著性水平检验，表明政府财政支出政策对城乡收入差距产生了扩大作用，故亟须完善财政支出政策；第一产业结构的系数为负且显著，而第三产业结构呈现正向效应，但不显著。

在表 14-26 模型（2）的基础上加入数字经济发展水平和年份的交互项，以 2009 年为基期，进行双固定效应模型估计，刻画数字经济发展水平对城乡收入差距影响的动态特征，估计结果如表 14-27 所示。

表 14-27　数字经济发展水平对城乡收入差距影响的时间趋势分析

变量	系数	变量	系数
De	0.2001*** (0.0377)	De×Year$_{2016}$	−0.1359*** (0.0329)
De×Year$_{2010}$	0.0106 (0.0207)	De×Year$_{2017}$	−0.1430*** (0.0340)
De×Year$_{2011}$	−0.0393 (0.0245)	常数项	1.9538*** (0.3581)
De×Year$_{2012}$	−0.0974*** (0.0258)	控制变量	控制
De×Year$_{2013}$	−0.0614** (0.0274)	年份固定效应	控制
De×Year$_{2014}$	−0.0741** (0.0287)	R^2	0.9294
De×Year$_{2015}$	−0.1173*** (0.0309)		

注：括号内为标准误
、*分别表示在 5%、1%水平下显著

由表 14-27 可知，基期 2009 年数字经济发展水平显著且系数为正，此时数字经济发展水平扩大了城乡收入差距，处于倒"U"形曲线拐点左侧。从 2012 年开始，数字经济发展水平与时间的交互项显著，且系数都为负，2012~2017 年交互项系数的绝对值基本在不断变大，表明数字经济发展扩大城乡收入差距的边际效应在不断减小；与基期 2009 年相比，直到 2017 年数字经济发展水平系数绝对值

依然小于基期系数绝对值，该结果表明到 2017 年，数字经济发展水平和城乡收入差距关系正处于倒"U"形曲线的拐点左侧，数字经济发展水平仍然扩大城乡收入差距，证实了假设 14.5。

为进一步验证数字经济发展对农村经济发展的作用，构建回归模型：

$$\text{Ln}Y_{i,t} = \alpha_i + \alpha_{11}\text{De}_{i,t} + \varepsilon_{i,t} \tag{14-37}$$

式中，$i=1,2,3$；Y_1 表示农村居民收入；Y_2 表示第一产业增加值；Y_3 表示第一产业增加值占地区生产总值的比重。

回归结果如表 14-28 所示。由表 14-28 可知，数字经济发展有利于农村居民收入提高、第一产业发展、产业结构优化。联系前文的理论分析可知，我国城乡数字鸿沟导致的城乡收入差距扩大效应要强于数字经济发展促进农村居民收入增长的效应，尽管数字经济发展扩大城乡收入差距的边际效应在不断减小，但由于我国城乡间的数字鸿沟较大，并且存在互联网利用、信息加工和信息鉴别等多方面的二级数字鸿沟，城乡居民使用互联网的机会不平等，导致了城乡差距扩大。

表 14-28 数字经济发展水平对农村经济发展的影响

	Y_1	Y_2	Y_3
De	2.7921***	1.5802***	−0.0573***
	(0.0674)	(0.0824)	(0.0055)
常数项	8.1635***	6.5655***	0.1212***
	(0.0363)	(0.0287)	(0.0019)
Hausman 检验	0.39	11.14	18.39
	(p=0.8210)	(p=0.0038)	(p=0.0001)
R^2	0.8711	0.6059	0.3101

注：括号内为标准误，Hausman 检验结果的括号内数字代表 p 值

***表示在 1%水平下显著

2）部分省区市子样本

2015 年 3 月，国家发展和改革委员会、外交部、商务部联合发布了《推动共建丝绸之路经济带和 21 世纪海上丝绸之路的愿景与行动》。文件明确了国内部分省区市各自定位及对外合作重点方向，故"一带一路"倡议有利于国内各省区市在对外开放的内容、范围、层次和方式等方面更高质量地发展。为探究数字经济下对外开放程度对城乡收入差距的影响，本节选取该文件涉及的其中部分省区市为研究对象，为分析政策变化对城乡收入差距的影响，在表 14-29 模型（4）中加入政策虚拟变量 Pol，政策实施前（2009～2014 年）这部分省区市为 0，政策实施后（2015～2017 年）为 1，其他地区 2009～2017 年均为 0。同时引入政策与数字经济发展水平的交互项 Pol×De、政策与经济开放程度的交互项 Pol×Open，估计结果如表 14-29 所示。由表 14-29 可知，在增加控制变量后各模型 R^2 都增加，模型的解释力较好。

表 14-29　面板模型：部分省区市

变量	模型（1）	模型（2）	模型（3）	模型（4）
De	−0.1492***	−0.4673***	0.1138**	0.1071
	（0.0121）	（0.0343）	（0.0557）	（0.0693）
De^2		0.4226***	−0.0980*	−0.1317*
		（0.0439）	（0.0529）	（0.0748）
Eco			−0.3139***	−0.3500***
			（0.1071）	（0.1037）
Eco^2			0.0129**	0.0151***
			（0.0051）	（0.0050）
Edu			−1.4285***	−1.2047**
			（0.5397）	（0.5553）
Urban			−0.4258***	−0.4488***
			（0.0690）	（0.0747）
Open			−0.0150	−0.0334**
			（0.0140）	（0.0147）
Gov			0.0400	0.0607
			（0.0386）	（0.0384）
Prim			0.0492	0.0686
			（0.0769）	（0.0755）
Tert			0.0013	0.0169
			（0.0306）	（0.0309）
Pol				−0.0239**
				（0.0099）
Pol×De				0.0677***
				（0.0250）
Pol×Open				−0.0290***
				（0.0095）
常数项	0.1618***	0.2123***	2.2192***	2.3668***
	（0.0043）	（0.0062）	（0.5525）	（0.5341）
Hausman 检验	11.06	17.36	24.80	35.63
	（p=0.0040）	（p=0.0006）	（p=0.0057）	（p=0.0002）
R^2	0.5299	0.7220	0.8970	0.9066

注：括号内为标准误，Hausman 检验结果的括号内数字代表 p 值

*、**、***分别表示在 10%、5%和 1%水平下显著

根据 Hausman 检验结果可知，模型均运用固定效应模型。由表 14-29 模型（3）可知，这部分省区市的数字经济发展水平在 5%的水平下显著，且系数为 0.1138，数字经济发展水平的平方项在 10%的水平下显著，系数为−0.0980，表明数字经济发展水平和城乡收入差距存在倒"U"形关系；通过计算可知倒"U"形曲线拐点处的数字经济发展水平为 0.5806，相比全国，这部分省区市的拐点稍向左移。加入政策虚拟变量、交互项后，由表 14-29 模型（4）可知，数字经济发展水平系数为 0.1071，但不显著，平方项系数为负且显著；尽管数字经济发展水平不显著，但依然有参考价值，通过计算可知倒"U"形拐点处的数字经济发展水平为

0.4066，小于引入政策虚拟变量前以及全国的拐点值。政策虚拟变量 Pol 的系数显著，为-0.0239，表明政策实施后这部分省区市的城乡收入差距缩小；经济开放程度在 5%的水平下显著，系数为负，交互项 Pol×Open 的系数为-0.0290，表明这部分省区市经济开放程度提高能够通过政策的引入缩小城乡收入差距。

随着互联网、信息技术等数字技术的发展，通过农产品网络平台，国内各地区能够及时掌握国际市场农产品供求信息与市场行情，及时调整农产品种类与数量；同时，数字经济的发展也带来了快捷方便的电子商务，改变了传统的农产品贸易方式，"一带一路"倡议的推进促进了国内外地区间实现跨境电商合作，有效缓解了贸易交易成本较高、资金周转缓慢、市场供需信息不对称等问题。在数字化"一带一路"的引领下，农产品贸易壁垒逐渐消除，农产品出口贸易增加，农村居民收入增加，城乡收入差距缩小。

4. 门槛模型分析

为准确检验数字经济发展水平对我国城乡收入差距影响的分界点，避免人为划定门槛值造成的估计偏差，引入门槛模型。本节分别选取经济发展水平与研发强度作为门槛变量，设定单一面板门槛模型：

$$\text{Theil}_{i,t} = \alpha_i + \alpha_{11}\text{De}_{i,t}(\text{Eco} \leq \gamma) + \alpha_{12}\text{De}_{i,t}(\text{Eco} > \gamma) + \beta_i X_{i,t} + \varepsilon_{i,t} \quad (14\text{-}38)$$

$$\text{Theil}_{i,t} = \alpha_i + \alpha_{11}\text{De}_{i,t}(\text{RD} \leq \gamma) + \alpha_{12}\text{De}_{i,t}(\text{RD} > \gamma) + \beta_i X_{i,t} + \varepsilon_{i,t} \quad (14\text{-}39)$$

式中，γ 表示门槛值；$X_{i,t}$ 表示一系列控制变量；RD 表示研发强度；其他字母含义同上。门槛回归模型需要对门槛效果是否显著进行检验，若存在单一门槛，则扩展得到双重门槛模型，若存在双重门槛，以此类推。

设定双重面板门槛模型：

$$\begin{aligned}\text{Theil}_{i,t} = &\alpha_i + \alpha_{11}\text{De}_{i,t}(\text{Eco} \leq \gamma_1) + \alpha_{12}\text{De}_{i,t}(\gamma_1 < \text{Eco} \leq \gamma_2) \\ &+ \alpha_{13}\text{De}_{i,t}(\text{Eco} > \gamma_2) + \beta_i X_{i,t} + \varepsilon_{i,t}\end{aligned} \quad (14\text{-}40)$$

$$\begin{aligned}\text{Theil}_{i,t} = &\alpha_i + \alpha_{11}\text{De}_{i,t}(\text{RD} \leq \gamma_1) + \alpha_{12}\text{De}_{i,t}(\gamma_1 < \text{RD} \leq \gamma_2) \\ &+ \alpha_{13}\text{De}_{i,t}(\text{RD} > \gamma_2) + \beta_i X_{i,t} + \varepsilon_{i,t}\end{aligned} \quad (14\text{-}41)$$

首先确定模型是否存在门槛效应，并依次进行单一门槛、双重门槛和三重门槛的检验，检验结果如表 14-30 所示。

表 14-30 门槛效果检验结果

门槛变量	模型	F 值	p 值	10%临界值	5%临界值	1%临界值	抽样次数
Eco	单一门槛	59.62	0.0000	22.0857	25.9459	40.9837	300
	双重门槛	25.05	0.0367	20.2960	24.2999	41.0576	300
	三重门槛	23.11	0.5067	51.3351	56.9382	77.3686	300
RD	单一门槛	28.90	0.0300	20.3773	23.8897	32.9653	300
	双重门槛	13.90	0.1467	18.7581	50.3684	107.0995	300

由表 14-30 可知，当门槛变量为经济发展水平（Eco）时，单一门槛与双重门槛通过显著性检验，但三重门槛检验不显著，即存在双重门槛效应。由表 14-31 可知，双重门槛对应的门槛值为 9.6647 和 10.0398。当门槛变量为研发强度（RD）时，双重门槛的 p 值为 0.1467，结果不显著，单一门槛在 5% 的水平下显著，仅存在单一门槛。由表 14-31 可知，单一门槛的门槛值为 3.0800。进一步进行回归，结果如表 14-32 所示。

表 14-31 门槛值结果

门槛变量	门槛值	估计值	95%置信区间下界	95%置信区间上界
Eco	第一个门槛值 γ_1	9.6647	9.4818	9.6874
	第二个门槛值 γ_2	10.0398	10.0076	10.0906
RD	门槛值 γ	3.0800	2.8800	3.3700

表 14-32 回归结果

变量	门槛变量为 Eco 模型（1）门槛模型估计	门槛变量为 Eco 模型（2）线性模型估计	门槛变量为 RD 模型（1）门槛模型估计	门槛变量为 RD 模型（2）线性模型估计
De(Eco $\leqslant \gamma_1$)	0.1842*** (4.33)			
De($\gamma_1 <$Eco$\leqslant \gamma_2$)	0.0124 (0.60)			
De(Eco $> \gamma_2$)	−0.0986*** (−8.92)			
De(RD $\leqslant \gamma$)			−0.0013 (−0.09)	
De(RD $> \gamma$)			−0.0510*** (−3.16)	
De		0.0216 (1.32)		−0.0174 (−1.16)
Eco		−0.0636*** (−10.95)		
Edu	−3.2339*** (−9.02)	−2.4981*** (−7.01)	−2.9834*** (−6.64)	−1.9872*** (−4.86)
Urban			−0.4636*** (−9.88)	−0.4688*** (−9.59)
Open	−0.0373*** (−4.21)	−0.0322*** (−3.87)	−0.0168* (−1.90)	−0.0124 (−1.36)
Gov	−0.0422 (−1.21)	−0.0246 (−0.75)	−0.0612* (−1.90)	−0.0659* (−1.96)
Prim	0.1658*** (2.68)	−0.0267 (−0.45)	0.0072 (0.12)	0.0189 (0.31)
Tert	0.0023 (0.10)	−0.0592** (−2.54)	0.0456** (2.15)	0.0574*** (2.62)

续表

变量	门槛变量为 Eco		门槛变量为 RD	
	模型（1）门槛模型估计	模型（2）线性模型估计	模型（1）门槛模型估计	模型（2）线性模型估计
常数项	0.2199*** (14.41)	0.8814*** (14.94)	0.4381*** (20.03)	0.4130*** (18.73)
R^2	0.8526	0.8700	0.8704	0.8588

注：括号内为 t 值

*、**、***分别表示在10%、5%和1%水平下显著

1）门槛变量为经济发展水平

以人均地区生产总值来反映各地区经济发展水平的变化。各省区市的人均地区生产总值在2009~2017年表现出增长的态势，从2010年开始，大部分地区的经济发展水平都大于第二个门槛值。其中，在2009年，仅贵州、云南和甘肃的Eco≤9.6647。在2011年，本节所研究的省区市都迈过了第一个门槛值；到2013年，本节所研究的省区市都迈过第二个门槛值，如表14-33所示。

表14-33 2009~2017年按门槛值划分的省区市数

年份	Eco>10.0398	9.6647<Eco≤10.0398	Eco≤9.6647
2009	12	15	3
2010	23	6	1
2011~2012	27	3	0
2013~2017	30	0	0

注：当Eco=9.6647时，人均地区生产总值为15 751.6元；当Eco=10.0398时，人均地区生产总值为22 920.8元

由表14-32可知，在线性回归中，数字经济发展水平的系数估计值为正值，表明数字经济的发展在扩大城乡收入差距。在门槛模型中，经济发展水平的三个区间中数字经济发展水平的回归系数是有差异的，表明数字经济发展与城乡收入差距之间不是简单的线性关系。具体而言，当Eco≤9.6647时，数字经济发展水平对城乡收入差距的作用系数为0.1842，通过1%的显著性检验；当9.6647<Eco≤10.0398时，数字经济发展水平对城乡收入差距的作用系数为0.0124，不显著；当Eco>10.0398时，数字经济发展水平对城乡收入差距的作用系数为–0.0986，通过1%的显著性检验。可见，经济发展状况会影响数字经济发展对城乡收入差距的作用，当人均地区生产总值低于15 751.6元时，数字经济发展对城乡收入差距产生扩大效应；当人均地区生产总值在15 751.6元至22 920.8元之间，数字经济发展对城乡收入差距影响不显著；当人均地区生产总值大于22 920.8元时，数字经济发展有利于缩小城乡收入差距。可见，当经济发展状况越好时，数字经济发展对城乡收入差距的缩小作用越明显，该结论证实了假设14.6。

2）门槛变量为研发强度

本节按门槛值进行区域划分发现，在2009～2010年，仅有北京地区的研发强度大于3.0800；在2011～2017年，仅增加了上海地区，即仅有北京和上海地区的研发强度大于3.0800，其余省区市在2009～2017年的研发强度均小于3.0800。

由表14-32可知，在线性回归中，数字经济发展水平的系数估计值为负值，未通过显著性检验。在门槛模型中，研发强度（RD）的两个区间中数字经济发展的回归系数有差异，表明数字经济发展与城乡收入差距之间不是简单的线性关系。具体而言，当RD≤3.0800时，数字经济发展水平对城乡收入差距的作用系数为−0.0013，但未通过显著性检验；当RD>3.0800时，数字经济发展水平对城乡收入差距的作用系数为−0.0510，通过1%的显著性检验。这表明在不同的研发强度下，数字经济发展对城乡收入差距的影响不尽相同，存在明显的门槛效应，研发强度会影响数字经济发展对城乡收入差距的作用，研发强度越大，数字经济发展对城乡收入差距的缩小作用越强，该结论证实了假设14.7。

14.4.5 本节结论与政策建议

本节在剖析数字经济发展水平对我国城乡收入差距影响的理论基础上，利用2009～2017年30个省区市的面板数据实证分析了数字经济发展水平对城乡收入差距的影响。研究结果表明：①从全国整体来看，数字经济发展对中国城乡收入差距的影响呈现先增大后降低的倒"U"形发展态势，且拐点处的数字经济发展水平约为0.6595；②从本节研究的省区市子样本来看，在引入政策虚拟变量（Pol）以及政策虚拟变量（Pol）与数字经济发展水平（De）、经济开放程度（Open）的交互项后，发现倒"U"形曲线拐点处的数字经济发展水平为0.5806，相比全国样本，这部分省区市子样本的拐点稍向左移，即政策实施后有利于缩小这部分省区市的城乡收入差距，同时各地区的经济开放程度提高也缩小了城乡收入差距；③以经济发展水平（Eco）为门槛变量时，经济发展水平会导致数字经济发展对城乡收入差距的影响作用存在双重门槛效应，当人均地区生产总值低于15 751.6元时，数字经济发展会扩大城乡收入差距；当人均地区生产总值在15 751.6元至22 920.8元之间时，数字经济发展对城乡收入差距影响不显著；当人均地区生产总值大于22 920.8元时，数字经济发展能够缩小城乡收入差距。以研发强度（RD）为门槛变量时，研发强度会导致数字经济发展对城乡收入差距的影响作用存在单一门槛效应，并且在RD>3.0800时，数字经济发展会显著地缩小城乡收入差距。

基于此，本节提出如下建议：①加强数字基础设施建设，缩小一级数字鸿沟。加强农村地区新型基础设施建设，制订完善的宽带设施建设计划，推进农村宽带"最后一公里"建设，持续推进宽带提速降费，推进建设用得起、用得好的普惠服务；

发展新一代信息网络，拓展 5G 研发应用，全面部署 IPv6，加快工业互联网、大数据、人工智能等新一代基础设施建设。②提高信息应用能力，缩小二级数字鸿沟。进一步通过多种形式加强对农民数字经济基础知识的培训，培养农民的互联网思维，提高利用信息的能力与鉴别信息的能力，提升农民应用互联网学习、创业、从事电子商务活动的能力。③促进传统农业与数字经济的融合。进一步利用互联网、大数据、物联网等信息技术改变农产品的传统流通与营销模式；构建网络信息平台，及时把握农产品的市场情况，实现信息的有效沟通；大力发展农村电子商务，打破物理隔阂，推动农产品销售线上线下结合，带动农村经济发展，缩小城乡收入差距。④加强政策引导，推动数字核心技术的突破与应用。进一步优化政府研发投入导向机制，完善财税激励政策，增强政府资金带动社会投入的放大效应，引导企业提高研发投入强度，加强"政产学研用"协同创新，引导构建产业技术创新战略联盟，突破数字经济核心技术，鼓励数字技术融合应用，完善吸引和培养数字经济核心技术人才的保障体系。同时，大力发展农村教育，鼓励对外开放，加快城镇化进程，多措并举，更好地发挥数字经济发展对缩小我国城乡收入差距的积极作用。

14.5 本章小结

本章研究了数字经济对产业结构、消费结构和城乡收入差距的影响。首先，在估算数字经济发展水平和产业结构转型升级水平的基础上，利用 PVAR 模型和脉冲响应模型，分区域分析数字经济与产业结构转型升级之间的动态互动关系；利用系统 GMM 分区域研究数字经济及其子系统对产业结构子系统的驱动作用。其次，将研究地区分为数字经济欠发达组、数字经济中等发达组和数字经济发达组三组，从纵向与横向两个层面分析数字经济对我国居民消费结构的影响，同时模拟了各消费品价格水平上升与数字经济发展水平提高不同幅度时，对数字经济不同发展程度地区居民福利产生的影响。最后，在分析数字经济对城乡收入差距影响机理的基础上，提出数字经济和城乡收入差距之间可能存在倒"U"形关系，并利用固定效应模型、系统 GMM 和门槛模型进行实证研究。研究发现：①数字经济对产业结构转型升级产生正向的促进作用，但存在着明显的区域差异。数字经济对产业结构转型升级具有长期且持续、正向且显著的动态作用。产业结构转型升级对数字经济具有持续、显著的动态作用，这种作用初期为负向，但负向的作用在慢慢减小，而且有转为正向的趋势。数字经济与产业结构转型升级的相互拉动作用是非对等的，即数字经济对产业结构转型升级的影响弱于产业结构转型升级对数字经济的影响；而数字经济和产业结构转型升级均对自身具有持续显著但逐步趋弱的动态促进作用。我国数字经济对产业结构合理化、转型化具有显著的驱动作用，并存在着区域差异，即数字经济对东部、西部地区的产业结构合理化、转型化均有显著的驱动作用,但对中部地区的产业结构合理化、转型化的驱动作用均不显著。数字经济的子系统对我国及东部、中部、西部地区产业结构的合理化、转型化的驱动作用效果也存在差异。②数字经济提高了我国居民的线上消费额,并提升了线上消费支出占总消费支出的比例,这种影响效应会随着数字经济发展水平的提高而呈现阶段性提升的趋势。数字经济对我国居民在不同类型消费品上的支出比例存在影响,其中,数字经济发达地区对于生存型和居住消费品的支出弹性相对更高,对于发展型和享受型消费品的支出弹性相对更低。各消费品的价格上升时,数字经济不同发展程度地区居民的福利损失存在差异,对于数字经济发达地区,居住消费品价格上升会给其居民带来更大的福利损失,生存型消费品、享受型消费品或发展型消费品价格的上升所导致的结果则相反。在数字经济发展水平提高时,我国居民的福利水平会随之提高,其中数字经济发达地区居民获得的效用水平与其他两类地区相比更高,并且随着数字经济发展水平提高幅度的上升,数字经济发达地区居民效用水平的提升速度也比其他两类地区更快。各消费品价格同时上涨一定幅度时,数字经济发达地区居民福利水平的降低幅度相对更小,并且随着数字经济发展水平的进一步提高,居民福利因物价上涨导致的损失幅度也会降低,表明数字经济对这一类型不利冲击存在抵御作用。③从全国整体来看,数字经济发展对中国城乡收入差距的影响呈现先增大后降低的倒"U"形发展态势,并且拐点处的数字经济发展水平约为0.6595。从部分省区市子样本来看,在引入政策虚拟变量以及政策虚拟变量和数字经济发展水平、经济开放程度的交互项后,发现倒"U"形曲线拐点处的数字经济发展水平为0.5806,相比全国样本,部分省区市子样本的拐点稍向左移,即政策实施后有利于缩小部分省区市的城乡收入差距,同时各地区的经济开放程度提高也缩小了城乡收入差距。以经济发展水平为门槛变量时,经济发展水平会导致数字经济发展对城乡收入差距的影响作用存在双重门槛效应;以研发强度为门槛变量时,研发强度会导致数字经济发展对城乡收入差距的影响作用存在单一门槛效应。根据研究结论,本章提出了有针对性的政策建议,以期更好地通过加快数字经济发展促进我国经济高质量发展。

第15章 数字经济对区域经济发展影响研究

15.1 本章问题的提出

随着数字经济的蓬勃发展，互联网、物联网、云计算等在传统产业的生产经营中不断渗透，推动传统产业的转型升级，数字经济已成为推动区域经济高质量发展的新引擎。那么，数字经济对区域经济增长收敛性是否有影响？数字经济对区域经济韧性是否会产生影响？数字经济对区域经济高质量影响的机制又是如何？现有的相关研究仍较少，本章拟进行深入探索。具体来讲：①以中国省域为研究样本，深入研究数字经济对区域经济增长影响的赋能机制、溢出效应和收敛特征，通过建立空间计量模型、时空地理加权模型实证研究数字经济对中国区域经济增长及其收敛性的影响，并探究其区域差异性。②以中国省域为研究样本，深入研究数字经济对区域经济韧性影响的作用机制和非线性特征，通过计量模型实证研究数字经济对区域经济韧性影响的传导机制、门槛效应和空间溢出效应。③以中国省域为研究样本，理论分析数字经济对区域经济高质量发展的作用、门槛效应和溢出效应，利用面板回归模型、门槛模型和空间计量模型，实证分析数字经济对经济高质量发展的影响机制，研究数字经济对经济高质量发展的影响作用边际效应递增的非线性特征和空间溢出效应特征。本章拟在上述研究内容的基础上，探讨相应的对策建议，以期为我国政府部门决策提供有益思路。

15.2 数字经济对区域经济增长及其收敛性影响研究

15.2.1 引言

经济增长是一个国家或地区经济社会发展进步的基础和前提，但国家或地区之间、国家或地区内部，总是存在差异。自2020年初新冠疫情暴发以来，中国经济面临巨大挑战，数字经济作为经济增长的新动能，得到政府部门和众多学者的高度关注，但数字经济对经济增长影响程度如何，数字经济对区域经济增长是否具有收敛性，仍值得深入探讨，因而本章研究具有重要的理论价值和现实意义。

经济增长收敛性一直是学界研究的热点。新古典增长模型是研究经济增长收敛性的起点，国外学者持续围绕欠发达经济体能否追赶发达经济体问题展开研究（Barro and Sala-i-Martin, 1992; Rodrik, 2018）。国内学者对我国地区的收敛类型也进行了深入分析，蔡昉和都阳（2000）、林毅夫和刘明兴（2003）发现改革开放以来中国省区市存在条件 β 收敛,而且形成了东、中、西三个收敛"俱乐部"。孙晓华和曹阳(2018)通过城市经济增长的"俱乐部"收敛识别方法,发现我国存在六大趋同"俱乐部"。大多数国内学者认为中国经济符合条件 β 收敛和"俱乐部"收敛。同时,越来越多的学者认为在进行收敛检验时应考虑空间效应和经济体之间的关联性。张学良(2009)在绝对收敛模型中加入空间权重矩阵,以分析长三角县市区经济收敛过程中地区经济空间依赖性所起的作用。魏建国等(2017)发现不考虑各个空间单元之间的经济、地理的关联性,将会低估收敛性。探索性空间数据分析、空间计量分析方法逐渐被广泛采用(蒋天颖等,2014;陈创练等,2017;Elhorst et al.,2010)。可见,经济增长区域之间收敛性问题及其影响收敛性的因素的研究成果也较为丰富,但数字经济对经济增长收敛性影响方面的研究鲜少,本节拟对此进行探索。与以往研究相比,本节研究的差异性至少体现在以下几个方面:其一,拟通过构建数字经济的指标体系,估算数字经济指数;其二,构建计量模型,分析数字经济对我国区域经济增长及其收敛性的影响;其三,探讨数字经济的空间溢出效应,为经济发展水平落后的地区实现"弯道超车"提供理论支持。本节拟在上述分析的基础上,探讨相应的对策建议,以期为我国经济高质量发展提供有益思路。

15.2.2 文献回顾与研究假设

1. 数字经济赋能区域经济发展

学者普遍认为,数字经济是当前经济发展新常态下的重要新动力,能够赋能区域发展。信息技术、互联网、物联网、人工智能等数字技术的发展,不仅意味着生产要素投入量的增加,还扩大了资源高效流动的范围,提高了全要素生产率,优化了资源配置效率。Jorgenson 和 Vu(2016)研究发现半导体技术的迅猛发展和全球化步伐的加快,推动了 ICT 革命,成为各国经济增长的重要动力。张于喆(2018)认为以供给侧结构性改革为主线,以制造业数字化改造为切入点,可全面重塑产业核心竞争力。解春艳等(2017)认为互联网技术进步能显著减少环境污染、改善环境质量。王娟(2019)认为数字经济有利于资源要素配置变革、产业结构升级和经济增长质量提升。因此,本节提出如下假设。

假设 15.1:数字经济促进区域经济发展。

2. 数字经济对其他地区经济发展具有溢出效应

数字经济不仅对本地区经济发展赋能,而且由于互联网等数字技术具有外溢效应,对其他地区经济发展也有促进作用。李天籽和王伟(2018)分析发现网络基础设施存在溢出效应。曾召友(2011)发现本地区的电信服务对其他相邻地区经济增长的作用存在外溢效应,但表现形式比较复杂。肖皓和戴凡(2012)发现通信部门与经济增长的关系主要通过溢出效应来表现，溢出效应具体表现为要素（知识和人力资本）溢出效应、技术（全要素生产率）溢出效应、结构（产业结构、资源配置）溢出效应、时滞效应等。何菊香等（2015）从经济贸易关联视角分析，发现互联网产业既存在正向区域内溢出效应，又存在正向区域间溢出效应，并且互联网产业前向溢出效应和后向溢出效应存在明显差异，前向和后向溢出效应均显著为正。韩长根和张力（2019）研究发现，互联网发展能够直接改善地区的资源错配情况，并具有显著的空间溢出效应。张家平等（2018）发现ICT对经济增长的影响具有溢出效应，并且受到人力资本水平和创新水平的调节作用。因此，本节提出如下假设。

假设15.2：数字经济对其他地区经济发展的影响具有溢出效应。

3. 数字经济与区域经济增长的收敛性

数字经济有利于经济落后地区利用信息基础设施、促进传统产业数字化转型升级，实现经济"换道超车"（钟业喜和毛炜圣，2020）。张勋等（2019）发现中国的数字金融在欠发达地区的发展速度更快，使创业机会均等化，改善了农村居民的创业行为，显著提升了家庭收入特别是农村低收入群体的收入。刘刚和张昕蔚（2019）通过对贵州省数据产业发展研究发现，基于网络空间发展的新基础设施建设，推动了欠发达地区数据产业的发展，并在全国名列前茅。这也表明，互联网属于普惠技术，对欠发达地区同样存在机遇。魏萍和陈晓文（2020）研究发现本地区的移动电话普及和电子商务发展不仅能有效缩小本地区的城乡收入差距，而且对周边地区的城乡收入差距有显著的抑制作用。张奕芳（2019a）发现互联网贸易能够缩小地区内收入差距和城乡收入差距，而互联网贸易规模的扩大和渗透能力的增强则是互联网贸易影响收入差距的关键变量。贾娟琪（2019）发现数字普惠金融能够有效缩小城乡收入差距，数字普惠金融的发展能够带来"数字红利"。因此，本节提出如下假设。

假设15.3：数字经济对我国区域经济发展的影响具有收敛性。

15.2.3 模型设定与数据说明

1. β 收敛函数

收敛，又称为趋同，是指不同发展水平的地区之间，欠发达地区比发达地区具有更高的发展速度，最终所有地区的人均收入或人均产出趋同。Barro和Sala-i-Martin（1992）和Sala-i-Martin（1996）中提出了相关检验方程。

$$\frac{1}{T}\left[\log y_{i,t+T} - \log y_{i,t}\right] = \alpha - \frac{1-e^{-\beta T}}{T}\log y_{i,t} + \varepsilon_{i,t} \quad (15\text{-}1)$$

$$\frac{1}{T}\left[\log y_{i,t+T} - \log y_{i,t}\right] = \alpha - \frac{1-\mathrm{e}^{-\beta T}}{T}\log y_{i,t} + \varphi X_{i,t} + \varepsilon_{i,t} \quad (15\text{-}2)$$

其中，式（15-1）为绝对 β 收敛方程，式（15-2）为条件 β 收敛方程。i 表示地区；t 表示期初；$t+T$ 表示期末；T 表示考察期长度；$y_{i,t}$ 表示 t 期地区 i 的人均收入水平或人均产出水平；条件 β 收敛方程中的 $X_{i,t}$ 表示加入的控制变量，表明地区之间的差异；β 表示收敛速度，在绝对 β 收敛中，如果 β 大于 0，说明不同地区的经济发展差异会逐渐消除，最终达到相同的稳态，而在条件 β 收敛中，由于考虑了地区差异，如果 β 大于 0，意味着不同地区会向各自的稳态收敛，尽管欠发达地区以较高的发展速度使得其与发达地区的差距缩小，但差距永远存在；φ 表示系数；$\varepsilon_{i,t}$ 表示空间单元 i 的误差项。

设收敛系数 γ：

$$\gamma = -\frac{1-\mathrm{e}^{-\beta T}}{T} \quad (15\text{-}3)$$

则收敛速度 β：

$$\beta = -\frac{\ln(1+\gamma T)}{T} \quad (15\text{-}4)$$

根据 β 可以计算出与稳态差异缩小一半的时间，即收敛的半衰期 τ 为

$$\tau = \frac{\ln 2}{\beta} \quad (15\text{-}5)$$

2. 引入空间因素

空间单元之间并不是孤立和割裂的，具有相互依赖的特征，正如托布勒地理学第一定律所述，任何事物都相关，只是相近的事物关联更加密切。为此，本节引入空间因素。由于空间杜宾模型（spatial Durbin model，SDM）的优越性和一般性，LeSage 和 Pace（2009）、Elhorst（2014）均提倡采用空间杜宾模型进行研究。但是，空间杜宾模型通常需要大样本量，且存在直接效应和间接效应，而空间杜宾误差模型（spatial Durbin error model，SDEM）可以规避该问题。因此，本节依照从一般到特殊的方法，选择空间杜宾模型进行估计，并建立空间杜宾误差模型作稳健性检验。

绝对 β 收敛和条件 β 收敛的空间杜宾模型如式（15-6）和式（15-7）所示。

$$gy_{i,t} = \alpha + \gamma \ln y_{i,t-1} + \rho \sum_j w_{ij} gy_{j,t} + \theta \sum_j w_{ij} \ln y_{j,t-1} + \varepsilon_{i,t} \quad (15\text{-}6)$$

$$\begin{aligned} gy_{i,t} = & \alpha + \gamma \ln y_{i,t-1} + \varphi_1 X_{i,t} + \varphi_2 Z_{i,t} + \rho \sum_j w_{ij} gy_{j,t} \\ & + \theta \sum_j w_{ij} \ln y_{j,t-1} + \theta_1 \sum_j w_{ij} X_{j,t} + \theta_2 \sum_j w_{ij} Z_{j,t} + \varepsilon_{i,t} \end{aligned} \quad (15\text{-}7)$$

绝对 β 收敛和条件 β 收敛的空间杜宾误差模型如式（15-8）和式（15-9）所示。

$$gy_{i,t} = \alpha + \gamma \ln y_{i,t-1} + \theta \sum_j w_{ij} \ln y_{j,t-1} + \varepsilon_{i,t}$$
$$\varepsilon_{i,t} = \lambda \sum_j w_{ij} \varepsilon_{j,t} + v_{i,t} \tag{15-8}$$

$$gy_{i,t} = \alpha + \gamma \ln y_{i,t-1} + \varphi_1 X_{i,t} + \varphi_2 Z_{i,t} + \theta \sum_j w_{ij} \ln y_{j,t-1}$$
$$+ \theta_1 \sum_j w_{ij} X_{j,t} + \theta_2 \sum_j w_{ij} Z_{j,t} + \varepsilon_{i,t} \tag{15-9}$$
$$\varepsilon_{i,t} = \lambda \sum_j w_{ij} \varepsilon_{j,t} + v_{i,t}$$

式中，考察期长度 T 可以依据研究目的设置，本节根据现有研究（林毅夫和刘明兴，2003；尹希果和孙惠，2011；师博和任保平，2019），设 $T=1$；γ 表示收敛系数，此时收敛速度 $\beta = -\ln(1+\gamma)$；ρ 表示空间自回归系数，即因变量空间滞后项系数；λ 表示空间自相关系数，即误差项空间滞后项系数；φ_1、φ_2 表示自变量系数；θ、θ_1、θ_2 表示自变量空间滞后项系数；α 表示常数项；$\varepsilon_{j,t}$ 表示空间单元 j 的误差项；$v_{i,t}$ 表示特质的成分（idiosyncratic component），可以看作误差项的误差项；其他变量说明见"4. 变量说明与数据来源"小节。

3. 空间权重矩阵构建

空间权重矩阵用来量化空间单元相互关系，它的引入使得传统计量模型忽略的空间因素被重视起来。本节建立如下三种空间权重矩阵（W）。

1）邻接空间权重矩阵

如果两个空间单元相邻，设为 1，否则为 0。对于中国的省区市来说，如果两地区有交界，则为 1，否则为 0。表达式如下：

$$w'_{ij} = \begin{cases} 1, & \text{相邻} \\ 0, & \text{不相邻} \end{cases} \tag{15-10}$$

该矩阵为对称矩阵，且主对角元素均为 0（空间单元自己与自己不能相邻）。

2）地理距离空间权重矩阵

距离的选择是多样的，本节采用各省会城市的球面距离的倒数来度量空间单元间的影响，不设定门槛值，即某一空间单元与其他所有空间单元均有联系，但由于取倒数而产生的衰减效应，两个空间单元的联系随着距离增加而加速减少，并非均匀减少。这样的设定更符合现实。表达式如下：

$$w''_{ij} = 1/d_{ij} \tag{15-11}$$

3）经济联系强度空间权重矩阵

依据重力模型的思想，本节参照刘华军和贾文星（2019）的方法设定经济联系强度空间权重矩阵。经济联系强度公式如下：

$$R_{ij} = \frac{\bar{y}_i}{\bar{y}_j} \times \frac{\overline{Y_i} \times \overline{Y_j}}{d_{ij}^2}, \ i \neq j \qquad (15\text{-}12)$$

式中，R_{ij} 表示空间单元 i 和 j 的经济联系强度；$\bar{y}_i$、$\bar{y}_j$ 分别表示空间单元 i 和 j 的经济发展水平，用考察期内实际人均地区生产总值的平均值度量；$\overline{Y_i}$、$\overline{Y_j}$ 分别表示空间单元 i 和 j 的经济规模，用考察期内实际地区生产总值的平均值度量；d_{ij} 表示空间单元 i 和 j 的球面距离。以各行经济联系强度平均值为门槛值，若 R_{ij} 高于门槛值，设为1，否则为0。从经济发展水平之比的计算可以看出，若两者之比大于1，说明空间单元 i 的经济发展水平高于空间单元 j，其经济影响强度更强。李婧等（2010）提出经济发展水平更高的地区具有更强的辐射作用。正如克里斯泰勒的中心地理论所述，高级中心地较低级中心地提供的商品和服务更多，影响范围更广。因此，经济联系强度具有方向性，这使得经济联系强度空间权重矩阵是非对称矩阵。

4. 变量说明与数据来源

1）数字经济评价指标体系构建与估算

参考中国信息通信研究院定义的数字经济内涵（中国信息通信研究院，2019），结合国家统计局统计科学研究所提出的中国信息化发展指数（国家统计局统计科学研究所，2014），综合考量各类数字经济指标体系，本节构建一个包含基础设施、数字产业、创新能力和数字民生 4 个一级指标、11 个二级指标的数字经济评价指标体系，如表 15-1 所示。

表 15-1 数字经济评价指标体系

一级指标	二级指标	符号	权重
基础设施	人均移动电话交换机容量	X_{11}	0.0502
	每平方公里长途光缆长度	X_{12}	0.0590
数字产业	人均电信业务量	X_{21}	0.0702
	计算机、通信和其他电子设备制造业主营业务收入占地区生产总值比重	X_{22}	0.1737
	软件和信息技术服务业主营业务收入占地区生产总值比重	X_{23}	0.1706
	电子信息产业产品出口占出口总额比重	X_{24}	0.1040
创新能力	每万人国内专利授权数	X_{31}	0.1746
	R&D 经费内部支出占地区生产总值比重	X_{32}	0.0643
	教育经费占地区生产总值比重	X_{33}	0.0459
数字民生	互联网普及率	X_{41}	0.0536
	有线广播电视入户率	X_{42}	0.0339

本节采用改进的极值熵值法①来对数字经济指标体系进行综合测度，可估算得到 2003~2018 年除西藏、港澳台地区外 30 个省区市的数字经济指数。数据主要来源于《中国统计年鉴》、《中国工业年鉴》、《中国电子信息产业统计年鉴》、《中国科技统计年鉴》、《中国信息年鉴》、各地统计年鉴以及海关总署、教育部、国家广播电视总局公布的数据等。

2）其他变量说明与数据来源

其他变量说明如表 15-2 所示。其中，$gy_{i,t}$ 表示 t 期 i 地区的人均产出增长率，$gy_{i,t} = \ln y_{i,t} - \ln y_{i,t-1}$；$\ln y_{i,t-1}$ 表示 i 地区期初（上一年）经济发展水平；$Z_{i,t}$ 表示其他影响经济增长的因素，本节从生产函数出发，结合国内消费、投资和出口三大需求对地区生产总值增长的贡献和拉动作用，考虑将劳动投入、物质资本投入、人力资本、出口依赖和居民消费作为其他解释变量。

表 15-2　其他变量说明

类型	符号	具体变量	说明
因变量	$gy_{i,t}$	$grgdp_t$	实际人均地区生产总值增长率
自变量	$\ln(y_{i,t-1})$	$\ln(gdp_{t-1})$	滞后一期的实际人均地区生产总值的自然对数
	$X_{i,t}$	dei_{t-1}	滞后一期的数字经济指数
		$grdei_t$	数字经济增长率
	$Z_{i,t}$	$grlabor_t$	劳动力增长率
		$capital_t$	全社会固定资产投资占地区生产总值的比重
		edu_t	人均受教育年限
		$exports_t$	出口额占地区生产总值的比重
		$grcon_t$	实际居民消费增长率
	w_{ij}		空间权重矩阵的元素

探索性空间数据分析（exploring spatial data analysis，ESDA）可判断空间依赖性的存在。因此，本节引入经典的空间自相关检验统计量 Moran's I（莫兰指数），公式如下：

$$\text{Moran's } I = \frac{N}{\sum_i \sum_j w_{ij}} \times \frac{\sum_i \sum_j w_{ij}(y_i - \bar{y})(y_j - \bar{y})}{\sum_i (y_i - \bar{y})^2} \tag{15-13}$$

式中，N 表示空间单元的个数；w_{ij} 表示空间权重矩阵的元素；y_i 和 y_j 分别表示空间单元 i 和 j 的观察值；$\bar{y}$ 表示所有空间单元的观察值的均值。莫兰指数的取值范围为[-1,1]，正值表示空间集聚，负值表示空间分散，1 为完全空间集聚，0 为

---

① 限于篇幅，本节未列出改进的极值熵值法处理步骤，有需要的读者可向作者索取。

随机分布，−1为完全空间分散。

检验结果显示，2003~2018年我国实际人均地区生产总值的莫兰指数总体保持在0.4~0.45，且全部通过1%显著性检验，说明我国实际人均地区生产总值存在空间正相关；2003~2018年我国数字经济指数的莫兰指数稳定在0.2~0.3，且除2016、2017年外均通过5%显著性检验，说明数字经济发展存在空间正相关。

考虑到数据的可得性，本节研究样本选用的是除西藏、港澳台地区外的我国30个省区市的面板数据，人均地区生产总值和居民消费均已按2003年为基期平减。其他变量的数据来源为《中国统计年鉴》和各地统计年鉴，时间为2003~2018年。

15.2.4 实证检验与实证结果分析

1. 模型的选择

（1）本节是对我国30个省区市进行研究，是总体样本，而不是随机抽取的若干样本，因此应该选择固定效应模型。进一步地，通过似然比检验（LR检验）确定具体是哪种固定效应模型。所有OLS（ordinary least squares，普通最小二乘）模型均在1%显著性水平下拒绝原假设"空间固定效应联合不显著"和"时间固定效应联合不显著"，检验结果如表15-3所示，因此应考虑空间和时间双固定效应模型。

表15-3　固定效应和随机效应检验结果

模型类型	模型（1）	模型（5）	模型（6）	模型（7）
空间固定效应log-L	1181.20	1183.40	1207.80	1210.90
时间固定效应log-L	1157.40	1160.40	1182.50	1189.10
双固定效应log-L	1266.30	1270.30	1300.50	1305.00
空间固定效应联合不显著	217.8161*** (0.0000)	219.7010*** (0.0000)	236.0119*** (0.0000)	231.7831*** (0.0000)
时间固定效应联合不显著	170.1623*** (0.0000)	173.7364*** (0.0000)	185.3426*** (0.0000)	188.1779*** (0.0000)

注：空间固定效应log-L指的是在空间计量经济学模型中，固定效应模型的对数似然值（log-likelihood，log-L）
***表示在1%水平下显著

（2）LM检验可为选择OLS模型、空间滞后模型［如空间自回归模型（spatial-autoregressive model，SAR）］、空间误差模型提供依据。LM检验包含四个统计量：LM-error、LM-lag、robust LM-error、robust LM-lag。如果LM-error和LM-lag均不显著，则保持OLS回归；如果LM-error（或LM-lag）显著，则选择空间误差模型（或空间滞后模型）；如果两者均显著，则进一步比较robust LM-error和robust LM-lag。如果robust LM-error（或robust LM-lag）显著，则选

择空间误差模型（或空间滞后模型）；如果两者都显著，应选择统计量较大的模型或者考虑空间杜宾模型，但也有可能是模型有误。如表 15-4 所示，除模型（13）和模型（14）外，所有模型检验结果均拒绝 OLS 回归，且接受空间误差模型。

表 15-4　LM 检验结果

统计量	模型（2）	模型（3）	模型（4）	模型（8）	模型（9）	模型（10）
LM-lag	3.0464*	0.0345	0.0398	3.5516*	2.2545	2.2242
	(0.081)	(0.853)	(0.842)	(0.059)	(0.133)	(0.136)
robust LM-lag	0.0996	0.0323	0.0643	0.0977	0.0037	0.0003
	(0.752)	(0.857)	(0.800)	(0.755)	(0.952)	(0.987)
LM-error	24.8220***	4.7905**	3.6492*	23.1301***	20.2071***	16.8959***
	(0.000)	(0.029)	(0.056)	(0.000)	(0.000)	(0.000)
robust LM-error	21.8752***	4.7884**	3.6736*	19.6762***	17.9563***	14.6720***
	(0.000)	(0.029)	(0.055)	(0.000)	(0.000)	(0.000)
统计量	模型（11）	模型（12）	模型（13）	模型（14）	模型（15）	模型（16）
LM-lag	0.0479	0.0818	0.0709	0.0589	0.1473	0.1376
	(0.827)	(0.775)	(0.790)	(0.808)	(0.701)	(0.711)
robust LM-lag	0.0479	0.0135	0.0052	0.0921	0.0366	0.0130
	(0.827)	(0.908)	(0.942)	(0.761)	(0.848)	(0.909)
LM-error	3.6260*	4.1467**	2.5461	2.5594	5.1346**	3.0394*
	(0.057)	(0.042)	(0.111)	(0.110)	(0.023)	(0.081)
robust LM-error	3.6260*	4.0784**	2.4804	2.5926	5.0239**	2.9147*
	(0.057)	(0.043)	(0.115)	(0.107)	(0.025)	(0.088)

*、**、*** 分别表示在 10%、5% 和 1% 水平下显著

（3）似然比检验（LR 检验）和 Wald 检验可以帮助判断原假设"空间杜宾模型可以简化为空间滞后模型"和"空间杜宾模型可以简化为空间误差模型"。如果 LM 检验和似然比检验指向的模型不一致，Elhorst 等（2010）认为应考虑空间杜宾模型。姜磊（2020）认为，在选择模型时，始终不能忽略考虑因变量空间滞后项和自变量空间滞后项，空间杜宾模型更适用于一般情况。同时，如表 15-5 所示，所有模型检验结果均拒绝两个原假设，说明选择空间杜宾模型更合理。

表 15-5　LR 检验和 Wald 检验结果

统计量	模型（2）	模型（3）	模型（4）	模型（8）	模型（9）	模型（10）
LR-lag	14.5774***	41.1177***	29.1565***	36.7735***	25.5251***	35.9188***
	(0.0001)	(0.0000)	(0.0000)	(0.0000)	(0.0003)	(0.0000)
Wald-lag	16.2792***	40.1619***	34.1480***	36.8631***	26.7025***	35.1138***
	(0.0001)	(0.0000)	(0.0000)	(0.0000)	(0.0002)	(0.0000)
LR-error	6.2000**	36.8724***	26.4599***	27.4107***	19.2204***	30.7027***
	(0.0128)	(0.0000)	(0.0000)	(0.0000)	(0.0038)	(0.0002)
Wald-error	5.8666**	32.0661***	25.6198***	24.4338***	17.2693***	27.3728***
	(0.0154)	(0.0000)	(0.0000)	(0.0000)	(0.0083)	(0.0006)

续表

统计量	模型（11）	模型（12）	模型（13）	模型（14）	模型（15）	模型（16）
LR-lag	63.5679***	35.8165***	50.8176***	52.1472***	21.8687***	42.4425***
	（0.0000）	（0.0000）	（0.0000）	（0.0000）	（0.0013）	（0.0000）
Wald-lag	59.7512***	33.7223***	46.3095***	52.5581***	25.8490***	40.4187***
	（0.0000）	（0.0000）	（0.0000）	（0.0000）	（0.0002）	（0.0000）
LR-error	60.0607***	33.3194***	49.4269***	49.9708***	17.6935***	39.7135***
	（0.0000）	（0.0000）	（0.0000）	（0.0000）	（0.0070）	（0.0000）
Wald-error	51.9656***	28.6572***	42.6646***	45.2336***	19.4249***	36.2775***
	（0.0000）	（0.0001）	（0.0000）	（0.0000）	（0.0035）	（0.0000）

、*分别表示在5%、1%水平下显著

综上所述，本节将采用空间和时间双固定效应的空间杜宾模型对绝对β收敛和条件β收敛进行估计，同时给出普通最小二乘模型的估计结果以作比较。

2. 绝对β收敛估计结果

对式（15-6）进行估计，结果如表15-6所示。2003~2018年我国区域经济存在绝对β收敛，且收敛速度远大于一般截面模型得出的2%收敛速度。本节认为面板数据的样本量更大，反映的经济数据更丰富，其结果应该更加准确。空间自回归系数显著为正，说明其他地区经济的增长促进本地区的经济增长。本节将因变量空间滞后项作为自变量来解释因变量变化，所以采用R^2来判断拟合优度。在考虑了空间因素后，R^2和对数似然值均上升，再次说明在研究我国区域经济收敛性时需要纳入空间因素，否则结果可能是有偏误的。三种空间权重矩阵下的模型的R^2和对数似然值基本相似，说明以这三种空间权重矩阵刻画的区域经济绝对β收敛比较稳健，所反映的我国区域经济发展性质比较真实。

表15-6 绝对β收敛结果

变量	OLS	SDM		
		W_1	W_2	W_3
	模型（1）	模型（2）	模型（3）	模型（4）
$\ln(\text{gdp}_{i,t-1})$	−0.0666***	−0.0823***	−0.0804***	−0.0729***
	（−6.9033）	（−8.0353）	（−8.2178）	（−7.4800）
$W\times\ln(\text{gdp}_{i,t-1})$		0.0660***	0.3539***	0.1857***
		（4.0347）	（6.3373）	（5.8436）
$W\times\text{dep.var.}$		0.3556***	0.4887***	0.3522***
		（6.6065）	（5.7308）	（5.1750）
R^2	0.0960	0.7867	0.7878	0.7841
调整的R^2/Corr^2	0.0960	0.1120	0.1772	0.1571
log-L	1266.30	1281.19	1287.65	1280.91
收敛速度/%	6.89	8.59	8.38	7.57
半衰期/年	10.06	8.07	8.27	9.15

注：Corr^{2}表示真实值和拟合值的相关系数的平方，dep.var.表示空间自回归系数ρ

***表示在1%水平下显著

3. 条件 β 收敛估计结果

对式（15-7）进行估计，重点探讨我国区域经济条件 β 收敛。借鉴层次回归和逐步回归的思想，本节将表 15-7 中的模型分为三类，第一类模型（5）、模型（8）、模型（11）、模型（14）中只加入核心考察变量数字经济发展相关指标，验证区域经济条件 β 收敛是否存在；第二类模型（6）、模型（9）、模型（12）、模型（15）中只加入其他控制变量；第三类模型（7）、模型（10）、模型（13）、模型（16）中加入核心考察变量和其他控制变量。本节主要通过对比第二类和第三类模型的收敛速度变化，来识别数字经济发展对区域经济条件 β 收敛的正向或负向作用；通过第三类模型的解释变量的系数来说明数字经济发展及其他控制变量对区域经济增长的影响。

表 15-7　条件 β 收敛结果

变量	OLS			SDM W_1		
	模型（5）	模型（6）	模型（7）	模型（8）	模型（9）	模型（10）
$\ln(\text{gdp}_{i,t-1})$	−0.0673***	−0.0969***	−0.0974***	−0.0951***	−0.1025***	−0.1072***
	(−7.0121)	(−8.7308)	(−8.8377)	(−9.2135)	(−8.8940)	(−9.2564)
$\text{dei}_{i,t-1}$	−0.0120		0.0161	−0.0675**		−0.0310
	(−0.4157)		(0.5610)	(−2.3045)		(−1.0358)
$\text{grdei}_{i,t}$	0.0257***		0.0278***	0.0187*		0.0221**
	(2.5924)		(2.9738)	(1.9136)		(2.3819)
$\text{grlabor}_{i,t}$		0.0886***	0.0863***		0.0740**	0.0626**
		(2.9346)	(2.8780)		(2.4221)	(2.0693)
$\text{capital}_{i,t}$		0.0333***	0.0333***		0.0330***	0.0290***
		(5.2185)	(5.0641)		(5.1815)	(4.3729)
$\text{edu}_{i,t}$		0.0118***	0.0105**		0.0112***	0.0102**
		(2.8997)	(2.5428)		(2.7580)	(2.5005)
$\text{exports}_{i,t}$		−0.0011	0.0002		−0.0264*	−0.0216
		(−0.0809)	(0.0174)		(−1.7236)	(−1.3826)
$\text{grcon}_{i,t}$		0.0561***	0.0596***		0.0572***	0.0619***
		(3.5861)	(3.8310)		(3.6911)	(4.0366)
$W \times \ln(\text{gdp}_{j,t-1})$				0.0897***	0.0918***	0.0997***
				(5.3376)	(4.1888)	(4.5470)
$W \times \text{dei}_{j,t-1}$				0.2147***		0.1442***
				(4.2007)		(2.7917)
$W \times \text{grdei}_{j,t}$				0.0360**		0.0282*
				(2.0247)		(1.6602)
$W \times \text{grlabor}_{j,t}$					−0.0608	−0.0856
					(−0.9254)	(−1.3138)
$W \times \text{capital}_{j,t}$					−0.0136	−0.0022
					(−1.0665)	(−0.1702)
$W \times \text{edu}_{j,t}$					0.0232***	0.0159*
					(2.6422)	(1.7477)

续表

变量	OLS			SDM W_1		
	模型（5）	模型（6）	模型（7）	模型（8）	模型（9）	模型（10）
$W \times \text{exports}_{j,t}$					−0.0156 (−0.5971)	−0.0210 (−0.8052)
$W \times \text{grcon}_{j,t}$					0.0305 (0.9162)	0.0278 (0.8491)
$W \times \text{dep.var.}$				0.3322*** (6.1280)	0.3401*** (6.3154)	0.2966*** (5.3631)
R^2	0.1116	0.2234	0.2387	0.7993	0.8203	0.8262
调整的 R^2/Corr^2	0.1076	0.2147	0.2267	0.1731	0.2564	0.2905
log-L	1270.30	1300.50	1305.00	1295.91	1320.44	1329.51
收敛速度/%	6.96	10.19	10.24	9.99	10.81	11.33
半衰期/年	9.95	6.80	6.77	6.94	6.41	6.12

变量	SDM					
	W_2			W_3		
	模型（11）	模型（12）	模型（13）	模型（14）	模型（15）	模型（16）
$\ln(\text{gdp}_{i,t-1})$	−0.0881*** (−8.9992)	−0.0968*** (−8.2500)	−0.1016*** (−8.4512)	−0.0804*** (−8.2554)	−0.0936*** (−8.0765)	−0.0986*** (−8.4759)
$\text{dei}_{i,t-1}$	−0.0555* (−1.9216)		−0.0175 (−0.5782)	−0.0337 (−1.1777)		0.0032 (0.1104)
$\text{grdei}_{i,t}$	0.0203** (2.0889)		0.0236** (2.5293)	0.0198** (2.0210)		0.0229** (2.4573)
$\text{grlabor}_{i,t}$		0.0675** (2.0425)	0.0477 (1.4596)		0.0741** (2.3069)	0.0669** (2.1315)
$\text{capital}_{i,t}$		0.0274*** (4.1568)	0.0267*** (3.9650)		0.0288*** (4.3988)	0.0289*** (4.3522)
$\text{edu}_{i,t}$		0.0102** (2.4033)	0.0086** (2.0060)		0.0104** (2.3519)	0.0078* (1.7597)
$\text{exports}_{i,t}$		−0.0222 (−1.4822)	−0.0131 (−0.8542)		−0.0149 (−0.9919)	−0.0155 (−1.0290)
$\text{grcon}_{i,t}$		0.0582*** (3.5634)	0.0631*** (3.9322)		0.0607*** (3.6717)	0.0669*** (4.1075)
$W \times \ln(\text{gdp}_{j,t-1})$	0.3612*** (6.4568)	0.3484*** (4.2410)	0.3452*** (4.1005)	0.1729*** (5.5422)	0.1680*** (4.1410)	0.1386*** (3.3956)
$W \times \text{dei}_{j,t-1}$	0.5249*** (2.9648)		0.4090** (2.2009)	0.1999*** (2.6882)		0.1726** (2.1707)
$W \times \text{grdei}_{j,t}$	0.2202*** (3.2363)		0.2142*** (3.2680)	0.1353*** (3.5893)		0.1324*** (3.6327)
$W \times \text{grlabor}_{j,t}$		−0.1215 (−0.5208)	−0.2598 (−1.1237)		0.0323 (0.3136)	0.0414 (0.4077)
$W \times \text{capital}_{j,t}$		−0.0766* (−1.6754)	−0.0539 (−1.1930)		−0.0459* (−1.6864)	−0.0222 (−0.7919)

续表

变量	SDM					
	W_2			W_3		
	模型（11）	模型（12）	模型（13）	模型（14）	模型（15）	模型（16）
$W\times\mathrm{edu}_{j,t}$		0.0401	0.0178		0.0143	0.0018
		(1.2906)	(0.5455)		(0.8236)	(0.1033)
$W\times\mathrm{exports}_{j,t}$		0.0841	0.0416		0.0275	0.0183
		(0.8661)	(0.4234)		(0.6273)	(0.4208)
$W\times\mathrm{grcon}_{j,t}$		0.0657	0.0793		0.0420	0.0608
		(0.5917)	(0.7276)		(0.7386)	(1.0913)
$W\times\mathrm{dep.var.}$	0.4055***	0.5009***	0.4265***	0.2759***	0.3745***	0.2827***
	(4.2084)	(6.0039)	(4.5601)	(3.8459)	(5.7516)	(4.0537)
R^2	0.8004	0.8161	0.8244	0.7963	0.8126	0.8219
调整的 R^2/Corr^2	0.2270	0.2820	0.3182	0.2150	0.2680	0.3106
log-L	1302.62	1319.65	1331.33	1296.29	1311.27	1326.06
收敛速度/%	9.22	10.18	10.72	8.38	9.82	10.38
半衰期/年	7.52	6.81	6.47	8.27	7.06	6.68

*、**、***分别表示在10%、5%和1%水平下显著

2003~2018年我国区域经济存在条件 β 收敛。空间自回归系数和经济发展水平变量的空间滞后项系数均显著为正，说明其他地区经济的增长和发展水平提高都能促进本地区的经济增长。从对数似然值看，空间杜宾模型下的细分模型的对数似然值均高于对应的最小二乘模型，说明和区域经济绝对 β 收敛一样，区域经济条件 β 收敛应考虑空间因素的影响。表15-7的第三类模型中，采用地理距离空间权重矩阵（W_2）的模型（13）的对数似然值最高，说明拟合得最好。从 R^2 看，考虑了空间因素后，R^2 显著提升，且第二类、第三类模型的 R^2 均大于0.8，说明其解释力度较好。

比较表15-7中的第二类和第三类模型的收敛速度可知，不管是OLS模型还是不同空间权重矩阵下的空间杜宾模型，第三类模型的收敛速度均大于第二类模型，但提高的数值有限，使得半衰期的减少时间不超过1年。说明数字经济的发展对区域经济条件 β 收敛具有一定的正向作用，即各地区通过发展数字经济可以加速向各自的稳态收敛。党的十九大报告中指出两个"奋斗十五年"[①]，结合本节得出的半衰期时间看，经过长足发展的数字经济将会在第一个十五年即2020年至2035年发挥出更大的作用，推动实现2035年"基本实现社会主义现代化"的目标。

由于数字经济发展水平越高的地区相应的经济发展水平也越高，经济增速较低，预期数字经济发展水平的变量系数符号应为负，第一类模型结果也支持此预

---

① 习近平：决胜全面建成小康社会 夺取新时代中国特色社会主义伟大胜利——在中国共产党第十九次全国代表大会上的报告，https://www.gov.cn/zhuanti/2017-10/27/content_5234876.htm[2017-10-27]。

期。但在表15-7的第三类模型中,控制其他变量后滞后一期的数字经济指数系数负值减小或为正且不显著,说明一个地区的数字经济发展水平对该地区经济增长存在正向作用,抵消了一定的负相关性。三种空间权重矩阵下数字经济增长率系数在5%显著性水平下为正[这里只考虑模型(7)、(10)、(13)、(16)的显著性,因为这四个模型中包含了核心考察变量和其他控制变量,通过这四个模型的解释变量的系数来说明各变量对经济增长的影响],这表明2003~2018年我国各地区数字经济的增长显著地拉动了区域经济增长,且该阶段对经济增长来说数字经济发展速度的快慢相对于数字经济发展水平的高低更重要,这为数字经济发展水平处于落后阶段的地区实现"弯道超车"提供了理论支持。而数字经济相关变量的空间滞后项的系数均显著为正,表明其他地区的数字经济发展水平和发展速度的提高对本地区的经济增长有促进作用。

从控制变量看,各地区的劳动投入、物质资本投入、人力资本和居民消费对经济增长有显著的正向作用,这与以往的经验研究相符。而出口依赖的估计系数为负,但不显著,说明过高的出口依赖度可能会抑制经济的增长,一个地区的经济发展不能一味地追求出口导向,应注重扩大内需和投资,使拉动经济的要素均衡化,促进市场良性循环。

4. 稳健性检验

空间杜宾误差模型较空间杜宾模型更具有一般性和广泛的应用范围。首先,空间杜宾误差模型既包括要检验的变量的空间交互效应,又考虑到了误差项的空间依赖性;其次,空间杜宾误差模型不包括因变量的空间滞后项,因此不需要计算直接效应和间接效应以及顾及因变量的空间滞后项是否缺乏理论基础。因此,本节采用空间杜宾误差模型进行再回归,进一步检验计量结果的可靠性和稳健性。

表15-8和表15-9分别是空间杜宾误差模型对绝对β收敛和条件β收敛的估计结果。空间自相关系数均显著为正,说明误差项中存在显著的空间依赖性。与空间杜宾模型的估计结果比较可以发现,两者的变量估计系数的显著性和符号均一致,系数值、R^2、对数似然值基本接近,表明本节对我国区域经济β收敛的估计较为可靠。空间杜宾模型得出的收敛速度均略高于空间杜宾误差模型。

表15-8 绝对β收敛稳健性检验结果

变量	SDEM		
	W_1	W_2	W_3
	模型(17)	模型(18)	模型(19)
$\ln(\text{gdp}_{i,t-1})$	−0.0781***	−0.0765***	−0.0700***
	(−7.7176)	(−7.8442)	(−7.1510)
$W \times \ln(\text{gdp}_{i,t-1})$	0.0371**	0.3428***	0.1650***
	(2.2508)	(5.9757)	(5.1428)

续表

变量	SDEM		
	W_1	W_2	W_3
	模型（17）	模型（18）	模型（19）
spat.aut.	0.3425***	0.4564***	0.2273***
	(6.2575)	(5.0371)	(2.8882)
R^2	0.7682	0.7851	0.7796
Corr^2	0.1092	0.1740	0.1530
log-L	1280.80	1287.23	1281.76
收敛速度/%	8.13	7.96	7.26
半衰期/年	8.52	8.71	9.55

注：spat.aut.表示空间自相关系数 λ

、*分别表示在5%、1%水平下显著

表15-9　条件 β 收敛稳健性检验结果

变量	SDEM					
	W_1		W_2		W_3	
	模型（20）	模型（21）	模型（22）	模型（23）	模型（24）	模型（25）
$\ln(\text{gdp}_{i,t-1})$	−0.0982***	−0.1031***	−0.0944***	−0.1001***	−0.0911***	−0.0965***
	(−8.2122)	(−8.6936)	(−7.9507)	(−8.2726)	(−7.7333)	(−8.2363)
$\text{dei}_{i,t-1}$		−0.0226		−0.0147		0.0090
		(−0.7662)		(−0.4862)		(0.3060)
$\text{grdei}_{i,t}$		0.0245***		0.0257***		0.0250***
		(2.6239)		(2.7459)		(2.6797)
$\text{grlabor}_{i,t}$	0.0705**	0.0559*	0.0666**	0.0445	0.0734**	0.0640**
	(2.2061)	(1.7782)	(1.9848)	(1.3480)	(2.2485)	(2.0233)
$\text{capital}_{i,t}$	0.0336***	0.0305***	0.0273***	0.0269***	0.0290***	0.0294***
	(5.1978)	(4.5943)	(4.1265)	(3.9923)	(4.3838)	(4.4007)
$\text{edu}_{i,t}$	0.0129***	0.0112***	0.0109***	0.0088**	0.0111**	0.0083*
	(3.1081)	(2.6921)	(2.5512)	(2.0516)	(2.4733)	(1.8732)
$\text{exports}_{i,t}$	−0.0281*	−0.0243	−0.0223	−0.0131	−0.0151	−0.0169
	(−1.7551)	(−1.5125)	(−1.4712)	(−0.8496)	(−0.9912)	(−1.1204)
$\text{grcon}_{i,t}$	0.0611***	0.0654***	0.0597***	0.0646***	0.0616***	0.0679***
	(3.8260)	(4.1692)	(3.6110)	(3.9933)	(3.6677)	(4.1412)
$W \times \ln(\text{gdp}_{j,t-1})$	0.0638***	0.0786***	0.3200***	0.3254***	0.1374***	0.1192***
	(2.6950)	(3.3465)	(3.7815)	(3.7850)	(3.2879)	(2.8985)
$W \times \text{dei}_{j,t-1}$		0.1644***		0.4601**		0.1850**
		(3.0031)		(2.4318)		(2.3085)
$W \times \text{grdei}_{j,t}$		0.0423**		0.2470***		0.1505***
		(2.3133)		(3.6798)		(4.1160)
$W \times \text{grlabor}_{j,t}$	−0.0387	−0.0748	−0.0800	−0.2326	0.0635	0.0611
	(−0.5344)	(−1.0495)	(−0.3352)	(−0.9898)	(0.6049)	(0.5959)
$W \times \text{capital}_{j,t}$	−0.0027	0.0090	−0.0625	−0.0404	−0.0362	−0.0175
	(−0.1980)	(0.6582)	(−1.3391)	(−0.8809)	(−1.2920)	(−0.6186)

续表

变量	SDEM					
	W_1		W_2		W_3	
	模型（20）	模型（21）	模型（22）	模型（23）	模型（24）	模型（25）
$W \times edu_{j,t}$	0.0310***	0.0214**	0.0522	0.0245	0.0179	0.0053
	(3.2437)	(2.1982)	(1.6412)	(0.7399)	(1.0171)	(0.2985)
$W \times exports_{j,t}$	−0.0273	−0.0335	0.0858	0.0365	0.0201	0.0104
	(−0.9446)	(−1.1819)	(0.8621)	(0.3651)	(0.4427)	(0.2367)
$W \times grcon_{j,t}$	0.0528	0.0480	0.1036	0.1117	0.0597	0.0766
	(1.4872)	(1.3839)	(0.9140)	(1.0099)	(1.0250)	(1.3639)
spat.aut.	0.3365***	0.3236***	0.5087***	0.4721***	0.2273***	0.1710**
	(6.1204)	(5.8292)	(6.1247)	(5.3418)	(2.8883)	(2.0672)
R^2	0.8069	0.8164	0.8134	0.8235	0.8078	0.8200
Corr^2	0.2578	0.2942	0.2829	0.3214	0.2614	0.3081
log-L	1320.89	1330.63	1319.67	1331.68	1312.61	1326.67
收敛速度/%	10.34	10.88	9.92	10.54	9.55	10.15
半衰期/年	6.71	6.37	6.99	6.57	7.26	6.83

*、**、***分别表示在10%、5%和1%水平下显著

5. 直接效应和空间溢出效应

师博和任保平（2019）、姜磊（2020）指出，当考虑空间因素时，一个地区的某个自变量的变化不仅会影响本地区的经济增长，也会对其他地区的经济增长产生影响（间接效应，又可称为空间溢出效应）。通过循环反馈机制，溢出效应的影响从其他地区又回馈到本地区，这即是反馈效应。直接效应是某自变量变化对本地区的经济增长的总影响，包括了反馈效应。因此，反馈效应值等于直接效应值减去估计系数值。

表15-10是表15-7中的模型（10）、模型（13）的直接效应和溢出效应结果，重点观察通过显著性检验的变量。一个地区的数字经济发展水平和发展速度均对其他地区的经济增长具有正向溢出效应，且对本地区产生正向反馈效应。一个地区的劳动投入对本地区的经济增长产生正向直接效应，但反馈效应为负。当前我国劳动人口流动频繁，如果某地区吸引了大量劳动力，则会导致其他地区（劳动力净流出地）的经济增长因劳动力不足而受到抑制，由于空间自回归系数为正，其他地区经济增长受阻将不利于本地区的经济增长。一个地区的物质资本投入、人力资本和居民消费对本地区的经济增长有正向直接效应，且人力资本对其他地区的经济增长有正向溢出效应，人力资本和居民消费有正向反馈效应。经济发展水平变量的反馈效应为正，空间杜宾模型存在高估收敛速度的情况，空间杜宾误差模型得出的收敛速度小于空间杜宾模型也佐证了这一点，因此真实的收敛速度应以直接效应的收敛系数值得出或采用空间杜宾误差模型结果。

表 15-10　条件 β 收敛的直接效应和溢出效应

变量	SDM					
	W_1			W_2		
	直接效应	溢出效应	反馈效应	直接效应	溢出效应	反馈效应
$\ln(\text{gdp}_{i,t-1})$	−0.1013***	0.0917***	0.0059	−0.0923***	0.5198***	0.0094
	(−8.1420)	(3.1282)		(−6.7647)	(3.0719)	
$\text{dei}_{i,t-1}$	−0.0211	0.1790***	0.0099	−0.0048	0.6949**	0.0127
	(−0.6851)	(2.6413)		(−0.1496)	(2.0514)	
$\text{grdei}_{i,t}$	0.0248**	0.0460**	0.0027	0.0309***	0.3840***	0.0072
	(2.5755)	(1.9722)		(2.9649)	(2.9025)	
$\text{grlabor}_{i,t}$	0.0566*	−0.0900	−0.0061	0.0399	−0.3995	−0.0078
	(1.7628)	(−1.0137)		(1.0943)	(−0.9442)	
$\text{capital}_{i,t}$	0.0296***	0.0084	0.0006	0.0255***	−0.0743	−0.0012
	(4.4216)	(0.4886)		(3.6054)	(−0.9149)	
$\text{edu}_{i,t}$	0.0118***	0.0255**	0.0016	0.0094*	0.0358	0.0008
	(2.6710)	(2.0605)		(1.8937)	(0.6097)	
$\text{exports}_{i,t}$	−0.0244	−0.0367	−0.0029	−0.0117	0.0699	0.0015
	(−1.4807)	(−0.9974)		(−0.6833)	(0.3857)	
$\text{grcon}_{i,t}$	0.0652***	0.0612	0.0033	0.0664***	0.1814	0.0033
	(4.0435)	(1.3272)		(3.7332)	(0.8768)	

*、**、***分别表示在 10%、5%和 1%水平下显著

15.2.5　本节结论与政策建议

本节利用我国 2003～2018 年 30 个省区市的数据，通过建立空间面板数据模型，研究数字经济对我国区域经济增长及其收敛性的影响。研究发现：2003～2018 年，我国区域经济存在绝对 β 收敛和条件 β 收敛，收敛速度分别为 7.78%和 10.52%左右，半衰期分别在 8.93 年和 6.59 年左右；数字经济的发展对区域经济条件 β 收敛具有正向作用，可以提高约 0.59%的收敛速度，使半衰期减少约 0.40 年；数字经济发展速度对区域经济增长有正向作用，数字经济每增长 1%，将拉动经济增长 0.025%左右，且该阶段对经济增长来说数字经济发展速度的快慢相对于数字经济发展水平的高低更重要；一个地区的数字经济发展水平和发展速度均对其他地区的经济增长具有正向溢出效应，且对本地区产生正向反馈效应。研究结论证实了前文三个理论假设。总的来说，经过近二十年的高速发展与积累，我国数字经济在拉动经济增长的同时缩小了区域差距，对推动经济高质量发展起着越来越重要的作用。

基于上述研究结论，本节提出如下政策建议：①加速建设新型数字基础设施。我国应充分把握 5G 技术优势和国内市场优势，加速推进 5G 产业化进程，为智能制造、智慧城市建设添砖加瓦。②加大基础科学科研投入，提升产业基础能力。在数字经济核心领域如集成电路、基础软件、材料和工艺等方面，我国尚未取得

关键技术的突破,在当前世界经济动荡加剧、政治风险加大的不利外部环境下,容易造成"卡脖子"问题。我国应强化基础科学研究,提升关键领域创新能力,补齐短板,不受制于人。③加强人才队伍建设,适应数字经济发展需求。数字经济促使服务业逐渐成为主导产业,在取代旧的就业岗位的同时也在创造新的就业机会。数字经济时代需要具有信息技术应用能力的劳动力,而我国在信息技术产业、高端制造业等领域有大量人才缺口,应重视数字经济相关行业人才培养,以满足其需求。④加快实体经济数字化转型。加快农业、工业、服务业企业数字化升级,深化生产一线、管理经营、产品服务等各个环节的数字技术应用,打造区域产业数字化集群,培育产业链协同制造的新模式。⑤各地区因地制宜、量力而行发展数字经济。东部地区数字经济发展水平较高,资金、人才和技术资源相对充足,创新能力强,应通过建立数字经济创新发展试验区等方式着力于基础研究和技术创新;中西部地区以中部地区崛起、西部大开发、振兴东北老工业基地等国家战略为依托,以发展经济为导向,侧重于数字技术的产业化应用。畅通东中西部地区的交流与合作,引导东部地区数字经济发展经验向中西部地区扩散,做好产业转移和承接工作,充分发挥东中西部地区各自的比较优势,促进我国经济高质量发展。

15.3 数字经济对区域经济韧性的影响研究

15.3.1 引言

韧性(resilience)概念源于物理学,表示物质受压后恢复原始状态的能力,而区域经济韧性被作为衡量区域抵抗冲击能力的理论工具,从遭受冲击、抵御冲击、自我恢复、调整转型等各方面来评估区域经济主体的能力。自2008年金融危机以来,我国经济展现出从容应对风险、适应调整的能力,迅速从外部冲击中恢复并转型升级,从粗放型发展模式逐步转向高质量发展模式。近年来,数字经济作为信息资源与社会经济高度融合的产物,推动了传统产业转型升级,并催生了一系列电子商务、大数据平台、云计算等新技术、新产品和新模式,为经济发展注入新活力。那么,数字经济是否有助于提升区域经济韧性?数字经济影响区域经济韧性的路径又如何?本节拟对此进行探索,以期为政府决策提供有益思路。

区域经济韧性的研究日益得到学者的重视。例如,Reggiani 等(2002)首次将韧性概念纳入空间经济系统动态过程研究中。Boschma(2015)认为区域经济韧性在考虑短期应对危机能力的同时,还应关注长期内能够抵御各种扰动因素,并实现经济恢复和增长的能力。Martin 等(2015)对相关文献归纳总结,对经济韧性做出了较为完整的定义,认为其是一种适应性的动态调整能力,包括脆弱性、抵御冲击、适应冲击、从冲击中恢复四个维度。可见，经济韧性强调的不仅是一种抵御外部冲击、迅速恢复的能力，而且是在冲击后能够顺应变化重新配置资源、调整产业结构、不断转型升级的能力。随着经济全球化发展，各区域间经济主体的联系加深，同时也导致某一地区动荡危机会传导至并冲击其他区域，容易导致全球范围的负面连锁反应，因此区域经济主体抵御外部冲击的能力备受关注。许多学者从影响经济韧性的因素出发，探讨提升经济韧性的对策。例如，丁建军等（2020）发现人均固定资产投资、地方财政教育支出等因素对经济韧性及其增长具有积极影响。谭俊涛等（2020）指出固定资产投资可以衡量政府管理能力，由于国有固定资产投资对各类投资存在引导作用，固定资产投资总额能够反映国家对基建的投资强度，对区域经济韧性具有重要影响。Kakderi 和 Tasopoulou（2017）发现由于存在政策差异，不同地区在面对 2008 年经济危机时显露出的经济脆弱和经济韧性显著不同。崔耕瑞（2021）指出缩小城乡收入差距帮助农村地区吸引高质量劳动力，发挥学习效应和技术效应，有效提升经济韧性。徐圆和邓胡艳（2020）指出产业结构多样化能作为"自动稳定器"帮助地区钝化经济波动和降低不确定性，并且通过刺激创新来实现适应性结构调整、提升经济韧性。Wolfe 和 Bramwell（2008）指出技术溢出引发的创新活动有利于优化经济增长路径，对资源重组和经济稳健发展具有积极影响。Bristow 和 Healy（2018）认为创新能力更强的主体在应对外部冲击时展现出更强的经济韧性，不仅能够抵御冲击的负面影响，而且还能迅速做出适应性调整。

但是，关于数字经济对区域经济韧性影响的直接研究较少，已有学者认为数字经济有助于协调城乡发展，鼓励创新并提升治理水平，从而提升经济韧性。一方面，数字经济发展有助于缩小数字鸿沟，实现城乡协调发展。Ashmore 等（2017）发现完善农村数字基础设施建设能帮助人们培养全新的空间理念，增强社区和共享文化意识，鼓励人们使用数字资源，有效地提升了区域经济韧性。李晓钟和李俊雨（2022）发现数字经济对城乡收入差距的影响呈先扩大后缩小的倒"U"形趋势，长远来看有利于缩小收入差距，维护社会经济稳定。崔耕瑞（2021）发现数字技术与金融产业融合，能够有效地缩小城乡收入差距、提高资产配置效率、引导消费结构升级，从而对经济韧性产生积极影响。另一方面，学者认为数字技术有效地增强了创新能力，提升了治理水平。Sitinjak 等（2018）选择雅加达城市作为研究对象，发现政府利用数字技术改善服务水平，实现了城市智能化治理，尤其是提升了城市面对洪灾时的风险应对能力，增强了经济的适应力及抵抗能力。Demartini 等（2019）认为数字化转型能够减少资源依赖、提高生产效率、增加可再生能源利用率以及增强企业间的协同作用，从而提高工业效率及可持续性，对经济韧性和可持续发展具有积极影响。陈丛波和叶阿忠（2021）指出数字经济下企业频繁密集地使用 ICT 和增加生产的多样性可促进区域经济韧性提升。

综上所述，数字经济对区域经济韧性影响的研究已逐渐展开，为后期深入研究奠定了良好的基础。本节拟在已有基础上进一步深入探索，创新点主要体现在三个方面：一是利用计量模型揭示数字经济对区域经济韧性的影响不仅存在直接效应和异质性特征，而且存在中介效应，数字经济通过促进人力资本水平提升、创新能力增强对区域经济韧性提升产生积极影响；二是利用门槛模型揭示数字经济发展对区域经济韧性影响存在边际效应递增的非线性特征，在人力资本、创新能力、研发强度跨越门槛值的区域，数字经济对区域经济韧性的提升作用更大，产生显著的非线性促进影响效应；三是利用空间计量模型揭示数字经济对区域经济韧性影响的空间溢出效应特征，数字经济发展不仅能够对本区域经济韧性产生积极作用，还能够对周边区域产生正向溢出效应。

15.3.2 理论分析与研究假设

1. 数字经济对区域经济韧性的直接影响

数字经济发展对我国就业产生了积极的作用，成为我国就业强大的"蓄水池"，使我国经济在面对危机时仍能保持稳定有序发展。其一，随着我国数字经济规模不断扩大，数字化产业领域业务范围迅速拓展，催生出大量新职业需求。2020年，面对新冠疫情冲击，数字经济在维护社会平稳运转中发挥了重要作用，有164万人通过支付宝实现灵活就业，其中90%集中于因疫情受到严重冲击的服务业岗位[①]。伴随市场对无接触服务的需求增长，"饿了么"招募了14.2万名外卖骑手，并且还针对当时的贫困乡定向招募2万名骑手，同时推出送餐员、面点师等约10万个传统服务业岗位。正是这类基于数字经济的就业形态，让我国经济在面对疫情冲击时仍然能够保持稳定有序发展。2018年我国数字经济领域就业岗位为1.91亿个，增速远超同期全国就业总规模增速（中国信息通信研究院，2019）。以物流行业为例，虽然智能物流大大降低了对货件分拣工的需求，挤占了部分劳动密集型的就业岗位，但在技术升级、"机器换人"后，大量机器人、物联网设备都需要依赖人工智能工程技术人员、系统操作员的部署和维护，因而催生出更多人机合作的工种。其二，数字经济不仅直接创造出新的就业岗位，而且能促进创业就业。张勋等（2019）、曾湘泉和郭晴（2022）研究发现数字金融有效地降低了创业和融资成本，帮助改善了农村居民的创业行为，鼓励返乡农民工创业就业，带来了创业机会的均等化。根据2020年5月的一份研究报告，调查时期全国家庭平均创业比例约为5.9%，但在电商最发达地区的创业家庭比重占6.8%，电商发展水平最低的

[①] 164万人疫期通过支付宝灵活就业 小程序开发者达75万，http://bgimg.ce.cn/xwzx/gnsz/gdxw/202003/20/t20200320_34531819.shtml[2020-03-20]。

地区创业家庭占比仅为 5.5%，电商最发达地区创业家庭比重高出最落后地区 1.3 个百分点[①]。数字经济发展提升了家庭创业活力。

数字经济不仅从外部打通生产与消费，还能从内部改变生产自身的运行方式。赵涛等（2020）认为数字经济通过数据创造及共享、跨时空信息传播显著地降低了交易成本，有效缓解了高质量发展的要素供给矛盾和经济活动的空间限制，增强了区域间经济活动关联的广度和深度。生产链被数字技术重新定义，以自动化、智能化、数字化为特征的新制造呼之欲出。新制造通过借助大数据与算法成功实现供给与消费的精准对接，从而实现定制化制造与柔性生产，有效缓解了国内市场有效供给不足的困境。黄键斌等（2022）研究我国智能制造相关政策，认为其引导企业增加有效发明专利数从而提高全要素生产率。近年来，数字技术的发展给企业带来了转型机遇，形成了以需求为导向的生产方式，企业根据消费者的偏好推出更受青睐的产品及服务，采用柔性制造技术，实现了大批量生产个性化定制产品，更好地迎合了消费者个性化、多样化的需求。新制造、新消费在满足消费者对产品及服务多样化、个性化、品质化需求的背后，正是新业态、新供给不断形成的过程，是供给水平的持续优化，也反映了供给侧结构性改革的成效。

因此，数字经济发展有利于就业稳定，促进生产方式转变，推动经济高质量发展，从而提升区域经济韧性。基于此，提出以下假设。

假设 15.4：数字经济发展能有效地提升我国区域经济韧性。

2. 数字经济对区域经济韧性影响的传导机制

区域经济韧性不仅体现在抵御风险冲击方面，还反映在区域经济后期转型调整的表现上，而人力资本、创新能力在其中发挥了重要作用，充足且高质量的人力资本为经济发展提供稳固支撑，持续提升的创新能力为经济增长方式转型注入新动力，而数字经济发展有利于人力资本水平的提升和创新能力的增强。

朱金鹤和孙红雪（2021）认为数字技术促进教育资源共享、推动数字化教育发展，从而增加优质教育资源的可获取性，为提升人力资本水平提供优质环境。数字经济发展催生出众多网络教学平台，作为传统教育的补充，为公众提供了更多获取学习资料、提升知识水平的渠道，从而打破了传统意义上时间、空间距离等限制，极大地降低了学习者获取信息资源的成本。网络教学平台给予学习者自由支配学习时间的权力，并且教学场所不受限制，避免支付额外的交通成本，显著提高学习效率。此外，在线教育的普及缓解了区域教育资源不均衡的困境，使偏远地区的学生同样有机会分享丰富的教学资源，享受教育发达地区高水平教师的授课及指导，从而有利于提升区域整体人力资本水平。

---

① 数字经济助力小微企业创立与成长，https://finance.sina.com.cn/tech/2021-02-24/doc-ikftssap8368476.shtml [2020-05-01]。

数字经济的发展也有利于创新能力的提高。其一，研发投入是影响创新能力的重要因素，而数字经济的发展可促进研发投入的增加。陈维涛等（2019）认为互联网主要通过两种作用机制对企业研发产生影响，电子商务基础设施能够显著降低研发成本，提高研发效益，从而鼓励企业增加研发投入，电子商务交易帮助企业降低市场搜寻成本，精准匹配供需，有助于降低研发周期。影响研发投入的主要负面因素之一是市场对新产品需求的波动性及不确定性，而数字经济发展水平的提高可缓解供需双方的信息不对称，有助于企业准确迅速地了解客户的需求偏好并及时获得反馈，减少供需双方的资源错配，从而能够在一定程度上降低新产品研发的市场不确定性，鼓励引导企业进行研发创新。同时，数字经济发展本身也对数字技术创新提出新要求，大数据、人工智能等关键技术的突破，倒逼企业研发投入的持续增加。其二，数字经济能够提高企业的市场转换能力。完善的数字基础设施有助于促进信息充分流动，借助互联网平台，企业能够更加迅速准确地将新产品研发成果推广至市场，在向目标客户准确宣传的同时挖掘潜在客户，开拓更广泛的用户以分摊高额的研发成本，并推动研发成果迅速转化为市场价值，从而有助于提高企业的市场转换能力，增强创新能力。基于此，提出以下假设。

假设 15.5：数字经济通过人力资本、创新能力中介效应对区域经济韧性产生积极影响。

3. 数字经济对区域经济韧性影响的非线性

"数据"作为新型生产要素，与传统生产要素相比，具有非竞争性，即"数据"的生产和复制的边际成本几乎趋近于零，因此各联动部门之间的边际成本持续降低，参与主体从中获得的收益呈现几何式增长，这种现象随数字经济发展水平的提升而变得更加显著，即梅特卡夫定律和网络效应在区域经济发展中得以体现。郭家堂和骆品亮（2016）认为当构成一个地区或国家级甚至世界级的网络后，有利于信息、技术和发明的传播，且在网络达到临界规模后对经济的促进作用更为明显。韩长根和张力（2019）提出只有当互联网用户数量超过一定临界值时，互联网使用者才能从中挖掘更大价值，真正发挥互联网优化资源配置的作用，促进资源要素跨区域流动、整合。在数字经济领域，随着参与者数量的增加，其自身价值也呈几何式上升，会产生从收益递减向收益递增的转变。随着数字经济发展，数字基础设施不断完善、数字技术水平不断提高、数字应用能力不断提升，部分体制机制的障碍因数字治理水平提升而消除，各部门之间联动的边际成本降低，创新要素跨区域流动加速，资源合理配置不断优化，数字经济对区域经济韧性的提升作用也会逐渐增强。基于此，提出以下假设。

假设 15.6：数字经济对区域经济韧性存在边际效应递增的非线性影响。

4. 数字经济对区域经济韧性影响的空间溢出效应

数字经济具有普惠性及分享性，数字技术的发展极大地提升了信息的传播速度、改变了传播途径，在很大程度上突破了时空的限制，因此，数字经济不仅可以对本地区的经济发展赋能，而且可以推动资源跨区域流动、产业空间布局优化等，故数字经济对其他地区的经济发展也有促进作用。赵涛等（2020）证实数字经济发展有利于形成地区间协调发展的经济格局，对高质量发展存在空间溢出效应。杨慧梅和江璐（2021）认为数字经济通过促进人力资本投资、产业结构升级可提升全要素生产率，不仅对当地具有积极影响，还对周边区域存在正向溢出效应。完善数字基础设施建设是加速"数据"生产要素流动、增强联动效应的重要途径，有利于知识外溢扩散至各产业及经济发展各方面。随着数字经济发展水平的不断提升，该地区不仅可以通过引进其他地区的信息密集型企业而直接扩大该地区的产业规模，还可以通过优质企业示范、竞争、人员流动等方式获得技术溢出效应从而促进该地区的技术进步，进而丰富该地区的产业生态，促进产业转型升级。而产业结构的转型升级有助于人才更多地流向技术岗位，形成产业优化和人才集聚的良性循环，提升区域经济主体发展多样性及抗风险能力。基于此，提出以下假设。

假设15.7：数字经济不仅对本区域经济韧性存在积极影响效应，而且对周边区域存在正向空间溢出效应。

15.3.3 模型构建与变量说明

1. 模型构建

为检验研究假设15.4，构建数字经济对区域经济韧性影响的基础模型，如式（15-14）所示。

$$rx_{jit} = \alpha_{j0} + \alpha_{j1}\ln sz_{it} + \alpha_{jc}Z_{it} + \varepsilon_{jit} \qquad (15\text{-}14)$$

式中，rx_{jit}表示被解释变量；$j=1,2,3,4$，分别表示区域经济韧性指数及二级指标中的三种能力（抵抗恢复能力、适应调节能力、创新转型能力）；sz_{it}表示i地区第t年的数字经济发展指数；向量Z_{it}表示一系列控制变量；ε_{jit}表示随机误差项；α_{j0}表示常数项；α_{j1}、α_{jc}表示各变量的回归系数；$i=1,2,\cdots,30$，分别表示30个省区市；$t=1,2,\cdots,10$，分别表示2009~2018年。

为检验研究假设15.5，构建中介效应模型，如式（15-15）和式（15-16）所示。

$$N_{jit} = \beta_{j0} + \beta_{j1}\ln sz_{it} + \beta_{jc}Z_{it} + \varepsilon_{jit} \qquad (15\text{-}15)$$

$$rx_{1it} = \gamma_{j0} + \gamma_{j1}\ln sz_{it} + \gamma_{j2}N_{jit} + \gamma_{jc}Z_{it} + \varepsilon_{jit} \qquad (15\text{-}16)$$

式中，N_{jit}表示中介变量；$j=1,2$，分别表示人力资本、创新能力；β_{j0}、γ_{j0}表示

常数项；β_{j1}、β_{jc}、γ_{j1}、γ_{j2}、γ_{jc} 表示各变量的回归系数；其他字母含义同上。

为检验研究假设 15.6，借鉴 Hansen（1999）提出的非动态面板回归模型，构建门槛模型，如式（15-17）所示。

$$rx_{1it}=\varphi_{j0}+\varphi_{j1}\ln sz_{it}\times I(th_{jit}\leq\theta)+\varphi_{j2}\ln sz_{it}\times I(th_{jit}>\theta)+\varphi_{jc}Z_{it}+\varepsilon_{jit} \quad (15\text{-}17)$$

式中，θ 表示待估计的门槛值；$I(\cdot)$ 表示指示函数；th_{jit} 表示门槛变量；$j=1,2,3$，分别表示人力资本、创新能力、研发强度门槛变量；φ_{j0} 表示常数项；φ_{j1}、φ_{j2}、φ_{jc} 表示门槛模型中各变量的回归系数，其他字母含义同上。式（15-17）仅关注单门槛效应，考虑到实际情况，可能会存在多重门槛，式（15-17）可以类推。

为检验研究假设 15.7，构建空间权重矩阵来度量空间效应，如式（15-18）所示。

$$rx_{1it}=\alpha_{j0}+\rho W rx_{1it}+\lambda_{j1}W\ln sz_{it}+\alpha_{j1}\ln sz_{it}+\lambda_{jc}WZ_{it}+\alpha_{jc}Z_{it}+\varepsilon_{jit} \quad (15\text{-}18)$$

式中，W 表示空间权重矩阵；ρ 表示空间自回归系数；λ_{j1} 和 λ_{jc} 分别表示数字经济发展指数及控制变量空间交互项的系数；其他字母含义同上。

2. 变量说明与数据来源

1）数字经济发展指数（sz_{it}）评价指标体系构建与测算

随着数字经济的发展，学者提出了一系列数字经济发展指数评价指标体系。本节借鉴钞小静等（2020）、齐俊妍和任奕达（2020）、李晓钟和李俊雨（2022）的研究思路，并在他们的指标体系中增加了在线政府指数、数字生活指数等变量，基于数据可获得性，构建了由数字基础设施、支持产业规模、数字应用能力、数字治理水平 4 个一级指标、14 个二级指标组成的数字经济发展指数评价指标体系，如表 15-11 所示。有关原始数据来源于《中国信息年鉴》、《中国电子信息产业统计年鉴》、《中国统计年鉴》和《2017 全球、中国信息社会发展报告》。考虑到数据的连续性及可获取性，本节选取除西藏、港澳台地区以外我国其他 30 个省区市作为研究对象。为避免因量纲不同对研究产生不利影响，本节将原始数据进行标准化处理，采取主成分分析法对各项指标赋值及测算权重，最终测算得到 2009～2018 年我国 30 个省区市数字经济发展指数的估计值。

表 15-11　数字经济发展指数评价指标体系

一级指标	二级指标	单位
数字基础设施	人均电信业务量	元/人
	移动电话普及率	%
	每百人互联网宽带接入端口数	个
	网站数	万个
	每平方公里光缆长度	公里
	移动电话交换机容量	万户
支持产业规模	电子信息产业产值	亿元
	软件产业收入	亿元

续表

一级指标	二级指标	单位
数字应用能力	互联网普及率	%
	高等教育人口比例	%
数字治理水平	信息经济指数	
	网络社会指数	
	在线政府指数	
	数字生活指数	

2)区域经济韧性指数(rx_{1it})评价指标体系构建与测算

现有文献中测度经济韧性的方法主要包括核心变量法和综合指标法,其中核心变量法通过选择一个能够直接客观地反映区域经济韧性强弱的指标进行研究,如 Martin(2012)利用区域生产总值实际增长情况与全区域生产总值预期增长情况的差异来测度经济韧性。丁建军等(2020)、朱金鹤和孙红雪(2021)等则采取综合指标法,即通过选取多维度变量构建指标体系进行研究。本节根据区域经济韧性的内涵,借鉴已有研究成果,从抵抗恢复能力、适应调节能力、创新转型能力三个维度构建区域经济韧性指数评价指标体系。

其中,抵抗恢复能力是指面对外部冲击时经济主体所能展现出的维持稳固性的能力。一般而言,经济体量越庞大、居民可支配收入越高,则区域经济发展越能在冲击中保持自身功能、状态、地位不变,并依靠自身强大的内外循环来缓解冲击。陈丛波和叶阿忠(2021)认为城市的经济规模越大往往代表其经济韧性越强,在经济危机中发达国家往往展现出较发展中国家更强的稳定性,能在外部冲击中保持自身优势地位。同样,较高的居民可支配收入为维护社会稳定做出了重要贡献,对保障经济稳定持续发展具有重要意义,鲜有经济实力落后的国家能够在动荡危机中扭转颓势、后来居上。因此,地区经济增长等发展指标是区域经济韧性的重要体现,经济体量越庞大的地区往往能在经济危机中展现出越强的适应能力,其拥有丰富的资源禀赋,具备更先进的技术水平,能够率先摆脱危机并恢复增长。

适应调节能力是指在持续冲击下,经济主体在维持原有运行方式不变的同时做出渐进式适应调节以适应新外部环境的能力。Ringwood 等(2019)以受冲击后区域内就业相关指标衡量区域经济韧性。本节选取区域失业率水平、居民整体风险应对能力和金融发展水平三个指标,其中后两者体现经济主体对适应性调节行为的支持力度,居民储蓄越充足,金融发展水平越高,居民、企业等主体越能拥有一定的抗风险能力,更具有做出调整改变的勇气和动力。

创新转型能力是指在受到冲击后,经济主体顺应变化、调整产业结构、不断转型升级的能力。若经济主体仅凭渐进式适应调节行为无法应对风险冲击,则需要进行创新转型,这种转型相对渐进式适应调节而言是变革性的,会大幅度、长期地改变经济主体的结构和运行方式。谭俊涛等(2020)认为,制造业所占比重过高导致经济体易受负面影响,产业结构多元化的区域比产业结构单一的区域具有更强的危机应对能力。不同产业结构的区域经济体抵御风险的能力显著不同,如单一的以传统农业、加工制造业为主的经济体易受自然灾害的影响,而产业结构更完善且以服务业等第三产业为主的区域经济体则展现出更强的适应性,同时拥有更具优势的供给水平,能够满足居民收入增加引致的消费需求升级。因此,产业高级化、区域创新环境等指标可以反映地区产业生态的丰富程度,反映区域经济对创新行为的包容性和鼓励性,能够在一定程度上衡量经济发展的稳健性。

综上所述,区域经济韧性指数评价指标体系如表 15-12 所示。相关原始数据来源于《中国信息年鉴》、《中国金融年鉴》、《中国对外直接投资统计公报》、《中国统计年鉴》和《中国区域创新能力评价报告》,采用主成分分析法测算得到区域经济韧性指数(rx_{1it})及三个二级指标的值。

表 15-12 区域经济韧性指数评价指标体系

一级指标	二级指标	选取指标	指标解释	指标属性
区域经济韧性	抵抗恢复能力	地区生产总值	地区生产总值	+
		人均地区生产总值	人均地区生产总值	+
		农村居民风险抵抗能力	农村居民人均可支配收入	+
		城镇居民风险抵抗能力	城镇居民人均可支配收入	+
		对外开放水平	地区进出口总额/地区生产总值	−
	适应调节能力	区域失业率水平	城镇登记失业率	−
		居民整体风险应对能力	城乡居民储蓄余额	+
		金融发展水平	金融机构存贷款余额/地区生产总值	+
	创新转型能力	产业高级化	第三产业增加值/第二产业增加值	+
		城镇化率	城镇常住人口/地区常住总人口	+
		区域创新环境	来源于《中国区域创新能力评价报告》	+
		地方政府财政支出	地方政府财政支出/地区生产总值	+

注:"+""−"分别表示正向指标、负向指标

3)中介变量

(1)人力资本(hum_{it}),由 i 地区第 t 年个体受教育平均年限来衡量①(其中,小学、初中、高中和大专及以上学历的人口平均受教育年限分别为 6 年、9 年、12 年、16 年)。

---

① $hum_{it}=6pri_{it}+9mid_{it}+12hig_{it}+16nui_{it}$,式中,$pri_{it}$、$mid_{it}$、$hig_{it}$、$nui_{it}$ 分别代表 i 地区第 t 年小学、初中、高中和大专及以上学历的人口占该地区 6 岁及以上总人口的比重。

(2)创新能力（zl_{it}），由 i 地区第 t 年的专利授权数来衡量。

4）控制变量（Z_{it}）

本节选取了以下几个控制变量：①劳动投入（l_{it}），用地区劳动就业人数表示；②研发强度（rd_{it}），用地区 R&D 经费投入占地区生产总值比重表示；③外商直接投资（fdi_{it}），用各地区年末登记的外商投资额存量表示，以避免选择流量而忽视前期残值产生的贡献；④资本投入（k_{it}），用永续盘存法测算所得，如式（15-19）所示，k_{it} 代表实际的资本存量，I_{it} 代表固定资产投资总额（当年价），P_{it} 代表固定资产投资价格指数，而 δ_{it} 为折旧率，参考单豪杰（2008）的做法取值 10.96%。

$$k_{it} = k_{i(t-1)}(1-\delta_{it}) + I_{it}/P_{it} \tag{15-19}$$

5）数据来源

考虑到数据的连续性和可获取性，本节选择除西藏、港澳台地区以外我国其他 30 个省区市作为样本，选取 2009~2018 年的面板数据，为减轻量纲不同和异方差的影响对数据进行取对数处理。其中，地区生产总值、劳动投入、资本投入、地方政府财政支出、第三产业增加值、第二产业增加值、人力资本等数据来自《中国统计年鉴》，外商直接投资等数据来自《中国对外直接投资统计公报》，研发强度等数据来自《中国科技统计年鉴》，描述性统计如表 15-13 所示。

表 15-13 描述性统计

变量		符号	观测值	均值	标准差	最小值	最大值
被解释变量	区域经济韧性	rx	300	0.2009	0.1656	-0.0275	0.8648
核心解释变量	数字经济发展指数	lnsz	300	-1.4282	0.5575	-3.1813	-0.1806
中介变量	人力资本	lnhum	300	2.1934	0.1017	1.9116	2.5301
	创新能力	lnzl	300	6.9596	2.0929	0	12.2363
控制变量	劳动投入	lnl	300	6.7098	0.7970	4.5001	8.7256
	资本投入	lnk	300	10.4146	1.0291	6.9932	12.4718
	研发强度	lnrd	300	0.2608	0.5943	-1.0788	1.8197
	外商直接投资	lnfdi	300	15.5761	1.3801	12.3670	19.0748

15.3.4 实证结果与分析

1. 基础模型和中介效应模型回归结果

基础模型的估计结果如表 15-14 所示，第（1）列是 lnsz 对 rx_1 的回归结果，第（2）列至第（4）列是 lnsz 分别对区域经济韧性二级指标 rx_2、rx_3、rx_4 三种韧性水平的回归结果，而第（5）列至第（8）列是增加控制变量的回归结果。由表 15-14 可知，核心解释变量 lnsz 的估计系数均显著为正，说明数字经济的发展有助于提高地区经济应对风险、抵抗风险以及调节恢复的能力,从而提升区域经济韧性、促进区域经济稳定发展。同时,由第(5)列结果可知,劳动投入、资本投入、研发强度、外商直接投资与区域经济韧性指数都正相关,说明促进就业、增加固定资产投资、重视研发投入、吸引高质量的外商直接投资都能有效地维护区域经济稳定、提升区域经济韧性。该实证结果验证了假设15.4。

表15-14 数字经济对区域经济韧性的直接影响效应

变量	(1) rx_1	(2) rx_2	(3) rx_3	(4) rx_4	(5) rx_1	(6) rx_2	(7) rx_3	(8) rx_4
lnsz	0.180*** (0.005)	0.109*** (0.004)	0.038*** (0.001)	0.033*** (0.001)	0.026* (0.015)	0.046*** (0.010)	0.028*** (0.005)	0.012*** (0.004)
lnl					0.065*** (0.014)	0.012 (0.009)	0.014*** (0.004)	−0.001 (0.003)
lnk					0.038*** (0.008)	0.015*** (0.005)	−0.001 (0.002)	0.005*** (0.002)
lnrd					0.060*** (0.015)	0.048*** (0.009)	0.006 (0.004)	0.009*** (0.003)
lnfdi					0.039*** (0.006)	0.020*** (0.004)	0.002 (0.002)	0.010*** (0.001)
常数项	0.458*** (0.007)	0.294*** (0.005)	0.048*** (0.002)	0.116*** (0.002)	−1.206*** (0.139)	−0.354*** (0.085)	−0.092** (0.042)	−0.119*** (0.033)
观测值	300	300	300	300	300	300	300	300
R^2	0.828	0.769	0.785	0.797	0.887	0.880	0.803	0.844
调整的R^2	0.809	0.744	0.761	0.775	0.884	0.865	0.777	0.823
Hausman检验	p=0.000	p=0.000	p=0.000	p=0.000	p=0.000	p=0.000	p=0.001	p=0.000
F	49.17	22.79	127.57	125.12	45.35	29.72	101.01	68.07

注:括号内数据为标准误

*、**、***分别表示在10%、5%和1%水平下显著

为检验数字经济对区域经济韧性影响是否存在中介效应,对递归模型(15-15)、模型(15-16)进行检验。由表15-15可知,第(1)列检验了数字经济对区域经济韧性存在积极影响效应;第(2)列检验了数字经济对区域人力资本水平提升具有促进作用;第(3)列将中介变量lnhum放回数字经济对区域经济韧性影响的回归模型中,发现lnsz、lnhum的回归系数均显著为正,表明数字经济发展不仅可以直接提升区域经济韧性,还可以通过推动人力资本水平提高进而促进区域经济韧性提升;第(4)列检验了数字经济发展对区域创新能力提升存在促进作用;第(5)列将中介变量lnzl放回数字经济对区域经济韧性影响的回归模型中,发现lnsz、lnzl的回归系数均显著为正,表明数字经济发展不仅可以直接提升区域经济韧性,还可以通过促进创新能力提高进而推动区域经济韧性提升。在递归模型中,Sobel检验的p值均显著,说明人力资本、创新能力的中介效应存在,

这也表明注重提升劳动力素质、提高人力资本水平、增强创新能力是助推经济发展、提升区域经济韧性的重要途径。利用方差膨胀因子（variance inflation factor, VIF）检验回归是否存在多重共线性问题，结果显示各列 VIF 值均小于 10，且在加入中介变量后，第（1）列的 R^2 比第（3）列、第（5）列的小，可以认为不存在多重共线性问题。该实证结果验证了假设 15.5。

表 15-15　中介效应模型估计结果

变量	（1） rx₁	（2） lnhum	（3） rx₁	（4） lnzl	（5） rx₁
lnsz	0.026* （0.015）	0.039** （0.019）	0.003** （0.001）	0.689** （0.289）	0.018* （0.010）
lnhum			0.567*** （0.032）		
lnzl					0.012*** （0.003）
lnl	0.065*** （0.014）	0.098*** （0.018）	0.010 （0.010）	0.958*** （0.266）	0.054*** （0.014）
lnk	0.038*** （0.008）	0.013 （0.010）	0.030*** （0.005）	0.321* （0.155）	0.034*** （0.008）
lnrd	0.060*** （0.015）	0.056*** （0.019）	0.028*** （0.010）	0.516* （0.282）	0.054*** （0.014）
lnfdi	0.039*** （0.006）	0.048*** （0.008）	0.012*** （0.004）	0.317*** （0.117）	0.035*** （0.006）
常数项	−1.206*** （0.139）	−1.263*** （0.181）	−0.491*** （0.103）	−6.901** （2.700）	−1.126*** （0.138）
观测值	300	300	300	300	300
R^2	0.887	0.836	0.955	0.780	0.906
调整的 R^2	0.884	0.815	0.949	0.752	0.894
VIF	4.76	4.76	7.14	4.76	5.30
Sobel 检验		0.045**		0.044**	

注：括号内数据为标准误

*、**、***分别表示在 10%、5%和 1%水平下显著

2. 数字经济对区域经济韧性影响效应的异质性检验

本节借鉴朱金鹤和孙红雪（2021）的分类方法，利用式（15-14）来实证研究处于不同时期、不同地区、不同行政区划下各地数字经济对区域经济韧性影响的异质性，结果如表 15-16 所示。

表 15-16　数字经济对区域经济韧性影响的异质性检验结果

变量	（1） 冲击抵御期	（2） 恢复调整期	（3） 东部	（4） 中部	（5） 西部	（6） 直辖市	（7） 非直辖市
lnsz	0.059*** （0.015）	0.082*** （0.030）	0.229*** （0.033）	0.129*** （0.019）	0.066*** （0.016）	0.703*** （0.121）	0.054*** （0.015）

续表

变量	(1) 冲击抵御期	(2) 恢复调整期	(3) 东部	(4) 中部	(5) 西部	(6) 直辖市	(7) 非直辖市
lnl	0.011 (0.018)	0.013 (0.019)	0.060** (0.024)	−0.002 (0.015)	0.058*** (0.015)	0.029* (0.017)	0.048*** (0.013)
lnk	0.025*** (0.007)	0.090*** (0.020)	−0.029** (0.014)	0.005 (0.009)	0.021** (0.010)	0.002 (0.009)	0.034*** (0.008)
lnrd	0.112*** (0.015)	0.002 (0.021)	0.047* (0.027)	0.011 (0.015)	0.045*** (0.015)	0.183*** (0.022)	0.063*** (0.013)
lnfdi	0.016** (0.008)	0.014* (0.008)	0.046*** (0.012)	0.048*** (0.008)	0.007 (0.006)	0.016 (0.011)	0.022*** (0.006)
常数项	−0.335** (0.140)	−0.943*** (0.271)	−0.362 (0.241)	−0.429** (0.213)	−0.452*** (0.144)	−0.497** (0.232)	−0.772*** (0.141)
固定效应	控制	控制	控制	控制	控制	控制	控制
观测值	300	300	110	80	110	40	260
时期数	5	5	10	10	10	10	10
地区数	30	30	11	8	11	4	26
R^2	0.880	0.833	0.905	0.975	0.947	0.917	0.919
调整的 R^2	0.876	0.784	0.902	0.970	0.938	0.914	0.909

注：括号内数据为标准误

*、**、***分别表示在10%、5%和1%水平下显著

（1）时间异质性。2008年全球爆发金融危机后，我国各省区市受到了不同程度的影响，经济韧性不仅体现在应对风险冲击时，而且表现在危机过后对当地经济的修复及帮助区域经济适应调整的过程中。因此，本节按时间维度将研究样本分为两个子样本，即2009~2013年的冲击抵御期和2013~2018年的恢复调整期，以此分析不同时期数字经济发挥的作用的差异。由表15-16可知，在冲击抵御期，lnsz系数为0.059，且在1%水平下显著；在恢复调整期，lnsz系数为0.082，且在1%水平下显著。这表明在冲击抵御期、恢复调整期，数字经济均发挥了积极作用，对维护经济稳定具有重要意义。

（2）地区异质性。根据地理区位将研究样本划分成东部、中部、西部三个子样本，由表15-16的分组回归结果可知，东部地区lnsz系数为0.229，且在1%水平下显著，明显大于中部、西部地区的lnsz系数，即数字经济对区域经济韧性的提升效果在东部地区表现得更明显，究其原因是东部地区无论是经济规模、市场机制、创新能力，还是人力资本水平等都优于中西部地区，因而东部地区数字经济发展对区域经济韧性的提升作用更大。

（3）政策异质性。根据行政区划将研究样本划分成直辖市和非直辖市两个子样本。我国在行政区划上设立了北京市、天津市、上海市和重庆市4个直辖市。直辖市往往代表我国重要的行政区位，在一定程度上具有对经济的导向性作用，

拥有部分制定经济政策的自主权，能够因地制宜发挥区位优势，吸引更多优质投资注入当地以促进经济发展。相比于其他地区，直辖市享有更优质教育资源、更丰富医疗资源、更稳定福利保障等优势，因而对外部优秀人才、优质企业等更具有吸引力，从而更有利于维护社会经济稳定运行。由表 15-16 分组回归结果可知，直辖市的 lnsz 系数在 1%水平下显著为正，且其系数（0.703）明显大于非直辖市的系数（0.054），说明直辖市作为中心城市，由于其地位的特殊性，数字经济发展对区域经济韧性的提升作用更为显著。

3. 门槛效应分析

门槛效应检验结果如表 15-17 所示，可知单门槛、双门槛显著性均通过检验。当 lnhum 作为门槛变量时，双门槛值分别为 2.127、2.197，分别对应 hum 数值为 8.389、9.000；当 lnzl 作为门槛变量时，双门槛值分别为 4.522、6.857，分别对应 zl 数值为 92、950；当 lnrd 作为门槛变量时，双门槛值分别为 –0.105、0.406，分别对应 rd 数值为 0.900、1.500。

表 15-17 门槛效应检验结果（一）

门槛变量	门槛值	门槛	F 值	p 值	10%	5%	1%
lnhum	2.127	单门槛	33.37	0.0433**	23.3181	31.2600	44.8094
	2.127，2.197	双门槛	27.10	0.0233**	19.2274	24.5609	31.9367
lnzl	7.026	单门槛	43.69	0.0167**	29.2648	34.3149	44.7736
	4.522，6.857	双门槛	56.58	0.0000***	21.4352	25.8682	32.9959
lnrd	0.406	单门槛	42.46	0.0200**	28.7318	32.9670	49.1765
	–0.105，0.406	双门槛	50.25	0.0000***	24.1301	29.9123	37.6122

、*分别表示在 5%、1%水平下显著

门槛回归结果如表 15-18 所示。在第（1）列中，虽然 lnsz 的系数均为正，表明数字经济能够有效地提升区域经济韧性，但是在不同人力资本水平区间下，lnsz 的系数大小及显著性存在差异。当 lnhum 小于或等于 2.127 时，lnsz 的系数虽为正但并不显著，说明当人力资本水平较低时，数字经济难以发挥对区域经济韧性的提升作用；当 lnhum 大于 2.197 时，lnsz 的系数为 0.040 且在 1%水平下显著，说明数字经济发展对区域经济韧性产生较强的正向影响效应。在第（2）列中，虽然 lnsz 系数均为正，但在不同创新能力区间下，lnsz 的系数大小及显著性存在差异。当 lnzl 小于或等于 4.522 时，lnsz 的系数虽为正但并不显著，说明当创新能力较低时，数字经济对区域经济韧性的影响有限；当 lnzl 大于 6.857 时，lnsz 的系数为 0.066 且在 1%水平下显著，说明数字经济发展对区域经济韧性的提升产生积极的影响效应。在第（3）列中，虽然 lnsz 的系数均为正，但在不同研发强度区间下，lnsz 的系数大小及显著性存在差异。当 lnrd 小于或等于 –0.105 时，lnsz 的系数虽为正但并不显著，说明当研发强度较低时，数字经济对

区域经济韧性的影响有限；当 lnrd 大于 0.406 时，lnsz 的系数为 0.069 且在 1%水平下显著，说明数字经济发展对区域经济韧性的积极影响效应较大。可见，数字经济对区域经济韧性的促进效应是非线性的，当某一地区具有的人力资本水平、创新能力、研发强度跨越门槛值时，数字经济对区域经济韧性的作用会发生跨越式的提高。同时，lnl、lnk、lnrd、lnfdi 的系数显著为正，结论与前文相符。该实证结果验证了假设 15.6。

表 15-18　门槛回归估计结果

变量	（1）门槛变量为 lnhum	（2）门槛变量为 lnzl	（3）门槛变量为 lnrd
$lnsz(th \leqslant \theta_1)$	0.005 (0.014)	0.020 (0.013)	0.017 (0.013)
$lnsz(\theta_1 < th \leqslant \theta_2)$	0.024* (0.014)	0.042*** (0.013)	0.040*** (0.013)
$lnsz(th > \theta_2)$	0.040*** (0.014)	0.066*** (0.014)	0.069*** (0.014)
lnl	0.048*** (0.013)	0.046*** (0.012)	0.040*** (0.012)
lnk	0.038*** (0.008)	0.031*** (0.007)	0.031*** (0.007)
lnrd	0.067*** (0.013)	0.039*** (0.012)	0.099*** (0.013)
lnfdi	0.029*** (0.006)	0.025*** (0.005)	0.035*** (0.005)
lnhum	0.148** (0.061)	0.003 (0.052)	−0.062 (0.053)
lnzl	0.013*** (0.003)	0.021*** (0.003)	0.011*** (0.003)
常数项	−1.357*** (0.168)	−0.914*** (0.153)	−0.837*** (0.155)
观测值	300	300	300
R^2	0.923	0.932	0.930
调整的 R^2	0.912	0.922	0.920
F	35.26	54.38	32.49

注：括号内数据为标准误

*、**、***分别表示在 10%、5%和 1%水平下显著

4. 空间溢出效应分析

利用莫兰指数来检验空间自相关性，在邻接矩阵、地理距离矩阵、经济地理距离矩阵下，数字经济发展指数与区域经济韧性指数的空间自相关性检验结果如表 15-19 所示。由表 15-19 可知，2009~2018 年全局莫兰指数均为正，且 z 值都在 1%水平下显著，说明 2009~2018 年我国 30 个省区市的数字经济发展指数与区域经济

韧性指数之间存在正相关性,即发展较为领先的地区在空间上相邻,而发展较为落后的地区相邻,在一定程度上存在空间集聚效应,具有"高高集聚、低低集聚"的特征,说明变量之间存在显著的正空间自相关性,实证时有必要考虑空间计量模型。

表 15-19 空间自相关性检验结果

年份	数字经济发展指数			区域经济韧性指数		
	邻接矩阵	地理距离矩阵	经济地理距离矩阵	邻接矩阵	地理距离矩阵	经济地理距离矩阵
2009	0.316*** (3.000)	0.284*** (3.509)	0.327*** (4.397)	0.335*** (3.264)	0.285*** (3.646)	0.352*** (4.858)
2010	0.334*** (3.121)	0.278*** (3.421)	0.352*** (4.658)	0.346*** (3.333)	0.282*** (3.575)	0.367*** (5.014)
2011	0.333*** (3.080)	0.274*** (3.336)	0.378*** (4.918)	0.363*** (3.463)	0.281*** (3.544)	0.367*** (4.990)
2012	0.317*** (2.945)	0.253*** (3.100)	0.375*** (4.880)	0.355*** (3.379)	0.276*** (3.469)	0.376*** (5.074)
2013	0.285*** (2.664)	0.230*** (2.849)	0.398*** (5.140)	0.345*** (3.304)	0.274*** (3.458)	0.381*** (5.149)
2014	0.279*** (2.613)	0.224*** (2.781)	0.405*** (5.221)	0.345*** (3.306)	0.278*** (3.506)	0.382*** (5.161)
2015	0.275*** (2.573)	0.221*** (2.735)	0.413*** (5.301)	0.334*** (3.202)	0.273*** (3.440)	0.380*** (5.120)
2016	0.273*** (2.559)	0.220*** (2.731)	0.424*** (5.442)	0.333*** (3.182)	0.273*** (3.432)	0.381*** (5.117)
2017	0.289*** (2.695)	0.222*** (2.752)	0.423*** (5.419)	0.338*** (3.214)	0.285*** (3.559)	0.382*** (5.109)
2018	0.275*** (2.584)	0.204*** (2.567)	0.424*** (5.447)	0.343*** (3.236)	0.287*** (3.557)	0.382*** (5.088)

注:括号内数据为 z 值

***表示在 1%水平下显著

根据 Hausman 检验和 LM 检验,利用空间杜宾模型进行回归分析是合理的。为考虑结果稳健性,列出空间滞后模型回归结果。空间杜宾模型回归结果如表 15-20 所示。由表 15-20 可知,空间自回归系数 ρ 均在 1%水平下显著为正,与莫兰指数结果一致,表明选取空间计量模型进行研究是合理的。在邻接矩阵下,lnsz 的直接效应、间接效应均在 1%水平下显著为正,且直接效应系数 0.300 略大于间接效应系数 0.284,总效应 0.584 在 1%水平下显著为正,说明当地数字经济发展水平的提高有利于增强当地经济应对风险、抵御风险、调整恢复的能力,进而促进当地区域经济韧性的提升。同时,数字经济的作用存在空间溢出效应(师博和任保平,2019),即数字经济对周边区域经济韧性的提高也具有积极的促进作用。在地理距离矩阵、经济地理距离矩阵下,lnsz 的直接效应系数分别为 0.283、0.250,间接效应系数分别为 0.421、0.435,均在 1%水平下显著为正,而直接效应系数略小于间接效应系数，可能是因为空间矩阵在考虑经济、地理距离等因素后，能更清晰地反映数字经济发展带来的正外部性，辐射带动周边区域，推动区域协同发展。该实证结果验证了假设15.7。

表15-20 空间计量模型估计结果

变量	SAR 邻接矩阵	SAR 地理距离矩阵	SAR 经济地理距离矩阵	SDM 邻接矩阵	SDM 地理距离矩阵	SDM 经济地理距离矩阵
lnsz	0.374*** (0.029)	0.324*** (0.029)	0.268*** (0.030)	0.276*** (0.024)	0.258*** (0.022)	0.237*** (0.034)
$W \times$ lnsz				−0.005 (0.041)	0.015 (0.053)	0.254*** (0.072)
直接效应	0.406*** (0.024)	0.357*** (0.023)	0.292*** (0.026)	0.300*** (0.022)	0.283*** (0.021)	0.250*** (0.028)
间接效应	0.372*** (0.045)	0.528*** (0.071)	0.437*** (0.060)	0.284*** (0.064)	0.421*** (0.091)	0.435*** (0.062)
总效应	0.778*** (0.051)	0.885*** (0.074)	0.729*** (0.067)	0.584*** (0.076)	0.704*** (0.101)	0.685*** (0.058)
ρ	0.521*** (0.041)	0.634*** (0.042)	0.634*** (0.043)	0.525*** (0.055)	0.605*** (0.064)	0.274*** (0.094)
sigma2_e	0.000*** (0.000)	0.000*** (0.000)	0.000*** (0.000)	0.000*** (0.000)	0.000*** (0.000)	0.000*** (0.000)
控制变量	控制	控制	控制	控制	控制	控制
固定效应	控制	控制	控制	控制	控制	控制
观测值	300	300	300	300	300	300
R^2	0.811	0.762	0.774	0.666	0.613	0.778
调整的 R^2	0.806	0.755	0.768	0.657	0.602	0.772
log-L	911.832	928.029	893.661	953.341	969.832	914.496

注：括号内数据为标准误，sigma2_e 表示误差项的方差

***表示在1%水平下显著

5. 稳健性检验

为检验数字经济对区域经济韧性影响的直接效应、中介效应回归结果是否稳健可靠，本节通过更换被解释变量、增加控制变量的方式进行稳健性检验。借鉴陈丛波和叶阿忠（2021）的做法，以实际地区生产总值来衡量区域经济韧性。选取替代变量 lngdp（实际地区生产总值）作为被解释变量，进行稳健性检验，结果如表15-21所示。

表15-21 中介效应稳健性检验：更换被解释变量

变量	（1） lngdp	（2） lnhum	（3） lngdp	（4） lnzl	（5） lngdp
lnsz	0.142*** (0.019)	0.039** (0.019)	0.128*** (0.018)	0.689** (0.289)	0.129*** (0.018)

续表

变量	(1) lngdp	(2) lnhum	(3) lngdp	(4) lnzl	(5) lngdp
lnhum			0.368***		
			(0.056)		
lnzl					0.018***
					(0.004)
控制变量	控制	控制	控制	控制	控制
固定效应	控制	控制	控制	控制	控制
常数项	5.785***	−1.263***	6.250***	−6.901**	5.912***
	(0.177)	(0.181)	(0.179)	(2.700)	(0.172)
观测值	300	300	300	300	300
R^2	0.986	0.836	0.988	0.780	0.987
调整的 R^2	0.984	0.815	0.987	0.752	0.986
VIF	4.76	4.76	7.14	4.76	5.30
Sobel 检验		0.054*		0.033**	

注：括号内数据为标准误

*、**、***分别表示在 10%、5%、1%水平下显著

由表 15-21 可知，实证结果基本与前文相符。lnsz 的系数均显著为正，且 lnsz 对人力资本、创新能力的系数均显著为正，表明数字经济不仅对区域经济韧性存在直接的促进效应，而且能够通过提升人力资本水平、增强创新能力两个传导机制来强化区域经济韧性。增加控制变量 lnpop（人口抚养比），稳健性检验结果如表 15-22 所示，回归系数、显著性水平、Sobel 检验均未发生显著变化，可以认为结果是稳健的。

表 15-22 中介效应稳健性检验：增加控制变量

变量	(1) rx₁	(2) lnhum	(3) rx₁	(4) lnzl	(5) rx₁
lnsz	0.033**	0.047**	0.008**	0.720**	0.026*
	(0.014)	(0.019)	(0.003)	(0.291)	(0.014)
lnhum			0.546***		
			(0.032)		
lnzl					0.011***
					(0.003)
控制变量	控制	控制	控制	控制	控制
固定效应	控制	控制	控制	控制	控制
常数项	−0.900***	−0.970***	−0.370***	−5.690*	−0.838***
	(0.150)	(0.198)	(0.108)	(3.010)	(0.147)
观测值	300	300	300	300	300
R^2	0.908	0.843	0.956	0.781	0.913
调整的 R^2	0.896	0.822	0.950	0.752	0.901
VIF	5.09	5.09	7.40	5.09	5.68
Sobel 检验		0.016**		0.041**	

注：括号内数据为标准误

*、**、***分别表示在 10%、5%和 1%水平下显著

为保证门槛模型回归结果的稳健性,分别通过在门槛模型中增加控制变量(人口抚养比)、替换控制变量(用研发经费替换研发强度、用教育支出替换人力资本)进行检验。由表 15-23 可知,门槛值及门槛区间均未发生显著变化,且 lnsz 回归系数的大小及显著性、变化趋势均未发生显著改变,仍然表明当门槛变量在跨越门槛值后,数字经济对区域经济韧性的积极影响更显著,可以认为结果是稳健的。

表 15-23　门槛回归稳健性检验

门槛变量	原门槛模型		增加控制变量		替换控制变量	
	门槛区间	lnsz 系数	门槛区间	lnsz 系数	门槛区间	lnsz 系数
lnhum	(−∞,2.127]	0.005	(−∞,2.127]	0.001	(−∞,2.127]	0.003
	(2.127,2.197]	0.024*	(2.127,2.194]	0.016	(2.127,2.194]	0.018
	(2.197,+∞)	0.040***	(2.194,+∞)	0.030**	(2.194,+∞)	0.031**
lnzl	(−∞,4.522]	0.020	(−∞,4.654]	0.010	(−∞,4.654]	0.012
	(4.522,6.857]	0.042***	(4.654,7.317]	0.027**	(4.654,7.317]	0.027**
	(6.857,+∞)	0.066***	(7.317,+∞)	0.048***	(7.317,+∞)	0.049***
lnrd	(−∞,−0.105]	0.017	(−∞,−0.051]	0.019	(−∞,−0.139]	0.009
	(−0.105,0.406]	0.040***	(−0.051,0.406]	0.037***	(−0.139,0.358]	0.033**
	(0.406,+∞)	0.069***	(0.406,+∞)	0.060***	(0.358,+∞)	0.061***

*、**、***分别表示在 10%、5%和 1%水平下显著

为检验是否存在互为因果导致的内生性问题,借鉴郭家堂和骆品亮(2016)的做法,首先,将 L.lnsz(数字经济发展指数的滞后期)作为核心解释变量进行回归,内生性检验结果如表 15-24 所示,L.lnsz 对当期区域经济韧性的影响系数仍然显著,说明结果是稳健的。其次,采用 L.lnsz 作为当期数字经济发展指数的工具变量进行回归,lnsz 的系数并未发生显著变化,因此可以认为在考虑内生性情况下结果是稳健的。

表 15-24　内生性检验

变量	OLS(用 L.lnsz 作为核心解释变量)	2SLS(用 L.lnsz 作为工具变量)
	rx_1	rx_1
L.lnsz	0.111***	
	(0.015)	
lnsz		0.265***
		(0.015)
控制变量	控制	控制
LM 统计量		88.737
Wald F 统计量		6749.444
观测值	270	270
R^2	0.758	0.897
调整的 R^2	0.752	0.895

注:括号内数据为标准误

***表示在 1%水平下显著

15.3.5 本节结论与政策建议

本节构建数字经济发展指数、区域经济韧性指数评价指标体系，利用中介效应模型、门槛模型和空间杜宾模型实证研究数字经济发展对我国区域经济韧性的影响。研究发现：①数字经济对区域经济韧性的影响效应不仅存在直接促进效应，还存在中介效应，数字经济通过促进人力资本水平提高、创新能力增强对区域经济韧性提升产生积极影响；②将研究样本从不同时期（2009~2013年的冲击抵御期和2013~2018年的恢复调整期）、不同地区（东部、中部、西部）、不同行政区划（直辖市和非直辖市）三个维度细分进行异质性检验，实证结果表明数字经济对区域经济韧性的提升作用存在较大差异，在三组样本中，恢复调整期、东部地区、直辖市样本数字经济对区域经济韧性的提升作用更大；③数字经济对区域经济韧性的影响存在门槛效应，在人力资本、创新能力、研发强度跨越门槛值的区域，数字经济对区域经济韧性的提升作用更大，存在边际效应递增的非线性影响效应；④空间杜宾模型实证结果表明数字经济的直接效应、间接效应、总效应均显著为正，数字经济发展不仅能对本区域经济韧性产生积极作用，而且能对周边区域产生正向溢出效应。因此，加快数字经济发展是提升我国区域经济韧性的重要途径。

根据研究结论，提出如下政策建议。①进一步加强数字基础设施建设。我国要进一步引导各地区加大数字基础设施的建设力度，前瞻布局"网、云、端"信息基础设施，建设泛在连接的通信基础设施，加强数字基础技术研究，加大5G增强技术、6G技术研发等数字基础设施核心技术和应用技术协同攻关支持力度，加快推动传统基础设施的数字化、智能化和网络化转型，进一步提高数字基础设施的应用水平。②促进东中西部地区数字经济协调发展。加大对落后地区基础设施建设的政策扶持，完善不同地区间的数字经济发展的交流共享机制，以国家新一轮中西部地区经济高质量发展为契机，以5G引领"新基建"建设，通过企业投资建设、政府购买服务等方式，大力推动"云、网、平台"等新型基础设施建设，使数字经济更好地服务当地经济稳健增长。③加强数字经济专业人才的培养和引进。鼓励有条件的高校开设数字领域相关专业；鼓励高校间通过协同创新和集成创新的方式开设满足不同学习、培训需求的在线开放课程；大力发展"互联网+"教学，加强数字技能在职培训。同时，各地区要通过打造产业优势、创新生态系统、提供多方面的保障性条件等积极引进数字经济专业人才。④积极推动数字经济创新发展。鼓励各地区因地制宜，发挥区域的产业优势，优化发展环境，推动创新链、产业链、资金链、政策链的精准对接，不断提高数字经济发展水平，更好地发挥数字经济对区域经济韧性提升的促进作用。

15.4 数字经济对区域经济高质量发展影响研究

15.4.1 引言与文献综述

改革开放以来，中国经济建设取得了举世瞩目的成就，成为名副其实的经济大国。但是，与发达国家相比，中国经济发展质量仍存在差距，一些关键技术环节和核心技术仍受制于人，部分产业发展大而不强的问题依然明显。目前，中国经济增速放缓，经济发展进入"新常态"，区域、城乡发展不平衡，供需结构不匹配，环境污染等发展不平衡、不充分的问题已成为满足人民日益增长的美好生活需要的主要制约因素。因此，中国亟须提高经济发展质量。随着信息技术的快速发展及其与经济运行方式的不断融合，数字经济已被视为经济增长的"新引擎"。据统计，2023年我国数字经济增加值规模为53.9万亿元，占GDP比重为42.8%，数字经济对中国经济增长贡献率达到66.45%（中国信息通信研究院，2024b）。大力发展数字经济已上升为国家战略，数字经济正在成为驱动我国经济高质量发展的新动能。那么，数字经济对经济高质量发展的作用如何？作用机制怎样？如何更好地利用数字经济推动我国经济高质量发展？本节拟对此进行探索。因此，本节的研究对推动我国经济高质量发展具有重要的理论价值和现实意义。

随着数字经济的蓬勃发展，数字经济对经济发展影响的文献日益增多，但影响效应的研究结论并不一致。在早期，有部分学者认为信息技术的发展带来了生产率的下降。Roach（1987）通过实证研究发现，计算机数量的增长却带来了产出的下降。Solow（1987）将这一现象称为"生产率悖论"，即"索洛悖论"："计算机的影响无处不在，但是在生产率上却看不见。"但是也有许多学者对这一悖论产生了质疑，随着以互联网为基础的第四次工业革命的到来，大多数学者认为数字技术的使用可以极大地推动经济发展。

学者从理论分析和实证研究两个角度分析数字经济对经济发展的促进作用。已有的理论研究认为，数字经济可以从微观、中观、宏观三个层面影响经济发展。在微观层面上，荆文君和孙宝文（2019）认为数字技术的应用可以驱动关键要素成本下降从而形成规模经济与范围经济。韩晶等（2020）认为数字经济可以有效克服信息不对称等市场失灵现象，使得优质的产品和服务被消费者广泛获取，从而带来盈利空间。在中观层面上，王金秋和赵敏（2021）认为数字经济可以通过产业创新效应、产业关联效应和产业融合效应实现产业结构调整和转型升级。祝合良和王春娟（2020）认为数字经济通过创新赋能为传统产业创造价值增值的空间，促进传统产业的转型升级。在宏观层面上，丁志帆（2020）认为数字经济可以通过丰富生产要素、提高资源配置效率和全要素生产率来推动经济高质量发展。

从实证角度研究数字经济对经济发展影响的方法大致可以分为两类。一是基于经济增长理论构建生产函数、采用投入产出法等研究数字经济对经济发展的影响。Thompson 和 Garbacz（2007）基于生产函数建立随机前沿模型，实证发现电信服务水平的提高可以促进当地生产效率的提高。徐升华和毛小兵（2004）通过建立动态生产函数测算信息技术对经济增长的作用，研究表明信息要素对经济增长具有强影响力。王开科等（2020）设计了包含数字经济在内的五部门投入产出模型，基于投入产出的数据，实证分析发现数字经济效率的上升显著提升了社会生产率。二是通过面板模型或空间计量模型进行研究。赵涛等（2020）基于 222 个城市数据，通过门槛模型、中介效应模型和空间计量模型研究表明数字经济可以通过提升创业活跃度从而赋能经济高质量发展，且数字经济的积极影响存在边际效应递增和空间溢出的特点。杨慧梅和江璐（2021）通过空间计量模型研究发现数字经济不仅可以提升本地区的全要素生产率，还有助于提升邻近地区的全要素生产率，具有显著的空间效应。

可见，数字经济和高质量发展方面的研究已经取得了较多成果，为后人研究奠定了良好的基础。目前，数字经济被普遍认为是新时期推动经济高质量发展的重要动力，但现有文献较多从理论层面上分析数字经济对经济高质量发展的影响，鲜有文献对数字经济推动经济高质量发展进行实证研究。基于此，本节拟进行深入探讨。与以往文献相比，本节的创新点主要体现在以下三个方面：一是从经济高质量发展的内涵出发，构建一套适应我国国情的经济高质量发展评价指标体系，测算我国 30 个省区市 2007~2019 年的经济高质量发展水平，全面认识这一阶段我国经济高质量发展的水平；二是构建数字经济发展水平指标体系，利用面板回归模型、门槛模型和空间计量模型，从实证层面探究数字经济对经济高质量发展的影响机制，揭示数字经济对经济高质量发展的促进作用具有边际效应递增的非线性特征和空间溢出效应特征；三是分别以数字经济发展水平、人力资本、技术进步为门槛变量，揭示数字经济对经济高质量发展的边际效应递增的非线性特征和区域差异，并提出相应的对策建议，以期为政府决策提供理论指导。

15.4.2 理论分析与研究假设

1. 数字经济赋能经济高质量发展

数字经济是经济高质量发展的引擎，以其为代表的科技创新要素被视为催生发展新动能的核心驱动力。数字经济具有高成长性、经济带动性和节约交易费用等特征，使得数字经济具有促进经济高质量发展的内在动能（郑嘉琳和徐文华，2020）。数字经济以知识和信息为核心要素，通过技术赋能实现产业结构的转型升级，通过生产方式的变革提高生产质量和效率（周清香和何爱平，2020）。葛和平和吴福象（2021）指出数字经济直接以及通过经济效率提升、经济结构优化等方式间接促进经济高质量发展。但是数字经济和经济高质量发展水平都具有明显的区域差异，因此数字经济对经济高质量发展的影响也可能存在区域差异（赵涛等，2020）。基于此，提出如下理论假设。

假设 15.8：数字经济对经济高质量发展存在显著促进作用且存在区域差异。

2. 数字经济对经济高质量发展存在非线性溢出

阿瑟和刘云鹏（2000）阐述了网络经济的基本竞争规律，指出网络经济发生了从收益递减向收益递增的转变。郭家堂和骆品亮（2016）认为当构成一个地区或国家级甚至世界级的网络后，有利于信息、技术和发明的传播，且在网络达到临界规模后对经济的促进作用更为明显，并通过实证研究证明了互联网对全要素生产率的促进作用随着互联网发展水平的提高而变大。根据梅特卡夫定律，网络的价值与互联网用户数的平方成正比，互联网用户数越多，其价值就越大。在数字经济领域，随着参与者数量的增加，其自身价值也呈几何式上升，在数字经济发展过程中，各部门之间联动的边际成本降低，使参与者的效用得到增加，梅特卡夫定律以及网络效应成立。基于此，提出如下理论假设。

假设 15.9：数字经济对经济高质量发展具有边际效应递增的非线性影响。

古典经济学理论认为劳动力数量是经济增长的一个重要因素，新经济增长理论认为人力资本是经济增长的重要源泉，强调人力资本生产比物力资本生产更为重要（杜伟等，2014）。人力资本作为个人拥有的能改善个体和社会经济福祉的知识、技能和素质，能对经济增长产生持续影响作用。数字经济时代的到来，重塑了传统经济形态中的生产关系，以其协同性、渗透性、替代性改变了生产过程中的要素种类和所占比例（俞伯阳和丛屹，2021）。随着数字经济的发展，教育程度较低、工作重复性高的劳动者面临被替代的风险，数字经济的发展需要大量高素质、强技能人才。高级人力资本基于受教育程度及个人知识结构和经验积累，对经济发展的贡献较大。因此，若一地区人力资本存量积累越多，数字经济对经济高质量发展的促进作用则越强。基于此，提出如下理论假设。

假设 15.10：人力资本在数字经济对经济高质量发展的影响中存在门槛效应。

科技创新是经济增长的源泉，也是数字经济创新的核心动力（张森等，2020），提升技术创新能力、加强核心技术攻关是推动数字经济发展的基础。云计算、人工智能等新技术的涌现提高了生产效率，促进了经济增长，数字经济也可以通过技术进步和扩散效应推动全要素生产率提升，扩展生产可能曲线，促进经济高质量发展（丁志帆，2020）。因此，在技术创新能力越强的地区，数字经济对经济高质量发展的推动作用越大。基于此，提出如下理论假设。

假设 15.11：技术进步在数字经济对经济高质量发展的影响中存在门槛效应。

3. 数字经济对经济高质量发展存在空间溢出效应

数字经济不仅可以对本地区的经济发展赋能，而且由于数字经济极大地提升了信息的传播速度、改变了传播途径，在很大程度上突破了时空的限制，因此数字经济还可以对其他地区的经济发展有促进作用。Yilmaz 等（2002）通过对美国 48 个州 1970~1997 年的面板数据进行实证研究，检验了电信基础设施投资对其产出具有空间溢出效应。张家平等（2018）通过实证研究发现互联网对经济增长具有溢出效应。基于此，提出如下理论假设。

假设 15.12：数字经济对经济高质量发展具有溢出效应。

15.4.3 模型构建、变量说明与数据来源

1. 模型构建

1）基本回归模型

为验证数字经济对经济高质量发展的直接影响，构建面板计量模型如式（15-20）所示。

$$\ln hq_{i,t} = \beta_0 + \beta_1 \ln de_{i,t} + \beta_c Z_{i,t} + \varepsilon_{i,t} \quad (15\text{-}20)$$

式中，$hq_{i,t}$ 表示 i 地区第 t 年的经济高质量发展指数；$de_{i,t}$ 表示 i 地区第 t 年的数字经济发展指数，是本节的核心变量，两者均通过构建指标体系测算得到；$Z_{i,t}$ 表示一系列控制变量，本节共选取了 4 个控制变量，城镇化率（urb）用城市人口的比例来衡量，产业结构水平（thr）用第三产业增加值与地区生产总值之比衡量，政府干预（pfe）用财政支出与地区生产总值之比衡量，受教育程度（edu）用劳动力中受过高等教育的比例衡量；β_0 表示常数项；β_1 表示核心解释变量的系数；β_c 表示各控制变量的系数；$\varepsilon_{i,t}$ 表示误差项；i 表示省区市；t 表示年份。

2）门槛模型

由于数字经济具有网络效应，数字经济对经济高质量发展可能存在非线性溢出，且数字经济发展水平可能受到人力资本和技术进步的调节作用，因此，本节设定门槛模型如式（15-21）所示。

$$\ln hq_{i,t} = \beta_0 + \beta_1 \ln de_{i,t} \times I(qx_{i,t} \leq \gamma) + \beta_2 \ln de_{i,t} \times I(qx_{i,t} > \gamma) + \beta_c Z_{i,t} + \varepsilon_{i,t} \quad (15\text{-}21)$$

式中，$I(\cdot)$ 表示指数函数，满足括号内条件时为 1，否则为 0；$qx_{i,t}$ 表示门槛变量，本节选取数字经济发展指数（lnde）、人力资本（lnhci）、技术进步（lnzl）作为门槛变量，人力资本以平均受教育年限来衡量，技术进步以每万人专利授权数来衡量；γ 表示门槛值；其他变量含义同上。式（15-21）为单一门槛模型，可以根据门槛检验结果的不同拓展至多门槛模型。

3）空间溢出效应模型

考虑到数字经济对经济高质量发展可能具有空间溢出效应，本节在式（15-20）中引入空间交互项，将其拓展为空间面板模型，如式（15-22）所示。

$$\ln hq_{i,t} = \beta_0 + \rho W \ln hq_{i,t} + \beta_1 \ln de_{i,t} + \varphi_1 W \ln de_{i,t} + \beta_C Z_{i,t} + \varphi_C W Z_{i,t} + \varepsilon_{i,t} \quad (15\text{-}22)$$

式中，ρ 表示空间自回归系数；W 表示空间权重矩阵；φ_1 表示核心解释变量空间交互项的系数；φ_C 表示控制变量空间交互项的系数；其他字母含义同上。

在空间权重矩阵的选择上，为提高回归结果的稳健性，本节采取地理距离权重矩阵以及经济距离权重矩阵进行空间计量分析。地理距离权重矩阵选取地区间距离的倒数；经济距离权重矩阵选取 30 个省区市 2007～2019 年人均地区生产总值均值的绝对差值的倒数。

2. 变量测算与数据来源

1）数字经济发展指数测算

数字经济发展水平是本节研究的核心解释变量，目前，常见的数字经济发展水平测度方法是构建指标体系。本节参考中国信息通信研究院对数字经济的定义，从基础设施水平、应用水平、产业发展水平和持续发展水平 4 个维度构建数字经济发展评价指标体系，如表 15-25 所示。采用熵权 TOPSIS（technique for order preference by similarity to an ideal solution，逼近理想解排序技术）法对数字经济发展水平进行测度，首先利用熵值法对各个指标赋权，之后通过 TOPSIS 法合成指数，为保留更多位有效数字，将所得指数扩大 100 倍，由此可估算得到 2007～2019 年我国各地区数字经济发展指数。由于西藏、港澳台地区的部分年份数据缺失，故不纳入样本研究，即本节的样本为除上述地区以外的我国其他 30 个省区市。

表 15-25　数字经济发展评价指标体系

一级指标	二级指标	数据来源	指标权重
基础设施水平	单位面积长途光缆线路长度	《中国统计年鉴》	0.0539
	人均互联网宽带接入端口量	《中国互联网络发展状况统计报告》	0.0923
	每万人网站拥有数	《中国互联网络发展状况统计报告》	0.0734
应用水平	互联网普及率	《中国互联网络发展状况统计报告》	0.0998
	移动电话普及率	《中国统计年鉴》	0.0784
	数字电视用户比例	《中国统计年鉴》	0.0773
	人均电信业务总量	《中国电子信息产业统计年鉴》	0.0976
产业发展水平	信息传输、计算机服务和软件业城镇单位就业人员比例	《中国统计年鉴》	0.0564
	电子信息产业利润率	《中国电子信息产业统计年鉴》	0.0753
持续发展水平	创新能力指数	《中国区域创新能力评价报告》	0.1102
	R&D 内部支出/地区生产总值	《中国科技统计年鉴》	0.0654
	每万人有效专利数	《中国科技统计年鉴》	0.1201

注：指标权重合计不为 1 是四舍五入修约所致

2）经济高质量发展指数测算

经济高质量发展的评价指标体系也是学者关注的热点。关于经济高质量发展指标体系的研究大致可以归纳为以下三类：一是认为经济高质量发展是秉持新发展理念（创新、协调、绿色、开放、共享）的发展，因此将新发展理念直接作为经济高质量发展指标体系的五个评价维度，或以此为基础确定评价维度（李梦欣和任保平，2019；马海涛和徐楦钫，2020）；二是认为经济高质量发展是为适应新的社会主要矛盾的变化而提出的发展战略，因此以是否有利于解决发展不平衡不充分问题、是否能满足人民日益增长的美好生活需要为标准，结合新时代发展的新要求、新理念来确定评价维度（李金昌等，2019；张军扩等，2019）；三是认为经济高质量发展同过去经济高速增长具有显著不同，因此将经济高质量发展特征作为确定评价维度的基础（聂长飞和简新华，2020）。可见，学者在构建指标体系的过程中都较好地考虑了高质量发展的多维性特征，为本节研究提供有益的思路。经济高质量发展是生产要素投入少、资源配置效率高、资源环境成本低、经济社会效益好的发展。本节认为，经济基础是经济高质量发展的现实基础，创新驱动是经济高质量发展的内生动力，企业发展活力是经济高质量发展的源头活水，产业结构转型升级、对外开放水平提高是推动经济高质量发展的重要路径，生态环境改善、民生福祉增进是经济高质量发展的落脚点。因此，本节遵循科学性、可操作性等指标体系构建原则，借鉴学者的研究成果，从经济基础、创新驱动、企业发展、产业结构、对外开放、生态环境和民生福祉 7 个维度选取具有代表性的指标，最终构建包括 7 个一级指标、19 个二级指标、40 个三级指标的经济高质量发展评价指标体系，如表 15-26 所示。

表 15-26 经济高质量发展评价指标体系

一级指标	二级指标	三级指标	指标属性	指标权重
经济基础	经济增长和就业	地区生产总值增长率	+	0.0231
		人均地区生产总值（元）	+	0.0304
		平均工资（元）	+	0.0258
		失业率	−	0.0212
	经济活力	全要素生产率	+	0.0213
		消费支出/地区生产总值	+	0.0297
		固定资产投资/地区生产总值	+	0.0340
创新驱动	创新环境	创新环境指数	+	0.0221
	创新投入	研发投入强度	+	0.0297
		R&D 人员占比	+	0.0198
	创新产出	每万人专利授权拥有数（件）	+	0.0254
		技术市场成交额/地区生产总值	+	0.0381

续表

一级指标	二级指标	三级指标	指标属性	指标权重
企业发展	企业活力	市场化进程指数	+	0.0252
		上市公司数（家）	+	0.0306
		高技术企业数/法人单位数	+	0.0247
	企业创新	工业企业 R&D 人员/总人口	+	0.0386
		工业企业 R&D 投入/地区生产总值	+	0.0322
	风险防范	企业资产负债率	−	0.0205
产业结构	产业结构水平	产业结构合理化	+	0.0186
		产业结构高级化	+	0.0237
		现代服务业增加值/地区生产总值	+	0.0189
	产业技术水平	高技术产业营业收入/规上工业企业主营业务收入比重	+	0.0283
		高技术产品进出口/地区生产总值	+	0.0329
对外开放	对外贸易	外贸依存度	+	0.0304
	利用外资	实际利用外资/地区生产总值	+	0.0292
	对外投资	对外非金融投资/地区生产总值	+	0.0284
生态环境	单位产出能耗	能源消费总量/地区生产总值（万吨/亿元）	−	0.0199
	单位产出"三废"排放	单位生产总值污水排放量（万吨/亿元）	−	0.0232
		单位生产总值二氧化硫排放量（万吨/亿元）	−	0.0166
		单位生产总值固体废物排放量（万吨/亿元）	−	0.0146
	环境保护	节能环保财政支出	+	0.0239
		城市污水处理率	+	0.0183
		建成区绿化覆盖率	+	0.0179
		生活垃圾无害化处理率	+	0.0227
民生福祉	人民生活	城市人均可支配收入（元）	+	0.0169
		农村人均可支配收入（元）	+	0.0310
		人均受教育年限（年）	+	0.0268
	社会公平	城乡收入差距	−	0.0185
	社会保障与福利	居民福利水平	+	0.0225
		失业保险参保率	+	0.0246

注：指标权重合计不为 1 是四舍五入修约所致；"+""−"分别表示正向指标、负向指标

本节选取的数据主要来源于《中国统计年鉴》、《中国科技统计年鉴》、《中国高技术产业统计年鉴》、《中国环境统计年鉴》、各省统计年鉴、《中国区域创新能力评价报告》、Wind 数据库、EPS（Economy Prediction System，经济预测系统）数据库等。对于个别缺失数据，采用线性插值法进行填补。

经济高质量发展评价指标体系中有个别指标需要进一步计算得到，具体说明如下。全要素生产率根据随机前沿方法计算得到；人均受教育年限采用朱承亮等

（2011）的计算方法计算；城乡收入差距用城镇居民人均可支配收入与农村居民人均可支配收入的比值来衡量；居民福利水平用教育支出、医疗卫生支出、社会保障和就业支出与地区生产总值的比值来衡量；产业结构合理化采用由三次产业间从业人员人数和产值比例测度的泰尔指数的倒数来衡量；产业结构高级化采用第三产业与第二产业的比值来衡量；现代服务业增加值以第三产业增加值扣除交通运输、仓储和邮政业，以及批发和零售业、住宿和餐饮业、房地产业的增加值之后的值来衡量；外贸依存度以进出口总额与地区生产总值的比值衡量；企业资产负债率以规模以上企业总负债与总资产的比值来衡量。

本节同样利用熵权 TOPSIS 法对经济高质量发展指数进行测算，并对计算出的高质量发展指数扩大了 100 倍，由此可估算得到 2007~2019 年我国 30 个省区市经济高质量发展指数。

3）控制变量的数据来源

本节选取中国 30 个省区市 2007~2019 年的面板数据进行统计分析。各地区的城镇化率（urb）、产业结构水平（thr）、政府干预（pfe）、受教育程度（edu）的原始数据均来源于 EPS 数据库。主要变量的描述性统计如表 15-27 所示。

表 15-27 主要变量的描述性统计

变量	说明	样本量	均值	标准差	最小值	最大值
hq	经济高质量发展指数	390	0.3678	0.0794	0.2393	0.6271
de	数字经济发展指数	390	0.2969	0.1236	0.0667	0.8406
urb	城镇化率	390	0.5513	0.1335	0.2824	0.8960
thr	第三产业增加值/地区生产总值	390	0.4433	0.0971	0.2860	0.8350
pfe	财政支出/地区生产总值	390	0.2327	0.0991	0.0874	0.6284
edu	劳动力中受过高等教育的比例	390	0.1597	0.1003	0.0301	0.6220

15.4.4 实证结果与分析

1. 基本回归模型估计结果

在对面板数据进行分析时，为避免造成伪回归，需要对变量进行平稳性检验，先将变量进行对数处理，然后选用 LLC 检验对变量进行平稳性检验，检验结果如表 15-28 所示，各个变量均通过了平稳性检验，可以进行面板回归分析。

表 15-28 平稳性检验

变量	LLC	p 值	结论
lnhq	−9.1299	0.0000	平稳
lnde	−9.6047	0.0000	平稳
lnurb	−7.2730	0.0000	平稳

续表

变量	LLC	p 值	结论
lnthr	−5.2448	0.0000	平稳
lnpfe	−10.5314	0.0000	平稳
lnedu	−8.5224	0.0000	平稳

本节利用 Stata 15.0 进行回归分析，考虑到不同地区数字经济对经济高质量发展可能存在差异性，又将全国样本分为东部地区和中西部地区两个子样本，回归结果如表 15-29 所示。由表 15-29 可知，模型（1）～模型（6）均通过了 Hausman 检验，因此采用固定效应模型，3 组样本在加入控制变量后，R^2 均增大，且各个模型的 R^2 达到了 0.8 以上，拟合效果较好。

表 15-29　面板固定效应回归

变量	全国 模型（1）	全国 模型（2）	东部 模型（3）	东部 模型（4）	中西部 模型（5）	中西部 模型（6）
lnde	0.372*** (39.730)	0.142*** (7.339)	0.470*** (23.770)	0.245*** (5.418)	0.349*** (34.000)	0.116*** (5.232)
lnurb		0.127*** (2.851)		0.045 (0.580)		0.254*** (4.693)
lnthr		0.056** (2.125)		0.022 (0.337)		0.059** (2.085)
lnpfe		0.076*** (3.154)		0.126*** (2.710)		0.054* (1.898)
lnedu		0.105*** (8.469)		0.098*** (3.911)		0.091*** (6.307)
常数项	2.352*** (75.610)	1.890*** (11.960)	2.050*** (28.540)	2.500*** (8.509)	2.396*** (74.470)	1.524*** (8.118)
观测值	390	390	143	143	247	247
省区市数量	30	30	11	11	19	19
R^2	0.815	0.879	0.812	0.856	0.836	0.899
调整的 R^2	0.799	0.867	0.796	0.839	0.822	0.889
F	1578.58	514.33	564.83	151.15	1156.00	397.69
Hausman 检验	24.00 (p=0.000)	53.63 (p=0.000)	14.34 (p=0.041)	17.21 (p=0.008)	13.96 (p=0.053)	36.06 (p=0.000)

注：括号内为 t 值，Hausman 检验结果的括号内数字代表 p 值

*、**、***分别表示在 10%、5%和 1%水平下显著

由表 15-29 的模型（1）～模型（6）可知，在 1%的显著性水平下，数字经济发展水平的系数均为正且通过了显著性检验，即数字经济对经济高质量发展具有显著的促进作用，数字经济已成为推动经济高质量发展的重要因素。该结论证明了假设 15.8 成立。比较模型（2）、模型（4）、模型（6）可知，数字经济对经济高质量发展的促进作用存在明显的区域差异，东部地区的数字经济对经济高质量发展的促进作

用高于全国和中西部地区。城镇化率和产业结构水平的系数均为正，说明城镇化水平和产业结构水平可以促进经济高质量发展，但是对东部的促进作用较小且不显著，这可能是因为东部地区经济发达，城镇化水平和产业结构水平较高且趋于稳定，因此城镇化水平和产业结构水平的提高对经济高质量发展的边际贡献被弱化。政府干预和受教育程度的系数均为正且通过显著性检验，表明政府干预和受教育程度促进了经济高质量发展，且促进作用也存在区域差异，东部地区政府干预对经济高质量发展的促进作用明显高于中西部地区，而受教育程度的促进作用则是东部地区略高于中西部地区。

2. 门槛模型回归结果

在进行门槛回归前，需要对模型是否存在门槛效应进行检验，并确定门槛值，本节对数字经济发展水平、人力资本、技术进步3个门槛变量依次检验，结果如表15-30所示。以数字经济发展水平、人力资本为门槛变量时，均通过了单一门槛的显著性检验，而双重门槛的检验均没有通过，表明存在单一门槛效应。而以技术进步为门槛变量时，通过了单一门槛和双重门槛的显著性检验，表明存在双门槛效应。门槛值的估计结果如表15-31所示，以数字经济发展水平为门槛时，门槛值为4.0282；以人力资本为门槛时，门槛值为2.6304；以技术进步为门槛时，第一个门槛值为5.7293，第二个门槛值为7.7890。门槛回归结果如表15-32所示，2007年、2013年和2019年分别按不同门槛值划分的省区市如表15-33所示。

表15-30 门槛效应检验结果（二）

核心解释变量	门槛变量	模型	F值	p值	10%临界值	5%临界值	1%临界值
lnde	lnde	单一门槛	40.59	0.0000	18.4243	20.9399	27.7965
		双重门槛	15.39	0.2567	26.1217	33.9614	42.1443
lnde	lnhci	单一门槛	32.02	0.0033	15.8812	18.4939	25.4145
		双重门槛	18.77	0.2067	46.8010	59.8077	73.2721
lnde	lnzl	单一门槛	37.69	0.0000	16.0569	18.2432	24.0069
		双重门槛	17.22	0.0667	15.8128	19.3068	27.0528
		三重门槛	6.07	0.8600	17.7974	21.8303	30.0234

表15-31 门槛值估计结果

门槛变量	门槛值	门槛估计值	置信区间
lnde	门槛值 γ	4.0282	(3.9487,4.0579)
lnhci	门槛值 γ	2.6304	(2.6261,2.6307)
lnzl	一重门槛值 γ_1	5.7293	(5.6580,5.7416)
	二重门槛值 γ_2	7.7890	(7.7140,7.8003)

表 15-32 门槛回归结果

变量	门槛变量 数字经济	门槛变量 人力资本	门槛变量 技术进步
lnde($qx \leq \gamma_1$)	0.128*** (6.865)	0.132*** (7.028)	0.129*** (6.969)
lnde($\gamma_1 < qx \leq \gamma_2$)			0.137*** (7.537)
lnde($qx > \gamma_2$)	0.147*** (7.957)	0.155*** (8.234)	0.154*** (8.381)
lnurb	0.185*** (4.263)	0.181*** (4.113)	0.174*** (4.008)
lnthr	0.049** (1.978)	0.050** (1.982)	0.020 (0.802)
lnpfe	0.070*** (3.027)	0.068*** (2.928)	0.070*** (3.079)
lnedu	0.099*** (8.337)	0.100*** (8.348)	0.082*** (6.855)
常数项	1.764*** (11.630)	1.768*** (11.510)	1.936*** (12.500)
R^2	0.890	0.888	0.894
调整的 R^2	0.880	0.877	0.883
F	479.77	468.70	425.49

、*分别表示在5%、1%水平下显著

表 15-33 按不同门槛值划分的省区市

门槛变量	门槛值	2007 年	2013 年	2019 年
lnde	lnde≤4.0282	30 个省区市	天津、河北、山西、内蒙古、辽宁、吉林、黑龙江、上海、江苏、浙江、安徽、福建、江西、山东、河南、湖北、湖南、广东、广西、海南、重庆、四川、贵州、云南、陕西、甘肃、青海、宁夏、新疆	天津、河北、山西、内蒙古、辽宁、吉林、黑龙江、安徽、福建、江西、山东、河南、湖北、湖南、广西、海南、重庆、四川、贵州、云南、陕西、甘肃、青海、宁夏、新疆
	lnde>4.0282	无	北京	北京、上海、江苏、浙江、广东
lnhci	lnhci≤2.6304	30 个省区市	天津、河北、山西、内蒙古、辽宁、吉林、黑龙江、上海、江苏、浙江、安徽、福建、江西、山东、河南、湖北、湖南、广东、广西、海南、重庆、四川、贵州、云南、陕西、甘肃、青海、宁夏、新疆	河北、山西、内蒙古、辽宁、吉林、黑龙江、江苏、浙江、安徽、福建、江西、山东、河南、湖北、湖南、广东、广西、海南、重庆、四川、贵州、云南、陕西、甘肃、青海、宁夏、新疆
	lnhci>2.6304	无	北京	北京、天津、上海

续表

门槛变量	门槛值	2007年	2013年	2019年
lnzl	lnzl≤5.7293	河北、山西、内蒙古、辽宁、吉林、黑龙江、安徽、福建、江西、山东、河南、湖北、湖南、广西、海南、重庆、四川、贵州、云南、陕西、甘肃、青海、宁夏、新疆	河北、山西、内蒙古、吉林、江西、广西、海南、贵州、云南、甘肃、青海、宁夏、新疆	无
	5.7293＜lnzl≤7.7890	北京、天津、上海、江苏、浙江、广东	天津、辽宁、黑龙江、上海、安徽、福建、山东、河南、湖北、湖南、广东、重庆、四川、陕西	河北、山西、内蒙古、辽宁、吉林、黑龙江、安徽、江西、山东、河南、湖北、湖南、广西、海南、重庆、四川、贵州、云南、陕西、甘肃、青海、宁夏、新疆
	lnzl＞7.7890	无	北京、江苏、浙江	北京、天津、上海、江苏、浙江、福建、广东

（1）以数字经济发展水平为门槛变量。由表15-32可知，数字经济对经济高质量发展的影响呈现出显著的正向且边际效应递增的非线性特征。当 lnde≤4.0282 时，数字经济对经济高质量发展水平的促进作用系数为0.128；而当 lnde＞4.0282 时，数字经济对经济高质量发展水平的促进作用系数增长为0.147。实证结果表明，数字经济发展水平越高，其对经济高质量发展的促进作用则越强，该结论证实了假设15.9。由表15-33可知，在2007年，没有地区跨过数字经济发展水平的门槛；在2013年，仅有北京跨过了数字经济发展水平的门槛值；在2019年，有5个地区跨过了数字经济发展水平的门槛值，分别是北京、上海、江苏、浙江和广东。可见，我国各地区数字经济仍有较大的发展空间。

（2）以人力资本为门槛变量。由表15-32可知，数字经济对经济高质量发展的影响是正向且边际效应递增的。当 lnhci≤2.6304 时，数字经济对经济高质量发展水平的促进作用系数为0.132，在1%的水平下显著；当 lnhci＞2.6304 时，数字经济对经济高质量发展的促进作用系数则为0.155，在1%的水平下显著。可见，当人力资本跨越门槛值时，数字经济对经济高质量发展的促进作用更大，该结论证实了假设15.10。由表15-33可知，直至2019年，我国30个省区市中跨过门槛值的仅有北京、天津和上海，因此，人力资本发展水平亟待提高。

（3）以技术进步为门槛变量。由表15-32可知，技术进步变量有两个门槛值。当 lnzl≤5.7293 时，数字经济对经济高质量发展水平的促进作用系数为0.129；当 5.7293＜lnzl≤7.7890 时，数字经济对经济高质量发展水平的促进作用系数为0.137；当 lnzl＞7.7890 时，数字经济对经济高质量发展水平的促进作用系数则为0.154。因此，在技术进步的调节下，数字经济对经济高质量发展的促进且边际效应递增的非线性影响仍存在，该结论验证了假设 15.11。由表 15-33 可知，在 2007 年，我国有 6 个地区跨过了技术进步的第一个门槛值，但是没有地区跨过第二个门槛值；在 2013 年，有 14 个地区（不包括跨过第二个门槛值的地区）跨过了第一个门槛值，而北京、江苏和浙江则跨过了第二个门槛值；2019 年 30 个地区均跨过了第一个门槛值，跨过第二个门槛值的地区增加至 7 个。

3. 空间溢出效应模型回归结果

在进行空间回归之前，首先对是否存在空间效应进行检验，本节分别利用全局莫兰指数和局部莫兰散点图对经济高质量发展指数的空间相关性进行检验。如表 15-34 所示，2007~2019 年经济高质量发展指数的全局莫兰指数均在 1% 的水平下达到显著，因此可以认为 2007~2019 年我国 30 个省区市的经济高质量发展指数具有显著的空间自相关性。为分析经济高质量发展指数的空间集聚性，本节绘制了 2007 年和 2019 年的局部莫兰散点图，如图 15-1 所示。由图 15-1 可见，除安徽、河北、内蒙古、广东、江西、山东、重庆等地区外，其他大多数地区都处于一、三象限，处于"高-高"集聚区或"低-低"集聚区，表现出高度正相关。北京、天津、上海、江苏、浙江和福建始终处于第一象限，而大部分中西部地区则处于第三象限。相较于 2007 年，2019 年处于一、三象限的省份有所减少，但仍占大多数。可见，经济高质量发展表现出稳定的空间集聚性，可以进行空间计量分析。

表 15-34 2007~2019 年经济高质量发展指数的全局莫兰指数

年份	莫兰指数	z	p 值	年份	莫兰指数	z	p 值
2007	0.331	3.982	0.000	2014	0.372	4.404	0.000
2008	0.340	4.070	0.000	2015	0.375	4.458	0.000
2009	0.338	4.051	0.000	2016	0.336	4.058	0.000
2010	0.335	3.998	0.000	2017	0.329	3.997	0.000
2011	0.316	3.798	0.000	2018	0.301	3.688	0.000
2012	0.360	4.266	0.000	2019	0.330	3.969	0.000
2013	0.375	4.425	0.000				

由于本节选取的样本是全国 30 个省区市，是总体样本，故选择固定效应模型，通过 LM 检验（表 15-35），认为空间杜宾模型（SDM）更适用，为提高估计结果的稳健性，本节同时给出空间滞后模型（SAR）的估计结果，如表 15-36 所示。由表 15-36 可知，在基于两种空间权重矩阵的空间杜宾模型和空间滞后模型中数字经济对经济高质量发展的系数均显著为正，再次证明数字经济对经济高质量发展的促进作用。虽然空间杜宾模型中数字经济与空间的交互项系数并不显著，但

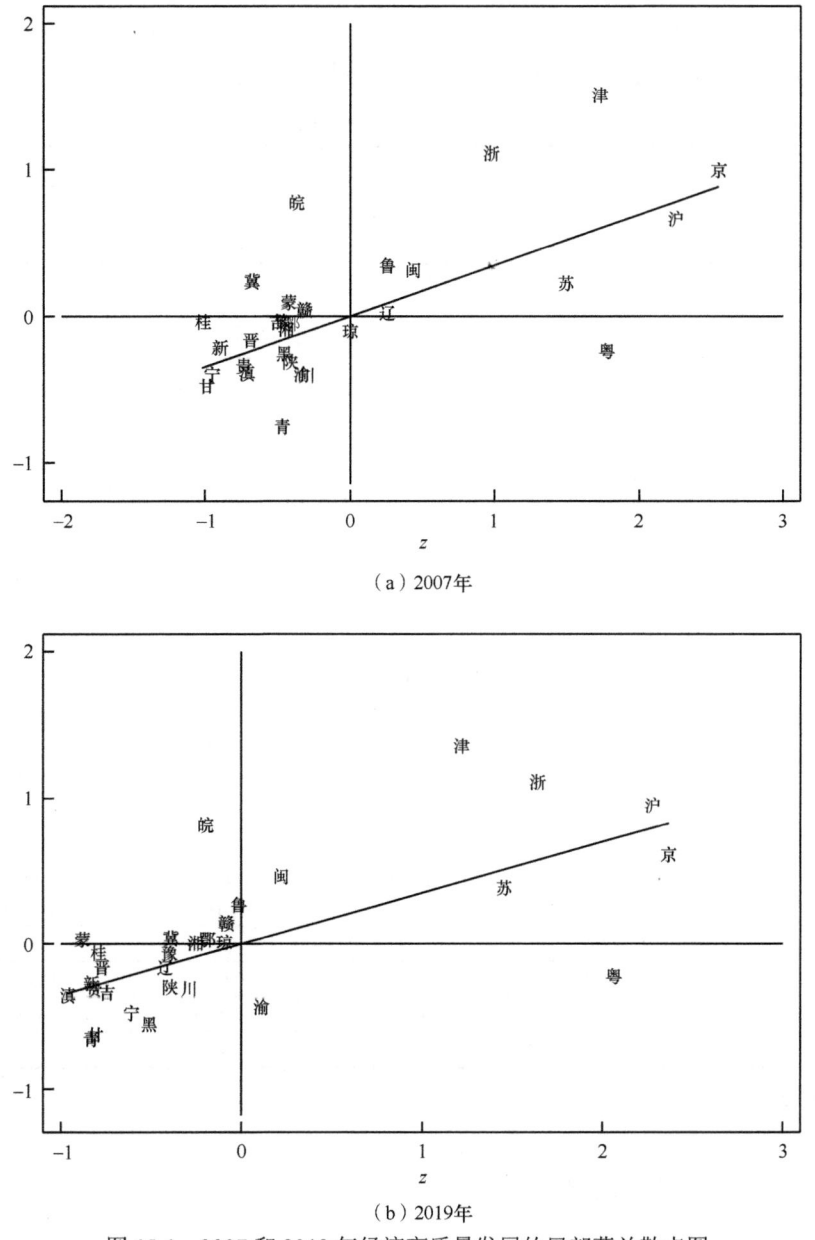

第 15 章 数字经济对区域经济发展影响研究

(a) 2007年

(b) 2019年

图 15-1 2007 和 2019 年经济高质量发展的局部莫兰散点图

是空间交互项系数并不能直接分析数字经济对经济高质量发展的边际影响,可将数字经济对经济高质量发展的空间效应进一步分解为直接效应、溢出效应和总效应。由表 15-36 可知,在两种空间权重矩阵下,数字经济对经济高质量发展的直接效应、溢出效应和总效应均显著为正,表明数字经济的空间溢出效应存在,验证了假设 15.12 成立。但是,溢出效应的系数小于直接效应的系数,说明数字经济的发展可以带动本地区的经济高质量发展，同时也可以促进周边地区的经济高质量发展，但其对周边的溢出效应小于其对本地区的促进作用。

表 15-35　LM 检验结果

空间权重矩阵	LM-lag	robust LM-lag	LM-error	robust LM-error
地理距离	22.4283***	7.0605***	22.9029***	6.7242***
经济距离	12.5641***	7.6328***	4.9394**	3.5616*

*、**、***分别表示在 10%、5%和 1%水平下显著

表 15-36　空间计量模型的回归结果

变量	SDM 地理距离	SDM 经济距离	SAR 地理距离	SAR 经济距离
lnde	0.315***	0.335***	0.337***	0.326***
	(13.260)	(13.810)	(14.900)	(14.030)
rho	0.358***	0.206***	0.261***	0.196***
	(4.458)	(2.627)	(5.467)	(3.817)
sigma2_e	0.003***	0.004***	0.004***	0.004***
	(13.360)	(13.890)	(13.770)	(14.000)
W×lnde	0.010	0.063		
	(0.179)	(0.937)		
控制变量	控制	控制	控制	控制
直接效应	0.324***	0.343***	0.342***	0.330***
	(13.290)	(13.050)	(14.590)	(13.880)
溢出效应	0.189**	0.167**	0.117***	0.077***
	(2.556)	(1.991)	(4.210)	(3.305)
总效应	0.513***	0.510***	0.459***	0.407***
	(6.456)	(5.261)	(11.150)	(11.800)
观测值	390	390	390	390
log-L	555.672	535.425	540.119	533.673
R^2	0.857	0.874	0.870	0.880
省区市数量	30	30	30	30

注：rho 表示空间自相关性

、*分别表示在 5%、1%水平下显著

4. 内生性检验与稳健性检验

1）内生性检验

针对内生性问题，本节采用工具变量法予以克服。本节借鉴黄群慧等（2019）的研究，选择各地区 1984 年每百人固定电话数量作为地区数字经济发展水平的工具变量。具体应用时，为避免不随时间变化的工具变量在固定效应模型中难以应用，借鉴 Nunn 和 Qian（2014）的方法，构造出各地区 1984 年每百人固定电话数量与上一年全国互联网投资额（与时间有关）的交互项进行 2SLS 回归，互联网投资额以信息传输计算机服务和软件业全社会固定资产投资表示，结果如表 15-37

所示。由表 15-37 可知,在考虑了内生性之后,数字经济对经济高质量发展的促进作用仍然存在且显著。此外,分别采用 Kleibergen-Paap rk LM 和 Kleibergen-Paap rk Wald F 进行工具变量识别不足检验和工具变量弱识别检验,检验结果表明,所取的工具变量具有合理性。

表 15-37 工具变量回归

变量	全国		东部		中西部	
lnde	0.158***	0.139***	0.222**	0.208**	0.131***	0.106***
	(3.78)	(3.07)	(2.16)	(2.29)	(3.36)	(2.86)
控制变量	未控制	控制	未控制	控制	未控制	控制
省份固定效应	控制	控制	控制	控制	控制	控制
年份固定效应	控制	控制	控制	控制	控制	控制
Kleibergen-Paap rk LM	31.950	35.709	13.720	14.164	25.156	30.878
	[0.000]	[0.000]	[0.000]	[0.000]	[0.000]	[0.000]
Kleibergen-Paap rk Wald F	73.203	72.276	38.767	37.584	84.646	77.841
	{16.38}	{16.38}	{16.38}	{16.38}	{16.38}	{16.38}
观测值	390	390	143	143	247	247
省区市数量	30	30	11	11	19	19
R^2	0.9382	0.9437	0.9090	0.9305	0.9556	0.9593

注:( )内为 t 值,[ ]为 p 值,{ }内为 Stock-Yogo 弱识别检验 10%水平下的临界值
、*分别表示在 5%、1%水平下显著

2)稳健性检验

为保证估计结果的稳健性,本节采用替换产业结构水平和受教育程度这两个控制变量的方法进行稳健性检验。具体而言,将第三产业增加值与地区生产总值的比重(thr)替换为第三产业增加值与第二产业增加值的比值(ind),将劳动力中受过高等教育的比例(edu)替换为平均受教育年限(hci),检验结果如表 15-38、表 15-39 所示。替换两个控制变量后,数字经济的系数仍然显著为正,且系数值、拟合度等变化均较小,仍然保持东部地区的影响大于中西部地区的特点,认为面板基准回归模型稳健。数字经济对经济高质量发展门槛效应依然存在,与原模型比较可以发现,两者变量的估计系数的正负号与显著性均一致,数字经济对经济高质量发展边际效应递增的特点仍然存在,表明本节的估计结果可靠。

表 15-38 基准回归模型的稳健性检验

变量	全国	东部	中西部
lnde	0.163***	0.252***	0.148***
	(7.911)	(4.819)	(6.346)
lnurb	0.225***	0.045	0.369***
	(4.997)	(0.605)	(6.408)
lnind	0.037***	0.020	0.026*
	(2.648)	(0.626)	(1.688)

续表

变量	全国	东部	中西部
lnpfe	0.119***	0.160***	0.089***
	(4.826)	(3.501)	(2.970)
lnhci	0.401***	0.395**	0.217**
	(4.634)	(2.199)	(2.099)
常数项	0.739***	1.224***	0.724***
	(4.549)	(3.467)	(3.887)
观测值	390	143	247
省区市数量	30	11	19
R^2	0.863	0.845	0.883
调整的 R^2	0.850	0.827	0.871
F	448.06	138.77	337.38

*、**、***分别表示在10%、5%和1%水平下显著

表 15-39　门槛回归模型的稳健性检验

变量	门槛变量		
	数字经济	人力资本	技术进步
Inde(qx ≤ γ_1)	0.158***	0.148***	0.152***
	(8.049)	(7.230)	(7.736)
Inde(γ_1 < qx ≤ γ_2)			0.161***
			(8.363)
Inde(qx > γ_2)	0.177***	0.158***	0.180***
	(8.955)	(7.844)	(9.210)
lnurb	0.281***	0.199***	0.264***
	(6.416)	(4.495)	(6.033)
lnind	0.023*	0.039***	0.011
	(1.763)	(2.897)	(0.848)
lnpfe	0.107***	0.103***	0.110***
	(4.544)	(4.242)	(4.760)
lnhci	0.335***	0.352***	0.206**
	(4.046)	(4.133)	(2.431)
常数项	0.769***	1.012***	1.163***
	(4.969)	(5.925)	(7.017)
R^2	0.877	0.870	0.882
调整的 R^2	0.864	0.857	0.870
F	419.09	394.95	376.68

*、**、***分别表示在10%、5%和1%水平下显著

15.4.5　本节结论与政策建议

本节基于数字经济和经济高质量发展的内涵分别构建了数字经济和经济高质量发展的评价指标体系，并通过熵权 TOPSIS 法测算了我国 30 个省区市 2007～

2019年的数字经济发展指数和经济高质量发展指数。在此基础上，通过面板回归模型、门槛回归模型和空间计量模型探讨了数字经济对经济高质量发展的影响机制。研究发现：①数字经济对经济高质量发展产生显著的促进作用，但存在地区差异，东部地区数字经济对经济高质量发展的促进作用大于中西部的促进作用。②数字经济对经济高质量发展的影响表现出边际效应递增的非线性特征，且这种动态影响不仅受到数字经济本身水平的作用，而且受到人力资本和技术进步的调节作用；当数字经济、人力资本、技术进步跨越门槛值时，数字经济对经济高质量发展的促进作用更大。③数字经济对经济高质量发展存在空间溢出效应，数字经济的发展不仅可以促进本地区的经济高质量发展，而且可以带动周边地区的经济高质量发展。

基于以上结论，本节提出如下建议：①大力发展数字经济，培育壮大新动能，赋能经济高质量发展。加快数字经济发展的基础设施建设，大力发展5G、云计算、物联网、人工智能、区块链等新一代信息基础设施建设；深化数字经济与传统行业的融合，持续推进产业数字化和数字产业化，不断催生新业态、新模式；优化数字经济发展的环境，加强数字经济治理，营造良好的市场环境和政策环境。②注重人才引进培养，满足经济高质量发展的人才需求。提升高端人才的政策吸引力，以广阔的平台、优厚的待遇、贴心的服务和优越的发展吸引国内外的高层次人才；整合"政、校、行、企"资源，完善人才培养体系。③注重科技创新，推动科技进步。加大研发投入，激发创新热情；营造科技进步的良好生态，推进简政放权，深化科技体制改革；整合高端创新要素，加速转化科技成果，提高有效科技供给。④把握发展机遇，因地制宜差异化发展数字经济。各地要加强顶层设计，充分发挥区域资源禀赋比较优势，多措并举探索差异化发展路径，激活数据要素潜能，培育和发展数字经济特色产业，促进经济全面数字化转型，提升数字经济发展的质量和效益。⑤深化区域间数字经济开放合作，完善区域创新协调机制。加强区域联动，推动要素流动、设施融通，共建创新平台、共享创新资源，促进区域间数字经济协同发展，助推经济高质量发展。

15.5 本章小结

本章通过以中国省域为研究样本，利用面板回归模型、门槛回归模型和空间计量模型等计量模型，理论分析与实证研究数字经济对区域经济增长收敛性、区域经济韧性、区域经济高质量发展的影响。研究发现：①数字经济的发展对区域经济条件β收敛具有正向作用，可以提高约0.59%的收敛速度，使半衰期时间减少约0.40年；数字经济发展速度对区域经济增长有正向作用，数字经济每增长1%，将拉动经济增长0.025%左右，且该阶段对经济增长来说数字经济发展速度的快慢相对于数字经济发展水平的高低更重要;一个地区的数字经济发展水平和发展速度均对其他地区的经济增长具有正向溢出效应,且对本地区产生正向反馈效应。②数字经济对区域经济韧性的影响效应不仅存在着直接促进效应,而且存在着中介效应,数字经济通过促进人力资本水平提高、创新能力增强对区域经济韧性提升产生积极影响。将研究样本从不同时期(冲击抵御期和恢复调整期)、不同地区(东部、中部、西部)、不同行政划分(直辖市和非直辖市)三个维度细分进行异质性检验,实证结果表明数字经济对区域经济韧性的提升作用存在着较大差异,在三组样本中,恢复调整期、东部地区、直辖市样本数字经济对区域经济韧性的提升作用更大。数字经济对区域经济韧性的影响存在门槛效应,在人力资本、创新能力、研发强度跨越门槛值的区域,数字经济对区域经济韧性的提升作用更大,存在边际效应递增的非线性影响效应。数字经济发展不仅能对本区域经济韧性产生积极作用,还能对周边区域产生正向溢出效应。③数字经济对经济高质量发展产生显著的促进作用,但存在地区差异,东部地区数字经济对经济高质量发展的促进作用大于中西部地区的促进作用。数字经济对经济高质量发展的影响表现出边际效应递增的非线性特征,且这种动态影响不仅受到数字经济本身水平的作用,而且受到人力资本和技术进步的调节作用;当数字经济、人力资本、技术进步跨越门槛值时,数字经济对经济高质量发展的促进作用更大。数字经济对经济高质量发展存在空间溢出效应,数字经济的发展不仅可以促进本地区的经济高质量发展,而且可以带动周边地区的经济高质量发展。根据研究结论,本章提出了有针对性的对策建议,以期为政府决策提供理论指导。

第 16 章　数字经济对国家创新绩效的影响研究：基于"一带一路"沿线国家

16.1　本章问题的提出

近年来，随着互联网、大数据、云计算等信息通信技术的快速发展，数字产业化和产业数字化实现了产品种类的增加和产品模式的创新，催生出网络化、智能化、协同化的产业新形态，数字经济的发展已成为影响国家创新绩效的重要因素。目前相关研究文献中，探讨信息化对创新绩效影响和互联网对创新绩效影响的研究较多，而探讨数字经济对国家创新绩效影响的研究相对较少。那么，各国数字经济发展有何特征和差异性？数字经济发展是否影响国家创新绩效？如果影响，其影响的机制如何？是否存在非线性影响效应和空间溢出效应？如何使数字经济在促进国家创新绩效提升中发挥更大的作用？将数字经济与创新绩效相联系，可为探究创新绩效的提升路径提供一个新的思路，从而丰富创新绩效影响因素的理论研究。本章拟对此进行深入探索。

数字经济作为当代经济增长的新引擎，得到了"一带一路"沿线国家的高度重视。本章拟以"一带一路"沿线国家为研究样本，分析"一带一路"沿线国家数字经济发展的特征与演化规律，探究数字经济对"一带一路"沿线国家创新绩效影响的作用机制、门槛效应和空间溢出效应，并探讨相关政策建议，以期为加快推进"一带一路"数字经济发展进程与创新绩效提升提供有益的思路。

16.2　"一带一路"沿线国家数字经济发展水平区域差异比较

自 2013 年"一带一路"倡议提出以来，中国与相关国家坚持共商、共建、共享原则，以互联互通为着力点，打造多元合作平台，推动"一带一路"建设向更高水平、更广空间迈进。近年来，随着互联网、大数据、人工智能等数字技术更新迭代，"一带一路"数字经济蓬勃发展，已经成为各国产业发展与变革的新动能，促进了相关国家资源的优化配置和互利共赢。但是，部分国家的数字经济发展水平区域差异较大，影响因素各异，如何进一步推进"一带一路"数字经济发展是当务之急，因而本章的研究具有重要的现实意义。

16.2.1 文献综述

随着数字经济的快速发展，数字经济发展水平区域差异比较也得到学者的高度关注。目前，相关的主要研究可以分为三类。其一，关于数字经济内涵的探索。Tapscott（1996）在其书中提出"数字经济"一词，但并未对数字经济做出明确的定义。Brynjolfsson 和 Kahin（2000）认为数字经济与信息技术相关，是信息的数字化。Carlsson（2004）和 Turcan 等（2014）把数字经济称作"新经济"，并指出"新经济"是动态的而非静态的，更多的是关于新活动和新产品。许宪春和张美慧（2020）、赵星（2016）认为数字经济是现代数字技术与国民经济运行各方面紧密结合的产物，数字经济代表着以数字技术为基础、以数字化平台为主要媒介、以数字化赋权基础设施为重要支撑进行的一系列经济活动，数字经济的出现改变了个人、企业和社会之间的传统关系。孙德林和王晓玲（2004）、任保平（2020）从发展数字经济的视角指出数字经济的本质是信息化，并分别给出了信息化的定义。数字经济被定义为：以使用数字化的知识和信息作为关键生产要素、以现代信息网络作为重要载体、以信息通信技术的有效使用作为效率提升和经济结构优化的重要推动力的一系列经济活动[①]。其二，关于数字经济发展水平的评价。越来越多的学者通过建立指标体系来研究数字经济的发展水平。吴翌琳（2019）构建了国家数字竞争力评价体系，并实证发现各国数字竞争力差距总体呈缩小态势。杨京英等（2005）、李赫龙和王富喜（2015）从信息化角度入手，构建了信息化发展指数，对不同国家信息化发展水平进行了分析。张雪玲和焦月霞（2017）通过对数字经济内涵的界定，构建了数字经济发展评价指标体系，研究发现中国数字经济发展总体上呈增长态势但增速有所减缓，同时，数字经济发展还存在内部不协调问题。李晓钟和张洁（2017）构建了农业信息化就绪度评估指标体系，比较分析中国农业信息化就绪度水平的区域差异。张伯超和沈开艳（2018）构建了数字经济发展就绪度评估指标体系，探究"一带一路"沿线国家数字经济发展就绪度的差异。其三，关于数字经济发展水平差异的原因及其影响方面的研究。区域间数字鸿沟的存在是学者和政策制定者间的共识。经济水平、信息化和语言等方面的差距，是区域间数字鸿沟存在的主要原因（康建强和唐曙南，2002）。詹晓宁和欧阳永福（2018）认为数字经济的兴起创造了大量的新业态和新型商业模式，跨国企业全球价值链出现了数字化、服务化、去中介化以及定制化的新趋势，使得跨国企业国际投资模式及路径发生了深刻改变。张勋等（2019）发现数字经济的发展帮助改善了农村居民的创业行为，并带来了创业机会的均等化，从而促进了中国经济的包容性增长。刘向东等（2019）指出数字经济的发展为调和中国连

---

① 二十国集团数字经济发展与合作倡议，http://www.cac.gov.cn/2016-09/29/c_1119648520.htm[2016-09-29]。

锁零售业"增长困境"提供了技术基础,对商业活动的空间分布特征和演化动力机制造成深刻的影响。

可见,现有的文献为本节研究提供了有益的思路。与以往研究相比,本节拟在以下三个方面进行深入探索:一是通过构建数字经济发展水平评价指标体系,量化分析"一带一路"沿线国家数字经济发展状况;二是利用评价指标体系和聚类分析方法,从纵向(2010~2018年)和横向(40个"一带一路"沿线国家)两个层面对"一带一路"沿线国家数字经济发展水平进行比较;三是详细剖析"一带一路"沿线国家数字经济发展水平存在差异的原因,以期为加快推进"一带一路"数字经济发展进程提供决策依据。

16.2.2 数字经济发展水平评价模型选择与数据来源说明

1. 数字经济发展水平评价指标体系构建

本节借鉴学者的研究成果,依据相关性、代表性以及可获得性等指标体系构建原则,借鉴国际电信联盟发布的《2017年衡量信息社会报告》(国际电信联盟,2017)和ICT发展指数(ICT development index, IDI)、上海社会科学院发布的《全球数字经济竞争力发展报告(2017)》(王振,2017),以及张伯超和沈开艳(2018)的研究成果,构建了数字经济发展水平评价指标体系,具体如表16-1所示。数字经济发展水平评价指标体系包括4个一级指标:ICT基础设施、ICT产业发展、ICT产业应用、ICT创新竞争力。其中,ICT基础设施包括固定电话覆盖率(每百人固定电话数)、移动电话覆盖率(每百人移动电话数)、安全互联网服务器覆盖率(每百万人安全互联网服务器)3个二级指标,该指标反映了该国数字经济发展的基础设施以及要素禀赋情况;ICT产业发展包括高科技出口占比、ICT产品出口占比2个二级指标,该指标能够衡量数字经济的发展情况,反映了该国数字经济的外向性程度;ICT产业应用包括固定宽带使用率(每百人固定宽带数)、移动宽带使用率(每百人移动宽带数)、互联网用户率(每百人互联网用户数)3个二级指标,该指标反映了数字经济相关应用的普及情况,体现了数字经济所带来交易流程的变化;ICT创新竞争力包括最新技术可用度、高等教育入学率、风险资本可用度3个二级指标,该指标从技术研发、人才支撑、创新转化三个方面较全面地衡量该国的技术创新适宜度,反映了该国数字经济的创新成果转化水平。

表16-1 数字经济发展水平评价指标体系

一级指标	二级指标	熵值	差异系数	权重
ICT基础设施	固定电话覆盖率	0.9909	0.0091	0.0993
	移动电话覆盖率	0.9945	0.0055	0.0599
	安全互联网服务器覆盖率	0.9932	0.0068	0.0735

续表

一级指标	二级指标	熵值	差异系数	权重
ICT 产业发展	高科技出口占比	0.9916	0.0084	0.0919
	ICT 产品出口占比	0.9919	0.0081	0.0885
ICT 产业应用	固定宽带使用率	0.9907	0.0093	0.1008
	移动宽带使用率	0.9944	0.0056	0.0608
	互联网用户率	0.9890	0.0110	0.1192
ICT 创新竞争力	最新技术可用度	0.9902	0.0098	0.1065
	高等教育入学率	0.9906	0.0094	0.1022
	风险资本可用度	0.9910	0.0090	0.0974

2. 数字经济发展水平评价模型选择与数据来源

1）模型选择

在综合评价方法中，根据确定权重的不同，有主观赋权法和客观赋权法。主观赋权法依赖主观判断，缺乏客观性；客观赋权法能够对研究对象做出客观的评价。本节是对"一带一路"沿线国家数字经济发展态势进行评价，既要横向研究不同国家数字经济发展水平的差异，又要纵向分析研究期间不同国家数字经济的发展情况，因此，本节采用客观赋权法中的熵值法，运用信息熵来度量数字经济发展水平评价指标体系中每个二级指标的权重，从而可以客观地对研究对象做出评价。

设有 n 个国家，m 项指标，t 年，则 x_{itj} 表示第 t 年 i 国家的第 j 项指标值，$t=2010, 2011, \cdots, 2018$；$i=1, 2, \cdots, n$；$j=1, 2, \cdots, m$。则 i 国家第 t 年的数字经济发展水平 Dig_{it} 为

$$\text{Dig}_{it} = \sum_j w_j P_{itj}$$
$$= \sum_j \left[\left(1 + \frac{1}{\ln(tn)} \sum_t \sum_i P_{itj} \ln(P_{itj})\right) \Big/ \sum_j \left(1 + \frac{1}{\ln(tn)} \sum_t \sum_i P_{itj} \ln(P_{itj})\right) \right] P_{itj} \quad (16\text{-}1)$$

式中，w_j 表示第 j 项指标的权重；P_{itj} 表示第 t 年第 j 项指标下 i 国家占该指标的比重。

$$P_{itj} = \left(X'_{itj} + A\right) \Big/ \sum_t \sum_i \left(X'_{itj} + A\right) \quad (16\text{-}2)$$

式中，X'_{itj} 表示标准化后的数值；A 表示标准化后数值进行平移的幅度。

对正向指标：$X'_{itj} = \left(X_{itj} - \left(\frac{1}{tn}\right) \sum_t \sum_i X_{itj}\right) \Big/ \sqrt{\frac{1}{n-1}\left(X_{itj} - \left(\frac{1}{tn}\right) \sum_t \sum_i X_{itj}\right)^2}$。

对逆向指标：$X'_{itj} = \left(\left(\dfrac{1}{tn}\right)\sum_t\sum_i X_{itj} - X_{itj}\right) \bigg/ \sqrt{\dfrac{1}{n-1}\left(\left(\dfrac{1}{tn}\right)\sum_t\sum_i X_{itj} - X_{itj}\right)^2}$。

2）样本国家选择与数据来源

本节以"一带一路"沿线国家为研究对象，根据上述指标数据的可得性，删除指标数据缺失的国家，选取指标数据齐全的国家，包括中国在内共 40 个国家，根据各国所处的地理位置，划分为六大区域，具体如表 16-2 所示。

表 16-2 "一带一路"沿线国家样本数据集

区域	主要国家
区域 1	中国、蒙古国、印度尼西亚、马来西亚、越南、泰国
区域 2	哈萨克斯坦、吉尔吉斯斯坦
区域 3	印度、斯里兰卡、尼泊尔、巴基斯坦
区域 4	乌克兰、格鲁吉亚、俄罗斯、阿塞拜疆、摩尔多瓦、亚美尼亚
区域 5	巴林、以色列、希腊、沙特阿拉伯、塞浦路斯、卡塔尔、约旦、阿曼、埃及
区域 6	爱沙尼亚、斯洛文尼亚、拉脱维亚、匈牙利、立陶宛、克罗地亚、北马其顿、波兰、保加利亚、罗马尼亚、捷克、斯洛伐克、阿尔巴尼亚

本节数据主要来自世界银行数据库、世界经济论坛的《全球信息技术报告》、国家统计局数据、UNESCO（United Nations Educational, Scientific and Cultural Organization，联合国教育、科学及文化组织）、UNICEF（United Nations International Children's Emergency Fund，联合国儿童基金会）数据等，对于个别原始数据缺失值，通过对整体数据变化趋势的分析，得到相应的数值。

16.2.3 "一带一路"沿线国家数字经济发展水平评估

根据已构建的数字经济发展水平评价指标体系和上述估算方法，利用 40 个"一带一路"沿线国家 2010～2018 年的数据，可获得本节构建的"一带一路"沿线国家数字经济发展水平评价指标体系各层权重和发展水平值，如表 16-1 和表 16-3 所示。本节拟从时间纵向和区域横向对"一带一路"沿线国家数字经济发展水平进行比较分析，研究"一带一路"沿线国家数字经济发展情况以及区域之间的差异。

表 16-3 2010～2018 年"一带一路"沿线国家数字经济发展水平

指标	2010 年	2011 年	2012 年	2013 年	2014 年	2015 年	2016 年	2017 年	2018 年	年均增长率/%
ICT 基础设施	0.0248	0.0252	0.0253	0.0251	0.0253	0.0253	0.0255	0.0275	0.0285	1.75

续表

指标	2010年	2011年	2012年	2013年	2014年	2015年	2016年	2017年	2018年	年均增长率/%
ICT产业发展	0.0200	0.0197	0.0198	0.0199	0.0200	0.0204	0.0204	0.0201	0.0202	0.12
ICT产业应用	0.0260	0.0277	0.0294	0.0306	0.0317	0.0325	0.0335	0.0345	0.0348	3.71
ICT创新竞争力	0.0333	0.0333	0.0337	0.0336	0.0336	0.0338	0.0344	0.0349	0.0354	0.77
数字经济发展水平	0.1042	0.1060	0.1081	0.1093	0.1107	0.1121	0.1138	0.1169	0.1189	1.66

1. 时间纵向的数字经济发展水平评估

首先，从整体层面的数字经济发展水平来看，2010~2018年"一带一路"沿线国家整体数字经济发展水平呈持续上升的趋势。由表16-3可知，数字经济发展水平由2010年的0.1042增加到2018年的0.1189，年均增长率为1.66%，而这主要得益于ICT基础设施、ICT产业发展、ICT产业应用和ICT创新竞争力的提高。

其次，从六大区域的数字经济发展水平来看，2010~2018年，六大区域数字经济发展水平由高到低分别是区域6、区域5、区域1、区域4、区域2和区域3，且各地区数字经济发展水平年均增长率存在较大差异。其中，区域6、区域5的数字经济发展水平较高，增长较为平稳；区域1、区域2、区域4的数字经济发展水平中等，增长势头较为强劲；区域3的数字经济发展水平较低，增长潜力巨大。总体来看，2010~2018年六大区域数字经济发展水平整体呈上升态势，如图16-1所示。

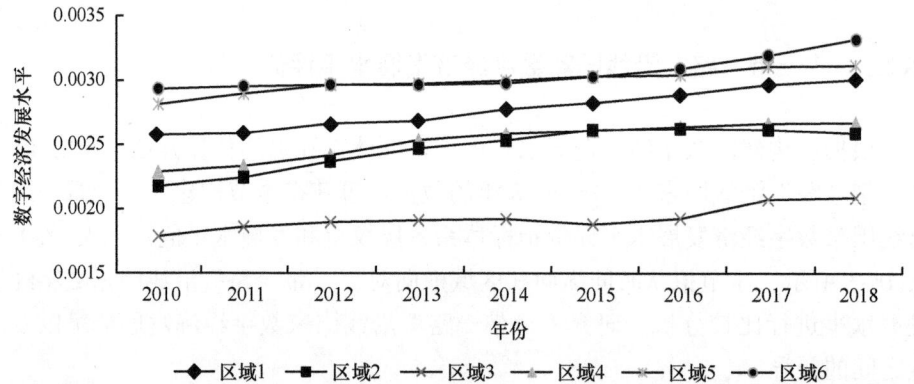

图16-1 2010~2018年"一带一路"沿线国家分区域数字经济发展水平变化趋势

再次，从各国的数字经济发展水平来看，2010~2018年40个"一带一路"沿线国家数字经济发展水平基本都呈现增长态势，大多数国家的数字经济发展水平在不断提升，如表16-4所示。其中，2010~2018年年均增长率排名前五位的国家为尼泊尔、越南、格鲁吉亚、保加利亚、吉尔吉斯斯坦，排名后五位的国家为塞浦路斯、匈牙利、以色列、约旦、巴基斯坦，涵盖了多个区域，表明同一区域的国家间数字经济的发展也存在较大差异。

表 16-4　2010~2018 年"一带一路"沿线国家数字经济发展水平变化

国家	2010 年	2018 年	年均增长率/%	国家	2010 年	2018 年	年均增长率/%
中国	0.0028	0.0033	2.08	希腊	0.0032	0.0037	1.83
蒙古国	0.0020	0.0023	1.76	沙特阿拉伯	0.0027	0.0032	2.15
印度尼西亚	0.0023	0.0025	1.05	塞浦路斯	0.0036	0.0036	0
马来西亚	0.0034	0.0038	1.40	卡塔尔	0.0026	0.0029	1.37
越南	0.0024	0.0032	3.66	约旦	0.0024	0.0025	0.51
泰国	0.0027	0.0030	1.33	阿曼	0.0024	0.0028	1.95
哈萨克斯坦	0.0026	0.0030	1.80	埃及	0.0020	0.0023	1.76
吉尔吉斯斯坦	0.0018	0.0022	2.54	爱沙尼亚	0.0036	0.0042	1.95
印度	0.0020	0.0023	1.76	斯洛文尼亚	0.0033	0.0037	1.44
斯里兰卡	0.0020	0.0023	1.76	拉脱维亚	0.0029	0.0034	2.01
尼泊尔	0.0014	0.0020	4.56	匈牙利	0.0033	0.0033	0
巴基斯坦	0.0017	0.0018	0.72	立陶宛	0.0031	0.0035	1.53
乌克兰	0.0025	0.0028	1.43	克罗地亚	0.0029	0.0033	1.63
格鲁吉亚	0.0021	0.0027	3.19	北马其顿	0.0024	0.0027	1.48
俄罗斯	0.0026	0.0028	0.93	波兰	0.0029	0.0032	1.24
阿塞拜疆	0.0023	0.0027	2.02	保加利亚	0.0027	0.0033	2.54
摩尔多瓦	0.0021	0.0025	2.20	罗马尼亚	0.0027	0.0030	1.33
亚美尼亚	0.0021	0.0025	2.20	捷克	0.0032	0.0038	2.17
巴林	0.0029	0.0032	1.24	斯洛伐克	0.0031	0.0033	0.78
以色列	0.0037	0.0038	0.33	阿尔巴尼亚	0.0021	0.0024	1.68

注：表中数据进行了四舍五入修约

最后，为了研究"一带一路"沿线国家数字经济发展水平在不同阶段的发展情况，对 2010~2018 年"一带一路"沿线国家数字经济发展水平进行聚类分析，结果如图 16-2 所示。根据谱系图，在所研究的样本时间范围内可以将"一带一路"沿线国家数字经济发展水平划分为三个阶段：第一阶段，2010 年，缓慢发展阶段，数字经济发展水平较低；第二阶段，2011~2016 年，较快发展阶段，数字经济发展水平逐步提升；第三阶段，2017~2018 年，快速发展阶段，数字经济发展水平较高。

2. 区域横向的数字经济发展水平评估

首先，2018 年"一带一路"沿线国家数字经济发展水平存在较大差异，如表 16-4 所示。在 2018 年，"一带一路"沿线国家数字经济发展水平排名中，爱沙

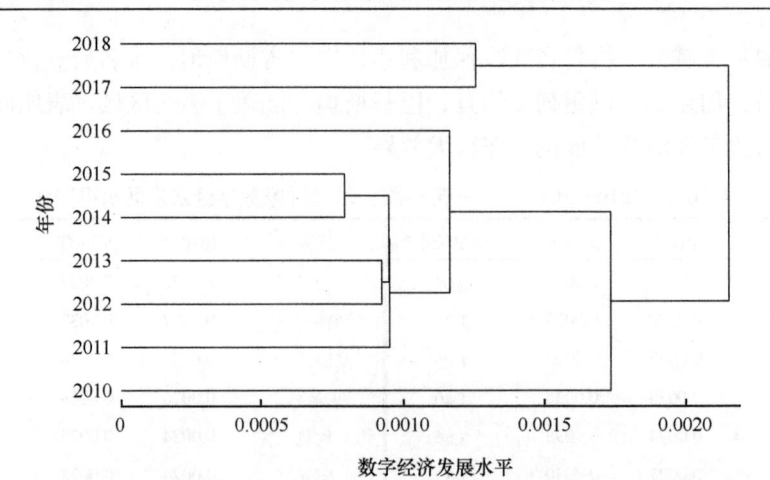

图 16-2　2010~2018年"一带一路"沿线国家数字经济发展水平系统聚类谱系图

尼亚为第1位，巴基斯坦为第40位。排名前5位的国家分属区域6、区域5和区域1，排名末5位的国家中有3个国家属于区域3，该结果表明"一带一路"沿线国家数字经济发展水平具有显著的区域发展不平衡性，且同一区域的国家数字经济发展水平也存在较大差异，以区域6为例，2018年爱沙尼亚数字经济发展水平排名第1，而同区域的阿尔巴尼亚排名第33。

其次，利用系统聚类法探究"一带一路"沿线国家数字经济发展水平的区域特征。根据聚类结果，可以将40个国家分为5类，如图16-3所示。第一类：数字经济发展水平高国家；包括爱沙尼亚，属于区域6，该地区经济水平较发达。第二类：数字经济发展水平较高国家；包括以色列、捷克等共5个国家，主要属于区域5、区域6。第三类：数字经济发展水平中等国家；包括立陶宛、拉脱维亚等共12个国家，主要属于区域6、区域1、区域5。第四类：数字经济发展水平较低国家；包括格鲁吉亚、阿塞拜疆等共20个国家，主要属于区域4、区域2、区域3和区域5，经济发展水平较低。第五类：数字经济发展水平低国家；包括尼泊尔、巴基斯坦，属于区域3，经济欠发达，如表16-5所示。

表16-5　2018年40个"一带一路"沿线国家数字经济发展水平分类表

发展水平	国家
高	爱沙尼亚
较高	以色列、捷克、马来西亚、斯洛文尼亚、希腊
中等	立陶宛、拉脱维亚、塞浦路斯、匈牙利、巴林、克罗地亚、斯洛伐克、保加利亚、波兰、沙特阿拉伯、中国、越南
较低	格鲁吉亚、阿塞拜疆、摩尔多瓦、亚美尼亚、约旦、印度尼西亚、阿尔巴尼亚、吉尔吉斯斯坦、印度、蒙古国、斯里兰卡、埃及、泰国、哈萨克斯坦、罗马尼亚、卡塔尔、俄罗斯、阿曼、乌克兰、北马其顿
低	尼泊尔、巴基斯坦

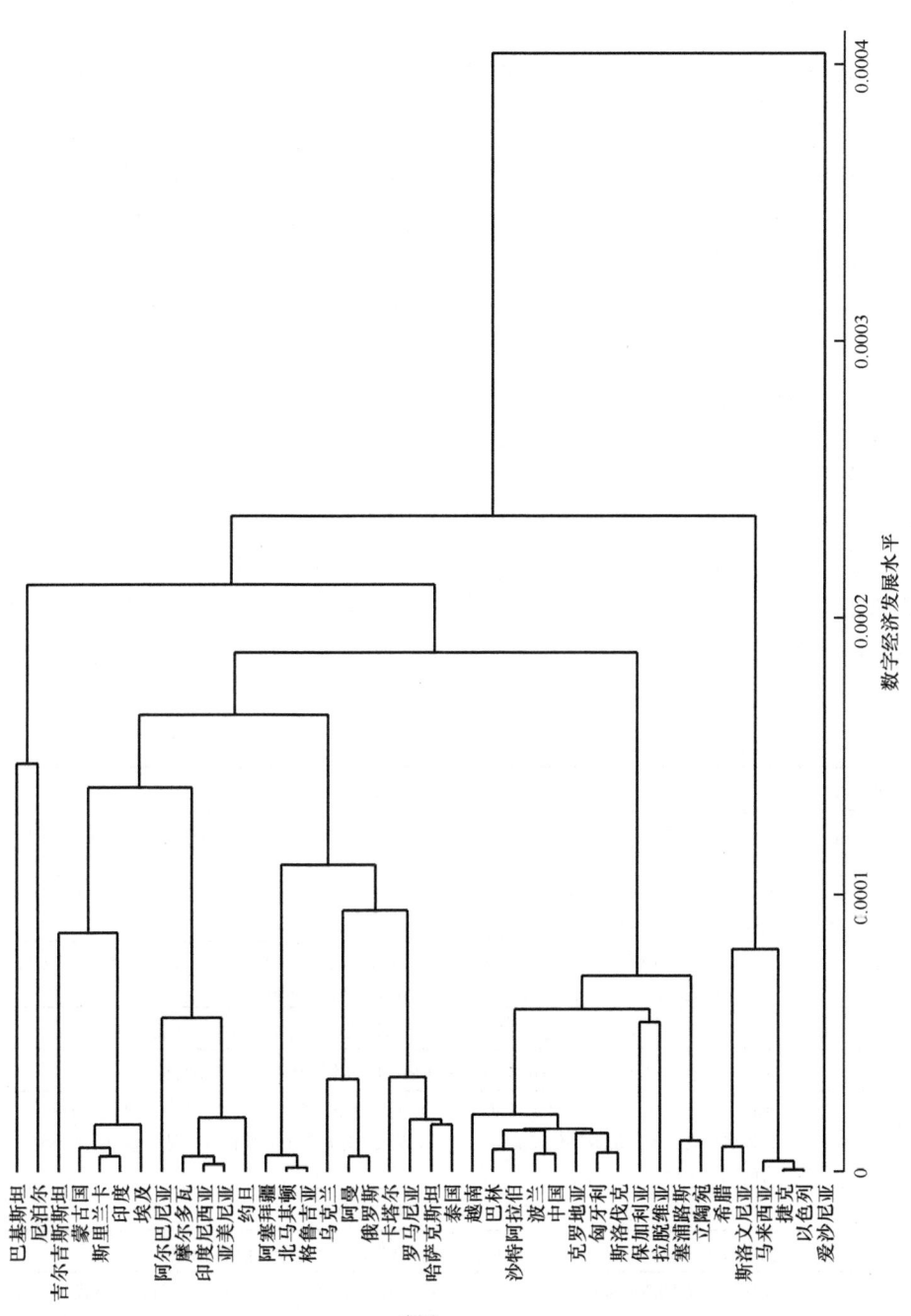

第16章 数字经济对国家创新绩效的影响研究：基于"一带一路"沿线国家 ·397·

图16-3 2018年40个"一带一路"沿线国家数字经济发展水平系统聚类谱系图

16.2.4 区域差异成因分析

1. 政策支持是"一带一路"沿线国家数字经济发展水平不断提升的重要因素

近年来,数字经济发展逐渐被提到国家发展战略层面,"一带一路"沿线国家都对数字经济发展进行前瞻性布局,从国家战略和顶层设计高度明确了未来数字经济发展的战略目标、重大任务、推进机制和相关政策,如表 16-6 所示。例如,爱沙尼亚政府在 2017 年提出"一次即可"原则,呼吁欧盟各国扩大数据共享,推动单一数字市场建设。捷克政府在 2016 年 2 月推出《下一代互联网发展规划》;2019 年底,捷克政府通过数字服务权法案,启动"数字化宪法"。波兰政府在 2016 年发布《负责任的发展计划》,将网络安全和数据分析作为其经济社会发展重要支柱之一,并将数字化行政列为建设高效政府的重要举措。沙特阿拉伯政府在 2016 年公布"2030 愿景文件",在技术领域,指出优先增加数字经济投资。中国政府也高度重视,2016 年,中国政府出台《国家信息化发展战略纲要》《"十三五"国家信息化规划》,明确了数字中国建设发展的路线图和时间表。可以说,政策支持是"一带一路"沿线国家数字经济发展水平不断提升的重要依靠力量。

表 16-6 "一带一路"沿线典型国家数字经济发展的战略政策

典型国家	国家战略政策
爱沙尼亚	2017 年,爱沙尼亚政府提出"一次即可"原则,呼吁欧盟各国扩大数据共享,推动单一数字市场建设
捷克	2016 年 2 月,捷克政府推出《下一代互联网发展规划》;2019 年底,捷克政府通过数字服务权法案,启动"数字化宪法"
波兰	2016 年,波兰政府发布《负责任的发展计划》,将网络安全和数据分析作为其经济社会发展重要支柱之一,并将数字化行政列为建设高效政府的重要举措
沙特阿拉伯	2016 年,沙特公布"2030 愿景文件",在技术领域,指出优先增加数字经济投资
阿曼	2016 年,阿曼政府制定"2040 愿景"等计划,以期实现经济多样化的目标
哈萨克斯坦	2017 年 1 月,哈萨克斯坦政府发布《哈萨克斯坦"第三个现代化建设":全球竞争力》,明确提出推动国家经济数字化发展是"第三个现代化建设"的主要任务,是增强国家国际竞争力的重要举措
印度尼西亚	2017 年 8 月,印度尼西亚政府发布《电子商务路线图》
马来西亚	2017 年,马来西亚宣布与中国阿里巴巴集团合作建设"数字自由贸易区"
泰国	2016 年,泰国政府提出"数字泰国"发展计划,提出了"泰国 4.0"高附加值经济模式,将数字经济列入"泰国 4.0"的十大目标产业之一;2017 年 6 月,发布《泰国行业数字化转型洞察:老龄化社会、农业、旅游业的数字化路线图》白皮书

第 16 章　数字经济对国家创新绩效的影响研究：基于"一带一路"沿线国家　·399·

续表

典型国家	国家战略政策
中国	2017 年，中国政府工作报告明确提出促进数字经济加快成长[①]；2018 年，全国网络安全和信息化工作会议上，习近平主席强调，要发展数字经济，加快推动数字产业化和产业数字化[②]
俄罗斯	2017 年 7 月，俄罗斯政府推出《俄罗斯联邦数字经济规划》；普京总统曾公开表示："发展数字经济是俄罗斯经济领域第一要务。"
巴基斯坦	2016 年，巴基斯坦设立了国家数字经济创新中心

2. ICT 基础设施的建设促进数字经济发展水平提升

近年来，随着信息网络技术、大数据、云计算等数字技术的快速发展，"一带一路"沿线国家对 ICT 基础设施建设越来越重视。本节利用对应分析进一步研究对"一带一路"沿线国家数字经济发展水平作用较大的因素。对应分析又称为关联分析，在对应分析结果图中，关系越近的样本点距离越近，关系越近的变量点距离也越近，可以归为一类。对 2010～2018 年"一带一路"沿线国家数字经济发展各指标的对应分析如图 16-4 所示。由图 16-4 可知，从 2010 年至 2018 年数字

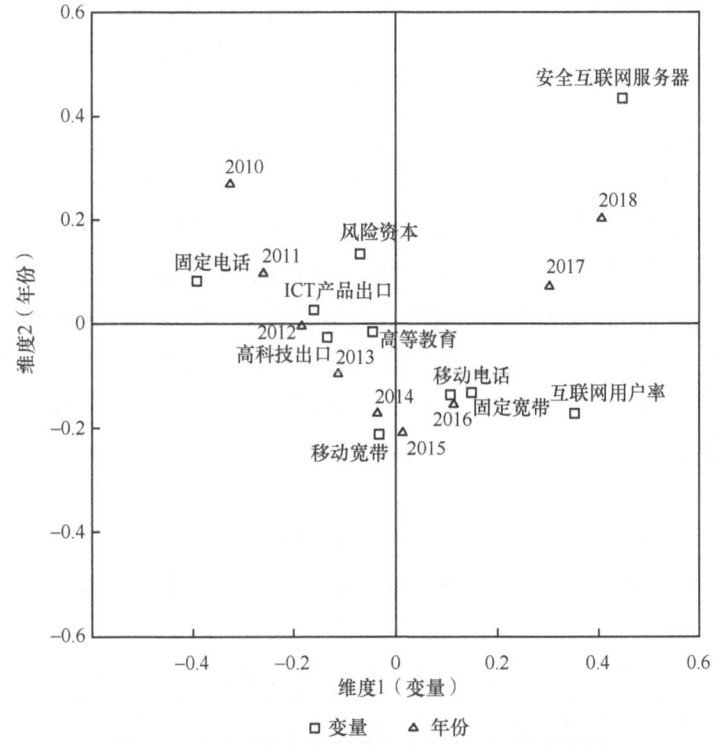

图 16-4　时间纵向数字经济发展水平对应分析图

---

① 2017 年政府工作报告，https://www.gov.cn/guowuyuan/2017zfgzbg.htm[2017-03-05]。
② 习近平出席全国网络安全和信息化工作会议并发表重要讲话，https://www.gov.cn/xinwen/2018-04/21/content_5284783.htm[2018-04-21]。

经济发展水平是有区别的，2010 年和 2018 年距原点较远，分属不同的象限，有显著的差异，这也反映了 2010~2018 年"一带一路"沿线国家数字经济发展水平由低到高的过程。安全互联网服务器、固定电话等离原点距离也比较远且分属不同象限，说明 ICT 基础设施建设在 2010~2018 年差异较大。可见，"一带一路"沿线国家数字经济发展水平得以提高的最主要原因是安全互联网服务器等 ICT 基础设施的建设与普及。

3. 数字鸿沟是导致区域数字经济发展存在差异的主要原因

尽管"一带一路"沿线国家数字经济整体发展水平不断提升，但是各国数字经济发展格局极其不均衡。由于地区间 ICT 基础设施建设、经济发展水平、网络信息化水平、劳动力受教育程度等方面的差异，区域之间存在明显的"数字鸿沟"现象。从 ICT 发展角度来分析，将数字鸿沟分为接入沟、使用沟和技能沟。数字鸿沟的第一道沟即接入沟，ICT 基础设施是数字经济发展的重要前提。由表 16-7 可知，2018 年分区域平均安全互联网服务器数量由高到低分别是区域 6、区域 4、区域 5、区域 1、区域 2 和区域 3；同时，由于同一区域不同国家间 ICT 基础设施建设也存在较大差异，故数字鸿沟现象也广泛存在于相同区域的国家之间。数字鸿沟的第二道沟即使用沟，ICT 产业应用是数字经济发展的重要保障，人均 GDP 为 ICT 的使用提供良好的经济基础。2018 年分区域人均 GDP 排名由高到低分别是区域 5、区域 6、区域 1、区域 2、区域 4 和区域 3，同时，由于同一区域不同国家间经济发展水平也存在较大差异，故数字鸿沟中的使用沟存在较大差异。数字鸿沟的第三道沟即技能沟，是区域数字经济发展水平存在差异的另一个重要原因。数字经济的发展取决于劳动者的文化教育程度，教育水平越高的劳动者对数字信息的意识越高，利用数字技术的能力也越强，2018 年分区域平均受教育年限由高到低分别是区域 6、区域 4、区域 2、区域 5、区域 1 和区域 3，其中，区域 3 平均受教育年限远低于其他地区，且同一区域不同国家间劳动者受教育程度也存在较大差异。

由表 16-7 可知，较高的经济发展水平和文化教育水平对 ICT 基础设施的建设较为有利，从而导致区域 6、区域 5 数字经济发展水平高于区域 1、区域 2、区域 4 以及区域 3。

表 16-7 分区域数字经济发展水平与相关指标平均数（2018 年）

区域	平均安全互联网服务器/[台/（×10^2 万人）]	人均 GDP/美元现值	平均受教育年限/年
区域 6	21 573.26	16 095.15	11.89
区域 5	2 471.60	25 260.26	10.21
区域 1	1 975.98	6 540.84	8.70
区域 4	2 842.43	5 397.42	11.67

续表

区域	平均安全互联网服务器/[台/(×10² 万人)]	人均 GDP/美元现值	平均受教育年限/年
区域 2	772.19	5 560.37	11.35
区域 3	222.96	2 151.85	6.93

对 2018 年 40 个 "一带一路" 沿线国家数字经济发展水平各指标的对应分析如图 16-5 所示，爱沙尼亚、捷克等国家离原点较远，巴基斯坦、尼泊尔、印度等国家离原点也较远，它们属于不同的象限，有显著的差异；数字经济发展水平中等的国家位于原点附近，这也和前文对数字经济发展水平评估的结果相一致。爱沙尼亚、捷克等数字经济发展水平高的地区在安全互联网服务器指标上比较有优势，相比之下巴基斯坦、印度等国家数字经济发展还主要依靠 ICT 产品出口、风险资本可用度等指标。具有较高数字经济发展水平的区域 6、区域 5 的 ICT 发展总体优于区域 1、区域 2、区域 4 以及区域 3，说明数字鸿沟是区域数字经济发展水平存在差异的根本原因。由表 16-8 可知，较高的经济发展水平和文化教育水平对 ICT 基础设施的建设较为有利，这也是导致国家乃至区域之间存在数字经济发

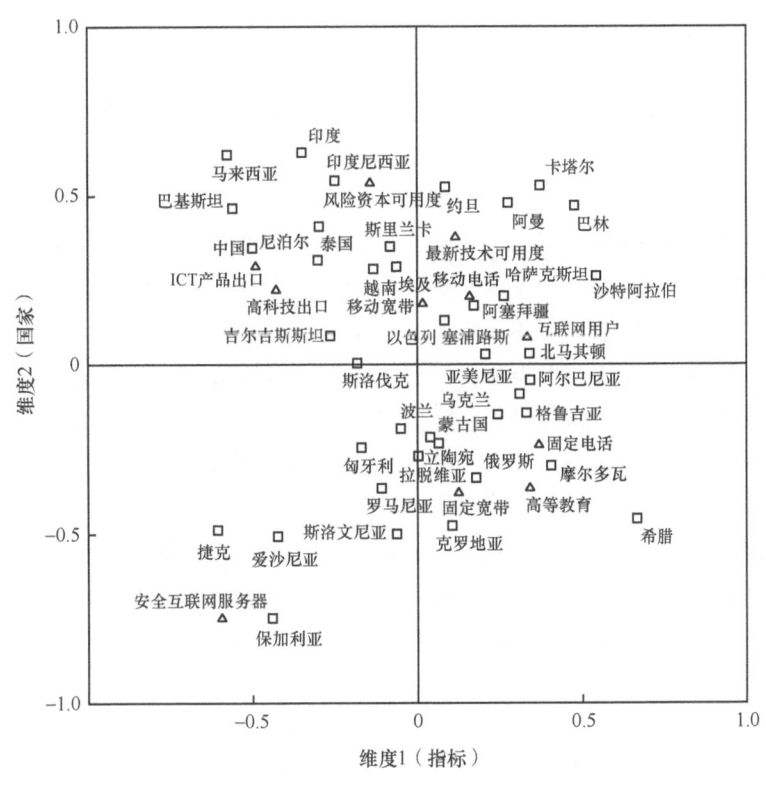

图 16-5 区域横向数字经济发展水平对应分析图

展水平差异的重要原因。

表16-8 数字经济发展水平前五名和后五名国家相关指标的排名情况（2018年）

排名	国家	数字经济发展水平排名	安全互联网服务器/[台/（×10²万人）]	人均GDP/美元现值	平均受教育年限/年
前五名	爱沙尼亚	1	48 933.90（1）	23 170.71（8）	13（1）
	以色列	2	9 610.86（12）	41 719.73（2）	13（1）
	捷克	3	42 361.46（2）	23 415.84（6）	12.7（6）
	马来西亚	4	5 713.04（15）	11 377.46（16）	10.2（25）
	斯洛文尼亚	5	33 122.24（4）	26 115.91（4）	12.3（9）
后五名	斯里兰卡	36	421.41（28）	4 080.57（32）	11.1（19）
	蒙古国	37	1 286.79（21）	4 134.99（31）	10.2（26）
	吉尔吉斯斯坦	38	170.21（35）	1 308.14（39）	10.9（21）
	尼泊尔	39	182.50（34）	1 038.65（40）	4.9（40）
	巴基斯坦	40	109.14（38）	1 482.31（38）	5.2（39）

注：括号内为各国相关指标排名情况

16.2.5 本节结论与政策建议

本节构建了数字经济发展水平评价指标体系对"一带一路"沿线国家的数字经济发展水平进行研究。研究结果表明：①2010～2018年"一带一路"沿线国家数字经济发展水平可以分为缓慢发展阶段（2010年）、较快发展阶段（2011～2016年）与快速发展阶段（2017～2018年）。②随着ICT基础设施的不断完善、劳动者受教育水平的不断提升，无论是整体层面还是六大区域层面，"一带一路"沿线国家数字经济发展水平总体呈增长态势。③"一带一路"沿线区域间数字经济发展存在显著的差异性，聚类分析结论也表明，区域6、区域5数字经济发展水平较高，区域1、区域2、区域4次之，区域3普遍较差；所研究的40个样本国家从高到低也可分为5类。④"一带一路"沿线国家数字经济发展水平提高主要得益于国家政策支持和安全互联网服务器等ICT基础设施的建设与普及，而数字鸿沟则是导致区域数字经济发展存在差异的主要原因。可见，尽管"一带一路"沿线国家数字经济发展较快，但区域之间的发展显著不平衡，同一区域的国家发展水平也存在较大差异，因此，加快推动"一带一路"数字经济发展进程仍存在较大挑战。

为进一步提升"一带一路"数字经济发展水平，建议：①充分发挥政府的主导作用。数字经济的有序发展需要健全的法律法规体系的支撑。因此，我国应加强与相关国家的沟通与交流，改善"一带一路"数字经济发展的生态环境，加强各国数字经济的国际合作。制定和完善数字经济建设的优惠政策，设立专项资金和扶持项目，建立以企业为主体、以项目为基础、各类基金引导、个人与企业共同参与的多元化融资模式，不断创新推进机制，鼓励数字技术的开发与创新，引导更多的企业投入"一带一路"数字经济建设中，带动各国共同发展。②构建全方位、多层次、复合型的互联互通网络。信息网络基础设施是数字经济发展的基础。由于各国经济实力和技术水平不一，故各国信息技术基础设施建设也存在较大差异，而后者也是导致数字鸿沟产生的主要原因。因此，我国要进一步进行前瞻布局，与相关国家建立双边或多边新型基础设施共建、共享机制，创新 PPP 模式，积极利用社会资本加快推进"一带一路"新型信息网络基础设施建设，增加安全互联网服务器的数量，提高互联网光缆覆盖率，提升互联网的普及率，夯实互联互通基础。③提升信息网络技术创新能力。信息网络技术创新能力是"一带一路"数字经济发展的重要技术基础，有助于全面提升我国与相关国家数字经济合作的层次和水平。政府应进一步加大对信息网络关键核心技术的研发投入，构建关键核心技术攻坚机制；进一步加强产权保护政策，完善技术创新激励政策，引导企业重视技术研发和应用，提高主动利用国际创新资源的动力，增强企业的技术创新能力和核心竞争力，充分发挥技术创新在数字经济发展中的引领和支撑作用。④积极培育数字经济新产业、新业态和新模式。随着互联网、大数据等数字技术的蓬勃发展，跨境物流、电商平台等数字经济新产业、新业态和新模式应运而生，成为加快"一带一路"建设的新引擎。因此，我国要积极推动数字技术产业化，积极推进数字技术与实体经济的深度融合，大力培育"互联网+跨境电子商务""互联网+跨境物流产业"等新业态、新模式，协同建设跨境电子商务、跨境物流产业合作平台，统筹推进试点示范，持续深化"数字丝绸之路"和"丝路电商"建设合作。⑤加强数字经济专业人才的培养。随着"一带一路"数字经济的发展，数字经济专业技能人才、创新技术人才和中高端人才严重供给不足。因此，我国要集聚需求导向，创新人才培养模式，多措并举，为"一带一路"数字经济发展提供人才支撑。一是可通过在高校设置数字经济方面的专业，加强数字经济领域人才的培育；二是通过第三方培训机构加强专业人才的培训；三是提供线上"培训服务"，开设"企业微课"，为中小微企业送政策、送技术、送管理，帮助提供线下服务的企业创新商业模式、拓展线上服务，帮助企业提升数字化转型能力，助力企业长远发展。

16.3 数字经济对"一带一路"沿线国家创新绩效的影响

16.3.1 引言

当前，全球正面临新一轮的技术与产业变革，数字经济作为未来经济增长的新动力,正对"一带一路"建设产生着重要影响。2019年4月,习近平在第二届"一带一路"国际合作高峰论坛开幕式上指出:"创新就是生产力""我们要顺应第四次工业革命发展趋势,共同把握数字化、网络化、智能化发展机遇,共同探索新技术、新业态、新模式,探寻新的增长动能和发展路径,建设数字丝绸之路、创新丝绸之路。"[①]创新能力将成为推动"一带一路"沿线国家经济高质量发展的"第一动力"(朱永凤等,2019)。根据《"一带一路"大数据报告(2017)》,"一带一路"沿线国家互联网基础设施建设呈高速增长态势,沿线国家移动电话平均普及率高达121.35%,电脑平均普及率达52.43%,并且数据表明信息化建设需求也呈现快速增长态势。因此,精准把握相关国家数字经济与创新绩效的发展现状,深入研究数字经济对创新绩效的影响,对相关国家政策的制定和执行,推进"一带一路"建设具有重要意义。

近年来,数字经济对创新绩效的影响已成为国内外学者研究的主题,与数字经济影响创新绩效比较密切的文献是信息化对创新绩效的影响和互联网对创新绩效的影响。研究成果包括:其一,信息化对创新绩效的影响。许多文献证实了其对创新活动的积极影响。Forés和Camisón(2016)研究发现区域创新主体能够借助ICT实现创新能力的提升。Cui等(2015)基于中国225家公司的数据,研究发现信息技术能够对企业创新绩效产生积极影响。董祺(2013)研究发现,信息化投入对创新成果增长具有显著正向影响,而信息化与研发投入之间存在负的交互效应。王莉娜和张国平(2018)分析发现,ICT对企业的研发投入、产品创新和流程创新三个方面具有显著促进作用。张骞和吴晓飞(2018)分析发现信息化促进了中国区域创新能力的提升且存在区域差异,中西部地区创新能力获得的促进作用显著大于东部地区。其二,互联网对创新绩效的影响。学者普遍认为互联网对创新绩效具有促进作用。Glavas和Mathews(2014)基于案例分析发现,互联网对企业的创新性和主动性均具有积极影响,且高度主动的国际企业家表现出更高水平的互联网能力。Paunov和Rollo(2016)研究发现,互联网对不同企业创新绩效的影响程度不同,效率较高、吸收能力较强的企业更容易从互联网中获得创新收益。李晓钟和王欢(2020a)、凌华等(2020)、霍丽和宁楠(2020)、张旭亮等(2017)研究发现互联网对中国创新能力的影响存在区域异质性,对东部地区的促进作用明显高于中西部地区。惠宁和刘鑫鑫(2020)、韩先锋等(2019)分析发现互联网对中国区域创新能力存在边际报酬递增的正向非线性影响的特征。其三,数字经济对创新绩效的影响。关于数字经济对创新绩效影响的直接研究较少,更多学者着重研究数字经济与经济增长

[①] 齐心开创共建"一带一路"美好未来——在第二届"一带一路"国际合作高峰论坛开幕式上的主旨演讲,https://www.gov.cn/xinwen/2019-04/26/content_5386544.htm[2019-04-26]。

的关系。洪银兴（2018）、杨新铭（2017）、丁志帆（2020）、荆文君和孙宝文（2019）从理论层面探讨了数字经济促进经济发展的作用机理。宋洋（2020）、陈小辉等（2020）、宇超逸等（2020）、王开科等（2020）在理论分析的基础上，从实证层面探讨了数字经济对经济高质量增长的驱动作用。只有少数学者研究了数字经济对创新绩效的影响。Lyytinen等（2016）探讨了产品创新数字化如何重塑创新网络中的知识创造和共享。张昕蔚（2019）从理论层面分析了数字经济对创新资源配置方式和创新组织方式的影响，并探讨了不同主导型企业创新生态系统的运行模式。熊励和蔡雪莲（2020）实证分析了数字经济对长三角城市群创新能力的影响效应，发现数字经济发展能有效推动技术创新和产品创新。汪亚楠等（2020）研究认为数字金融能够显著地促进中国城市创新，且促进作用存在区域异质性，对东部地区城市创新的促进作用强于中西部地区。李雪等（2021）研究发现数字经济能够通过直接效应和间接效应促进中国区域创新绩效的提升，人力资本和研发资本是其重要的中介因素，且促进作用具有非线性特征，对东部地区的促进作用强于中西部地区。温珺等（2019）研究发现数字经济对创新能力的促进作用具有非线性特点，对东北部地区影响最大，对东部地区影响最弱。

可见，已有文献为我们研究数字经济对"一带一路"沿线国家创新绩效的影响提供了一定的思路。但是，"一带一路"沿线国家数字经济对创新绩效影响的区域差异以及空间效应等尚待进一步深入研究。本节尝试在以下三个方面做出贡献：一是将数字经济与创新绩效相联系，探索数字经济影响创新绩效的内在机理，为探究创新绩效的提升路径提供一个新的思路；二是构建创新产出模型和空间面板模型，定量分析数字经济对"一带一路"沿线国家创新绩效的直接效应、间接效应和空间溢出效应；三是构建门槛模型，揭示数字经济影响创新绩效的非线性效应，并探讨政策建议，以期为推动"一带一路"沿线国家数字经济发展进程与提升创新绩效提供决策依据。

16.3.2 理论分析与研究假设

数字经济跨时空信息传播（赵涛等，2020）、数据共享等特征，不仅能对创新绩效产生直接影响，而且能通过"数字+"赋能创新要素，从而对创新绩效产生间接影响。同时，考虑到互联网的梅特卡夫定律，即网络溢出具有边际效应递增的特征（李雪等，2021），数字经济对创新绩效的影响也可能具有非线性特点和空间溢出效应。本节将主要从作用机制、非线性效应及空间溢出效应三个方面探讨数字经济对创新绩效的影响，并提出研究假设。

1. 数字经济影响创新绩效的作用机制

数字经济对创新绩效提升具有直接传导机制，主要通过三个层面实现。其一，数字技术是数字经济发展的基础，是新业态、新模式迭代升级的驱动力，也会激发消费者对产品多样化的创新需求，传统的产品供给方的单方向输出流动转变为产品供需双方的双向交换流动（郭家堂和骆品亮，2016；罗珉和李亮宇，2015），从而促使产品产量提升和种类增加，并逐渐形成规模效应，规模报酬递增可以节约各类成本，进而提高创新主体的研发效率，最终提升整个地区的创新绩效。其二，数字经济破除了时空的限制，实现了信息传播路径和范围的拓展，从而促进信息的溢出（李晓钟和王欢，2020a），这使得创新主体和创新活动的参与者更为方便地获取外部信息，能够较容易地享受到高效的创新服务（韩先锋等，2019），从而使得数字经济中的创新溢出红利得以释放。此外，数字经济改变了传统行业的创新方式，促进了新兴产业创新方式的推陈出新，为满足消费者多元化的创新需求，创新主体将不断提升自身创新能力，消费者享受数字经济带来的创新溢出红利后，会提出更高水平、动态化的创新需求，促使创新主体进一步提高创新溢出效应，最终实现数字经济与创新绩效持续提升的良性循环。其三，数字经济的发展会优化产品，促使产品品质提升。一方面，产品规模扩大与产品种类增加使经济系统复杂性提高，带来新的匹配问题，而在这一过程中，数字经济提高了生产要素流动效率（茶洪旺和左鹏飞，2017），加快了物流、资金流、商流、信息流的扩散，优化了要素使用环境，降低了要素流动成本，从而推动了各种生产要素的优化配置。此外，大数据、互联网、区块链等数字技术的发展为经济市场中的匹配问题提供了解决方案（荆文君和孙宝文，2019）。另一方面，数字经济使得市场更加透明，降低了创新要素供需双方的信息不对称，企业间竞争加剧，倒逼其创新能力提高（Mukhopadhyay and Kekre，2002），生产更加优化的产品，进而提升创新绩效。

数字经济对创新绩效提升还存在间接传导机制。一方面，数字经济通过推动传统产业的优化升级，进而提升创新绩效。数字经济具有高渗透性和创造性的特征，数字技术、数字服务通过大数据、云计算、信息化等方式渗透到传统产业的各个环节，改变了传统产业的生产方式和组织模式，激发了传统产业的创新能力，促进了各类传统产业生产要素的优化配置，推动了传统产业的产业链向中高端升级，助力了传统产业向数字化、智能化方向变革，传统产业的产业生态得以重构，而传统产业的改造与优化进一步为产业创新绩效的提升提供了强大的驱动力。另一方面，数字经济通过促进新兴产业的形成，进而提升创新绩效。数字经济的高渗透性特征打破了产业间的边界，促进了ICT与各领域的深度融合，加快了产业链上下游融合的速度，进而由数字产业化和产业数字化实现产品种类的增加和产品模式的创新，催生出网络化、智能化、协同化的产业新形态，不断推动产业结构优化升级，产业结构升级又会倒逼数字经济进行技术革新和产品革新（韩先锋等，2019），从而进一步推动创新绩效提高。基于此，提出以下研究假设。

假设16.1：数字经济可以直接提升"一带一路"沿线国家创新绩效。

假设16.2：数字经济可以通过促进产业结构升级间接提升"一带一路"沿线国家创新绩效。

2. 数字经济对创新绩效影响的空间溢出效应

数字经济跨时空信息传播的特征，使区域间信息活动的关联性在更广范围、更深层次上得以提升（赵涛等，2020）。

Yilmaz等（2002）较早地发现了信息化带来的空间溢出效应。高杨和牛子恒（2018）借助空间杜宾模型分析得出信息化对农业绿色全要素生产率具有显著的空间溢出效应。互联网发展对创新绩效的提升同样具有显著的促进效应与正向的空间溢出效应（张旭亮等，2017；岑聪和姜巍，2021）。由于数字经济包含互联网，因此其对创新绩效的影响也可能存在空间溢出效应。一方面，数字经济跨区域整合资源要素的特征增加了不同区域企业间交流协作的机会，使创新型企业之间以及创新型企业与非创新型企业之间创新思维的碰撞概率不断增加，技术外溢的强度不断提升，创新活动的范围不断扩展，进而推动各类企业协同创新水平不断提升。另一方面，数字经济的发展促进了区域间创新主体的交流与联系，加速了知识、技术在各创新主体之间充分地交流与传播，创新主体能够借助数字经济有效地获取新知识、新技术并实现优化与沉淀，而区域间创新系统中知识存量、技术存量的快速积累会进一步推动人力资本积累和高级化的进程，人力资本水平的普遍提高又会进一步强化知识、技术的溢出效应，形成一种积极的正反馈循环，进而推动整体创新绩效不断提升。基于此，提出以下研究假设。

假设16.3：数字经济对"一带一路"沿线国家创新绩效的影响存在空间溢出效应。

3. 数字经济对创新绩效影响的非线性溢出效应

数字经济打破了时空的限制，模糊了创新活动的边界，而数字经济的梅特卡夫定律也表明了数字经济对创新绩效的影响可能具有动态非线性特征。

一方面，数字经济发展初期信息通信基础设施还不完善，网络的覆盖范围较小，强度较低，信息获取成本较高。随着数字经济使用范围的扩大和发展水平的提升，信息的搜索和获取成本降低，边际成本下降，边际收益增加，开始产生创新收益。这种情况会刺激消费者对创新主体提出更高的创新需求，而数字经济的开放共享使得创新主体能够更便捷地获取创新资源。当数字经济发展水平持续提升时,信息的搜索、获取和吸收成本会进一步降低,边际成本不断下降,边际收益不断增加,带来更多的创新溢出,在这种正反馈机制下,产生了各创新主体数字经济创新溢出的边际递增效应。

另一方面,数字经济发展初期数字技术水平较低,创新研发成本较高。随着数字经济相应建设的不断完善、数字技术的逐渐成熟、数字产业规模的不断扩大,创新研发的边际成本开始下降,边际收益开始增加。当数字经济规模持续扩大,创新主体会更容易搜索和获取新信息与新技术,创新研发的边际成本不断下降,边际收益不断增加,总体带来更多的创新溢出,当规模达到一定程度时,整个社会效益呈指数级增长,从而实现规模经济,产生更多的创新收益。基于此,提出以下研究假设。

假设 16.4:数字经济对"一带一路"沿线国家创新绩效的影响具有边际效应递增的非线性特征。

16.3.3 模型选择与数据说明

1. 模型选择

为了验证上述研究假设,本节利用生产函数来估算数字经济对创新绩效的影响机制。

$$Y_t = A \cdot K_t^{\alpha} \cdot L_t^{\beta} \tag{16-3}$$

式中,Y_t 表示第 t 年的创新产出;K_t 表示第 t 年的研发资本投入;L_t 表示第 t 年的研发人力资本投入;α、β 表示系数;A 表示广义的技术进步,是影响创新产出的其余因素,包括外商直接投资、金融发展程度、城市化水平等常规影响因素。同时,为消除异方差的影响,对式(16-3)两边取对数处理,构建模型如式(16-4)所示。

$$\begin{aligned}\ln \text{Gii}_{i,t} &= \gamma_0 + \gamma_1 \ln \text{Dig}_{i,t} + \gamma_2 \ln K_{i,t} + \gamma_3 \ln L_{i,t} + \gamma_4 \ln \text{Fdi}_{i,t} \\ &+ \gamma_5 \ln \text{Fin}_{i,t} + \gamma_6 \ln \text{Urb}_{i,t} + C_i + \delta_t + \varepsilon_{i,t}\end{aligned} \tag{16-4}$$

式中,$\text{Gii}_{i,t}$ 表示 i 国家第 t 年的创新绩效;$\text{Dig}_{i,t}$ 表示 i 国家第 t 年的数字经济发展水平;$K_{i,t}$ 表示 i 国家第 t 年的研发资本投入;$L_{i,t}$ 表示 i 国家第 t 年的研发人力资本投入;$\text{Fdi}_{i,t}$ 表示 i 国家第 t 年的外商直接投资;$\text{Fin}_{i,t}$ 表示 i 国家第 t 年的金融发展程度;$\text{Urb}_{i,t}$ 表示 i 国家第 t 年的城市化水平;$i=1, 2, \cdots, 40$,分别表示 40 个"一带一路"沿线国家;$t=2010, 2011, \cdots, 2018$,表示年份;$\gamma_1$、$\gamma_2$、$\gamma_3$、$\gamma_4$、$\gamma_5$、$\gamma_6$ 表示系数,其中,γ_1 反映的是数字经济对创新绩效的直接效应;γ_0 表示截距项;$\varepsilon_{i,t}$ 表示扰动项;C_i 与 δ_t 分别表示国家个体效应和时间效应。

为分析数字经济对创新绩效可能存在的间接作用机制,根据上文所述,将产业结构升级作为中介变量,并构建中介效应模型,如式(16-5)和式(16-6)所示。

$$\ln \text{Ind}_{i,t} = \xi_0 + \xi_1 \ln \text{Dig}_{i,t} + \xi_2 \ln K_{i,t} + \xi_3 \ln L_{i,t} + \xi_4 \ln \text{Fdi}_{i,t} + \xi_5 \ln \text{Fin}_{i,t} \\ + \xi_6 \ln \text{Urb}_{i,t} + C_i + \delta_t + \varepsilon_{i,t} \quad (16\text{-}5)$$

$$\ln \text{Gii}_{i,t} = \phi_0 + \phi_1 \ln \text{Dig}_{i,t} + \phi_2 \ln K_{i,t} + \phi_3 \ln L_{i,t} + \phi_4 \ln \text{Fdi}_{i,t} \\ + \phi_5 \ln \text{Fin}_{i,t} + \phi_6 \ln \text{Urb}_{i,t} + \phi_7 \ln \text{Ind}_{i,t} + C_i + \delta_t + \varepsilon_{i,t} \quad (16\text{-}6)$$

式中,ξ_1、ξ_2、ξ_3、ξ_4、ξ_5、ξ_6 表示系数,ξ_1 反映的是数字经济对产业结构升级的作用;ϕ_1、ϕ_2、ϕ_3、ϕ_4、ϕ_5、ϕ_6、ϕ_7 表示系数,ϕ_1 反映的是数字经济对创新绩效的作用;ξ_0 和 ϕ_0 表示截距项;其他字母含义同上。

由于"一带一路"沿线国家间数字经济的发展存在关联性,因此可能存在空间溢出效应,本节在式(16-4)的基础上进一步构建空间滞后模型、空间误差模型、空间杜宾模型三种空间计量模型。

空间滞后模型:

$$\ln \text{Gii}_{i,t} = \rho W \ln \text{Gii}_{i,t} + \gamma_1 \ln \text{Dig}_{i,t} + \gamma_2 \ln K_{i,t} + \gamma_3 \ln L_{i,t} \\ + \gamma_4 \ln \text{Fdi}_{i,t} + \gamma_5 \ln \text{Fin}_{i,t} + \gamma_6 \ln \text{Urb}_{i,t} + C_i + \delta_t + \varepsilon_{i,t} \quad (16\text{-}7)$$

空间误差模型:

$$\ln \text{Gii}_{i,t} = \gamma_1 \ln \text{Dig}_{i,t} + \gamma_2 \ln K_{i,t} + \gamma_3 \ln L_{i,t} + \gamma_4 \ln \text{Fdi}_{i,t} \\ + \gamma_5 \ln \text{Fin}_{i,t} + \gamma_6 \ln \text{Urb}_{i,t} + C_i + \delta_t + \varepsilon_{i,t} \quad (16\text{-}8) \\ \varepsilon_{i,t} = \eta W \varepsilon_{i,t} + \omega_{i,t}$$

空间杜宾模型:

$$\ln \text{Gii}_{i,t} = \rho W \ln \text{Gii}_{i,t} + \gamma_1 \ln Dig_{i,t} + \gamma_2 \ln K_{i,t} + \gamma_3 \ln L_{i,t} \\ + \gamma_4 \ln \text{Fdi}_{i,t} + \gamma_5 \ln \text{Fin}_{i,t} + \gamma_6 \ln \text{Urb}_{i,t} + v_1 W \ln \text{Dig}_{i,t} \\ + v_2 W \ln K_{i,t} + v_3 W \ln L_{i,t} + v_4 W \ln \text{Fdi}_{i,t} + v_5 W \ln \text{Fin}_{i,t} \\ + v_6 W \ln \text{Urb}_{i,t} + C_i + \delta_t + \varepsilon_{i,t} \quad (16\text{-}9)$$

式中,ρ、η、v_1、v_2、v_3、v_4、v_5、v_6 表示空间自相关系数;W 表示空间权重矩阵;其他字母含义同上。

为了更准确地衡量创新活动空间关联潜在特征,本节构建了以下两种空间权重矩阵。一是地理空间权重矩阵 W_{ij}^G,两个国家在地理上有共同边界时赋予权重值 1,否则为 0;二是经济特征空间权重矩阵 W_{ij}^E,经济特征空间权重矩阵使用国家 i 与国家 j 的人均 GDP 的相似度来测度,当 $i \neq j$ 时,经济特征空间权重矩阵的权重系数为 $W_{ij}^E = 1/|p_i - p_j|$,p_i 与 p_j 分别表示国家 i 与国家 j 的人均 GDP,而当 $i = j$ 时,$W_{ij}^E = 0$。

为了检验创新活动中是否存在数字经济的非线性溢出效应和非线性影响效应,在式(16-4)的基础上进一步构建面板门槛模型,如式(16-10)和式(16-11)所示。

$$\begin{aligned}\ln \text{Gii}_{i,t} = &\psi_0 + \psi_1 \ln \text{Dig}_{i,t} \times I(\ln \text{Dig}_{i,t} \leqslant \text{Th}) + \psi_2 \ln \text{Dig}_{i,t} \times I(\ln \text{Dig}_{i,t} > \text{Th}) \\ &+ \psi_3 \ln K_{i,t} + \psi_4 \ln L_{i,t} + \psi_5 \ln \text{Fdi}_{i,t} + \psi_6 \ln \text{Fin}_{i,t} + \psi_7 \ln \text{Urb}_{i,t} \\ &+ C_i + \delta_t + \varepsilon_{i,t}\end{aligned} \quad (16\text{-}10)$$

$$\begin{aligned}\ln \text{Gii}_{i,t} = &\psi_0 + \psi_1 \ln \text{Dig}_{i,t} \times I(\ln \text{Ind}_{i,t} \leqslant \text{Th}) + \psi_2 \ln \text{Dig}_{i,t} \times I(\ln \text{Ind}_{i,t} > \text{Th}) \\ &+ \psi_3 \ln K_{i,t} + \psi_4 \ln L_{i,t} + \psi_5 \ln \text{Fdi}_{i,t} + \psi_6 \ln \text{Fin}_{i,t} + \psi_7 \ln \text{Urb}_{i,t} \\ &+ C_i + \delta_t + \varepsilon_{i,t}\end{aligned} \quad (16\text{-}11)$$

式（16-10）中，$\ln \text{Dig}_{i,t}$ 既是核心解释变量又是门槛变量；$I(\cdot)$ 为指示函数，当满足括号内条件时取值为1，反之取值为0；Th 为待估计门槛值。式（16-11）中，将产业结构升级 $\ln \text{Ind}_{i,t}$ 作为门槛变量；ψ_1、ψ_2、ψ_3、ψ_4、ψ_5、ψ_6、ψ_7 为系数；其他字母含义同上。式（16-10）和式（16-11）为假设存在一个门槛的模型，具体可根据实际检验结果扩展为多门槛模型。

2. 变量选取

（1）被解释变量。创新绩效（Gii）是本节的被解释变量。当前，对全球经济体创新能力的评估主要通过各类指标完成，由康奈尔大学、欧洲工商管理学院和世界知识产权组织（World Intellectual Property Organization，WIPO）合作构建的全球创新指数（global innovation index，GII）是目前公认的衡量创新能力的主要参考，其研究指标设计与其他评价指标相比更为完善。因此本节选取 GII 中的创新产出指数作为创新绩效的评价指标。

（2）核心解释变量。本节选取数字经济发展水平（Dig）作为核心解释变量。借鉴相关学者的研究成果（张伯超和沈开艳，2018），依据相关性、代表性以及可获得性等原则，构建数字经济发展水平评价指标体系，包括4个一级指标，即 ICT 基础设施、ICT 产业发展、ICT 产业应用、ICT 创新竞争力。其中，ICT 基础设施包含固定电话覆盖率、移动电话覆盖率、安全互联网服务器覆盖率3个二级指标。ICT 产业发展包含高科技出口占比、ICT 产品出口占比2个二级指标。ICT 产业应用包含固定宽带使用率、移动宽带使用率、互联网用户率3个二级指标。ICT 创新竞争力包含最新技术可用度、高等教育入学率、风险资本可用度3个二级指标。

利用上述4个一级指标、11个二级指标构建"一带一路"沿线国家数字经济发展水平评价指标体系，采用熵值法对数据进行处理，具体估算方法如式（16-12）所示。

$$\begin{aligned}\text{Dig}_{i,t} &= \sum_j w_j P_{i,t,j} \\ &= \sum_j \frac{1 + \frac{1}{\ln(tn)} \sum_t \sum_i P_{i,t,j} \ln(P_{i,t,j})}{\sum_j \left(1 + \frac{1}{\ln(tm)} \sum_t \sum_i P_{i,t,j} \ln(P_{i,t,j})\right)} P_{i,t,j}\end{aligned} \quad (16\text{-}12)$$

式中，n 表示样本国家的个数；w_j 表示第 j 项指标的权重；$P_{i,t,j}$ 表示第 j 项指标下第 t 年国家 i 占该指标的比重。

（3）门槛变量。选取数字经济发展水平（Dig）和二三产业之和占比[①]（Stu）作为门槛变量，检验创新活动中数字经济的非线性影响效应。

（4）中介变量。产业结构升级（Ind）能够有效拉动微观主体需求，催生新的经济增长点，进而影响创新绩效。本节根据相关学者（韩先锋等，2019；赵涛等，2020）的标准选用第三产业和第二产业的产值之比来衡量。

（5）控制变量。参考已有文献（汪亚楠等，2020；李雪等，2021；温珺等，2019），影响创新绩效的还有以下因素：①研发资本投入（K），一般而言，研发资本投入与研发创新产出正相关，用研发支出占 GDP 的比重来表示；②研发人力资本投入（L），人力资本水平的提高有利于创新效率的提升，用高等教育入学率来表示；③外商直接投资（Fdi），其能够增加当地资本，进而影响创新绩效，用外商直接投资净流入额来表示；④金融发展程度（Fin），资金支持对创新绩效有至关重要的影响，用金融部门国内信贷占 GDP 的比重来表示；⑤城市化水平（Urb），城市化过程使得各种资源要素集聚，进而影响创新绩效，用城市人口占总人口的比重来表示。2010～2018 年"一带一路"沿线国家数字经济发展水平如表 16-9 所示。

表 16-9 2010～2018 年"一带一路"沿线国家数字经济发展水平

国家	2010年	2011年	2012年	2013年	2014年	2015年	2016年	2017年	2018年
样本总体	0.1042	0.1060	0.1081	0.1093	0.1107	0.1121	0.1138	0.1169	0.1189
中国	0.0028	0.0027	0.0028	0.0029	0.0030	0.0030	0.0031	0.0032	0.0033
蒙古国	0.0020	0.0020	0.0021	0.0021	0.0023	0.0022	0.0022	0.0023	0.0023
印度尼西亚	0.0023	0.0023	0.0024	0.0023	0.0024	0.0024	0.0024	0.0026	0.0025
马来西亚	0.0034	0.0034	0.0035	0.0035	0.0036	0.0037	0.0038	0.0039	0.0038
越南	0.0024	0.0024	0.0025	0.0026	0.0027	0.0028	0.0029	0.0030	0.0032
泰国	0.0027	0.0026	0.0026	0.0027	0.0028	0.0028	0.0029	0.0030	0.0030
哈萨克斯坦	0.0026	0.0027	0.0029	0.0030	0.0031	0.0031	0.0030	0.0030	0.0030
吉尔吉斯斯坦	0.0018	0.0018	0.0019	0.0021	0.0021	0.0021	0.0023	0.0022	0.0022
印度	0.0020	0.0021	0.0021	0.0021	0.0021	0.0021	0.0021	0.0023	0.0023
斯里兰卡	0.0020	0.0021	0.0021	0.0020	0.0021	0.0021	0.0021	0.0023	0.0023
尼泊尔	0.0014	0.0015	0.0016	0.0017	0.0017	0.0017	0.0018	0.0019	0.0020
巴基斯坦	0.0017	0.0017	0.0018	0.0018	0.0018	0.0017	0.0018	0.0018	0.0018
乌克兰	0.0025	0.0025	0.0026	0.0026	0.0026	0.0027	0.0027	0.0027	0.0028
格鲁吉亚	0.0021	0.0022	0.0024	0.0025	0.0025	0.0025	0.0026	0.0026	0.0026
俄罗斯	0.0026	0.0026	0.0026	0.0027	0.0028	0.0028	0.0028	0.0028	0.0028
阿塞拜疆	0.0023	0.0024	0.0024	0.0027	0.0027	0.0025	0.0026	0.0026	0.0027
摩尔多瓦	0.0021	0.0022	0.0023	0.0024	0.0025	0.0025	0.0025	0.0026	0.0025

[①] 用第二产业、第三产业的产值之和占 GDP 的比重来衡量。

续表

国家	2010年	2011年	2012年	2013年	2014年	2015年	2016年	2017年	2018年
亚美尼亚	0.0021	0.0021	0.0023	0.0024	0.0025	0.0025	0.0025	0.0026	0.0025
巴林	0.0029	0.0032	0.0033	0.0033	0.0033	0.0033	0.0033	0.0032	0.0032
以色列	0.0037	0.0037	0.0038	0.0037	0.0037	0.0038	0.0038	0.0039	0.0038
希腊	0.0032	0.0033	0.0033	0.0032	0.0033	0.0034	0.0035	0.0035	0.0037
沙特阿拉伯	0.0027	0.0028	0.0030	0.0031	0.0031	0.0030	0.0031	0.0031	0.0032
塞浦路斯	0.0036	0.0034	0.0032	0.0032	0.0032	0.0033	0.0033	0.0036	0.0036
卡塔尔	0.0026	0.0028	0.0029	0.0030	0.0030	0.0031	0.0031	0.0032	0.0029
约旦	0.0024	0.0023	0.0024	0.0024	0.0025	0.0026	0.0025	0.0026	0.0025
阿曼	0.0024	0.0025	0.0026	0.0027	0.0027	0.0027	0.0027	0.0028	0.0028
埃及	0.0020	0.0021	0.0021	0.0021	0.0021	0.0021	0.0021	0.0022	0.0023
爱沙尼亚	0.0036	0.0037	0.0036	0.0036	0.0037	0.0037	0.0038	0.0040	0.0042
斯洛文尼亚	0.0033	0.0032	0.0032	0.0031	0.0031	0.0031	0.0034	0.0034	0.0037
拉脱维亚	0.0029	0.0029	0.0030	0.0031	0.0032	0.0035	0.0034	0.0034	0.0034
匈牙利	0.0033	0.0032	0.0032	0.0031	0.0030	0.0030	0.0031	0.0032	0.0033
立陶宛	0.0031	0.0031	0.0032	0.0032	0.0032	0.0033	0.0033	0.0034	0.0035
克罗地亚	0.0029	0.0030	0.0030	0.0030	0.0030	0.0030	0.0030	0.0031	0.0033
北马其顿	0.0024	0.0024	0.0025	0.0025	0.0025	0.0026	0.0027	0.0027	0.0027
波兰	0.0029	0.0029	0.0028	0.0029	0.0029	0.0029	0.0030	0.0030	0.0032
保加利亚	0.0027	0.0027	0.0028	0.0029	0.0028	0.0029	0.0029	0.0033	0.0033
罗马尼亚	0.0027	0.0026	0.0026	0.0026	0.0027	0.0027	0.0027	0.0028	0.0030
捷克	0.0032	0.0032	0.0033	0.0032	0.0033	0.0033	0.0035	0.0036	0.0038
斯洛伐克	0.0031	0.0030	0.0031	0.0031	0.0031	0.0031	0.0032	0.0032	0.0033
阿尔巴尼亚	0.0021	0.0023	0.0024	0.0023	0.0023	0.0023	0.0023	0.0024	0.0024

3. 数据说明

基于上文指标数据的可得性和完整性，本节选取包括中国在内共 40 个"一带一路"沿线国家[①]2010～2018 年的相关数据。其中，研发支出占 GDP 的比重、高等教育入学率、外商直接投资净流入额、金融部门国内信贷占 GDP 的比重、城市人口占总人口的比重、第三产业和第二产业的产值之比、二三产业之和占比的数据来源于世界银行数据库；数字经济发展指数根据熵值法估算得到，指标原始数据主

---

① 资料来源：本节根据中国一带一路网（https://www.yidaiyilu.gov.cn/jcsjpc.htm）截至 2019 年所列明基础数据的 65 个"一带一路"沿线国家，基于指标数据的可得性和完整性，确定包括中国在内的 40 个"一带一路"沿线国家作为样本国家，样本国家按地区分类：欧洲的 18 国（阿尔巴尼亚、保加利亚、克罗地亚、捷克、爱沙尼亚、匈牙利、拉脱维亚、立陶宛、北马其顿、摩尔多瓦、希腊、塞浦路斯、波兰、罗马尼亚、俄罗斯、斯洛伐克、斯洛文尼亚、乌克兰）；亚洲、非洲的 22 国（中国、蒙古国、哈萨克斯坦、吉尔吉斯斯坦、印度、斯里兰卡、格鲁吉亚、阿塞拜疆、亚美尼亚、印度尼西亚、马来西亚、越南、泰国、巴林、以色列、沙特阿拉伯、卡塔尔、约旦、阿曼、埃及、尼泊尔、巴基斯坦）。

要来自世界银行数据库、《全球信息技术报告》[①]、国家统计局数据等；创新产出指数来源于《全球创新指数报告》[②]。对于个别原始数据缺失值，通过对整体数据变化趋势的分析，得到相应的数值。主要变量的描述性统计结果如表 16-10 所示。

表 16-10 主要变量的描述性统计

变量类型	变量名称	符号	样本量	平均值	最小值	最大值	标准差
被解释变量	创新绩效	Gii	360	31.8764	12.1401	53.3002	8.2850
解释变量	数字经济发展水平	Dig	360	0.0028	0.0014	0.0042	0.0005
门槛变量	二三产业之和占比	Stu	360	87.7333	59.4017	104.2467	8.3481
中介变量	产业结构升级	Ind	360	2.0951	0.0539	7.6727	1.1369
控制变量	研发资本投入	K	360	0.7617	0.0500	4.9500	0.7805
	研发人力资本投入	L	360	50.3133	8.0000	142.8507	23.0569
	外商直接投资	Fdi	360	128.2925	−648.3207	2909.2800	385.6126
	金融发展程度	Fin	360	77.3006	−10.1500	317.4100	49.6808
	城市化水平	Urb	360	60.4642	16.7700	99.1397	18.7016

16.3.4 实证结果与分析

1. 平稳性检验

本节采用 LLC 和 Fisher-PP 两种方法进行平稳性检验，结果如表 16-11 所示。由表 16-11 可知，相关变量在两种检验方式下都是平稳的。

表 16-11 相关变量平稳性检验

变量	LLC	Fisher-PP
lnGii	−17.7822 (0.0000)	−2.2675 (0.0122)
lnDig	−5.5476 (0.0000)	−7.3185 (0.0000)
ln$K$	−8.1355 (0.0000)	−3.4263 (0.0004)
ln$L$	−17.9734 (0.0000)	−1.6415 (0.0512)
lnFdi	−6.8442 (0.0000)	−40.1693 (0.0000)
lnFin	−18.5516 (0.0000)	−10.9664 (0.0000)
lnUrb	−3.5692 (0.0002)	−28.0605 (0.0000)
lnInd	−15.7253 (0.0000)	−5.0188 (0.0000)

注：括号内为变量的 p 值。

[①] 资料来源：世界经济论坛（https://cn.weforum.org/）。
[②] 资料来源：世界知识产权组织数据库（http://www.wipo.int/wipogold/en/）。

2. 基准回归和空间效应分析

首先，本节对面板模型（16-4）～模型（16-6）进行 Hausman 检验，三个模型的 p 值均接近于 0，因此本节选择固定效应模型进行估计，实证结果如表 16-12 所示。

表 16-12 数字经济影响创新绩效的估计结果

变量	直接效应	中介效应	
	lnGii	lnInd	lnGii
lnDig	0.338**	0.863**	0.266*
	(2.07)	(2.13)	(1.65)
ln$K$	0.079***	0.061	0.074***
	(3.17)	(0.99)	(3.02)
ln$L$	0.156***	0.311**	0.130***
	(3.12)	(2.50)	(2.62)
lnFdi	−0.069	−0.169	−0.055
	(−1.12)	(−1.10)	(−0.91)
lnFin	−0.089**	−0.536***	−0.044
	(−2.57)	(−6.21)	(−1.22)
lnUrb	−1.657***	−1.242	−1.553***
	(−5.19)	(−1.56)	(−4.95)
lnInd			0.084***
			(3.72)
常数项	10.880***	1.253	10.412***
	(6.09)	(0.28)	(6.01)
观测值	360	360	360
R^2	0.287	0.261	0.318
调整的 R^2	0.164	0.133	0.197
F	8.800	7.706	9.480
Sobel 检验			0.072*

注：括号内为变量的 t 值

*、**、***分别表示在 10%、5%和 1%水平下显著

由表 16-12 中的直接效应结果可知，核心解释变量数字经济对"一带一路"沿线国家创新产出的促进作用系数为 0.338，说明数字经济显著促进了"一带一路"沿线国家创新绩效的提升。由表 16-12 中的中介效应结果可知，数字经济对产业结构升级的促进作用系数为 0.863，验证了数字经济能够显著促进产业结构升级；加入中介变量产业结构升级之后，产业结构升级对创新产出的促进作用系数为 0.084，但数字经济对创新产出的促进作用系数为 0.266，低于基本回归模型数字经济对创新产出的促进作用系数。这说明数字经济可以通过促进产业结构升级间接推动创新绩效的提升，验证了假设 16.1 和假设 16.2。

为了保证研究结论的稳健性，本节采用 Sobel 检验方法对中介效应进行进一步检验。由表 16-12 最后一行的 Sobel 检验结果来看，Sobel 检验的 z 值在 10%的水平下显著，说明产业结构升级的中介效应显著，进一步验证了假设 16.2。

其次，本节采用莫兰指数对空间效应模型进行检验，"一带一路"沿线国家 2010~2018 年数字经济发展水平的全局莫兰指数如表 16-13 所示。由表 16-13 可知，地理空间权重矩阵和经济特征空间权重矩阵下，"一带一路"沿线国家各年全局莫兰指数均通过了显著性检验，这说明 2010~2018 年"一带一路"沿线国家的数字经济发展水平呈现集聚特征，存在显著且正向的空间相关性，即数字经济发展水平高的国家能够对周边国家产生正向影响。

表 16-13 数字经济发展水平的全局莫兰指数

矩阵	2010 年	2011 年	2012 年	2013 年	2014 年	2015 年	2016 年	2017 年	2018 年
地理空间权重矩阵	0.264** (2.167)	0.251** (2.073)	0.220** (1.841)	0.204** (1.721)	0.207** (1.745)	0.255** (2.109)	0.243** (2.020)	0.189* (1.610)	0.203** (1.709)
经济特征空间权重矩阵	0.532*** (5.488)	0.523*** (7.034)	0.558*** (6.404)	0.556*** (6.599)	0.537*** (6.697)	0.501*** (6.389)	0.474*** (5.276)	0.464*** (6.842)	0.502*** (5.236)

注：括号内为 z 值

*、**、***分别表示在 10%、5%和 1%水平下显著

参考 Anselin 等（2004）的判断标准，本节采用 LM 检验来进行空间计量模型的选择。LM 检验结果显示，两种空间权重矩阵下创新产出指数模型的 LM-lag 较之 LM-error 在统计上更加显著，且部分 robust LM-lag 显著而 robust LM-error 不显著，因此，本节选择空间滞后模型（SAR）进行空间效应分析。同时，由 Hausman 检验结果可知，空间计量模型采用固定效应更为合适。回归结果如表 16-14 所示。

表 16-14 数字经济影响创新绩效空间计量模型的回归结果

变量	创新产出指数	
	地理空间权重矩阵	经济特征空间权重矩阵
lnDig	0.289* (1.92)	0.419*** (2.81)
lnK	0.073*** (3.20)	0.074*** (3.30)
lnL	0.153*** (3.35)	0.156*** (3.46)
lnFdi	−0.070 (−1.25)	−0.066 (−1.19)
lnFin	−0.076** (−2.37)	−0.089*** (−2.84)
lnUrb	−1.582*** (−5.40)	−1.566*** (−5.41)

续表

变量	创新产出指数	
	地理空间权重矩阵	经济特征空间权重矩阵
观测值	360	360
R^2	0.295	0.287
log-L	365.019	367.475

注：括号内为 t 值

*、**、***分别表示在10%、5%和1%水平下显著

结合表 16-12 和表 16-14 的估计结果可以发现，无论是否考虑数字经济发展水平的空间相关性，lnDig 系数估计值均显著为正，表明数字经济对"一带一路"沿线国家创新绩效的提升具有显著且正向的影响。其中，非空间面板 lnDig 系数估计值（0.338）介于地理空间权重矩阵系数估计值（0.289）和经济特征空间权重矩阵系数估计值（0.419）之间，表明如果忽略各变量地理空间相关性会高估数字经济对创新绩效的影响，如果忽略经济特征空间相关性会低估数字经济对创新绩效的影响。基于地理空间权重矩阵和经济特征空间权重矩阵估计结果可以发现，研发资本投入和研发人力资本投入的促进作用系数均在1%水平下显著为正，说明研发资本投入和研发人力资本投入对提高创新绩效起着显著的促进作用。外商直接投资的促进作用系数为负，但不显著，这可能是因为外来投资在给当地带来资本的同时也对当地的技术造成挤占，反而会不利于当地创新绩效的提升，这与赵涛等（2020）的研究结果相一致。城市化水平的促进作用系数为负，可能是因为"一带一路"沿线国家城市化规模虽然达到一定程度，但其发展质量总体不高，2018年世界最高城市人口占比为100%，平均城市人口占比为55.27%，样本国家平均城市人口占比为61.56%，在这种情况下，城市化反而会阻碍创新绩效的提升，这与聂尊辉（2013）的研究结果相一致。金融发展水平的促进作用系数为负，可能的原因在于"一带一路"沿线国家金融市场发展水平不一，2018年样本国家中金融部门国内信贷占 GDP 比重最高的国家是中国（218.31%），占比最低的国家是阿塞拜疆（13.13%），金融信贷规模不高，难以为技术创新提供有效支撑，这也与李雪等（2021）的研究结果一致。这一估计结果反映出"一带一路"沿线国家各创新主体间存在较强的空间相关性，数字经济已经成为"一带一路"沿线国家创新绩效提升的重要驱动力，验证了本节的假设 16.1 和假设 16.3。

3. 非线性效应分析

考虑到数字经济的梅特卡夫定律，本节利用 Hansen（1999）的方法，对面板门槛存在性进行检验，经过自助法反复抽样 300 次后，结果如表 16-15 所示。由表 16-15 可知，数字经济发展水平和二三产业之和占比均存在单一门槛。

表 16-15　数字经济发展水平和二三产业之和占比对创新绩效的门槛效果检验

门槛变量	因变量	解释变量	模型	F值	p值	10%	5%	1%
数字经济发展水平	lnGii	lnDig	单一门槛	50.46	0.0067	28.0801	34.1048	44.7567
			双重门槛	15.53	0.2767	23.5691	26.7982	46.5191
二三产业之和占比	lnGii	lnDig	单一门槛	36.73	0.0100	22.7298	26.2625	36.4278
			双重门槛	15.16	0.2367	20.4809	25.1135	41.4766

门槛变量	单一门槛值	置信区间
数字经济发展水平	−6.4000	[−6.4334, −6.3798]
二三产业之和占比	4.1224	[4.1103, 4.1349]

门槛模型的回归结果如表 16-16 所示。由表 16-16 可知，"一带一路"沿线国家数字经济发展水平对创新绩效的影响具有显著的非线性特征，即创新系统中出现了数字经济的溢出效应。具体来看，当 lnDig≤−6.4000，即 Dig≤0.0017 时，数字经济对创新产出的促进作用系数为 0.412；当 lnDig>−6.4000，即 Dig>0.0017 时，数字经济对创新产出的促进作用系数为 0.471。这说明数字经济的创新溢出效应具有正向且显著的边际效应递增的非线性特点，证实了假设 16.4。同时，由表 16-16 中以二三产业之和占比作为门槛变量的估计结果可知，当 lnStu≤4.1224，即 Stu≤61.7072%时，数字经济对创新产出的促进作用系数为 0.268；当 lnStu>4.1224，即 Stu>61.7072%时，数字经济对创新产出的促进作用系数为 0.330。这说明数字经济对创新绩效正向且边际效应递增的影响依然存在，再次证实了假设 16.4。

表 16-16　数字经济影响创新绩效门槛模型的回归结果

变量	创新产出指数 lnDig	创新产出指数 lnStu
门槛值（Th）	−6.4000	4.1224
lnDig×I(Adj≤Th)	0.412*** (2.69)	0.268* (1.83)
lnDig×I(Adj>Th)	0.471*** (3.06)	0.330** (2.24)
lnK	0.056** (2.40)	0.064*** (2.60)
lnL	0.100** (2.09)	0.080 (1.60)
lnFdi	−0.063 (−1.10)	−0.072 (−1.18)
lnFin	−0.088*** (−2.72)	−0.106*** (−3.12)
lnUrb	−1.083*** (−3.48)	−1.164*** (−3.52)

续表

变量	创新产出指数	
	lnDig	lnStu
常数项	9.538***	8.787***
	(5.66)	(4.98)
观测值	360	360
R^2	0.377	0.297
调整的 R^2	0.266	0.183
F	12.290	11.863

注：括号内为变量的 t 值；Adj 表示门槛变量，具体到模型中为 lnDig 或 lnStu

*、**、***分别表示在10%、5%和1%水平下显著

由表 16-17 可知，在以数字经济发展水平为门槛变量时，在 2010 年，样本国家中仅尼泊尔和巴基斯坦 2 个国家未达到数字经济发展水平门槛值（0.0017），到 2018 年，所有样本国家均达到数字经济发展水平门槛值。在以二三产业之和占比为门槛变量时，在 2010 年，样本国家中仅尼泊尔未达到门槛值（61.7072%），到 2018 年，所有样本国家均达到二三产业之和占比门槛值。

表 16-17 门槛回归的样本空间分布（2010 年和 2018 年）

门槛变量	门槛值	2010 年	2018 年
数字经济发展水平	Dig≤0.0017	尼泊尔、巴基斯坦	无
	Dig>0.0017	中国、蒙古国、哈萨克斯坦、吉尔吉斯斯坦、印度、斯里兰卡、乌克兰、格鲁吉亚、俄罗斯、阿塞拜疆、摩尔多瓦、亚美尼亚、印度尼西亚、马来西亚、越南、泰国、巴林、以色列、希腊、沙特阿拉伯、塞浦路斯、卡塔尔、约旦、阿曼、埃及、爱沙尼亚、斯洛文尼亚、拉脱维亚、匈牙利、立陶宛、克罗地亚、北马其顿、波兰、保加利亚、罗马尼亚、捷克、斯洛伐克、阿尔巴尼亚	中国、蒙古国、哈萨克斯坦、吉尔吉斯斯坦、印度、斯里兰卡、乌克兰、格鲁吉亚、俄罗斯、阿塞拜疆、摩尔多瓦、亚美尼亚、印度尼西亚、马来西亚、越南、泰国、巴林、以色列、希腊、沙特阿拉伯、塞浦路斯、卡塔尔、约旦、阿曼、埃及、爱沙尼亚、斯洛文尼亚、拉脱维亚、匈牙利、立陶宛、克罗地亚、北马其顿、波兰、保加利亚、罗马尼亚、捷克、斯洛伐克、阿尔巴尼亚、尼泊尔、巴基斯坦
二三产业之和占比	Stu≤61.7072%	尼泊尔	无
	Stu>61.7072%	中国、蒙古国、哈萨克斯坦、吉尔吉斯斯坦、印度、斯里兰卡、乌克兰、格鲁吉亚、俄罗斯、阿塞拜疆、摩尔多瓦、亚美尼亚、印度尼西亚、马来西亚、越南、泰国、巴林、以色列、希腊、沙特阿拉伯、塞浦路斯、卡塔尔、约旦、阿曼、埃及、爱沙尼亚、斯洛文尼亚、拉脱维亚、匈牙利、立陶宛、克罗地亚、北马其顿、波兰、保加利亚、罗马尼亚、捷克、斯洛伐克、阿尔巴尼亚、巴基斯坦	中国、蒙古国、哈萨克斯坦、吉尔吉斯斯坦、印度、斯里兰卡、乌克兰、格鲁吉亚、俄罗斯、阿塞拜疆、摩尔多瓦、亚美尼亚、印度尼西亚、马来西亚、越南、泰国、巴林、以色列、希腊、沙特阿拉伯、塞浦路斯、卡塔尔、约旦、阿曼、埃及、爱沙尼亚、斯洛文尼亚、拉脱维亚、匈牙利、立陶宛、克罗地亚、北马其顿、波兰、保加利亚、罗马尼亚、捷克、斯洛伐克、阿尔巴尼亚、尼泊尔、巴基斯坦

4. 区域异质性分析

由于"一带一路"沿线国家所在区域的社会经济发展程度、资源禀赋、数字经济发展水平、创新产出水平等存在差异，故数字经济对创新绩效的影响也存在区域异质性。因此，本节将样本国家分为欧洲地区（包括18个国家）和亚非洲地区（包括22个国家），并进行比较分析。在进行分类回归的检验之前，首先对不同区域的数字经济发展水平和创新产出差异进行描述性统计分析。由表16-18可知，欧洲地区的样本国家数字经济发展水平和创新产出均领先于亚非洲地区的样本国家，两类区域间的均值分别相差近0.0003和5.8639。

表16-18 不同区域的数字经济发展水平和创新产出差异

区域	数字经济发展水平（Dig）				创新产出指数（Gii）			
	样本数	均值	中位数	标准差	样本数	均值	中位数	标准差
欧洲	144	0.0030	0.0030	0.0004	144	35.3947	34.8500	6.7472
亚非洲	216	0.0027	0.0026	0.0006	216	29.5308	27.9850	8.3654

本节以欧洲地区的样本国家为对照组，设置区域虚拟变量，将数字经济发展水平与虚拟变量进行交互项处理，再进行回归分析，区域异质性估计结果如表16-19所示。

表16-19 数字经济影响创新绩效的区域异质性估计结果

变量	创新产出指数
lnDig	0.744***
	(3.37)
lnK	0.083***
	(3.37)
lnL	0.163***
	(3.29)
lnFdi	−0.066
	(−1.09)
lnFin	−0.060*
	(−1.65)
lnUrb	−1.355***
	(−4.05)
亚非洲×lnDig	−0.628***
	(−2.70)
常数项	9.961***
	(5.53)
观测值	360
R^2	0.304
调整的 R^2	0.180
F	8.866

注：括号内为变量的 t 值
*、***分别表示在10%、1%水平下显著

由表 16-19 可知，作为对照组的欧洲地区的样本国家，其数字经济对创新产出的促进作用系数为 0.744，在 1%水平下显著；亚非洲地区的样本国家数字经济对创新产出的促进作用系数为 0.116（0.744–0.628），在 1%水平下显著。可见，数字经济对样本国家中的欧洲地区和亚非洲地区的创新绩效均具有显著的促进作用，且对欧洲地区样本国家的促进作用大于亚非洲地区的样本国家。这表明数字经济对"一带一路"沿线国家创新绩效的促进作用存在显著的区域异质性，欧洲地区的样本国家数字经济对创新绩效的促进作用更强，其主要原因可能是欧洲地区的样本国家数字经济发展较早，相关基础设施相对完善，因此数字经济的创新红利能够更充分地释放。

5. 稳健性检验

上文通过对样本国家中的欧洲地区和亚非洲地区进行回归分析，证明本节的结论具有一定的稳健性。为进一步增强研究结论的可靠性，本节从以下三个方面进行稳健性检验：①增加控制变量。创新要素流动受政府经济政策导向的影响，因此，增加政府干预（Gov）作为控制变量，选用财政支出占 GDP 的比重衡量政府干预程度，再进行回归，结果如表 16-20 第（1）列所示。②对样本的时间范围进行缩减处理。将 2010 年和 2018 年的全部样本剔除，仅利用 2011 年至 2017 年的面板数据进行回归，结果如表 16-20 第（2）列所示。③对模型可能存在的内生性问题进行处理。将数字经济的滞后一期作为当期数字经济的工具变量，并基于固定效应的 2SLS 模型进行回归，结果如表 16-20 第（3）列所示。由表 16-20 可知，相关变量的系数结果与上文研究结果基本保持一致，说明上文得出的主要结论稳健，再次证明了本节的研究假设。

表 16-20　稳健性检验结果

变量	创新产出指数		
	（1）	（2）	（3）
ln Dig	0.337**	0.534***	0.513*
	(2.06)	(2.63)	(1.91)
ln$K$	0.079***	0.061**	0.050**
	(3.16)	(2.21)	(2.04)
ln$L$	0.156***	0.146**	0.164***
	(3.10)	(2.42)	(3.15)
ln Fdi	−0.069	−0.101	−0.050
	(−1.12)	(−1.39)	(−0.84)
ln Fin	−0.090**	−0.031	−0.073**
	(−2.45)	(−0.77)	(−2.19)
ln Urb	−1.663***	−1.969***	−1.497***
	(−5.02)	(−4.61)	(−4.24)
ln Gov	0.006		
	(0.08)		

续表

变量	创新产出指数		
	（1）	（2）	（3）
常数项	10.870***	13.610***	
	（6.07）	（6.03）	
观测值	360	280	320
R^2	0.287	0.312	0.330
调整的 R^2	0.161	0.159	0.197
F	8.187	8.632	9.627

注：括号内为变量的 t 值

*、**、***分别表示在10%、5%和1%水平下显著

16.3.5 本节结论与政策建议

本节基于 2010~2018 年 40 个"一带一路"沿线样本国家的数据，利用面板固定效应模型、中介效应模型、门槛模型和空间计量模型，从作用机制、空间溢出效应和非线性效应三个方面分析了数字经济对"一带一路"沿线国家创新绩效的影响。实证结果表明：①数字经济能够显著提升"一带一路"沿线国家的创新绩效，已成为"一带一路"沿线国家创新绩效提升的重要驱动力；②数字经济能够通过加速产业结构升级间接提升"一带一路"沿线国家的创新绩效；③数字经济的创新溢出效应具有正向且显著的边际效应递增的非线性特点，并且产业结构升级这一中介因素还能够正向强化数字经济的非线性创新溢出，数字经济发展水平和产业结构升级水平越高，数字经济对创新绩效的作用越强；④数字经济对"一带一路"沿线国家创新绩效的促进作用存在显著的区域异质性，这种促进作用在数字经济发展水平较高的欧洲地区的样本国家更强，其主要原因可能是欧洲地区的样本国家数字经济发展较早，相关基础设施相对完善，因此数字经济的创新红利能够更充分地释放。

根据研究结论，提出如下政策建议：①加大数字经济建设力度，提升创新绩效。数字经济对一国创新绩效的提升具有显著的促进作用，但各国的数字经济发展水平不一，尚有较大的提升空间。政府应不断完善促进数字经济发展的政策措施，加大对区块链、5G、大数据、人工智能等数字技术的研发投入，完善数字经济基础设施建设，保障数字经济发展核心环节和关键领域的资金需要，不断推动数字经济发展进程。②实施动态化、差异化的数字经济发展战略，缩小数字鸿沟。由于"一带一路"沿线国家资源禀赋、区位优势及其经济发展程度不同，因此数字经济发展战略要因"国"而异。欧洲地区数字经济相关基础设施相对完善，应着重加强数字化专业人才的培养，不断优化数字经济的创新环境，强化数字经济的创新溢出效应；亚洲、非洲地区应加强数字化相关基础设施建设，提升数字经

济发展水平，力争打破数字经济发展空间的桎梏，从数字经济发展中获得更多创新溢出红利。③推进数字经济与传统产业的融合，不断提升产业发展水平。加快数字产业化和产业数字化进程，鼓励技术创新，推进数字技术的推广和应用，促进产业结构升级和资源配置效率提高，进而推动创新绩效的提升。

16.4 本章小结

本章从 ICT 基础设施、ICT 产业发展、ICT 产业应用以及 ICT 创新竞争力四个维度构建了数字经济发展水平评价指标体系，利用 2010~2018 年 40 个"一带一路"沿线国家的面板数据从整体层面和区域层面两个维度，就数字经济对创新绩效的影响机制、空间溢出效应和非线性效应进行了实证检验，研究发现：①随着 ICT 基础设施的不断完善、劳动者受教育水平的不断提升，无论是整体层面还是六大区域层面，"一带一路"沿线国家数字经济发展水平总体呈增长态势，但区域间数字经济发展存在显著的差异性；②"一带一路"沿线国家数字经济发展水平提高主要得益于国家政策支持和安全互联网服务器等 ICT 基础设施的建设与普及，而数字鸿沟则是导致区域数字经济发展存在差异的主要原因；③数字经济能够显著提升"一带一路"沿线国家的创新绩效，已成为新时代下"一带一路"沿线国家创新绩效提升的重要驱动力；④数字经济能够通过加速产业结构升级间接提升"一带一路"沿线国家的创新绩效；⑤数字经济的创新溢出效应具有正向且显著的边际效应递增的非线性特点；⑥数字经济对"一带一路"沿线国家创新绩效的促进作用存在显著的区域异质性。本章探讨相关政策建议，以期为推动"一带一路"数字经济发展进程与创新绩效提升提供决策依据。

第四篇 政策篇

互联网与产业经济融合的支持机制和保障体系研究

第17章 推进互联网与产业经济融合的政策作用机制研究

近年来,我国在互联网技术开发、产业、应用以及跨界融合等方面取得了积极进展,"互联网+产业"正成为当代我国发展新动能的重要来源和产业提质增效的新引擎,但也存在着互联网技术驱动产业转型的支撑能力不强、支撑体系建设不到位、体制机制不完善、保障措施不健全、跨界融合型人才匮乏等一系列亟待解决的重要问题。现有对推进我国互联网与产业经济融合发展的政策建议的研究大多是在参考典型发达国家经验的基础上展开的,这些研究为我国制定相关政策提供了有益的参考和借鉴,但也存在着许多政策建议缺少可操作性的问题,主要原因是缺少对政策作用机理的研究。因此,明晰推进互联网与产业经济融合发展的政策作用机理,可使制定的政策更有针对性,政策效果得到保证。

17.1 互联网技术驱动产业转型发展机制研究

传统产业转型发展的主要动因来自互联网技术应用、需求环境变化、产业重组、产业分工深化等。随着互联网技术的发展,互联网对传统产业的渗透不断加深,促进了传统产业资源配置方式创新、生产经营方式创新和组织管理模式创新,并促使基于互联网技术的新产品、新服务、新市场不断涌现,呈现出互联网推动传统产业转型升级的"互联网+"新业态的内在逻辑,如图17-1所示。

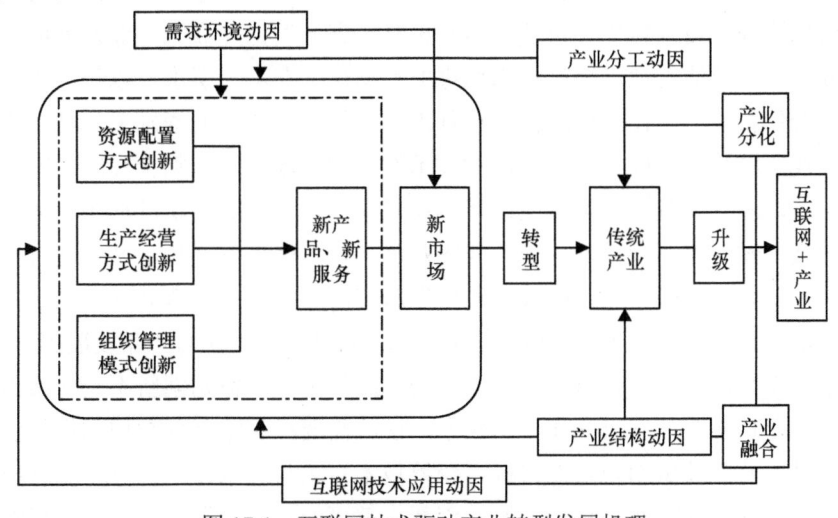

图17-1 互联网技术驱动产业转型发展机理

互联网技术的战略性和新兴性决定了互联网技术发展是推动互联网与产业经济融合的关键手段。推动互联网等数字技术的发展时，至少需要从技术、市场两个层面进行考虑。一方面，互联网等数字技术产业作为战略性新兴产业，核心技术和关键技术的掌握是其培育的关键抓手；另一方面，互联网技术产业的发展和壮大离不开人才、技术、资金等生产要素的支撑，而要素的获得离不开市场的供给，同样，互联网技术和产品的销售与应用也离不开市场的需求，因此，互联网技术产业市场的需求机制的培育和完善的重要性也是显而易见的。

1. 互联网等数字技术的培育机制

互联网等数字技术培育的重点在于核心技术和关键技术的突破。因此，互联网产业核心技术和关键技术的突破是互联网产业技术培育机制设计的基础。设计互联网产业技术培育机制时既要遵循技术发展的一般规律，也要考虑实现技术跨越式发展的特殊性。在设计互联网产业技术培育机制时，首先，要确立合理的技术培育目标，制订分阶段、分层次的技术培育方案；其次，明晰各阶段、各层次的培育重点，寻求各个培育阶段和培育层次的技术创新突破口，以实现对关键技术与核心技术的突破。按照互联网技术成长的阶段性特征可将互联网产业技术培育划分为三个层次，在第一层次，通过引进和借鉴国外互联网核心技术，对引进的核心技术消化吸收，破解并掌握核心技术。为了实现这一目标，我国引进的重点应放在技术空白、薄弱、基础环节的领域，注重引进技术的示范与引导效应，同时，要重视技术消化吸收过程中的人才培养和研发能力的提升。为了提高技术引进的针对性和有效性，需加快建立互联网技术引进评审、论证的多主体联动机制，确保技术引进与产业发展规划目标相一致、技术引进与重大科技计划相配套，构建以人才带技术和以技术聚人才的新模式，建立多个利益主体共同参与的技术引进前期论证、技术转化和再造的激励机制，充分发挥互联网产业发展所涉及的各个利益主体的能动性，提高技术引进的科学性。在第二层次，以集成创新技术提升综合创新能力。在对引进技术进行消化、吸收和再造的基础上，结合本土互联网产业发展基础，根据互联网产业技术发展的市场需求，整合互联网产业技术创新资源，进行互联网技术集成创新。在互联网技术集成创新过程中，应以当前互联网技术发展前沿为目标，依托我国互联网技术的先发优势，整合现有技术，实现技术单点突破向多点、链式、集成创新突破转变，逐步建立互联网技术创新链和技术创新网络，建立技术网络化集成创新模式，为互联网产业发展提供支撑。在第三层次，以原始创新引领核心技术的发展与突破。原始创新不是一蹴而就的事情，需要长期的基础研究和技术积累，这就需要在制定互联网技术原始创新发展策略时，要兼顾短期与长期目标，统筹技术需求与技术发展目标，进行科学合理的设计。互联网产业的每一项原始创新，都可能对产业发展产生重大影响并带来巨大的经济和社会效益,而原始创新的实现则需要长期的基础研究和技术研究的积累作为支撑。原始创新的实现离不开对基础研究的扶持和支撑,必须加快建立鼓励互联网技术基础研究的激励机制,提高技术创新主体进行原始创新的积极性,构建产学研一体化的互联网技术原始创新网络,结合我国的实际情况对相关的激励政策进行整合,建立有利于原始创新的政策和保障体系,探索跨区域研发力量整合机制,促进互联网原始创新研发联盟建设,以实现互联网产业的跨越式发展。

2. 互联网与产业经济融合发展的市场培育机制

互联网与产业经济融合要发挥市场机制对资源的基础配置作用。市场不仅是互联网与产业经济融合发展所需要素供给的场所,也是进行互联网与产业经济融合的产品、技术交易的场所,互联网与产业经济融合发展离不开市场体系的建立。

从推动互联网与产业经济融合发展的要素供给来讲,互联网与产业经济融合发展过程也是互联网技术发展和产业化的过程,互联网技术是影响互联网与产业经济融合发展的关键因素,而技术创新则是推动互联网与产业经济融合发展的核心动力,互联网产业技术创新离不开创新资源与要素的支撑,因此,完善互联网与产业经济融合发展的要素供给机制,是实现推动互联网与产业经济融合的根本保证。具体来讲:①建立多层次互联网与产业经济融合的专业人才培养机制。人才不仅是技术创新的主体,也是互联网技术创新的第一资源,互联网专业技术人才培养是关系到互联网技术创新和产业发展的战略性问题,是占领互联网产业发展高地的根本抓手。因此,应将互联网产业所需的各类人才培养作为重要任务。以市场需求为导向,建立由企业、高校、科研机构共同参与的多层次、多类型的互联网人才培养体系,鼓励和支持高校、企业和科研机构以产学研合作为基础、以项目为依托加强互联网相关专业人才培养,通过重大项目合作研发,培养互联网产业发展所需要的高素质创新人才和创新团队。②建立科技资源向技术资源和产业资源转化的突破机制。我国应重视互联网技术研发和应用,建立互联网产业和技术孵化器,通过互联网技术应用示范项目和基地,推动科技资源集聚和资源转化,构建互联网产业技术协同创新平台,提高科技成果转化率,建立科技资源转化支撑体系。③创新互联网产业发展的要素供给新模式。通过建立互联网产业技术要素交易平台,推动人才、技术、资金等要素的合理流动,建立以市场机制为主体、以政策引导为支撑的互联网产业要素供给模式,培育多元化的市场主体,建立全国统一的市场,逐步取消市场准入地域限制和障碍,促进各类资源和生产要素在全国范围内自由流动,实现资源优化配置。

从推动互联网与产业经济融合发展的市场需求引导来讲,互联网与产业经济融合所涉及的产品主要有制造类产品和服务类产品两大类,这两类产品与现代社会众多生产和生活领域密切相关，互联网产品具有宽阔的应用空间和巨大的市场潜力。我国可进一步培育互联网产品的市场需求，拓展互联网产品的市场需求空间，具体来讲：①建立互联网与产业经济融合发展孵化中心和应用示范基地。互联网产业和其他新兴产业一样会面临市场需求的不确定性，孵化中心建设可以推动产学研等各个主体的密切合作，可以加快技术研发成果的转化和产业化，能够有效减少市场需求不确定性的影响，同时，通过应用示范基地建设还可以创造技术需求、加快技术与产品的对接，有利于加强互联网与产业经济融合技术的研发、产品的宣传和消费的引导。②建立互联网技术和产品交易市场。互联网技术的研发主体是企业、高校和科研机构，企业既是技术的供给者也是推动技术产业化的主体，但是高校和科研机构一般只是技术的供给者，其研发的技术要转化为产品或实现产业化，一般需要通过企业等生产部门将其研发和掌握的技术转化为产品加以应用和推广，互联网技术和产品交易市场的建立有利于将研发成果转化为实际产品，形成新产品、创造新的需求。③加强新技术和新产品的推荐，创造新消费需求空间。建立多种物联网新技术、新产业推介渠道，鼓励和支持互联网技术在相关领域、行业进行先行先试，延伸互联网产品空间。加大对互联网技术和产品的宣传，提高公众对互联网技术、产品的认知，加快互联网技术在生产、生活领域的推广和应用，加强公众对互联网技术、产品的消费需求引导，拓展互联网与产业经济融合的需求空间。

17.2 互联网与产业经济融合的政策驱动机制研究

面对市场与技术的双重不确定性，单纯依靠市场机制的完善和技术创新体系的构建一般难以有效地解决，这就需要政府对互联网与产业经济融合提供相应的政策支持，建立相应的政策支撑体系。在明晰互联网技术推动产业转型升级内在机理的基础上，探寻推动互联网与产业融合发展的政策体系设计的逻辑起点和理论支点，发挥政策在驱动互联网技术与产业融合发展中的基础性作用。顺应互联网与产业融合发展的趋势，通过互联网技术、产业、市场、政策的协同演进，推进传统产业转型升级。通过制度创新和政策完善，从培育市场创新、激励市场需求、促进制度建设等方面促进互联网技术驱动产业转型升级，如图17-2所示。

1. 制度体制创新

进一步培育和完善平等竞争的投资环境，坚持产权明晰和平等保护物权，形成各种所有制经济平等竞争格局，鼓励和引导民营经济和民间资本健康发展；进一步健全现代市场体系，加快形成统一开放、竞争有序的现代市场体系，发挥市场在资源配置中的决定性作用，鼓励民间资本和民营经济进入"互联网+产业"，引导民营经济广泛应用数字技术改造提升服务产业，破除体制障碍，为互联网与产业经济融合发展提供制度创新支持。

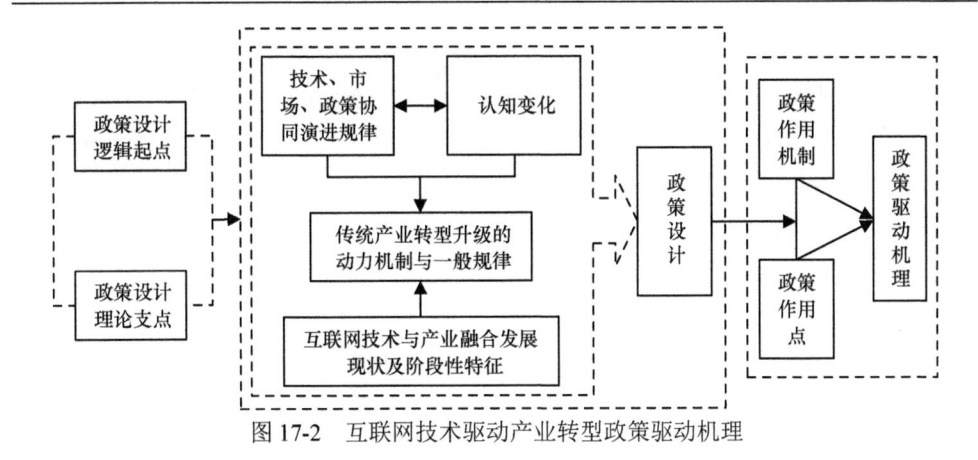

图17-2 互联网技术驱动产业转型政策驱动机理

2. 科研管理创新

大力提高自主创新能力，把增强自主创新能力贯穿互联网与产业经济融合发展的全过程和各方面；加大对互联网等数字技术自主创新的投入，加快建设国家创新体系，支持数字技术基础研究、前沿研究、市场应用研究；加快建立以企业为主体、以市场为导向、产学研相结合的数字技术创新体系，引导和支持创新要素向数字技术企业集聚，促进数字技术科技成果向现实生产力转化；深化科技管理体制改革，优化科技资源配置，完善鼓励技术创新和科技成果产业化的法治保障、政策体系、激励机制、市场环境。发挥风险投资的作用，形成促进科技创新与创业的资本运作和人才汇集机制；实施知识产权战略，在数字技术关键领域和若干前沿掌握核心技术、拥有一批数字技术的自主知识产权，充分利用国际科技资源，进一步营造鼓励创新的环境。

随着信息化的不断发展，知识的增长与扩散速度加快，产品的生命周期缩短，导致企业面临的研究开发压力增大。同时，传统企业边界正被逐渐淡化，知识快速扩散，要素频繁流动，导致知识传播范围更大，再加上风险资本的介入等，使开放式创新成为可能。因此，我国应拓宽视野，树立和建立开放式创新理念和思维。在经济全球化背景下，若企业创新仅仅强调企业的自我创新，仅依靠自己的力量，则既可能导致企业因自身研发经费不足而致使新技术短缺，又可能导致开发的技术与市场需求相脱离而被束之高阁。开放式创新作为当今一种新的创新模式，将吸纳更多的创新要素，形成多主体创新模式，对优化我国科技资源配置、提高我国数字技术企业自主创新能力具有重要意义。

3. 政策措施创新

政策引导是推进中国互联网与产业经济融合发展的必然要求。在中国这样一个经济发展水平总体相对落后、经济社会发展不平衡，又处于体制和发展方式双重转轨过程中的新兴市场经济大国，互联网与产业经济融合的推进过程必须有政府政策的积极导向和调控，使之既遵循着现代产业发展的一般规律，又体现出中国经济社会发展的特色，实现又好又快地向前推进。政府推进互联网与产业经济融合的政策同样既要符合高新技术产业化发展的一般规律，又要体现中国经济社会发展的内在要求和特色，同时要根据互联网与产业经济融合发展进程、发展任务和要求，国内外经济、社会环境条件的变化进行相应的调整。

17.3 政策效果调研1：政府补贴对互联网技术企业创新绩效的作用与门槛效应研究——以中国电子信息产业为例

17.3.1 引言

计算机、通信和其他电子设备制造产业（以下简称电子信息产业）是我国的先导性、基础性和战略性产业。近年来，我国电子信息产业蓬勃发展，在生产规模扩大、技术创新能力提升和产业结构优化等方面都取得了显著的成效，其中，民营企业发展尤其迅猛。从2005年到2022年，规模以上企业的个数已经从8868增加到26 410家，年均增长率为6.63%，其中，国有控股和国有企业的企业数从830家增加到947家，民营企业的数量以12.45%的年均增长率从2265家增加到16 648家；企业的总资产从22 594.03亿元增加到175 815.04亿元，年均增长率为12.83%，其中，国有控股和国有企业的总资产从3568.84亿元增加到30 350.6亿元，年均增长率为13.42%，而民营企业总资产从931.27亿元增加到37 392.5亿元，年均增长率高达24.26%[①]。可见，民营企业已经成为推动我国电子信息产业发展的重要力量。现有的关于政府补贴对产业生产效率、创新绩效等方面影响的文献大部分是从宏观角度、中观角度进行研究的；而从企业微观层面研究政府补贴作用的较少，以民营企业为研究对象的文献更少。本节拟以我国电子信息产业中的上市公司为研究对象，深入研究政府补贴对我国电子信息产业创新绩效的作用与门槛效应，比较对国有企业与民营企业影响效应的差异，以期为我国政府精准施策提供新思路。

目前我国政府补贴的形式主要有财政贴息、研究开发补贴、政策性补贴以及税收减免等，政府补贴作为市场的"扶持之手"一直是国内外学者研究的热点，关于政府补贴对企业创新影响效应的观点至少可以分为三类，其一，政府补贴对企业的创新绩效有直接或者间接的影响（Kang and Park，2012）。从企业融资角度

---

① 资料来源：《中国统计年鉴》（2012年、2023年），根据中国统计年鉴，国有企业在2005年称为"国有及国有控股工业企业"，2022年为"国有控股企业"。

来看，雷鹏等（2015）认为政府补贴对企业融资约束有显著的缓解作用，可以推动企业创新可持续性发展；马红和王元月（2015）利用 2007~2013 年上市公司的微观数据，研究了融资约束和政府补贴因素对我国战略性新兴产业公司成长性的影响，发现政府补贴对公司成长性具有直接和间接的积极效应，并可以在一定程度上缓解融资约束对公司成长性的抑制效应。林菁璐（2018）以深圳证券交易所中小企业板 46 家中小企业为研究对象，分析政府补贴对中小企业研发投入的影响，结果显示政府补贴有利于促进中小企业投资规模的扩大。康志勇（2018）借助匹配模型和企业专利数据就政府补贴对企业专利质量的总体影响效果、影响的滞后性、持续性等展开了实证研究，发现政府补贴对企业专利质量的提升有促进作用，这种作用具有一定的滞后性和连续性；并发现政府补贴对民营企业专利有更显著的持续性促进作用。伍健等（2018）以 A 股上市公司中七大战略性新兴产业为研究对象，发现政府补贴能够发挥信号属性作用，帮助企业获取资源和支持，直接促进企业创新绩效的提高。政府补贴对企业自主研发支出产生显著的激励作用，从而促进企业创新（Guo et al.，2016；陈玲和杨文辉，2016）。其二，政府补贴对企业创新存在消极效应。例如，李万福等（2017）发现政府补贴与企业总体 R&D 投资呈正相关，但随着政府补贴的增加，企业自主创新投入在减少。吴俊和黄东梅（2016）认为政府研发补贴对战略性新兴产业产品创新的直接影响不显著，这与政府补贴在很大程度上会"挤出"私人研发投资有关。李晓钟等（2016a）实证检验了政府补贴对上市公司研发投入和研发产出的影响效应，实证结论也表明政府补贴在当期对研发活动起促进效应，但在滞后期却表现为抑制效应。闫志俊和于津平（2017）实证发现，政府补贴对新兴产业的创业绩效具有显著的负向影响，而且由于企业会对补贴政策产生一定的依赖，这种负效应会长期持续存在；他们认为受补贴的企业总是依靠政府补贴来弥补较高的生产成本，而没有积极性去通过提高运营效率和生产能力降低成本，从而导致在竞争中处于劣势。Yu 等（2016）从资源获取的角度分析发现，政府补贴对企业创新绩效存在挤出效应，过度补贴会挤出企业自身的研发投入。其三，政府补贴对国有企业和民营企业创新的作用存在差异。Wu（2017）实证验证了国有企业比民营企业能够获得更多补贴，但是政府补贴的信号效应对民营企业更强。吴利华和申振佳（2013）则认为政府更倾向于补贴在竞争中处于弱势、生产率低的国有控股小型企业。李健等（2016）认为企业股权集中度会弱化政府补助对创新可持续性的正向影响。政府补贴与企业创新绩效之间是否存在门槛效应？张辉等（2016）通过门槛回归的方法验证了政府补贴与企业研发投入之间存在门槛效应，发现在不同门槛区间内政府补贴促使企业研发投入增加的百分比不一样；戴小勇和成力为（2013）通过面板模型分析发现，企业研发投入的强度对企业的绩效具有门槛效应，高技术产业具有最优的研发投入强度区间。

可见，关于政府补贴对企业创新的影响效应的研究硕果累累，为后期深入研究奠定了良好的基础。但是，学者的研究结论并不一致，且尚未对政府补贴与电子信息产业企业创新绩效之间的门槛效应进行探究。与已有的研究相比，本节拟在三个方面进行深入探索。一是本节采集了电子信息产业109家上市公司2011~2016年的年报数据，拟利用微观企业数据进行实证分析，不仅可以精准估算政府补贴对电子信息产业上市公司创新绩效的当期促进作用，而且可以估算政府补贴对该行业滞后期的作用；二是探讨政府补贴对不同所有制企业创新绩效作用的差异；三是构建以政府补贴强度为门槛变量的面板回归模型并估算门槛值，实证分析政府补贴强度对企业创新绩效的门槛效应，为我国政府精准补贴提供理论依据。

17.3.2 政府补贴对企业创新绩效的影响效应

1. 研究样本说明

本节以电子信息产业中上市公司的年报数据为研究基础，选取了国泰安CSMAR数据库、巨潮网、Wind数据库等主流数据中心的数据（李晓钟等，2017），按照中国证券监督管理委员会2012版《上市公司行业分类指引》制造业分类下计算机、通信和其他电子设备制造业选取实证样本数据，并剔除ST、*ST标志的上市公司（ST是指境内上市公司连续两年亏损，被进行特别处理的公司；*ST是指境内上市公司经营连续三年亏损，被进行退市风险警示的公司），选取已经达到一定规模（营业总收入在4000万元以上）的上市公司，且在2011年到2016年连续经营6年，最终选取"大华股份""国光电器"等109家电子信息产业上市公司作为本节的研究样本。

所有权性质在一定程度上代表企业的资金来源与资金充裕度。国有企业在获取政府补贴方面相较于民营企业有着天然的优势，所以本节将根据企业所有权性质不同进行分类实证检验。因此，本节将选取的109家样本企业根据所有制不同再深入分析，根据企业法人是否为国有法人、是否为国有控股、是否为国务院国有资产监督管理委员会下属单位可将样本企业分为41家国有企业和68家民营企业。

根据样本企业的数据，各家企业在不同年份所享受的政府补贴优惠政策不全相同。一般情况下，政府根据申报企业的规模、研发情况、产品所带来的社会效益等因素为企业提供不同形式的政府补贴。为了更加客观地估算政府补贴对企业创新绩效的影响，本节用上市公司公布的经审计的合并财务报表下利润表营业收入中当年的政府补贴除以企业当年的营业总收入的值作为政府补贴强度。2011~2016年政府对国有企业和民营企业的补贴强度大部分低于2%，仅有部分企业获得较高强度的政府补贴，而获得高强度补贴的企业大致可分为以下两类情况：一类是企业当年发生重大资产重组、收购等行为,如协鑫集成科技股份有限公司,在 2015 年通过重大资产重组收购行业内先进企业进行业务重组、扩展,由于业务的调整导致当年的营业总收入下降,从而导致了政府补贴强度虚高;另一类是企业属于以服务国家国防安全和国民经济发展为使命,如中国东方红卫星股份有限公司,业务主要分为两大类:卫星研制和卫星应用,此类企业主要向国民经济各部门推广和转移新技术、新产品、新工艺等,不仅带来十分可观的经济效益,还涉及国家的政治和经济安全问题。为此,政府高度重视此类企业,因而政府补贴强度也较高。将 109 家样本企业根据不同所有制划分,不同年份企业获得的政府补贴强度的具体情况如表 17-1 和表 17-2 所示。

表 17-1　国有企业政府补贴强度情况（2011~2016 年）

补贴强度	2011 年	2012 年	2013 年	2014 年	2015 年	2016 年
(0,1%]	15	15	16	14	15	14
(1%,2%]	8	6	7	12	12	16
补贴强度低于 2%的企业比例/%	56.10	51.22	56.10	63.41	65.85	73.17
(2%,3%]	7	8	8	3	5	4
(3%,4%]	1	3	3	3	3	1
(4%,10%]	7	6	5	6	4	5
(10%,54%]	3	3	2	3	2	1

表 17-2　民营企业政府补贴强度情况（2011~2016 年）

补贴强度	2011 年	2012 年	2013 年	2014 年	2015 年	2016 年
(0,1%]	27	26	19	25	22	25
(1%,2%]	14	14	19	16	15	14
补贴强度低于 2%的企业比例/%	60.29	58.82	55.88	60.29	54.41	57.35
(2%,3%]	6	6	6	6	8	8
(3%,4%]	5	3	5	6	7	8
(4%,10%]	8	16	12	13	13	11
(10%,54%]	8	3	7	2	3	2

2. 政府补贴对电子信息产业创新绩效影响的估算

影响企业创新绩效的因素较多,本节主要考虑政府补贴、企业规模、研发强度、资本密度、出口情况,模型构建如式(17-1)所示。

$$\text{IPF}_{j,i,t} = \alpha_{j,0} + \alpha_{j,1}\text{SUB}_{j,i,t} + \alpha_{j,2}\text{SUB}_{j,i,t-1} + \alpha_{j,3}\text{SCM}_{j,i,t} + \alpha_{j,4}\text{RI}_{j,i,t} + \alpha_{j,5}\text{CI}_{j,i,t} + \alpha_{j,6}\text{EX}_{j,i,t} + u_{j,i,t} \quad (17\text{-}1)$$

式中,$\text{IPF}_{j,i,t}$ 表示第 t 年第 i 家电子信息产业上市公司的创新能力,用企业当年申报的专利数取对数来表示;$\text{SUB}_{j,i,t}$ 表示第 t 年第 i 家电子信息产业上市公司的政府补贴;为分析政府补贴对企业创新绩效是否存在滞后效应,增加了滞后项,用 $SUB_{j,i,t-1}$ 表示第 $t-1$ 年第 i 家电子信息产业上市公司的政府补贴,用上市公司经审计的年报利润表中"营业外收入"一栏下政府补贴取对数来估算;$SCM_{j,i,t}$ 表示第 t 年第 i 家电子信息产业上市公司的规模,用年度审计报告资产负债表中的总资产取对数来表示;$RI_{j,i,t}$ 表示第 t 年第 i 家电子信息产业上市公司的研发强度,本节不仅考虑企业当年的研发投入资金规模,而且考虑企业的规模,故用企业的研发投入/总资产来估算;$CI_{j,i,t}$ 表示第 t 年第 i 家电子信息产业上市公司的资本密集度,企业的研发和创新是促进电子信息产业类高新技术产业发展的第一动力,而研发投入需要大量的资金,故资本的密集度对企业创新有较大影响,本节用企业的固定资产/总资产来估算资本密集度;$EX_{j,i,t}$ 表示第 t 年第 i 家电子信息产业上市公司的出口情况,用虚拟变量来测度,若有出口行为,则变量为 1,若没有出口行为,则变量为 0;$\alpha_{j,0}$ 表示常数项;$\alpha_{j,1}$、$\alpha_{j,2}$、$\alpha_{j,3}$、$\alpha_{j,4}$、$\alpha_{j,5}$、$\alpha_{j,6}$ 表示系数;$u_{j,i,t}$ 表示随机误差项。$j=0,1,2$,当 j 取 0 时,式(17-1)研究的是政府补贴对全部样本企业(109 家)创新绩效的作用;当 j 取 1 时,式(17-1)研究的是政府补贴对国有企业创新绩效的作用;当 j 取 2 时,式(17-1)研究的是政府补贴对民营企业创新绩效的作用。主要变量的描述性统计情况如表 17-3 所示。

表 17-3 主要变量的描述性统计(一)

变量	有效观测值	最小值	最大值	均值	标准差
SUB	654	12.7634	21.8090	16.9671	1.4895
SCM	654	19.5411	25.7146	21.8036	1.0445
RI	654	0.0008	0.2551	0.0340	0.0249
CI	654	0.0031	2.2905	0.2146	0.1768
EX	654	0	1	0.8073	0.3944

本节实证选用面板模型,影响选用固定效应模型还是随机效应模型的关键,主要取决于无法观测的个体效应是否和模型中观测的解释变量相关,如果不相关,则选用随机效应模型,否则,选用固定效应模型。Hausman 结果显示解释变量和非观测的个体效应相关,因此选用固定效应模型更合适。利用 109 家样本数据、样本中的国有企业数据和样本中的民营企业数据,分别对模型(17-1)进行回归,实证结果如表 17-4 和表 17-5 所示。

表 17-4 政府补贴对电子信息产业企业创新绩效影响的回归结果

变量	模型Ⅰ	模型Ⅱ
$\alpha_{j,0}$	−14.735 330***	−12.927 270***
	(−14.921 230)	(−11.416 240)
$SUB_{j,i,t}$	0.079 693***	0.057 158**
	(2.835 991)	(2.001 840)

续表

变量	模型I	模型II
$SUB_{j,i,t-1}$		0.087 044***
		(3.055 917)
$SCM_{j,i,t}$	0.853 056***	0.734 891***
	(16.673 750)	(12.619 990)
$RI_{j,i,t}$	4.494 251***	4.588 486***
	(3.196 951)	(2.806 569)
$CI_{j,i,t}$	0.428 871***	0.202 022
	(2.355 704)	(1.021 861)
$EX_{j,i,t}$	−1.084 169***	−1.330 152***
	(−4.531 168)	(−5.078 669)
R^2	0.929 409	0.944 984
调整的 R^2	0.914 610	0.930 365
F	62.801 150	64.638 390
DW 检验	0.820 958	1.022 077

注：括号内为变量的 t 值

、*分别表示在 5%、1%水平下显著

表 17-5 政府补贴对国有企业和民营企业创新绩效影响的回归结果

变量	国有企业 模型I	国有企业 模型II	民营企业 模型I	民营企业 模型II
$\alpha_{j,0}$	−14.859 080***	−12.693 820***	−15.177 880***	−13.104 380***
	(−5.508 753)	(−3.262 519)	(−13.791 170)	(−10.043 930)
$SUB_{j,i,t}$	0.182 075**	0.190 503*	0.083 220**	0.044 554
	(1.981 478)	(1.819 821)	(2.524 773)	(1.353 868)
$SUB_{j,i,t-1}$		−0.051 035		0.095 185***
		(−0.422 157)		(2.871 480)
$SCM_{j,i,t}$	0.766 720***	0.711 092***	0.871 077***	0.738 368***
	(5.028 456)	(4.106 243)	(15.079 110)	(10.947 470)
$RI_{j,i,t}$	1.347 184	−0.140 761	6.782 664***	5.835 798**
	(0.392 480)	(−0.037 977)	(3.347 440)	(2.425 562)
$CI_{j,i,t}$	−0.449 918	−1.370 232**	0.641 543**	0.263 557
	(−1.086 551)	(−2.125 816)	(2.161 882)	(0.665 318)
$EX_{j,i,t}$	−0.198 276	−0.059 796	−1.354 183**	−1.296 959***
	(−0.481 448)	(−0.135 274)	(−5.290 588)	(−4.971 925)
R^2	0.683 399	0.672 185	0.938 884	0.953 093
调整的 R^2	0.610 337	0.576 395	0.925 709	0.940 172
F	49.353 697	47.017 280	71.264 280	73.760 600
DW 检验	1.455 839	1.671 259	0.839 523	1.036 574

注：括号内为变量的 t 值

*、**、***分别表示在 10%、5%和 1%水平下显著

由表 17-4 可知，政府补贴在当期、滞后一期对电子信息产业创新绩效有促进

作用，并且滞后一期的促进效应大于当期效应。究其原因是，企业进行研发创新时需要耗费大量资源，政府的补贴行为对企业的发展战略有重大影响，政府对高技术产业进行研发补贴可以降低企业自身创新的边际成本和研发过程中的不确定性，分散企业的资金风险（Tether，2002），因而政府补贴对企业的创新绩效有显著的促进作用。由表 17-5 可知，政府补贴对不同所有制企业的创新绩效影响效应不同，政府补贴对国有企业创新绩效的当期促进作用大于民营企业，但滞后一期的影响呈抑制效应但不显著。政府补贴对民营企业创新绩效的促进作用在当期和滞后一期都显著。政府补贴对不同所有制企业创新绩效存在差异的原因至少有两个：一是随着体制改革的深入，国有企业的数量减少，而剩下的上市国有企业的主营产品大部分属于信息技术、量子通信、大数据、云计算、机器人与智能制造、高端制造等，属于我国的战略性新兴产业，关系到我国政治和经济的安全，得到政府的高度重视，因而可持续得到政府的指导和财政资金的投入；二是国有企业的中层管理干部大多数是由组织部门选拔和委任的，政府补贴对企业当期创新绩效作用大小对企业领导考核尤为重要，这也与上述实证结果一致。杨洋等（2015）也实证发现由于国有企业和民营企业自身资源基础的差异和嵌入复杂制度情境中产生的制度逻辑差异的存在，各自有着明显不同的特征，进而在利用政府补贴进行创新行为方面也表现出差异。Liang 等（2012）通过分析我国 533 家民营企业发现，与国有企业比较，民营企业在组织能力、资源禀赋等方面有较大优势。Child 和 Pleister（2003）则认为民营企业在进行创新活动和战略决策时拥有较大的自主权和灵活性。Luo 等（2011）通过我国 1355 家民营企业的数据发现，民营企业在公司治理、继承、兼并等方面有明显的优势，这也说明了为什么政府补贴对民营企业创新绩效的促进作用的滞后效应显著存在。

17.3.3 政府补贴对企业创新绩效影响的门槛效应

1. 模型构建

政府补贴对企业创新绩效影响不仅存在着当期和滞后期的线性影响，而且可能存在着非线性影响。为此，构建门槛模型。一般情况下，先确认门槛值的个数，然后依次检测每个门槛值的显著性，使用 Hansen 非线性面板门槛回归模型对面板数据进行自动识别进而确认门槛值，采用王群勇的 xtptm 命令[①]，其中自抽取设定 1000 次，分组样本异常值去除比例为百分之一（张家平等，2018），以政府补贴强度（GSI）为核心解释变量，SUB、RI 为依赖变量，CI、SCM、EX 为独立变量，构建单门槛模型 [式（17-2）] 和多重门槛模型 [式（17-3）]。

---

① 感谢南开大学王群勇老师提供的门槛回归指令，http://bbs.pinggu.org/thread-3690732-1-1.html。

$$IPF_{j,i,t} = \theta_{j,0} + \theta_{j,1}SUB_{j,i,t} + \theta_{j,2}GSI_{j,i,t}(Th \leq \eta) + \theta_{j,3}GSI_{j,i,t}(Th > \eta) \\ + \theta_{j,4}SCM_{j,i,t} + \theta_{j,5}RI_{j,i,t} + \theta_{j,6}CI_{j,i,t} + \theta_{j,7}EX_{j,i,t} + u_{j,i,t} \quad (17\text{-}2)$$

$$IPF_{j,i,t} = \theta_{j,0} + \theta_{j,1}SUB_{j,i,t} + \theta_{j,2}GSI_{j,i,t}(Th \leq \eta_0) + \theta_{j,3}GSI_{j,i,t}(\eta_0 < Th \leq \eta_1) \\ + \theta_{j,4}GSI_{j,i,t}(Th > \eta_1) + \theta_{j,5}SCM_{j,i,t} + \theta_{j,6}RI_{j,i,t} + \theta_{j,7}CI_{j,i,t} \quad (17\text{-}3) \\ + \theta_{j,8}EX_{j,i,t} + u_{j,i,t}$$

式中，GSI 表示政府补贴强度，用上市公司公布的经审计的合并财务报表下利润表营业收入中政府补贴除以企业当年的营业总收入的值来估算；Th 表示门槛变量；η 表示单门槛模型的门槛值；η_0、η_1 分别表示双门槛模型的两个门槛值；$\theta_{j,0}$ 表示常数项；$\theta_{j,1}$、$\theta_{j,2}$、$\theta_{j,3}$、$\theta_{j,4}$、$\theta_{j,5}$、$\theta_{j,6}$、$\theta_{j,7}$、$\theta_{j,8}$ 表示系数；其他字母含义同上。

政府补贴对电子信息产业企业创新绩效的作用存在滞后性。例如，郭步超和王博（2014）将政府债务的二次项作为门槛值，实证测算出政府债务与经济增长之间的转折点。本节以学者的研究为基础，通过引入政府补贴强度（GSI）、政府补贴强度的二次项（GSI^2）来分析政府补贴与不同所有制企业的创新绩效之间是否存在转折点[①]，计量模型设定如式（17-4）所示。

$$IPF_{j,i,t} = \lambda_{j,0} + \lambda_{j,1}SUB_{j,i,t} + \lambda_{j,2}SUB_{j,i,t-1} + \lambda_{j,3}GSI_{j,i,t} + \lambda_{j,4}GSI^2_{j,i,t} \\ + \lambda_{j,5}SCM_{j,i,t} + \lambda_{j,6}RI_{j,i,t} + \lambda_{j,7}CI_{j,i,t} + \lambda_{j,8}EX_{j,i,t} + u_{j,i,t} \quad (17\text{-}4)$$

式中，$\lambda_{j,0}$ 表示常数项；$\lambda_{j,1}$、$\lambda_{j,2}$、$\lambda_{j,3}$、$\lambda_{j,4}$、$\lambda_{j,5}$、$\lambda_{j,6}$、$\lambda_{j,7}$、$\lambda_{j,8}$ 表示系数；其他字母含义同上。

2. 实证结论及分析

利用国有企业和民营企业数据分别对模型（17-4）进行回归，结果如表 17-6 和表 17-7 所示。

表 17-6　国有企业政府补贴强度转折点的面板回归结果

变量	（1）	（2）	（3）
$SUB_{j,i,t}$	0.400 238***	0.424 794***	0.309 510**
	(3.746 163)	(3.890 593)	(2.187 285)
$SUB_{j,i,t-1}$			0.140 465
			(1.101 852)
$SCM_{j,i,t}$	−0.088 235	−0.102 859	−0.130 340
	(0.282 400)	(−1.239 473)	(−1.350 343)
$RI_{j,i,t}$	7.228 950**	7.493 663**	9.642 867**
	(2.115 254)	(2.187 894)	(2.429 687)

[①] 根据数学基本原理可知：$y=ax^2+bx+c$，$x=-b/2a$ 为二次函数单调性的转折点。本节通过EViews软件可以计算出 a、b，从而计算出对应的转折点。

续表

变量	（1）	（2）	（3）
$CI_{j,i,t}$	−1.639 077***	−1.672 684***	−1.439 209***
	（−3.656 133）	（−3.723 499）	（−2.719 780）
$EX_{j,i,t}$	0.223 055	0.182 759	0.338 765
	（0.877 937）	（0.711 980）	（1.210 829）
$GSI_{j,i,t}$	−2.954 904**	−6.184 030*	−5.356 221
	（−2.250 299）	（−1.897 126）	（−1.525 004）
$GSI^2_{j,i,t}$		4.820 064	4.340 919
		（1.082 254）	（0.905 969）
转折点/%		39.562 6	40.264 8
R^2	0.247 286	0.250 957	0.252 565
调整的 R^2	0.231 605	0.232 153	0.226 006

注：括号内为变量的 t 值

*、**、***分别表示在 10%、5%和 1%水平下显著

表 17-7　民营企业政府补贴强度转折点的面板回归结果

变量	（1）	（2）	（3）
$SUB_{j,i,t}$	0.618 662***	0.757 717***	0.398 909***
	（8.108 311）	（9.402 165）	（3.692 126）
$SUB_{j,i,t-1}$			0.477 531***
			（5.250 523）
$SCM_{j,i,t}$	−0.294 453***	−0.391 137***	−0.470 828***
	（−5.072 049）	（−6.475 476）	（−6.818 852）
$RI_{j,i,t}$	−1.607 649	−2.329 873	−7.160 594*
	（−0.422 754）	（−0.623 834）	（−1.791 397）
$CI_{j,i,t}$	0.011 906	0.073 869	0.242 244
	（0.025 788）	（0.162 602）	（0.453 590）
$EX_{j,i,t}$	0.618 233***	0.593 236***	0.677 080***
	（3.477 204）	（3.285 947）	（3.512 194）
$GSI_{j,i,t}$	−1.820 048***	−8.991 620***	−10.563 690***
	（−4.075 629）	（−5.457 416）	（−5.393 454）
$GSI^2_{j,i,t}$		2.269 050***	2.887 993***
		（4.525 572）	（4.886 898）
转折点/%		1.656 7	1.662 3
R^2	0.287 207	0.325 358	0.940 415
调整的 R^2	0.278 319	0.315 084	0.924 287

注：括号内为变量的 t 值

*、***分别表示在 10%、1%水平下显著

由表 17-6 和表 17-7 可知，表中第（1）列，利用政府补贴强度对基准模型进行回归，试图初步检测政府补贴对企业创新绩效的影响，结果发现政府补贴、政府补贴强度都对企业绩效有显著影响，表明模型的设定是正确的。表中第（2）列，

国有企业的 GSI^2 对企业创新绩效不显著，说明政府补贴对于国有企业不具有门槛效应；民营企业的 GSI^2 与企业创新绩效呈显著正相关性，证明了民营企业的创新绩效与政府补贴强度之间存在门槛效应的假说，转折点在补贴强度等于 1.6567%处，这说明当企业所获得的政府补贴强度大于转折点，政府补贴为企业带来的促进效应将降低甚至表现出负效应。表中第（3）列，在模型中增加政府补贴的滞后项，实证发现国有企业 GSI^2 对创新绩效仍不显著；而民营企业的 GSI^2 与企业创新绩效呈显著正相关性，这再次证明了民营企业的创新绩效与政府补贴强度存在门槛效应的假说，转折点在补贴强度等于 1.6623%处，转折点稍有提升。因此，当政府补贴强度在(0,1.6623%)时，政府补贴对民营企业创新绩效的作用呈递增态势；当政府补贴强度大于 1.6623%时，政府补贴对民营企业创新绩效的作用呈递减态势；政府补贴强度的最优点为 1.6623%。究其原因，政府对新兴产业进行补助时，补贴强度的变化会对微观企业的质量升级激励产生直接影响，同时也会对产业内部竞争有影响（王宇等，2018）。而高额的政府补贴有可能诱使企业进行寻租、商业贿赂等行为，弱化企业通过研发投入、技术改造、开发新产品等途径提升企业产品竞争力的激励，并由此产生了大量的非生产性支出，从而降低财政资金的使用效率。实证也发现，国有企业的创新绩效与政府补贴强度之间尚未出现转折点，即门槛效应尚未显现。

17.3.4 研究结论与政策启示

本节选用 2011～2016 年沪深两市电子信息产业概念板块 109 家上市公司为研究样本，实证了政府补贴对该产业上市公司创新的影响效应，研究结论表明：①政府补贴对电子信息产业的创新绩效在当年、滞后一年都产生积极促进效应。②政府补贴对企业创新绩效的促进作用因企业性质不同而存在着差异。政府补贴当期对国有企业的创新促进作用明显大于对民营企业的作用，但在滞后期，政府补贴对民营企业创新绩效的促进作用则明显优于国有企业。③验证了民营企业的创新绩效与政府补贴强度存在门槛效应的假说，实证估算出当政府补贴强度在(0,1.6623%)时，政府补贴对民营企业创新绩效作用呈递增态势；当政府补贴强度大于 1.6623%时，政府补贴对民营企业创新绩效的作用呈递减态势；政府补贴强度的最优点为 1.6623%。但国有企业的创新绩效与政府补贴强度之间不存在门槛效应。

为更好地提高政府补贴对电子信息企业创新绩效的促进作用，应进一步完善和优化政府补贴机制。具体来讲：①继续实施政府补贴政策措施以鼓励电子信息企业开展创新活动。实证表明，政府补贴对电子信息企业创新绩效在当期发挥积极作用，且在滞后期，政府补贴对民营企业创新绩效也产生积极的推动效应。同时，根据电子信息产业的补贴强度门槛值,应对政府补贴的强度进一步优化,实现政府精准补助,以更大程度地发挥政府补贴对企业创新的激励作用。②创新财政补贴投入方式。电子信息产业作为战略性新兴产业,对国家政治和经济安全意义重大。本节实证发现政府补贴对国有企业绩效的促进效应在滞后期不显著,王一卉(2013)实证也发现政府补贴会导致国有企业的创新绩效下降。因此,我国应进一步完善财政补贴政策,强化对企业自主创新的引导作用,大力推行研发奖励、风险补偿、贴息减税等补贴方式,不断完善政府补贴机制,促进政府补贴方式与手段的多样化,以鼓励更多的企业开展创新活动。例如,其一,可将部分事前补贴转换为事后补贴,后者是根据成果确定补贴额度的一种更优的补贴方式,从而能对企业产生更大的激励效应;其二,设置政府补贴门槛,采取补贴配套政策,即政府补贴必须在企业研发投入一定比例后再实施;其三,创新债权融资方式,对于政府主管部门认定的国家战略性新兴产业企业获得的贷款,可通过贷款贴息、发债贴息、融资租赁补贴等来支持,通过政府支持金融创新帮助企业缓解资金瓶颈。③构建政府补贴动态调整机制。通过对接受补贴企业的定期审计和绩效评估,引入、推广并完善阶梯式的补贴方式,针对补贴对象获得补贴后的补贴效果,再确定后续的补贴标准和方式,动态调整补贴额度,集中财力支持优势产品、优势企业,促进优质企业和产品做大做强,以充分发挥政府补贴在激励企业创新和提升企业自身竞争力中的作用。④加强监管。借鉴美国、德国等发达国家的经验,通过规范政府补贴的资格评审机制,引导企业积极开展技术创新,减少不符合补贴资格企业的寻租行为;通过完善和健全企业信息披露制度,加强公众的监督,减少信息不对称,提高政府补贴资金的使用效率,从而使政府补贴更有效地促进我国电子信息企业技术创新,进而在提升整个产业技术水平中起更大的作用。

17.4 政策效果调研2:政府补贴对互联网技术产业全要素生产率的影响研究——以中国电子信息产业为例

17.4.1 引言

电子信息产业在我国是一个新兴且发展迅速的产业,近年来,我国电子信息产业在战略性新兴产业中的领先和支柱作用日益凸显出来,1999~2016年电子信息产业规模以上企业个数从4289家增加到15 222家,占高技术产业规模以上企业总数的比重达到49.94%;截至2017年8月电子信息产业上市公司有326家,占整个高技术产业上市公司总数的37.91%[①]。电子信息产业的快速发展与各

---

① 资料来源:国泰安CSMAR数据库。

种扶持政策是密不可分的，政府补贴在上市公司的业绩中正在扮演越来越重要的角色。据统计，A股上市公司共计获得政府补贴从2014年的1391.7亿元，增加到2016年的1655.65亿元，增加了18.97%。2016年，高技术产业内部研发经费支出为29 157 462万元，其中政府投入2 130 532万元，占比为7.31%；其中电子信息产业内部研发经费支出中的政府投入为911 693万元，占政府对高技术产业总投入的42.79%[①]。政府的巨额补贴是否对产业发展发挥了作用？如果发挥了作用，影响效应又有多大？在企业微观层面对政府补贴作用进行研究的文献较少，且结论也存在一些分歧。本节拟以电子信息产业的上市公司为研究对象，深入研究政府补贴对电子信息产业全要素生产率的作用，以期为我国电子信息产业又快又好发展提供有益的思路。

政府补贴的作用一直是国内外学者研究的热点，一部分学者研究认为，政府补贴对企业的产品竞争力、研发活动存在正效应。例如，Brander和Spencer（1981）认为政府补贴能够使本国产品在国际竞争中取得优势并获取更多利益；Alecke等（2012）、Carboni（2017）的研究都发现政府补贴越多，则企业的研发积极性越高，研发强度越大，政府补贴对企业研发有一定的促进作用；白俊红和李婧（2011）实证发现政府的R&D资助可以弥补企业技术创新资金的不足，增强其抵御市场风险的能力，提高企业参与创新的动力和积极性；吴晓园等（2012）对政府创新补贴、全要素生产率和经济增长之间的关系进行实证，发现政府创新补贴每增加1%会使得全要素生产率提高0.557%，政府的创新补贴有利于促进社会技术水平进步；邵敏和包群（2012）研究发现政府补贴对企业生产效率的影响效果与企业获补贴收入多寡密切相关。但也有一部分学者研究认为政府补贴作用不显著，甚至存在负效应。政府补贴有可能挤出企业自身研发投入（Wallsten，2000），引致部分企业利用自身的信息优势进行"寻补贴"行为（孔东民等，2013；余明桂等，2010），对新兴产业的创新绩效产生显著的负面影响（罗雨泽等，2016；李晓钟等，2017；闫志俊和于津平，2017）。

学者丰富的研究成果为本节的深入研究奠定了扎实的基础。相对于以往学者的研究，本节拟在三个方面进行深入探索。一是本节拟采用全要素生产率作为主要被解释变量，可以更加全面地衡量所有生产要素的生产效率；二是基于电子信息产业微观企业的数据较为缺乏，相应的实证研究也较少，本节采集了电子信息产业109家上市公司数据，不仅考虑到政府补贴对电子信息产业上市公司当期的影响，而且考虑到政府补贴对该行业滞后期的影响；三是电子信息产业是一个技术创新导向性产业，研发创新和技术效率是影响其发展的关键因素。本节对实证结果成因的剖析中，理论分析与实证分析相结合，通过同步实证探究研发投入对

---

① 资料来源：《中国高技术产业统计年鉴（2017）》。

研发产出的当期和滞后期影响效应，探讨促进我国电子信息产业发展的政策建议，为我国相关部门决策提供依据。

17.4.2 模型选择及政府补贴效应估算

1. 研究对象说明

电子信息产业作为新兴的高科技产业，近年来发展迅速，但微观企业统计数据不全，故利用电子信息产业中的上市公司的数据为研究基础。本节综合了国泰安 CSMAR 数据库、Wind 数据库等主流数据中心中电子信息产业的数据，并剔除一些 ST 标志的上市公司，选取已经达到"规模以上"（即主营业务收入在 2000 万元以上）且在 2011 年到 2016 年连续经营 6 年的上市公司，最终选取"大华股份"等 109 家电子信息产业上市公司作为本节的研究样本。

选取的 109 家上市公司 2011~2016 年的主营业务主要集中于三块：一是通信设备制造业，包括各种智能自助设备、信息通信技术服务与运营、移动信息产品等，如"长江通信"的主营业务是"信息电子配件及材料和智能交通产品及服务等"；二是电子器件制造，包括各种精密注塑件的加工、液晶显示器等各类电子产品及配件，如"得润电子"的主营业务是"电子连接器、电子元器件、精密组件产品等"；三是计算机设备，包括计算机软件的开发、电子产品及通信产品的设计开发等，如"大华股份"的主营业务是"系统集成、电子产品工程的设计等"。

根据 109 家上市公司公布的 2011~2016 年经审计年报分析，各家企业在不同年份所获得的政府补贴优惠政策也不全相同，政府会根据企业的经营状况、生产规模等因素为其提供不同形式的补贴，主要形式为银行贷款的贴息、研发经费补贴、专项补贴和税收优惠等。本节以经审计的合并报表下利润表中"营业外收入"项目下政府补助占企业当年的营业总收入的比重作为政府补贴强度，则 2011~2016 年 109 家上市公司政府补贴强度的差异性较大，如深圳长城开发科技股份有限公司在 2012 年获取的补贴强度仅为 0.036%，而天津环球磁卡股份有限公司（SH:600800，现更名为天津渤海化学股份有限公司）在 2012 年获取的补贴强度高达 53.15%；平均每年有 65 家企业获得的政府补贴强度处于 0~2%，占企业总数的 59.63%，获得政府补贴强度大于 10%的企业平均每年仅占 6.11%。企业获得的政府补贴强度超过 10%情况主要可分为两种：一是企业当年出现破产重组情况，使得当年报告期营业总收入与往年相比很低，从而导致政府补贴强度较高，如深圳九有股份有限公司（现更名为湖北九有投资股份有限公司）在 2012 年、2013 年这两年期间获得政府巨额补贴，补贴强度都在10%以上，年报显示该企业在2012年完成了破产重组，公司通过技术改造，调整了原有的产品结构，导致报告期公司营业总收入较低，使得政府补贴强度变大，2013 年该公司继续进行转型升级，进一步收购和移动通信终端及物联网络终端产业相关的资产，符合当时政府补贴的相关政策，所以取得了较往年更多的补贴；二是企业的主营业务与政府当年重点补助的政策相关，如天津环球磁卡股份有限公司，2012年至2016年的政府补贴强度都在20%以上，其中2012年政府补贴强度高达53.15%，这主要是由于该公司的主营业务是磁条卡、ID卡等数据卡产品业务，恰逢当年政府大力推广使用芯片银行卡、芯片身份证等政策以推广互联网经济政策，同时该企业又是中国"银联"标识卡、中央国家机关、金融票证等的定点生产单位，所以补贴强度较强。将109家企业的补贴强度分段、分年份来看，具体情况如表17-8所示。

表17-8 上市公司政府补贴强度情况（2011～2016年）

补贴强度	2011年	2012年	2013年	2014年	2015年	2016年
(0,1%]	42	41	35	39	37	39
(1%,2%]	22	20	26	28	27	30
(2%,3%]	13	14	14	9	13	11
(3%,4%]	6	6	8	9	10	9
(4%,10%]	15	22	17	19	17	16
(10%,54%]	11	6	9	5	5	4

2. 全要素生产率的估算

关于全要素生产率的计算，常见的有OLS、FE、OP（Olley-Pakes，奥利-帕克斯）、LP（Levinsohn-Petrin，列文森-佩特林）、GMM等几种，本节参考杨汝岱（2015）的研究成果，考虑了其他要素的投入，对传统的柯布-道格拉斯生产函数进行改进，再对函数两边取对数，模型如式（17-5）所示。

$$\ln Y_{i,t} = \alpha_0 + \alpha_1 \times \ln L_{i,t} + \alpha_2 \times \ln K_{i,t} + \alpha_3 \times \ln S_{i,t} + \mu_{i,t} \quad (17\text{-}5)$$

式中，$Y_{i,t}$表示第i家上市公司第t年的营业收入；$L_{i,t}$表示第i家上市公司第t年的劳动力投入，劳动力投入是指劳动要素服务流量，不仅仅是简单的劳动力数量的多少，还应该包括劳动力的质量，电子信息产业作为高新技术行业更注重劳动力的质量，由于劳动力的数量多少和质量高低与公司所支付的工资水平呈正相关，故可用上市公司年报资产负债表中"应付职工薪酬"项目来衡量劳动要素投入量的变化；$K_{i,t}$表示第i家上市公司第t年的资本投入，用经审计的资产负债表中年末固定资产净额来衡量资本要素投入量的变化；$S_{i,t}$表示第i家上市公司第t年生产过程中的各种其他要素投入，用经审计的现金流量表中的"购买商品、接受劳务支付的现金"项目来衡量；$i=1,2,\cdots,109$；$t=2011,2012,\cdots,2016$；α_0表示常数项；α_1、α_2、α_3分别表示L、K、S的产出弹性；μ表示随机扰动项。

利用上市公司数据，对式（17-5）利用固定效应模型进行逐年回归，结果如表17-9所示，根据所得残差即可得到109家上市公司2011年到2016年的全要素生产率的估计值。

表 17-9 式（17-5）的回归结果

变量	系数	t 值
α_0	5.574 813***	9.431 331
α_1	0.235 421***	7.634 721
α_2	0.163 581***	5.345 709
α_3	0.403 583***	15.022 500
R^2	0.912 551	
调整的 R^2	0.894 641	
F	50.953 850	
DW 检验	1.780 558	

***表示在1%水平下显著

3. 政府补贴对电子信息产业上市公司全要素生产率的影响效应

影响企业全要素生产率的因素较多，本节主要考虑政府补贴、企业规模和盈利能力。上述文献回顾表明，政府补贴对全要素生产率有影响，但结论并不一致；企业规模和盈利能力通常与全要素生产率正相关。因此，模型构建如式（17-6）所示。

$$\text{TFP}_{i,t} = \beta_0 + \sum_{j=0}^{3} \beta_1 \times \text{ZFB}_{i,t-j} + \beta_2 \times \text{EPS}_{i,t} + \beta_3 \times \text{SCM}_{i,t} + u_{i,t} \quad (17\text{-}6)$$

式中，$\text{TFP}_{i,t}$ 表示第 t 年第 i 家电子信息产业上市公司的全要素生产率；ZFB 表示电子信息产业上市公司的政府补贴，用上市公司经审计的年报利润表中"营业外收入"一栏下政府补助项目强度（政府补贴/营业总收入）来估算，为了检验政府补贴对该行业上市公司生产效率的滞后影响，增加了滞后项，用 $\text{ZFB}_{i,t-j}$ 表示，$j=1,2,3$；$\text{EPS}_{i,t}$ 表示第 t 年第 i 家上市公司的盈利能力，用经审计的年报中每股收益来估算；$\text{SCM}_{i,t}$ 表示第 t 年第 i 家上市公司的规模，用年度审计报告资产负债表中总资产的对数来表示；β_0 表示常数项；β_1、β_2、β_3 表示系数；其他字母含义同上。主要变量的描述性统计情况如表 17-10 所示。

表 17-10 主要变量的描述性统计（二）

变量	有效观测值	最小值	最大值	均值	标准差
ZFB	654	0.0004	0.8738	0.0383	0.1423
EPS	654	−5.8446	2.3170	0.3079	0.5192
SCM	654	19.5411	25.7146	21.8036	1.0453

利用 109 家上市公司的全要素生产率（TFP）的估计值和上市公司其他经审计过的数据，采用面板固定效应（Hausman 检验通过）对式（17-6）进行回归。考虑到政府补贴的当期效应和滞后效应，对式（17-6）进行四次回归，实证结果如表 17-11 所示。

表 17-11　政府补贴对全要素生产率影响的回归结果

变量	(1)	(2)	(3)	(4)
β_0	−5.974 369***	−4.336 170***	−2.786 492***	−4.660 460*
	(−8.092 682)	(−5.098 011)	(−2.626 615)	(−3.038 237)
ZFB	−0.386 636***	−0.404 471***	−0.969 258**	−0.044 417
	(−2.536 496)	(−3.144 086)	(−2.527 008)	(−0.104 181)
ZFB_{t-1}		−0.392 533***	−0.398 966***	−0.221 890
		(−3.127 348)	(−2.718 575)	(−0.547 205)
ZFB_{t-2}			−0.350 834**	−0.144 959
			(−2.528 269)	(−0.909 968)
ZFB_{t-3}				0.358 739**
				(2.261 559)
EPS	0.173 325***	0.203 394***	0.178 977***	0.158 226*
	(3.818 629)	(4.244 235)	(3.209 881)	(1.638 961)
SCM	0.272 327***	0.198 587***	0.130 977***	0.213 840***
	(8.050 207)	(5.109 662)	(2.713 477)	(3.094 115)
R^2	0.607 211	0.657 719	0.680 344	0.732 564
调整的 R^2	0.526 769	0.568 979	0.568 166	0.588 754
F	7.548 428	7.411 784	6.064 890	5.093 998
DW 检验	2.036 236	2.299 347	2.373 109	2.810 219

注：括号内为变量的 t 值

*、**、***分别表示在 10%、5%和 1%水平下显著

由表 17-11 可知，政府补贴在当期、滞后一期、滞后两期对电子信息产业上市公司全要素生产率都没有产生促进作用，而是呈抑制效应。在滞后第三期，政府补贴才对上市公司全要素生产率表现出明显的促进效应，如表 17-11 中第（4）列所示，政府补贴在当期、滞后一期、滞后二期产生的抑制效应均不显著。

17.4.3　政府补贴的积极效应及其滞后效应成因剖析

1. 政府补贴有利于上市公司全要素生产率提升

电子信息产业作为一个新兴的高科技产业，企业全要素生产率的提高依赖于技术进步，技术进步较大程度上取决于该企业的研发投入，以及研发效率的高低。影响企业全要素生产率的因素较多，包括企业资本的投入、员工质量、企业规模等。当企业获得政府补贴时，企业会选择把相当一部分政府补贴投入研发部门，来增强企业的创新能力；另一部分政府补贴会用于员工培训、采购专业的新型设备等。无论政府补贴流向研发部门，还是用于人才培训或设备更新等都会对企业全要素生产率提升产生积极推动作用。而且，一般情况下政府补贴的申请是有条件的，企业为争取政府补贴，会采取一系列的措施以符合政府的政策条件，如引进海外人才、提高企业技术人员的比例、更新设备、扩大企业规模等，而这些措

施无疑都有利于促进企业创新能力的提升。杨洋等（2015）的实证也肯定了政府补贴在某种程度上会降低企业直接的研发成本，以此来降低企业自身创业的不确定性及风险，从而维持或提升企业创新，并对企业创新绩效产生促进作用。

2. 政府补贴对上市公司全要素生产率的提升效应存在滞后性

电子信息产业是一个研发创新驱动型产业，但是研发本身是高投入、高风险和高产出的过程。政府补贴在企业年报中是在营业外收入项目下显示的，可以直接视作企业的现金收益，同时政府对某家上市公司进行补贴的行为会向市场传递利好消息。申香华（2014）实证发现当政府补贴的力度达到一定程度，可以降低银行风险评估级别，这也说明政府补贴对信贷资源的配置有一定的影响。政府向某家企业或某一类企业进行补助，在一定程度上代表了政府近期内会扶持这类企业，这有利于这些上市公司在股票市场上至少短期内成为社会投资者的关注热点。政府对企业进行补贴的正向信号效应能够提高企业投资、融资的可能性，从而有利于上市公司生产规模的扩大和生产效率的提高。但是，研发产出是否在当年（当期）发生、人才的外引内培、设备的更新等积极效应是否会滞后产生都存在着一定的不确定性。因此，企业获得政府补贴对全要素生产率有积极效应，但是上述的不确定性有可能导致政府补贴对上市公司全要素生产率显著提高的促进效应要滞后一段时期后才会产生。

企业为争取政府补贴的寻租行为也不利于政府补贴积极效应的提升。赵璨等（2015）基于企业不同盈利状况的分析研究，发现企业为了争取政府补贴会采取迎合行为，这种为了获取补贴的迎合行为不利于政府补贴绩效的发挥。盈利状况较差的企业会倾向于通过负盈利来获取政府补贴的扶持，则会弱化政府补贴的企业绩效和社会绩效；盈利较好的企业会通过寻租活动来获取更多补贴，则会弱化企业自身的绩效。毛其淋和许家云（2015）基于倍差法与生存分析方法系统地评估政府补贴对企业创新的微观效应，实证结果显示只有适度补贴才会显著激励企业产品创新，过度高额补贴反而会抑制企业新产品的创新力。唐清泉和罗党论（2007）的实证分析也发现政府补贴没有增强上市公司的经济效益。若将政府补贴作为企业的营业外收入处理，企业在取得补贴后会有部分资金流向研发部门，如果政府部门监管不严或者相关的使用规则不够明确，企业会将政府补贴代替原来流向研发部门的经费，这样最终流向研发部门的总经费有可能并没有增加，政府补贴只是替代了原来的研发经费，企业自身原本用于研发的资金可能减少，产生了挤出效应。王红建等（2014）以 2003~2011 年我国沪深两市 A 股非金融类上市公司为样本，结果显示政府对企业进行补贴时，需考虑其可能存在会计上的盈余操纵风险。因此，企业对政府补贴的寻租行为导致政府补贴的积极效应产生滞后，甚至只产生负面效应。

3. 政府补贴积极效应的滞后性检验

1）政府补贴当期效应比较

考虑到高新技术产业研发的特殊性，对前文所选的109家公司选取了2011年、2013年、2016年三年进行当年的回归分析，结果如表17-12所示。2011年与2013年间隔2年，政府补助的负效应稍有减少，整体上变化不大，2013年与2016年进行对比，中间时间跨度为3年，政府补助的负效应明显减弱，这与本节前面进行滞后处理的结果相符合，也说明了高新技术产业研发的特殊性导致政府补贴不能在短期内提高企业的全要素生产率。

表17-12 当期回归比较分析的结果

变量	2011年	2013年	2016年
β_0	−9.906 859***	−5.339 299***	−6.789 497***
	(−8.224 993)	(−4.404 562)	(−8.177 695)
ZFB	−3.843 979***	−3.466 861***	−1.691 222*
	(−5.101 248)	(−4.372 829)	(−1.693 486)
EPS	−0.039 546	−0.052 430	0.059 763
	(−0.469 281)	(0.678 416)	(0.669 662)
SCM	0.462 846***	−3.466 861***	0.318 026***
	(8.162 224)	(−4.372 829)	(8.500 530)
R^2	0.483 607	0.340 837	0.444 506
调整的 R^2	0.468 853	0.322 003	0.428 635
F	32.777 80	18.097 62	28.006 98
DW 检验	2.152 364	1.831 630	1.989 656

注：括号内为变量的 t 值

*、***分别表示在10%、1%水平下显著

2）研发投入滞后效应实证比较

一般情况下，政府所设定的申报补贴的条件都是有利于企业提高生产效率的，故在获取政府补贴后一段时间会出现上市公司全要素生产率显著提高。高技术行业的电子信息产业在取得政府补助后，一般都会把政府补贴用于研发，增加企业的研发费用，研发的投入对应着研发产出。为了分析研发投入与产出之间的关系，构建式（17-7）。

$$\text{LNZL}_{i,t} = \gamma_0 + \sum_{j=0}^{3} \gamma_1 \times \text{LNYFFY}_{i,t-j} + \gamma_2 \times \text{EPS}_{i,t} + \gamma_3 \times \text{SCM}_{i,t} + u_{i,t} \quad (17\text{-}7)$$

式中，$\text{LNZL}_{i,t}$ 表示第 t 年第 i 家电子信息产业上市公司申报成功的专利数，用Wind数据库中各家公司成功申报专利（包括发明专利、实用新型专利和外观设计专利）的专利编号日期来确认申报的年份再对其取对数；LNYFFY 表示上市公司的研发投入，用 Wind 数据库中上市公司利润表中研发费用的对数表示，为了检

验研发费用对电子信息产业研发产出是否也存在滞后影响,增加了滞后项,用 $LNYFFY_{i,t-j}$ 表示,$j=1,2,3$;用 $EPS_{i,t}$ 表示第 t 年第 i 家上市公司的盈利能力,用经审计的年报中每股收益来衡量;$SCM_{i,t}$ 表示第 t 年第 i 家电子信息产业上市公司的规模,用年度审计报告资产负债表中总资产的对数来表示;γ_0 表示常数项;γ_1、γ_2、γ_3 表示系数;其他字母含义同上。

对式(17-7)采用面板固定效应(Hausman 检验通过)进行回归,实证结果如表 17-13 所示。由表 17-13 可知,研发投入对企业研发产出的影响为正效应,但是对研发投入进行滞后处理后发现,滞后处理后正效应会有所改善。研发投入和企业业绩存在不显著的正相关关系,研发强度对企业业绩的影响存在滞后效应,这与王君彩和王淑芳(2008)的实证研究也一致。

表 17-13 研发投入对研发产出影响的实证分析结果

变量	(1)	(2)	(3)	(4)
γ_0	−10.362 520***	−7.851 868***	−5.406 623***	−5.312 508***
	(−10.225 390)	(−7.324 151)	(−5.177 388)	(−3.983 988)
LNYFFY	0.202 158***	0.128 508**	0.030 824	0.128 102**
	(4.452 768)	(2.163 290)	(0.485 403)	(1.936 855)
$LNYFFY_{t-1}$		0.215 291***	0.184 527***	0.078 269
		(5.071 712)	(3.321 108)	(1.218 623)
$LNYFFY_{t-2}$			0.156 291***	0.124 441**
			(4.210 756)	(2.370 958)
$LNYFFY_{t-3}$				0.134 559***
				(3.577 514)
EPS	−0.160 841***	−0.094 569*	−0.008 583	0.083 715
	(−2.990 371)	(−1.719 938)	(−0.165 863)	(1.027 798)
SCM	0.604 523***	0.435 199***	0.316 874***	0.276 555***
	(10.474 110)	(6.861 587)	(5.007 314)	(3.584 952)
R^2	0.927 341	0.944 977	0.963 998	0.977 122
调整的 R^2	0.912 460	0.930 712	0.951 363	0.964 820
F	62.319 62	66.243 47	76.299 70	79.426 00
DW 检验	0.820 289	1.003 569	1.236 557	1.915 810

注:括号内为变量的 t 值

*、**、***分别表示在 10%、5%和 1%水平下显著

17.4.4 本节结论与政策建议

本节选取 2011~2016 年沪深两市电子信息产业概念板块 109 家上市公司为研究样本,实证了政府补贴对该产业上市公司全要素生产率的影响效应,研究结论表明政府补贴对电子信息产业的上市公司全要素生产率在当年、滞后一年和滞后两年都未产生积极促进效应,甚至是负效应,但在滞后三年政府补贴的促进效应显著,且综合效应为正。

政府补贴对上市公司全要素生产率的作用存在滞后性。究其原因，一方面，政府补贴会引导企业增加创新要素投入，扩大企业规模，从而提升自身的盈利能力；另一方面，电子信息产业与其他高技术产业一样，技术研发存在着高投入、高产出和高风险的特点，因而政府补贴的积极效应在当期还是滞后期产生存在较大的不确定性；而企业为获得政府补贴，本身还可能存在"寻补贴"的寻租行为，这又进一步导致政府补贴积极效应是否产生和何时产生存在不确定性。研发投入对企业研发产出影响的实证分析与政府补贴对电子信息产业上市公司全要素生产率的影响效应的实证结论也是一致的。

为使政府补贴对企业全要素生产率提升产生更好的促进作用，政府在补贴的方式和监督等方面亟待进一步完善。具体来讲，一是应审慎实施政府补贴政策，构建公开、透明的补贴资格审查机制。被打上 ST 标志的上市公司存在着一定的退市风险，政府对这类企业实施政府补贴可能会导致低效率，甚至负效率；政府补贴对象选择标准要予细化，应降低地方政府在补贴对象上相对过高的自由裁量权，建立问责制，减少企业的寻租行为。二是应进一步完善政府补贴方式，提高政府补贴效率。应寻求市场驱动与政府激励相容的产业扶持思路，重视政府补贴在技术创新中的引导性作用，创新政府补贴方式，完善研发补助、项目配套、贷款贴息等方式，提高政府补贴的效率。三是应引入第三方审计，加强对企业对政府补贴使用情况全过程的监管、跟踪；引入动态调整机制，可根据技术创新绩效，动态调整补贴额度，以提高补贴资金的利用效率，促进补贴资源的合理配置。

17.5 政策效果调研3：制造业中小企业数字化转型中市场与政府双重失灵和破解路径研究

17.5.1 引言

制造业是国民经济的主体，乃立国之本、兴国之器、强国之基。伴随数字产业的迅猛发展，数字化技术已成为传统制造业的共性使能技术，通过数字技术的扩散与渗透从而形成强大的"赋能效应"，是制造企业高质量发展乃至全产业全面升级的重要手段。党的二十大报告强调，要加快构建以国内大循环为主体、国内国际双循环相互促进的新发展格局，支持中小微企业发展，推动制造业高端化、智能化、绿色化发展[①]。量大面广的制造业中小企业是构建"双循环"新发展格局的关键稳定器和创新型国家建设的生力军。因此，如何高质、高效、全面推动制

---

① 习近平：高举中国特色社会主义伟大旗帜 为全面建设社会主义现代化国家而团结奋斗——在中国共产党第二十次全国代表大会上的报告，https://www.gov.cn/xinwen/2022-10/25/content_5721685.htm[2022-10-25]。

造业中小企业的数字化转型不仅是理论界和实务界关注的热点问题，更是时代的重要议题。

推动制造业中小企业数字化转型是数字经济发展的重点和难点。近年来，我国制造业中小企业数字化转型已有一定成效，转型路径逐步清晰、转型模式探索初具成效、产品服务供给水平持续提升，但发展道路并不平顺。资料显示，我国仅12%的中小企业处于数字应用践行阶段，90%以上未达深度应用[1]；《2022埃森哲中国企业数字化转型指数》显示，2022年我国企业数字化转型指数为52分（百分制），总体仍处于中低水平且得分首次下降，其中领军企业的数字化转型指数高达84分，包括中小企业在内的其他企业仅得46分[2]，这反映我国企业数字化转型过程中的不均衡状态，中小企业的数字化转型发展尤其薄弱。因此，加快制造业中小企业数字化转型是我国目前的重要任务，这也体现于各级政府文件中。例如，浙江省提出2025年要实现30个以上重点细分行业工业中小企业数字化改造全覆盖；江苏省提出每年重点培育1000家星级上云中小企业[3]；广东省提出"一行一策"推动中小型制造企业加快数字化普及应用[4]，构建"工业互联园区+行业平台+专精特新企业群+产业数字金融"为核心的新制造生态系统，提升中小企业数字化能力[5]。2023年财政部与工业和信息化部联合发文拟分三批组织开展中小企业数字化转型城市试点工作，更体现了"全面高效推进制造业中小企业数字化转型"的国家意志[6]。"高效率推进"政策反映了我国制造业中小企业数字化转型的发展正处于"铺面"阶段，即数字技术与制造技术融合应用的示范与加速推广阶段。现阶段的关键并非前沿技术的突破，而是期待在量大面广的制造业中小企业中高效率推进普惠式的共性数字技术应用，进而实现基础广泛的产业范式升级。由此，现阶段制造业中小企业数字化转型问题，本质上是共性使能数字技术在制造业中小企业中的扩散问题。

因此，本节拟从共性使能技术扩散的理论视角构建理论框架，分析制造业中小企业数字化转型存在的市场、政府双重失灵现象及成因，探究双重失灵的破解

---

[1] 中小企业数字化转型分析报告（2021），http://www.cesi.cn/images/editor/20220505/20220505170438288.pdf[2022-05-18]。

[2] 2022埃森哲中国企业数字化转型指数，https://www.xdyanbao.com/doc/dc1lozg37z[2023-06-20]。

[3] 省政府办公厅关于印发江苏省制造业智能化改造和数字化转型三年行动计划（2022—2024年）的通知（苏政办发〔2021〕109号），http://www.jiangsu.gov.cn/art/2021/12/30/art_46144_10244386.html[2022-05-18]。

[4] 广东省人民政府关于印发广东省制造业数字化转型实施方案及若干政策措施的通知（粤府〔2021〕45号），http://www.gd.gov.cn/zwgk/wjk/qbwj/yf/content/post_3338922.html?eqid=ed88a4590007ae5f00000006642e9e71[2022-05-18]。

[5] 中共广东省委 广东省人民政府关于高质量建设制造强省的意见，http://www.gd.gov.cn/gdywdt/gdyw/content/post_4190174.html[2023-06-01]。

[6] 关于开展中小企业数字化转型城市试点工作的通知（财建〔2023〕117号），https://www.gov.cn/zhengce/zhengceku/202306/content_6886368.htm[2023-09-03]。

路径，并探讨加快中小企业数字化转型的政策建议。

17.5.2　制造业中小企业数字化转型的双重失灵现象

在制造业数字化转型领域，通用的数字技术必须通过一定程度的定制开发，形成适用的工业软件、智能装备、智能产品等才能满足企业需求，这个过程需要数字化转型服务商参与，因此诞生了专业的制造业数字化转型服务市场。该市场的活跃程度反映了转型推进的繁荣度，市场存在的问题也折射出转型难的核心问题。因此，研究制造业中小企业数字化转型，可以从相对宏观的转型服务市场视角进行考察。

"失灵"是研究市场问题的重要的切入点，也是政策安排的基本出发点。通用的数字技术符合应用类共性技术的特点，是最接近市场应用的一类共性技术，这类技术在扩散过程中存在市场失灵与政府失灵（李纪珍和邓衢文，2011）。制造业中小企业数字化转型的"启动难、推开难"是市场与政府双重失灵的具体表现。因此，在技术扩散理论视角下，可以从双重失灵视角切入，讨论制造业数字化转型服务市场问题。

1. 转型服务市场失灵现象

现阶段制造业数字化转型服务市场呈现典型的"小对小"特征，即供需双方均以中小企业特别是小企业为主。"小对小"的市场特征使市场机制难以有效发挥作用，供需矛盾突出，甚至出现市场失灵现象，具体表现在"供需错配"、"信息不对称"与"预期高度不确定性"下的中小企业的数字化技术采纳受阻，市场发展缓慢、迟滞。

（1）供需错配下的市场失灵。数字化转型服务产品本身具有研发投入高、研发周期长的特性。以工业软件为例，通常3～5年才能开发出一套稳定可靠、市场接受的产品，而从市场接受到拓展有可能长达10年时间。与此相对应，中小企业基于自身规模和盈利能力的限制，具有价格敏感性高、砍价动力强、抗风险能力弱等特性，企业对数字化服务的需求十分苛刻。同时，中小企业缺乏数字化人才，对运维支持的要求高，进一步加大了服务商的投入成本。客观来说，制造业中小企业数字化转型服务市场是高投入、低利润的非优质市场，国外大型成熟服务商水土不服，国内大型成熟服务商有些已经放弃了这个领域，还有的在亏损中探索新模式、新方向，中小服务商虽有服务动力但却处在咬牙坚持的困难境地。如果供需两端找不到互利发展的模式，供给端服务动力将持续减弱，市场难以可持续发展。

（2）信息不对称下的市场失灵。在制造业数字化转型领域，供需双方的行业知识都具有很高的专业性，双向信息不对称问题非常突出，因此市场交易成本高，而"小对小"的市场特征更加剧了这一问题。一方面，需求侧中小企业的"不懂"使转型服务的沟通成本和服务难度提高；另一方面，大部分中小服务商产品成熟度不高，成功的应用案例宣传不足，缺乏声誉积累，导致客户企业不懂选、不敢转。由于供需双方均有短板，制造业中小企业不仅难作转型决策，还陷入了难找服务商的困境。因此，信息不对称导致的超高交易成本阻碍市场主体交易的进行，导致市场失灵。

（3）预期高度不确定下的市场失灵。共性技术就绪度、预期经济收益度是技术扩散的关键要素（周源，2018），而制造业中小企业数字化转型服务市场中质量与预期收益高度的不确定性导致了技术扩散失灵。近年来，数字化技术的普遍应用、疫情冲击和伴随而来的国际环境波动让中小企业置身于易变性、不确定性、复杂性和模糊性交织的环境中，经营承压异常严重。而从目前中小企业转型的现状来看，数字化转型的失败率远超预期。2018麦肯锡的调研显示，一般企业做数字化转型的失败率高达80%（李立威等，2023）；2022年埃森哲的调研显示，即便是在大型企业中，仍有超80%的企业数字化转型成效并不显著[①]。中小企业数字化转型带来的价值体验并不强烈，许多企业虽然实施了数字化项目但却没有获得相应的收益和效果。在预期高度不确定的混沌期下，中小企业在自主决策时往往倾向于应用原有的技术，使得数字技术的利用、推广和普及陷入市场失灵。

2. 政府干预失灵现象

学术界普遍认为政府应主动参与共性技术的研发和推广，政府支持被认为是推动共性技术供应和扩散的有效手段。尤其在市场失灵的情况下，政府的介入非常关键。从现状来看，针对中小企业数字化转型问题，各地政府积极加大政策支持力度，在转型成本、周期、质量等方面多方施策，但成效却并不完全尽如人意。出现了诸如：企业对政府力量、扶持政策等过度依赖，企业数字化转型的内生动力不足，扶持政策监管不力的寻租现象等。政府的支持力度不足或方式不当，可能导致干预失效，加剧市场矛盾，出现政府干预失灵，具体如下。

（1）政府介入方式不恰当造成的干预失灵。政府扶持是推动制造业中小企业数字化转型的重要方式，但政府扶持力度的精准性是实施的难题。扶持力度过小，会无法有效达到对中小企业数字化转型的引导效果。扶持力度过高，又会导致一些企业从获取补贴出发，非按自身需求出发去开展数字化转型，形成"数字化累赘"，甚至造成无序竞争或一哄而上的混乱局面。

---

① Chinese companies remain committed to digital transformation, but at a slower pace, according to Accenture report，https://newsroom.accenture.com/news/chinese-companies-remain-committed-to-digital-transformation-but-at-a-slower-pace-according-to-accenture-report.htm[2023-06-20]。

（2）试点示范政策的不适配造成的干预失灵。试点示范政策是数字化转型的常用政策，"以标杆来引领企业转型，以评定来激励企业转型"的政策措施体现在各级政府的文件中。国内相关试点示范企业认定了很多，绝大多数为大中型企业。这种以先进的大中企业为试点示范企业的政策措施并不适配中小企业，难以调动企业转型的内生动力。其一，传统的示范政策往往重视对企业先进性考量，然而不同类型企业在不同阶段对技术的采用是不同的，如同管理学经典的"联合利华肥皂盒包装线与中国南方乡镇电风扇"案例，大型企业的改造项目对小企业来说可模仿性很低。示范如果没有批量带动性，则形成"盆景"容易，但要形成"风景"难。其二，传统试点示范政策往往忽略了数字技术扩散的"定制化"特点，即技术在企业中的应用有个性化特征，个性化程度越高，则可模仿性越弱。如果没有找到应对"定制化"的措施，试点示范无法达到"高效率推进"的预期。

（3）市场交易保障制度不健全导致的干预失灵。制造业中小企业数字化转型是知识型服务，市场交易的难度较大，从政府角度，应该通过完善市场交易规则来推动市场机制有效运行。但在规则制定方面，目前政府也缺乏各行业数字化转型的专业知识，可能难以科学制定交易规则。此外，多数中小企业技术壁垒较低，包括客户信息和供应商信息在内的产业链信息保密性较差。由于我国在数字化领域的保护制度尚未健全，中小企业在转型初期担心存在核心技术和产业链信息泄露的隐患，因而也不敢贸然数字化。

17.5.3 双重失灵现象形成的内在因素分析

制造业中小企业数字化转型双重失灵现象的形成，可以从共性技术扩散理论角度，从技术产品特征、技术供给方、技术需求方、技术扩散环境四大因素进行考量（韩元建和陈强，2017）。技术的供需双方是技术扩散的内在因素，供给方希望实现利润最大化，而需求方则希望获得超额收益。产品特征属性是供需双方互动的直接关联因素。正是技术产品特征、技术供给方、技术需求方三大因素相互作用才导致市场失灵下低效率的技术扩散。

从技术产品特征来讲，通用技术并不意味着其具备"即插即用"属性，其应用必须依靠次级工艺创新，每个次级工艺创新都是让通用技术适应特定部门的需要（阿吉翁等，2021）。定制化是制造业中小企业数字化转型服务产品的最大特征。制造业门类多、专业性强，不同的行业之间有一定的专业壁垒，每家企业的生产经营管理又各具特点，因此企业数字化转型需要一定程度的定制，这符合制造业中小企业数字化转型实际，脱离这个实际是行不通的。例如，美国通用公司设想把 Predix 平台建成所有行业通用的平台，打造成像安卓一样的制造业领域的操作系统，却没有考虑制造业场景的千差万别，导致巨大的投入无法获得商业回报，

2018年底不得不出售平台（姜红德，2018）。GE工业互联网业务的收缩，实质就是摒弃在定制化的约束下走大而全的跨行业、跨领域平台之路。然而，与定制化属性相关联的是服务成本的提升及部署效率的降低。此处的成本提升体现在：供方的研发成本、需方的应用成本及双方的交易成本。实践中，定制化项目制是典型的数字技术应用方式，这种高定制化的"点对点"的技术扩散路径，效率不高，难形成批量之势。

从技术供给方来讲，供给方阶段性的能力限制，叠加产品特征因素，会对技术扩散造成较大影响。产品的定制化特征直接导致了供方的开发投入大、企业服务成本高。市场发展初期，供方能力有限是客观事实，且初代产品更需要在市场打磨、迭代中提升性能，技术供给方若无较高的收益预期，则将失去服务动力，导致技术扩散低效。

从技术需求方来讲，主要体现在需求方的"三缺"特征限制下的矛盾。制造业中小企业缺资金、缺技术、缺人才，这"三缺"是传统中小企业的固有特征，只有在"三缺"的约束下进行技术扩散，才有可能推进中小企业数字化转型呈现批量性。而需求方的"三缺"特点，恰恰与产品特征及供方阶段性特征相矛盾，这就导致了采纳决策效率低下。同时，需求方的"三缺"特征还逆向影响产品质量、产品成本及供方供给动力，进一步加剧市场与政府的双重失灵。

从技术扩散环境因素来讲，由于目前中小企业数字化转型服务市场仍处发展初期，政策法规尚不健全，相关配套服务市场，如制造业数字化转型监理市场，也尚未形成。此时，政府施策水平、政策法规的保障水平将直接影响技术扩散。政府干预失灵本质上就是技术扩散的最重要的影响因素。

17.5.4 双重失灵的破解路径与政策建议

1. 双重失灵的破解路径选择

1）构建"以点带面"的横向扩散路径

"以点带面"的横向扩散路径，指的是改变原有的"点对点"的定制化项目制低效率扩散路径，致力于共性技术二次开发产品在中小企业群体中横向传播，形成"以点带面"形的批量数字化转型态势。

以民营中小企业块状经济为特点的浙江省，是"以点带面"横向扩散路径的先驱实践者，其"学样仿样"推广法就是"以点带面"的生动实践[①]。浙江的"以点带面"典型模式为，以细分行业为单位批量推动制造业中小企业的数字化转型。

---

① 毛光烈："学样仿样推广法"加快细分行业中小企业数字化转型，http://gxt.shaanxi.gov.cn/webfile/xxhcy/85381.html[2023-09-04]。

具体来讲，在一个制造业细分行业里确立让同规模企业认可的样板后，在政府助力下，中小企业自愿"学样仿样"，从而在短时间内实现细分行业整体的数字化转型。"以点带面"的核心思路是找准行业数字化转型的公约数，用标准化的样本模式、规范化的投资与运营方式，消除中小企业转型的各种疑虑与风险，提高企业数字化转型的积极性，推动中小企业的规模化转型，实现数字化转型的从"做零售"向"做批发"的转变。从浙江的实践情况来看，该方法效率较高，已在浙江全省范围内进行推广。例如，浙江省江山市仅用了两年（2019~2021年）时间就实现了全县木门行业规上企业的数字化转型全覆盖，让原本传统的木门行业中小企业实现了数字化转型从0到1的起步。

"以点带面"的横向扩散路径实现的基本前提：一是产品具有标准化部署特性，即要求在特定群体中通过"高标准化+低程度定制化"的方式，实现低成本、高效率推广。二是产品符合中小企业需求且预期良好，产品不能突破中小企业的"三缺"约束，但价格低、部署快、使用易，投入产出比符合中小企业需求预期。三是政府侧的引导、组织、协调与保障必不可少，供应商的培育、试点的打造与验收、成熟产品的推广等都需要政府的参与。

2）以高质量的样板实现"点"的突破

我国集群内制造业中小企业的成长多从学习、仿制起步，往往一家企业在产品、工艺上进行创新，周边企业通过各种途径很快就能进行复制和模仿。这是我国集群制造业中小企业在创新方面的弱点，但可抓住这个特点进行数字化技术应用从点到面的推广。在这个过程中，"点"的打造至关重要，要选择有代表性的数字化转型示范企业来打造，像"样板房"一样，让行业内其他企业有看得见的学习榜样和目标，使抽象的数字化理论形象化、具体化，通过简单、明了的示范效应，让供需双方尽快在数字化转型上达成一致，从而缩短转型落地的时间，大大降低了交易成本。

以合肥冠华电子科技有限公司（简称"冠华电子"）服务绍兴柯桥纺织行业中小企业数字化转型为例（梁振宇，2023）。柯桥是我国纺织产业链较完整、纺织产能较强、专业市场较大的区县，纺织行业内大多是低端加工纺织企业，利润薄、资金少、数字化基础薄弱，企业进行数字化转型的投资顾虑多。为了打开柯桥纺织行业中小企业数字化转型市场，冠华电子采取"关键环节突破+试点示范打造"的方法，通过深入、细致的调研，确定了以"布匹检验"这一行业共性需求作为突破点，选定行业内有代表性的10家中小企业，遵循低投入的原则，开发针对性强的低门槛解决方案，让企业亲身体验低成本数字化改造，感受改造前后在生产效率、产品质量、人工成本上的差距。由于实施的是投资小、单个环节的轻量化改造，且有成功的同行业样板，再加上柯桥区人民政府对信息化的宣传，产品后续的推广较为顺利。冠华电子通过样板的打造在绍兴打开了局面，形成了良好的口碑，通过行业客户的推荐，用同样的方法在山东潍坊的纺织行业切入，并迅速打开局面。类似的案例还有深耕宁波北仑模具行业中小企业数字化转型的宁波创元信息科技有限公司[①]，它抓住了模具行业的"排产"共性痛点，用2年的时间在与试点企业的互动中研发了神经元网络智能生产操作系统（Neural-Manufacturing Operating System，Neural-MOS），该产品具备好用、能用、轻量化、可复用的特点，通过企业样板的示范作用，Neural-MOS系统在行业内迅速得到关注，目前已服务企业近百家，服务产值超20亿元，覆盖宁波北仑80%以上规上商品模具企业。

总的来说，高质量的样板实现"点"的突破，是政府示范政策的市场版本。对中小企业来说，高质量的样板有三个关键要素：解决痛点、经济可担、部署省心，这也是高效率推进中小企业数字化转型的基本前提。

3）以"标准化+定制化"促进"面"的带动

实现"点"的突破后，在特定群体内，通过"标准化+定制化"的模式，促进"面"的扩张。"标准化+定制化"的实质是找准数字化转型的需求公约数进行批量式推广与服务，从而提高技术的扩散效率。"公约数"即共性需求的确定有多种路径，部分企业从精益管理角度抽象企业的共性需求，部分企业通过调研论证确定细分行业的共性需求。例如，宁波数益工联科技有限公司针对中小企业的工厂管理专门开发了数益轻工厂产品，该产品配置了标准化的系统，基于精益管理思想与工厂管理实践，精选出设备、人员、异常响应、工艺、计划、无纸化电子文档等六大模块的19项具体功能，标准化的产品实现了1周快速上线、2小时全员上手的快速部署。再如，金华永康市电动（园林）工具行业数字化转型"N+X"轻量级数字化改造模式（洪恒飞和江耘，2022），永康市电动工具行业协会与永康市维拓智能科技有限公司等服务机构经调研与反复论证，最终确定行业共性需求"N"，即生产过程管理、库存管理、质量追溯管理等九大行业内基础场景；行业个性需求"X"，即半成品协同、生产异常管理、账务对账管理等17个自选场景。"N+X"模式针对企业不同规模、不同发展阶段，通过柔性改造模式满足不同企业的需求，从而在行业内实现"面"的推广。

在"标准化+定制化"的实现机制中，工业互联网平台是最关键的技术载体。工业互联网平台的起始逻辑是软件研发与应用的"降本"与"规模化"。工业App作为一种低代码、小轻灵、可组合、可复用工业软件，能够通过一定的逻辑和交互进行组合，以解决更加复杂的问题，这不仅加快了知识的复用效率，也破解了传统常规数字化转型定制效率低和成本高的缺陷。例如，金蝶云·苍穹平台[②]，就

[①] 案例资料由宁波创元信息科技有限公司授权提供。

[②] 金蝶云·苍穹平台官网，https://www.kingdee.com/products/cosmic_platform.html[2024-02-27]。

是结合大规模的企业用户开发需求,把企业需求进行标准扩展和定制开发,并从中筛选类似的功能,不断把重复性的开发工作形成标准化、通用性较强的模块,实现在工业场景下的复用。蓝卓数字科技有限公司、和利时科技集团有限公司等大型数字化转型服务商也都布局了服务于制造业中小企业的工业互联网平台,探索共赢模式以期批量推动制造业中小企业数字化转型。小型的制造业数字化转型服务商也从不同的层面切入了以平台技术为支撑的"标准化+定制化"转型服务领域。例如,蒲惠智造科技股份有限公司自主研发了全栈式 SaaS 产品[①],通过平台化服务、批量化改造的模式,自 2018 年成立至今,已为 1000 余家制造业中小企业提供数字化转型服务。

2. 加快中小企业数字化转型的政策建议

(1)把抓手落在细分行业层面。制造业中小企业具有量大、面广、个性强的特点,一家一家推广效率太低,示范企业的成功经验又难以低成本、快速复制移植到其他企业。所以推动中小企业数字化转型,必须把颗粒度定位在细分行业上,从行业发展的总体层面来推动中小企业数字化转型。各级政府必须在推动转型中有所作为,但要避免任意妄为。一方面,不越位,不随意确定企业的数字化改造方案,要让企业能根据自身发展需要,有充分的选择权;另一方面,不缺位,必须根据行业发展的要求,统筹确定转型方案。

(2)优选技术方案,打造好行业转型的"标准样板",推动服务商和企业双向认可、相互支持。改变过去的试点示范思路,把对好样板的判断要求与能实施、可实现、可让企业放心的标准相联系。制造业中小企业应走从通用轻量化多模块到轻量行业化多模块的发展路径。这可使中小企业没有数据孤岛,因而能形成快速应用,从而可推进企业管理转型提升。因此,政府部门要组织权威的研究机构,科学确定示范工厂的数据体系架构,优选样板,并要充分发挥市场机制的作用,推行市场化的招投标制、牵头总承包商公选制、工程监理制、工程验收制。

(3)培育高水平的第三方市场主体,在供需双方之间嵌入互信机制,扶持市场规范发展。一是推动数字化转型市场监理机构的设立与发展,填补市场第三方监理的空白。支持并充分发挥行业协会在行业痛点的调研与确认、供应商的评价选择方面的权威作用。二是打造第三方"保姆式、裁判式"的实操型智库服务,为地方数字化转型提供全过程的咨询服务。现阶段此类智库还应当加强中介评价与裁判能力,提供工程监理、监督类服务,提高供需双方的沟通效率,促进市场规范运行。三是促进标准化、规范化合同的形成。行业协会、智库、律师协会等组织可以从研究"数字化工程合同"入手,促进标准化、规范化合同的形成,增

---

① 走进企业看信心|装备"智造"大脑 数字技术助力制造业改造升级,https://www.news.cn/fortune/2023-10/06/c_1129901347.htm[2024-02-27]。

强供需双方合作的确定性,强化良好的互动合作关系。相关部门要建立健全纠纷调解机制,提高数字化转型市场基层纠纷解决效率,同时要加强诚信履约教育,引导合同双方加强自律,从源头上减少纠纷的产生。

(4)支持中小企业数字化转型供需两侧"再启蒙",提高数字化转型认知。一是要建议地方政府部门像"义务教育"一样,集中力量和资源,支持中小企业数字化转型供需两侧"再启蒙",提高中小企业的数字化转型认知,增强数字化转型的体验,从而引导企业走向数字化转型的道路。要把数字化转型作为新发展红利来看待,强调"数字化转型解决生产经营压力、提升企业竞争力的有效作用"的认识。相关政府部门要加强专题调研、提高认识,加强对数字化转型供给侧的政策服务与引导,尤其要出台政策,边实践边探索。二是要重点开展数字化转型市场规范的研究,积极进行数字化转型服务市场的价格规范机制、纠纷解决体制机制创新试点实践,通过良好的市场环境保障中小企业数字化转型高质量、高效率实现。

17.6 本章小结

本章在研究互联网技术驱动产业转型发展机制、互联网与产业经济融合的政策驱动机制的基础上,以电子信息产业为样本,实证研究政府补贴对企业创新绩效的作用与门槛效应,以及政府补贴对企业全要素生产率的影响。研究发现:①政府补贴对电子信息产业的创新绩效在当年、滞后一年都产生积极促进效应。政府补贴对企业创新绩效的促进作用因企业性质不同而存在差异。民营企业的创新绩效与政府补贴强度存在门槛效应,当政府补贴强度在(0,1.6623%)时,政府补贴对民营企业创新绩效的作用呈递增态势;当政府补贴强度大于1.6623%时,政府补贴对民营企业创新绩效的作用呈递减态势;但国有企业的创新绩效与政府补贴强度之间不存在门槛效应。②政府补贴对电子信息产业上市公司的全要素生产率在当年、滞后一年和滞后两年都未产生积极促进效应,甚至是负效应,但在滞后三年政府补贴的促进效应显著,且综合效应为正。根据研究结论,本章提出了一系列有针对性的政策建议,以期为政府精准施策提供决策依据。

第18章 推进互联网与产业经济融合的支撑体系和政策选择研究

18.1 推进互联网与产业经济融合的多维支撑体系构建

目前,我国互联网与产业融合的步伐不断加快,在以互联网驱动产业转型升级,培育新模式、新业态以及推进供给侧结构性改革等方面初见成效,但仍存在支撑载体建设不足、整体创新力不强、应用水平不高、体制机制不完善等问题,为进一步深化互联网与产业的融合发展,应加快推进互联网与产业融合发展的多维支撑体系建设,以"技术、产业、市场、政策"协同推进互联网与产业的跨界融合。互联网与产业的融合发展离不开体制和机制保障、财税金融支撑、土地和人才制度支持、法律制度保障。因此,我们要从体制机制建设、财税金融体系构建、创新平台建设、法律制度完善等方面构建推进互联网与产业融合发展的"四位一体"的多维支撑体系(图18-1)和多主体均衡的利益实现机制。

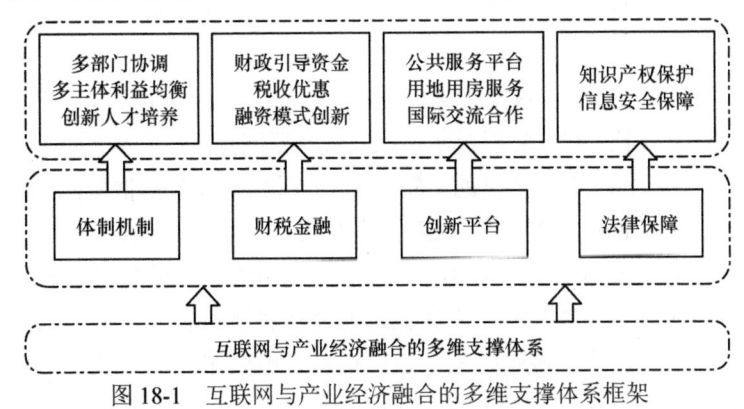

图 18-1 互联网与产业经济融合的多维支撑体系框架

18.1.1 推动互联网与产业经济融合的体制与机制

在进行机制设计过程中,我们要结合互联网与产业融合过程中各个利益主体之间的价值流动及其目标达成,建立基于多主体博弈的 CGE-Nash-Shapley 均衡分析框架,并利用该模型进行分析以指导机制设计,进一步完善多部门协调机制、多主体利益均衡机制和创新人才培养机制。

(1) 构建多部门协调机制。为进一步推进互联网与产业融合发展,我国各地区应成立推进互联网与产业融合发展的专门机构,负责统筹互联网与产业融合发展的相关政策规划的制订、实施等工作,建立多部门协调机制,着力解决政策制定、标准制定、科研攻关、政产学研联合等方面的协同推进,如图18-2所示。

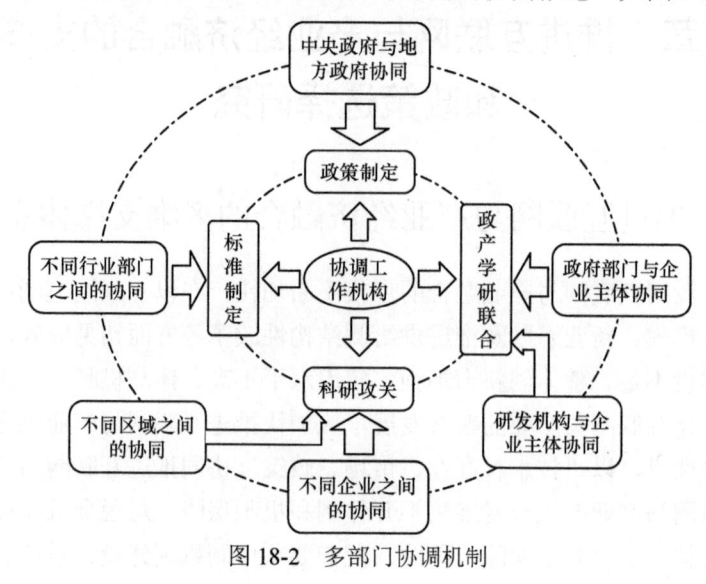

图 18-2 多部门协调机制

(2) 构建多主体利益均衡机制。在 CGE-Nash-Shapley 均衡分析框架下,建立和完善互联网与产业经济融合发展中各个相关利益主体之间的合作机制和利益实现机制,相关利益主体主要包括政府、风险投资基金、公共投资基金、社会闲散资金、创新人才、中小企业、科技服务机构等,建立多方利益主体基于不同条件和利益诉求的均衡状态下的利益实现机制,以实现互联网技术与产业的有机融合。

具体来讲,我们可借鉴经典的 CGE 基本分析思想和分析框架,探讨在一定机制框架下利益主体的非合作博弈 Nash 均衡与合作博弈的 Shapley 值核心解问题,建立 CGE-Nash-Shapley 均衡分析模型,并对该均衡模型的子模块进行设计。首先,解决基于多目标规划模型的利益主体代表的经济属性的表征与描述问题;在相关利益主体(政府、企业、科研机构、投资机构、中介服务机构等)中选出一些利益主体代表,基于经济学利益主体的理性假设,利益主体代表具有追求自身系统利益最大化的偏好,基于利益最大化、成本最小化原则构造多目标函数,以各个利益主体拥有和掌握的资源为约束,建立各利益主体的多目标规划模型,如式(18-1)所示,以实现对各利益主体代表的经济属性进行刻画和描述。其次,探讨基于 CGE-Nash-Shapley 均衡的各利益主体之间的均衡协调问题;在 CGE 博弈模型框架下,利用多目标规划模型,研究模型的最优解及相关经济性质,探寻各利益主体代表的均衡协调条件,并探讨在非合作博弈、有约束非合作博弈和合作博弈下的均衡解问题。最后,在 CGE-Nash-Shapley 均衡分析框架下,分析互联网与产业融合发展过程中各个利益主体之间的合作机制、利益实现机制和交互作用关系（图 18-3），以建立推动互联网与产业经济融合发展的利益均衡实现机制。

$$\min z = \sum_{t=1}^{T} p_t \left(\sum_{q=1}^{Q} \left(w_{tq}^- d_q^- + w_{tq}^+ d_q^+ \right) \right)$$

$$\text{s.t.} \begin{cases} \sum_{j=1}^{n} c_{qj} \cdot x_j + d_q^- - d_q^+ = g_q, & q = 1, 2, \cdots, Q \\ \sum_{j=1}^{n} a_{ij} \cdot x_j \leqslant (=, \geqslant) b_i, & i = 1, 2, \cdots, m \\ x_j \geqslant 0, & j = 1, 2, \cdots, n \\ d_q^-, d_q^+ \geqslant 0, & q = 1, 2, \cdots, Q \end{cases} \quad (18\text{-}1)$$

式中，x_j 表示商品或服务的数量；p_t 表示优先因子；w_{tq} 表示权重系数；d_q^+、d_q^- 分别表示正、负偏差变量；c_{qj} 表示单位价值系数；g_q 表示目标约束；a_{ij} 表示技术系数；b_i 表示系统资源约束。

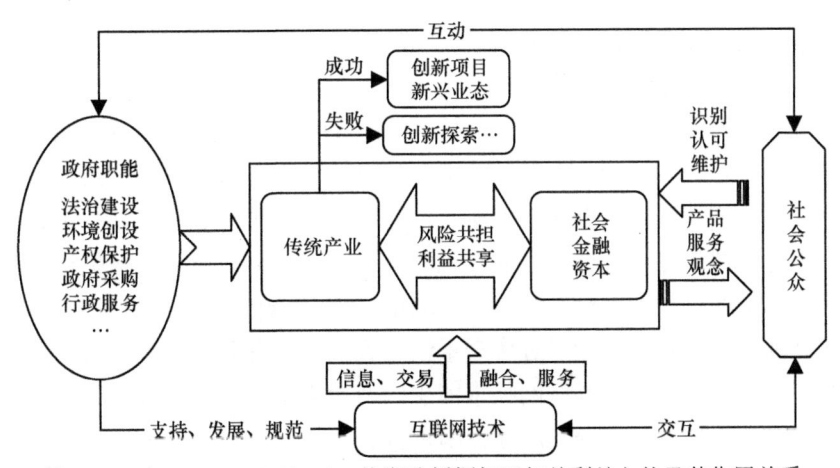

图 18-3 在 CGE-Nash-Shapley 均衡分析框架下相关利益主体及其作用关系

（3）构建创新人才培养机制。借鉴国外发达国家创新、创业人才培养与管理经验，探索适合我国国情的创新人才培养模式，实施互联网经济领军人才培养计划，支持建立互联网与实体产业融合、产学研结合的实训基地，探索校企合作开展定制式人才培养，以专业孵化器为依托开展"双创"人才培养，发挥众创空间的集智作用，完善创新人才培养机制，如图 18-4 所示。

18.1.2 构建财税、金融、产业多链融合的创新生态支撑体系

探索构建有效的财税支撑体系。一是加大财政对"互联网+产业"的投入和扶持，以财政资金为引导，吸引社会资金建立互联网与产业经济融合发展专项基金，

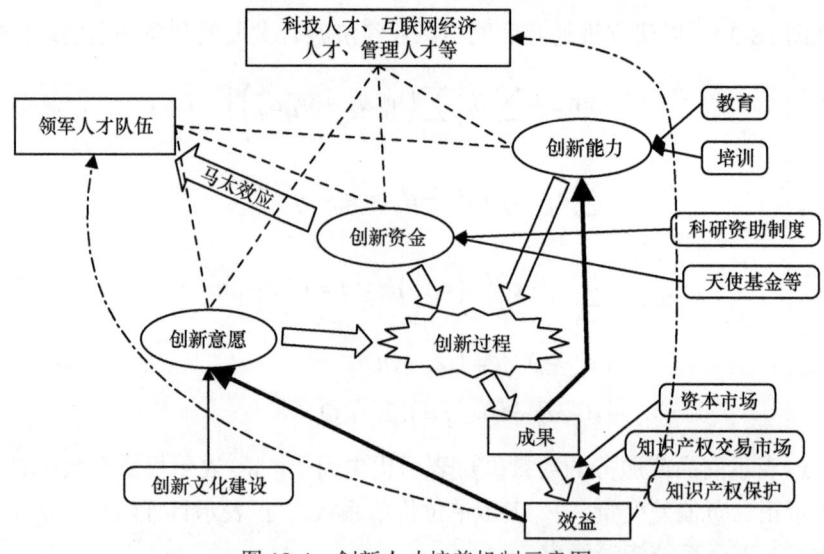

图 18-4　创新人才培养机制示意图

为符合条件的企业开展关键技术研发、"双创"平台建设及运营、应用示范项目建设提供专项支持，创新财政资金的支持方式，重点支持中小企业的"两化融合"建设。二是完善税收优惠政策，加大对"互联网+企业"的税收优惠支持，加大对互联网创新平台与载体运行的税收扶持。三是构建金融服务创新体系，加快互联网创新资源与产业资本、金融资本融合，建立包括种子资金、天使基金、政府创投引导资金等覆盖创新链全过程的金融服务体系。建立政府与金融机构沟通协调机制，鼓励金融机构加大对互联网技术应用、"两化融合"项目的信贷支持力度。引导和鼓励条件成熟的企业通过资产重组、收购、兼并和境内外上市，加快数字化改造和转型升级。创新互联网技术催生的新业态融资服务方式，完善多元担保机制和风险分担机制，充分利用社会闲置资金。

18.1.3　构建推动互联网与产业经济融合发展的创新服务平台

针对互联网驱动传统产业转型发展的瓶颈因素，从产业层面上对创新资源进行顶层设计和战略重组，以互联网应用和产业转型升级的核心技术与共性技术需求为导向，以核心技术与共性技术开发、应用和共享为目的，以市场为载体，通过政府、企业、研究机构、中介机构等主体协同创新与制度设计，实现互联网技术供给与产业转型升级需求的高度对接，为互联网技术研发、互联网技术应用、产业转型升级提供有力支撑。"互联网+产业"创新平台是实现产业技术创新资源共享、一体化、网络化的支撑体系，是促进互联网与产业深度融合发展的重要载体，具有主体多元性、动态开放性、知识与技术溢出性、资源共享性等特性。从"互联网+产业"创新平台基本架构（图 18-5）、创新平台运行机制等角度设计创新服务平台，并从公共决策层、支持平台层、创新主体层进一步完善各个模块之间的内在耦合关系。

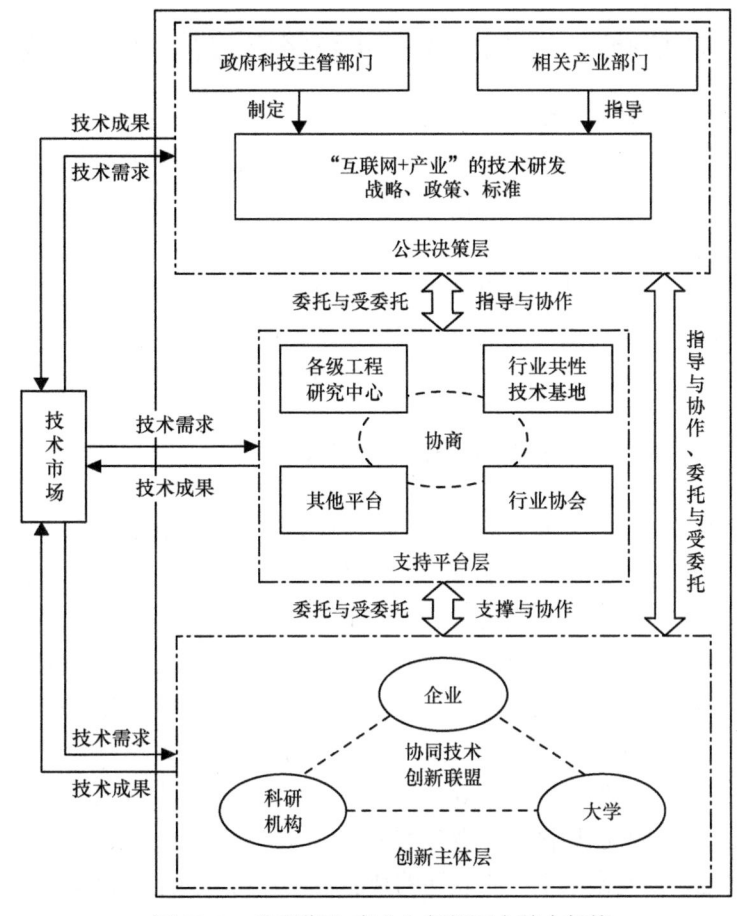

图 18-5 "互联网+产业"创新平台基本架构

18.1.4 构建法律保障体系

互联网与产业经济融合发展中涉及的法律问题主要有信息安全保障和知识产权保护两大问题。为了推动互联网与产业经济融合发展，亟须构建与之相适应的法律保障支撑体系，完善互联网与产业经济融合的法律法规体系，维护信息安全，保护知识产权，强化法律引导。具体而言，就是要针对网络信息安全保障和知识产权保护这两大难题，积极发展网络安全相关防御技术，同时创新网络安全监管体系，积极推动网络治理基础法律的制定和前瞻性法律储备研究，实现管理政策与法律规范的有效衔接和统一。构建推动互联网与产业经济融合发展的法律保障支撑体系，需要有网络信息安全保障的法律支撑体系和知识产权保护的法律支撑体系，并应围绕推动互联网与产业经济融合发展所引发的利益冲突和监管缺失等问题，开展一系列前瞻性的法律储备研究。

18.2　加快推进互联网与产业经济深度融合的政策建议

互联网等数字技术的快速发展为互联网与产业经济深度融合带来了新机遇，但是，互联网与产业经济融合发展也是有条件的，主要关联要素包括内生与外生要素，内生要素包括生产要素、需求要素、相关与支持产业、企业战略结构与竞争等，外生要素包括国内外发展机遇、国内外政策制度等。其中，数字技术一方面通过数据流动和要素共享，引领传统产业迈向全球价值链高端；另一方面又带来颠覆性创新，催生大量新业态、新模式，是促进互联网与产业经济融合发展的"驱动源"，决定融合的质量和成败，是一个非常重要的关键要素。

18.2.1　发挥政府作用，加强顶层设计和引导

我国企业发展的基础差距较大，从制造业来讲，目前大多数尚处于工业1.0、2.0时代，只有少数企业处于3.0或3.0初期，很多企业的智能化管理还处于起步时期。为此，我国应强调不同阶段产业水平的互联网融合需要不同的顶层设计与实施步骤。围绕我国传统产业的发展需要，按照地区差异、企业大小、创新能力、发展阶段等因素分类进行顶层设计，分步推进制造业数字化改造、传统服务业数字化转型、互联网融合产业经济发展。因此，我国应加强互联网与产业经济融合发展的梯度推进的顶层设计，引导各地市因地制宜，出台有区域针对性的推进政策。对于工业基础好的地区或企业应着力推进智能制造流程再造，包括智能工厂等基础布局建设以及嵌入工业物联网的智能制造方式（何荣飞和汤临佳，2016）。对于基础薄弱的地区则应优先落实企业信息化改造工程，推进智能装备引进与工艺改造有机融合，打造智能生产线及智能单元。从现有"互联网+产业"项目中，优选一批数字化转型效果明显、可操作性强、可推广性好的项目和企业，纳入"互联网+产业"的试点示范项目，并加以推广。我国可加大对互联网与产业经济融合发展的投入力度，重视互联网等数字技术的商业化和市场化转换，研究和推广智能工厂、数字化车间和智能服务等新模式，积极引导和鼓励传统产业数字化改造和转型，分业施策，分企推进，推进互联网与产业经济融合发展。要通过制度创新，从激励约束并举机制、有为政府与有效市场结合机制等方面设计和优化制度与政策体系，推进互联网与产业经济深度融合。

18.2.2　加强共建共享，构建互联互通的数字基础设施

数字时代的基础设施，是以"软件"信息为主导的，先进的信息化基础设施是"互联网+产业"发展的基石。数字基础设施包括管网、云平台、终端等。因此，

我国要促进互联网与产业经济融合发展，就要加快推进区域之间互联互通的基础设施的建设，从传统的交通基础设施到信息网络基础建设，构建全方位、多层次、复合型的互联互通网络，具体如下。

（1）加强信息网络基础设施建设。我国应加强政策研究，把握"云-端-网"一体化发展趋势，通过专项资金、政府补贴、PPP 等，深入推进光网城市、无线城市工程；加快推进重点产业平台（园区）的光纤网、移动通信网和无线局域网的部署与优化，实现制造业企业信息网络宽带升级；加大物联网技术在工业生产中的应用，引导企业开展工业互联网、信息物理系统等技术标准的研制、评估、试点，探索建设机联网、厂联网，构筑泛在化、融合化、安全化的促进互联网与产业经济融合发展的网络基础设施。我国不仅要加快传统信息基础设施升级和数字化改造，而且要加快构建全球领先、安全可靠的云数据中心平台，抢占数字经济前沿空间阵地。加大 5G 网络和量子通信等新一代信息技术的创新投入，形成创新引领的空间技术。加快构建高速、移动、安全、泛在、智能、绿色的新一代信息基础设施，优化提升网络性能和速率，开展 IPv6 网络就绪专项行动，加快推进 5G 商用部署，全面推动新一代信息基础设施建设。

（2）推进云平台建设。在公共服务领域，由政府主导，整合公共资源，建立为公民和企业的直接需求提供云服务的创新型服务平台；在工业云服务领域，由龙头企业、产业技术研究院、行业组织等主体牵头，组织产业链、创新链上相关企业、高校、科研院所等机构，成立以企业为主体、多种形式的行业云。支持有条件的骨干企业，积极利用云计算、实时商业分析、大数据管理等多项技术，建立企业私有云。

（3）构建信息安全体系。重视信息网络基础设施安全防护和用户个人信息保护，加强安全技术研究，全力突破适用于"互联网+产业"发展的安全防护、安全监测等关键技术，提升互联网与产业经济融合的网络安全防护、应急、态势感知等能力；构建覆盖"互联网+产业"的研发设计、生产、运维等产品全生命周期的安全保障技术体系，完善网络数据共享、利用等的安全管理制度和支撑"互联网+产业"发展的关键网络基础设施保护方案，为推进互联网与产业经济融合发展提供安全的网络基础设施。全力突破适用于数字技术发展的安全防护、安全监测等关键技术，提升数字技术网络安全防护、应急、态势感知等能力；构建覆盖"数字技术+贸易"的研发设计、生产、运维等产品全生命周期的安全保障技术体系，完善支撑"数字技术+贸易"的关键网络基础设施保护方案，为推进数字贸易发展提供安全的网络基础设施。

18.2.3 加强创新资源整合，突破"互联网+产业"关键核心技术

目前，我国在一些重要的数字技术中，尚未掌握系统设计与核心制造技术。例

如，精密工作母机设计制造基础技术（设计过程智能化技术）等尚未实现国产化，仍依赖进口。又如，虽然我国机床产量占全球总体的38%，但是高端数控机床大部分依赖进口（刘星星，2016）。在高端装备领域，我国80%的集成电路芯片制造装备、40%的大型石化装备、70%的汽车制造关键设备、90%的柔性显示屏加工装备仍然依靠进口，中低端制造装备产能过剩与先进制造装备供应不足导致的结构性失衡问题比较突出[①]。

因此，我国应加强创新资源整合，加快突破数字制造与数字关键技术和核心部件，着力突破核心芯片、高端服务器、高端存储设备、数据库和中间件等产业薄弱环节的技术瓶颈，探索我国互联网前沿技术和关键核心技术的突破口、机制和实现路径；重视融合标准的制定，推动工业产品互联互通的标识解析、数据交换、通信协议等技术攻关和标准研制，研究工业互联网、智能电网、智慧城市等领域基础共性标准、关键技术标准的合作研制机制及推广路径，努力在集成电路、基础软件、核心元器件等薄弱基础技术环节实现根本性突破，实现关键核心技术的自主可控；争取并巩固5G、人工智能、区块链等前沿技术的全球领先地位。因此，一是建设一批以数字技术产业创新中心为代表的产学研用联合体，推动物联网、大数据、人工智能、装备等不同领域企业紧密合作、协同创新，推动互联网融合产业链各环节企业间的分工和协作，逐步形成以数字服务系统集成商为核心、各领域领先企业联合推进、一大批定位于细分领域的"专精特"企业深度参与的数字经济产业发展生态体系[②]。二是支持装备数字化升级与数字技术商业化和市场化，结合"互联网+产业"的重点领域，深度挖掘国产装备、软件、系统的应用潜能，鼓励使用国产装备和数字技术，并通过政策扶持扩大其在"互联网+产业"发展过程中的应用。三是建立软硬件制造商互动协调机制，在芯片制造商、操作系统制造商、应用软件制造商等各产业主体间建立长期有效的互动协调机制，支持自动化企业、信息技术企业等通过业务升级打通纵向集成，加速培育有行业、专业特色的数字化服务系统解决方案供应商。四是在"一带一路"共建中，推广中国技术和中国标准，如共建联合实验室、科技园区合作以及技术转移等行动，构建"一带一路"共建国家数字技术联合创新机制。

由于关键共性数字技术不仅具有准公共产品属性，而且具有易逝性、缄默性和复杂性，多数中小企业不仅无力识别、研发，而且容易使率先创新的企业因激励机制扭曲（如搭便车）而放弃创新努力，由此构成的"囚徒困境"容易导致市场与组织的"双重失灵"，使其供给严重不足。因此，我国可采取下列三种模式。

---

① 全国人大代表、华工科技董事长马新强：建议对引进的高端人才减免个税，https://baijiahao.baidu.com/s?id=1693735668915164391&wfr=spider&for=pc[2021-03-09]。

② 工业和信息化部 财政部关于印发智能制造发展规划（2016—2020年）的通知，https://www.miit.gov.cn/jgsj/zbes/gzdt/art/2020/art_b0e0e9e759b84c97b04034f1d2ebbd1f.html[2016-12-08]。

一是以政府为载体的研发供给。成立国家级和省级智能技术研究院,承担基础性重大关键技术的研发。政企间协作共同成立共性技术研发基金为关键技术创新提供资金支持。

二是以产学研为平台的供给体系。产、学、研这三类主体针对某一共性技术建立研发联盟,实现优势资源协同互补,这不仅能实现人才的柔性流动,使研发效率提升,而且能更好地把握技术先进程度与成本的适当平衡点,提高研发与市场需求的吻合度,促进互联网等数字技术成果商业化、市场化和产业化。

三是企业间战略合作的研发供给。"风险共担、收益共享"的协同攻关机制可增强企业间默会知识与信息的溢出效应,使其"干中学"绩效优化,同时多家企业在"试错"上的分工协作可使数字技术成果转化为生产力的效率提升。因此,企业间研发的战略合作,可集聚创新资源、整合研发力量,在数字技术设计研发、工艺改进、市场开发等方面协同创新,合作企业既分担了研发风险,又提高了数字技术的创新能力,还加快了数字技术在企业的应用,从而推动了传统企业的数字化改造。

18.2.4 拓展合作平台,重塑企业竞争新优势

加快互联网等数字技术与实体经济深度融合,提高数字互联互通水平,推动企业信息化发展,打造新的合作增长点。加快推进数字经济引领的新经济形态产业开发合作,如智能经济、共享经济、平台经济、信用经济、绿色经济、蓝色经济等,构建共建共享的产业链、价值链、创新链、技术链、资金链等,引领全球创新发展方向。加大数字贸易、电子商务务实合作,为国际合作营造有利的外部氛围。

实行更加积极的开放战略,全面深化开放合作,拓展新的开放领域和空间,提升国际合作的水平和层次,以高水平开放合作推动智能产业高质量发展,促进互联网等数字技术全球协同发展,实现互利共赢。

企业是互联网与产业经济融合的主体。随着数字经济的蓬勃发展,数据已经成为企业的关键生产要素,企业要积极利用数字技术加快自身数字化转型升级,充分利用数字经济的驱动作用,基于众创设计、网络众包、网络协同制造、个性化定制、服务型制造等重塑和提升企业竞争新优势。建立和持续提升企业数据管理能力,不断提升企业的数字化、网络化、智能化发展水平。

强化企业创新主体地位,支持企业增加研发投入,推动重大科研设施、基础研究平台等创新资源开放共享,谋划关键技术突破,加快科技成果转化和推广应用,着力构建产学研用融合协同的技术创新体系,联合攻关ICT领域的基础前沿技术、关键共性技术。

世界各国的数字化、信息化水平不同,但各国都在努力促进互联网和实体经济的融合发展。要以"产业链"为抓手,培育壮大数据采集、存储、处理、挖掘、应用、展示、衍生等产业,打造数字产业链条;培育数字产业集群,搭建平台培育数字技术创新联盟、产业联盟等,提升新一代信息技术产业发展能级;引导推动互联网、大数据、人工智能和实体经济深度融合,推动"互联网+工业""互联网+农业""互联网+服务业"向纵深发展,积极改造工程机械、食品新材料、电子信息、汽车制造等传统优势产业,释放数字经济对传统经济的放大、叠加、倍增作用。加快工业、农业、服务业数字化、网络化、智能化转型,培育新应用、新业态、新模式、新产业,打造新的增长点,激发新动能。

18.2.5 加快数字化转型,提高中小企业竞争优势

随着 5G、云计算、物联网、大数据、人工智能等新技术的兴起,数据资源日益成为关键的生产要素,数字化转型已成为推动企业发展质量变革、效率变革、动力变革的重要力量。因此,加快互联网与企业融合、推动数字化转型是增强中小企业竞争优势的重要抓手。

(1)加快推进工业互联网在中小企业落地应用。工业互联网对优化企业供应链管理、加强企业间合作有着重要作用。因此,一是推动中小企业积极利用 supET 等成熟的工业互联网平台和技术,进行产品、业务、模式创新,着力打通中小企业生产经营各环节数据链。二是支持工业互联网平台开发商和服务商,研发适应中小企业特点和需求的工业软件、工业 App 和数字化解决方案。三是依托特色小镇、创新综合体等现有产业平台和创新载体,成立中小企业数字化转型服务中心,提供更丰富、更专业的工业互联网平台服务内容,加强数据中台等适合中小企业数字化转型的数据服务,着力突破中小企业实现互联网化、数字化转型的技术服务瓶颈。

值得关注的是,制造业数字化转型服务市场中的供需双方均以中小企业特别是小企业为主,这一特征极易导致供需错配、信息不对称和预期高度不确定性,从而导致数字技术采纳受阻,出现市场失灵;而政府的支持力度不足或方式不当,可能导致干预失效,出现政府失灵,即出现"双重失灵"。因此,要优选技术方案,打造好行业转型的"标准样板",得到服务商和企业双向认可,培育高水平的第三方市场主体,在供需双方之间嵌入互信机制,推动市场规范发展等,从而可以加快中小企业数字化转型。同时,根据中小企业的特点和需求,要加大培育提供数字化解决方案供应商的力度,引导开发轻量化、易维护、低成本、一站式的解决方案。

(2)实施更加积极的中小企业"互联网+"、数字化转型资金扶持政策。资金短缺、扶持不够、投入不足是中小企业实施"互联网+"、数字化转型的难点和痛点。一是实施"中小企业抢先试用计划"。由政府补助推动中小企业短期试用

SaaS、在线任务管理、项目管理、工作流管理服务、云服务、数据资源挖掘等前沿数字服务和数字技术，增强中小企业的数字能力、竞争力和生存韧性。二是扩大政府购买中小企业"互联网+"、数字化服务的范围。对"互联网+"、数字化转型软件和解决方案在中小企业首先试用的服务商给予奖励，进一步推动中小企业专网降费用、提速率，努力降低企业"互联网+"、数字化转型的成本。三是发挥政府产业基金的作用，重点支持企业"互联网+"、数字化改造。四是拓展小微企业"互联网+"、数字化转型的融资渠道。鼓励引导金融机构针对中小企业"互联网+"、数字化转型提供专项授信支持，推出"融资、融物、融服务"的金融解决方案，拉动中小企业加大"互联网+"、数字化投资。

（3）推广应用供应链金融，助力中小企业融资。一是在国家和省区市出台加强对企业金融支持政策的同时，加快发展基于生产运营数据的企业征信和线上快速借贷，推广应用供应链金融、知识产权质押等融资方式，保障企业生产运营的资金需求。二是鼓励有资金实力的龙头企业搭建合规化管理的"互联网+"、数字化供应链金融平台，通过大数据、人工智能和区块链等数字技术手段，快速分析和评价授信对象企业，清理、分析和处理质押票据数据，对质押库存资产及时准确地核定和进行可视性保障，帮助供应链上的中小企业化解融资难问题，防止出现资金链断裂。三是税务机关在供应链金融监管中对交易价格是否公允、是否需要纳税调整等方面的认定给予相应支持，防止简单地以交易价格明显偏低为由按照公允价格进行纳税调整并要求企业补缴税款。

（4）发挥产业园区"互联网+"、数字化管理平台作用，助力企业重塑竞争优势。提升园区"大脑"（"互联网+"、数字化管理平台）功能，发挥其信息枢纽作用，有利于提高产业园区在"互联网+"、数字化管理与服务等方面的能力，从而可更好地帮助企业提高资源配置效率。一是通过园区"大脑"帮助解决企业原材料供应、上下游协作、物流畅通等方面的问题，开展应急资源大数据协同分析，开展原材料与零部件协同寻源和采购、协同供应商管理、协同集中化（共享化）的物流配送和服务，为企业决策提供有力支持。二是通过园区"大脑"帮助企业与数字技术资源对接，精准提供公共标准、检验、测试、实验、专利事务等科技服务，促进产品研发设计工具、生产设备及零配件等资源共享，为园区企业提高运营效率提供保障。

（5）为企业"互联网+"、数字化转型提供数据服务和应用需求。一是做大做强大数据和人工智能产业。大数据和人工智能产业在中小企业"互联网+"、数字化转型中具有重要的作用。因此，地方政府要制定出台政府数据开放应用的规范与政策，提高政府数据开放的数量与质量，以政府大数据开放应用带动企业、社会大数据汇聚融合，在融合创新中激活数据价值，为企业和社会提供增值服务，扩大数据应用市场。二是培育数据交易市场，推动面向企业的产业、财税、商务、金融、科技、人才等领域大数据的挖掘利用，为企业转型升级提供数据服务。三是加快 5G+人工智能产业发展。要重点加快发展智能硬件产业，在智能服务机器人、智能医疗健康、高端智能穿戴、智能家居及工业级智能硬件产品等领域实现技术突破和产品创新的同时，做大做强人工智能技术服务业，通过人工智能辅助诊断技术提升基层医疗水平，促进人工智能技术深度参与公共服务应急响应机制建设。四是加快发展以"可视化电商"为代表的服务经济新模式。中小企业可借助"可视化电商平台"赋能、线上线下结合的新业态，重塑零售业商业模式。通过加大对"线上下单、无接触配送""生鲜电商+冷链宅配""体验+零售""品牌+场景"等新商业模式的扶持，推进生活性服务业向智能化、在线化、清洁化方向发展，提高服务效率，促进中小企业转型升级，提高企业竞争优势。

18.2.6 完善人才引进培育体系，加强人才队伍建设

人才资源是第一资源。互联网与产业经济融合发展的关键是人才，其稀缺的人才类别包括拥有顶尖数字技能的人才、融合互联网等数字技术和传统产业的人才以及初级互联网等数字技能人才[①]、国内和"一带一路"共建国家人才等。这需要政府、企业、学校共同关注和培养，具体如下。

一是要重视引育人才。发展互联网与产业经济融合要"聚天下英才而用之"，积极利用"乌镇峰会"、中国机器人峰会等的知名度，实施智力引进工程，重点引进一批具有国内外影响力的领军人才和创新团队。进一步优化人才培养机制，实施企业家素质提升工程，利用 MBA 研修班、企业家培训班、优秀企业考察等方式，持续提高企业家经营管理水平和企业数据管理能力。从共享"数字红利"视角出发加强数字教育和技能培训，针对不同人群分类施策，涵养全民数字素质，提升公众数字技能，联合培养"一带一路"数字人才，打造多层次、多类型的互联网与产业经济融合所需要的人才队伍。支持高校设立"互联网+产业经济"相关专业，重点培养专业化人才；鼓励职业院校和企业合作，积极培育专业技能和应用创新型人才；支持与海外高水平机构联合开展人才培养。要结合国家重大专项和急需专业领域，培养造就世界水平的科学家、网络科技领军人才、卓越工程师、高水平创新团队和信息化管理人才等（徐华亮，2020），完善政府统筹、行业指导、企业和培训机构自主组织培训的运行机制，通过委托培养、专业培训、干中学等壮大高技能人才队伍，为发展互联网与产业经济融合筑牢坚实的人才支撑。

二是要完善人才评价激励机制。加快深化人才发展体制机制改革步伐，构建和完善人才评价激励机制和服务保障体系，激发人才的创新活力。建立一套与创新相容的人才激励机制，完善创新技术技能人才评价制度，完善技术入股、股权

---

① 清华联合领英发布《中国经济的数字化转型：人才与就业》报告，http://bgimg.ce.cn/xwzx/gnsz/gdxw/201711/22/t20171122_26967303.shtml[2017-11-22]。

期权等激励方式，在收益分配上充分体现知识和创新的价值，健全科技成果知识产权收益分配机制，完善人才分配体系。

三是要重视帮助"一带一路"共建国家培养人才。开展援外培训是中国实施"一带一路"倡议的重要举措之一。2016年教育部印发了《推进共建"一带一路"教育行动》，提出开展人才培养培训合作，包括实施"丝绸之路"留学推进计划、"丝绸之路"合作办学推进计划、"丝绸之路"师资培训推进计划及"丝绸之路"人才联合培养推进计划。近年来，我国很多高校都结合自身优势，聚焦"一带一路"共建国家的人才需求，精准发力，通过成立"丝绸之路学院"、对口办学、校企合作等方式，为"一带一路"共建国家输送国际化人才。到2023年10月，我国与45个"一带一路"共建国家和地区签署高等教育学历学位互认协议；在23个共建国家开展境外办学，与共建国家建立了17个教育部国际合作联合实验室等。中国政府原子能奖学金项目已为26个共建国家培养了近200名和平利用核能相关专业的硕博士研究生[①]。未来，围绕"一带一路"共建国家相关领域深度发展的建设需求和人才需求，我国将进一步加大资源投入、丰富课程设置、创新培训方式，建立与"一带一路"倡议相匹配的人才培养机制，为"一带一路"共建国家培养更多的人才。

18.2.7 加强网络信息安全，健全法律保障体系

我国的知识产权法是由《中华人民共和国专利法》、《中华人民共和国商标法》和《中华人民共和国著作权法》三部法律构成的。随着互联网等数字技术的发展和数字经济的强势崛起，党的十八大以来，我国颁布实施《中华人民共和国网络安全法》、《中华人民共和国数据安全法》、《中华人民共和国个人信息保护法》、《国家网络空间安全战略》和《政府网站发展指引》等法律政策，促进了网络空间的清朗，规范了市场主体的经营行为，为我国互联网与产业经济融合发展提供了制度保障。但对于互联网与产业经济融合的法律法规仍显不足，尤其是互联网等数字技术所涉及的知识产权保护、隐私保护和网络安全方面的法律法规相对缺乏和滞后。数字技术企业对于知识产权保护、隐私保护和网络安全方面的需求非常迫切，而且在国际贸易过程中，消费者保护方面的法律也亟待完善。因此，我国要进一步完善我国现行的知识产权保护法律体系，加强对互联网与产业融合企业技术和产业化发展的法律保护与法律扶持。具体来讲，要针对不同类型互联网等技术企业的特点，有针对性地健全知识产权保护体系、网络安全保护法律和隐私保护法律。例如，针对技术软件生产研发企业的知识产权保护问题，可以将法律保护重点集中于软件知识产权保护法律的完善，以提供企业研发激励，保障技术创新型企业的超额收益；对于云

---

① 高质量推进共建"一带一路"教育行动——写在第三届"一带一路"国际合作高峰论坛召开之际，https://dxs.moe.gov.cn/zx/a/jj/231018/1863352.shtml[2023-10-18]。

计算方面的企业，则将重点集中于隐私保护等方面。根据《2023 全球人工智能创新指数报告》，2023 年中国人工智能发展综合水平位列全球第二[①]，仅次于美国，但人工智能面临的法律问题较多，如道德伦理标准、隐私保护等，至今尚无相关的人工智能法律规制。健全完善的知识产权法律制度，有利于激励创新主体研发互联网等数字技术的积极性，可有力推动互联网等数字技术成果的转化和市场化。因此，我国应重视人工智能立法研究，为互联网等数字技术发展提供法律支撑。

互联网与产业经济融合发展中涉及的法律问题主要有信息安全保障和知识产权保护两大问题。据国家工业互联网监测预警平台统计，2022 年我国工业互联网遭受各类网络攻击近 8000 万次，遭受攻击的企业累计超过 1.8 万家；截获主机病毒样本总量超 12 亿个，病毒感染次数约 950 亿次。又如 2022 年，芯片厂商英伟达、西班牙能源公司相继遭受黑客攻击，分别导致 1 TB（terabyte，太字节）数据被盗和 130 万名客户数据泄露；据 Verizon 统计，全球数据泄露事件中，制造业风险事故排名第三（崔航等，2024）。工业互联网开放的环境使企业数据安全风险进一步增加，工业设备、主机、数据库等存在不同程度的漏洞未修复、接口未认证等潜在风险。为了推进互联网与产业经济融合发展，亟须构建与之相适应的法律保障支撑体系，完善互联网与产业经济融合发展的法律法规体系，维护信息安全，保护知识产权，强化法律引导。具体而言，就是要针对网络信息安全保障和知识产权保护这两大难题，积极发展网络安全相关防御技术，同时创新网络安全监管体系，积极推动网络治理基础法律的制定和前瞻性法律储备研究，实现管理政策与法律规范的有效衔接和统一。

18.3　本章小结

本章以"技术、产业、市场、政策"协同推进互联网与产业的跨界融合为切入点，从体制机制建设、财税金融体系构建、创新平台建设、法律制度完善等方面构建推进互联网与产业融合发展的"四位一体"的多维支撑体系和多主体均衡的利益实现机制。从基于发挥政府作用加强顶层设计和引导、基于加强共建共享构建互联互通的数字基础设施、基于加强创新资源整合突破"互联网+产业"关键核心技术、基于拓展合作平台重塑企业竞争新优势、基于加快数字化转型提高中小企业竞争优势、基于完善人才引进培育体系加强人才队伍建设、基于加强网络信息安全健全法律保障体系等，提出了加快互联网与产业经济融合健康发展的政策建议，以期对政府制定和完善促进互联网与产业经济融合发展的制度政策保障机制提供重要的借鉴和启示。

---

① 《2023 全球人工智能创新指数报告》发布 中国 AI 综合水平保持第二，https://www.cnii.com.cn/gxxww/rmydb/202407/t20240710_583937.html[2024-07-10]。

第19章 本书的创新性探索要点

当今世界，互联网技术日新月异，互联网与产业经济融合发展已成为不可阻挡的时代潮流。美日欧等发达国家和地区把互联网与产业融合发展纳入国家战略，都在对第四次工业革命进行前瞻性布局，以通过推动互联网与产业经济融合发展谋求抢占制高点、强化新优势。进入新常态的中国经济，迫切需要实现动力的转换，互联网等数字技术正成为当代中国发展新动能的重要来源，互联网与产业经济融合成为中国经济提质增效的新引擎。本书围绕互联网与产业经济深度融合所亟须解决的理论基础研究、理论体系构建、新鲜经验总结、新型模式探索、实现路径探究、支撑体系创建、政策制度优化等问题，通过全新的理论探讨、实证检验与案例剖析，得出了一系列富有新意的结论，在理论和应用方面，进行了如下的创新性探索。

19.1 在理论方面的创新性探索要点

（1）构建互联网与产业经济融合的理论体系。在全球新一轮科技革命与产业变革中，互联网与产业经济融合发展已成为不可阻挡的时代潮流，但国内外学者对"互联网与产业经济融合"的理论尚未进行系统研究。本书通过对互联网技术发展与应用进行多角度、多层次的调研，剖析互联网技术发展与应用对经济社会的影响；研究互联网与产业经济融合的内涵、特征、类型、运行机制、发展动因、关键影响要素、评价指标体系、推进机制、实现路径、支撑体系和产业政策等，构建互联网与产业经济融合的理论框架，从而体现本书成果具有战略性、全局性、前瞻性、创新性、理论性和应用性的研究特色。

（2）构建互联网与产业经济融合的产业竞争新优势重构模式与路径的理论框架。互联网与产业经济融合孕育了大量新组织、新业态、新产品、新商业模式，改变了产业组织模式，模糊了传统产业边界，在产业发展理念、产业体系、生产模式、业务模式等方面都有了新的变化。"互联网+产业"的模式，让传统行业运用互联网思维去改造自身企业的业务流程和商业模式，重塑企业的整个价值链，构建竞争新优势；通过"互联网+产业"的生产要素配置，生产经营模式呈现在线化、去中心化、个性化、碎片化的特征，实现传统产业组织结构在横向和纵向两个方向不断变革，呈现向扁平化、网络化和无界化方向发展的态势。本书运用多学科交叉和定性定量方法有机结合的手段，深入探索互联网与产业经济融合发展的演化机理，揭示大数据驱动、互联网平台支撑等新生产要素特征，探索互联网与产业经济融合下开放、共享、包容、动态、时效等经济特征对产业组织理论、产业结构理论、产业政策理论等的影响和变化规律,构建互联网与产业经济融合下产业竞争新优势重构模式与路径的理论框架,探索中国特色的互联网与产业经济融合的产业竞争优势提升的理论与政策问题,从而丰富与拓展了产业经济学的学科体系与竞争优势理论。

(3)研究并提出基于互联网与产业经济融合的产业链、技术链、价值链、供应链"四链"融合和协同升级的实现路径。通过探究互联网与产业经济融合的"六力动因"模型和"六大关键要素"模型,创建"四链"融合模型,揭示"四链"的互动机理,通过产业链的需求引领、技术链的价值导向、供应链的要素支撑和价值链的协同增值,推进互联网与产业经济融合发展。"四链"嵌套着"四流"(信息流、人才流、资金流、物流),由于互联网具有开放性、包容性、创新性、渗透性、全球性等特点,跨国界流动的信息流(数据流)引领人才流、资金流、物流,在诸要素中起核心主导作用。"四流"的协同可进一步促进"四链"融合和协同升级。因此,本书把推进互联网与产业经济融合发展放在产业链、技术链、价值链、供应链相互融合的视角下,研究互联网技术对"四链"升级的影响,探索我国互联网与产业经济融合发展的"四链"协同升级的五大实现路径,即前端后延、后端前延、中间建联、链流定向、要素重整,为我国推进互联网与产业经济深度融合提供理论指导与决策支持。

(4)系统研究并提出互联网核心技术的赶超机制、关键共性技术的供给体系及实现路径。本书通过互联网技术的国际比较及对我国互联网与产业经济融合的支撑能力不足的原因剖析,研究我国互联网技术赶超的重点和突破口,探讨构建互联网核心技术赶超机制模型,探究和设计我国互联网核心技术的赶超机制、关键共性技术的供给体系,并从政府主导型、大企业集团主导型、中小企业协同创新主导型、多层次技术供给体系主导型和国际创新要素集聚主导型五个方面提出我国互联网技术赶超的实现路径,为我国实施"超前布局下一代互联网"核心技术、获取全球产业竞争优势提供理论支撑。

(5)深入研究并揭示数字经济赋能实体经济技术创新能力提升、产业结构升级、消费结构优化、城乡收入差距缩小、绿色发展效率提升、区域经济高质量发展和国家创新绩效提高等的机制和路径。随着互联网等数字技术的不断发展,数字经济强势崛起。数字经济与实体经济融合已经成为我国经济发展的新动能和新引擎。本书通过理论分析与实证检验数字经济对技术创新、产业结构、消费结构、城乡收入差距、绿色发展效率、区域经济发展和国家创新绩效的总体影响、传导机制和门槛效应等,揭示数字经济的影响特征和实现路径,为政府相关部门决策提供理论依据。

(6)研究并提出推进我国互联网与产业经济融合发展的多主体均衡的利益

实现机制。在加快推进互联网与产业经济深度融合中，政府、企业、科研机构、投资机构、中介服务机构等相关主体之间存在利益不兼容。由于各方偏好差异和激励约束不相容的机制设计，不能有效诱导各方合作和达到利益均衡，进而无法实现产业转型目标。本书在 CGE-Nash-Shapley 均衡分析框架下，分析互联网与产业经济深度融合过程中的各个相关利益主体之间合作机制和利益实现机制，构建多主体均衡的利益实现机制，从而推动我国互联网与产业经济融合的法律制度及政策支持理论研究的深化。

19.2 在应用方面的创新性探索要点

（1）构建互联网与产业经济融合的"六力动因"模型和"六大关键要素"模型，探究推进互联网与产业经济融合向更高层次发展的机制和路径，为我国互联网与产业经济融合提供理论指导与决策支持。本书从内涵发展驱动、市场需求驱动、协同创新驱动、绿色低碳驱动、生产服务化驱动、智能制造驱动等六个方面构建"六力动因"模型；从网络基础与网络安全、互联网核心技术与融合标准、人力资源、资金要素、系统解决方案供应商与互联网平台、制度环境与政策体系六个方面构建"六大关键要素"模型；并从互联网与产业经济融合的关键影响要素入手，研究推进互联网与产业经济融合向更高层次发展的机制和路径，为我国互联网与产业经济融合提供努力方向和操作方案。

（2）总结提炼国外互联网与产业经济融合发展的成功经验，为我国互联网与产业经济融合的推进机制和实现路径选择提供可资借鉴的国际经验。本书通过深入调研美国、德国、日本等发达国家以及巴西、印度等发展中国家互联网与产业经济融合发展的情况及其典型企业案例，剖析他们推进互联网与产业经济融合发展的模式特点、实现路径、法律制度与政策支持体系等，总结归纳其共性和差异，为研究我国互联网与产业经济融合发展的推进机制、实现路径与支撑体系提供思路和参考。

（3）发掘提炼国内典型企业、产业、区域与互联网融合的实践和新鲜经验，为我国推进互联网与产业经济融合发展提供实践经验和示范启示。本书通过深入考察国内先行先试、通过"互联网+"实现转型的部分典型企业的经验，深入剖析国内典型企业、浙江互联网与产业经济融合的推进机制、发展模式、实现路径和制度安排，总结提炼国内典型企业和浙江互联网与产业经济融合的创新机制和路径特色，为我国推进互联网与产业经济融合提供可借鉴、可推广的实践样板。

（4）深入探究"一带一路"倡议中我国互联网与产业经济融合的推进机制和实现路径，为我国基于互联网与产业经济融合推进"一带一路"建设提供理论指导和决策支持。本书通过国内外互联网与产业经济融合实践的分析与比较，探究影响互联网与新兴产业融合发展的关键要素，结合"一带一路"倡议推进过程中的现实障碍，研究我国在相关国家推进互联网与产业经济融合发展的机制、模式和路径，探讨基于区域性全方位、多层次、复合型的互联互通网络基础设施的构建模式，提出以多民族特色产品、资源产品、文化产品等为主线的区域互联网平台的建设方案，为我国在"一带一路"建设中推进互联网与产业经济融合发展的模式和路径选择提供重要的决策依据。

（5）研究并提出推进我国互联网与产业经济深度融合的"四位一体"的多维支撑体系和多主体均衡的利益实现机制，设计与优化政策体系，为政府和相关部门决策提供理论依据和实践指导。互联网与产业经济融合催生新的产业业态和商业模式，必然会触碰到现有政策的盲区和约束。本书通过理论研究与实践总结，掌握主要国家在推进互联网与产业经济融合发展方面的政策动态和实施效果，探究我国中央与地方多级政策体系的联动机制及其政策实践中的冲突解决与均衡实现的内在机制，明晰我国推进互联网与产业经济融合发展的关键节点与保障因素，从完善互联网与产业经济的融合发展机制、创新生态支撑体系、创新服务平台、健全法律保障体系等方面构建"四位一体"的多维支撑体系和多主体均衡的利益实现机制，设计和优化政策体系，为政府制定和完善推进互联网与产业经济融合发展的制度政策保障机制提供重要的借鉴和启示。

（6）研究并提出加快互联网等数字技术与实体经济深度融合的政策建议。以"技术、产业、市场、政策"协同推进互联网等数字技术与产业的跨界融合为切入点，从基于发挥政府作用加强顶层设计和引导、基于加强共建共享构建互联互通的数字基础设施、基于加强创新资源整合突破"互联网+产业"关键核心技术、基于拓展合作平台重塑企业竞争新优势、基于加快数字化转型提高中小企业竞争优势、基于完善人才引进培育体系加强人才队伍建设、基于加强网络信息安全健全法律保障体系等，提出了加快互联网等数字技术与产业经济深度融合的政策建议，为政府部门决策提供理论依据和实践指导。

参考文献

阿吉翁 P, 安托南 C, 比内尔 X. 2021. 创造性破坏的力量[M]. 北京: 中信出版社.
阿瑟 B, 刘云鹏. 2000. 收益递增与两个商业世界[J]. 经济导刊, (3): 7-16.
安德森 C. 2006. 长尾理论[M]. 乔江涛, 译. 北京: 中信出版社.
白俊红, 李婧. 2011. 政府 R&D 资助与企业技术创新: 基于效率视角的实证分析[J]. 金融研究, (6): 181-193.
白硕, 杨永春, 史坤博. 2018. 成都市居民网络消费行为特征分析: 基于 O2O 与 C2C 电子商务的对比视角[J]. 世界地理研究, 27(5): 71-81.
白雪, 雷磊. 2014. 我国城市群"两化"融合水平时空变化分析[J]. 经济地理, 34(7): 52-57, 102.
柏培文, 张云. 2021. 数字经济、人口红利下降与中低技能劳动者权益[J]. 经济研究, 56(5): 91-108.
鲍洪杰, 王生鹏. 2010. 文化产业与旅游产业的耦合分析[J]. 工业技术经济, 29(8): 74-78.
蔡昉, 都阳. 2000. 中国地区经济增长的趋同与差异: 对西部开发战略的启示[J]. 经济研究, (10): 30-37, 80.
岑聪, 姜巍. 2021. 互联网发展、空间关联与区域协同创新[J]. 统计与决策, 37(2): 70-74.
茶洪旺, 左鹏飞. 2016. 中国区域信息化发展水平研究: 基于动态多指标评价体系实证分析[J]. 财经科学, (9): 53-63.
茶洪旺, 左鹏飞. 2017. 信息化对中国产业结构升级影响分析: 基于省级面板数据的空间计量研究[J]. 经济评论, (1): 80-89.
钞小静, 薛志欣, 孙艺鸣. 2020. 新型数字基础设施如何影响对外贸易升级: 来自中国地级及以上城市的经验证据[J]. 经济科学, (3): 46-59.
陈斌开, 林毅夫. 2013. 发展战略、城市化与中国城乡收入差距[J]. 中国社会科学, (4): 81-102, 206.
陈昌鹤, 姜伟. 2015. 互联网+工业: 促进两化深度融合[J]. 世界电信, (5): 34-39.
陈创练, 张帆, 张年华. 2017. 地理距离、技术进步与中国城市经济增长的空间溢出效应: 基于拓展 Solow 模型第三方效应的实证检验[J]. 南开经济研究, (1): 23-43.
陈丛波, 叶阿忠. 2021. 数字经济、创新能力与区域经济韧性[J]. 统计与决策, 37(17): 10-15.
陈芳, 刘松涛. 2022. 人工智能技术能否成为引领城市绿色发展的新引擎[J]. 南京财经大学学报, (3): 78-86.
陈光, 张超. 2014. 生产性服务业对制造业效率的影响研究: 基于全国面板数据的实证分析[J]. 经济问题探索, (2): 18-24.
陈红霞, 屈玥鹏. 2020. 基于竞争优势培育的农村一二三产业融合的内生机制研究[J]. 中国软科学, (S1): 58-64.
陈虹, 王蓓. 2021. 生产性服务化对制造业出口技术复杂度提升的影响研究: 来自中国的经验分析[J]. 经济问题探索, (9): 117-129.
陈廉, 易露. 2021. 民营中小企业参与"一带一路"产业合作战略研究[J]. 北方经贸, (2): 40-44.
陈亮, 李杰伟, 徐长生. 2011. 信息基础设施与经济增长: 基于中国省际数据分析[J]. 管理科学, 24(1): 98-107.
陈玲, 杨文辉. 2016. 政府研发补贴会促进企业创新吗?——来自中国上市公司的实证研究[J].

科学学研究, 34(3): 433-442.

陈楠, 蔡跃洲, 马晔风. 2022. 制造业数字化转型动机、模式与成效: 基于典型案例和问卷调查的实证分析[J]. 改革, (11): 37-53.

陈荣达, 林博, 何诚颖, 等. 2019. 互联网金融特征、投资者情绪与互联网理财产品回报[J]. 经济研究, 54(7): 78-93.

陈石, 陈晓红. 2013. "两化融合"与企业效益关系研究: 基于所有制视角的门限回归分析[J]. 财经研究, 39(1): 103-111.

陈威华. 2021-10-26. 巴西数字经济进入全新产业周期[N]. 经济参考报, (A2).

陈维涛, 韩峰, 张国峰. 2019. 互联网电子商务、企业研发与全要素生产率[J]. 南开经济研究, (5): 41-59.

陈文理. 2012. 信息基础设施的逻辑结构、特点与发展模式选择[J]. 广东行政学院学报, 24(3): 5-11.

陈曦. 2022. 推动数字经济与实体经济深度融合: 理论探析与实践创新[J]. 人民论坛•学术前沿, (24): 64-76.

陈小辉, 张红伟, 吴永超. 2020. 数字经济如何影响产业结构水平?[J]. 证券市场导报, (7): 20-29.

陈晓东, 杨晓霞. 2022. 数字化转型是否提升了产业链自主可控能力?[J]. 经济管理, 44(8): 23-39.

陈晓红, 李杨扬, 宋丽洁, 等. 2022. 数字经济理论体系与研究展望[J]. 管理世界, 38(2): 208-224.

陈彦斌, 林晨, 陈小亮. 2019. 人工智能、老龄化与经济增长[J]. 经济研究, 54(7): 47-63.

陈仲华. 2010. IPv6 技术在物联网中的应用[J]. 电信科学, 26(4): 16-19.

陈子凤, 靳琪琳, 贾卫峰, 等. 2023. ICT 技术及产业融合测度: 基于高被引专利和标准必要专利的比较研究[J]. 情报杂志, 42(9): 179-187.

程惠芳, 唐辉亮, 陈超. 2011. 开放条件下区域经济转型升级综合能力评价研究: 中国 31 个省市转型升级评价指标体系分析[J]. 管理世界, (8): 173-174.

程名望, 盖庆恩, Jin Y H, 等. 2016. 人力资本积累与农户收入增长[J]. 经济研究, 51(1): 168-181, 192.

程名望, 张家平. 2019a. 新时代背景下互联网发展与城乡居民消费差距[J]. 数量经济技术经济研究, 36(7): 22-41.

程名望, 张家平. 2019b. 互联网普及与城乡收入差距: 理论与实证[J]. 中国农村经济, (2): 19-41.

程文, 张建华. 2010. 中国汽车产业模块技术发展与产业升级[J]. 中国软科学, (4): 44-49, 93.

崔耕瑞. 2021. 数字金融能否提升中国经济韧性[J]. 山西财经大学学报, 43(12): 29-41.

崔航, 翟锡豹, 占安居. 2024. 我国工业互联网进入快速发展新阶段[J]. 通信企业管理, (1): 16-19.

崔寅, 孙钰. 2021. 中国互联网基础设施与产业结构优化关系研究[J]. 科技进步与对策, 38(13): 64-71.

代中强. 2014. 知识产权保护提高了出口技术复杂度吗?——来自中国省际层面的经验研究[J]. 科学学研究, 32(12): 1846-1858.

戴德宝, 范体军, 刘小涛. 2016. 互联网技术发展与当前中国经济发展互动效能分析[J]. 中国软科学, (8): 184-192.

戴小勇, 成力为. 2013. 研发投入强度对企业绩效影响的门槛效应研究[J]. 科学学研究, 31(11): 1708-1716, 1735.

戴勇, 刘颖洁. 2022. 基于组态分析的数字平台生态系统内部治理因素及效果研究[J]. 科研管理, 43(2): 46-54.

党琳, 李雪松, 申烁. 2021. 制造业行业数字化转型与其出口技术复杂度提升[J]. 国际贸易问题, (6): 32-47.

邓典雅, 祁明. 2017. "互联网+"产业融合背景下企业财务管理创新[J]. 财会通讯, (5): 60-63.

丁建军, 王璋, 柳艳红, 等. 2020. 中国连片特困区经济韧性测度及影响因素分析[J]. 地理科学进展, 39(6): 924-937.

丁志帆. 2020. 数字经济驱动经济高质量发展的机制研究: 一个理论分析框架[J]. 现代经济探讨, (1): 85-92.

董碧水. 2015-11-18. 浙江崛起创新创业"新四军"[N]. 中国青年报, (3).

董洪梅, 章磷, 董大朋. 2020. 老工业基地产业结构升级、城镇化与城乡收入差距: 基于东北地区城市的实证分析[J]. 农业技术经济, (5): 107-118.

董祺. 2013. 中国企业信息化创新之路有多远?——基于电子信息企业面板数据的实证研究[J]. 管理世界, (7): 123-129, 171.

董香书, 王晋梅, 肖翔. 2022. 数字经济如何影响制造业企业技术创新: 基于"数字鸿沟"的视角[J]. 经济学家, (11): 62-73.

杜传忠, 宁朝山. 2016. 网络经济条件下产业组织变革探析[J]. 河北学刊, 36(4): 135-139.

杜传忠, 王飞. 2015. 产业革命与产业组织变革: 兼论新产业革命条件下的产业组织创新[J]. 天津社会科学, (2): 90-95, 99.

杜伟, 杨志江, 夏国平. 2014. 人力资本推动经济增长的作用机制研究[J]. 中国软科学, (8): 173-183.

杜修立, 王维国. 2007. 中国出口贸易的技术结构及其变迁: 1980—2003[J]. 经济研究, (7): 137-151.

杜振华. 2015. "互联网+"背景的信息基础设施建设愿景[J]. 改革, (10): 113-120.

樊茂清, 黄薇. 2014. 基于全球价值链分解的中国贸易产业结构演进研究[J]. 世界经济, 37(2): 50-70.

樊增增, 樊晓勇. 2016. 基于SCP范式的互联网零售产业组织分析[J]. 商, (30): 281.

范柏乃, 单世涛, 陆长生. 2002. 城市技术创新能力评价指标筛选方法研究[J]. 科学学研究, (6): 663-668.

范柏乃, 林哲杨. 2022. 政府治理的"法治—效能"张力及其化解[J]. 高等学校文科学术文摘, (2): 58-60.

范红忠, 王子悦, 陶爽. 2022. 数字化转型与企业创新: 基于文本分析方法的经验证据[J]. 技术经济, 41(10): 34-44.

方彬楠, 赵天舒. 2023-11-28. 英国力促制造业回流[N]. 北京商报, (8).

方世敏, 王海艳. 2018. 基于系统论的农业与旅游产业融合: 一种粘性的观点[J]. 经济地理, 38(12): 211-218.

方巍巍. 2017. "互联网+"背景下传统产业集群转型升级研究[J]. 商业经济, (1): 71-74.

方兴东. 2016. 中国互联网治理模式的演进与创新: 兼论"九龙治水"模式作为互联网治理制度的重要意义[J]. 人民论坛·学术前沿, (6): 56-75.

方兴东, 金皓清, 钟祥铭. 2022. 中国互联网30年: 一种全球史的视角: 基于布罗代尔"中时段"的"社会时间"视角[J]. 传媒观察, (11): 26-42.

方兴东, 潘可武, 李志敏, 等. 2014. 中国互联网20年: 三次浪潮和三大创新[J]. 新闻记者, (4): 3-14.

方英, 马芮. 2018. 中国与"一带一路"沿线国家文化贸易潜力及影响因素: 基于随机前沿引力模型的实证研究[J]. 世界经济研究, (1): 112-121, 136.

冯萍, 刘建江. 2010. 互联网对中国出口贸易流量影响的实证研究[J]. 统计与决策, (3): 99-101.

扶庆, 陈宇轩. 2016. 服装制造业转型升级的"爱斯达模式"[EB/OL]. http://www.jjckb.cn/2016-01/26/c_135044554.htm[2016-01-26].

付凌晖. 2010. 我国产业结构高级化与经济增长关系的实证研究[J]. 统计研究, 27(8): 79-81.

傅才武, 申念衢. 2019. 当代中国文化政策研究中的十大前沿问题[J]. 华中师范大学学报(人文社会科学版), 58(1): 66-77.

干春晖, 郑若谷, 余典范. 2011. 中国产业结构变迁对经济增长和波动的影响[J]. 经济研究, 46(5): 4-16, 31.

高博. 2018-04-23. 丧失先机, 没有自研操作系统的大国之痛[N]. 科技日报, (1).

高杨, 牛子恒. 2018. 农业信息化、空间溢出效应与农业绿色全要素生产率: 基于 SBM-ML 指数法和空间杜宾模型[J]. 统计与信息论坛, 33(10): 66-75.

葛和平, 吴福象. 2021. 数字经济赋能经济高质量发展: 理论机制与经验证据[J]. 南京社会科学, (1): 24-33.

葛敬国, 弭伟, 吴玉磊. 2014. IPv6 过渡机制: 研究综述、评价指标与部署考虑[J]. 软件学报, 25(4): 896-912.

耿伟, 王亥园. 2019. 制造业投入服务化与中国出口企业加成率[J]. 国际贸易问题, (4): 92-108.

工业和信息化部. 2015. 《中国制造 2025》解读之四: 我国建设制造强国的任务艰巨而紧迫[EB/OL]. http://gxt.jl.gov.cn/xxgk/zcwj/zcfg_zcjd/201508/t20150804_2051473.html[2015-05-20].

工业和信息化部. 2015-05-27. 我国制造业发展面临的形势和环境[N]. 中国工业报, (A2).

工业和信息化部规划司. 2015. 《中国制造 2025》解读之三: 我国制造业发展面临的形势和环境[EB/OL]. https://www.miit.gov.cn/ztzl/lszt/zgzz2025/zcjd/art/2020/art_96558b2fb210499c8fb3ab79188ef7a9.html[2015-05-26].

宫小飞, 袁征. 2023. 美国制造业回流政策: 实施效果与制约因素[J]. 国际问题研究, (6): 51-70, 124.

龚静, 尹忠明. 2016. 铁路建设对我国"一带一路"战略的贸易效应研究: 基于运输时间和运输距离视角的异质性随机前沿模型分析[J]. 国际贸易问题, (2): 14-25.

龚雅娴. 2021. 数字经济下的消费行为: 述评与展望[J]. 消费经济, 37(2): 89-96.

关志雄. 2002. 从美国市场看"中国制造"的实力: 以信息技术产品为中心[J]. 国际经济评论, (4): 5-12.

郭步超, 王博. 2014. 政府债务与经济增长: 基于资本回报率的门槛效应分析[J]. 世界经济, 37(9): 95-118.

郭家堂, 骆品亮. 2016. 互联网对中国全要素生产率有促进作用吗?[J]. 管理世界, (10): 34-49.

郭凯明. 2019. 人工智能发展、产业结构转型升级与劳动收入份额变动[J]. 管理世界, 35(7): 60-77, 202-203.

郭凯明, 潘珊, 颜色. 2020. 新型基础设施投资与产业结构转型升级[J]. 中国工业经济, (3): 63-80.

郭克莎, 杨倜龙. 2023. 中国产业数字化改造的机制和政策[J]. 经济学动态, (3): 21-35.

郭美荣, 李瑾, 冯献. 2017. 基于"互联网+"的城乡一体化发展模式探究[J]. 中国软科学, (9): 10-17.

郭然, 原毅军, 张涌鑫. 2021. 互联网发展、技术创新与制造业国际竞争力: 基于跨国数据的经验分析[J]. 经济问题探索, (1): 171-180.

国际电信联盟. 2017. 2017 年衡量信息社会报告[R]. 日内瓦: 国际电信联盟.

国家统计局. 2018. 中国统计年鉴[M]. 北京: 中国统计出版社.

国家统计局统计科学研究所. 2014. 中国信息化发展指数统计监测年度报告(2013)[M]. 北京: 中国统计出版社.

参考文献

国家统计局住户调查办公室. 2018. 中国住户调查年鉴[M]. 北京: 中国统计出版社.
国务院. 2015. 国务院关于积极推进"互联网+"行动的指导意见[EB/OL]. https://www.gov.cn/zhengce/content/2015-07/04/content_10002.htm[2015-07-04].
国务院发展研究中心产业经济研究部, 中国汽车工程学会, 大众汽车集团(中国). 2014. 中国汽车产业发展报告(2014)[M]. 北京: 社会科学文献出版社.
韩长根, 张力. 2017. 互联网普及对于城乡收入分配的影响: 基于我国省际面板数据的系统GMM分析[J]. 经济问题探索, (8): 18-27.
韩长根, 张力. 2019. 互联网是否改善了中国的资源错配: 基于动态空间杜宾模型与门槛模型的检验[J]. 经济问题探索, (12): 43-55.
韩剑, 冯帆, 姜晓运. 2018. 互联网发展与全球价值链嵌入: 基于GVC指数的跨国经验研究[J]. 南开经济研究, (4): 21-35, 52.
韩晶, 陈曦, 冯晓虎. 2022. 数字经济赋能绿色发展的现实挑战与路径选择[J]. 改革, (9): 11-23.
韩晶, 孙雅雯, 陈曦. 2020. 后疫情时代中国数字经济发展的路径解析[J]. 经济社会体制比较, (5): 16-24.
韩孟孟, 张三峰, 顾晓光. 2020. 信息共享能提升企业生产率吗?——来自中国制造业企业调查数据的证据[J]. 产业经济研究, (1): 42-56.
韩顺法, 李向民. 2009. 基于产业融合的产业类型演变及划分研究[J]. 中国工业经济, (12): 66-75.
韩先锋, 惠宁, 宋文飞. 2014. 信息化能提高中国工业部门技术创新效率吗[J]. 中国工业经济, (12): 70-82.
韩先锋, 刘娟, 李勃昕. 2020. "互联网+"驱动区域创新效率的异质动态效应研究[J]. 管理学报, 17(5): 715-724.
韩先锋, 宋文飞, 李勃昕. 2019. 互联网能成为中国区域创新效率提升的新动能吗[J]. 中国工业经济, (7): 119-136.
韩元建, 陈强. 2017. 共性技术扩散的影响因素分析及对策[J]. 中国科技论坛, (1): 53-59.
何大安, 任晓. 2018. 互联网时代资源配置机制演变及展望[J]. 经济学家, (10): 63-71.
何菊香, 赖世茜, 廖小伟. 2015. 互联网对中国贸易的影响: 基于29个省市的空间动态效应实证分析[J]. 北京邮电大学学报(社会科学版), 17(4): 56-62.
何荣飞, 汤临佳. 2016. 智能制造助推"浙江制造"华丽转身[J]. 浙江经济, (1): 46-47.
何宗樾, 宋旭光. 2020. 数字经济促进就业的机理与启示: 疫情发生之后的思考[J]. 经济学家, (5): 58-68.
贺娅萍, 徐康宁. 2019. 互联网对城乡收入差距的影响: 基于中国事实的检验[J]. 经济经纬, 36(2): 25-32.
洪恒飞, 江耘. 2022-09-05. 浙江永康探索轻量化改造模式 助中小微企业阔步数字化转型路[N]. 科技日报, (7).
洪银兴. 2018. 培育新动能: 供给侧结构性改革的升级版[J]. 经济科学, (3): 5-13.
洪银兴, 任保平. 2023. 数字经济与实体经济深度融合的内涵和途径[J]. 中国工业经济, (2): 5-16.
侯兵, 周晓倩. 2015. 长三角地区文化产业与旅游产业融合态势测度与评价[J]. 经济地理, 35(11): 211-217.
侯汉坡, 何明珂, 庞毅, 等. 2010. 互联网资源属性及经济影响分析[J]. 管理世界, (3): 176-177.
胡鞍钢, 王蔚, 周绍杰, 等. 2016. 中国开创"新经济": 从缩小"数字鸿沟"到收获"数字红利"[J]. 国家行政学院学报, (3): 4-13, 2.
胡昌平, 万华. 2013. 云环境下移动数字图书馆跨系统服务平台构建与实现[J]. 国家图书馆学刊,

22(2): 40-48, 71.
胡汉辉, 邢华. 2003. 产业融合理论以及对我国发展信息产业的启示[J]. 中国工业经济, (2): 23-29.
胡俊. 2019. 地区互联网发展水平对制造业升级的影响研究[J]. 软科学, 33(5): 6-10, 40.
胡山, 余泳泽. 2022. 数字经济与企业创新：突破性创新还是渐进性创新?[J]. 财经问题研究, (1): 42-51.
胡新, 惠调艳, 梁思妤. 2011. 基于社会环境视角的区域"两化融合"评价研究：以陕西为例[J]. 科技进步与对策, 28(10): 115-120.
胡志伟, 彭迪云. 2014. 创新链与产业价值链耦合的区域发展模式研究：基于科教资源低丰度地区视域[J]. 南昌大学学报(人文社会科学版), 45(3): 68-74.
黄楚新, 王丹. 2015. "互联网+"意味着什么：对"互联网+"的深层认识[J]. 新闻与写作, (5): 5-9.
黄道丽, 方婷. 2016. 我国关键信息基础设施保护的立法思考[J]. 网络与信息安全学报, 2(3): 10-16.
黄浩. 2020. 互联网驱动的产业融合：基于分工与纵向整合的解释[J]. 中国软科学, (3): 19-31.
黄键斌, 宋铁波, 姚浩. 2022. 智能制造政策能否提升企业全要素生产率?[J]. 科学学研究, 40(3): 433-442.
黄群慧, 贺俊. 2013. "第三次工业革命"与中国经济发展战略调整：技术经济范式转变的视角[J]. 中国工业经济, (1): 5-18.
黄群慧, 霍景东. 2015. 产业融合与制造业服务化：基于一体化解决方案的多案例研究[J]. 财贸经济, (2): 136-147.
黄群慧, 余泳泽, 张松林. 2019. 互联网发展与制造业生产率提升：内在机制与中国经验[J]. 中国工业经济, (8): 5-23.
黄日福, 陈晓红. 2007. FDI与产业结构升级：基于中部地区的理论及实证研究[J]. 管理世界, (3): 154-155.
黄蕊, 侯丹. 2017. 东北三省文化与旅游产业融合的动力机制与发展路径[J]. 当代经济研究, (10): 81-89.
黄鑫. 2017-11-25. 到2020年遴选300项以上试点示范项目：智能制造推进体系已基本形成[N]. 经济日报, (4).
黄旭, 董志强. 2019. 人工智能如何促进经济增长和社会福利提升?[J]. 中央财经大学学报, (11): 76-85, 128.
黄阳华. 2015. 德国"工业4.0"计划及其对我国产业创新的启示[J]. 经济社会体制比较, (2): 1-10.
黄烨菁, 权衡, 黎晓寅. 2014. 印度IT服务外包产业的可持续发展：产业价值链为视角的分析[J]. 世界经济研究, (5): 81-86, 89.
惠宁, 刘鑫鑫. 2020. 互联网发展与区域创新能力非线性关系研究[J]. 科技进步与对策, 37(12): 28-35.
霍丽, 宁楠. 2020. 互联网发展对区域创新效率影响的动力机制研究[J]. 西北大学学报(哲学社会科学版), 50(3): 144-156.
纪玉俊, 张彦彦. 2017. 互联网+背景下的制造业升级：机理及测度[J]. 中国科技论坛, (3): 50-57.
纪玉山, 吴勇民. 2007. 科技创新促进经济增长的微观机理与政策选择[J]. 经济社会体制比较, (5): 40-46.
贾娟琪. 2019. "数字红利"还是"数字鸿沟"?——兼论数字普惠金融如何缩小收入差距[J]. 区域金融研究, (12): 28-33.
贾卫峰, 王艺宁, 王朔. 2024. 颠覆性创新驱动信息产业与制造业融合模式研究[J]. 科学学研究, 42(6): 1300-1311.
江艇. 2022. 因果推断经验研究中的中介效应与调节效应[J]. 中国工业经济, (5): 100-120.

参 考 文 献

江小涓, 黄颖轩. 2021. 数字时代的市场秩序、市场监管与平台治理[J]. 经济研究, 56(12): 20-41.
江志斌, 林文进, 王康周, 等. 2020. 未来制造新模式: 理论、模式及实践[M]. 北京: 清华大学出版社.
姜红德. 2018. 工业互联网平台, 柳暗花明又一村[J]. 中国信息化, (12): 5.
姜磊. 2020. 应用空间计量经济学[M]. 北京: 中国人民大学出版社.
姜睿清, 喻登科, 薄秋实. 2016. "互联网+"背景下全要素网络及产业集群生成机理与模式[J]. 科技进步与对策, 33(21): 58-65.
蒋辉, 张康洁, 张怀英, 等. 2017. 我国三次产业融合发展的时空分异特征[J]. 经济地理, 37(7): 105-113.
蒋仁爱, 李冬梅, 温军. 2021. 互联网发展水平对城市创新效率的影响研究[J]. 当代经济科学, 43(4): 77-89.
蒋天颖, 华明浩, 张一青. 2014. 县域经济差异总体特征与空间格局演化研究: 以浙江为实证[J]. 经济地理, 34(1): 35-41.
焦豪, 杨季枫, 王培暖, 等. 2021. 数据驱动的企业动态能力作用机制研究: 基于数据全生命周期管理的数字化转型过程分析[J]. 中国工业经济, (11): 174-192.
焦勇. 2020. 数字经济赋能制造业转型: 从价值重塑到价值创造[J]. 经济学家, (6): 87-94.
金春枝, 李伦. 2016. 我国互联网数字鸿沟空间分异格局研究[J]. 经济地理, 36(8): 106-112.
金媛媛, 王淑芳. 2020. 乡村振兴战略背景下生态旅游产业与健康产业的融合发展研究[J]. 生态经济, 36(1): 138-143.
荆文君, 孙宝文. 2019. 数字经济促进经济高质量发展: 一个理论分析框架[J]. 经济学家, (2): 66-73.
鞠雪楠, 赵宣凯, 孙宝文. 2020. 跨境电商平台克服了哪些贸易成本?——来自"敦煌网"数据的经验证据[J]. 经济研究, 55(2): 181-196.
康建强, 唐曙南. 2002. 弥合数字鸿沟发展数字经济[J]. 情报杂志, 21(7): 14-15.
康志勇. 2018. 政府补贴促进了企业专利质量提升吗?[J]. 科学学研究, 36(1): 69-80.
孔东民, 刘莎莎, 王亚男. 2013. 市场竞争、产权与政府补贴[J]. 经济研究, 48(2): 55-67.
匡远凤. 2018. 选择性转移、人力资本不均等与中国城乡收入差距[J]. 农业经济问题, 39(4): 23-35.
蓝庆新, 陈超凡. 2013. 新型城镇化推动产业结构升级了吗?——基于中国省级面板数据的空间计量研究[J]. 财经研究, 39(12): 57-71.
雷鹏, 梁彤缨, 陈修德, 等. 2015. 融资约束视角下政府补助对企业研发效率的影响研究[J]. 软科学, 29(3): 38-42.
黎文靖, 郑曼妮. 2016. 实质性创新还是策略性创新?——宏观产业政策对微观企业创新的影响[J]. 经济研究, 51(4): 60-73.
李标, 王黎, 孙煜程. 2020. 农村信贷供给影响城乡收入差距的机制与效应研究[J]. 农业技术经济, (7): 61-78.
李兵, 李柔. 2017. 互联网与企业出口: 来自中国工业企业的微观经验证据[J]. 世界经济, (7): 102-125.
李广乾, 陶涛. 2018. 电子商务平台生态化与平台治理政策[J]. 管理世界, 34(6): 104-109.
李海舰, 田跃新, 李文杰. 2014. 互联网思维与传统企业再造[J]. 中国工业经济, (10): 135-146.
李海艳, 李书彦. 2021. 宁波科技型中小企业协同创新能力提升对策[J]. 宁波经济(三江论坛), (3): 12-17.
李赫龙, 王富喜. 2015. 中国信息化水平测度及空间差异研究[J]. 情报科学, 33(11): 95-99, 139.
李纪珍, 邓衢文. 2011. 产业共性技术供给和扩散的多重失灵[J]. 科学学与科学技术管理, 32(7):

5-10.

李建军, 韩珣. 2019. 普惠金融、收入分配和贫困减缓: 推进效率和公平的政策框架选择[J]. 金融研究, (3): 129-148.

李健, 杨蓓蓓, 潘镇. 2016. 政府补助、股权集中度与企业创新可持续性[J]. 中国软科学, (6): 180-192.

李金昌, 史龙梅, 徐蔼婷. 2019. 高质量发展评价指标体系探讨[J]. 统计研究, 36(1): 4-14.

李金城, 周咪咪. 2017. 互联网能否提升一国制造业出口复杂度[J]. 国际经贸探索, 33(4): 24-38.

李津, 齐雅莎, 刘恩专. 2020. 数字基础设施与全球价值链升级: 机制与效用[J]. 学习与探索, (10): 147-154.

李京文, 小松崎清介, 郑友敬, 等. 1994. 信息化与经济发展[M]. 北京: 社会科学文献出版社.

李婧, 谭清美, 白俊红. 2010. 中国区域创新生产的空间计量分析: 基于静态与动态空间面板模型的实证研究[J]. 管理世界, (7): 43-55, 65.

李敬, 陈旎, 万广华, 等. 2017. "一带一路"沿线国家货物贸易的竞争互补关系及动态变化: 基于网络分析方法[J]. 管理世界, (4): 10-19.

李俊, 张思扬, 冒佩华. 2016. "互联网+"推动传统产业发展的政治经济学分析[J]. 教学与研究, (7): 14-20.

李坤望, 邵文波, 王永进. 2015. 信息化密度、信息基础设施与企业出口绩效: 基于企业异质性的理论与实证分析[J]. 管理世界, (4): 52-65.

李黎明, 谢子春, 梁毅劼. 2019. 创新驱动发展评价指标体系研究[J]. 科技管理研究, 39(5): 59-69.

李立威, 成帆, 黄艺涵. 2023. "数字化悖论"的内涵、产生机制与跨越路径: 文献综述[J]. 科技管理研究, 43(12): 128-136.

李立威, 景峰. 2013. 互联网扩散与经济增长的关系研究: 基于我国 31 个省份面板数据的实证检验[J]. 北京工商大学学报(社会科学版), 28(3): 120-126.

李廉水, 张芊芊, 王常凯. 2015. 中国制造业科技创新能力驱动因素研究[J]. 科研管理, 36(10): 169-176.

李璐. 2016. 信息资源产业与文化产业融合的实证分析: 基于中国上市公司 1997 年—2012 年数据[J]. 情报科学, 34(3): 122-126.

李美云. 2005. 国外产业融合研究新进展[J]. 外国经济与管理, (12): 12-20, 27.

李梦欣, 任保平. 2019. 新时代中国高质量发展的综合评价及其路径选择[J]. 财经科学, (5): 26-40.

李娜, 伍世代, 代中强, 等. 2016. 扩大开放与环境规制对我国产业结构升级的影响[J]. 经济地理, 36(11): 109-115, 123.

李尚蒲, 罗必良. 2012. 城乡收入差距与城市化战略选择[J]. 农业经济问题, 33(8): 37-42.

李天籽, 王伟. 2018. 网络基础设施的空间溢出效应比较研究[J]. 华东经济管理, 32(12): 5-12.

李婉红, 李娜. 2022. 基于复杂网络的制造企业智能化转型动态博弈及仿真: 考虑政府与消费者的驱动效应[J]. 软科学, (3): 39-47.

李婉红, 王帆. 2022. 智能化转型、成本粘性与企业绩效: 基于传统制造企业的实证检验[J]. 科学学研究, 40(1): 91-102.

李万福, 杜静, 张怀. 2017. 创新补助究竟有没有激励企业创新自主投资: 来自中国上市公司的新证据[J]. 金融研究, (10): 130-145.

李维安, 林润辉, 范建红. 2014. 网络治理研究前沿与述评[J]. 南开管理评论, 17(5): 42-53.

李想, 徐艳梅. 2019. 引进购买外部技术对专利产出与新产品销售收入影响的异质性分析: 以高技术产业为例[J]. 科学学与科学技术管理, 40(11): 113-124.

李晓娣, 饶美仙. 2023. 数字经济赋能城市科技创新的组态路径研究[J]. 科学学研究, 41(11): 2086-2097, 2112.

李晓华. 2019. 数字经济新特征与数字经济新动能的形成机制[J]. 改革, (11): 40-51.

李晓静, 蒋灵多. 2023. 数字化与企业创新[J]. 国际商务(对外经济贸易大学学报), (1): 139-156.

李晓龙, 冉光和. 2019. 农村产业融合发展如何影响城乡收入差距: 基于农村经济增长与城镇化的双重视角[J]. 农业技术经济, (8): 17-28.

李晓钟. 2009. FDI对我国纺织服装业技术溢出效应分析[J]. 财贸经济, (7): 88-93, 136.

李晓钟. 2018. 数字经济下中国产业转型升级研究[M]. 杭州: 浙江大学出版社.

李晓钟. 2019-12-03. 数字经济推动我国纺织产业高质量发展[N]. 中国社会科学报, (5).

李晓钟. 2020. 数字经济下中国与"一带一路"沿线国家贸易发展理论分析与实证研究[M]. 北京: 经济科学出版社.

李晓钟, 陈涵乐, 张小蒂. 2017. 信息产业与制造业融合的绩效研究: 基于浙江省的数据[J]. 中国软科学, (1): 22-30.

李晓钟, 等. 2016b. 中国利用外资溢出效应和挤出效应研究(修订版)[M]. 北京: 经济科学出版社.

李晓钟, 杜添豪. 2022. 数字经济对区域经济增长及其收敛性的影响[J]. 统计与决策, 38(21): 19-24.

李晓钟, 杜添豪, 王舒予. 2019. 中国与"一带一路"沿线国家贸易影响因素及潜力研究[J]. 国际经济合作, (3): 17-29.

李晓钟, 何晨琳. 2019. "互联网+"对制造业创新驱动能力的影响: 基于浙江省数据的分析[J]. 国际经济合作, (5): 36-47.

李晓钟, 胡珊. 2018. 中国纺织产业在全球价值链的地位及升级研究[J]. 国际经济合作, (3): 44-49.

李晓钟, 黄蓉. 2018. 工业4.0背景下我国纺织产业竞争力提升研究: 基于纺织产业与电子信息产业融合视角[J]. 中国软科学, (2): 21-31.

李晓钟, 李俊雨. 2022. 数字经济发展对城乡收入差距的影响研究[J]. 农业技术经济, (2): 77-93.

李晓钟, 李蓉. 2023. 互联网对制造业出口技术复杂度影响研究[J]. 江南大学学报(人文社会科学版), 22(1): 35-49.

李晓钟, 吕培培. 2018. 互联网对中国进出口贸易的影响研究: 基于"一带一路"沿线国家的实证[J]. 国际经济合作, (5): 90-95.

李晓钟, 吕培培. 2019. 我国装备制造产品出口贸易潜力及贸易效率研究: 基于"一带一路"国家的实证研究[J]. 国际贸易问题, (1): 80-92.

李晓钟, 毛芳婷. 2021. "一带一路"沿线国家数字经济发展水平比较与分析[J]. 统计与决策, (16): 134-138.

李晓钟, 毛芳婷. 2023. 数字经济对"一带一路"沿线国家创新绩效的影响研究[J]. 中国软科学, (1): 40-50.

李晓钟, 任凭. 2015. 我国物联网产业发展的驱动因素研究: 基于八大城市的实证分析[J]. 东南学术, (1): 55-62.

李晓钟, 王欢. 2020a. 互联网对我国经济发展影响的区域差异比较研究[J]. 中国软科学, (12): 22-32.

李晓钟, 王欢. 2020b. 中美高技术产品贸易效率、贸易潜力与影响因素[J]. 国际经济合作, (2): 78-94.

李晓钟, 王莹. 2015. 我国物联网产业协同发展机制及系统协同度评价研究[J]. 软科学, (1): 42-46, 59.

李晓钟, 吴甲戌. 2020. 数字经济驱动产业结构转型升级的区域差异[J]. 国际经济合作, (4):

81-91.

李晓钟, 吴文皓. 2022. 互联网的贸易效应与区域差异研究: 基于中国与"一带一路"沿线国家的实证分析[J]. 国际经济合作, (1): 76-87.

李晓钟, 吴文皓, 顾国达. 2022. 数字经济发展能否提升区域经济韧性?——基于中介效应、门槛效应和空间溢出效应的研究[J]. 浙江大学学报(人文社会科学版), 52(12): 21-39.

李晓钟, 吴振雄, 张小蒂. 2016a. 政府补贴对物联网企业生产效率的影响研究: 基于沪深两市2010—2013年公司数据的实证检验[J]. 中国软科学, (2): 105-113.

李晓钟, 徐慧娟. 2018. 中国对"一带一路"沿线国家直接投资贸易效应研究[J]. 国际经济合作, (10): 4-9.

李晓钟, 徐怡. 2018. 政府补贴与电子信息产业全要素生产率研究: 基于沪深两市上市公司数据[J]. 杭州电子科技大学学报(社会科学版), 14(2): 1-8.

李晓钟, 徐怡. 2019. 政府补贴对企业创新绩效作用效应与门槛效应研究: 基于电子信息产业沪深两市上市公司数据[J]. 中国软科学, (5): 31-39.

李晓钟, 杨丹. 2016. 我国汽车产业与电子信息产业耦合发展研究[J]. 软科学, 30(11): 19-23.

李晓钟, 叶昕. 2021. 自贸试验区对区域产业结构升级的政策效应研究[J]. 国际经济合作, (4): 46-53.

李晓钟, 张洁. 2017. 我国农业信息化就绪度水平区域差异比较研究[J]. 情报科学, 35(10): 55-62.

李晓钟, 张小蒂. 2007. 外商直接投资对我国区域技术创新能力提升影响的分析[J]. 国际贸易问题, (12): 106-111.

李晓钟, 张小蒂. 2008. 外商直接投资对我国技术创新能力影响及地区差异分析[J]. 中国工业经济, (9): 77-87.

李晓钟, 张小蒂. 2011. 中国汽车产业市场结构与市场绩效研究[J]. 中国工业经济, (3): 129-138.

李笑影, 李玲芳. 2018. 互联网背景下应对"一带一路"贸易风险的机制设计研究[J]. 中国工业经济, (12): 97-114.

李雪, 吴福象, 竺李乐. 2021. 数字经济与区域创新绩效[J]. 山西财经大学学报, 43(5): 17-30.

李影, 刘岩. 2014. 构建我国新农村信息基础设施建设的长效机制[J]. 情报科学, 32(3): 81-85.

李永红, 王晟. 2017. 互联网驱动智能制造的机理与路径研究: 对中国制造2025的思考[J]. 科技进步与对策, 34(16): 56-61.

李永红, 张淑雯. 2019. 大数据驱动传统产业转型升级的路径: 基于大数据价值链视角[J]. 科技管理研究, 39(7): 156-162.

李仲勋, 陈雨薇, 高坡. 2016-10-04. 互联网+, 加出苏州产业新动能[N]. 新华日报, (1).

梁达. 2015. "互联网+": 服务业发展的新引擎[J]. 宏观经济管理, (11): 19-21.

梁立华. 2016. 农村地区第一、二、三产业融合的动力机制、发展模式及实施策略[J]. 改革与战略, 32(8): 74-77.

梁振宇. 2023. 推动中小企业数字化转型的探索[M]. 成都: 四川师范大学电子出版社.

林晨, 陈小亮, 陈伟泽, 等. 2020. 人工智能、经济增长与居民消费改善: 资本结构优化的视角[J]. 中国工业经济, (2): 61-83.

林丹明, 梁强, 曾楚宏. 2007. 我国制造业的信息技术投资效果: 结合行业影响因素的分析[J]. 经济理论与经济管理, (12): 35-41.

林峰, 林淑佳, 李宏兵. 2022. 互联网+、城市智能化与中国企业技术创新: 来自腾讯研究院大数据与专利微观数据的分析[J]. 南方经济, (9): 75-96.

林菁璐. 2018. 政府研发补贴对中小企业研发投入影响的实证研究[J]. 管理世界, (3): 180-181.

林民盾, 杜曙光. 2006. 产业融合: 横向产业研究[J]. 中国工业经济, (2): 30-36.

林毅夫, 刘明兴. 2003. 中国的经济增长收敛与收入分配[J]. 世界经济, (8): 3-14, 80.

凌华, 李新伟, 董必荣, 等. 2020. 互联网、创新要素流动与区域创新能力差异[J]. 审计与经济研究, 35(6): 115-126.

刘斌, 顾聪. 2019. 互联网是否驱动了双边价值链关联[J]. 中国工业经济, (11): 98-116.

刘畅, 潘慧峰, 李珮, 等. 2023. 数字化转型对制造业企业绿色创新效率的影响和机制研究[J]. 中国软科学, (4): 121-129.

刘德学, 吴旭梅. 2021. 互联网对服务业嵌入全球价值链的影响: 基于互联网发展数量和质量的检验[J]. 经济问题探索, (5): 124-135.

刘刚. 2022. 商业模式评估、创业型领导驱动战略创业的机制研究[J]. 管理学报, 19(3): 397-405.

刘刚, 张昕蔚. 2019. 欠发达地区数字经济发展的动力和机制研究: 以贵州省数字经济发展为例[J]. 经济纵横, (6): 88-100.

刘海洋, 高璐, 林令涛. 2020. 互联网、企业出口模式变革及其影响[J]. 经济学(季刊), 19(1): 261-280.

刘湖, 张家平. 2016. 互联网对农村居民消费结构的影响与区域差异[J]. 财经科学, (4): 80-88.

刘华军, 贾文星. 2019. 中国区域经济增长的空间网络关联及收敛性检验[J]. 地理科学, 39(5): 726-733.

刘欢. 2020. 工业智能化如何影响城乡收入差距: 来自农业转移劳动力就业视角的解释[J]. 中国农村经济, (5): 55-75.

刘建丽. 2015. 工业 4.0 与中国汽车产业转型升级[J]. 经济体制改革, (6): 95-101.

刘金婷. 2015. "互联网+"内涵浅议[J]. 中国科技术语, 17(3): 61-65.

刘军, 边志强. 2022. 资源型城市经济高质量发展水平测度研究: 基于新发展理念[J]. 经济问题探索, (1): 92-111.

刘军, 曹雅茹, 鲍怡发, 等. 2021. 制造业智能化对收入差距的影响研究[J]. 中国软科学, (3): 43-52.

刘蕾, 鄢章华. 2016. "互联网+"背景下产业集群"零边际成本"趋势及其发展策略研究[J]. 科技进步与对策, 33(19): 54-60.

刘力强, 冯俊文. 2014. 我国区域两化融合水平评价模型及实证研究[J]. 科技进步与对策, 31(9): 125-129.

刘亮, 李廉水, 刘军, 等. 2020. 智能化与经济发展方式转变: 理论机制与经验证据[J]. 经济评论, (2): 3-19.

刘瀑. 2022. 产业新城推进农村三产融合的机制与路径研究[J]. 价格理论与实践, (12): 188-191, 204.

刘生龙, 胡鞍钢. 2010. 基础设施的外部性在中国的检验: 1988—2007[J]. 经济研究, 45(3): 4-15.

刘思峰, 杨英杰, 吴利丰, 等. 2014. 灰色系统理论及其应用[M]. 7 版. 北京: 科学出版社.

刘向东, 刘雨诗, 陈成漳. 2019. 数字经济时代连锁零售商的空间扩张与竞争机制创新[J]. 中国工业经济, (5): 80-98.

刘晓倩, 韩青. 2018. 农村居民互联网使用对收入的影响及其机理: 基于中国家庭追踪调查(CFPS)数据[J]. 农业技术经济, (9): 123-134.

刘欣英. 2007. 西部技术创新指标体系的构建及评价[J]. 统计与决策, (8): 120-121.

刘星星. 2016. 智能制造的发展: 现状、问题及对策研究[J]. 齐齐哈尔大学学报(哲学社会科学版), (7): 66-68.

刘艳霞. 2022. 数字经济赋能企业高质量发展: 基于企业全要素生产率的经验证据[J]. 改革, (9): 35-53.

刘雨微. 2022. 新一代信息技术赋能中国现代化建设[EB/OL]. https://cssn.cn/skwxsdt/gjhy/20221

2/t20221212_5570114.shtml[2022-12-12].

柳洲. 2015. "互联网+"与产业集群互联网化升级研究[J]. 科学学与科学技术管理, (8): 73-82.

卢福财, 金环. 2019. 互联网对制造业价值链升级的影响研究: 基于出口复杂度的分析[J]. 现代经济探讨, (2): 89-97.

卢家银. 2015. 互联网对传统媒体的颠覆与重构[EB/OL]. https://www.cac.gov.cn/2015-12/11/c_1117437062.htm[2015-12-11].

陆立军, 于斌斌. 2010. 基于修正"钻石模型"的产业集群与专业市场互动的动力机制: 以绍兴纺织产业集群与中国轻纺城市场为例[J]. 科学学与科学技术管理, 31(8): 66-72.

路虹. 2023-07-10. 美国制造业回流效果不佳[N]. 国际商报, (4).

罗必良. 2017. 论服务规模经营: 从纵向分工到横向分工及连片专业化[J]. 中国农村经济, (11): 2-16.

罗福凯. 2013. 技术资本与中国企业投资方式的选择[J]. 会计之友, (5): 4-10.

罗福凯, 李鹏. 2008. 论要素资本理论中的技术、信息和知识[J]. 东方论坛, (5): 76-82.

罗珉, 李亮宇. 2015. 互联网时代的商业模式创新: 价值创造视角[J]. 中国工业经济, (1): 95-107.

罗雨泽, 罗来军, 陈衍泰. 2016. 高新技术产业 TFP 由何而定?——基于微观数据的实证分析[J]. 管理世界, (2): 8-18.

吕明元, 陈磊. 2016. "互联网+"对产业结构生态化转型影响的实证分析: 基于上海市 2000—2013 年数据[J]. 上海经济研究, (9): 110-121.

吕越, 陈泳昌, 张昊天, 等. 2023. 电商平台与制造业企业创新: 兼论数字经济和实体经济深度融合的创新驱动路径[J]. 经济研究, 58(8): 174-190.

吕越, 谷玮, 包群. 2020. 人工智能与中国企业参与全球价值链分工[J]. 中国工业经济, (5): 80-98.

吕政. 2005. 工业技术创新体制与政策分析[J]. 吉林大学社会科学学报, (2): 55-61.

麻学锋, 张世兵, 龙茂兴. 2010. 旅游产业融合路径分析[J]. 经济地理, 30(4): 678-681.

马丹, 唐佳琦. 2023. 全球数字价值链增加值的测算及变动因素分析[J]. 统计研究, 40(6): 3-19.

马海涛, 徐楦钫. 2020. 黄河流域城市群高质量发展评估与空间格局分异[J]. 经济地理, 40(4): 11-18.

马红, 王元月. 2015. 融资约束、政府补贴和公司成长性: 基于我国战略性新兴产业的实证研究[J]. 中国管理科学, (S1): 630-636.

马化腾. 2016. 关于以"互联网+"为驱动推进我国经济社会创新发展的建议[J]. 中国科技产业, (3): 38-39.

马述忠, 郭继文. 2022. 制度创新如何影响我国跨境电商出口?——来自综试区设立的经验证据[J]. 管理世界, 38(8): 83-102.

马婷婷. 2012. 考虑信息化与工业化融合的工业部门绩效影响研究[D]. 南京: 南京航空航天大学.

毛其淋, 许家云. 2015. 政府补贴对企业新产品创新的影响: 基于补贴强度"适度区间"的视角[J]. 中国工业经济, (6): 94-107.

毛甜. 2013. 装备制造业经济效率与产业融合度的关系研究: 以辽、鲁、苏、浙、粤五省为例[D]. 沈阳: 东北大学.

孟得明. 2015. 互联网工业: 红领集团: 个性化定制工业化生产[EB/OL]. https://www.sohu.com/a/12893265_154010[2023-09-14].

孟凡生, 崔静文. 2022. 制造业智能化的空间分布、区域差异与收敛性[J]. 科学学研究, 40(5): 808-817, 840.

匿名. 2015. "互联网+制造业"构筑我国智能制造新图景[EB/OL]. https://www.chinaaet.com/ar

ticle/3000005345[2015-07-06].

匿名. 2015. 报喜鸟公司: 拥抱互联网 服装产业仍是主业[EB/OL]. https://news.ifeng.com/a/20150729/44299322_0.shtml[2015-07-29].

聂长飞, 简新华. 2020. 中国高质量发展的测度及省际现状的分析比较[J]. 数量经济技术经济研究, 37(2): 26-47.

聂萼辉. 2013. 城镇化对区域创新能力的影响: 基于中国七大区域的实证研究[J]. 科技经济市场, (10): 30-32.

欧阳芳. 2016. 基于长尾理论的小微企业供给侧改革新思路[J]. 福建论坛(人文社会科学版), (10): 60-64.

欧阳日辉. 2015. 从"+互联网"到"互联网+": 技术革命如何孕育新型经济社会形态[J]. 人民论坛·学术前沿, (10): 25-38.

欧阳日辉, 荆文君. 2023. 数字经济发展的"中国路径": 典型事实、内在逻辑与策略选择[J]. 改革, (8): 26-41.

潘家栋, 肖文. 2018. 互联网发展对我国出口贸易的影响研究[J]. 国际贸易问题, (12): 16-26.

潘申彪, 王剑斌. 2018. 互联网发展差距对"一带一路"沿线主要国家出口贸易的影响研究[J]. 国际商务(对外经济贸易大学学报), (3): 70-84.

彭徽, 匡贤明. 2019. 中国制造业与生产性服务业融合到何程度: 基于2010—2014年国际投入产出表的分析与国别比较[J]. 国际贸易问题, (10): 100-116.

戚聿东, 蔡呈伟. 2020. 数字化对制造业企业绩效的多重影响及其机理研究[J]. 学习与探索, (7): 108-119.

戚聿东, 褚席. 2021. 数字经济发展、经济结构转型与跨越中等收入陷阱[J]. 财经研究, 47(7): 18-32, 168.

戚聿东, 肖旭. 2020. 数字经济时代的企业管理变革[J]. 管理世界, (6): 135-152.

齐红倩, 马溪骏. 2021. 互联网促进中国家庭消费结构升级研究[J]. 社会科学战线, (11): 86-91.

齐俊妍, 任奕达. 2020. 东道国数字经济发展水平与中国对外直接投资: 基于"一带一路"沿线43国的考察[J]. 国际经贸探索, 36(9): 55-71.

秦佳良, 张玉臣, 贺明华. 2018. 互联网知识溢出对包容性创新的影响[J]. 中国科技论坛, (5): 11-22.

秦业, 张群, 杜娟. 2015. "互联网+"时代制造业绿色发展模式与策略研究[J]. 中国工程科学, 17(8): 70-74.

邱斌, 杨帅, 辛培江. 2008. FDI技术溢出渠道与中国制造业生产率增长研究: 基于面板数据的分析[J]. 世界经济, (8): 20-31.

邱红, 林汉川. 2014. 全球价值链、企业能力与转型升级: 基于我国珠三角地区纺织企业的研究[J]. 经济管理, 36(8): 66-77.

邱娟, 汪明峰. 2010. 进入21世纪以来中国互联网发展的时空差异及其影响因素分析[J]. 地域研究与开发, 29(5): 28-32, 38.

冉瑞成, 吴陆牧. 2022-03-30. 重庆市巴南区推进工业强区建设: 转型升级壮大产业支柱[N]. 经济日报, (12).

任保平. 2020. 数字经济引领高质量发展的逻辑、机制与路径[J]. 西安财经学院学报, 33(2): 5-9.

任兴洲. 2015-10-08. 推进互联网与产业融合创新发展[N]. 经济日报, (14).

汝刚, 刘慧, 沈桂龙. 2020. 用人工智能改造中国农业: 理论阐释与制度创新[J]. 经济学家, (4): 110-118.

阮陆宁, 张华东, 叶菲. 2016. 江西省科技政策实施现状及分析: 基于270家企业的问卷调查[J]. 科技管理研究, 36(16): 34-38.

单豪杰. 2008. 中国资本存量 K 的再估算: 1952—2006 年[J]. 数量经济技术经济研究, 25(10): 17-31.
单元媛, 罗威. 2013. 产业融合对产业结构优化升级效应的实证研究: 以电子信息业与制造业技术融合为例[J]. 企业经济, 32(8): 49-56.
单元媛, 赵玉林. 2012. 国外产业融合若干理论问题研究进展[J]. 经济评论, (5): 152-160.
邵安菊. 2017. 互联网与制造业融合发展的几个关键问题[J]. 经济纵横, (1): 74-77.
邵红伟, 靳涛. 2016. 收入分配的库兹涅茨倒 U 曲线: 跨国横截面和面板数据的再实证[J]. 中国工业经济, (4): 22-38.
邵敏, 包群. 2012. 政府补贴与企业生产率: 基于我国工业企业的经验分析[J]. 中国工业经济, (7): 70-82.
申香华. 2014. 银行风险识别、政府财政补贴与企业债务融资成本: 基于沪深两市 2007—2012 年公司数据的实证检验[J]. 财贸经济, (9): 62-71.
沈国兵, 袁征宇. 2020. 企业互联网化对中国企业创新及出口的影响[J]. 经济研究, 55(1): 33-48.
沈剑飞, 李亚杰, 王涛, 等. 2022. 数字化转型与企业资本结构动态调整[J]. 统计与信息论坛, 37(12): 42-54.
沈艳. 2017. "互联网+产业经济" 下新业态的创造性变革[J]. 商业经济研究, (3): 148-150.
沈悦, 郭品. 2015. 互联网金融、技术溢出与商业银行全要素生产率[J]. 金融研究, (3): 160-175.
生态环境部. 2023. 2022 中国生态环境状况公报[EB/OL]. https://www.mee.gov.cn/hjzl/sthjzk/zghjzkgb/202305/P020230529570623593284.pdf[2023-05-29].
盛斌, 毛其淋. 2017. 进口贸易自由化是否影响了中国制造业出口技术复杂度[J]. 世界经济, 40(12): 52-75.
师博. 2020. 人工智能助推经济高质量发展的机理诠释[J]. 改革, (1): 30-38.
师博, 任保平. 2019. 策略性竞争、空间效应与中国经济增长收敛性[J]. 经济学动态, (2): 47-62.
施炳展. 2016. 互联网与国际贸易: 基于双边双向网址链接数据的经验分析[J]. 经济研究, (5): 172-187.
施炳展, 李建桐. 2020. 互联网是否促进了分工: 来自中国制造业企业的证据[J]. 管理世界, (4): 130-148, 233.
施莉. 2016. 产业结构视角下区域互联网经济形态发展研究[J]. 技术经济与管理研究, (11): 115-119.
施莉, 胡培. 2007. 中国信息技术投入经济价值测度实证分析[J]. 科技进步与对策, (2): 106-108.
施振荣. 2005. 再造宏碁: 开创、成长与挑战[M]. 北京: 中信出版社.
石喜爱, 季良玉, 程中华. 2017. "互联网+" 对中国制造业转型升级影响的实证研究: 中国 2003—2014 年省级面板数据检验[J]. 科技进步与对策, 34(22): 64-71.
石喜爱, 李廉水, 程中华, 等. 2018. "互联网+" 对中国制造业价值链攀升的影响分析[J]. 科学学研究, 36(8): 1384-1394.
史丹. 2022. 数字经济条件下产业发展趋势的演变[J]. 中国工业经济, (11): 26-42.
史永乐, 严良. 2019. 智能制造高质量发展的 "技术能力": 框架及验证: 基于 CPS 理论与实践的二维视野[J]. 经济学家, (9): 83-92.
宋晓玲. 2017. 数字普惠金融缩小城乡收入差距的实证检验[J]. 财经科学, (6): 14-25.
宋旭光, 左马华青. 2022. 工业机器人如何影响制造业就业变动: 基于上市公司微观数据的分析[J]. 经济学动态, (7): 70-89.
宋洋. 2020. 数字经济、技术创新与经济高质量发展: 基于省级面板数据[J]. 贵州社会科学, (12): 105-112.
苏毅清, 游玉婷, 王志刚. 2016. 农村一二三产业融合发展: 理论探讨、现状分析与对策建议[J].

中国软科学, (8): 17-28.
孙德林, 王晓玲. 2004. 数字经济的本质与后发优势[J]. 当代财经, (12): 22-23.
孙瑾, 杨英俊. 2016. 中国与"一带一路"主要国家贸易成本的测度与影响因素研究[J]. 国际贸易问题, (5): 94-103.
孙理军, 叶平平. 2011. 政府促进低技术制造业发展研究[J]. 商业研究, (10): 50-55.
孙穗, 朱顺和. 2020. 基于数字经济背景的ICT对贸易与经济增长影响研究: 以中国和东盟国家为例[J]. 商业经济研究, (13): 146-150.
孙晓, 夏杰长. 2022. 产业链协同视角下数智农业与平台经济的耦合机制研究[J]. 社会科学战线, (9): 92-100.
孙晓华, 曹阳. 2018. 中国城市经济增长的俱乐部收敛: 识别方法与趋同机制: 来自中国347个行政区的实证检验[J]. 当代经济科学, 40(6): 14-25, 126.
孙早, 侯玉琳. 2019. 工业智能化如何重塑劳动力就业结构[J]. 中国工业经济, (5): 61-79.
孙早, 王文. 2011. 产业所有制结构变化对产业绩效的影响: 来自中国工业的经验证据[J]. 管理世界, (8): 66-78.
孙中伟, 张兵, 王杨, 等. 2010. 互联网资源与我国省域经济发展的关系研究[J]. 地理与地理信息科学, 26(3): 44-48.
谭俊涛, 赵宏波, 刘文新, 等. 2020. 中国区域经济韧性特征与影响因素分析[J]. 地理科学, 40(2): 173-181.
谭松涛, 阚铄, 崔小勇. 2016. 互联网沟通能够改善市场信息效率吗?——基于深交所"互动易"网络平台的研究[J]. 金融研究, (3): 174-188.
谭用, 孙浦阳, 胡雪波, 等. 2019. 互联网、信息外溢与进口绩效: 理论分析与经验研究[J]. 世界经济, 42(12): 77-98.
汤敏. 2013. 模块化仪器实现高速灵活的LTE测试: 访NI中国无线通信行业市场经理汤敏[J]. 国外电子测量技术, (1): 15-16.
唐德淼. 2015. 新工业革命与互联网融合的产业变革[J]. 财经问题研究, (8): 24-29.
唐海燕, 张会清. 2009. 产品内国际分工与发展中国家的价值链提升[J]. 经济研究, 44(9): 81-93.
唐清泉, 罗党论. 2007. 政府补贴动机及其效果的实证研究: 来自中国上市公司的经验证据[J]. 金融研究, (6A): 149-163.
唐晓华, 迟子茗. 2022. 工业智能化提升工业绿色发展效率的实证研究[J]. 经济学家, (2): 43-52.
唐要家, 王钰, 唐春晖. 2022. 数字经济、市场结构与创新绩效[J]. 中国工业经济, (10): 62-80.
陶长琪, 周璇. 2015. 产业融合下的产业结构优化升级效应分析: 基于信息产业与制造业耦联的实证研究[J]. 产业经济研究, (3): 21-31, 110.
田晖, 宋清. 2018. 创新驱动能否促进智慧城市经济绿色发展: 基于我国47个城市面板数据的实证分析[J]. 科技进步与对策, 35(24): 6-12.
万宝瑞. 2015. 我国农村又将面临一次重大变革: "互联网+三农"调研与思考[J]. 农业经济问题, 36(8): 4-7.
汪斌, 余冬筠. 2004. 中国信息化的经济结构效应分析: 基于计量模型的实证研究[J]. 中国工业经济, (7): 21-28.
汪东芳, 曹建华. 2019. 互联网发展对中国全要素能源效率的影响及网络效应研究[J]. 中国人口·资源与环境, 29(1): 86-95.
汪芳, 潘毛毛. 2015. 产业融合、绩效提升与制造业成长: 基于1998—2011年面板数据的实证[J]. 科学学研究, 33(4): 530-538, 548.
汪明峰, 邱娟. 2011. 中国互联网用户增长的省际差异及其收敛性分析[J]. 地理科学, 31(1): 42-48.

汪亚楠, 徐枫, 郑乐凯. 2020. 数字金融能驱动城市创新吗?[J]. 证券市场导报, (7): 9-19.
王保龙, 王立君, 宋元涛. 2016. 互联网+产业集群模式与战略价值研究[J]. 管理现代化, 36(2): 38-41.
王红建, 李青原, 邢斐. 2014. 金融危机、政府补贴与盈余操纵: 来自中国上市公司的经验证据[J]. 管理世界, (7): 157-167.
王卉彤, 刘靖, 雷丹. 2014. 新旧两类产业耦合发展过程中的科技金融功能定位研究[J]. 管理世界, (2): 178-179.
王佳元, 张曼茵. 2023. 工业互联网赋能产业深度融合研究: 基于产业生态重构和数据融合增值的分析[J]. 经济纵横, (3): 53-59.
王健, 胡海云. 2017. 互联网对我国第三产业发展影响分析[J]. 合作经济与科技, (5): 20-22.
王金杰, 郭树龙, 张龙鹏. 2018. 互联网对企业创新绩效的影响及其机制研究: 基于开放式创新的解释[J]. 南开经济研究, (6): 170-190.
王金秋, 赵敏. 2021. 数字经济的政治经济学研究[J]. 政治经济学评论, 12(3): 144-163.
王娟. 2019. 数字经济驱动经济高质量发展: 要素配置和战略选择[J]. 宁夏社会科学, (5): 88-94.
王君彩, 王淑芳. 2008. 企业研发投入与业绩的相关性: 基于电子信息行业的实证分析[J]. 中央财经大学学报, (12): 57-62.
王俊豪, 周晟佳. 2021. 中国数字产业发展的现状、特征及其溢出效应[J]. 数量经济技术经济研究, 38(3): 103-119.
王俊松, 颜燕, 胡曙虹. 2017. 中国城市技术创新能力的空间特征及影响因素: 基于空间面板数据模型的研究[J]. 地理科学, 37(1): 11-18.
王开科, 吴国兵, 章贵军. 2020. 数字经济发展改善了生产效率吗[J]. 经济学家, (10): 24-34.
王克敏, 杨国超, 刘静, 等. 2015. IPO 资源争夺、政府补助与公司业绩研究[J]. 管理世界, (9): 147-157.
王莉娜, 张国平. 2018. 信息技术、人力资本和创业企业技术创新: 基于中国微观企业的实证研究[J]. 科学学与科学技术管理, 39(4): 111-122.
王明康, 刘彦平. 2019. 休闲农业发展对城乡收入差距的非线性效应研究: 基于中国 249 个县域的面板数据[J]. 农业技术经济, (1): 40-53.
王能, 李万明. 2016. 财政分权、城市化与城乡收入差距动态关系实证分析: 基于向量自回归模型[J]. 农业经济问题, (9): 32-41, 110.
王琦, 陈才. 2008. 产业集群与区域经济空间的耦合度分析[J]. 地理科学, (2): 145-149.
王钦敏, 吴升. 2011. 信息应用基础设施的研究与实践: 以"数字福建"为例[J]. 地球信息科学学报, 13(3): 332-337.
王树祥, 张明玉, 王杰群. 2014. 生产要素的知识属性与知识价值链研究[J]. 中国软科学, (4): 160-168.
王喜文. 2015. "互联网+工业" 开创制造业新思维[J]. 物联网技术, 5(7): 5, 7.
王小鲁, 樊纲, 胡李鹏. 2019. 中国分省份市场化指数报告(2018)[M]. 北京: 社会科学文献出版社.
王小明. 2014. 我国汽车产业升级发展路径及对策研究: 基于全球价值链视角[J]. 财经问题研究, (11): 38-42.
王晓玲, 孙悦. 2015. 我国现代服务业借力 "互联网+" 实现转型[J]. 现代电信科技, 45(4): 1-4.
王新红, 李世婷. 2017. 基于改进熵值法的中国制造业创新驱动能力评价研究[J]. 商业研究, (1): 27-33.
王旭, 张恒瑞, 杨霞. 2016. 基于互联网的产业集群信息管理促进机制研究[J]. 情报科学, 34(12): 22-26.

王学人, 杨永忠. 2014. 我国文化创意产业融合发展的策略研究[J]. 经济体制改革, (4): 105-109.
王一卉. 2013. 政府补贴、研发投入与企业创新绩效: 基于所有制、企业经验与地区差异的研究[J]. 经济问题探索, (7): 138-143.
王亦斌. 2012. 信息技术、人力资本与经济发展方式转变[J]. 理论探讨, (1): 105-108.
王宇, 汤家红, 江静. 2018. 补贴门槛调整与战略性新兴产业发展[J]. 中国经济问题, (4): 38-50.
王振. 2017. 全球数字经济竞争力发展报告(2017)[M]. 北京: 社会科学文献出版社.
王直, 魏尚进, 祝坤福. 2015. 总贸易核算法: 官方贸易统计与全球价值链的度量[J]. 中国社会科学, (9): 108-127, 205-206.
王自锋, 孙浦阳, 张伯伟, 等. 2014. 基础设施规模与利用效率对技术进步的影响: 基于中国区域的实证分析[J]. 南开经济研究, (2): 118-135.
魏福成, 朱东霞. 2021. 互联网普及对地方政府民生性支出的影响研究: 以医疗卫生支出为例[J]. 财政研究, (5): 116-129.
魏建国, 胡绍波, 郭晨. 2017. 收入收敛、技术收敛与区域发展差异: 基于中国地级市的空间计量分析[J]. 华中师范大学学报(人文社会科学版), 56(5): 57-65.
魏江, 刘嘉玲, 刘洋. 2021. 新组织情境下创新战略理论新趋势和新问题[J]. 管理世界, 37(7): 182-197, 13.
魏明, 王超. 2015. 信息生态平衡视角下创新驱动陕西省制造业转型升级研究[J]. 科技进步与对策, 32(21): 48-53.
魏萍, 陈晓文. 2020. 数字经济、空间溢出与城乡收入差距: 基于空间杜宾模型的研究[J]. 山东科技大学学报(社会科学版), 22(3): 75-88.
温珺, 王健, 尤宏兵. 2015. 电子商务能否促进外贸增长: 来自我国的证据[J]. 国际贸易问题, (6): 43-52.
温珺, 阎志军, 程愚. 2019. 数字经济与区域创新能力的提升[J]. 经济问题探索, (11): 112-124.
温忠麟, 张雷, 侯杰泰, 等. 2004. 中介效应检验程序及其应用[J]. 心理学报, (5): 614-620.
文晓. 2019. 力控科技, 打造互联网+产业生态体系, 助力中国智能制造[J]. 自动化博览, (8): 34-36.
翁钢民, 李凌雁. 2016. 中国旅游与文化产业融合发展的耦合协调度及空间相关分析[J]. 经济地理, 36(1): 178-185.
邬贺铨. 2015. "互联网+"行动计划: 机遇与挑战[J]. 人民论坛·学术前沿, (10): 6-14.
吴非, 胡慧芷, 林慧妍, 等. 2021. 企业数字化转型与资本市场表现: 来自股票流动性的经验证据[J]. 管理世界, (7): 130-144.
吴俊, 黄东梅. 2016. 研发补贴、产学研合作与战略性新兴产业创新[J]. 科研管理, 37(9): 20-27.
吴利华, 申振佳. 2013. 产业生产率变化: 企业进入退出、所有制与政府补贴: 以装备制造业为例[J]. 产业经济研究, (4): 30-39.
吴勤堂. 2004. 产业集群与区域经济发展耦合机理分析[J]. 管理世界, (2): 133-134, 136.
吴松强, 尹航, 蔡婷婷. 2021. 嵌入性创新网络、跨界合作与先进制造业企业创新能力: 基于长三角地区先进制造业集群的实证研究[J]. 华东经济管理, 35(4): 34-41.
吴晓园, 丛林, 钟俊娟. 2012. 政府创新补贴、TFP与中国经济增长[J]. 商业研究, (8): 64-69.
吴絮颖. 2016. "互联网+"对农业产业升级促进作用探究[J]. 中国农业资源与区划, 37(5): 208-212.
吴义杰. 2010. 产业融合理论与产业结构升级: 以江苏信息产业转变发展方式为例[J]. 江苏社会科学, (1): 248-251.
吴翌琳. 2019. 国家数字竞争力指数构建与国际比较研究[J]. 统计研究, 36(11): 14-25.
伍健, 田志龙, 龙晓枫, 等. 2018. 战略性新兴产业中政府补贴对企业创新的影响[J]. 科学学研究, 36(1): 158-166.
武晓婷, 张恪渝. 2021. 数字经济产业与制造业融合测度: 基于投入产出视角[J]. 中国流通经济, 35(11): 89-98.
习近平. 2017. 启动"一带一路"科技创新行动计划[J]. 中国人才, (6): 6.
向小东, 陈丽芬. 2016. 制造业技术创新效率评价模型及其应用研究[J]. 运筹与管理, 25(1): 215-223.
萧永航. 2022-10-17. 东方电气实现数字化智能化融合发展[N]. 经济参考报, (7).
肖皓, 戴凡. 2012. 我国通信部门对经济增长的外溢效应: 基于面板数据和动态 Feder 模型[J]. 技术经济, 31(3): 62-67.
肖静华, 吴小龙, 谢康, 等. 2021. 信息技术驱动中国制造转型升级: 美的智能制造跨越式战略变革纵向案例研究[J]. 管理世界, 37(3): 161-179, 225.
肖旭, 戚聿东. 2019. 产业数字化转型的价值维度与理论逻辑[J]. 改革, (8): 61-70.
谢康, 肖静华, 周先波, 等. 2012. 中国工业化与信息化融合质量: 理论与实证[J]. 经济研究, 47(1): 4-16, 30.
谢印成, 高杰. 2015. 互联网发展对中国经济增长影响的实证研究[J]. 经济问题, (7): 58-61, 105.
解春艳, 丰景春, 张可. 2017. 互联网技术进步对区域环境质量的影响及空间效应[J]. 科技进步与对策, 34(12): 35-42.
熊磊, 胡石其. 2018. 制造业与互联网融合发展的路径研究: 基于产业链重构的视角[J]. 当代经济管理, 40(9): 65-71.
熊励, 蔡雪莲. 2020. 数字经济对区域创新能力提升的影响效应: 基于长三角城市群的实证研究[J]. 华东经济管理, 34(12): 1-8.
熊勇清, 李世才. 2010. 战略性新兴产业与传统产业耦合发展研究[J]. 财经问题研究, (10): 38-44.
徐春华, 刘力. 2015. 省域市场潜力、产业结构升级与城乡收入差距: 基于空间关联与空间异质性的视角[J]. 农业技术经济, (5): 34-46.
徐从才, 丁宁. 2008. 服务业与制造业互动发展的价值链创新及其绩效: 基于大型零售商纵向约束与供应链流程再造的分析[J]. 管理世界, (8): 77-86.
徐华亮. 2020. 推动数字经济和实体经济深度融合[EB/OL]. http://bgimg.ce.cn/xwzx/gnsz/gdxw/202002/13/t20200213_34254836.shtml[2020-02-13].
徐梁. 2016. 基于中国与"一带一路"国家比较优势的动态分析[J]. 管理世界, (2): 170-171.
徐姗, 韩民春. 2009. "信息要素"对经济增长的贡献研究: 基于中国 2001—2006 年 Panel Data 的经验分析[J]. 情报杂志, 28(6): 80-84, 125.
徐升华, 毛小兵. 2004. 信息产业对经济增长的贡献分析[J]. 管理世界, (8): 75-80.
徐伟呈, 范爱军. 2018. "互联网+"驱动下的中国产业结构优化升级[J]. 财经科学, (3): 119-132.
徐晓林, 周立新. 2004. 信息技术对政府服务质量的影响研究[J]. 中国行政管理, (4): 88-92.
徐盈之, 孙剑. 2009. 信息产业与制造业的融合: 基于绩效分析的研究[J]. 中国工业经济, 27(7): 56-66.
徐圆, 邓胡艳. 2020. 多样化、创新能力与城市经济韧性[J]. 经济学动态, (8): 88-104.
徐子尧, 张莉沙. 2022. 数字化转型与企业费用粘性: 基于管理层自利视角的分析[J]. 金融经济学研究, 37(4): 129-142.
许宪春, 任雪, 常子豪. 2019. 大数据与绿色发展[J]. 中国工业经济, (4): 5-22.
许宪春, 张美慧. 2020. 中国数字经济规模测算研究: 基于国际比较的视角[J]. 中国工业经济, (5): 23-41.
鄢显俊. 2004. 从技术经济范式到信息技术范式: 论科技—产业革命在技术经济范式形成及转

型中的作用[J]. 数量经济技术经济研究, (12): 139-146.

闫志俊, 于津平. 2017. 政府补贴与企业全要素生产率: 基于新兴产业和传统制造业的对比分析[J]. 产业经济研究, (1): 1-13.

阳建, 等. 2016-08-04. 中国如何抢占工业4.0先机[N]. 中国贸易报, (7).

杨丹萍, 杨丽华. 2016. 对外贸易、技术进步与产业结构升级: 经验、机理与实证[J]. 管理世界, (11): 172-173.

杨道玲, 傅娟, 邢玉冠. 2022. "十四五"数字经济与实体经济融合发展亟待破解五大难题[J]. 中国发展观察, (2): 65-69.

杨德明, 刘泳文. 2018. "互联网+"为什么加出了业绩[J]. 中国工业经济, (5): 80-98.

杨光, 侯钰. 2020. 工业机器人的使用、技术升级与经济增长[J]. 中国工业经济, (10): 138-156.

杨慧梅, 江璐. 2021. 数字经济、空间效应与全要素生产率[J]. 统计研究, (4): 3-15.

杨京英, 闫海琪, 杨红军, 等. 2005. 信息化发展国际比较和地区比较[J]. 统计研究, (10): 23-26.

杨雷, 王微, 赵振威, 等. 2019. 智能化网络的发展探析[J]. 中小企业管理与科技(上旬刊), (1): 149-151.

杨汝岱. 2015. 中国制造业企业全要素生产率研究[J]. 经济研究, (2): 61-74.

杨善林, 罗贺, 丁帅. 2012. 基于云计算的多源信息服务系统研究综述[J]. 管理科学学报, 15(5): 83-96.

杨水利, 陈娜, 李雷. 2022. 数字化转型与企业创新效率: 来自中国制造业上市公司的经验证据[J]. 运筹与管理, (5): 169-176.

杨新铭. 2017. 数字经济: 传统经济深度转型的经济学逻辑[J]. 深圳大学学报(人文社会科学版), 34(4): 101-104.

杨亚平, 张侠. 2020. 中国对外直接投资和出口对"一带一路"沿线国家出口技术复杂度的影响[J]. 国际商务研究, (5): 96-108.

杨洋, 魏江, 罗来军. 2015. 谁在利用政府补贴进行创新?——所有制和要素市场扭曲的联合调节效应[J]. 管理世界, (1): 75-86, 98.

杨志浩, 郑玮. 2023. 产业融合与城市创新: 来自"三网融合"的证据[J]. 科研管理, 44(6): 126-136.

姚东旻, 宁静, 韦诗言. 2017. 老龄化如何影响科技创新[J]. 世界经济, 40(4): 105-128.

易棉阳. 2024. 做强做优做大: 新时代中国数字经济发展的重大成就与基本经验[J]. 晋阳学刊, (2): 53-64.

易兆强, 吴利华. 2024. 数字产业融合中美比较研究: 动力、路径和效果[J]. 科学学研究, 42(5): 940-951.

殷国鹏, 陈禹. 2009. 企业信息技术能力及其对信息化成功影响的实证研究: 基于RBV理论视角[J]. 南开管理评论, 12(4): 152-160.

尹希果, 孙惠. 2011. 居民消费、空间依赖性与经济增长条件收敛: 基于空间面板数据模型的研究[J]. 中国经济问题, (4): 47-59.

尹晓波, 王巧. 2020. 中国金融发展、城镇化与城乡居民收入差距问题分析[J]. 经济地理, 40(3): 84-91.

于斌斌. 2015. 产业结构调整与生产率提升的经济增长效应: 基于中国城市动态空间面板模型的分析[J]. 中国工业经济, (12): 83-98.

于蔚, 汪淼军, 金祥荣. 2012. 政治关联和融资约束: 信息效应与资源效应[J]. 经济研究, 47(9): 125-139.

余东华. 2005a. 产业融合与产业组织结构优化[J]. 天津社会科学, (3): 72-76.

余东华. 2005b. 转型期中国产业组织结构优化研究[D]. 济南: 山东大学.

余明桂, 回雅甫, 潘红波. 2010. 政治联系、寻租与地方政府财政补贴有效性[J]. 经济研究, 45(3): 65-77.
余文涛, 吴士炜. 2020. 互联网平台经济与正在缓解的市场扭曲[J]. 财贸经济, 41(5): 146-160.
俞伯阳, 丛屹. 2021. 数字经济、人力资本红利与产业结构高级化[J]. 财经理论与实践, (3): 124-131.
俞慧友. 2018-05-17. 核心工业软件: 智能制造的中国"无人区"[N]. 科技日报, (1).
俞立平. 2006. 我国互联网数字鸿沟分析[J]. 情报科学, (1): 29-34.
俞立平, 潘云涛, 武夷山. 2009. 工业化与信息化互动关系的实证研究[J]. 中国软科学, (1): 34-40.
宇超逸, 王雪标, 孙光林. 2020. 数字金融与中国经济增长质量: 内在机制与经验证据[J]. 经济问题探索, (7): 1-14.
郁进东. 2022-08-12. 野马电池上半年产量突破8亿只: 智慧工厂升级带来驰骋动力[N]. 经济日报, (10).
袁淳, 肖土盛, 耿春晓, 等. 2021. 数字化转型与企业分工: 专业化还是纵向一体化[J]. 中国工业经济, (9): 137-155.
袁胜超. 2023. 数字化驱动了产学研协同创新吗?——兼论知识产权保护与企业吸收能力的调节效应[J]. 科学学与科学技术管理, 44(4): 60-81.
原毅军, 陈喆. 2019. 环境规制、绿色技术创新与中国制造业转型升级[J]. 科学学研究, 37(10): 1902-1911.
苑清敏, 赖瑾慕. 2014. 战略性新兴产业与传统产业动态耦合过程分析[J]. 科技进步与对策, 31(1): 60-64.
岳悬. 2024-01-26. 我国5G+工业互联网进入规模化发展新阶段[N]. 人民邮电, (7).
岳云嵩, 李兵. 2018. 电子商务平台应用与中国制造业企业出口绩效: 基于"阿里巴巴"大数据的经验研究[J]. 中国工业经济, (8): 97-115.
岳云嵩, 李兵, 李柔. 2016. 互联网会提高企业进口技术复杂度吗: 基于倍差匹配的经验研究[J]. 国际贸易问题, (12): 131-141.
曾繁华, 刘淑萍. 2019. "互联网+"对中国制造业升级影响的实证检验[J]. 统计与决策, 35(9): 124-127.
曾洁华, 钟若愚. 2021. 互联网推动了居民消费升级吗: 基于广东省城市消费搜索指数的研究[J]. 经济学家, 1(8): 31-41.
曾湘泉, 郭晴. 2022. 数字金融发展能促进返乡农民工再就业吗: 基于中国劳动力动态调查(CLDS)的经验分析[J]. 经济理论与经济管理, (4): 12-26.
曾召友. 2011. 电信服务对区域经济增长省际外溢效应的空间面板计量分析[D]. 成都: 西南交通大学.
詹晓宁, 欧阳永福. 2018. 数字经济下全球投资的新趋势与中国利用外资的新战略[J]. 管理世界, (3): 78-86.
战明华, 汤颜菲, 李帅. 2020. 数字金融发展、渠道效应差异和货币政策传导效果[J]. 经济研究, 55(6): 22-38.
张伯超, 沈开艳. 2018. "一带一路"沿线国家数字经济发展就绪度定量评估与特征分析[J]. 上海经济研究, (1): 94-103.
张伯旭, 李辉. 2017. 推动互联网与制造业深度融合: 基于"互联网+"创新的机制和路径[J]. 经济与管理研究, 38(2): 87-96.
张灿. 2017. 互联网发展与经济增长: 机理与实证研究[J]. 金融与经济, (7): 32-36, 63.
张峰, 刘璐璐. 2020. 数字经济时代对数字化消费的辩证思考[J]. 经济纵横, (2): 45-54.
张福, 邬丽萍. 2016. "互联网+工业"融合发展下的路径选择: 基于产业链升级的角度[J]. 科技与经济, 29(5): 10-14, 85.

张国胜, 杜鹏飞. 2022. 数字化转型对我国企业技术创新的影响: 增量还是提质?[J]. 经济管理, 44(6): 82-96.

张合伟, 段国林. 2016. 基于微笑曲线理论视角下的工业4.0[J]. 制造技术与机床, (9): 21-23.

张恒梅, 李南希. 2019. 创新驱动下以物联网赋能制造业智能化转型[J]. 经济纵横, (7): 93-100.

张红历, 周勤, 王成璋. 2010. 信息技术、网络效应与区域经济增长: 基于空间视角的实证分析[J]. 中国软科学, (10): 112-123, 179.

张宏科. 2005. IPv6互联网络技术的现状与未来[J]. 中国数据通信, (4): 17-20.

张辉, 刘佳颖, 何宗辉. 2016. 政府补贴对企业研发投入的影响: 基于中国工业企业数据库的门槛分析[J]. 经济学动态, (12): 28-38.

张辉, 闫强明, 黄昊. 2019. 国际视野下中国结构转型的问题、影响与应对[J]. 中国工业经济, (6): 41-59.

张家平, 程名望, 潘烜. 2018. 互联网对经济增长溢出的门槛效应研究[J]. 软科学, 32(9): 1-4.

张劼圻, 郑建明. 2013. 信息化与工业化融合测度理论体系[J]. 情报科学, 31(1): 36-39, 45.

张杰. 2020. 城市偏向对收入差距的影响: 劳动力流动的中介效应分析[J]. 经济问题探索, (4): 54-68.

张劲. 2010. 论信息化与工业化融合中的区域产业结构升级[J]. 现代管理科学, (4): 54-55, 105.

张景娜, 朱俊丰. 2020. 互联网使用与农村劳动力转移程度: 兼论对家庭分工模式的影响[J]. 财经科学, (1): 93-105.

张军, 吴桂英, 张吉鹏. 2004. 中国省际物质资本存量估算: 1952—2000[J]. 经济研究, (10): 35-44.

张军扩, 侯永志, 刘培林, 等. 2019. 高质量发展的目标要求和战略路径[J]. 管理世界, (7): 1-7.

张林, 温涛, 刘渊博. 2020. 农村产业融合发展与农民收入增长: 理论机理与实证判定[J]. 西南大学学报(社会科学版), 46(5): 42-56, 191-192.

张娜娜, 付清芬, 王砚羽, 等. 2014. 互联网企业创新子系统协同机制及关键成功因素[J]. 科学学与科学技术管理, 35(3): 77-85.

张乃也, 刘蕾, 鄢章华. 2017. "互联网+"对产业集群转型升级的作用机制研究[J]. 管理现代化, 37(2): 9-11.

张鹏飞, 汤蕴懿. 2020. 数字化服务水平对"一带一路"沿线国家双边贸易的影响: 基于亚洲国家的实证研究[J]. 上海对外经贸大学学报, 27(3): 38-46.

张骞, 吴晓飞. 2018. 信息化对区域创新能力的影响: 马太效应存在吗[J]. 科学决策, (7): 1-21.

张倩男. 2013. 战略性新兴产业与传统产业耦合发展研究: 基于广东省电子信息产业与纺织业的实证分析[J]. 科技进步与对策, 30(12): 63-66.

张森, 温军, 刘红. 2020. 数字经济创新探究: 一个综合视角[J]. 经济学家, (2): 80-87.

张昕蔚. 2019. 数字经济条件下的创新模式演化研究[J]. 经济学家, (7): 32-39.

张秀娟. 2015. 金融集聚对城乡收入差距的影响: 基于省际面板数据的实证分析[J]. 农业技术经济, (4): 98-107.

张秀莲, 王凯. 2012. 我国农村基础设施投入区域差异分析[J]. 财经科学, (3): 77-84.

张旭亮, 史晋川, 李仙德, 等. 2017. 互联网对中国区域创新的作用机理与效应[J]. 经济地理, 37(12): 129-137.

张学良. 2009. 中国区域经济收敛的空间计量分析: 基于长三角1993—2006年132个县市区的实证研究[J]. 财经研究, 35(7): 100-109.

张雪玲, 焦月霞. 2017. 中国数字经济发展指数及其应用初探[J]. 浙江社会科学, (4): 32-40, 157.

张勋, 万广华, 张佳佳, 等. 2019. 数字经济、普惠金融与包容性增长[J]. 经济研究, (8): 71-86.

张亚斌, 金培振, 沈裕谋. 2014. 两化融合对中国工业环境治理绩效的贡献: 重化工业化阶段的经验证据[J]. 产业经济研究, (1): 40-50.

张义博. 2015. 农业现代化视野的产业融合互动及其路径找寻[J]. 改革, (2): 98-107.

张奕芳. 2019a. 互联网贸易能否缩小收入差距?——双异质模型及来自中国的经验[J]. 经济问题探索, (6): 50-58.

张奕芳. 2019b. 互联网贸易、产品质量改善及本地市场效应: 一个新的理论模型及来自中国的经验证据[J]. 当代财经, (5): 108-118.

张奕芳, 刘富华. 2018. 互联网贸易、出口效率改进及经济增长效应: 基于随机前沿模型的新理论解释[J]. 经济问题探索, (8): 115-124.

张于喆. 2018. 数字经济驱动产业结构向中高端迈进的发展思路与主要任务[J]. 经济纵横, (9): 85-91.

张羽飞, 原长弘. 2022. 产学研深度融合突破关键核心技术的演进研究[J]. 科学学研究, 40(5): 852-862.

张之光, 蔡建峰. 2012. 信息技术资本、替代性与中国经济增长: 基于局部调整模型的分析[J]. 数量经济技术经济研究, 29(9): 71-81, 150.

张志恒. 2014. 日计划启动3D打印机国家项目[J]. 粉末冶金工业, (4): 24.

赵璨, 曹伟, 姚振晔, 等. 2020. "互联网+"有利于降低企业成本粘性吗?[J]. 财经研究, 46(4): 33-47.

赵璨, 王竹泉, 杨德明, 等. 2015. 企业迎合行为与政府补贴绩效研究: 基于企业不同盈利状况的分析[J]. 中国工业经济, (7): 130-145.

赵宸宇, 王文春, 李雪松. 2021. 数字化转型如何影响企业全要素生产率[J]. 财贸经济, (7): 114-129.

赵传松, 任建兰. 2017. 中国科技创新与可持续发展的关联分析: 基于熵值法和灰色关联模型的实证研究[J]. 生态经济, 33(11): 58-61, 72.

赵红光. 2003. 从互联网的发展看有组织科技活动对产业结构调整的作用[J]. 数量经济技术经济研究, (9): 148-151.

赵洪江, 陈林, 全理科. 2015. 互联网技术、互联网金融与中小企业贷款技术创新: 以阿里小贷为例[J]. 电子科技大学学报(社科版), 17(1): 39-44.

赵建国. 2015-07-22. 建设制造业强国, 靠什么赢得未来?[N]. 中国知识产权报, (4).

赵丽锦, 胡晓明. 2022. 企业数字化转型的基本逻辑、驱动因素与实现路径[J]. 企业经济, (10): 16-26.

赵培阳, 鲁志国. 2021. 粤港澳大湾区信息基础设施对经济增长的空间溢出效应: 基于空间计量和门槛效应的实证分析[J]. 经济问题探索, (8): 65-81.

赵烁, 施新政, 陆瑶, 等. 2020. 兼并收购可以促进劳动力结构优化升级吗?[J]. 金融研究, (10): 150-169.

赵涛, 张智, 梁上坤. 2020. 数字经济、创业活跃度与高质量发展: 来自中国城市的经验证据[J]. 管理世界, 36(10): 65-76.

赵维, 邓富华, 霍伟东. 2020. "一带一路"沿线国家互联网基础设施的贸易效应: 基于贸易成本和全要素生产率的中介效应分析[J]. 重庆大学学报(社会科学版), 26(3): 19-33.

赵星. 2016. 数字经济发展现状与发展趋势分析[J]. 四川行政学院学报, (4): 85-88.

赵玉林, 裴承晨. 2019. 技术创新、产业融合与制造业转型升级[J]. 科技进步与对策, 36(11): 70-76.

赵振. 2015. "互联网+"跨界经营: 创造性破坏视角[J]. 中国工业经济, (10): 146-160.

郑嘉琳, 徐文华. 2020. 数字经济助推我国经济高质量发展的作用机制研究: 基于区域异质性视角的分析[J]. 价格理论与实践, (8): 148-151.

郑珞琳, 高铁峰. 2011. 基于 AHP 与灰色综合评价法的江苏省信息化和工业化发展水平实证分析[J]. 情报科学, 29(8): 1215-1220.

郑明高. 2010. 产业融合发展研究[D]. 北京: 北京交通大学.

郑贤玲. 2016. 制造服务业的"服务"逻辑[J]. 今日工程机械, (7): 22-24, 6.

支燕, 白雪洁, 王蕾蕾. 2012. 我国"两化融合"的产业差异及动态演进特征: 基于 2000—2007 年投入产出表的实证[J]. 科研管理, 33(1): 90-95, 119.

植草益. 2001. 信息通讯业的产业融合[J]. 中国工业经济, (2): 24-27.

中国互联网络信息中心. 2018. 第 41 次《中国互联网络发展状况统计报告》[EB/OL]. http://www.cac.gov.cn/2018-01/31/c_1122347026.htm[2018-01-31].

中国互联网络信息中心. 2020. 第 45 次《中国互联网络发展状况统计报告》[EB/OL]. http://www.cac.gov.cn/2020-04/27/c_1589535470378587.htm[2020-04-28].

中国互联网络信息中心. 2021. 第 47 次《中国互联网络发展状况统计报告》[EB/OL]. http://www.cac.gov.cn/2021-02/03/c_1613923423079314.htm[2021-02-03].

中国互联网络信息中心. 2023. 第 53 次《中国互联网络发展状况统计报告》[EB/OL]. https://www.cac.gov.cn/2024-03/25/c_1713038218396702.htm[2024-03-25].

中国社会科学院课题组, 胡必亮, 何德旭, 等. 2007. 信息化是转变经济增长方式与促进可持续发展的重要保障[J]. 经济研究参考, (14): 4-15.

中国信息通信研究院. 2019. 中国数字经济发展与就业白皮书（2019 年）[M]. 北京: 中国信息通信研究院.

中国信息通信研究院. 2020. 中国数字经济发展白皮书（2020 年）[M]. 北京: 中国信息通信研究院.

中国信息通信研究院. 2022. 全球数字经济白皮书（2022 年）[M]. 北京: 中国信息通信研究院.

中国信息通信研究院. 2023. 中国数字经济发展研究报告（2023 年）[M]. 北京: 中国信息通信研究院.

中国信息通信研究院. 2024a. 全球数字经济白皮书（2023 年）[M]. 北京: 中国信息通信研究院.

中国信息通信研究院. 2024b. 中国数字经济发展研究报告（2024 年）[M]. 北京: 中国信息通信研究院.

中央网络安全和信息化委员会办公室. 2015. 世界经济论坛创始人施瓦布: 人类正在迎接以互联网为核心的第四次工业革命[EB/OL]. https://www.cac.gov.cn/2015-12/19/c_1117622221.htm[2015-12-19].

中央网络安全和信息化委员会办公室. 2016. 二十国集团数字经济发展与合作倡议[EB/OL]. http://www.cac.gov.cn/2016-09/29/c_1119648520.htm[2016-09-29].

钟业喜, 毛炜圣. 2020. 长江经济带数字经济空间格局及影响因素[J]. 重庆大学学报(社会科学版), 26(1): 19-30.

周春波. 2018. 文化与旅游产业融合对旅游产业结构升级的影响效应[J]. 当代经济管理, (10): 69-75.

周鸿铎. 2015. 我理解的"互联网+": "互联网+"是一种融合[J]. 现代传播(中国传媒大学学报), 37(8): 114-121.

周济. 2015. 智能制造: "中国制造2025"的主攻方向[J]. 中国机械工程, 26(17): 2273-2284.

周静. 2016. 全球产业链演进新模式研究[J]. 上海行政学院学报, 17(3): 79-87.

周清香, 何爱平. 2020. 数字经济赋能黄河流域高质量发展[J]. 经济问题, (11): 8-17.

周宇, 惠宁, 陈锦强. 2021. 互联网促进高技术产业创新效率提升研究[J]. 北京工业大学学报(社会科学版), 21(6): 102-115.

周源. 2018. 制造范式升级期共性使能技术扩散的影响因素分析与实证研究[J]. 中国软科学, (1): 19-32.

周振华. 2003. 产业融合：产业发展及经济增长的新动力[J]. 中国工业经济, (4): 46-52.

朱承亮, 师萍, 岳宏志, 等. 2011. 人力资本、人力资本结构与区域经济增长效率[J]. 中国软科学, (2): 110-119.

朱金鹤, 孙红雪. 2021. 数字经济是否提升了城市经济韧性?[J]. 现代经济探讨, (10): 1-13.

朱彤, 苏崇华. 2012. 互联网对中国贸易出口的影响研究：基于中国各省面板数据的考察[J]. 中国物价, (11): 72-75.

朱伟. 1997. 中国国家信息基础设施的现状[J]. 情报学报, (6): 403-407.

朱永凤, 王子龙, 张志雯, 等. 2019. "一带一路"沿线国家创新能力的空间溢出效应[J]. 中国科技论坛, (5): 171-180.

祝合良, 王春娟. 2020. 数字经济引领产业高质量发展：理论、机理与路径[J]. 财经理论与实践, 41(5): 2-10.

庄惠明, 郑剑山, 熊丹. 2013. 中国汽车产业国际竞争力增强策略选择：基于价值链提升模式的研究[J]. 宏观经济研究, (11): 95-102.

卓乘风, 邓峰. 2018. 基础设施投资与制造业贸易强国建设：基于出口规模和出口技术复杂度的双重视角[J]. 国际贸易问题, (11): 104-119.

卓泓良, 段玉. 2016. 基于SCP范式的"互联网+教育"产业组织分析[J]. 时代金融, (27): 297-298, 306.

卓泓良. 2016. "互联网+钢铁"的产业组织分析[J]. 现代商贸工业, 37(25): 1-3.

邹燕. 2012. 创新型城市评价指标体系与国内重点城市创新能力结构研究[J]. 管理评论, 24(6): 50-57.

邹一南, 赵俊豪. 2017. 中国经济发展方式转变指标体系的构建与测度[J]. 统计与决策, (23): 36-39.

오혜정. 2017. A new cultural engine in Chinese "Internet plus" era: characteristics & roles of "Internet +culture industry"[J]. Journal of North-East Asian Cultures, 1(50): 473-488.

Acemoglu D, Restrepo P. 2018a. The race between man and machine: implications of technology for growth, factor shares, and employment[J]. American Economic Review, 108(6): 1488-1542.

Acemoglu D, Restrepo P. 2018b. Low-skill and high-skill automation[J]. Journal of Human Capital, 12(2): 204-232.

Ahmed Z, Nathaniel S P, Shahbaz M. 2021. The criticality of information and communication technology and human capital in environmental sustainability: evidence from Latin American and Caribbean countries[J]. Journal of Cleaner Production, 286(2): 125529.

Akerman A, Gaarder I, Mogstad M. 2015. The skill complementarity of broadband Internet[J]. The Quarterly Journal of Economics, 130(4): 1781-1824.

Alecke B, Reinkowski J, Mitze T, et al. 2012. Does firm size make a difference? Analysing the effectiveness of R&D subsidies in East Germany[J]. German Economic Review, 13(2): 174-195.

Alfaro C E, Alfaro N J L. 2011. Do ICT influence economic growth and human development in European Union countries?[J]. International Advances in Economic Research, 17(1): 28-44.

Anderson J E, van Wincoop E. 2004. Trade costs[J]. Journal of Economic Literature, 42(3): 691-751.

Anselin L, Florax R J G M, Rey S J. 2004. Advances in Spatial Econometrics: Methodology, Tools and Applications[M]. Berlin: Springer.

Apak S, Tuncer G, Atay E, et al. 2012. Insights from knowledge management to radical innovation: "Internet banking applications in the European Union"[J]. Procedia-Social and Behavioral

Sciences, 41: 45-50.

Arrow K J. 1984. The Economics of Information[M]. Boston: Harvard University Press.

Aschauer D A. 1989. Is public expenditure productive?[J]. Journal of Monetary Economics, 23(2): 177-200.

Ashmore F H, Farrington J H, Skerratt S. 2017. Community-led broadband in rural digital infrastructure development: implications for resilience[J]. Journal of Rural Studies, 54: 408-425.

Azadegan A, Wagner S M. 2011. Industrial upgrading, exploitative innovations and explorative innovations[J]. International Journal of Production Economics, 130(1): 54-65.

Bain J S. 1951. Relation of profit rate to industry concentration: American manufacturing, 1936-1940[J]. The Quarterly Journal of Economics, 65(3): 293-324.

Bakos J Y. 1997. Reducing buyer search costs: implications for electronic marketplaces[J]. Management Science, 43(12): 1676-1692.

Bally J. 2005. Recent development in the field of international liability regimes to tackle environmental risks[J]. Water Science and Technology: A Journal of the International Association on Water Pollution Research, 52(6): 51-57.

Banks J, Blundell R, Lewbel A. 1997. Quadratic Engel curves and consumer demand[J]. The Review of Economics and Statistics, 79(4): 527-539.

Barro R J, Sala-i-Martin X X. 1992. Convergence[J]. Journal of Political Economy, 100(2): 223-251.

Barro R J. 1991. Economic growth in a cross section of countries[J]. The Quarterly Journal of Economics, 106(2): 407-443.

Bojnec Š, Fertő I. 2010. Internet and international food industry trade[J]. Industrial Management & Data Systems, 110(5): 744-761.

Bolton R, Hannon M. 2016. Governing sustainability transitions through business model innovation: towards a systems understanding[J]. Research Policy, 45(9): 1731-1742.

Boschma R. 2015. Towards an evolutionary perspective on regional resilience[J]. Regional Studies, 49(5): 733-751.

Bourgeois E W. 2007. The race-related digital divide: a comparison between youth in Nova Scotia and Nunavut[D]. Wolfville: Acadia University.

Brander J A, Spencer B. 1981. Tariffs and the extraction of foreign monopoly rents under potential entry[J]. Canadian Journal of Economics,14 (3): 371-389.

Bristow G, Healy A. 2018. Innovation and regional economic resilience: an exploratory analysis[J]. The Annals of Regional Science, 60(2): 265-284.

Bröring S, Leker J. 2007. Industry convergence and its implications for the front end of innovation: a problem of absorptive capacity[J]. Creativity and Innovation Management, 16(2): 165-175.

Bröring S, Martin Cloutier L, Leker J. 2006. The front end of innovation in an era of industry convergence: evidence from nutraceuticals and functional foods[J]. R&D Management, 36(5): 487-498.

Bryce D J, Winter S G. 2009. A general interindustry relatedness index[J]. Management Science, 55(9): 1570-1585.

Brynjolfsson E, Hitt L M. 2000. Beyond computation: information technology, organizational transformation and business performance[J]. Journal of Economic Perspectives, 14(4): 23-48.

Brynjolfsson E, Kahin B. 2000. Understanding the Digital Economy: Data, Tools, and Research[M]. Cambridge: The MIT Press.

Büchi M, Just N, Latzer M. 2016. Modeling the second-level digital divide: a five-country study of social differences in Internet use[J]. New Media & Society, 18(11): 2703-2722.

Bukht R, Heeks R. 2017. Defining, conceptualising and measuring the digital economy[R]. Manchester: Global Development Institute.

Bygstad B. 2010. Generative mechanisms for innovation in information infrastructures[J]. Information and Organization, 20(3/4): 156-168.

Cameron G, Proudman J, Redding S. 2005. Technological convergence, R&D, trade and productivity growth[J]. European Economic Review, 49(3): 775-807.

Carboni O A. 2017. The effect of public support on investment and R&D: an empirical evaluation on European manufacturing firms[J]. Technological Forecasting and Social Change, 117: 282-295.

Carlsson B. 2004. The digital economy: what is new and what is not?[J]. Structural Change and Economic Dynamics, 15(3): 245-264.

Chen Y B, Lin C, Chen X L. 2019. Artificial intelligence, aging and economic growth[J]. Economics Reseach, 54: 47-63.

Cheong T S, Wu Y R. 2014. The impacts of structural transformation and industrial upgrading on regional inequality in China[J]. China Economic Review, 31: 339-350.

Chesbrough H W. 2007. Business model innovation: it's not just about technology anymore[J]. Strategy & Leadership, 35(6): 12-17.

Child J, Pleister H. 2003. Governance and management in China's private sector[J]. Management International, 7(3): 13-23.

Cho Y J, Leem C S, Shin K T. 2008. The relationships among manufacturing innovation, competitiveness, and business performance in the manufacturing industries of Korea[J]. The International Journal of Advanced Manufacturing Technology, 38(7): 840-850.

Choi C. 2010. The effect of the Internet on service trade[J]. Economics Letters, 109(2): 102-104.

Chou Y C, Chuang H C H, Shao B M B. 2014. The impacts of information technology on total factor productivity: a look at externalities and innovations[J]. International Journal of Production Economics, 158: 290-299.

Chung Y H, Färe R, Grosskopf S. 1997. Productivity and undesirable outputs: a directional distance function approach[J]. Journal of Environmental Management, 51(3): 229-240.

Clarke G R G, Wallsten S J. 2006. Has the Internet increased trade? Developed and developing country evidence[J]. Economic Inquiry, 44(3): 465-484.

Clarke G R G. 2008. Has the Internet increased exports for firms from low and middle-income countries?[J]. Information Economics and Policy, 20(1): 16-37.

Clemons E K, Row M C. 1998. Electronic consumer interaction, technology-enabled encroachment, and channel power: the changing balance between manufacturers electronic distribution and established retailers[R]. Kohala Coast: The Thirty-First Hawaii International Conference on System Sciences.

Colombo M G, Croce A, Grilli L. 2013. ICT services and small businesses' productivity gains: an analysis of the adoption of broadband Internet technology[J]. Information Economics and Policy, 25(3): 171-189.

Cords D, Prettner K. 2022. Technological unemployment revisited: automation in a search and matching framework[J]. Oxford Economic Papers, 74(1): 115-135.

Cui T R, Ye H J, Teo H H, et al. 2015. Information technology and open innovation: a strategic alignment perspective[J]. Information & Management, 52(3): 348-358.

Curran C S, Bröring S, Leker J. 2010. Anticipating converging industries using publicly available data[J]. Technological Forecasting and Social Change, 77(3): 385-395.

Curran C S, Leker J. 2011. Patent indicators for monitoring convergence: examples from NFF and ICT[J]. Technological Forecasting and Social Change, 78(2): 256-273.

Czernich N, Falck O, Kretschmer T, et al. 2011. Broadband infrastructure and economic growth[J]. The Economic Journal, 121(552): 505-532.

Davis S M. 1987. Future Perfect[M]. Boston: Addison Welsley.

Demartini M, Evans S, Tonelli F. 2019. Digitalization technologies for industrial sustainability[J]. Procedia Manufacturing, 33: 264-271.

Dewan S, Kraemer K L. 2000. Information technology and productivity: evidence from country-level data[J]. Management Science, 46(4): 548-562.

Elhorst J P, Piras G, Arbia G. 2010. Growth and convergence in a multiregional model with space-time dynamics[J]. Geographical Analysis, 42(3): 338-355.

Elhorst J P. 2014. Spatial Econometrics: From Cross-Sectional Data to Spatial Panels[M]. Berlin: Springer.

Fai F, von Tunzelmann N. 2001. Industry-specific competencies and converging technological systems: evidence from patents[J]. Structural Change and Economic Dynamics, 12(2): 141-170.

Fan J T, Tang L X, Zhu W M, et al. 2018. The Alibaba effect: spatial consumption inequality and the welfare gains from e-commerce[J]. Journal of International Economics, 114: 203-220.

Feng L. 2016. Intelligent logistics and distribution system based on Internet of Things[R]. Xi'an: 2016 IEEE Advanced Information Management, Communicates, Electronic and Automation Control Conference(IMCEC).

Ferguson C, Finn F, Hall J, et al. 2010. Speculation and e-commerce: the long and the short of IT[J]. International Journal of Accounting Information Systems, 11(2): 79-104.

Fink C, Mattoo A, Neagu I C. 2002. Assessing the impact of communication costs on international trade[J]. Journal of International Economics, 67(2): 428-445.

Forés B, Camisón C. 2016. Does incremental and radical innovation performance depend on different types of knowledge accumulation capabilities and organizational size?[J]. Journal of Business Research, 69(2): 831-848.

Forman C, Ghose A, Wiesenfeld B. 2008. Examining the relationship between reviews and sales: the role of reviewer identity disclosure in electronic markets[J]. Information Systems Research, 19(3): 291-313.

Freund C L, Weinhold D. 2004. The effect of the Internet on international trade[J]. Journal of International Economics, 62(1): 171-189.

Friedman J, Levinsohn J. 2002. The distributional impacts of Indonesia's financial crisis on household welfare: a "rapid response" methodology[J]. The World Bank Economic Review, 16(3): 397-423.

Furuholt B, Kristiansen S. 2007. A rural-urban digital divide?[J]. The Electronic Journal of Information Systems in Developing Countries, 31(1): 1-15.

Gaglio C, Kraemer-Mbula E, Lorenz E N. 2022. The effects of digital transformation on innovation and productivity: firm-level evidence of South African manufacturing micro and small enterprises[J]. Technological Forecasting and Social Change, 182: 121785.

Gambardella A, Torrisi S. 1998. Does technological convergence imply convergence in markets? Evidence from the electronics industry[J]. Research Policy, 27(5): 445-463.

Garcia-Murillo M A, MacInnes I. 2001. FCC organizational structure and regulatory convergence[J]. Telecommunications Policy, 25(6): 431-452.

Gasteiger E, Prettner K. 2017. A note on automation, stagnation, and the implications of a robot tax[R]. Berlin: Free University Berlin, School of Business & Economics.

Gelauff G, Ossokina I, Teulings C. 2019. Spatial and welfare effects of automated driving: will cities grow, decline or both?[J]. Transportation Research Part A: Policy and Practice, 121: 277-294.

Ghobakhloo M, Fathi M. 2019. Corporate survival in industry 4.0 era: the enabling role of lean-digitized manufacturing[J]. Journal of Manufacturing Technology Management, 31(1): 1-30.

Glavas C, Mathews S. 2014. How international entrepreneurship characteristics influence Internet capabilities for the international business processes of the firm[J]. International Business Review, 23(1): 228-245.

Goldfarb A, Tucker C. 2019. Digital economics[J]. Journal of Economic Literature, 57(1): 3-43.

Graetz G, Michaels G. 2018. Robots at work[J]. The Review of Economics and Statistics, 100(5): 753-768.

Guo D, Guo Y, Jiang K. 2016. Government-subsidized R&D and firm innovation: evidence from China[J]. Research Policy, 45(6): 1129-1144.

Hacklin F, Marxt C, Fahrni F. 2010. An evolutionary perspective on convergence: inducing a stage model of inter-industry innovation[J]. International Journal of Technology Management, 49: 220-249.

Hacklin F, Raurich V, Marxt C. 2005. Implications of technological convergence on innovation trajectories: the case of ICT industry[J]. International Journal of Innovation and Technology Management, 2(3): 313-330.

Hacklin F. 2008. Management of Convergence in Innovation: Strategies and Capabilities for Value Creation Beyond Blurring Industry Boundaries[M]. Berlin: Physica Heidelberg.

Hamel G, Prahalad C K. 1994. Competing for the Future[M]. Boston: Harvard Business Press.

Han K, Chang Y B, Hahn J. 2011. Information technology spillover and productivity: the role of information technology intensity and competition[J]. Journal of Management Information Systems, 28(1): 115-146.

Han S C, Han Y H. 2014. IT convergence with traditional industries and short-term research and development strategy in Korea[J]. Intelligent Automation & Soft Computing, 20(1): 3-14.

Hansen B E. 1999. Threshold effects in non-dynamic panels: estimation, testing, and inference[J]. Journal of Econometrics, 93(2): 345-368.

Harindranath G, Sein M K. 2007. Revisiting the role of ICT in development[EB/OL]. https://pure.royalholloway.ac.uk/en/publications/revisiting-the-role-of-ict-in-development[2022-08-03].

Hausmann R, Hwang J, Rodrik D. 2007. What you export matters[J]. Journal of Economic Growth, 12(1): 1-25.

Hellmanzik C, Schmitz M. 2015. Virtual proximity and audiovisual services trade[J]. European Economic Review, 77: 82-101.

Heshmati A, Yang W S. 2006. Contribution of ICT to the Chinese economic growth[EB/OL]. https://econpapers.repec.org/paper/hhsratioi/0091.htm[2022-03-06].

Hofman A, Aravena C, Aliaga V. 2016. Information and communication technologies and their impact in the economic growth of Latin America, 1990-2013[J]. Telecommunications Policy, 40(5): 485-501.

Holtz-Eakin D, Newey W, Rosen H S. 1988. Estimating vector autoregressions with panel data[J]. Econometrica, 56(6): 1371-1395.

Hong J, Feng B, Wu Y R, et al. 2016. Do government grants promote innovation efficiency in China's high-tech industries?[J]. Technovation, 57: 4-13.

Hu G Z A, Jefferson G H. 2004. Returns to research and development in Chinese industry: evidence from state-owned enterprises in Beijing[J]. China Economic Review, 15(1): 86-107.

Jiménez M, Matus J A, Martínez M A. 2014. Economic growth as a function of human capital, Internet and work[J]. Applied Economics, 46(26): 3202-3210.

Jorgenson D W, Vu K M. 2016. The ICT revolution, world economic growth, and policy issues[J]. Telecommunications Policy, 40(5): 383-397.

Jorgenson D W. 2001. Information technology and the U.S. economy[J]. American Economic Review, 91(1): 1-32.

Jose R J, Al-Badi A H, Ali O. 2016. Exploring the obstacles facing the adoption of the Internet of things(IoT): a case study in Oman[C]//Quaresma R, Guerreiro A, Silva P. Proceedings of the 10th European Conference on Information Systems Management(ECISM 2016). New York: Academic Conferences and Publishing International Limited: 85-91.

Kakderi C, Tasopoulou A. 2017. Regional economic resilience: the role of national and regional policies[J]. European Planning Studies, 25(8): 1435-1453.

Kang K N, Park H. 2012. Influence of government R&D support and inter-firm collaborations on innovation in Korean biotechnology SMEs[J]. Technovation, 32(1): 68-78.

Kim D G, Park M G. 2014. Horizontal integration between cyber physical system based on industry 4.0 and manufacture execution systems through middleware building[J]. Journal of Korea Multimedia Society, 17(12): 1484-1493.

Kim M S, Park Y. 2009. The changing pattern of industrial technology linkage structure of Korea: did the ICT industry play a role in the 1980s and 1990s?[J]. Technological Forecasting and Social Change, 76(5): 688-699.

Kim N, Lee H, Kim W, et al. 2015. Dynamic patterns of industry convergence: evidence from a large amount of unstructured data[J]. Research Policy, 44(9): 1734-1748.

Kiminami L, Furuzawa S, Kiminami A. 2019. Impacts of multi-functionality of urban agriculture on the creative classes in global mega city: focusing on Shanghai in China[J]. Asia-Pacific Journal of Regional Science, 3(2): 487-515.

Kling R, Lamb R. 1999. IT and organizational change in digital economies[J]. ACM SIGCAS Computers and Society, 29(3): 17-25.

Kumar D, Keniston K. 2004. IT Experience in India: Bridging the Digital Divide[M]. London: Sage Publications Inc.

Landefeld J S, Fraumeni B M. 2001. Measuring the new economy[EB/OL]. https://apps.bea.gov/scb/pdf/beawide/2001/0301mne.pdf[2023-12-21].

Lee I, Shin Y J. 2018. Fintech: ecosystem, business models, investment decisions, and challenges[J]. Business Horizons, 61(1): 35-46.

Lensing K, Friedhoff J. 2018. Designing a curriculum for the Internet-of-Things-Laboratory to foster creativity and a maker mindset within varying target groups[J]. Procedia Manufacturing, 23: 231-236.

LeSage J, Pace R K. 2009. Introduction to Spatial Econometrics[M]. New York: Chapman and Hall/CRC.

Li H, Parlikad A K. 2016. Social Internet of industrial things for industrial and manufacturing assets[J]. IFAC-PapersOnLine, 49: 208-213.

Li X, Wang Y, Zhao H. 2018. Research on the synergy development of China's IOT industry[J].

Journal of Grey System, 30(1): 81-95.

Li Y R, Wang J, Liu Y S, et al. 2014. Problem regions and regional problems of socioeconomic development in China: a perspective from the coordinated development of industrialization, informatization, urbanization and agricultural modernization[J]. Journal of Geographical Sciences, 24(6): 1115-1130.

Liang X Y, Lu X W, Wang L H. 2012. Outward internationalization of private enterprises in China: the effect of competitive advantages and disadvantages compared to home market rivals[J]. Journal of World Business, 47(1): 134-144.

Lin F Q. 2015. Estimating the effect of the Internet on international trade[J]. The Journal of International Trade & Economic Development, 24(3): 409-428.

Literat I, Glăveanu V P. 2016. Same but different? Distributed creativity in the Internet age[J]. Creativity Theories-Research-Applications, 3(2): 330-342.

Lund P. 2009. Effects of energy policies on industry expansion in renewable energy[J]. Renewable Energy, 34(1): 53-64.

Luo Y D, Zhao H X, Wang Y G, et al. 2011. Venturing abroad by emerging market enterprises[J]. Management International Review, 51(4): 433-459.

Lyytinen K, Yoo Y, Boland R J, Jr. 2016. Digital product innovation within four classes of innovation networks[J]. Information Systems Journal, 26(1): 47-75.

Mačiulytė-Šniukienė A, Gaile-Sarkane E. 2014. Impact of information and telecommunication technologies development on labour productivity[J]. Procedia-Social and Behavioral Sciences, 110: 1271-1282.

Maddikunta P K R, Pham Q V, Prabadevi B, et al. 2022. Industry 5.0: a survey on enabling technologies and potential applications[J]. Journal of Industrial Information Integration, 26: 100257.

Mahalakshmi S, Arokiasamy A, Ali Ahamed J F. 2019. Productivity improvement of an eco friendly warehouse using multi objective optimal robot trajectory planning[J]. International Journal of Productivity and Quality Management, 27(3): 305-328.

Malhotra A. 2001. Firm strategy in converging industries: an investigation of U.S. commercial bank responses to U.S. commercial-investment banking convergence[D]. Park City: University of Maryland, College Park.

Mao B M, Tang F X, Kawamoto Y, et al. 2022. AI models for green communications towards 6G[J]. IEEE Communications Surveys & Tutorials, 24(1): 210-247.

Markard J. 2020. The life cycle of technological innovation systems[J]. Technological Forecasting and Social Change, 153: 119407.

Martin R, Sunley P, Tyler P. 2015. Local growth evolutions: recession, resilience and recovery[J]. Cambridge Journal of Regions Economy and Society, 8(2): 141-148.

Martin R. 2012. Regional economic resilience, hysteresis and recessionary shocks[J]. Journal of Economic Geography, 12(1): 1-32.

Meijers H. 2014. Does the Internet generate economic growth, international trade, or both?[J]. International Economics and Economic Policy, 11: 137-163.

Melitz M J. 2003. The impact of trade on intra-industry reallocations and aggregate industry productivity[J]. Econometrica, 71(6): 1695-1725.

Meng Y, Lai X Y. 2016. Research on business model innovation of Internet + agricultural products[C]//Shen L, Yang H, Gao S, et al. Proceedings of the 2016 4th International Conference on Sensors, Mechatronics and Automation (ICSMA 2016). Amsterdam: Atlantis Press: 623-626.

Mesenbourg T L. 2001. Measuring the digital economy[J]. US Bureau of the Census, 1: 1-19.

Moeuf A, Pellerin R, Lamouri S, et al. 2018. The industrial management of SMEs in the era of industry 4.0[J]. International Journal of Production Research, 56(3): 1118-1136.

Mukhopadhyay T, Kekre S. 2002. Strategic and operational benefits of electronic integration in B2B procurement processes[J]. Management Science, 48(10): 1301-1313.

Myl'nik V V, Grishina G P, Zhavoronkov A V. 2008. Effective management of manufacturing innovation[J]. Russian Engineering Research, 28(12): 1255-1258.

Nobre G C, Tavares E. 2017. Scientific literature analysis on big data and Internet of Things applications on circular economy: a bibliometric study[J]. Scientometrics, 111(1): 463-492.

Novy D. 2006. Is the iceberg melting less quickly? International trade costs after World War II[D]. Coventry: University of Warwick, Department of Economics.

Nunn N, Qian N. 2014. US food aid and civil conflict[J]. American Economic Review, 104(6): 1630-1666.

Paunov C, Rollo V. 2016. Has the Internet fostered inclusive innovation in the developing world?[J]. World Development, 78: 587-609.

Peniak P, Franekova M. 2015. Open communication protocols for integration of embedded systems within industry 4[R]. Pilsen: 2015 International Conference on Applied Electronics (AE).

Piccoli G, Ives B. 2005. Review: it-dependent strategic initiatives and sustained competitive advantage: a review and synthesis of the literature[J]. MIS Quarterly, 29(4): 747-776.

Pine B J II. 1992. Mass Customization: The New Frontier in Business Competition[M]. Boston: Harvard Business School.

Poi B P. 2012. Easy demand-system estimation with QUAIDS[J]. The Stata Journal: Promoting Communications on Statistics and Stata, 12(3): 433-446.

Porter M E. 1990. The Competitive Advantage of Nations[M]. New York: The Free Press.

Reggiani A, de Graaff T, Nijkamp P. 2002. Resilience: an evolutionary approach to spatial economic systems[J]. Networks and Spatial Economics, 2(2): 211-229.

Reimers I, Waldfogel J. 2021. Digitization and pre-purchase information: the causal and welfare impacts of reviews and crowd ratings[J]. American Economic Review, 111(6): 1944-1971.

Repkine A. 2008. ICT penetration and aggregate production efficiency: empirical evidence for a cross-section of fifty countries[J]. Journal of Applied Economic Sciences, 3: 65-72.

Ringwood L, Watson P, Lewin P. 2019. A quantitative method for measuring regional economic resilience to the great recession[J]. Growth and Change, 50(1): 381-402.

Roach S S. 1987. America's Technology Dilemma: A Profile of the Information Economy[M]. New York: Morgan Stanley.

Rodrik D. 2018. An African growth miracle?[J]. Journal of African Economies, 27(1): 10-27.

Rolland K H, Hanseth O. 2021. Managing path dependency in digital transformation processes: a longitudinal case study of an enterprise document management platform[J]. Procedia Computer Science, 181: 765-774.

Röller L H, Waverman L. 2001. Telecommunications infrastructure and economic development: a simultaneous approach[J]. American Economic Review, 91(4): 909-923.

Rosenberg N. 1963. Technological change in the machine tool industry, 1840-1910[J]. The Journal of Economic History, 23(4): 414-443.

Ruiz J G, Mintzer M J, Leipzig R M. 2006. The impact of E-learning in medical education[J]. Academic Medicine: Journal of the Association of American Medical Colleges, 81(3): 207-212.

Salahuddin M, Gow J. 2016. The effects of Internet usage, financial development and trade openness on economic growth in South Africa[J]. Telematics and Informatics, 33(4): 1141-1154.

Sala-i-Martin X X. 1996. The classical approach to convergence analysis[J]. The Economic Journal, 106(437): 1019-1036.

Saldivar A A F, Li Y, Chen W N, et al. 2015. Industry 4.0 with cyber-physical integration: a design and manufacture perspective[R]. Glasgow: 2015 21st International Conference on Automation and Computing(ICAC).

Salvador A B, Ikeda A A. 2014. Big data usage in the marketing information system[J]. Journal of Data Analysis and Information Processing, 2(3): 77-85.

Sein M K, Harindranath G. 2004. Conceptualizing the ICT artifact: toward understanding the role of ICT in national development[J]. The Information Society, 20(1): 15-24.

Shao B B M, Lin W T. 2016. Assessing output performance of information technology service industries: productivity, innovation and catch-up[J]. International Journal of Production Economics, 172: 43-53.

Sitinjak E, Meidityawati B, Ichwan R, et al. 2018. Enhancing urban resilience through technology and social media: case study of urban Jakarta[J]. Procedia Engineering, 212: 222-229.

Solow R M. 1987. We'd better watch out[J]. The New York Review of Books, 12: 36.

Sony M, Naik S. 2020. Industry 4.0 integration with socio-technical systems theory: a systematic review and proposed theoretical model[J]. Technology in Society, 61: 101248.

Stieglitz N. 2003. Digital dynamics and types of industry convergence: the evolution of the handheld computers market[M]//Christensen J F, Maskell P. The Industrial Dynamics of the New Digital Economy. Cheltenham: Edward Elgar Publishing: 179-208.

Stigler G J. 1961. The economics of information[J]. Journal of Political Economy, 69(3): 213-225.

Susanty A, Sari D P, Budiawan W, et al. 2016. Improving green supply chain management in furniture industry through Internet based geographical information system for connecting the producer of wood waste with buyer[J]. Procedia Computer Science, 83: 734-741.

Tang D M. 2016. Industrial network integration development and upgrading model based on industry 4.0[C]//Yue X M, Cao Y, Habib M M. Proceedings of the 2016 International Conference on Engineering and Technology Innovations. Amsterdam: Atlantis Press: 77-81.

Tapscott D. 1996. The Digital Economy: Promise and Peril in the Age of Networked Intelligence[M]. New York: McGraw-Hill.

Teece D J. 2018. Profiting from innovation in the digital economy: enabling technologies, standards, and licensing models in the wireless world[J]. Research Policy, 47(8): 1367-1387.

Tether B S. 2002. Who co-operates for innovation, and why: an empirical analysis[J]. Research Policy, 31(6): 947-967.

Thompson H G, Jr, Garbacz C. 2007. Mobile, fixed line and Internet service effects on global productive efficiency[J]. Information Economics and Policy, 19(2): 189-214.

Toader E, Firtescu B N, Roman A, et al. 2018. Impact of information and communication technology infrastructure on economic growth: an empirical assessment for the EU countries[J]. Sustainability, 10(10): 3750.

Tone K. 2001. A slacks-based measure of efficiency in data envelopment analysis[J]. European Journal of Operational Research, 130(3): 498-509.

Toorajipour R, Sohrabpour V, Nazarpour A, et al. 2021. Artificial intelligence in supply chain management: a systematic literature review[J]. Journal of Business Research, 122: 502-517.

Turcan V, Gribincea A, Birca I. 2014. Digital economy: a premise for economic development in the 20th century[J]. Economy and Sociology: Theoretical and Scientific Journal, (2): 109-115.

Venables A J. 2001. Geography and international inequalities: the impact of new technologies[J]. Journal of Industry, Competition and Trade, 1(2): 135-159.

Wallsten S J. 2000. The effects of government-industry R&D programs on private R&D: the case of the small business innovation research program[J]. The RAND Journal of Economics, 31(1): 82-100.

Waltersmann L, Kiemel S, Stuhlsatz J, et al. 2021. Artificial intelligence applications for increasing resource efficiency in manufacturing companies: a comprehensive review[J]. Sustainability, 13(12): 6689.

Warner K S R, Wäger M. 2019. Building dynamic capabilities for digital transformation: an ongoing process of strategic renewal[J]. Long Range Planning, 52(3): 326-349.

Weick K E. 1976. Educational organizations as loosely coupled systems[J]. Administrative Science Quarterly, 21(1): 1-19.

Whited T M, Wu G J. 2006. Financial constraints risk[J]. The Review of Financial Studies, 19(2): 531-559.

Wolfe D A, Bramwell A. 2008. Innovation, creativity and governance: social dynamics of economic performance in city-regions[J]. Innovation, 10(2/3): 170-182.

Wollschlaeger M, Sauter T, Jasperneite J. 2017. The future of industrial communication: automation networks in the era of the Internet of Things and industry 4.0[J]. IEEE Industrial Electronics Magazine, 11(1): 17-27.

Wu A H. 2017. The signal effect of government R&D subsidies in China: does ownership matter?[J]. Technological Forecasting and Social Change, 117: 339-345.

Xu H, Wang C Z, Ye Z W. 2016. Applying extension Logic to E-learning on Internet of Things engineering major[R]. Nagoya: 2016 11th International Conference on Computer Science & Education (ICCSE).

Yadav N. 2014. The role of Internet use on international trade: evidence from Asian and sub-Saharan African enterprises[J]. Global Economy Journal, 14(2): 189-214.

Yang H C, Li L S, Liu Y B. 2022. The effect of manufacturing intelligence on green innovation performance in China[J]. Technological Forecasting and Social Change, 178: 121569.

Yang S L, Bai Y, Wang S F, et al. 2013. Evaluating the transformation of China's industrial development mode during 2000-2009[J]. Renewable and Sustainable Energy Reviews, 20: 585-594.

Yang X G. 2016. Development research on Internet cultural industry in Hebei Province under the network technology[C]//Xu P L, Xiao X N, Si H Z, et al. Proceedings of the 2016 6th International Conference on Applied Science, Engineering and Technology. Amsterdam: Atlantis Press: 345-349.

Yilmaz S, Haynes K E, Dinc M. 2002. Geographic and network neighbors: spillover effects of telecommunications infrastructure[J]. Journal of Regional Science, 42(2): 339-360.

Yu F F, Guo Y, Le-Nguyen K, et al. 2016. The impact of government subsidies and enterprises' R&D investment: a panel data study from renewable energy in China[J]. Energy Policy, 89: 106-113.

Yu L Z, Zhu J H, Wang Z X. 2021. Green taxation promotes the intelligent transformation of Chinese manufacturing enterprises: tax leverage theory[J]. Sustainability, 13(23): 13321.

Yushkova E. 2014. Impact of ICT on trade in different technology groups: analysis and implications[J]. International Economics and Economic Policy, 11(1): 165-177.

Zhang F, Gallagher K S. 2016. Innovation and technology transfer through global value chains: evidence from China's PV industry[J]. Energy Policy, 94: 191-203.

Zhang H X, Li F, Wang J, et al. 2017. Experience-oriented intelligence for Internet of Things[J]. Cybernetics and Systems, 48(3): 162-181.

Zhou X Y, Zhang J, Li J P. 2013. Industrial structural transformation and carbon dioxide emissions in China[J]. Energy Policy, 57: 43-51.

Zhou Y, Zhou R, Chen L Y, et al. 2022. Environmental policy mixes and green industrial development: an empirical study of the Chinese textile industry from 1998 to 2012[J]. IEEE Transactions on Engineering Management, 69(3): 742-754.

Zhu S G, Zhou X C. 2016. Research on industry convergence based on the diversified development of Internet animation industry[R]. Toronto: 2016 3rd International Conference on Information and Communication Technology For Education(ICTE 2016).